Dieter Ziegler

Unter Männern

Schriftenreihe zur Zeitschrift für Unternehmensgeschichte

Band 40

Dieter Ziegler

Unter Männern

Frauen im Betrieb der Berliner Großbankzentralen 1900–1949

DE GRUYTER
OLDENBOURG

Gefördert durch die Eugen-Gutmann-Gesellschaft e.V.

EUGEN-GUTMANN-GESELLSCHAFT e.V.
Historische Gesellschaft der Commerzbank

ISSN 2509-291X
ISBN 978-3-11-224827-0
ISBN 978-3-11-224828-7 (PDF)
ISBN 978-3-11-224829-4 (EPUB)
DOI https://doi.org/10.1515/9783112248287

Library of Congress Control Number: 2026935808

Bibliografische Information der Deutschen Nationalbibliothek
Die Deutsche Nationalbibliothek verzeichnet diese Publikation in der Deutschen Nationalbibliografie; detaillierte bibliografische Daten sind im Internet über http://dnb.dnb.de abrufbar.

De Gruyter Oldenbourg und Walter de Gruyter GmbH sind Teil von De Gruyter Brill.
www.degruyterbrill.com

Fragen zur allgemeinen Produktsicherheit:
productsafety@degruyterbrill.com

Einbandabbildung: Innenansicht der Commerzbank in München, fotografiert am 19. März 1938. Quelle: Historisches Archiv der Commerzbank (HAC).
Druck: CPI books GmbH, Leck

MIX
Papier | Fördert gute Waldnutzung
FSC® C083411

Inhaltsverzeichnis

Teil 2: **Die „nichtarischen“ weiblichen Angestellten im Nationalsozialismus**

1 Einleitung

Erwerbsarbeit von Frauen ist ganz sicher kein Phänomen des 20. Jahrhunderts. Mit der Fabrikindustrialisierung entstanden Mitte des 19. Jahrhunderts nicht nur für die Männer der pauperisierten Unterschichten neue und neuartige Arbeitsplätze, sondern auch Frauen rückten in großer Zahl in die Fabriken ein. Das betraf nicht alle Branchen in gleicher Weise. Aber etwa die Textilindustrie, eine der Pionierindustrien der Industrialisierung, beschäftigte ebenso viele Frauen wie Männer. Zunächst waren es vor allem junge Frauen, die Arbeit in den Fabriken suchten. Aber auch wenn sie heirateten und Kinder bekamen, war es häufig nicht möglich, dass sie ihre Erwerbsarbeit aufgaben. Denn die Familien waren auf den Zuverdienst der Ehefrauen angewiesen, weil die Löhne der Männer, gerade in der Textil- und anderen Industrien mit einem hohen Anteil Frauen unter den Beschäftigten, niedriger waren als in männerdominierten Industrien wie dem Bergbau oder der Eisen- und Stahlindustrie. Nur gab es kaum solche Industrien in Regionen, die leichtindustriell geprägt waren, so dass es für die Männer vor Ort kaum Alternativen zu den besonders schlecht entlohnten unter den Fabrikarbeitsplätzen gab.

Ein zweiter wichtiger Arbeitsplatz für junge Frauen aus den Unterschichten, zumal aus den ländlichen Unterschichten, war die Anstellung als Dienstmädchen in einem bürgerlichen, meist städtischen Haushalt. Anders als bei den Fabrikarbeiterinnen waren verheiratete Dienstmädchen allerdings sehr selten. Mit der Eheschließung war in der Regel das Ausscheiden aus dem Dienst bei der „Herrschaft“ verbunden. Da nur wenige Dienstmädchen das Glück hatten, einen Ehemann zu finden, dessen Verdienst ausreichte, um allein eine Familie zu ernähren, waren auch ehemalige Dienstmädchen genötigt, als Waschfrau, im Hotel- und Gaststättengewerbe oder in einem anderen haushaltsnahen Arbeitsbereich einer Erwerbsarbeit nachzugehen.

Auch im Kleinbürgertum war schon im 19. Jahrhundert Frauenarbeit neben dem eigenen Haushalt und der Erziehung der Kinder weit verbreitet. Allerdings waren die Frauen häufig nicht als Lohnarbeiterinnen tätig, sondern als mithelfende Familienangehörige, die etwa im Verkauf bei den von ihren Männern oder Vätern geführten Einzelhandelsgeschäften oder im Nahrungsmittelhandwerk arbeiteten. Einen Lohn erhielten sie in aller Regel nicht, so dass sie noch stärker als die Frauen aus der Arbeiterklasse materiell von ihren Ehemännern abhängig waren.

Einzig für die Töchter des Bürgertums war Erwerbs- oder Quasi-Erwerbsarbeit nicht vorgesehen. Nach der Schule, in der Regel dem Lyzeum oder einer Mittelschule, blieben sie im Haushalt ihrer Eltern. Diese Zeit wurde als ein Übergang be-

 | https://doi.org/10.1515/9783112248287-001

griffen, bevor die Tochter aus dem sicheren Hafen des väterlichen Haushalts in den neuen Hafen eines Ehemannes einlaufen würde. Die Abhängigkeit von den Eltern war total; und nicht selten beanspruchte der Vater bei der Wahl des Heiratspartners ein gewichtiges Wörtchen mitzureden. Die Schulbildung diente nicht der Qualifizierung der Arbeitskraft, sondern sollte den Wert der Tochter auf dem Heiratsmarkt erhöhen.

Durch den Krieg änderte sich für die Fabrikarbeiterinnen zu Beginn des 20. Jahrhunderts nur wenig. Sie wechselten zwar vielleicht den Arbeitsplatz, indem sie eine besser bezahlte Arbeit in einem kriegswichtigen Betrieb annahmen. Aber die materielle Lage der Familie verbesserte sich dadurch nicht. Denn die Versorgung der Familien von eingezogenen einfachen Soldaten war völlig unzureichend. Die Fabrikarbeiterinnen waren vor dem Krieg gezwungen zu arbeiten und waren es während des Krieges erst recht. Bei den Dienstmädchen änderte der Krieg insofern ihre Situation, als sie in großer Zahl in die Fabriken gingen, weil sie dort mehr verdienen konnten. Während des Krieges war es für bürgerliche Familien oftmals unmöglich, ihr „Mädchen" zu halten bzw. Ersatz für ein in die Fabrik abgewandertes Dienstmädchen zu finden.

Manche Mädchen aus dem Kleinbürgertum hatten schon vor dem Krieg eine Erwerbsarbeit angenommen – aber nach Möglichkeit nicht in der Produktion, sondern in einem Büro. Nicht selten hatten die Väter ihnen deswegen auch den Besuch eines einjährigen Handelsschulkurses ermöglicht. Aber die anschließende Aufnahme einer Erwerbstätigkeit war damit (noch) nicht notwendigerweise verbunden. So arbeiteten auch sie „mithelfend" entweder im Verkauf oder manchmal halfen sie dem Vater auch bei der Buchhaltung. Das änderte sich während des Krieges, vor allem wenn der Vater eingezogen worden war. War der Vater ein Gehaltsempfänger, musste der Ausfall des „Ernährers" häufig durch die Tochter ausgeglichen werden oder wenn der Vater ein selbständiger Handwerker oder Ladenbesitzer war, musste das Geschäft nicht selten schließen, wenn der Inhaber im Felde war. Der ökonomische Druck auf die jungen Frauen war ungleich höher als vor dem Krieg; und als der Krieg nicht so schnell zu Ende ging wie anfangs erwartet, schwanden auch die Aussichten rasch in den Hafen der Ehe einlaufen zu können.

In vielen Fällen, gerade vor und während des Krieges, als es in bürgerlichen Familien noch üblich war, dass die Tochter keinen Beruf erlernte, sondern darauf wartete, einen geeigneten Bräutigam zu finden, der ihr ein standesgemäßes Leben, also ein Leben ohne die Notwendigkeit eines Zusatzverdienstes durch eigene Lohnarbeit, garantieren konnte, kam es häufiger vor, dass die Tochter aufgrund des frühen Tods des Vaters und in Anbetracht der Berufslosigkeit der Mutter gezwungen war, sich selbst, die Mutter und ggf. auch jüngere Geschwister zu unterhalten. Dieses, unter normalen Umständen nicht standesgemäße Leben einer Tochter aus bürgerlichem Hause, wurde zwar in den Verkehrskreisen der Eltern als Notfallausnahme akzeptiert. Es ist aber möglich, dass der Wert der Tochter auf dem Heiratsmarkt dadurch sank. Das könnte sich nach dem Krieg wegen des Mangels an Männern im heiratsfähigen Alter zu einer schweren Hypothek ausgewirkt und die Wahrscheinlichkeit erhöht haben, dass diese jungen Frauen unfreiwillig ehelos blieben und bis zum Erreichen des Rentenalters auf den eigenen Verdienst angewiesen waren.

Es stellt sich demnach die Frage, inwieweit die wachsende Zahl der Büroangestellten ein Phänomen war, das aus der Not heraus entstand oder ob diese Frauen durch ihre Berufstätigkeit eine Alternative zur traditionellen Rolle als Hausfrau und Mutter gesucht und vielleicht auch gefunden hatten. Die Tatsache, dass die Zahl der weiblichen Büro- und Bürohilfskräfte nach Kriegsende wieder zurückging, ist aber ebenso wenig ein Beleg für die eine oder für die andere These wie die Tatsache, dass die Zahl der Eheschließungen nach Kriegsende deutlich zunahm. Die im Jahr 1919 zurückgehende Zahl der Frauen in den Büros kann auf den Push-Faktor der Demobilisierung der Frontsoldaten als auch auf den Pull-Faktor, die Flucht der Frauen aus einer Erwerbstätigkeit, die ganz und gar nicht dem eigenen Lebensentwurf entsprach, zurückgeführt werden. Auch die Zahl der Eheschließungen kann sowohl als eine Folge aufgeschobener Heiratswünsche während des Krieges als auch als ein Indiz für die schnelle Flucht in den Hafen der Ehe gewertet werden, um nicht länger erwerbstätig sein zu müssen.

Häufig wird die „Neue Frau“ der zwanziger Jahre als ein Indiz für eine geänderte Einstellung zu Ehe und Familie sowie zum Erwerbsleben bei jungen Frauen gewertet. Das ist durchaus nicht abwegig. Denn der Begriff, der heute vor allem mit den 1920er Jahren verbunden wird, ist deutlich älter. Im ausgehenden 19. Jahrhundert wurde unter der „Neuen Frau“ das Gegenbild zum „vorherrschenden gefühlsbetonten, passiven und rechtlosen Idealbild von Weiblichkeit” verstanden. Konkret äußerte sich diese Vorstellung als die Utopie von Geschlechtergleichberechtigung, einer weniger restriktiven Sexualmoral, dem Frauenwahlrecht und dem Wunsch nach weiblicher ökonomischer Unabhängigkeit.[1]

Nachdem das Frauenwahlrecht 1919 durchgesetzt und die Gleichberechtigung der Geschlechter in der Verfassung verankert war, wurde das Verständnis der „Neuen Frau“ in den zwanziger Jahren wesentlich weniger politisch verstanden als vor dem Krieg. Nach Ansicht der Kunsthistorikerin Katharina Sykora wurde der Begriff mit der Zeit immer homogener und eindimensionaler und verlor an

---

1 Gesa Kessemeier, Sportlich, sachlich, männlich. Das Bild der ‚Neuen Frau‘ in den Zwanziger Jahren. Zur Konstruktion geschlechtsspezifischer Körperbilder in der Mode der Jahre 1920 bis 1929, Dortmund 2000, S. 18.

emanzipatorischem Gehalt. Ähnlich argumentiert die Zeithistorikerin Gesa Kessemeier: „Mit der Einführung der Demokratie erlebte der Begriff der ‚Neuen Frau' einen grundlegenden Wandel. Aus dem utopischen Grundgedanken wurde ein verbildlichtes Klischee. [...] Während die öffentliche Diskussion um eine weitergehende Gleichberechtigung der Geschlechter in den Nachkriegsjahren an den Rand gedrängt wurde, wurde der Begriff der ‚Neuen Frau' im Laufe der Zwanziger Jahre auf einige wenige äußerliche Attribute reduziert und massenhaft publiziert."[2]

Aber selbst wenn der Begriff der „Neuen Frau" seiner utopischen Inhalte im Laufe der zwanziger Jahre verlustig gegangen war, blieb die weibliche ökonomische Unabhängigkeit ein konstitutives Element. Finanzielle Unabhängigkeit und Selbstbestimmung konnten auf zweierlei Weise erreicht werden. Entweder war die „Neue" eine selbständige, unverheiratete Frau, die sich gegen die Ehe als traditionellen Lebensentwurf stellte oder sie heiratete zwar, führte aber eine „Kameradschaftsehe". Auch dafür war die Berufstätigkeit die Voraussetzung, weil nur so eine finanzielle Abhängigkeit vom Ehemann vermieden werden konnte.

Als die Repräsentantinnen dieses neuen Frauentypus galten die jungen, ledigen weiblichen Angestellten in den Metropolen, die zum beliebten, wenn auch oft klischeehaft dargestellten Sujet der Illustrierten, Unterhaltungsromane und Kinofilme wurden.[3] Aber stimmt die weit verbreitete Ansicht, die selbst durch die Internet-Präsentation der Bundeszentrale für politische Bildung vertreten wird, dass nämlich „in der Weimarer Republik ... eine substanzielle Minderheit von Frauen vom Aufbrechen hergebrachter Geschlechterrollen, von mehr gesellschaftlicher Freiheit und Individualität profitiert" hatte?[4]

Eine „substanzielle Minderheit"? Damit können wohl nur die jungen, ledigen weiblichen Angestellten in den Metropolen gemeint sein. Aber warum verschwand die „Neue Frau" in den dreißiger Jahren wieder von der Bildfläche? Das könnte natürlich auf die gelenkte Presse im Dritten Reich zurückzuführen sein. Aber wieso unterwarf sich die „substanzielle Minderheit" dem herrschenden nationalsozialistischen Frauenbild? Das wiederum könnte mit der Repression erklärt werden. Aber wieso wurde die „Neue Frau" nach dem Krieg nicht wiedergeboren? Denn die Töchter der Generation der „Neuen Frau" der zwanziger Jahre heirateten spätestens mit Mitte zwanzig und gingen keiner Erwerbsarbeit nach,

2 Kessemeier, Sportlich, S. 27 f.; vgl. auch Katharina Sykora, Die neue Frau. Ein Alltagsmythos der Zwanziger Jahre, in: dies. (Hg.), Die neue Frau, Marburg 1993, S. 9 ff.

3 Beispiele in Burcu Dogramaci, Mode-Körper. Zur Inszenierung von Weiblichkeit in Modegrafik und -fotografie der Weimarer Republik, in: Michael Cowan und Kai Marcel Sicks (Hgg.), Leibhaftige Moderne, Bielefeld 2005, S. 119 ff.

4 Anja Schüler, Bubikopf und kurze Röcke (https://www.bpb.de/themen/gender-diversitaet/frauenbewegung/35265/bubikopf-und-kurze-roecke/, abgerufen am 27.1.2025).

wenn das Einkommen des Ehemannes es zuließ. Warum gab es keine „substanzielle Minderheit“ von „Neuen Frauen“ in den fünfziger Jahren?

Diese Arbeit wird die Frage, ob es die „Neue Frau“ der zwanziger Jahre wirklich als „substanzielle Minderheit“ von selbstbewussten Frauen, die bestrebt waren, die finanzielle Abhängigkeit von Ehemann oder Vater zu vermeiden, gegeben hat, nicht beantworten. Aber sie untersucht die Fragen,

- ob materielle Unabhängigkeit und ein selbstbestimmtes Leben für alleinstehende Frauen in den zwanziger Jahren wirklich erreichbar waren;
- ob ein Leben als unverheiratete Frau eine realistische und damit aus freien Stücken gewählte Alternative zum traditionellen Lebensentwurf der Ehe dargestellt hat und
- wo diese Minderheit sozial zu verorten ist.

Ferner versucht sie die Frage zu beantworten, was sich in der Lebens- und Arbeitswelt während der nationalsozialistischen Herrschaft verändert hatte, so dass das Konzept der „Neuen Frau“ unattraktiv geworden war.

Wenn die potenzielle Trägerinnengruppe der „Neuen Frau“ die Angestellten in den Metropolen gewesen ist, dann dürfte das Heer der Verkäuferinnen vermutlich nicht gemeint sein. Denn deren Gehalt wird kaum ausgereicht haben, um einen im Angestelltenmilieu als „standesgemäß“ erachteten Lebensstil als alleinstehende Frau zu ermöglichen.[5] Die „substanzielle Minderheit“ dürfte deswegen wohl am ehesten unter den Büroangestellten zu vermuten sein, wobei die Banken spätestens seit der Einführung von Tarifverträgen ihren männlichen (und damit mittelbar auch ihren weiblichen) Büroangestellten die höchsten Gehälter unter allen Arbeitgebern zahlten.[6] Die Bankangestellten eignen sich deshalb sehr gut für eine Untersuchung der materiellen Lebensbedingungen unverheirateter Frauen. Oder anders gesagt: Wenn die materiellen Voraussetzungen für ein selbstbestimmtes Leben als unverheiratete Frau unter Bankangestellten schon kaum oder gar nicht gegeben waren, rückt die „substanzielle Minderheit“ unter den (jungen) Frauen der zwanziger Jahre, die für sich in der „Neuen Frau“ mehr als eine modische (Selbst-)Inszenierung sahen, in weite Ferne.

Die jüngere sozialhistorische Forschung über die Büroangestellten scheint die These von der „substanziellen Minderheit“ zu unterstützen. So schreibt Imke Thamm, die vor einigen Jahren die wohl umfangreichste und am gründlichsten

5 Ursula Nienhaus, Von Töchtern und Schwestern. Zur vergessenen Geschichte der weiblichen Angestellten im Deutschen Kaiserreich, in: Jürgen Kocka (Hg.), Angestellte im europäischen Vergleich, Göttingen 1981, S. 313.

6 Imke Thamm, Der Anspruch auf das Glück der Tüchtigen. Beruf, Organisation und Selbstverständnis der Bankangestellten in der Weimarer Republik, Stuttgart 2006, S. 114.

recherchierte Sozialgeschichte von Bankangestellten in der Weimarer Republik vorgelegt hat, dass eine Beschäftigung im Büro für junge Frauen deswegen attraktiv gewesen sei, weil sie dort „ein Stück finanzieller Unabhängigkeit zu erarbeiten und dabei Anerkennung und Herausforderung zu finden" hofften.[7] Mit dieser These steht Thamm allerdings im Widerspruch zu ihrem eigenen Befund, wenn sie über die Situation weiblicher Angestellter in den Bankbetrieben schreibt. Vor allem aber steht sie im Widerspruch zu den zeitgenössischen Reformerinnen, die als Büroangestellte selbst Erfahrungen mit der Arbeitswelt gemacht hatten, sowie zu Teilen der zeitgenössischen sozialwissenschaftlichen Forschung.[8] Insbesondere die Chance auf „finanzielle Unabhängigkeit" und „Anerkennung" stellen diese Studien in Frage.

In einer Studie über die weiblichen Angestellten der Weimarer Republik aus dem Jahr 1985 werden diese zeitgenössischen Bewertungen allerdings wie folgt abgetan: „Die älteren Studien waren noch gefangen in dem zugewiesenen Bild von Weiblichkeit, das sie grundsätzlich nicht in Frage stellten." So fanden sie sich „in dem Dilemma wieder, einerseits an Ehe und Familie als Ziel und Erfüllung des Lebens von Frauen festzuhalten und andererseits gleiche Zugangs- und Karrierechancen im kaufmännischen Beruf zu fordern. Konfrontiert mit und blind zugleich für die eigene sich ändernde Wirklichkeit, Beruf und Familie, berufliche und familiale Arbeit miteinander verbinden zu wollen, sehen sie nur das Entweder/Oder: Heirat oder Beruf. Beruf bleibt also für die Ledigen".[9]

Diese Aussage könnte auf Käthe Lövinson oder Paula Schlier[10] gemünzt sein, die Mitte der zwanziger Jahre ihre praktischen Erfahrungen als Büroangestellte schriftlich niederlegten. Lövinson verarbeitete sie im Jahr 1925 sogar wissenschaftlich in einer staatswissenschaftlichen Dissertation über „Frauenarbeit im Bankbetrieb". So stellte sie trotz ihres deutlich erkennbaren sozialreformerischen Ansatzes fest, dass es „die Einstellung einer jeden Frau auf Ehe und Mutterschaft"

7 Thamm, Anspruch, S.221 f.

8 Eine Übersicht der zeitgenössischen sozialwissenschaftlichen Literatur zu den weiblichen Angestellten, allerdings nicht spezifisch zu den Bankangestellten, in der Weimarer Republik in Ute Frevert, Traditionale Weiblichkeit und moderne Interessenorganisation. Frauen im Angestelltenberuf 1918 - 1933, in: Geschichte und Gesellschaft 7/1981, S. 514 ff.

9 Ute Hoffmann, Die wundervolle Schreibmaschine, in: dies. (Hg.), Geldwelt, Bd. 1, München 1985, S. 164.

10 Das Erstlingswerk der zeitweise als Stenotypistin beschäftigten Journalistin Paula Schlier, „Petras Aufzeichnungen oder Konzept einer Jugend nach dem Diktat der Zeit" aus dem Jahr 1926, das u. a. das Leben junger Stenotypistinnen in den ersten Nachkriegsjahren schildert, gilt als eines der ersten Bücher der Neuen Sachlichkeit, das die „Neue Frau" thematisiert. Annette Steinsiek u. Ursula A. Schneider, Nachwort zur Neuausgabe von Paula Schlier, Petras Aufzeichnungen oder Konzept einer Jugend nach dem Diktat der Zeit, Salzburg 2018.

sei, die „jedes Mädchen, also auch jede Bankangestellte, im Grunde ihres Herzens glauben“ mache, „dass nicht gerade sie zu denjenigen gehören wird, die ihr ganzes Leben lang völlig selbständig für sich zu sorgen haben“. Deshalb würden die Männer ihre Tätigkeit überwiegend als „Beruf“ begreifen, während deutlich mehr Frauen darin nur eine „Verdienstmöglichkeit“ sähen.[11] Reproduzierte Lövinson 1925 nur die Geschlechterrollenideologie einer untergegangenen Epoche oder nahm sie die Denkweisen und sozialen Realitäten junger Frauen ihrer Generation nur ernster als manche Nachgeborene?

Für Letzteres könnte die Entstehungsgeschichte von Lövinsons Dissertation sprechen. Sie fußt nämlich, wie Lövinson selbst einräumt, auf ihrer praktischen Erfahrung einer „eineinhalbjährigen Tätigkeit im Archiv der Direction der Disconto-Gesellschaft“, einer der Berliner Großbanken. Diese Kenntnisse des Innenlebens einer Bank seien, so ihre Bewertung, „dem außenstehenden Theoretiker nicht zugänglich“.[12] Als gelernte Staatswissenschaftlerin hatte sie zwar versucht, ihre auf einer sehr schmalen Datenbasis beruhenden Thesen durch eine Fragebogenaktion empirisch besser zu fundieren, aber von den 36 angeschriebenen Banken hatten nur drei geantwortet, so dass ihre Ergebnisse tatsächlich neben ihren eigenen Erfahrungen nur auf Interviews mit Gewerkschaftern sowie bei der Disconto-Gesellschaft beschäftigten weiblichen Angestellten beruhen. Aus heutiger Sicht ist das eine sehr wertvolle Quelle, auch wenn Mitschriften dieser Interviews nicht (mehr) existieren, sondern nur deren Verarbeitung durch die Forscherin.

Diese Lücken sollen durch diese Arbeit insofern geschlossen werden, als hier ein Quellenkorpus ausgewertet wird, der weder Sozialhistorikerinnen wir Imke Thamm noch den zeitgenössischen Beobachterinnen zur Verfügung standen. Die überlieferten Personalakten der Großbanken ermöglichen es zum einen, die äußerst dünne statistische Grundlage, auf der Lövinsons Arbeit fußt, zu verbreitern. Zum anderen verfügt die Quelle neben den Aktennotizen der Sachbearbeiter in den Personalabteilungen, Gehaltsmitteilungen, Arbeitsverträgen u. a. auch über Egodokumente der Angestellten, die durch die Darlegung ihrer persönlichen Verhältnisse hofften, ihren Wunsch nach Gehaltsaufbesserung oder einer Versetzung in eine andere Abteilung erfüllt zu bekommen. Gelegentlich sind auch Beschwerden über Kollegen oder Kolleginnen und (ausschließlich männliche) Vorgesetzte zu finden. Mit diesen Quellen lassen sich die Situation von Frauen an ihren Arbeitsplätzen und auch Ausschnitte ihres Privatleben rekonstruieren, so dass die Grundlage für die Frage gebildet werden kann, welche Voraussetzungen Frauen

11 Käthe Lövinson, Frauenarbeit in Bankbetrieben, Diss. Universität Würzburg 1925, S. 44.

12 Lövinson, Frauenarbeit, S. 3.

in den zwanziger Jahren vorfanden, wenn sie in Erwägung zogen, ein selbstbestimmtes Leben als berufstätige Frau zu führen, welche Erfahrungen alleinstehende Frau vor allem seit der Bankenkrise 1931 hatten machen müssen und wie sich die Arbeits- und Lebensverhältnisse für sie unter der nationalsozialistischen Herrschaft verändert hatten.

2 Die Rahmenbedingungen weiblicher Beschäftigung in den Berliner Großbanken

2.1 Die Berliner Großbanken: Geschäftsmodelle und Personalentwicklung

An der Wende zum 20. Jahrhundert war das „Drei-Säulen-Modell", das heute das deutsche Bankensystem prägt, bereits in Umrissen erkennbar. Es gab Sparkassen, Kreditgenossenschaften und Kreditbanken, wobei sich die Überschneidung der Geschäftsfelder allerdings noch sehr in Grenzen hielt. Es gab zwar schon Aktienkreditbanken, die als „Universalbanken" im embryonalen Zustand bezeichnet werden können, aber Sparkassen und Kreditgenossenschaften waren von den „Bank"-Funktionen noch ebenso weit entfernt wie die Kreditbanken von den „kleinen Leuten". Das heißt aber nicht, dass das Finanzsystem in Deutschland funktional arbeitsteilig organisiert war wie in England. Aber Arbeitsteilung zeichnete das Gesamtsystem schon aus. Es war allerdings eine Arbeitsteilung nach Kundenkreisen und „universal" war das Geschäftsmodell der Institute insofern, als sie alle nachgefragten Finanzdienstleistungen ihrer Klientel „aus einer Hand" anboten.[13]

Die Sparkassen waren das Institut der „kleinen Leute". Die einzige Finanzdienstleistung, die von Dienstboten und Arbeiterfamilien zu dieser Zeit nachgefragt war, war das Spargeschäft. Girokonten besaßen sie nicht, ihre Löhne wurden bar ausgezahlt und Vermögen über ein paar Mark auf dem Sparkonto hinaus besaßen sie auch nicht. Angelegt wurden die Spargelder von den Sparkassen vor allem im Hypothekengeschäft sowie im Kommunalkredit. Denn die meisten Sparkassen waren kommunale Gründungen und rechtlich und organisatorisch Teil der Kommunalverwaltung. Beim Hypothekengeschäft kamen die Sparkassen den anderen Kreditinstituten insofern nicht in die Quere, als diese ihre Gelder nicht so langfristig anlegten bzw. anlegen durften. Konkurrenten bei diesem Geschäft waren die Hypothekenbanken, die tatsächlich eine funktionale Spezialisierung auszeichnete.

13 Jeremy Edward und Klaus Fischer, Banks, Finance and Investment in Germany, Cambridge 1994, S. 96 ff.; Caroline Fohlin, Universal Banking in Pre-World War I Imperial Germany: Model or Myth?, in: Explorations in Economic History 36 (1999), S. 305 ff.; dies., The Balancing Act of German Universal Banks and English Deposit Banks, 1880–1913, in: Business History 43 (2001), S. 1 ff.; Dieter Ziegler, Das deutsche Modell bankorientierter Finanzsysteme (1848–1957), in: Kölner Zeitschrift für Soziologie und Sozialpsychologie, Sonderheft 45: Finanzmarkt-Kapitalismus. Analysen, Wiesbaden 2005, S. 276 ff.

 | https://doi.org/10.1515/9783112248287-002

Die Kreditgenossenschaften bedienten das gewerbliche Kleinbürgertum und die Landwirtschaft. Auch sie nahmen Spargelder an, jedoch meist nicht Pfennigbeträge wie die Sparkassen. Sie investierten ihre Mittel auch nicht langfristig, sondern vergaben Kredite (gegen Sicherheiten) und auch Personalkredite an „Genossen", in der Regel auf kurze, bestenfalls mittlere Frist. Durch die recht genaue Kenntnis der Kreditfähigkeit der „Genossen" durch die anderen „Genossen" konnte das Ausfallrisiko in Grenzen gehalten werden. Die einzelnen Genossenschaften waren so klein, dass der Kreis der „Genossen" überschaubar blieb und zunächst nur eine ehrenamtliche bzw. nebenberufliche Leitung der Genossenschaft finanzierbar war.

Bei den Kreditbanken, die Dienstleistungen vor allem für mittlere und Großunternehmen sowie für das wohlhabende bürgerliche Publikum anboten, existierte auch noch eine Arbeitsteilung zwischen drei Gruppen von Instituten. Die älteste Gruppe waren die Privatbankhäuser (oder Privatbankiers), die um 1900 schon weitgehend aus dem großen Kreditgeschäft verdrängt worden waren und Nischen besetzten, wie das internationale Geschäft, das Konsortialgeschäft oder die Vermögensverwaltung in den großen Städten auf der einen Seite oder auch das Geschäft der „kleinen Leute" in den von den Aktienbanken vernachlässigten kleineren Städten. In die Fläche expandiert waren bereits viele Provinzaktienbanken, die alle Finanzdienstleitungen für die in der Region angesiedelte Industrie und das örtliche Bürgertum anboten und bereits ein regional operierendes Filialnetz aufgebaut hatten. Ihr Geschäft bestand aus dem Depositen- und Kontokorrentgeschäft, dem Wechseldiskont und Lombardgeschäft sowie auch dem Effektenhandel. Einzig über den Kontakt zur Berliner Börse verfügten sie nicht, weshalb ihnen die größeren Unternehmen der Region auch wegen der begrenzten Ressourcen der Provinzbanken nach und nach entwuchsen.

Die dritte Gruppe der Kreditbanken bildeten die Berliner Banken, die das Geschäft der Provinzbanken in Berlin betrieben und dort auch schon durch sog. Depositenkassen in die Geschäftsviertel und Vororte Berlins expandierten. Über ein Filialnetz außerhalb Berlins verfügten sie noch nicht. Lediglich an den anderen größeren Finanzplätzen wie Frankfurt, Hamburg oder Leipzig hatte sie Niederlassungen (mit einem Depositenkassennetz) eröffnet.[14] Von „Filialgroßbanken" konnte insofern noch keine Rede sein. Der entscheidende Vorteil, über den die großen Berliner Banken verfügten, war der Kontakt zur Berliner Börse. Denn Berlin hatte Frankfurt im letzten Drittel des 19. Jahrhunderts den Rang als bedeu-

14 Die nach wie vor informationsreichste Übersicht des Entwicklungsstandes der deutschen Großbanken am Vorabend des Ersten Weltkriegs ist Jakob Riesser, Die deutschen Großbanken und ihre Konzentration, Jena 1912.

tendster Finanzplatz Deutschlands abgelaufen. Insofern konnten die größeren Berliner Banken auch in das Emissions- und Gründungsgeschäft vordringen, das lange Zeit noch eine Domäne der Privatbankhäuser gewesen war. Großunternehmen mussten und wollten ihre Aktien und Anleihen in Berlin platzieren und suchten deshalb den Kontakt zu den Berliner Banken. Erfolgreich waren deshalb auch nur diejenigen Berliner Banken, die gegen die größeren Privatbankhäuser im Emissionsgeschäft konkurrenzfähig oder als Absatzkanal für die emittierten Effekten so bedeutend waren, dass sie in die Konsortien, die die Emission von Aktien und Anleihen besorgten, aufgenommen werden mussten.

Diese Banken hatten sich damit zu einer „Universalbank", also zu einem Kreditinstitut entwickelt, das alle banküblichen Geschäfte und Bankdienstleistungen anbieten konnte, soweit sie diese nicht aufgrund sondergesetzlicher Bestimmungen besonderen Unternehmen überlassen mussten, wie etwa die Ausgabe von Banknoten, für die die Reichsbank sowie noch einige wenige Privatnotenbanken zuständig waren. Allerdings waren die Berliner Großbanken insofern noch keine „Universalbank" im modernen Sinne, als sich ihr Angebot an Finanzdienstleitungen zunächst nur an einen begrenzten Kreis potenzieller Kunden richtete. Selbst ein Girokonto konnte sich die Mehrheit der Bevölkerung noch nicht leisten. Der erste entscheidende Schritt zur Verbreitung des bargeldlosen Zahlungsverkehrs auch in breitere Kreise der Bevölkerung war die passive Scheckfähigkeit, die der Gesetzgeber den Sparkassen 1908 einräumte und die einen ersten Schritt der Sparkassen in die Geschäftsfelder der Kreditbanken darstellte, den die meisten Sparkassen aber erst nach dem Ende des Ersten Weltkriegs gingen.

Manche dieser zu Beginn des 20. Jahrhunderts bereits als Berliner Großbanken bezeichneten „Universalbanken" waren von vorherein in Berlin gegründet worden. Die ältesten Institute waren die Disconto-Gesellschaft und die Berliner Handelsgesellschaft, die in den 1850er Jahren errichtet worden waren. Später kamen noch die Deutsche Bank (1870) und die Nationalbank für Deutschland (1881) hinzu.[15] Manche der Berliner Großbanken hatten ihren Ursprung in der Provinz, aber in den letzten drei Jahrzehnten vor der Jahrhundertwende ihren Hauptsitz *de facto*, jedoch nicht *de jure*, nach Berlin verlegt. Die 1853 in Darmstadt gegründete Bank für Handel und Industrie, auch Darmstädter Bank genannt, war dabei einen Umweg über Frankfurt (1864) gegangen. Denn die Gründung war nur deshalb in Darmstadt erfolgt, weil die Gründer, vornehmlich rheinische Industrielle, im benachbarten Frankfurt keine Konzession zur Errichtung einer Aktien-

15 Hans Weber, Der Bankplatz Berlin, Köln 1957, S. 36 f; Christoph Buchheim, Deutsche Finanzmetropole von internationalem Rang, in: Hans Pohl (Hg.), Geschichte des Finanzplatzes Berlin, Frankfurt/Main 2002, S. 111.

kreditbank erhalten hatten. Die Darmstädter Bank war auch das erste Institut aus der Provinz, das sich in Berlin niederließ (1871) und dort schnell zu einer der führenden Banken am Finanzplatz aufstieg. Um die Jahrhundertwende war sie gegenüber den bedeutendsten Instituten der Stadt, der Disconto-Gesellschaft und der Deutschen Bank, konkurrenzfähig. Einen ähnlichen Umweg über Frankfurt nahm auch die 1856 zunächst als private Notenbank im thüringischen Kleinstaat Sachsen-Meiningen gegründete Mitteldeutsche Creditbank, die im Jahr 1873 Niederlassungen in Frankfurt und Berlin eröffnete. Im Jahr 1886 verlegte sie ihren Hauptsitz nach Frankfurt, nachdem sie ihr Notenprivileg aufgegeben hatte. Bis zur Jahrhundertwende sollte das Berliner Geschäft das Frankfurter an Bedeutung für das Gesamtinstitut überholen, aber den Status einer ernstzunehmenden Konkurrentin der etablierten Berliner Institute erreichte die Mitteldeutsche Creditbank nicht.[16]

Das zweite Institut, dem das Kunststück gelang, sich aus der Provinz kommend als ernstzunehmende Konkurrentin der beiden Marktführer auf dem Berliner Finanzmarkt zu etablieren, war die Dresdner Bank. Sie war 1872 in Dresden gegründet worden und hatte 1881 in Berlin eine Niederlassung errichtet. Obwohl die Bank zeitgleich auch in Sachsen expandierte, wurde die Berliner Niederlassung schon nach wenigen Jahren zur Hauptverwaltung ausgebaut. Sehr spät, aber gerade noch rechtzeitig wagte auch die 1870 in Hamburg gegründete Commerz- und Discontobank (im Folgenden: Commerzbank) den Sprung nach Frankfurt und wenig später auch nach Berlin. Während sich die Frankfurter Niederlassung als nicht sehr erfolgreich erwies, konnte sich die Berliner Niederlassung nach anfänglichen Schwierigkeiten auf dem Berliner Finanzmarkt etablieren. Als eine Berliner Großbank konnte sie vor dem Ersten Weltkrieg allerdings nur mit viel gutem Willen bezeichnet werden. In manchen zeitgenössischen Veröffentlichungen wurde auch der aus Köln stammende Schaaffhausen'sche Bankverein zu den Berliner Großbanken gezählt. Ihm gelang es aber auf mittlere Sicht nicht sich in Berlin zu etablieren. Er blieb eine rheinische Provinzialgroßbank und wurde 1914 von der Disconto-Gesellschaft übernommen, die den Bankverein aber wegen des *goodwill* der Marke „Schaaffhausen" im Rheinland noch bis Ende der zwanziger Jahre als selbständiges Institut bestehen ließ.[17]

---

16 Zur Geschichte der Darmstädter Bank gibt es keine neuere Literatur. Zur Gründungsgeschichte ist nach wie vor lesenswert: Rondo Cameron, Die Gründung der Darmstädter Bank, in: Tradition. Zeitschrift für Firmengeschichte 2/1957, S. 104 ff. Zur Mitteldeutschen Creditbank vgl. Detlef Krause, Zur Geschichte der Mitteldeutschen Creditbank, in: Bankhistorisches Archiv 17 (1991), S. 17 ff.

17 Zur Geschichte der Dresdner Bank bis zum Ersten Weltkrieg vgl. Harald Wixforth, Bank für Sachsen oder Bank für das Reich? Zur Geschichte der Dresdner Bank von 1872 bis 1914, in: Si-

Die Berliner Großbanken zögerten lange, von Berlin aus „in die Fläche" zu gehen. Stattdessen banden die meisten von ihnen einzelne Provinzaktienbanken durch Interessengemeinschaften an sich, meist durch eine Beteiligung am Aktienkapital, oft auch durch die Übernahme der Kapitalmehrheit. So büßte die Provinzbank zwar ein wenig ihrer Handlungsautonomie ein, war aber nicht weisungsgebunden wie eine Filiale. Durch die Verbindung bekam die Provinzbank einen Zugang zum Berliner Kapitalmarkt und konnte am Konsortialgeschäft der Großbank partizipieren, während der Berliner Partner eine exklusive Verbindung zu für sie interessanten (Groß-)Kunden in der jeweiligen Region knüpfen konnte, die der Provinzbank auf diese Weise nicht ganz verlustig gingen.[18]

Auf Dauer erwiesen sich die Interessengemeinschaften jedoch nicht als der richtige Weg, um in die Fläche zu expandieren. Wenige Monate vor dem Krieg übernahm die Deutsche Bank als erste Berliner Großbank mit der Bergisch-Märkischen Bank in Elberfeld eine der mit ihr verbundenen Provinzaktienbanken. Die Bergisch-Märkische Bank, die bereits 1897 mit der Deutschen Bank eine Interessengemeinschaft eingegangen war, besaß ein gut ausgebautes Filialnetz nicht nur im Bergischen Land, sondern bis nach Köln und am Niederrhein, so dass die Deutsche Bank auf einen Schlag auch in Westdeutschland etabliert war.[19]

Der Ausbruch des Ersten Weltkrieg verhinderte zunächst, dass die Berliner Konkurrenz nachzog und ihrerseits Provinzbanken übernahm, die mit ihnen in einer Interessengemeinschaft verbunden waren. Das änderte sich im vorletzten Kriegsjahr, als die Deutsche Bank erneut den Vorreiter gab und mit der Norddeutschen Creditanstalt in Königsberg und dem Schlesischen Bankverein zwei ostdeutsche Provinzbanken mit Filialnetz übernahm.[20] Nun folgten auch andere

mone Lässig und Karl Heinrich Pohl (Hg.), Sachsen im Kaiserreich. Politik, Wirtschaft und Gesellschaft im Umbruch, Dresden 1997, S. 309 ff. sowie Laura Herr und Yi Liu, Den Kopf oben behalten. Der Bankier Eugen Gutmann (1840–1925), Frankfurt/Main 2023. Zur Geschichte der Commerzbank bis zum Ersten Weltkrieg vgl. Detlef Krause, Die Commerz- und Disconto-Bank 1870 - 1920/23: Bankgeschichte als Systemgeschichte, Stuttgart 2004 sowie Dieter Ziegler, Die Commerzbank 1870 bis 1945, in: ders. u. a., Hundertfünfzig Jahre Commerzbank, München 2020, S. 25 ff.

18 Zu den Interessengemeinschaften vgl. Robert Liefmann, Interessengemeinschaften, in: Handwörterbuch der Staatswissenschaften, Bd. 5, Jena 1923, 4. Auflage, S. 468; Buchheim, Finanzmetropole, S. 113.

19 Zur Übernahme der Bergisch-Märkischen Bank durch die Deutsche Bank vgl. Lothar Gall, Die Deutsche Bank von ihrer Gründung bis zum Ersten Weltkrieg, in: ders. u. a., Die Deutsche Bank 1870–1995, München 1995, S. 24 f. sowie Alexander Nützenadel, Zwischen Staat und Markt 1914–1989, in: ders. u. a., Deutsche Bank. Die globale Hausbank, Berlin 2020, S. 256 f.

20 Zur Übernahme des Schlesischen Bankvereins und der Norddeutschen Creditanstalt vgl. Gerald D. Feldman, Die Deutsche Bank vom Ersten Weltkrieg bis zur Weltwirtschaftskrise, in: Gall

Banken. So übernahm etwa die Dresdner Bank im Herbst 1917 die Rheinisch-Westfälische Discontogesellschaft, die von Aachen aus ein weites Filialnetz im Rheinland aufgebaut hatte. Anschließend entwickelte sich ein regelrechter Wettlauf um die attraktivsten Übernahmekandidaten, wobei die kleineren Berliner Großbanken auch eher kleinere Provinzbanken übernahmen, bis die Commerzbank 1920 mit der Mitteldeutschen Privatbank aus Magdeburg eine Provinzbank erwarb, die fast genauso groß war wie sie selbst. Sie änderte daraufhin ihre Firma in Commerz- und Privatbank (kurz: Compri). Zwei Jahre später kam es dann zur ersten „Elefantenhochzeit" im deutschen Bankwesen, als die Darmstädter Bank und die Nationalbank für Deutschland fusionierten und damit zu den drei aktuell bedeutendsten deutschen Aktienkreditbanken, der Deutschen Bank, der Dresdner Bank und der Disconto-Gesellschaft aufschloss.[21]

Die Berliner Handelsgesellschaft hatte sich an dem Rennen um die Angliederung von Filialen in der Provinz nicht beteiligt. Sie beschränkte sich weiterhin auf das Berliner Geschäft sowie die Finanzierung deutscher Großunternehmen außerhalb Berlins. Damit gab es am Ende der Inflationsjahre nur noch sechs Berliner Filialgroßbanken, die Deutsche Bank als Marktführer, die Disconto-Gesellschaft, die Dresdner Bank, die Darmstädter und Nationalbank (Danat Bank), die Commerzbank, die zu dieser Zeit sogar über das größte Filialnetz aller Berliner Großbanken verfügte sowie – schon etwas abgeschlagen – die Mitteldeutsche Creditbank. Im Jahr 1929 schlossen sich die Commerzbank und die Mitteldeutsche Creditbank sowie die Deutsche Bank und die Disconto-Gesellschaft zusammen, die seitdem analog zur Danat Bank als Dedi-Bank angesprochen wurde.[22] Am Vorabend der Bankenkrise existierten somit nur noch vier Filialgroßbanken, die Deutsche Bank und Disconto-Gesellschaft (Dedi, im Folgenden weiter: Deutsche Bank), die Dresdner Bank, die Darmstädter und Nationalbank (Danat) und die Commerz- und Privatbank (Compri; im Folgenden weiter: Commerzbank). Durch den Zusammenschluss mit der Disconto-Gesellschaft war die Deutsche Bank den anderen Berliner Großbanken an Kapital, Bilanzsumme und Beschäftigten enteilt. Allerdings war die Integration beider Institute ein langer und oft auch schmerzhafter Prozess.

---

u. a., Deutsche Bank, S. 145 f.; Nützenadel Staat und Markt, S. 258 ff.; Ein vergessener Vorgänger: 150 Jahre Schlesischer Bankverein, in: Bank und Geschichte. Historische Rundschau (hrsg. v. d. Historischen Gesellschaft der Deutschen Bank), Nr. 11 (2006), S. 1 ff.

21 Zum Konzentrationsprozess im deutschen Bankwesen während der zwanziger Jahre vgl. Manfred Pohl, Konzentration im deutschen Bankwesen (1848–1980), Frankfurt/Main 1982.

22 Zur Fusion von Deutscher Bank und Disconto-Gesellschaft vgl. Feldman, Deutsche Bank, S. 258 ff. sowie Nützenadel, Staat und Markt, S. 309 ff. und zur Fusion von Mitteldeutscher Creditbank und Commerzbank vgl. Krause, Geschichte, S. 38 f. sowie Ziegler, Commerzbank, S. 94 ff.

Die Inflationsjahre hatten allen deutschen Kreditinstituten, Banken wie Sparkassen, schwer zugesetzt. Ein Grund für die Expansion der Berliner Großbanken in dieser Zeit war es, durch den Erwerb von Aktien und Immobilien gegen den Substanzverlust anzukämpfen, während viele Provinzaktienbanken schon so geschwächt waren, dass sie froh sein konnten, durch die Fusion in den vermeintlich sicheren Hafen einer Großbank einlaufen zu können. Aus der Sicht der Großbanken, die jetzt zu Filialgroßbanken geworden waren, war aber nicht nur eine gewaltige Ausweitung des Geschäfts erreicht worden, sondern das Filialnetz musste auch überwacht werden. Auch der Zuwachs an Kunden erforderte eine immer differenziertere und komplexere Steuerung des gesamten Bankorganismus. Das gelang manchen Banken besser, manchen auch nicht so gut, wie sich einige Jahre später in der Bankenkrise noch zeigen sollte.[23]

Mit der Stabilisierung der Währung und der Einführung der Reichsmark durchliefen und durchlitten auch die Großbanken eine Phase der Konsolidierung. Die Reichsmarkeröffnungsbilanzen hatten den enormen Substanzverlust während der Inflationsjahre offengelegt. Die Eigenkapitalquote – das Verhältnis von Eigenkapital (plus offenen Reserven) zum Gesamtkapital und zugleich ein Indikator für die Stabilität und Bonität einer Bank – hatte sich im Vergleich zur Vorkriegszeit deutlich verschlechtert. Sie lag bei den Berliner Großbanken 1925 bei gut 11 Prozent gegenüber knapp 21 Prozent 1914.[24]

In den Folgejahren gelang es zwar einen Zustrom von Fremdkapital auszulösen. Aber das Eigenkapital konnte nicht in einem vergleichbaren Tempo aufgestockt werden. Dafür reichten die Gewinne nicht. Denn entweder hätten die Banken einen größeren Teil der Gewinne thesaurieren müssen, um die offenen Reserven zu stärken oder sie hätten neue Aktien ausgeben müssen. Das war aber nur möglich, wenn die Anleger attraktive Dividenden, möglichst verbunden mit Kurssteigerungen hätten erwarten können. Ein größeres Eigenkapital bedeutete aber, dass sich der Gewinn auf mehr Anteile verteilte. Wenn der Gewinn nicht deutlich gesteigert werden konnte, waren niedrigere Dividenden die Folge.

Die Gewinne ließen sich aber nicht so einfach steigern, u. a. weil die Sparkassen während Krieg und Inflation dank der Lockerung der Regulierungsvorschriften in manche Geschäftsfelder der Banken eingedrungen waren. Dadurch war die Konkurrenz auf den Finanzmärkten verschärft und die Margen verringert worden. Es

23 Vgl. hierzu Falk Liedtke, Der Konflikt um den Kredit. Organisationsprobleme im Kundenkreditgeschäft Berliner Großbanken vor dem Hintergrund von Bankenkonzentration und Bankenkrise (1924–1939), Stuttgart 2023.

24 Zum Substanzverlust der deutschen Banken während Krieg und Inflation vgl. Winfried Lampe, Der Bankbetrieb in Krieg und Inflation. Deutsche Großbanken in den Jahren 1914 bis 1923, Stuttgart 2012.

mussten deswegen zunächst und vor allem die Kosten gesenkt werden. Das war am einfachsten durch Filialschließungen und bei den Personalkosten möglich, zumal wegen der in der Stabilisierung entfallenden Hilfsarbeiten der Inflationsjahre auch zahlreiche Beschäftigte nicht mehr gebraucht wurden.

Nach der Überwindung der Stabilisierungskrise ging es für die Banken langsam wieder aufwärts. Sie standen allerdings weiterhin unter einem enormen Druck. Denn die deutsche Industrie benötigte dringend Kredit, um durch Rationalisierungsinvestitionen die alte Konkurrenzfähigkeit wieder zu erlangen, die man in den zehn Jahren während Krieg und Inflation vor allem gegenüber den USA verloren hatte. Das kostete Geld, das die Unternehmen nicht hatten. Wenn die Großbanken aber den Wünschen der Großindustrie nachkamen und ihre Mittel auf die geforderten Großkredite konzentrierten, wurden in Anbetracht der nur begrenzt zur Verfügung stehen Ressourcen der „Mittelstand“ und die kleine und mittlere Industrie finanziell ausgetrocknet. Ihre Hausbanken waren vor dem Krieg die Provinzaktienbanken vor Ort gewesen, die es nun kaum noch gab. An ihre Stelle waren die Filialen der Berliner Großbanken getreten, deren Direktoren aber verglichen mit den alten Provinzaktienbankvorständen nur einen begrenzten Handlungsspielraum hatten und nur über sehr begrenzte Ressourcen selbständig verfügen konnten. Der Unmut über die Konzentration im Bankwesen war in den Kreisen des „Mittelstands“ und in der kleinen und mittleren Industrie verständlicherweise groß. Denn auch die Sparkassen konnten die Lücke nicht füllen, obwohl mittlerweile auch sie kleinere Unternehmen aus Industrie und Handel zu ihren Kunden zählten.[25]

Aus Sicht der Aktienkreditbanken war die Lösung dieses Dilemmas, die Ressourcenbasis zu verbreitern, um allen diesen Kreditwünschen zu entsprechen. Manche sehr große Unternehmen waren inzwischen dazu übergegangen, sich über die internationalen Kapitalmärkte durch die Ausgabe von Anleihen mit Investitionsmitteln zu versorgen. Das war möglich geworden, weil durch die Reichsmark das Vertrauen der internationalen Anleger in die deutsche Währung und damit in die Fähigkeit deutscher Schuldner, die Rückzahlungen in wertbes-

25 Zum Problem einer deutschen „Macmillan Gap“, einer Lücke in der Kreditversorgung kleiner und mittlerer Unternehmen in den zwanziger Jahren, vgl. Alfred Lansburgh, Die Finanzierung des Kreditbedarfs der Mittel- und Kleinindustrie, in: Bernhard Harms (Hg.), Kapital und Kapitalismus, Berlin 1931, S. 134; Ernst Walb, Übersetzung und Konkurrenz im deutschen Kreditapparat, in: Untersuchungen des Bankwesens 1933, 1. Teil, 1. Band, Berlin 1933, S. 115 ff.; Dieter Ziegler, The Origins of the 'Macmillan Gap': Comparing Britain and Germany in the Early Twentieth Century, in: P.L. Cottrell et al. (eds.), Finance in the Age of the Corporate Economy. The Third Anglo-Japanese Business History Conference, Aldershot (Ashgate) 1997, S. 184 ff.

tändigem Geld zu leisten, wiederhergestellt worden war. Diesen Weg versuchten auch manche Großbanken zu gehen. So brachte die Deutsche Bank, wieder einmal als Vorreiter, durch Vermittlung eines New Yorker Bankhauses im Spätsommer 1927 die erste Dollar-Anleihe auf den Markt. Die Commerzbank, die nach der Deutschen Bank über die engsten Kontakte nach New York verfügte, folgte nur wenige Wochen später. Das Zeitfenster, in dem die deutschen Banken auf diese Weise Zugang zum US-Kapitalmarkt hatten, war aber nur sehr schmal, so dass die anderen Großbanken die Chance verpassten.[26] Das heißt aber nicht, dass nicht auch auf anderen Wegen Investoren aus den USA Gelder in Deutschland anlegten. Im Gegenteil, wegen der im internationalen Vergleich hohen deutschen Zinsen war es durchaus attraktiv, Gelder in Deutschland anzulegen. Allerdings wurden diese Gelder kaum langfristig, sondern fast nur kurzfristig zur Verfügung gestellt, während die Nachfrage der deutschen Industrie einen *de facto* eher mittel- oder gar langfristigen Charakter hatte.

Die zweite Möglichkeit, sich zusätzliche Mittel zu verschaffen, war das Eindringen in das Spargeschäft, um auf diese Weise die Kundschaft im Passiv-(= Einlagen-)Geschäft zu verbreitern. Die Banken sahen sich dazu berechtigt, weil die Sparkassen seit dem Krieg immer weiter in das Bankgeschäft vorgedrungen waren. Zunächst war es der Regierung bei der Lockerung der Regulierungsvorschriften für das Sparkassengeschäft darum gegangen, über die Sparkassen einen zusätzlichen Absatzkanal für Kriegsanleihen zu öffnen. Nach dem Krieg wurden diese Lockerungen allerdings nicht wieder zurückgenommen. Die Großbanken reagierten auf diese Entwicklung, indem sie in das klassische Sparkassengeschäft durch die Ausgabe von Banksparbüchern eindrangen und diese Dienstleistung in den Großstädten dank ihres engen Depositenkassennetzes auch wohnortnah anbieten konnten. Damit war allerdings immer noch keine Hinwendung zu den „kleinen Leuten" verbunden.[27] Vielmehr hatten mittlerweile auch manche Bankkunden wegen der attraktiven Verzinsung Sparkonten bei einer Sparkasse eröffnet. Vor allem auf diese Kunden hatten es die Großbanken mit ihren Banksparbüchern abgesehen. Pfennigbeträge waren nur von Kindern aus dem Bürgertum willkommen, um sie frühzeitig an das eigene Institut zu binden.

Durch den Zustrom von Einlagen aus dem Inland und aus dem Ausland gelang es zwar, die Kreditversorgung von Industrie, Handel und Gewerbe zu verbessern, aber die Eigenkapitalquote der Berliner Großbanken fiel auf einen be-

26 Christopher Kobrak, Die Deutsche Bank und die USA. Geschäfte und Politik von 1870 bis heute, München 2008, S. 311 f.; Nützenadel, Staat und Markt, S. 292 f.; Ziegler, Commerzbank, S. 126.

27 Harold James, Strukturwandel in Kriegs- und Krisenzeiten, in: Hans Pohl (Hg.), Geschichte des Finanzplatzes Berlin, Frankfurt/Main 2002, S. 189.

sorgniserregend niedrigen Stand von unter sieben Prozent. Das war das Bild, das die veröffentlichten Bilanzen der Großbanken zeichneten. Tatsächlich war die Lage allerdings noch viel ernster. Bereits seit 1927, einem „schwarzen Freitag" im Mai, gaben die Kurse deutscher Aktien auf breiter Front nach. Um die Kurse der eigenen Aktien zu stabilisieren, hatten die Banken am Ende der zwanziger Jahre damit begonnen, eigene Aktien aufzukaufen. Damit senkten sie aber die Eigenkapitalquote noch weiter ab, als es nach den veröffentlichten Bilanzen den Anschein hatte. Außerdem ging den Großbanken durch diese Aktienrückkäufe Liquidität verloren, weil sie ihre eigenen Aktien nicht verkaufen konnte. Denn das hätte die unter Druck stehenden Kurse vollends einbrechen lassen – mit unabsehbaren Folgen auf den Einlagenbestand. Illegal war der Aktienrückkauf zu dieser Zeit nicht, obwohl solche Operationen in den veröffentlichten Bilanzen nicht erkennbar waren. Der Börse blieb diese Manipulation der Aktienkurse insofern verborgen.[28]

Es war wohl eher die im Jahr 1930 mit dem ersten Wahlerfolg der Nationalsozialisten einsetzende politische Instabilität der Weimarer Republik in Verbindung mit der Börsenkrise des Jahres 1929 in den USA, die die amerikanischen Anleger dazu veranlasste, ihre Einlagen bei deutschen Großbanken abzuziehen. Dadurch entstanden zwei Probleme. Erstens waren die Banken nur mit Mühe in der Lage, die Einlagen zurückzuzahlen, weil sie ihre an die deutsche Wirtschaft vergebenen Kredite nicht in der notwendigen Größenordnung kurzfristig von den Schuldnern zurückfordern konnten, zumal die Weltwirtschaftskrise auch deren Fähigkeit zur Rückzahlung von Krediten erheblich beeinträchtigte. In einer solchen Situation hatte in der Vergangenheit immer die Reichsbank als „Lender of Last Resort" dafür gesorgt, dass die Banken mit Liquidität versorgt wurden, d. h. Wechsel konnten bei der Reichsbank zum Rediskont eingereicht und als Sicherheiten von der Reichsbank akzeptierte Effekten konnten lombardiert werden. Durch den Abzug der ausländischen Gelder waren der Reichsbank zweitens allerdings die Hände gebunden. Um das Vertrauen der Reparationsgläubiger zu sichern, war die Reichsbank gesetzlich verpflichtet, eine mindestens vierzigprozentige Deckung der deutschen Währung durch Gold und Golddevisen wie den Dollar zu garantieren. Durch den Abzug der ausländischen Gelder, die in Dollar oder anderen Fremdwährungen auszuzahlen waren, war der Devisenvorrat der Reichsbank Anfang Juli 1931 nah an die Vierzigprozent-Grenze herabgesunken. Wenn die Reichsbank den Banken durch Liquiditätshilfen in größerem Umfang unter die

28 Zur Rechtslage bis zum Verbot des Rückerwerbs eigener Aktien vgl. Eva Terberger und Stefanie Wettberg, Der Aktienrückkauf und die Bankenkrise von 1931, University of Heidelberg, Department of Economics, Discussion Paper Series No. 418 (März 2005), S. 5 ff.

Arme gegriffen hätte, wäre die Geldmenge ausgeweitet und damit die Deckungsgrenze unterschritten worden. Das wollte der Reichsbankpräsident nicht zulassen, weil er zur Sicherung der deutschen Währung auf die Kooperation der Zentralbanken der wichtigsten Gläubigerstaaten angewiesen war. Bei einem Unterschreiten der Deckungsgrenze wäre aber deren Vertrauen in die Verlässlichkeit der deutschen Geldpolitik massiv erschüttert worden.[29]

Auch die deutschen Banken misstrauten sich gegenseitig, so dass die Mitte Juli 1931 am meisten Hilfe benötigende Danat Bank diese auch von dieser Seite nicht bekam. Letztlich auf sich allein gestellt, musste die Danat Bank am Montag, dem 13. Juli 1931, ihre Schalter schließen. Die Reichsregierung übernahm lediglich eine Garantie für alle Zahlungsverpflichtungen der Bank, um die Einleger und andere Gläubiger zu beruhigen. Das half aber nicht. Vielmehr löste die Schalterschließung der drittgrößten deutschen Bank einen „Run" auch auf andere Banken und zahlreiche Sparkassen aus, so dass schon am Mittag des gleichen Tages alle Großbanken ihre Auszahlungen rationierten. Dadurch wurde das Misstrauen des Publikums noch weiter gesteigert und richtete sich nun gegen alle Banken und Sparkassen. Für die nächsten Tage ordnete die Reichsregierung deshalb „Bankfeiertage" an, so dass alle Banken geschlossen blieben und der Zahlungsverkehr weitgehend zum Stillstand kam.[30] Gleichzeitig wurde der Devisenverkehr reglementiert, um den weiteren Devisenabfluss zu unterbinden. Gegen Ende der Woche waren Auszahlungen und Überweisungen für bestimmte, sehr eingeschränkte Zwecke wie Lohn-, Gehalts- und Rentenzahlungen zwar wieder möglich. Aber das normale Bankgeschäft ruhte weiterhin.

Als Bedingung für die Reichsgarantie wurden bei der Danat Bank zwei Treuhänder des Reiches eingesetzt. Allerdings konnten die alten Geschäftsinhaber nicht einfach abgesetzt werden. Die Bank war als einzige der vier verbliebenen Großbanken keine Aktiengesellschaft, sondern eine Kommanditgesellschaft auf Aktien. Das bedeutete, dass es neben den beschränkt haftenden Kommanditisten bzw. Aktionären persönlich haftende Komplementäre gab. Da auch eine Verstaatlichung der Bank zunächst noch vermieden werden sollte, konnte die Reichsregierung nicht einfach in die Personalpolitik der Bank eingreifen. Außerdem besaßen die Geschäftsinhaber das Vertrauen der Großindustrie. Denn gleichzeitig versuchten mehrere Industrielle, vornehmlich aus der Schwerindustrie, die Danat Bank

29 Die Literatur zur Bankenkrise von 1931 ist mittlerweile fast unüberschaubar. Einen ersten Überblick verschaffen Carsten Burhop, The historiography of the 1931 crisis in Germany, in: Jahrbuch für Wirtschaftsgeschichte 2011/2, S. 9 ff. sowie Johannes Bähr und Bernd Rudolph, 1931 Finanzkrisen 2008, München 2011.

30 Zu den Ereignissen vom 12. und 13. Juli 1931 immer noch lesenswert: Karl Erich Born, Die Deutsche Bankenkrise 1931. Finanzen und Politik, München 1967.

als privatwirtschaftliches Institut zu retten, indem sie sich bemühten, die sich im Eigenbesitz der Bank befindlichen Aktien zu übernehmen. Das Schicksal der Bank blieb somit über Monate in der Schwebe.

Anders war die Situation bei der Dresdner Bank. Bei ihr war fast von Anfang an klar, dass das Reich sich zumindest für einige Jahre würde beteiligen müssen. Denn das Risiko eines erneuten „Run" nach der Wiederaufnahme des uneingeschränkten Zahlungsverkehrs wurde als zu groß eingeschätzt, wenn die Dresdner Bank nicht das Vertrauen des Publikums zurückgewann. Durch eine massive Finanzspritze des Staates sollte allen Spekulationen um die Zahlungsfähigkeit der Bank ein Riegel vorgeschoben werden. Im August 1931 beschloss die Generalversammlung der Dresdner Bank deshalb eine Kapitalerhöhung, wobei die neuen Aktien in Reichsbesitz übergingen. Das Reich war damit zu 75 Prozent Eigentümer der Dresdner Bank geworden. Daraufhin installierte die Reichsregierung zwei Personen ihres Vertrauens im Vorstand, während einige alte Vorstandsmitglieder, die als wesentlich verantwortlich für die Krise angesehen wurden, gehen mussten. Diejenigen Vorstandsmitglieder, die bleiben durften, traten ins zweite Glied zurück. Die Leitung der Bank wurde de facto den beiden Vertrauensmännern der Regierung überlassen.[31]

Damit hatte die Regierung zunächst einmal Zeit gewonnen, aber nicht mehr. Sie nutzte die Zeit, indem sie eine „kleine Aktienrechtsreform" durchführte und u. a. strengere Regeln bei der Beaufsichtigung der Geschäftsleitungen, die Pflichtprüfung der Bilanz durch unabhängige Wirtschaftsprüfer und eine Bankenaufsicht einführte. Außerdem wurde der Rückkauf eigener Aktien erschwert.[32] Durch das drei Jahre später eingeführte Kreditwesengesetz wurde die bislang beobachtende Bankenaufsicht durch eine kodifizierte Bankenaufsicht mit dem bei der Reichsbank gebildeten Aufsichtsamt für das Kreditwesen erweitert. Zu den neuen regulatorischen Neuerungen gehörten die Erlaubnispflicht für Bankgeschäfte, Grundsätze für die Liquiditätshaltung und die Berichtspflicht aller Banken. Obwohl das Gesetz unter nationalsozialistischer Ägide erlassen wurde, ist sich die Forschung weitgehend einig, dass es „einen technokratisch motivierten

31 Zur Vorgeschichte der Fusion vgl. Dieter Ziegler, Der Ordnungsrahmen, in: Johannes Bähr, Die Dresdner Bank in der Wirtschaft des Dritten Reiches, München 2006, S. 43 ff.

32 Verordnung des Reichspräsidenten über Aktienrecht, Bankenaufsicht und eine Steueramnestie v. 19.9.1931, RGBl. 1931/1, S. 493 ff. Vgl. zu Inhalt und Bedeutung der Notverordnung Sylvia Engelke u. Reni Maltschew, Weltwirtschaftskrise, Aktienskandale und Reaktionen des Gesetzgebers durch Notverordnungen im Jahr 1931, in: Walter Bayer u. Mathias Habersack (Hg.), Aktienrecht im Wandel, Tübingen 2007, S. 570 ff.

und von der Staatsordnung unabhängigen Schritt" darstellte, der „primär die Krisenerfahrungen des Jahres 1931 rezipierte".[33]

Die Bankenaufsicht war aber eine präventive Maßnahme. Damit war das aktuell brennende Problem der Zukunft der deutschen Großbanken nicht gelöst und die Zeit drängte. Es musste eine Lösung gefunden werden, bevor die Bilanzen der vier Banken für das Jahr 1931 veröffentlicht wurden. Denn es zeichnete sich ab, dass deren Verluste noch viel größer waren als zunächst angenommen. Vor allem bei der Danat Bank deutete sich an, dass sie trotz der Unterstützung aus der Industrie allein nicht mehr lebensfähig war. Deshalb beschloss die Regierung die beiden größten Sanierungsfälle, die Danat Bank und die Dresdner Bank, zusammenzuschließen und setzte diesen Plan auch gegen den Widerstand des Dresdner Bank-Vorstands durch.

Möglich war dieser Zusammenschluss nur dank der Bereitschaft der Regierung, noch einmal mit Steuergeldern auszuhelfen. Dadurch befand sich das fusionierte Institut am Ende zu etwa 91 Prozent in Staatsbesitz. Ein wichtiger Teil des Sanierungsplans war die drastische Reduzierung der Belegschaft. Bereits vor der Fusion hatten beide Banken damit begonnen, die Zahl ihrer Mitarbeiter zu reduzieren. So waren die Belegschaften bereits im Jahr 1931 von zusammen gut 15.350 auf etwa 13.900 Beschäftigte reduziert worden. Das war aber noch nicht alles. Im Oktober 1931 wurde den Angestellten der Dresdner Bank mitgeteilt, dass dadurch, dass sich die Dresdner Bank nun „zu mehr als der Hälfte im Besitze des Deutschen Reiches" befände, „die Bestimmungen der Notverordnungen vom 1.12.30 bzw. 5.6.31 für unser Institut in Anwendung ... kommen".[34] Nach diesen später sogenannten „Gehaltskürzungsverordnungen" wurden die Gehälter zunächst um sechs Prozent[35] und dann noch einmal um vier bis sieben Prozent (je nach Einkommenshöhe) gekürzt,[36] so dass diejenigen Angestellten, die froh sein konnten, nicht gekündigt worden zu sein, nun im Gegenzug eine deutliche Verringerung ihres Gehalts hinnehmen mussten.

Durch die Fusion wurde der Personalabbau dann beschleunigt, wobei insbesondere der Zusammenlegung und Schließung von Filialen und Depositenkassen eine besondere Bedeutung zukam. Diese Entwicklung schlug auf die Belegschaft in der Weise durch, dass noch einmal rund 3.000 Mitarbeiter entlassen, auf „War-

---

33 Christopher Kopper, Zwischen Marktwirtschaft und Dirigismus. Bankenpolitik im Dritten Reich, Bonn 1995, S. 125.

34 Schreiben an Käte Bo v. 10.10.1931, in: HAC 500/12590-2001.

35 Verordnung des Reichspräsidenten zur Sicherung von Wirtschaft und Finanzen v. 1.12.1930, Kap. 2, § 1 und § 6, RGBL. 1930/1, S. 522 f.

36 Zweite Verordnung des Reichspräsidenten zur Sicherung von Wirtschaft und Finanzen v. 5.6.1931, 2. Teil, Kap. 1, § 1, RGBl. 1931/1, S. 282.

tegeld“ gesetzt oder frühpensioniert wurden. Im zweiten Quartal des Jahres 1933 war dann der Tiefpunkt mit weniger als 11.000 Beschäftigten erreicht. Damit war die Belegschaft von Dresdner Bank und Danat-Bank innerhalb von nicht einmal zwei Jahren um fast dreißig Prozent – 9,5 Prozent vor der Fusion und 21 Prozent seitdem – reduziert worden.

Dank eines von der Reichsregierung bereitgestellten „Abbaufonds“ in Höhe von 20 Mio. RM konnte dieser Personalabbau in einer gemessen an den Umständen sozial verträglichen Weise durchgeführt werden. Denn nach den mit dem Betriebsrat ausgehandelten und von der Reichsregierung genehmigten „Richtlinien für den [...] Personalabbau“ wurden nach Möglichkeit keine Kündigungen ausgesprochen, sondern alle Angestellten über 50 Jahre und mit mindestens 15 Dienstjahren (bei der Dresdner Bank oder ihren Rechtsvorgängerinnen) konnten von der Bank pensioniert werden. Die Pension sollte dabei (je nach Dienstalter) mindestens die Hälfte und höchstens zwei Drittel des Arbeitseinkommens betragen. Reichte diese Maßnahme nicht aus, konnten darüber hinaus Angestellte im Alter von 45 bis 50 Jahren „auf Wartegeld“ gesetzt werden. Das Wartegeld betrug 75 Prozent der Bezüge. Alle Angestellten, die jünger als 45 Jahre alt waren, konnten freiwillig gegen eine Abfindung ausscheiden. Schließlich verpflichtete sich die Bank, keine Neueinstellungen vorzunehmen, bevor nicht alle Wartegeldempfänger wieder an ihren Arbeitsplatz zurückgekehrt waren. Sogar Lehrlinge durften nur mit ausdrücklicher Zustimmung des Betriebsrats übernommen werden.

Nur wenn auch diese Maßnahmen nicht ausreichten, sollten Kündigungen ausgesprochen werden. Allerdings war dabei „auf die sozialen Verhältnisse und bestehenden Unterhaltspflichten der zur Entlassung kommenden Angestellten sowohl hinsichtlich ihrer Auswahl wie auch hinsichtlich der Höhe ihrer Abfindung vollste Rücksicht zu nehmen“. Damit sollten in erster Linie Familienväter vor einer Entlassung geschützt werden. Es ist zu vermuten, dass diese Regelung in der Praxis darauf hinauslief, dass vorrangig weibliche Angestellte, die fast ausnahmslos ledig waren, von den Abbaumaßnahmen betroffen waren.[37]

Von den Angestelltenverbänden wurde diese Vereinbarung allgemein begrüßt. Die Vereinigung von Oberbeamten im Bankgewerbe bezeichnete sie gegenüber ihren Mitgliedern als das Äußerste, was „die Lage der Bank irgendwie zulässt“,[38] und die beiden größten Angestelltenverbände, der sozialdemokratische Allgemeine Verband der deutschen Bankangestellten und der bürgerliche Deutsche Bankbeamten-Verein wetteiferten sogar darum, die „Vaterschaft“ der Richtli-

37 Zum Personalabbau im Zuge der Bankenkrise Hans G. Meyen, 120 Jahre Dresdner Bank, Frankfurt 1992, S. 96 f. sowie Ziegler, Ordnungsrahmen, S. 58 ff.

38 Flugblatt der Vereinigung von Oberbeamten im Bankgewerbe e.V., datiert April 1932, in: HAC 500/50337-2001.

nien für sich zu reklamieren. Eine Stellungnahme des Deutschnationalen Handlungsgehilfenverbandes, der zu diesem Zeitpunkt in der Dresdner Bank erfolgreich von der Nationalsozialistischen Betriebszellenorganisation unterwandert war, ist nicht überliefert. Aber auch er gab seine Zustimmung zu der Vereinbarung.[39]

Seitdem galt die Dresdner Bank als „subventioniertes Unternehmen" und unterlag damit der sogenannte „Subventionsverordnung" vom September 1932[40] und der Durchführungsverordnung zu dieser „Subventionsverordnung" vom Februar 1933. Danach war das Reichswirtschaftsministerium berechtigt, in das Gehaltsgefüge der Bank einzugreifen. Konkret bedeutete das für die Abfindungen ebenso einen Genehmigungsvorbehalt wie bei der Festsetzung der „Abbaupensionen" für die in den (Vor-)Ruhestand versetzten Angestellten. Außerdem mussten die Dienstbezüge von Vorstandsmitgliedern und leitenden Angestellten auf das Niveau vergleichbarer Beamtenbezüge abgesenkt werden.[41]

Die Danat Bank und die Dresdner Bank waren zwar die größten Sorgenkinder unter den Großbanken. Aber das heißt nicht, dass die beiden anderen Großbanken die Krise aus eigener Kraft überstanden hätten. Auch bei der Commerzbank hatte sich für 1931 ein hoher Abschreibungsbedarf angehäuft, den sie nicht decken konnte. Auch sie benötigte demzufolge Unterstützung und die konnte nach Lage der Dinge ebenfalls nur vom Reich bereitgestellt werden. So beteiligte sich das Reich durch die Reichsbanktochter Deutsche Golddiskontbank auch an der zweiten Großbank und erwarb durch die Übernahme neu emittierter Aktien eine Beteiligung von etwa 70 Prozent. Die Regierung beschloss außerdem, die Commerzbank mit einem weiteren „Sorgenkind", der letzten in Westdeutschland noch verbliebenen größeren Provinzaktienbank, dem Barmer Bankverein mit

39 Vgl. hierzu „Die Lage bei der Dresdner Bank", in: Der Deutsche Bankangestellte. Organ des Allgemeinen Verbandes der Deutschen Bankangestellten, Jg. 1932, S. 116 f.; „Abbau-Richtlinien für die Fusion der Danat- mit der Dresdner Bank", Bankbeamtenzeitung. Nachrichtenblatt des Deutschen Bankbeamten-Vereins, Jg. 1932, S. 39.

40 Verordnung des Reichspräsidenten zur Belebung der Wirtschaft v. 4.9.1932, RGBl. 1932/1, S. 425 ff., hier vor allem 4. Teil, Kap. V: „Einschränkung der Personalausgaben bei subventionierten Unternehmen".

41 Verordnung zur Ergänzung und Durchführung des Kapitels V des Vierten Teiles der Verordnung des Reichspräsidenten zur Belebung der Wirtschaft v. 4.9.1932, v. 27.2.1933, RGBl. 1933/1, S. 89 ff. Obwohl die Verordnung erst nach der Machtübernahme der Nationalsozialisten erlassen wurde, diente sie nicht der Diskriminierung „nichtarischer" Betroffener, sondern präzisierte die „Subventionsverordnung" lediglich in der Weise, dass nun klar festgelegt wurde, dass „eine Abfindung oder ein Versorgungsbezug aus Anlass des Ausscheidens nur mit vorheriger Zustimmung der Reichsregierung [...] gezahlt werden" durfte (§ 3, Abs. 2, S. 90).

Sitz in Düsseldorf, zu fusionieren und das vereinigte Institut durch ausreichend dimensionierte Ausfallkredite abzusichern.[42]

Schließlich war auch die Deutsche Bank nicht in der Lage, die Verluste des Jahres 1931 aus eigener Kraft zu decken. Deshalb erwarb das Reich durch Zusammenlegung des „alten" Aktienkapitals und Übernahme neuer Aktien durch die Deutsche Golddiskontbank eine Beteiligung. Allerdings ging die Deutsche Bank nicht in den Mehrheitsbesitz der öffentlichen Hand über wie Dresdner Bank und Commerzbank, sondern die Deutsche Golddiskontbank war mit einem Anteil von etwa 35 Prozent „nur" der größte Anteilseigner. Außerdem gelang es der Deutschen Bank schon nach eineinhalb Jahren, im November 1933, den Staatsanteil dadurch zu verringern, dass sie das leerstehende Gebäude der Disconto-Gesellschaft gegen staatliche Anteile eintauschte. Denn die neue nationalsozialistische Reichsregierung benötigte in Berlin-Mitte dringend zusätzliche Büroflächen und brachte in dem Gebäude das Reichswirtschaftsministerium unter.[43]

Die Banken erholten sich nach der Krise nur langsam. Von der 1934 einsetzenden Rüstungskonjunktur profitierten sie kaum. Denn die mit den steigenden Umsätzen verbundenen hohen Gewinne erlaubten es den Unternehmen, Investitionen aus eigener Kraft zu finanzieren und ihren Kreditbedarf zu reduzieren. Das war von der Regierung auch so gewollt. Denn auf dem Kapitalmarkt sollten private Nachfrager der staatlichen Nachfrage keine Konkurrenz machen, ja das Reich vertrieb durch mehrere Gesetze sogar konkurrierende Nachfrager vom Kapitalmarkt.[44] Dadurch brach das Emissionsgeschäft der Großbanken weitgehend weg, was vor allem die Deutsche Bank und die Dresdner Bank traf. Durch die staatlich induzierte Drosselung der Wareneinfuhr und dem damit verbundenen Rückgang des Außenhandels ging auch der Diskont von guten Handelswechseln zurück, was allerdings deswegen nicht unbedingt auffiel, weil das Reich diesen Rückgang mit als Handelswechsel getarnten Finanzwechseln („Mefo-Wechsel") kompensierte. Außerdem erholte sich die Konsumgüterindustrie wegen der schwachen Binnennachfrage nur langsam, die weniger durch Großunternehmen, sondern durch kleine und mittlere Unternehmen geprägt war, was vor allem die Commerzbank als „Mittelstandsbank" traf.[45]

42 Ziegler, Commerzbank, S. 128 ff.

43 Harold James, Die Deutsche Bank und die Diktatur 1933–1945, in: ders. u. a., Die Deutsche Bank 1870 bis 1995, München 1995, S. 332 f.; Nützenadel, Markt und Staat, 330 ff.

44 Kopper, Marktwirtschaft, S. 126 ff.

45 James, Deutsche Bank, S. 336; Johannes Bähr, Die Dresdner Bank in der Wirtschaft des Dritten Reiches, München 2006, S. 199 ff.; Ziegler, Commerzbank, S. 157 ff. Eine für die Deutsche Bank etwas andere Interpretation in Nützenadel, Staat und Markt, S. 346.

Um die Aufrüstung und später auch das Autarkieprogramm zur Kriegsvorbereitung zu finanzieren, verschuldete sich das Reich in einer in Friedenszeiten noch nie dagewesenen Weise, so dass die Banken aufgrund mangelnder Alternativen immer stärker von einem Kreditnehmer, nämlich dem Reich, abhängig wurden. Dabei hatte die Bankenkrise sie eigentlich gelehrt, dass Banken Risiken streuen mussten, um nicht durch Zahlungsprobleme eines Großkunden mit in den Abgrund gezogen zu werden. Auch die nach Verkündung des Vierjahresplans steigende Kreditnachfrage änderte daran wenig. Denn entweder waren die Kreditnehmer wie die Reichswerke Hermann Göring staatliche Unternehmen oder die von privaten Unternehmen errichteten Anlagen waren nur rentabel, solange die Autarkiepolitik ausländische Konkurrenzprodukte vom deutschen Markt fernhielt. Weltmarktfähig waren die Produkte der Ersatzstoffindustrie wie synthetisches Gummi („Buna“) oder aus Stein- oder Braunkohle gewonnene Kraftstoffe sowie Zellwollfasern nicht. Auch bei Krediten für die Errichtung und den Betrieb solcher Anlagen hing somit die Fähigkeit, die Kredite zurückzahlen zu können, von der Politik des Reiches ab.

Auf das operative Geschäft der Banken nahm die nationalsozialistische Regierung direkt keinen Einfluss. Es reichte ihr, den Finanzmarkt so zu regulieren und die Kreditnachfrage so zu steuern, dass die Banken aus Eigeninteresse das taten, was von ihnen erwartet wurde. Deshalb hatte das Regime auch keinen Grund, die 1931/32 von der Regierung Brüning in Aussicht gestellte Reprivatisierung der Banken zu hintertreiben. Aber erst als das Vertrauen der Anleger soweit wieder hergestellt war, dass man es riskieren konnte, die sich im Besitz des Reiches bzw. der Deutschen Golddiskontbank befindlichen Aktien im Publikum zu streuen, konnte der Rückzug des Staates beginnen. Bis dieser Zeitpunkt erreicht war, dauerte es mehrere Jahre. Die Deutsche Bank machte den Anfang und hatte bis 1936 alle Aktien im Besitz der Deutschen Golddiskontbank im Publikum platzieren können. Die Commerzbank folgte im Jahr 1937 und die Dresdner Bank etwas später noch im gleichen Jahr.[46]

Damit hatten die Großbanken auch formal ihre Handlungsautonomie auf den mittlerweile allerdings hoch regulierten Märkten wiedergewonnen. Das betraf nicht nur den Kapital- und Kreditmarkt (durch die Reprivatisierung), sondern auch den Arbeitsmarkt und – allerdings schon deutlich früher – die industriellen Beziehungen. Zunächst erlaubte das Betriebsvertretungsgesetz Anfang April 1933 die Absetzung der gewählten Betriebsratsmitglieder und ihre Ersetzung durch

---

46 Bähr/Rudolph, Finanzkrisen, S. 114 ff.

Nationalsozialisten.[47] Bei den Großbanken in Berlin wurde, wie in zahlreichen anderen Unternehmen, diese Möglichkeit genutzt und die Betriebsräte „gleichgeschaltet", denen seitdem überwiegend oder ausschließlich „Alte Kämpfer" der NSDAP angehörten.

Der neue Betriebsrat blieb etwa ein Jahr im Amt, bis im März 1934 aufgrund des im Januar erlassenen Arbeitsordnungsgesetzes[48] ein sogenannter Vertrauensrat ernannt wurde. Da der Vertrauensrat nur eine beratende Funktion besaß, wurde in der Konsequenz die betriebliche Mitbestimmung zugunsten des „Führerprinzips" abgeschafft. Damit war die alleinige Entscheidungsgewalt in „allen betrieblichen Angelegenheiten" (wieder) auf den „Unternehmer als Führer des Betriebes" (§ 2 Abs. 1) übergegangen. Die Beratungsgegenstände des Vertrauensrates wurden im Gesetz nicht genau umrissen. Fragen der Tarifpolitik gingen ihn allerdings ausdrücklich nichts an. Für die Regelung der tariflichen Arbeitsbedingungen war bereits unmittelbar nach der Zerschlagung der Gewerkschaften der dem Reichsarbeitsministerium unterstellte „Treuhänder der Arbeit" als neue sozialpolitische Institution geschaffen worden.[49] Auch sein Einfluss war allerdings begrenzt, da die nun „Tarifordnungen" genannten Tarifverträge vorerst in Kraft blieben.

Eine demokratische Wahl zur Bestimmung der Vertrauensmänner gab es nicht. Der „Betriebsführer" stellte vielmehr „im Einvernehmen" mit dem NS-Betriebszellen-Obmann eine Liste der Vertrauensmänner zusammen, die von der „Gefolgschaft" in geheimer Abstimmung zu bestätigen war (§ 9 Abs. 1). Konkurrierende Listen oder öffentliche Diskussionen über die Kandidaten waren nicht zulässig. Selbst im Fall einer mehrheitlichen Ablehnung die Liste oder der Streichung einzelner Kandidaten, mussten nicht zwangsläufig Konsequenzen gezogen werden, zumal das Ergebnis der Abstimmung der Belegschaft nicht mitgeteilt werden musste. Es stand vielmehr dem Treuhänder der Arbeit zu, das Abstimmungsergebnis zu ignorieren oder andere Vertrauensmänner zu benennen. Die Abstimmung besaß deshalb weniger den Charakter einer Wahl, sondern eher den Charakter eines „Stimmungsbarometers".[50] Abstimmungen über die Vertrauensmänner wurden ohnehin nur in den Jahren 1934 und 1935 durchgeführt. Seitdem blieben sie entweder im Amt oder wurden durch den Treuhänder der Arbeit neu berufen.

---

47 Gesetz über Betriebsvertretungen und wirtschaftliche Vereinigungen v. 4.4.1933, RGBl. 1933/1, S. 161 f.

48 Gesetz zur Ordnung der nationalen Arbeit v. 20.1.1934, RGBl. 1934/1, S. 45 ff.

49 Gesetz über Treuhänder der Arbeit v. 19.5.1933, RGBl 1933/1, S. 285.

50 Matthias Frese, Betriebspolitik im „Dritten Reich". Deutsche Arbeitsfront, Unternehmer und Staatsbürokratie in der westdeutschen Großindustrie 1933–1939, Paderborn 1991, S. 177.

Die wiedergewonnene Handlungsautonomie der Geschäftsleitungen im Inneren bedeutete allerdings nicht, dass die Handlungsautonomie nicht von außen eingeschränkt wurde. Im Gegenteil, in die Personalpolitik der Großbanken griff das Reich, das Reichswirtschaftsministerium und die Reichsbank, direkt und zwar massiv ein, besonders bei der Dresdner Bank als Mehrheitsaktionär. Schon die Regierung Brüning hatte mit der Einsetzung der Treuhänder bei der Danat Bank und der Delegation zweier Vertrauensmänner in den Vorstand der Dresdner Bank in das Personaltableau der von ihr gestützten Banken eingegriffen. Außerdem veranlasste sie mehrere alte Vorstandsmitglieder nach der Übernahme der Kapitalmehrheit „freiwillig" den Vorstand zu verlassen; und auch nach der Fusion von Danat Bank und Dresdner Bank sorgte die Reichsregierung dafür, dass von den alten Geschäftsinhabern der Danat Bank nur einer und auch nur übergangsweise in den Vorstand des fusionierten Instituts eintreten durfte. Schon im Folgejahr war kein einziger ehemaliger Geschäftsinhaber und kein Vorstandsmitglied aus der Vorkrisenzeit mehr im Vorstand der Dresdner Bank vertreten.

Ähnlich war die Situation bei der Commerzbank. Auch dort hatte schon die Regierung Brüning einige Vorstandsmitglieder zum Rückzug aus dem Vorstand genötigt. Wenig später trat ein Beamter der Reichsbank in den Vorstand ein, wobei es keineswegs ungewöhnlich war, wenn der Mehrheitsaktionär einen Vertrauensmann in den Vorstand einer Aktiengesellschaft entsandte.[51] In beiden Fällen, der Commerzbank und der Dresdner Bank, ist Antisemitismus als Motiv bei der Umbesetzung der Vorstände vor der Machtübernahme der Nationalsozialisten auszuschließen, auch wenn die jüdischen unter den Vorstandsmitgliedern, die ihre Posten hatten räumen müssen, als „Sündenböcke" der Öffentlichkeit präsentiert wurden, während manche nichtjüdische wie jüdische Vorstandsmitglieder trotz ihrer Mitverantwortung für die Krise ihres Hauses zunächst unbehelligt blieben. Beide Banken hatten aber zum Zeitpunkt der Machtübernahme Juden in ihren Vorständen, im Falle der Dresdner Bank sogar ein prominentes Mitglied der jüdischen Gemeinde in Berlin.

Die nationalsozialistische Regierung setzte die Politik der Eingriffe in das Führungspersonal der Großbanken fort. Allerdings war das Kriterium für die Entlassung von Vorstands- oder Aufsichtsratsmitgliedern nicht mehr die (Mit-)Verantwortung für die Bankenkrise, sondern die Eingriffe richteten sich nun gegen die jüdischen Mitglieder, wobei die Kampagne nicht bei den Führungspersönlichkeiten Halt machte, sondern auf die gesamte Belegschaft ausgedehnt wurde. Im April 1933 hatte die Regierung mit dem sogenannten Berufsbeamtengesetz die Möglichkeit geschaffen, den öffentlichen Dienst von politischen Gegnern und so-

51 Ziegler, Commerzbank, S. 142 ff.

genannten „Nichtariern" zu „säubern".[52] Im öffentlichen Dienst ging es eher um politische Gegner, vor allem Sozialdemokraten. Denn Juden waren im öffentlichen Dienst unterrepräsentiert. Unter „Nichtariern" verstand das Regime nach dem sogenannten, in Verbindung mit dem Berufsbeamtengesetz erlassenen „Arierparagraphen" Personen jüdischer Herkunft, die nicht notwendigerweise auch der jüdischen Religionsgemeinschaft angehören mussten.[53] Anfang Mai wurde das Berufsbeamtengesetz insofern erweitert, als alle den „Körperschaften des öffentlichen Rechts ... gleichgestellten ... Unternehmungen" in den Geltungsbereich des Gesetzes einzubeziehen waren.[54] Damit bestand zumindest theoretisch die Möglichkeit, das Berufsbeamtengesetz auch auf Commerzbank und Dresdner Bank anzuwenden, wobei es hier weniger um politische Gegner, sondern eher um „Nichtarier" ging. Denn bei allen drei Großbanken lag der Anteil jüdischer Beschäftigter deutlich über dem Anteil der Juden an der reichsdeutschen Bevölkerung.

Die Aktien der Dresdner Bank befanden sich im Verantwortungsbereich des Reichswirtschaftsministeriums, das bestimmte, dass auch die Bank unter die Bestimmungen des Berufsbeamtengesetzes fiel. Die Aktien der Deutschen Bank hatten sich zu keinem Zeitpunkt mehrheitlich im Besitz der öffentlichen Hand befunden, so dass die Deutsche Bank nicht als den Körperschaften des öffentlichen Rechts gleichgestellte Unternehmung angesehen werden konnte. Allerdings war diese Regelung natürlich veränderbar, so dass mittelbar auch auf die Deutsche Bank Druck durch das Berufsbeamtengesetz ausgeübt werden konnte. Die Aktien der Commerzbank befanden sich ebenso wie die der Deutschen Bank im Frühjahr 1933 im Verantwortungsbereich der Reichsbank. Reichbankpräsident Schacht wandte das Berufsbeamtengesetz nach einiger Überlegung auf diese Bank nicht an. Allerdings liegt es nahe, dass er es zur Bedingung machte, dass die exponierten Vorstandsmitglieder jüdischer Herkunft sofort und mit der Zeit auch weitere „nichtarische" Angestellte entlassen oder in den (Vor-)Ruhestand geschickt werden würden.[55] Der Vorteil lag für die Banken im Vergleich zur strikten Anwendung des Berufsbeamtengesetzes wie bei der Dresdner Bank darin, dass sie dieje-

52 Gesetz zur Wiederherstellung des Berufsbeamtentums v. 4.4.1933, RGBl. 1933/1, S. 175 ff.

53 Unter einem „Nichtarier" verstand der Gesetzgeber eine Person mit mindestens einem jüdischen Großelternteil. Erste Verordnung zur Durchführung des Gesetzes zur Wiederherstellung des Berufsbeamtentums v. 11.4.1933, RGBl. 1933 Teil I, S. 195. Zur Bedeutung dieses „Arierparagraphen" als „notwendiger Voraussetzung aller Verfolgungen" vgl. Saul Friedländer, Das Dritte Reich und die Juden, Bd. 1, München 1998, S. 40.

54 Zweite Verordnung zur Durchführung des Gesetzes zur Wiederherstellung des Berufsbeamtentums v. 4.5.1933 (§ 1), RGBl. 1933/1, S. 233.

55 Nützenadel, Markt und Staat, S. 337 ff.; Ziegler, Commerzbank, S. 148 f.

nigen Angestellten vorerst verschonen konnten, auf deren Expertise sie weiterhin angewiesen zu sein glaubten, während die Dresdner Bank für diese Personen eine Sondergenehmigung beim Reichswirtschaftsminister erwirken mussten, die auch nur quartalsweise und über den Sommer 1935 gar nicht mehr gewährt wurde. Auch wenn sich somit die Rechtsgrundlage für die „Entjudung" bei den drei Großbanken unterschied, das Ergebnis war dasselbe. Alle drei Banken waren spätestens 1938 „judenfrei".[56] Die Umsetzung der Bestimmungen des Berufsbeamtengesetzes bei der Dresdner Bank werden in Kap. 7 noch ausführlich thematisiert werden.

Die Verdrängung der Juden aus dem Bankwesen war nur ein Mosaikstein des größeren nationalsozialistischen Projekts der vollständigen „Ausschaltung" der Juden aus dem deutschen Wirtschaftsleben. Das Berufsbeamtengesetz mit seinem „Arierparagrafen" ließ sich nur auf Beschäftigte des öffentlichen Dienstes (mit der erwähnten Erweiterung) anwenden. Auch manche freien Berufe waren vom „Arierparagrafen" betroffen,[57] aber auf die Privatwirtschaft war seine Anwendung zunächst nicht zulässig. Allerdings sorgten zahlreiche Schikanen gegen Unternehmen in jüdischem Besitz und deren Inhaber(-Familien) dafür, dass bis 1938, als die gesetzliche Grundlage für die endgültige „Ausschaltung" der Juden aus dem deutschen Wirtschaftsleben geschaffen wurde,[58] zahlreiche jüdische Unternehmer ihr gewerbliches Eigentum verkauft hatten, um Deutschland mit ihren Familien verlassen zu können.

An der sog. „Arisierung" gewerblichen Eigentums war das gesamte deutsche Kreditwesen unmittelbar beteiligt. Die Großbanken „arisierten" zwar gelegentlich ebenso wie die Sparkassen auch auf eigene Rechnung. Aber in den weitaus meis-

---

56 Im Laufe des Jahres 1936 einigten sich die drei Großbanken, auch die letzten „Nichtarier" bis Ende Januar 1937 zu entlassen. Wann genau diese Vereinbarung getroffen wurde, war nicht zu ermitteln. Vgl. hierzu Schreiben von Dresdner Bank-Vorstandsmitglied Schippel an Dr. Köhler, Reichswirtschaftsministerium v. 11.3.1937, in: RGVA, Fond 1458, Findbuch 1, Akte 550. Der Termin ist von allen drei Banken nicht eingehalten worden.

57 Gesetz über die Zulassung zur Rechtsanwaltschaft v. 7.4.1933, RGBl. 1933/1, S. 188; Gesetz betr. die Zulassung zur Patentanwaltschaft und zur Rechtsanwaltschaft v. 22.4.1933, ebd., S. 217 f.; Verordnung über die Zulassung von Ärzten zur Tätigkeit bei den Krankenkassen v.22.4.1933, ebd., S. 222 f.; Gesetz über die Zulassung von Steuerberatern v. 6.5. 1933, ebd., S. 257 f.

58 Dritte Verordnung zum Reichsbürgergesetz v. 14.6.1938, RGBl 1938/1, S. 627. Durch eine am gleichen Tag erlassene Durchführungsverordnung des Reichsinnenministeriums wurden die örtlichen Gewerbeverwaltungen beauftragt, „Verzeichnisse jüdischer Gewerbebetriebe" zu erstellen und an die zuständigen Regierungs- und Staatspolizeistellen weiterzuleiten (Joseph Walk, Das Sonderrecht der Juden im NS-Staat, Heidelberg 1981, Dok. II 503, S. 233; Wolfgang Hefermehl, Das jüdische Unternehmen, in: Deutsche Justiz 100, 1938, S. 990); Verordnung zur Ausschaltung der Juden aus dem deutschen Wirtschaftsleben v. 12.11.1938, RGBl. 1938/1, S. 1580; Verordnung über den Einsatz jüdischer Vermögen v. 3.12.1938, RGBl. 1938/1, S. 1709.

ten Fällen bestand ihre Beteiligung aus der Vermittlung von „Arisierungs"-Geschäften. *Mergers & Acquisitions* gehörten zwar nicht zum Kerngeschäft einer deutschen Großbank, aber die Vermittlung von Geschäftsübernahmen war auch nichts Ungewöhnliches. Deswegen war die Vermittlung von „Arisierungs"-Geschäften im technischen Sinne eine normale Finanzdienstleistung. Allerdings verhandelten Käufer und Verkäufer in diesen Fällen nicht aus „Augenhöhe" und die Käufer nutzten die Notsituation der Verkäufer, von wenigen Fällen abgesehen, aus. Die Banken verhinderten das nicht nur, sondern sie unterstützten die Käufer sogar häufig dabei, weil sie den neuen Inhaber als Kunden gewinnen wollten. Auch bei den „Arisierungen" auf eigene Rechnung nutzten die Banken als Käufer die Notsituation der jüdischen Verkäufer in den meisten Fällen aus, wobei sie mitunter auch vom Terrorapparat des Regimes unterstützt wurden.[59]

Der Vorteil der Großbanken gegenüber der Konkurrenz von Regionalbanken und Sparkassen lag erstens in ihrer reichsweiten Filialorganisation und zweitens in ihrer internationalen Ausrichtung, was mit Blick auf den Vermögenstransfer in einer von Devisenkontrollen geprägten Welt für die auswanderungsbereiten jüdischen Kunden sehr wichtig war. Um diesen Konkurrenzvorteil auszunutzen, musste das Geschäft der „Arisierungs"-Vermittlung in Berlin zentralisiert werden. Die Dresdner Bank richtete dafür 1937 bei ihrer Konsortialabteilung ein ausschließlich für die „Arisierungs"-Vermittlung zuständiges Büro, eine „Arisierungs-Abteilung" ein, während es Deutsche Bank und Commerzbank in ihren für das Filialgeschäft zuständigen Abteilungen zusammenfassten. Die direkten Gewinne, die durch dieses Geschäft erzielt wurden, wurden in der älteren Literatur häufig überschätzt, sofern sie nicht beschwiegen wurden. Tatsächlich war der Gewinn eher ein indirekter durch die Sicherung von Kundenbeziehungen.[60] Für die deutliche Verbesserung der Ertragslage in der zweiten Hälfte der dreißiger Jahre war das Provisionsgeschäft der „Arisierungs"-Vermittlung nicht ausschlaggebend.

Wesentlich wichtiger für die verbesserte Ertragslage war die Expansion des „Dritten Reichs" in Mitteleuropa. Vor allem die Deutsche Bank und die Dresdner Bank nutzten die Gunst der Stunde und bemühten sich am Ende erfolgreich um die Übernahme der beiden bedeutendsten Banken Österreichs sowie der – nach der Einbindung der sudetenländischen Industrie in die deutsche Kriegswirtschaft – ertragsstarken Filialen tschechoslowakischer Banken im annektierten Sudetenland. Lediglich die Commerzbank zögerte lange, weil sie die Risiken der Übernahme einer Bank oder Bankfiliale fürchtete, deren Solvenz und Liquidität

---

59 Beispiele für ein solches brutales Vorgehen, aber auch für eine gewisse Rücksichtnahme auf die Interessen der jüdischen Verkäufer am Beispiel der Dresdner Bank in Dieter Ziegler, Die Dresdner Bank und die deutschen Juden, München 2006, S. 119 ff.

60 Vgl. hierzu ausführlich ebd., S. 423 ff.

sie in der Kürze der Zeit nicht zuverlässig prüfen konnte. Die Konkurrentinnen kannten da keine oder kaum Vorbehalte und sorgten direkt nach dem Einmarsch (Österreich) oder sogar schon vor dem Einmarsch der Wehrmacht (Sudetenland) dafür zum Zuge zu kommen. Nach der Germanisierung des Bankwesens taten sich in Österreich und der Tschechoslowakei vor allem für Deutsche Bank und Dresdner Bank attraktive Betätigungsfelder im Windschatten der vom Reich gewünschten „Arisierung“ und „Germanisierung“ (im Falle der Tschechoslowakei einschließlich des Sudetenlands) auf.[61]

Die Expansion setzte sich in der ersten Kriegshälfte fort, als die Banken nun in einen Wettlauf um die lukrativsten Geschäfte in den annektierten Gebieten Polens, im Baltikum, aber vor allem auch in den Niederlanden, Belgien und teilweise auch in Frankreich eintraten, an dem sich nun auch die Commerzbank beteiligte. Das änderte aber nichts grundsätzlich an der Deformation des Geschäftsmodells der Großbanken, die während des Krieges noch mehr als in der Vorkriegszeit in eine Sammelstelle für die aufgrund der Rationierungsvorschriften in der Bevölkerung reichlich vorhandene Liquidität verwandelt wurden, um diese dem Reich für die Kriegführung zur Verfügung zu stellen. Die hohen Gewinne dieser Jahre standen insofern auf tönernen Füßen und sollten sich nach der Kriegsniederlage in Luft auflösen.

Den nominal hohen Gewinnen während des Krieges standen insbesondere in der zweiten Kriegshälfte auch Verluste gegenüber. Das betraf zunächst einmal die einberufenen Angestellten, von denen viele während des Krieges, vor allem während der beiden letzten Kriegsjahre, starben. Johannes Bähr schätzt ihre Zahl bei der Dresdner Bank auf etwa 700 oder 5,5 Prozent aller Beschäftigten.[62] Rechnet man diesen Anteil auf die drei Großbanken hoch, dürften 2.000 bis 2.500 Beschäftigte gefallen sein. Zum zweiten mussten die Großbanken zahlreiche Filialen und Depositenkassen schließen, um Personal freizubekommen, das anschließend einberufen werden konnte.[63] Drittens wurden viele Gebäude, in denen die Bank Geschäftslokale betrieb und die sich zum Teil in ihrem Besitz befanden, durch den Luftkrieg beschädigt oder auch völlig zerstört. Auch die Zentralen von Deutscher Bank, Commerzbank und Dresdner Bank wurden im November 1943 schwer beschädigt und waren anschließend nur noch bedingt nutzbar. Die Schlie-

---

61 Dieter Ziegler, Die Expansion der deutschen Großbanken nach Österreich und in die Tschechoslowakei 1938/39, in: Jahrbuch für Wirtschaftsgeschichte 2020/2, S. 487 ff.

62 Bähr, Dresdner Bank, S. 251.

63 Johannes Bähr, „Bankenrationalisierung“ und die Großbankenfrage. Der Konflikt um die Ordnung des deutschen Kreditgewerbes in Zweiten Weltkrieg, in: Harald Wixforth (Hg.), Finanzinstitutionen in Mitteleuropa während des Nationalsozialismus, Stuttgart 2001, S. 71 ff.

ßung von Depositenkassen erwies sich nun als problematisch, da man Ausweichflächen für die zerstörten Geschäftsräume benötigte.[64]

Ältere Darstellungen haben diese Schäden und Kriegsverluste gerne als Beleg dafür hergenommen, dass Unternehmen auch als Opfer des Krieges angesehen werden müssten. Während die Festschriften von Deutscher Bank und Commerzbank zum einhundertsten Jubiläum 1970 die NS-Zeit komplett beschwiegen oder verharmlosten,[65] war das Beschweigen zwanzig Jahre später, im Jahr 1992 zu 120-jährigen Gründungsjubiläum, bei der Dresdner Bank nicht mehr so einfach möglich. Dort heißt es dann:

> „Wer jeden Kredit als Akt der Kriegsvorbereitung, jede Mitwirkung bei Arisierungen als bösartigen Rassismus und jede Filialöffnung in den besetzten Gebieten als Beitrag zu deren Ausplünderung betrachtet, gelangt zu so pauschalen Urteilen, wie sie einige Voreingenommene in der Vergangenheit gefällt haben. Solche undifferenzierten Urteile entsprechen nicht der Wahrheit."

Heute wissen wir mehr über „Arisierungen", den Umgang der Banken mit ihren jüdischen Angestellten und Betriebsrentnern, die Tätigkeit der Banken in den besetzten Gebieten und über vieles anderes. Um die „Wahrheit" hat sich die Festschrift der Dresdner Bank 1992 genauso wenig bemüht wie die Festschriften der beiden anderen Großbanken 1970. Die zitierte Bewertung ist reine Apologie und wäre auch bei den anderen Großbanken fehl am Platz.

Die Banken wussten in etwa, was mit ihrem Geld geschah. Manche Beschäftigte wussten es genauer, manche weniger genau, wobei diejenigen, die es genauer wussten, keineswegs nur „Oberbeamte" und Vorstandsmitglieder waren. Denn wenn etwa seit Ende 1941 die Rentenzahlungen an in Berlin lebende jüdische Betriebsrentner als „unzustellbar" zurückkamen, wussten die zuständigen Bearbeiter, dass der Grund die „Evakuierung" dieser Menschen „nach dem Osten" war und es gibt Aussagen, wonach den Bearbeitern auch klar war, dass ältere Menschen diesen Transport kaum überleben würden.[66] Auch in den Filialen und Tochtergesellschaften in den besetzten Ostgebieten waren Beschäftigte

64 James, Deutsche Bank, S. 406, Bähr, Dresdner Bank, S. 252; Ziegler, Commerzbank, S. 216.

65 Der von Hans Kurzrock verantwortete Teil „Aus der Geschichte der Commerzbank" in der Festschrift Einhundet Jahre Commerzbank (Frankfurt/Main 1970, S. 72 ff.) handelt die NS-Zeit auf ganzen dreieinhalb Seiten ab und beschönigt die Rolle der Commerzbank in - aus heutiger Sicht - unerträglicher Weise. Die Festschrift der Deutschen Bank von Fritz Seidenzahl, Hundert Jahre Deutsche Bank (Frankfurt/Main 1970, S. 357 ff.), aus dem gleichen Jahr ist zwar etwas ausführlicher. Aber auch hier wird der Eindruck erweckt, als habe sich die Deutsche Bank den Zumutungen des NS-Regimes erwehren müssen, was durch Zwischenüberschriften wie „Gegen den politischen Strom" oder „In die Enge getrieben" auch noch plakativ unterstrichen wird.

66 Ziegler, Dresdner Bank, S. 98 ff.

der Großbanken eingesetzt worden. Es ist kaum vorstellbar, dass diese, wenn sie etwa in Lodz oder Riga eingesetzt waren, nicht genau mitbekommen hatten, was in den Gettos dieser Städte geschah, so dass ihnen klargewesen sein muss, dass auch sie ihren Beitrag leisteten, um diese Hölle funktionsfähig zu halten.

Die Vorstände waren natürlich noch besser informiert. So waren die Dresdner Bank und die Deutsche Bank in den Handel mit Raubgold involviert, um dem Reich Devisen zu beschaffen, mit denen in den neutralen Ländern kriegswichtige Rohstoffe eingekauft wurden. Es wird ihnen auch nicht entgangen sein, dass es sich bei dem durch Kuriere im Auftrag der Banken ins Ausland geschafften Goldmünzen und Barren auch um „Opfergold" (Eheringe und Zahngold) gehandelt hat, das den toten Körpern der Opfer in den Konzentrationslagern abgenommen, anschließend geschieden und mit dem Stempel der Reichsbank versehen zu einem handelbaren Gut verwandelt worden war.[67] Auch wussten sie, dass Kredite, die sie vergeben hatten, dazu dienten, den Bau der Vernichtungslager zu finanzieren.[68] Die Banken waren demzufolge keine „Opfer" des Krieges, sondern (Mit-)Täter bei der nationalsozialistischen Raub- und Vernichtungswirtschaft.

In Berlin hielten die Banken den Geschäftsbetrieb bis zum Beginn des Beschusses der Stadt durch die Rote Armee soweit wie möglich aufrecht. Nachdem die Stadt wenige Tage später durch die sowjetischen Truppen besetzt worden war, ordnete der sowjetische Stadtkommandant Ende April 1945 die „zeitweilige" Einstellung sämtlicher Banktätigkeiten an und ließ die Tresore versiegeln.[69] Nachdem der Schließungsbefehl zwischenzeitlich etwas gelockert worden war, ordnete die sowjetische Besatzungsmacht Anfang Juni das Berliner Bankwesen neu, indem der von den Sowjets eingesetzte Berliner Magistrat entschied, das Geschäft aller privaten Banken in Berlin „ruhen" zu lassen. Denn, so hieß es in der Verordnung des Magistrats, für den Neuaufbau des Berliner Bankwesens sei „der große und weitverzweigte Apparat der vielen verschiedenen Banken zu kompliziert." Deshalb hatte der Magistrat „im Einvernehmen mit dem Herrn Stadtkommandanten beschlossen, dass in Berlin nur noch eine Bank, nämlich die Berliner Stadtbank, Kassengeschäfte ausführen darf."[70] Die Grundlage für die Gründung der

67 Jonathan Steinberg, Die Deutsche Bank und ihre Goldtransaktionen während des Zweiten Weltkrieges, München 1999; Johannes Bähr, Der Goldhandel der Dresdner Bank im Zweiten Weltkrieg, Leipzig 1999; Ralf Banken, Edelmetallmangel und Großraubwirtschaft. Die Entwicklung des deutschen Edelmetallsektors im „Dritten Reich" 1933–1945, Berlin 2009, S. 643 ff.

68 Bähr, Dresdner Bank, S. 543 ff.; Monika Dickhaus, Kredite für den Holocaust? Die Deutsche Bank und J.A. Topf & Söhne, Erfurt 1933–1945, in: Aleida Assmann u. a. (Hg.), Firma Topf & Söhne – Hersteller der Öfen für Auschwitz, Frankfurt 2002, S. 95 ff.

69 Sebastian T. Pollems, Der Bankplatz Berlin zur Nachkriegszeit, Berlin 2006, S. 44.

70 Verordnungsblatt der Stadt Berlin Nr. 1, 1945, zit. in: Carl-Ludwig Holtfrerich, Die Deutsche Bank 1945–1957, in: ders. u. a., Die Deutsche Bank 1870–1995, München 1995, S. 438.

Berliner Stadtbank bildete die Reichsbank, in deren Gebäude die Stadtbank einzog und von deren Beamten die Stadtbank mehrere Dutzende übernahm.

Den privaten Banken waren seitdem nur noch Abwicklungs- und Sicherungsarbeiten an den Gebäuden gestattet. Außerdem mussten sie für Auskünfte an die Besatzungsmacht zur Verfügung stehen. Nach Ansicht der Sowjets reichten zur Erfüllung dieser Aufgaben zehn Beschäftigte in der Hauptkasse und ein bis zwei Beschäftigte in den Depositenkassen aus. Für diese Mitarbeiter stellte die Stadt das Gehalt zur Verfügung. Alle anderen Angestellten waren gehaltlos zu beurlauben. Pensionen durften nicht mehr ausgezahlt werden. Die betroffenen Betriebsrentner waren an die Wohlfahrtsämter zu verweisen.[71]

Als die US-Truppen am 2. Juli in Berlin eingerückt waren und die wenig später errichtete Interalliierte Kommandantur ihre Arbeit aufgenommen hatte, waren demnach bereits bankpolitische Fakten in der Stadt geschaffen worden. In der Erwartung einer vertrauensvollen Zusammenarbeit der vier Besatzungsmächte bestätigten die Westalliierten zunächst die bankpolitischen Entscheidungen des Magistrats, zumal auch Briten und US-Amerikaner die deutschen Großbanken für zu mächtig hielten und als eine Gefahr nicht nur für die Wettbewerbsordnung, sondern auch für Frieden und Demokratie erachteten.[72] Allerdings erwarteten sie, dass die Anordnungen der Sowjets nur vorläufig waren und es später zu einer einvernehmlichen Neuregelung kommen würde. Bis dahin erlaubten sie den Banken aber immerhin, die in den Westsektoren liegenden ehemaligen Depositenkassen zu betreten und für interne Arbeiten zu nutzen. Auch die in Berlin verbliebenen Vorstandsmitglieder der Großbanken hofften zu dieser Zeit noch, dass private Banken in Berlin wieder zugelassen werden würden.[73]

Hoffnung machte den Großbanken, dass die Westalliierten zunehmend unzufrieden waren mit der Arbeit der mittlerweile in Stadtkontor umbenannten Stadtbank, die nicht in der Lage war, eine ausreichende Geld- und Kreditversorgung in der Stadt sicherzustellen. Zu Jahresbeginn 1946 verdichteten sich Anzeichen, dass auch der Magistrat das Problem erkannt hatte und darüber nachdachte, die „Ruhensanordnung“ aufzuheben. Alle drei Banken verfassten daraufhin Antragsentwürfe für ihre Wiederzulassung und diskutierten sie mit den Fachleuten der westlichen Besatzungsverwaltungen. Ende April reichten sie schließlich eigenständig formulierte, aber inhaltlich weitgehend deckungsgleiche Anträge auf Wiederzulassung zum Neugeschäft beim Magistrat der Stadt ein. Ralf Ahrens vermu-

71 Pollems, Bankplatz, S. 47.

72 Vgl. hierzu ausführlich Theo Horstmann, Die Alliierten und die deutschen Großbanken, Bonn 1991.

73 Holtfrerich, Deutsche Bank, S. 444; Ralf Ahrens, Die Dresdner Bank 1945–1957, München 2007, S. 147.

tet, dass die Banken nicht ernsthaft damit rechneten, dass die Sowjets einen solchen Antrag genehmigen würden. Denn einen Monat zuvor hatten die Sowjets die Zentrale der Deutschen Bank und anderer Banken im Ostteil der Stadt gesperrt und ein Betretungsverbot erlassen. Wahrscheinlich wollten die Banken mit ihrem Antrag die in dieser Frage offen zutage tretenden Meinungsverschiedenheiten zwischen den Briten und US-Amerikanern auf der einen und den Sowjets auf der anderen Seite nutzen, um wenigstens die Erlaubnis für die Wiederaufnahme des Geschäftsbetriebs im Westteil der Stadt zu bekommen.[74] Der Magistrat lehnte die Anträge erwartungsgemäß ab und begann gleichzeitig ein eigenes Bankensystem nur für den Ostteil der Stadt aufzubauen.

Tatsächlich beschäftigten die drei Großbanken im Jahr 1946 zusammen etwa 1.400 Angestellte in (West-)Berlin, was die Sowjets argwöhnen ließ, dass sie entgegen der „Ruhensanordnung" in den drei Westsektoren weiterhin in kleinerem Rahmen Geschäfte betrieben. Die Gehälter stellten wohl die Niederlassungen in Westdeutschland bereit, die ihren Geschäften zu dieser Zeit wieder nachgehen konnten.[75] Die Zentralen aller drei Großbanken lagen im Ostteil der Stadt und waren nicht mehr nutzbar. Im Falle der Dresdner Bank hatte der Magistrat schon Anfang Juli 1945 verfügt, das schwer beschädigte Bankgebäude in der Behrenstraße an die (Ost-)SPD abzutreten. Eine Entschädigung wurde nicht gezahlt.[76] Nach dem Zusammenschluss von SPD und KPD zur Sozialistischen Einheitspartei wurde in dem nur notdürftig wieder hergerichteten Gebäude die SED Bezirksleitung Berlin untergebracht. Das Gebäude der Deutschen Bank musste der sozialdemokratischen Parteizeitung „Vorwärts" überlassen werden.[77]

Im Westen der Stadt sollte es aber noch einige Zeit dauern, bis die Westalliierten den drei Großbanken die Neugründung von drei Banken aus Mitteln ihrer westdeutschen Regionalinstitute gestattete. Erst Mitte 1949 genehmigten sie die Gründung neuer Institute in Berlin. Wegen der weiter gültigen Ruhensanordnung durfte die Firma einer bei Kriegsende bestehenden Bank nicht verwendet werden. So nahmen statt der Deutschen Bank, der Dresdner Bank und der Commerzbank im Oktober 1949 die Berliner Disconto-Bank AG, die Bank für Handel und Industrie AG und die Bankgesellschaft Berlin AG ihre Geschäfte auf, wobei die Commerzbank mit dem Bankhaus Holbeck schon etwas früher hatte an den Start gehen können.[78]

---

74 Ahrens, Dresdner Bank, S. 151.

75 Ahrens, Dresdner Bank, S. 131.

76 Ahrens, Dresdner Bank, S. 145.

77 Holtfrerich, Deutsche Bank, S. 445.

78 Der frühere Leiter des Direktionssekretariats der Berliner Zentrale der Commerzbank, Ludwig Holbeck, hatte zunächst das Privatbankhaus Holbeck KG gegründet, das die Keimzelle der im

2.2 Die Konjunkturen der Beschäftigung weiblicher Angestellter

Im 19. Jahrhundert wurden Frauen, abgesehen von dem Kantinen- und Putzpersonal, in Bankbetrieben so gut wie gar nicht beschäftigt. Das änderte sich erst um die Wende zum 20. Jahrhundert – wenn auch zunächst nur langsam. Denn Frauen waren vor dem Krieg in den Bankbetrieben immer noch eine Ausnahmeerscheinung. Etwa 2.000 Frauen sollen in den Bankbetrieben im Reich beschäftigt gewesen sein, davon aber nur die Hälfte als Bürokräfte, d. h. als Stenotypistinnen oder Telefonistinnen.[79] Lediglich die in Bayern sehr stark vertretenen Münchner Provinzialgroßbanken[80] und einige kleinere Banken sowie die Darmstädter Bank als einzige Berliner Großbank hatten bereits zu dieser Zeit Frauen als Büro(-hilfs-)kräfte in nennenswerter Zahl eingestellt. Insgesamt soll die Darmstädter Bank vor dem Krieg etwa 200 Frauen beschäftigt haben.[81] Diese Zahl scheint jedoch recht hoch gegriffen zu sein. Wahrscheinlich wurden dabei nicht nur die Bürokräfte erfasst, sondern auch die Küchenhilfen, Tagesfrauen und das Reinigungspersonal. Diese Tätigkeiten wurden auch bei den anderen Banken, zumindest zum größten Teil, von Frauen ausgeführt.

In den Büros der Berliner Großbankzentralen waren weibliche Angestellte, außer bei der Darmstädter Bank, wohl bestenfalls vereinzelt zu finden gewesen. Die Dresdner Bank hatte vor dem Krieg zwar weibliche Angestellte beschäftigt – das Sample weist drei Fälle auf -, allerdings nicht in Berlin,[82] sondern in den Niederlassungen Hamburg und Dresden. In Berlin hatte die Dresdner Bank – abgesehen von Ersatzeinstellungen für eingezogene männliche Angestellte während des

Oktober 1949 gegründeten Bankgesellschaft Berlin AG bildete, die 1952 zur Berliner Commerzbank AG umfirmierte. Friederike Sattler, Der Neuanfang (1945 bis 1958), in: dies. u. a., Hundertfünfzig Jahre Commerzbank, München 2020, S. 633, Anm. 14.

79 Thamm, Anspruch, S. 37.

80 Der Vorreiter dürfte die Bayerische Hypotheken- und Wechselbank gewesen sein, die seit 1894 Frauen als Bürokräfte einstellte. Das Gehalt lag dort 1913 mit 60 Mark/Monat für eine Handelsschulabsolventin allerdings niedriger als bei der Darmstädter Bank. Brigitte Huber, „Auslese“ oder Wie man Angestellte(r) wird, in: B. Lauterbach (Hg.): Großstadtmenschen. Die Welt der Angestellten, Frankfurt/Main 1995, S. 256.

81 Oskar Stillich, Soziale Strukturveränderungen im Bankwesen, Berlin 1916, S. 44 f.

82 Im Sample von Teil 2 konnte eine Frau ermittelt werden, die vor dem Krieg bei der Dresdner Bank in Berlin eingestellt worden war. Dabei handelte es sich aber um einen Sonderfall: Ella Sa war 1910 mit 18 Jahren eingestellt und als Stenotypistin in der Konsortialabteilung eingesetzt worden. Möglicherweise war die Einstellung nur erfolgt, weil ihr Vater Bankangestellter war. In welcher Bank er beschäftigt war, geht aus dem Personalbogen nicht hervor. Es ist aber denkbar, dass er seine Tochter bei seinem Arbeitgeber Dresdner Bank untergebracht hat. Personalbogen von Ella Sa (ausgefüllt am 11.1.1910), in: HAC 500/E.7765.

Krieges – erst 1920 damit begonnen, in nennenswertem Umfang Frauen dauerhaft für den Bürodienst einzustellen. Dasselbe galt auch für die Deutsche Bank, wie Lothar Gall vermutet. Er bezieht sich dabei auf ein Schreiben des Vorstandsmitglieds Carl Michalowski, der im Jahr 1910 auf die Anfrage eines Reichstagsabgeordneten antwortete, dass „Damen" (und damit war das Kantinen- und Putzpersonal mit Sicherheit nicht gemeint) in der „Centrale der Deutschen Bank" in Berlin nicht beschäftigt seien. Bei den Filialen der Deutschen Bank scheint es dagegen im Jahr 1910, wie bei der Dresdner Bank, vereinzelt Frauen in den Büros bereits gegeben zu haben. Michalowski ging in dem Brief aber auch auf einen Konkurrenten ein. Danach hatte die als die konservativste unter den Berliner Großbanken geltende Disconto-Gesellschaft auch schon zu dieser Zeit Frauen in geringer Zahl in Berlin als Bürohilfskräfte eingestellt.[83] Dasselbe dürfte für die Nationalbank für Deutschland gelten. Denn unter den Angestellten der Danat-Bank lässt sich eine weibliche Angestellte nachweisen, die bereits 1905 bei der Nationalbank für Deutschland eingestellt worden war. Die Commerz- und Disconto-Bank schließlich war vor dem Krieg ebenfalls sehr zurückhaltend bei dem Einsatz von Frauen. In der Berliner Commerzbankzentrale sollen 1914 elf Frauen beschäftigt gewesen sein, von denen fünf in der Auskunftei und sechs in der Kantine arbeiteten.[84] Es ist demzufolge davon auszugehen, dass in den Berliner Büros der Commerzbank vor 1914 keine weiblichen Schreibkräfte beschäftigt waren. Informationen zur Frauenbeschäftigung bei der Mitteldeutschen Creditbank waren nicht zu ermitteln. Diese Bank wird allerdings nie genannt, wenn es um weibliche Bürokräfte bei den Großbanken vor 1914 geht.

Der Beginn der Frauenbeschäftigung in den Büros war untrennbar mit der Einführung der Schreibmaschine und des Telefonverkehrs verbunden. Allerdings darf man sich die Verbreitung von Schreibmaschine und Telefon nicht so vorstellen, dass sie innerhalb von zehn Jahren alle Büros erreicht hätten. Die Maschinen und Anlagen waren teuer und die Skepsis unter den Bankangestellten groß. Auch die Stenografie, die seit der Mitte des 19. Jahrhunderts bei der Protokollierung von Parlamentsdebatten zum Einsatz gekommen war, erlebte in Verbindung mit der Schreibmaschine einen Aufschwung. Allerdings sollte es auch hier dauern, bis die verschiedenen in Deutschland kursierenden Kurzschriftsysteme in der Deutschen Einheitskurzschrift vereinheitlicht wurden.[85]

Dem mit einem ausgeprägten Standesbewusstsein gesegneten „Bankbeamten" entsprach die Beschäftigung von Frauen ganz und gar nicht und so forderte

83 Gall, Deutsche Bank, S. 124.

84 Krause, Commerz- und Disconto-Bank, S. 281.

85 Wolf-Rüdiger Wagner, Die Beschleunigung der Schrift: Geschichte der Stenografie im 19. und frühen 20. Jahrhundert, Bielefeld 2024, S. 214 ff.

der bedeutendste Interessenverband der Bankangestellten in Deutschland, der Deutsche Bankbeamten-Verein, vor dem Ersten Weltkrieg die Zahl der Frauen in den Banken zu begrenzen. Folglich war es nur konsequent, wenn derselbe Verein in seinen Statuten festlegte, dass Frauen als Mitglieder nicht aufgenommen werden konnten.[86] Für die weit überwiegende Mehrheit der Männer, nicht nur, aber ganz sicher auch aus dem Bürgertum und dem Kleinbürgertum war die Bestimmung der Frau als Hausfrau und Mutter und damit deren materielle Abhängigkeit von ihrem Vater oder Ehemann eine gottgegebene und damit unveränderliche Tatsache.

Der Trend zur Feminisierung der Büros und Kontore wurde auf dem Verbandstag 1909 des völkisch-nationalistischen Deutschnationalen Handlungsgehilfenverband sogar als eine „Degenerationserscheinung unserer Zeit" gebrandmarkt[87] und beim nationalliberal-konservativen Bankbeamten-Verein hieß es etwa zu derselben Zeit: „Eine nervöse, abgearbeitete Frau kann keine tüchtige Mutter werden".[88] In diesem Slogan sind fast alle Stereotype und Rollenzuschreibungen zusammengefasst, mit denen junge Frauen konfrontiert waren, wenn sie sich um eine Stelle als Bürokraft in einer Bank – und sicherlich nicht nur dort – bewarben.

Mit der Zeit wurde der Einsatz von Frauen für die männlichen Angestellten deshalb erträglicher, weil sich eine geschlechtsspezifische Arbeitsteilung in den Büros herausbildete, in der fast ausschließlich Frauen die Büromaschinen bedienten und diese Arbeit als „rein mechanisch" abqualifiziert wurde, wodurch die etablierte Hierarchie zwischen den Geschlechtern gewahrt blieb. Insofern verdrängten die in den Banken neu eingestellten Frauen die männlichen Angestellten nicht, auch wenn das die Mehrheit der männlichen Angestellten noch lange Zeit so gesehen haben mag, sondern sie traten in eine „von der männlichen Bevölkerung gelassene Lücke" ein, wie ein zeitgenössischer Beobachter kritisch gegenüber der Propaganda vieler Geschlechtsgenossen anmerkte.[89] Die Kehrseite der Medaille war allerdings eine Diskussion, ob die (Maschinen-)Schreibkräfte über-

86 Thamm, Anspruch, S. 37. Vor 1914 kann der Verband kaum als eine Gewerkschaft betrachtet werden und sah sich auch selbst nicht so. Zur Frühgeschichte des 1894 gegründeten Deutschen Bankbeamten Vereins vgl. ebd., S. 33 ff.

87 Richard Döring, Frauenarbeit im Handelsgewerbe, in: Deutscher Handlungsgehilfentag 1909 in Stuttgart, Hamburg 1909, S. 19.

88 Bankbeamten-Zeitung 1914, S. 403.

89 Joseph Silbermann, Das weibliche kaufmännische Bildungswesen, Berlin 1913, S. 24.

haupt zum kaufmännischen oder nicht vielleicht eher zum gewerblichen Personal zu zählen waren.[90]

Ursprünglich war für diese Arbeitsteilung gar nicht die vermeintlich oder tatsächlich fehlende Qualifikation der Frauen verantwortlich, sondern die grundsätzliche Minderwertschätzung außerhäuslicher Erwerbstätigkeit von Frauen, und zwar in der gesamten Gesellschaft bis weit hinein in die sozialistische Arbeiterbewegung. Aus dem gleichen Grund sollten auch die „intellektuellen" Tätigkeiten, wie die Männer ihre Tätigkeitsfelder etikettierten, für Frauen praktisch unerreichbar bleiben;[91] oder, wie es die Bürovorsteher-Zeitschrift 1918 ausdrückte: „Die Frau wird sich stets eher von ihrem Gefühl leiten lassen, sie ist eben immer Frau; sie kann nicht so objektiv über der Sache stehen wie ein Mann".[92]

Für diese „rein mechanischen Tätigkeiten" benötigten die Banken kein durch eine kaufmännische Lehre qualifiziertes Personal, sondern sie setzten verstärkt Frauen ein, die nach zeitgenössischer Auffassung wegen ihrer „flinken Finger" und ihrer „Gewissenhaftigkeit" für diese neuen Arbeitsbereiche als besonders geeignet galten.[93] Auch wenn die Männer in den Personalabteilungen diese Genderstereotypen wohl auch selbst geglaubt haben dürften, war der ausschlaggebende Grund für die Anstellung von Frauen in den Büros natürlich die Möglichkeit die als „rein mechanisch" abgewertete Arbeit von Sekretärinnen, Stenotypistinnen und Telefonistinnen deutlich niedriger zu entlohnen als die Arbeit der kaufmännisch ausgebildeten männlichen Angestelltenschaft.

Während des Krieges ließ sich die Zurückhaltung gegenüber der Beschäftigung von Frauen bei den Berliner Großbanken jedoch nicht mehr aufrechterhalten. Während der ersten Kriegsmonate wurden weibliche Bürokräfte zwar gelegentlich entlassen. Aber die Berliner Großbanken kann das eigentlich nicht betroffen haben, da zu dieser Zeit nur bei der Darmstädter Bank Frauen überhaupt in den Büros beschäftigt waren; und auf eine Entlassungswelle bei der Darmstädter Bank zu Kriegsbeginn gibt es keinen Hinweis. Neu eingestellt wur-

---

90 Mario König, Angestellte unterwegs – vom Berufsstand zur modernen Gewerkschaft 1890 bis 1990, Köln 1991, S. 45.

91 Christel Hess, Konkurrenzkampf, Unterordnung, Flirt. Weibliche und männliche Angestellte, in: Burkhart Lauterbach (Hg.), Großstadtmenschen. Die Welt der Angestellten, Frankfurt/Main 1995, S. 335.

92 Bürovorsteher-Zeitschrift 1918, zit. in: Hess, Konkurrenzkampf, S. 339.

93 In der Verbandszeitschrift des kaufmännischen Hilfsvereins für weibliche Angestellte hieß es 1902, dass eine Reihe von Schreibwettbewerben in den USA gezeigt hätte, dass das Maschinenschreiben „mehr der weiblichen Kraft als der männlichen, wohl in Folge der Beschaffenheit der Hand" liege. Zit. in: Ellen Lorentz, Aufbruch oder Rückschritt? Arbeit, Alltag und Organisation weiblicher Angestellter in der Kaiserzeit und Weimarer Republik, Bielefeld 1988, S. 64.

den Frauen von den Großbankzentralen in der zweiten Jahreshälfte 1914 aber wohl auch nicht.

Als sich im Jahr 1915 zeigte, dass der Krieg nicht nach wenigen Monaten gewonnen und beendet sein würde, rückten nun Frauen in die Büros ein, um die mittlerweile in großer Zahl an die Fronten eingezogenen männlichen Arbeitskräfte zu ersetzen. Auch die bisher einer Beschäftigung von Frauen in ihren Büros ablehnend gegenüberstehenden Berliner Großbanken mussten nun wohl oder übel auf Frauen zurückgreifen. Daraus ergaben sich auch (bescheidene) Aufstiegsmöglichkeiten für Frauen, die schon länger, vor allem bei der Darmstädter Bank, in den Büros beschäftigt waren. Das galt vor allem für die bisherige Männerdomäne der Buchhaltung.[94]

Bei den neu eingestellten Bürokräften handelte es sich ausschließlich um junge, grundsätzlich unverheiratete Frauen, deren Arbeitsvertrag eine Beschäftigung nur für die Dauer des Krieges vorsah. So wurde der Eindruck vermieden, dass es sich um eine grundsätzliche Kehrtwendung in der Personalpolitik handelte, und den eingezogenen männlichen Angestellten wurde auf diese Weise scheinbar garantiert, dass ihre Arbeitsplätze freigemacht werden würden, sobald sie aus dem Krieg heimkehrten. Wahrscheinlich waren zunächst auch viele der jungen Frauen um diese Perspektive nicht böse. Denn sie erwarteten, dass sie nicht berufstätig bleiben, sondern sehr bald in den Haushalt der Eltern zurückkehren, nach einigen Jahren heiraten und schließlich in den Haushalt des Ehemannes ziehen würden. Die Vorstellung einer lebenslangen Berufstätigkeit und damit ein Interesse an einem beruflichen Aufstieg hatten während des Krieges wahrscheinlich die wenigsten.

Als die überlebenden Männer nach dem Krieg an ihre alten Arbeitsplätze zurückkehrten, sah es auch zunächst so aus, als würden die Vorkriegsverhältnisse rein männlich besetzter Büros zurückkehren. Bereits vor dem Waffenstillstand hatte das Kriegsministerium erste Richtlinien zum Umgang mit Frauen erarbeitet, die auf Arbeitsplätzen beschäftigt wurden, die vor dem Krieg von Männern besetzt gewesen waren. Das Ziel war es, „den männlichen Arbeitskräften, vor allem den Kriegsteilnehmern, eine ausreichende Zahl auskömmlicher Arbeitsplätze“ zu sichern. Dafür sollten die „Frauenkräfte aus den kriegswirtschaftlichen Arbeitsformen und -plätzen an solche“ übergeleitet werden, „in denen sie im Frieden dauernd nützliche Arbeit leisten, unter größtmöglicher Schonung ihrer Kräfte namentlich mit Rücksicht auf die Familienaufgaben der Frau“; das bedeutete nichts

94 Karin Lüsebrink, Büro via Fabrik. Entstehung und Allokationsprinzipien weiblicher Büroarbeit 1850 bis 1933, Berlin 1993, S. 144 f.

anderes, als dass „nicht erwerbsbedürftige Frauen" in ihre Familien zurückgeschickt werden sollten.[95]

Wenige Tage später, nach dem Waffenstillstand, wurde ein Reichsamt für wirtschaftliche Demobilmachung gegründet, das über örtliche Demobilmachungsausschüsse Arbeitgeber nachdrücklich dazu aufforderte, den zurückgekehrten Kriegsteilnehmern ihre alten Arbeitsplätze wieder zur Verfügung zu stellen. Eine entsprechende Selbstverpflichtung hatten die Arbeitgeber Mitte November im sog. Stinnes-Legien-Abkommen mit den Gewerkschaften anerkannt, wobei sich die provisorische Regierung, der Rat der Volksbeauftragten, insofern an der Vereinbarung beteiligte, als sie den Leitern der Unternehmen in öffentlicher Hand „empfehlen" wollte, die Bestimmungen der Vereinbarung in den von ihnen geleiteten Betrieben zu beachten.[96] Anfang Januar 1919 verpflichtete die provisorische Reichsregierung die gewerblichen Unternehmen schließlich in einer Verordnung sich an ihre Selbstverpflichtung zu halten.[97]

Für die Frauen bedeutete das in zahlreichen Wirtschaftszweigen die zügige Entlassung, wobei der öffentliche Dienst, der während des Krieges zahlreiche Frauen im Postbetrieb, bei Kommunalbehörden, Straßenbahnen und Sozialeinrichtungen beschäftigt hatte, eine Vorreiterfunktion übernahm. In der Bevölkerung erfuhren diese Maßnahmen weitgehende Zustimmung. Das galt auch für die Angestelltenverbände.[98] Selbst der Kaufmännische Verband für weibliche Angestellte ging davon aus, dass die während des Krieges eingestellten Frauen ihren Arbeitsplatz wieder verlieren würden, und schlug Kriterien vor, nach denen die zur Entlassung vorgesehenen Frauen ausgewählt werden sollten.[99]

Insofern ist es nicht verwunderlich, dass auch das Reichsamt für Demobilmachung von einem rigorosen Vorgehen zulasten der in den Büros tätigen Frauen ausging. Außerdem glaubte die Behörde, dass denjenigen Frauen, die auf den Verdienst angewiesen waren, genug Arbeitsplätze im häuslichen Dienst bereitgestellt werden würden. Denn viele bürgerliche Haushalte hatten während des Krieges auf ihr „Mädchen" verzichten müssen, weil die jungen Frauen in der Fabrik weitaus besser verdient hatten als in Friedenszeiten bei einer „Herrschaft". Darüber

95 Preußisches Kriegsministerium, „Frauenarbeit in der Übergangswirtschaft", Berlin 8.11.1918, zit. in: Richard Bessel, „Eine nicht allzu große Beunruhigung des Arbeitsmarktes". Frauenarbeit und Demobilmachung in Deutschland nach dem Ersten Weltkrieg, in: Geschichte und Gesellschaft 9/1983, S. 211 f.

96 Vereinbarung zwischen Arbeitgeber- und Arbeitnehmerverbänden v. 15.11.1918, Reichs-Arbeitsblatt 1918, S. 874.

97 Verordnung über die Einstellung, Entlassung und Entlohnung gewerblicher Arbeiter während der Zeit der wirtschaftlichen Demobilmachung v. 4.1.1919, RGBl. 1919, S. 8 ff.

98 Lorentz, Aufbruch, S. 184.

99 Lüsebrink, Büro, S. 148.

hinaus konnte das Reichsamt – und das zu Recht – davon auszugehen, dass viele Frauen freiwillig ihren Arbeitsplätz räumen würden, wenn ihre Ehemänner oder Väter aus dem Krieg zurückgekehrt waren. Denn viele Frauen waren froh, scheinbar ihr altes Leben als Hausfrau und Mutter oder im Haushalt der Eltern wieder aufnehmen zu können.[100]

Auch bei den Berliner Großbanken werden viele junge Frauen ihren Arbeitsplatz freiwillig geräumt haben. Die meisten Frauen waren (klein-)bürgerlicher Herkunft und in solchen Familien war es vor dem Krieg nicht üblich einer Erwerbsarbeit nachzugehen – außer als „mithelfende Familienangehörige" im Falle von Geschäftsinhabern, Vertretern, Angehörigen der freien Berufe o. ä. Solche Familien waren oftmals nach der Rückkehr des Ernährers aus dem Krieg nicht mehr auf den Zuverdienst angewiesen. Wie viele weibliche Angestellte bei den Berliner Großbanken freiwillig ihren Arbeitsplatz freigemacht haben, ist nicht bekannt. Aber auch nicht wenige der bei den Banken während des Krieges eingestellten jungen Frauen waren weiterhin auf den Zuverdienst angewiesen, weil der Vater im Krieg gefallen oder er sein Geschäft wegen der Einberufung hatte schließen müssen und als Selbständiger wieder eine eigene berufliche Existenz aufbauen wollte.

Diese Probleme standen in den Augen des Rates der Volksbeauftragten hinter der Aufgabe zurück, etwa sechs Millionen (oder mehr) Soldaten schnellstmöglich wieder in Lohn und Brot zu bringen. Die provisorische Regierung hob deswegen zwar die vor dem 1. November 1918 ausgesprochenen und vor Ende Februar 1919 wirksam werdenden Kündigungen von Frauen auf.[101] Aber seit Jahresbeginn 1919 erließ sie bzw. die nachfolgende SPD-geführte Regierung Scheidemann mehrere Verordnungen mit dem Ziel, Frauen von ihren Arbeitsplätzen zu verdrängen, um die Möglichkeit zu eröffnen Kriegsheimkehrer an ihrer Stelle einzustellen.[102]

---

100 Bessel, Frauenarbeit und Demobilmachung, S. 221 f.

101 Ursula Nienhaus, Berufsstand weiblich. Die ersten weiblichen Angestellten, Berlin 1982, S. 48.

102 Nachdem bereits Anfang Januar 1919 eine Regelung für gewerbliche Arbeiter erlassen worden war, folgte mit der Verordnung über die Einstellung, Entlassung und Entlohnung der Angestellten während der Zeit der wirtschaftlichen Demobilmachung v. 24.1.1919 (RGBl. 1919/1, S. 100 ff.) auch ein gesetzlicher Rahmen für die zweite große, von der Demobilmachung betroffene Beschäftigtengruppe. Darin heißt es, dass „bei der Auswahl der zu entlassenden Angestellten zunächst die Betriebsverhältnisse, insbesondere die Ersetzbarkeit des einzelnen Angestellten, zu prüfen" sei. „Sodann sind das Lebens- und Dienstalter, sowie der Familienstand des Angestellten derart zu berücksichtigen, daß die älteren und eingearbeiteten Angestellten und die Angestellten mit versorgungsberechtigter Familie möglichst in ihrer Arbeitsstelle zu belassen sind" (§ 9, S. 103). Diese Regelung lief auf nichts anderes hinaus, als junge, ledige Frauen, wie sie bei den Großbanken ausschließlich eingestellt worden waren, vorrangig für die Kriegsheimkehrer

In den meisten überlieferten Erwerbsbiografien weiblicher Bankangestellter findet sich jedoch kein Bruch in den Jahren 1919 oder 1920. Das ist zwar auch, aber sicherlich nicht ausschließlich mit der Überlieferungssituation von Personalakten zu erklären. Es gibt zwar auch Fälle, in denen die Demobilmachungsbehörde die Entlassung einer weiblichen Angestellten verlangte, aber als Angestellte mit Berufserfahrung im Bankgewerbe fand sie sehr schnell wieder eine Anstellung bei derselben oder bei einer anderen Bank.[103] Denn der Bedarf an Büroarbeitskräften stieg bei den Banken trotz der Wiedereingliederung der Kriegsheimkehrer weiter an. So verringerte sich die Zahl der weiblichen Angestellten bei den Berliner Großbanken während der Demobilmachung zwar etwas, aber keineswegs im gleichen Umfang wie in anderen Berufen oder gar auf das Niveau der Vorkriegszeit.

Viele männliche Angestellte hatten nach ihrer Rückkehr feststellen müssen, dass sich die Büros während ihrer Abwesenheit deutlich verändert hatten. Im Zuge der Rationalisierung der Büroarbeit aufgrund des Arbeitskräftemangels hatte die Maschinenarbeit deutlich zugenommen und diese „Frauenarbeit" konnten oder wollten die meisten Kriegsheimkehrer nicht übernehmen.[104] Nach Abschluss der Demobilisierung stieg dann sogar der Arbeitskräftebedarf wieder deutlich an, so dass es weiterhin nicht zu einer Verdrängung der Frauen aus den Bankbetrieben kam. Denn durch die Inflation wurden in den Banken immer mehr ungelernte Arbeitskräfte zum „Nullenschreiben" und zum Geldzählen benötigt. Zu dieser Zeit lag der Frauenanteil an den Belegschaften nach einer Erhebung von Käthe Lövinson bei mindestens dreißig Prozent und in Einzelfällen sogar bei bis zu vierzig Prozent.[105] Allein bei der Deutschen Bank vergrößerte sich die Belegschaft zwischen 1913 und 1923 von knapp 9.600, z. T. auch bedingt durch die Angliederung zahlreicher Filialen im Reichsgebiet auf etwa 37.000 im Jahr 1923.[106] Die meisten während der Inflationsjahre neu eingestellten Kräfte

---

zu entlassen. Auch bei der Festlegung der Kompetenzen der Demobilmachungsausschüsse und den Kriterien, nach denen sie die Entlassung von Arbeitnehmern zu veranlassen hatten, war eine klare Stoßrichtung gegen seit dem Krieg erwerbstätige Frauen erkennbar. Verordnung über die Freimachung von Arbeitsstellen während der Zeit der wirtschaftlichen Demobilmachung v. 28.3.1919, RGBl. 1919, § 5, S. 356.

103 Vgl. für die Beschäftigung von weiblichen Bürokräften allgemein: Lüsebrink, Büro, S. 154; und bezogen auf das Bankgewerbe: Thamm, Anspruch, S. 58.

104 Lorentz, Aufbruch, S. 184; Thamm, Anspruch, S. 58.

105 Lövinson, Frauenarbeit, S. 19. Zu einem ähnlichen Ergebnis gelangte auch eine Erhebung des Stellennachweises für Angestellte in Frankfurt/Main für 84 Frankfurter Banken, die Lövinson zur Verfügung gestellt worden war, s. ebd., S. 18.

106 Franz Gerhard Rudl, Die Angestellten im Bankgewerbe 1870 bis 1933, Diss. Univ. Mannheim 1975, S. 32.

waren Frauen ohne kaufmännische Vorbildung. Um das Heer von Angestellten unterzubringen, reichte es nicht, dass die vorhandenen Büros dichter besetzt wurden, sondern die Großbankzentralen mussten erweitert werden, um die neuen Angestellten unterzubringen.

Der große Exodus erfolgte wegen dieser Sonderbedingungen erst 1924/25 mit der Stabilisierung der Mark, als viele der Hilfsarbeiten der Inflationsjahre entfielen und die „Unkosten“[107] in den nun wieder aussagefähigen Gewinn- und Verlustrechnungen dramatisch über den Vorkriegswerten lagen. In der Commerzbank wurde die Belegschaft von 25.400 Mitarbeitern auf dem Höhepunkt der Inflation im Oktober 1923 auf 7.100 Personen Ende 1925 reduziert, wobei von der Entlassungswelle vor allem Frauen und ledige Männer betroffen waren.[108] Eine ähnliche Größenordnung erreichte der Personalabbau auch bei der Danat Bank, deren Beschäftigtenzahl von etwa 29.000 Personen Ende September 1923 auf 8.300 Personen Ende 1925 schrumpfte. In beiden Fällen ist allerdings zu berücksichtigen, dass die Danat Bank gerade erst durch die Fusion zweier fast gleich großer Institute entstanden war und auch die Commerzbank hatte mit der Mitteldeutschen Privatbank 1920 eine Provinzialgroßbank übernommen, die kaum kleiner war als sie selbst. Mit dem Abbau von Doppelstrukturen, etwa bei den Filialen und Depositenkassen, hatte man in beiden Fällen wahrscheinlich während der Inflationsjahre noch nicht begonnen, so dass 1924/25 der Abbau dieser Doppelstrukturen und das Ende der inflationsbedingten Sonderarbeiten zusammenfielen. Bei den anderen Großbanken war der Exodus deshalb nicht ganz so groß, obwohl auch sie in den Inflationsjahren zahlreiche kleinere Institute übernommen hatten.[109]

Nach Käthe Lövinsons Erhebung war die Zahl der weiblichen Beschäftigten bei den Großbanken bis Ende 1924 um mindestens sechzig und bis zu neunzig Prozent reduziert worden, während die Zahl der männlichen Beschäftigten nur um dreißig bis zu sechzig Prozent verringert worden war. Eine der Großbanken entließ offenbar ausschließlich weibliche Angestellte und beschäftigte Ende 1924

107 Der zeitgenössische Begriff der „Unkosten“ umfasste in den veröffentlichten Gewinn- und Verlust-Rechnungen sämtliche persönlichen und sachlichen Aufwendungen mit Ausnahme von Steuern und Abschreibungen auf Gebäude. Die Aufwendungen bei Zinsen und Provisionen wurden direkt gegen die entsprechenden Erträge aufgerechnet und fielen demnach nicht unter die „Unkosten“. Deshalb ist wohl davon auszugehen, dass die Personalaufwendungen den weitaus größten Teil der „Unkosten“ bildeten.

108 Pohl, Konzentration, S. 296; zur Entwicklung bei der Commerzbank vgl. Ziegler, Commerzbank, S. 111.

109 Die Deutsche Bank reduzierte ihre Belegschaft von 37.000 auf 16.000 Personen, die Disconto-Gesellschaft von 17.400 auf 7.400 Personen und die Dresdner Bank von 24.700 auf 9.500 Personen. Vgl. Thamm, Anspruch, Tab. 4, S. 121.

gerade noch 100 Frauen, während die Zahl der männlichen Beschäftigten stabil geblieben war. Bei dieser Bank betrug der Frauenanteil Ende 1924 gerade noch 1,8%.[110] Das war aber eine Ausnahme. Denn dort müssen die Maschinenarbeiten nun von Männern erledigt worden sein, was sicherlich auf Dauer nicht durchzuhalten gewesen war.

Parallel zum Personalabbau wurde allerdings die Arbeitszeit verlängert. Der Reichstarifvertrag für das Bankgewerbe vom Januar 1924 sah eine Ausdehnung der Wochenarbeitszeit von bisher 46 Stunden auf 54,5 Stunden vor. Die Beschäftigten hatten zu dieser Zeit kaum eine Chance, sich gegen diese Zumutung zu wehren. Denn wer aufmuckte, riskierte die Kündigung; und auch wenn die Gewerkschaften wenig später die alte Arbeitszeit von 46 Stunden im Reichstarifvertrag wieder festschreiben lassen konnten, mussten weiterhin zahlreiche Überstunden geleistet werden, die auch keineswegs in allen Fällen eine Vergütung erfuhren. Erst im Jahr 1927 wurde verpflichtend festgelegt, dass Überstunden nicht nur zu vergüten, sondern auch mit einem Zuschlag zu versehen waren.[111]

Seit der Mitte der zwanziger Jahre dürfte der Frauenanteil der Großbankzentralen bis zum Beginn der dreißiger Jahre stabil bei knapp zwanzig Prozent, wahrscheinlich sogar mit leicht steigender Tendenz, gelegen haben.[112] Der wesentliche Grund für die ausbleibende Rückkehr zu den Vorkriegsverhältnissen war nun die rasant fortschreitende Rationalisierung des Bürobetriebs. Bis in die frühen zwanziger Jahre hatte sich die Mechanisierung des Bankbetriebs weitgehend auf Schreib- und Addiermaschinen beschränkt. Damit waren die Banken alles andere als Vorreiter. Die zeitgenössische Literatur erklärt den verzögerten Maschineneinsatz zum einen durch die hohen Kosten der Maschinen und zum anderen mit der konservativen Haltung der (männlichen) Bankangestellten, einschließlich der Bankleitungen.[113] Der verstärkte Maschineneinsatz bedeutete eine gewisse Dequalifizierung der Arbeit. Das war nicht im Interesse der vergleichsweise gut bezahlten „Bankbeamten". Dequalifizierung bedeutete wiederum den verstärkten Einsatz von Frauen und das war genauso wenig im Interesse der „Bankbeamten".

---

110 Diese Information hatte Käthe Lövinson vom Betriebsrat der betroffenen Bank erhalten. Lövinson, Frauenarbeit, S. 18 f.

111 Gesetz zur Abänderung der Arbeitszeitverordnung v. 14.4.1927, RGBl. 1927/1, S. 109 f. sowie Bekanntmachung der neuen Fassung der Arbeitszeitverordnung v.14.4.1927, ebd., S. 110 ff.

112 Rudl, Angestellte, S. 141. Thamm (Anspruch, S. 222) glaubt, dass der Frauenanteil bei den „Universalbanken" sogar noch höher gelegen hat. Dagegen spricht allerdings die Situation bei der Dresdner Bank. Dort lag der Frauenanteil (ohne das Kantinen- und Putzpersonal) deutlich unter zwanzig Prozent, in Berlin sogar zeitwiese nur bei zwölf Prozent (s. Kap. 3.2.).

113 Josef Meuthen, Die Maschinenarbeit in deutschen Bankbetrieben. Eine Übersicht über den heutigen Stand, Berlin 1926, S. 2.

Ab Mitte der zwanziger Jahre nahm die Rationalisierung im Bankbetrieb dann aber doch Fahrt auf. Zunächst, schon während der Inflationsjahre, erforderte das Wachstum der Großbanken, insbesondere ihre Expansion in die Fläche durch die Angliederung und Eröffnung von Filialen, den Ausbau des betriebsinternen Telefonnetzes und der Telefonzentralen, was zur Einstellung zahlreicher Telefonistinnen führte. An den Vermittlungsstellen waren fast ausschließlich Frauen beschäftigt. Lediglich die Aufsicht und die technische Wartung der Anlagen war Männern vorbehalten. Ebenfalls schon in den Inflationsjahren wurden in den Bankgebäuden in Berlin Rohrpostanlagen zum betriebsinternen Belegversand eingebaut.[114]

Gänzlich neu war dagegen die sogenannte rechnende Schreibmaschine, die die Funktionen Schreiben, Addieren und Subtrahieren miteinander verband. Die Bedienung dieser Maschinen erforderte einen enormen Kraftaufwand. Obwohl die Hersteller von der Bedienung durch Frauen abrieten und auch die Bedienung durch Männer nur zeitlich begrenzt empfahlen, wurden Frauen an diesen Maschinen eingesetzt, womit wohl die Gelenkbeschwerden erklärt werden können, unter denen viele ältere Frauen im Bankbetrieb später litten. Ebenfalls neu waren elektrisch betriebene Großaddiermaschinen für lange Zahlenreihen und Registrierkassen für Grundbuchungen an der Kasse oder in den Giroabteilungen.[115]

Geradezu revolutionär war der Einsatz von Lochkartenmaschinen zur Vereinfachung von Buchungsvorgängen, indem die zahlreichen Einzelschritte der manuellen Buchungsarbeiten zusammengefasst, lange Rechenoperationen vereinfacht und die Gefahr von handschriftlichen Übertragungsfehlern vermieden wurden. Der Vorreiter war auch hier die Danat Bank. Das ist allerdings insofern kein Wunder, weil Julius Goldschmidt, der Bruder des Geschäftsinhabers der Danat Bank, Jakob Goldschmidt, selbst Büromaschinenfabrikant war. Auch bei der Dresdner Bank scheint sich diese frühe Form der Datenverarbeitung bewährt zu haben. Während die Danat Bank allerdings Kartenlocher, Kartensortierer und Tabelliermaschinen der von Herman Hollerith gegründeten Tabulating Recording Company (seit 1924 International Business Machines Corporation, IBM) bzw. deren deutscher Tochterfirma, der Deutschen Hollerith Maschinen GmbH (DEHOMAG) erworben hatte, setzte die Dresdner Bank auf die Maschinen der Powers Accounting Machine Company (seit 1927 Remington Rand).

114 Jürgen Terrahe, Bank und Technik, in: Die Bank – Dienstleister im Wandel. 125 Jahre Commerzbank, Frankfurt 1995, S. 87.

115 Zum Maschineneinsatz im Bankbetrieb und dessen Bedeutung für den Einsatz von Frauen vgl. zeitgenössisch Johann Diedrichs, Die Verwendung maschineller Hilfsmittel im Bankbetrieb, Berlin 1923; Meuthen, Maschinenarbeit; Hanns Deuß, Das eingängige maschinelle Arbeitssystem im Bankbetrieb, Diss. Köln 1927.

Die Anlagen waren allerdings sehr teuer, so dass nicht alle Großbanken die Buchungsvorgänge neuartigen Lochkartenmaschinen anvertrauten. Die Deutsche Bank scheint sich vor dem Zweiten Weltkrieg lediglich in einigen Filialen für den Einsatz von Hollerithmaschinen entschieden zu haben.[116] Das ist insofern nachvollziehbar, als die 1928 eingerichtete Hollerithmaschinen-Abteilung in der Commerzbankzentrale in Berlin schon 1931 wieder schließen musste, weil der Stand der Lochkartentechnik in ihrem Fall noch keinen organisatorisch befriedigenden Einsatz im Rechnungswesen der Bank erlaubte.[117]

In den Maschinen-Abteilungen saßen ausschließlich Frauen als Kartenlocherinnen an den Lochkartenmaschinen. Auch hier waren Männer nur für die Aufsicht und gegebenenfalls für die Wartung der Maschinen zuständig.[118] Weitere Arbeitsfelder, in denen überwiegend oder ausschließlich Frauen arbeiteten, waren die bankeigene Druckerei für Rundschreiben und Formulare und der Postausgang, der durch den Einsatz von Frankiermaschinen weniger und weniger qualifizierte Arbeitskräfte benötigte sowie die Adressverwaltung mit der von Julius Goldschmidt entwickelten ADREMA-Adressmaschine für ständig wiederkehrende Vordrucke oder Anschriften für den Postversand, aber auch für Lohnzahlungen.[119]

In der zweiten Hälfte der zwanziger Jahre scheint auch die Mehrheit der männlichen Bankangestellten endlich ihren Frieden mit dem Einsatz von Frauen gemacht zu haben. Einige Jahre gemeinsamer Arbeit hatten sie gelehrt, dass Frauen keine Konkurrenz für den eigenen Karrierefortschritt darstellten. Als Männer wurden sie besser bezahlt und eine Frau als Vorgesetzte mussten sie auch nicht fürchten. Außerdem war die Fluktuation unter den weiblichen Beschäftigten groß. Denn mit der Heirat wurden sie durch eine neue, junge Kraft ersetzt, die in der Hierarchie im Büro und beim Gehalt wieder ganz unten anfangen musste. Manchen jungen Frauen reichte es aber nicht, Briefe nach Stichworten, die ihnen ein (männlicher) Vorgesetzter gegeben hatte, möglichst so zu formulieren, wie es der Chef getan hätte, wenn er den Brief selbst geschrieben hätte.

---

116 Fünfzig Jahre Elektronische Datenverarbeitung in der Deutschen Bank, in: Bank und Geschichte. Historische Rundschau (hrsg. v. d. Historischen Gesellschaft der Deutschen Bank), Nr. 9, 2005, S. 1.

117 Terrahe, Bank, S. 88.

118 Zum Einsatz der Lochkartentechnik in den zwanziger Jahren bei den Berliner Großbanken vgl. Detlef Krause, Technik in der Commerzbank, in: ders. u. a., Banken im Umbruch, Frankfurt 2010, S. 73 f.

119 Weg eines Systems - 50 Jahre Adrema 1913 - 1963. Vom Adressieren zur Datentechnik (hrsg. v. Adrema Werke GmbH Berlin), Frankfurt/Main 1963.

Zumindest zu Beginn der zwanziger Jahre konnten junge Frauen noch davon geträumt haben, einmal zur Prokuristin aufzusteigen.

Die Voraussetzung für eine Tätigkeit zunächst als Buchhalter und später auch als Prokurist war eine zwei- bis zweieinhalbjährige kaufmännische bzw. Banklehre, die sich in der Regel an das „Einjährige" (Obersekundareife) oder an das Abitur anschloss.[120] Seit der Jahrhundertwende war es in Deutschland zwar grundsätzlich auch Mädchen möglich, durch den Besuch eines Oberlyzeums[121] die Zugangsberechtigung zur Universität zu erlangen, aber nur wenige Väter erachteten diese Investition als sinnvoll. Nach der gängigen (bürgerlichen) Vorstellung der Zeit hätte der Beruf nach dem kostspieligen Studium kaum ausgeübt werden können, weil eine Frau Mitte zwanzig längst verheiratet sein sollte. Eine Banklehre war kürzer und hätte damit vielleicht eine Alternative geboten, zumal im Bankwesen auch während der Lehrzeit ein kleines Gehalt gezahlt wurde. Aber selbst wenn eine junge Frau mit der notwendigen Unterstützung der Eltern den Wunsch gehabt haben sollte, eine Banklehre zu beginnen, war ihr diese Möglichkeit bis zum Lehrjahr 1922/23, zumindest bei den Großbanken, verschlossen.

In Anbetracht der prekären finanziellen Situation vieler bürgerlicher Familien durch die inflationsbedingten Vermögensverluste war es zu Beginn der zwanziger Jahre nicht mehr in allen Fällen möglich, die Töchter wie in den Vorkriegsjahren nach Abschluss des Oberlyzeums bis zur Verheiratung im eigenen Haushalt zu versorgen. Vielmehr bestand jetzt oftmals die Notwendigkeit des Zuverdienstes, zumal wegen des Frauenüberschusses in den Geburtsjahrgängen der Weltkriegssoldaten das Risiko der Nichtverheiratung der Mädchen deutlich gestiegen war. Es fehlten aber Ausbildungsmöglichkeiten, die nach zeitgenössischer Ansicht dem erreichten Qualifikationsniveau eines Oberlyzeums entsprachen.

Aus diesem Grund wandten sich die Direktoren der Berliner Oberlyzeen mit Unterstützung der Berliner Arbeitsverwaltung an die Großbanken, die ohnehin erst spät mit einer eigenen Lehrlingsausbildung begonnen und bis Kriegsausbruch in der Regel in kleineren Aktienbanken und Privatbankhäusern ausgebil-

120 Georg Obst, Der Bankberuf, Stuttgart 1921, S. 3.

121 Das seit 1916 sogenannte Oberlyzeum war so etwas wie die Oberstufe der höheren Mädchenbildung und schloss an das Lyzeum an. Als Ausbildungsziele waren genannt worden: entweder die Vorbereitung auf den Lehrerinnenberuf oder eine „Bildung in der Richtung der künftigen Lebensaufgaben einer deutschen Frau", wie es ein Autor kurz vor Kriegsausbruch (Paul Cauer, Das höhere Schulwesen, in: Siegfried Körte u. a., Hg., Deutschland unter Kaiser Wilhelm II, 2. Bd., 9. Buch, Berlin 1914, S. 44) ausdrückte und was nichts anderes bedeutete, als dass die Mädchen ab sofort dem Heiratsmarkt zur Verfügung standen und bis zur standesgemäßen Verheiratung von den Eltern versorgt wurden.

dete Bankkaufleute eingestellt hatten,[122] und baten sie, auch Absolventinnen des Oberlyzeums als Lehrlinge anzunehmen. Offensichtlich war dies wegen des wachsenden Arbeitskräftebedarfs der Inflationsjahre auch im Interesse der Banken, die sich nun, von zwei Ausnahmen abgesehen, über die Bedenken eines Großteils ihrer männlichen Belegschaften hinwegsetzten und jungen, schulisch qualifizierten Frauen die Möglichkeit eröffneten, eine Lehre zu den gleichen Konditionen wie die männlichen Lehrlinge zu beginnen.[123]

Vermutlich wurden seit 1922 weibliche Lehrlinge in den meisten Berliner Großbanken eingestellt. Lediglich die Disconto-Gesellschaft und die Berliner Handelsgesellschaft sollen sich geweigert haben, diesen vermeintlichen Aufstiegskanal für Frauen zu öffnen. So stellte das Berliner Landesberufsamt im April 1923 fest, dass jetzt „auch den Frauen der Beruf der Bankbeamtin mit der gleichen Aufstiegsberechtigung in höhere und höchste Stellen“ eröffnet worden sei, „wie sie den Absolventen der höheren Lehranstalten für die männliche Jugend zusteht“. Anscheinend war in dieser Zeit der Hyperinflation der Arbeitskräftebedarf der Großbanken so groß, dass etwa die Commerzbank das Landesberufsamt aufforderte, „in Zukunft Damen, welche Lust und Liebe zum Bankgewerbe haben“, direkt an die Commerzbank zu vermitteln. Denn, so hieß es weiter, man habe „die besten Erfahrungen mit diesen Damen (Absolventinnen des Oberlyzeums, D.Z.) gemacht“.[124]

Wie groß der Widerstand innerhalb der Belegschaften gegen diesen Gleichstellungsversuch gewesen sein muss, zeigt die Reaktion des sozialistischen Allgemeinen Verbandes, der den Unmut dadurch aufgreifen zu können glaubte, dass er ihn klassenkämpferisch umdeutete. In der Verbandszeitschrift hieß es Anfang 1923 unter der Überschrift „Höhere Töchter gesucht“, dass nun junge Frauen in die Banken einrückten, die in ihrer Lyzealbildung Courths-Mahlersche Romane gelesen und das dort vermittelte Weltbild verinnerlicht hätten und die nun „ihr Monatseinkommen oder einen namhaften Teil davon als Taschengeld betrachten können, und deren Schokolade- oder Likörkonsum oder deren seidene Strümpfchen“ den Arbeitgebern in den kommenden Tarifverhandlungen als Vorwand dienen würden, die Lohnforderungen der sozialistischen Gewerkschaft zurückzuweisen.[125]

Ob sich viele weibliche Bankangestellte über diesen Kommentar geärgert haben, ist nicht bekannt. Ob ihn viele weibliche Angestellte überhaupt wahrgenommen haben, ist allerdings unwahrscheinlich. Sofern sie sich gewerkschaftlich orga-

122 Hans Janberg, Die Bankangestellten, Wiesbaden 1958, S. 59.
123 Lövinson, Frauenarbeit, S. 31.
124 Zit. in ebd., S. 32.
125 Der Deutsche Bankangestellte 12 (1923), S. 36, zit. in: Thamm, Anspruch, S. 226.

nisierten, organisierten sich die weiblichen Angestellten wegen dieser männlichen Ausgrenzungsstrategie im Kaufmännischen Verband für weibliche Angestellte (ab 1919 Verband der weiblichen Handels- und Büroangestellten), dessen Vorläufer 1889 zunächst als Hilfs- und Bildungsverein gegründet worden war, weil Frauen die Teilnahme an politischen Versammlungen bis 1908 untersagt gewesen war. Erst kurz vor der Abschaffung dieses Verbots wagte es der Verband 1906 sich eine stärker gewerkschaftliche Zielsetzung zu geben.[126] Die Alternative war der sozialistische Allgemeine Verband der deutschen Bankbeamten, der sich zu einem Sammelbecken der ungelernten und angelernten sowie der technischen Angestellten im Bankgewerbe entwickelte und offensiv um die weiblichen Angestellten als Mitglieder warb.[127] Aber Sozialistinnen waren nicht allzu viele weibliche Bankangestellte, so dass der Erfolg dieser Werbemaßnahmen wohl begrenzt geblieben ist. Erst unter diesem Konkurrenzdruck und vor allem unter den radikal veränderten politischen Verhältnissen sah sich der größte Interessenverband, der Deutsche Bankbeamten-Verein, 1919 genötigt, das Mitgliedschaftsverbot für Frauen aufzuheben. In den Folgejahren stieg der Frauenanteil des Vereins rasant an und übertraf vermutlich schon bald den Frauenanteil im sozialistischen Allgemeinen Verband.[128] Erst jetzt war demnach nicht mehr in erster Linie die Stellung innerhalb der Bankhierarchie ausschlaggebend für die Verbandszugehörigkeit, sondern die politische Orientierung.

Auch in den folgenden Jahren blieben die jungen Frauen zwar eine Minderheit unter den Banklehrlingen,[129] aber bis zur Machtübernahme der Nationalsozialisten wurden junge Frauen weiterhin als Lehrlinge angenommen. Der Beruf der „Bankbeamtin" war in Anbetracht der Alternativen sicherlich attraktiv, wenn man den Wunsch hatte, länger als einige wenige Jahre im Beruf zu bleiben. Allerdings ermutigten die Erfahrungen der ersten Jahrgänge weiblicher Banklehrlinge die nachfolgenden Generationen nicht gerade eine Lehre zu beginnen. Denn das Experiment scheiterte, allerdings aus anderen Gründen als dem Widerstand der männlichen Bankangestellten und ihrer Gewerkschaften. Denn erstens waren die wenigen Frauen, die es in der Darmstädter Bank und in der Nationalbank für

126 Zur Geschichte des Verbandes vgl. Lorentz, Aufbruch, S. 136 ff.

127 Thamm, Anspruch, S. 74.

128 Nach einer Auswertung der Angaben der Mitgliederzahlen des Bankbeamten-Verein in dessen Verbandszeitschrift und der persönlichen Auskunft über die Mitgliederentwicklung des Allgemeinen Verbandes in Lövinson, Frauenarbeit, S. 16 f.

129 Im Jahr 1925 gab es in Preußen 15.237 Lehrlinge im Bank– und Börsenwesen, davon waren 2.583 (oder 17 Prozent) weiblich. Anneliese Kasten und Hans Heinrich, Die kommende Angestelltengeneration. Eine sozialstatistische Untersuchung des Gewerkschaftsbundes der Angestellten über Herkunft, Arbeitsverhältnisse und Berufsausbildung der Lehrlinge in Angestelltenberufen, Berlin 1933, S. 16.

Deutschland während der Inflationsjahre tatsächlich zur Prokuristin geschafft hatten, sogenannte „Inflationsprokuristen", entweder entlassen oder zur einfachen „Beamtin" zurückgestuft worden, während neue Prokuristinnen bis zum Ende des Untersuchungszeitraums nicht berufen wurden; und zweitens fiel das Ende der Lehrzeit dieser ersten weiblichen Lehrlingsgeneration in die Phase des Personalabbaus nach der Stabilisierung der Mark. In dieser Situation war eine Übernahme der jungen Frauen so gut wie ausgeschlossen. Den gleichaltrigen männlichen Bankkaufleuten erging es jedoch in dieser Zeit nicht besser.[130]

Die Hürden waren also hoch und ein beruflicher Aufstieg dank Banklehre für Frauen zunehmend unwahrscheinlich, so dass der übliche Weg junger Frauen in ein Beschäftigungsverhältnis bei einer Bank auch weiterhin der Besuch einer Handelsschule war, in der Stenografie, Maschineschreiben sowie kaufmännische Grundkenntnisse vermittelt wurden. Diese Qualifikation reichte aus, um als angelernte Angestellte in den Büros beschäftigt zu werden – meist indem die jungen Frauen Diktate aufnahmen und anschließend auf der Maschine abschrieben. Dabei ist aber noch zu berücksichtigen, dass Handelsschule nicht gleich Handelsschule war. Die von den Industrie- und Handelskammern errichteten Handelsschulen boten in der Regel mehrjährige Kurse an, in denen neben dem Maschineschreiben und der deutschen Einheitskurzschrift auch Fremdsprachen und das Stenographieren in einer Fremdsprache gelehrt wurden, wodurch immerhin die Möglichkeit bestand, später im Bankbetrieb zur Korrespondentin aufzusteigen, die nach Anweisung eines männlichen Vorgesetzten selbständig Korrespondenz, bei entsprechenden Sprachkenntnissen auch mit Kunden im Ausland, führen durfte. Viele der bei den Großbanken eingestellten Frauen hatten nach dem Lyzeum einen mindestens einjährigen Handelsschulkurs besucht. In diesen Fällen kann wohl davon ausgegangen werden, dass die Wahl einer guten und deshalb auch teuren Handelsschule für den Vater einen Kompromiss zwischen keiner weiteren beruflichen Qualifikation und einem nicht finanzierbaren Hochschulstudium darstellte.

Die meisten privaten Handelsschulen vermittelten keine Fähigkeiten, wie es die städtischen oder die Handelsschulen der Industrie- und Handelskammern taten. Die zeitgenössisch abschätzig „Pressen" genannten Schulen boten nur mehrwöchige Kurse an, die sich an die mit der achten Klasse abgeschlossene Volksschulbildung anschlossen und in denen oftmals unqualifiziertes Lehrpersonal Stenografie und Maschineschreiben unterrichtete.[131] Da die meisten Väter aus

130 Lövinson, Frauenarbeit, S. 31.
131 Thamm, Anspruch, S. 229 f.

der Arbeiterklasse und dem Kleinbürgertum nicht bereit oder in der Lage waren, die Mittel für eine bessere Schule zu investieren, hatten diese Mädchen nur geringe Aussichten auf die Anstellung bei einer Bank. Denn bei ihren Bewerbungen mussten sie angeben und gelegentlich auch durch Tests nachweisen, wie viele Silben sie in einer bestimmten Zeit stenografieren und/oder wie viele Anschläge sie in der Minute auf der Maschine fehlerfrei schreiben konnten. Mit ihren in den „Pressen" erlernten Fähigkeiten konnten diese Mädchen nicht mit den höher qualifizierten und wegen des Schulgelds auch in der Regel aus dem Bürgertum oder gehobenen Kleinbürgertum stammenden Konkurrentinnen mithalten. Ihre einzige Chance auf eine Anstellung in einer Bank war die Bewerbung in einer Zeit, in der weibliche Bürohilfskräfte dringend gesucht wurden. Etwa während der Inflationsjahre war das der Fall. Diese „Nullenschreiberinnen" verdienten aber nur wenig und hatten kaum eine Chance, selbst im Rahmen dessen, was Frauen möglich war, aufzusteigen. Die meisten von ihnen wurden 1924 oder 1925 wieder entlassen.

Während und nach der Bankenkrise 1931 kam es erneut zu einer Entlassungswelle. Bei der Commerzbank und bei der Deutschen Bank dürfte der Personalabbau jedoch schon 1930 begonnen haben. Denn wegen der beiden „Elefantenhochzeiten" von Deutscher Bank und Disconto-Gesellschaft sowie von Commerzbank und Mitteldeutscher Creditbank im Jahr 1929 begannen beide Großbanken bereits vor der Krise mit dem Personalabbau durch die Beseitigung von Doppelstrukturen, die zwar auch die Berliner Zentralen betrafen, aber vor allem die Filialen in der Provinz, die entweder zusammengelegt oder in kleineren Städten ganz geschlossen wurden.[132]

Mit der Bankenkrise erhielt der Personalabbau aber noch einmal eine ganz neue Dimension, wobei jetzt vor allem die Danat Bank und die Dresdner Bank im Zentrum standen (s. Kap. 1). Vor Krisenausbruch hatte die Belegschaft der beiden Bank zunächst zusammen 15.350 Personen umfasst. Zwei Jahre später waren es im jetzt fusionierten Institut nur noch knapp 11.000 Personen. Das entsprach einer Verringerung der Beschäftigtenzahl um mehr als ein Viertel. Auch die Belegschaft die Commerzbank musste nach der Fusion mit dem Barmer Bankverein noch einmal die Entlassung befürchten. Nach der Fusion hatte die Commerzbank zunächst 7.500 Beschäftigte und zwei Jahre später waren es nur noch 6.600 Beschäftigte. Bei der Deutschen Bank wurde die Belegschaft im ersten Jahr nach der Fusion von 21.600 auf 20.050 Personen (oder um sieben Prozent) und dann während der Krisenjahre 1931/32 noch einmal um 17 Prozent auf 16.600 reduziert.[133]

132 Feldman, Deutsche Bank, S. 265; Ziegler, Commerzbank, S. 112 f.

133 Zur Entwicklung des Personalstandes bei der Deutschen Bank vgl. Feldman, Deutsche Bank, S. 285 und S. 309; bei der Dresdner Bank vgl. Ziegler, Ordnungsrahmen, S. 58 ff.; und bei der Commerzbank vgl. Ziegler, Commerzbank, S. 134.

Frauen dürften durch den Personalabbau überproportional betroffen gewesen sein. Von den insgesamt im Jahr 1933 gekündigten 866 Angestellten der Dresdner Bank waren 239 weiblich.[134] Dabei ist allerdings zu berücksichtigen, dass es sich hierbei vermutlich weniger um betriebsbedingte Kündigungen handelte als um die Entlassungen von politischen Gegnern und – vor allem – von sogenannten „Nichtariern", also um Personen jüdischer Herkunft. Zum Zeitpunkt der nationalsozialistischen Machtübernahme dürfte der Frauenanteil der Belegschaften der Großbankzentralen auf unter 20% abgesunken sein.[135] Damit lag er vermutlich so niedrig wie seit den ersten Jahren des Weltkrieges nicht mehr. Obwohl der Personalabbau Mitte 1933 weitgehend abgeschlossen war, setzten sich die Kündigungen fort. Allerdings musste jetzt die Mehrheit der Beschäftigten nicht mehr um ihren Arbeitsplatz fürchten, sondern nur die „Nichtarier", worauf in Kapitel 7 noch zurückzukommen sein wird.

Aber auch unabhängig von der „Entjudung" stieg unter der nationalsozialistischen Diktatur der Druck auf die weiblichen Beschäftigten weiter, um in den Banken Platz für „alte Kämpfer" zu schaffen, die zuvor im Rahmen des krisenbedingten Personalabbaus entlassen worden und 1933/34 immer noch arbeitslos waren. Dabei taten sich besonders die Aktivisten der NS-Betriebszellen hervor. Die erste Kampagne richtete sich gegen die „Doppelverdiener". Trotz des männlichen Substantivs handelte es sich bei den „Doppelverdienern" niemals um Familienväter, sondern ausschließlich um verheiratete Frauen, deren Familien, im Gegensatz zu Frauen aus der Arbeiterklasse, nicht zwingend auf einen Zuverdienst der Ehefrau angewiesen waren.

Bei den Banken waren davon potenziell alle weiblichen Angestellten betroffen, nicht aber die Putzkräfte oder das Kantinenpersonal. Denn bei einer weiblichen Angestellten ging man davon aus, dass sie mit einem Angestellten oder Beamten verheiratet war und dass das Familieneinkommen auch ohne Erwerbsarbeit der Frau höher lag als bei einem Arbeiterhaushalt. Diese Frauen hatten, nicht nur nach nationalsozialistischem Verständnis, keiner Erwerbsarbeit nachzugehen, sondern Kinder zu bekommen und in Vollzeit aufzuziehen. Allerdings gab es bei ihrem Feldzug gegen die „Doppelverdiener" für die Nationalsozialisten bei den Großbanken nicht viel zu gewinnen. Denn „Doppelverdiener" konnte es unter den Frauen nicht geben, weil die Großbanken schon während der Weimarer Republik alle angestellten Frauen zur Kündigung genötigt hatten, sobald sie heirateten; und verheiratete Frauen wurden, außer wenn sie verwitwet oder geschieden waren, grundsätzlich

134 Bericht der Deutschen Revisions- und Treuhand-AG v. 26.2.1934, in: HAC 500/459-1999.
135 Rudl, Angestellten, Tab. 4291.1, S. 229.

nicht eingestellt. Verwitwete und geschiedene Frauen waren aber keine „Doppelverdienerinnen".[136]

Neben der Verdrängung der „Doppelverdiener" bot auch das „Landjahr" eine vermeintlich gute Möglichkeit, Frauen aus dem Dienst – zumindest zeitweise – zu verdrängen. Das Landjahr ergänzte in Preußen seit 1934 die bereits in der Weimarer Republik als arbeitsmarktpolitische Maßnahme eingeführte Landhilfe.[137] Im Gegensatz zur Landhilfe diente das Landjahr vor allem der nationalsozialistischen Erziehung und war nicht freiwillig. Denn um genügend Landhelfer zu rekrutieren, waren die Unternehmen gehalten, junge Beschäftigte unter 25 Jahren zu veranlassen sich zur Landhilfe zu melden, um Platz für erwerbslose ältere Personen zu schaffen. Die Unternehmen waren daran nicht sonderlich interessiert,[138] so dass sich für die NS-Aktivisten in den Unternehmen eine gute Gelegenheit bot sich zu profilieren.

Das „freiwillige" Landjahr war nicht die einzige Maßnahme, um Arbeitsplätze junger Beschäftigter für männliche Bewerber freizumachen. So ordnete der Präsident der Reichsanstalt für Arbeitsvermittlung und Arbeitslosenversicherung im August 1934 bei der Dresdner Bank eine Prüfung an, „ob die altersmäßige Gliederung der Arbeiter und Angestellten unter Berücksichtigung der betriebstechnischen und wirtschaftlichen Erfordernisse des Betriebes den staatspolitischen Gesichtspunkten gerecht" wurde.[139] Ziel der Aktion war es, Frauen und unverheiratete Männer unter 25 Jahren zugunsten von arbeitslosen Familienvätern und „alten Kämpfern" zu entlassen. In einem Fragebogen, der an alle Betroffenen verschickt wurde, wurde sehr deutlich, welche Sonderbedingungen vorliegen mussten, um einer Entlassung zu entgehen. Denn es wurde erstens gefragt, ob die Beschäftigten Familienmitglieder unterstützten und wenn ja, in welcher Höhe und ob sie bereits vor dem 30. Januar 1933 NSDAP-, SA- oder SS-Mitglied gewesen waren.

Auch wenn die Art und Weise, wie hier verfahren wurde, wohl in der Weimarer Republik nicht vorstellbar war, war der dieser Aktion zugrundeliegende ideologische Hintergrund keineswegs spezifisch nationalsozialistisch. Denn die

---

136 Zur „Doppelverdienerkampagne" vgl. Susanne Rouette, Sozialpolitik als Geschlechterpolitik. Die Regulierung der Frauenarbeit nach dem Ersten Weltkrieg, Frankfurt a. M./New York, 1993; Silke Schumann, „Die Frau aus dem Erwerbsleben wieder herausnehmen". NS-Propaganda und Arbeitsmarktpolitik in Sachsen 1933–1939, Dresden 2000, S. 18 ff. (hier auch mit einer Betonung der Rolle der NS-Betriebszellenorganisation in den Unternehmen).

137 Gesetz über das Landjahr v. 29.3.1934, in: Preuß. Gesetzsammlung, 1934, S. 243 f.

138 Vgl. hierzu Detlev Humann, „Arbeitsschlacht" – Arbeitsbeschaffung und Propaganda in der NS-Zeit 1933–1933. Göttingen 2011, S. 499.

139 Schreiben der Personal-Abteilung v. 17.9.1934, in: HAC 500/E.4606.

von der Aktion betroffenen Frauen gehörten zu den „höheren Töchtern“ mit „Courts-Mahler“-Bildung, die ihren Lohn für „Schokolade, Likör und Seidenstrümpfchen“ ausgeben konnten, also nicht zum Überleben brauchten, und die deshalb von der sozialistischen Angestelltengewerkschaft schon Mitte der zwanziger Jahre als in der Belegschaft unerwünscht gebrandmarkt worden waren.

Der Erfolg dieser beiden nicht nur, aber vor allem gegen junge Frauen gerichteten Maßnahmen fiel jedoch deutlich geringer aus, als es ihre Radikalität vermuten lässt. Denn die Familienväter, die an die Stelle junger Stenotypistinnen, Telefonistinnen oder Kartenlocherinnen treten sollten, dürften nämlich kaum in der Lage gewesen sein, auch die Arbeit der entlassenen Frauen zu übernehmen. Schließlich hatten sie keine „flinken Finger“ und Stenografieren konnten sie sehr wahrscheinlich auch nicht oder jedenfalls nicht „flott“. „Alte Kämpfer“ nahmen eher den Platz entlassener männlicher jüdischer Bankangestellter ein, die aufgrund des Gesetzes zur Wiederherstellung des Berufsbeamtentums, das auch auf die teilverstaatlichte Dresdner Bank angewendet wurde, entlassen worden waren. Die anderen Großbanken fielen zwar nicht unter das sogenannte Berufsbeamtengesetz, aber auch sie dünnten in vorauseilendem Gehorsam die Reihen ihrer „nichtarischen“ Angestellten aus und stellten zum Teil vorher entlassene Beschäftigte wieder ein.[140]

Es waren aber nicht so sehr die Zwangsmaßnahmen, die einen Rückgang weiblicher Beschäftigung in den Großbanken bewirkten, sondern die verbesserte Lage auf dem Arbeitsmarkt veranlasste seit 1934 viele weibliche Angestellte endlich zu heiraten, nachdem sie ihren Heiratswunsch während der Krisenjahre aufgeschoben hatten, um ihren Arbeitsplatz nicht zu verlieren. Denn der Verlobte war in den Krisenjahren bereits arbeitslos geworden oder er musste damit rechnen arbeitslos zu werden. Es gab auch für junge Männer nur wenige Berufe, die als krisensicher gelten konnten. Darüber hinaus dürften auch die finanziellen Anreize mit dem Ziel der Verdrängung von Frauen aus dem Arbeitsmarkt dazu motiviert haben, das Beschäftigungsverhältnis in einer Bank zugunsten einer Zukunft als Hausfrau und Mutter aufzugeben.

Dabei handelte es sich zum einen um das staatlich finanzierte Anreizprogramm des Ehestandsdarlehens, wonach „deutsche Reichsangehörige“ bei ihrer Gemeinde ein zinsloses Darlehen von bis zu 1.000 RM beantragen konnten, wenn die künftige Ehefrau seit Juni 1931 mindestens sechs Monate lang im Inland in einem Arbeitnehmerverhältnis gestanden hatte. Sie musste das Arbeitsverhältnis

140 Vgl. hierzu Dieter Ziegler, Die Verdrängung der Juden aus der Dresdner Bank 1933–1938, in: Vierteljahrshefte für Zeitgeschichte 47/1999, S. 187–218; Zur Situation bei der Deutschen Bank und der Commerzbank vgl. Thomas Weihe, Die Personalpolitik der Personalgroßbanken 1919–1945, Stuttgart 2006, S. 83 f.

spätestens zum Zeitpunkt der Eheschließung aufgeben und sich verpflichten, solange kein neues Arbeitsverhältnis einzugehen, bis das Ehestandsdarlehen vollständig getilgt war und der Ehemann mehr als 125 RM monatlich verdiente. Ausgezahlt wurde das Darlehen erst mit der Eheschließung. Der Empfänger war der Ehemann. Die Auszahlung erfolgte allerdings nicht bar, sondern mit sog. Bedarfsdeckungsscheinen. Diese berechtigten zum Erwerb von Möbeln und anderem Hausrat aus deutscher Produktion. Die Tilgungsrate betrug mindestens ein Prozent des ursprünglichen Darlehensbetrages pro Monat, wobei für jedes lebend geborene Kind 25 Prozent des Darlehensbetrages erlassen wurde. Die Finanzierung des Programms wurde durch die sog. Ehestandshilfe sichergestellt. Dabei handelte es sich um eine Sonderabgabe, zu der alle ledigen, einkommenssteuerpflichtigen Personen herangezogen wurden.[141] Zum anderen erhielt die ausscheidende Angestellte bei einer mehrjährigen Berufstätigkeit noch eine Abfindungszahlung ihres Arbeitgebers, die nun allerdings als „Heiratsbeihilfe" bezeichnet wurde und sogar steuerfrei war.[142]

In der zweiten Hälfte der dreißiger Jahre entspannte sich der Arbeitsmarkt für Bürokräfte zunächst, um gegen Ende des Jahrzehnts in einen Arbeitskräftemangel umzuschlagen. Die Banken begannen nun, begehrte Arbeitskräfte durch kräftige Gehaltszuschläge zu halten. Denn die Tarifgehälter der Angestellten waren von den Nationalsozialisten auf dem Krisenniveau eingefroren und bis 1937 in den nun Tarifordnung genannten Tarifverträgen trotz langsam heiß laufender Konjunktur nicht angehoben worden. Es gab keine Gewerkschaften, die Gehaltssteigerungen hätten durchsetzen können. Aber die Banken warben sich durch Zusagen für die Einstufung in eine höhere Tarifgruppe oder für außertarifliche Zulagen die besten Kräfte gegenseitig ab. Daran hatte auch die schrittweise Einschränkung der Freizügigkeit der Arbeitnehmer nicht viel ändern können. Gehaltssteigerungen und damit ein höheres privates Konsumniveau war aber nicht im Interesse der Kriegsvorbereitung. Um diesen Wildwuchs bei den Gehältern einzudämmen, wurde die alte, noch aus der Weimarer Republik stammende Tarifstruktur im April 1937 durch ein neues Tarifsystem ersetzt. Die Wirkung war allerdings gering. Außertarifliche Zulagen wurden weiterhin gewährt und die Beschäftigten verdienten 1938/39 meist deutlich mehr als in der ersten Hälfte der dreißiger Jahre.

141 Gesetz zur Verminderung der Arbeitslosigkeit v. 1.6.1933, RGBl. 1933/I, Abschnitt 5, S. 326 f. Vgl. zum Ehestandsdarlehen auch Schumann, Frau, S. 36 ff.; Detlev Humann, Die Arbeitsschlacht als Krisenüberwindung, in: Marc Buggeln und Michael Wildt (Hg.), Arbeit im Nationalsozialismus, München 2014, S. 74 f.

142 Zur Heiratsbeihilfe s. Kap. 3.4.2.

Das galt nicht nur für die männlichen Angestellten, auch manche Frau erfuhr einen deutlichen Gehaltszuwachs durch die Einstufung in eine höhere Tarifgruppe. Auch die Zahl der Dienstjahre, bis eine Frau wie ein Mann in der gleichen Tarifgruppe bezahlt wurde, wurde für viele Frauen abgesenkt. Denn auch weibliche Bürokräfte waren mittlerweile knapp geworden und eine erfahrene, aber weiterhin leistungsfähige Kraft war nicht so einfach zu ersetzen. Deshalb verzichteten die Banken sogar darauf, nur unverheiratete Frauen einzustellen und ihre weiblichen Angestellten zur Kündigung zu veranlassen, sobald sie heirateten. Dafür war zwar eine Genehmigung des Arbeitsamtes notwendig. Aber die wurde anscheinend seit dem letzten Vorkriegsjahr in den meisten Fällen erteilt.

Bei Kriegsausbruch drohte wegen des absehbaren Arbeitskräftemangels noch eine Verschärfung des Problems. Deshalb wurde die Freizügigkeit weiter eingeschränkt und Gehaltserhöhungen und Beförderungen untersagt. Aber auch das hatte nur eine begrenzte Wirkung auf die Gehaltssteigerungen. Denn Kriegszulagen waren weiterhin erlaubt.[143] Hinzu kam in den meisten Fällen auch die Vergütung für Überstunden oder gar die Zahlung einer Überstundenpauschale. Den Unternehmen blieb nicht viel anderes übrig, als den Gehaltserwartungen ihrer verheirateten weiblichen Angestellten weit entgegenzukommen. Denn im Gegensatz zum Ersten Weltkrieg, als eine unzureichende finanzielle Versorgung der Kriegerfamilien viele Ehefrauen dazu genötigt hatte, erstmals in ihrem Leben erwerbstätig zu werden, führte die deutlich bessere Versorgung der Kriegerfamilien im Zweiten Weltkrieg dazu, dass verheiratete Frauen das Angebot ihres ehemaligen Arbeitgebers auf Wiedereinstellung ablehnten; ja verheiratete Frauen, die vor dem Krieg ein entsprechendes Angebot angenommen hatten, erwogen nach Kriegsausbruch sogar die Kündigung.[144]

Bereits im Jahr 1936 war zwar im sogenannten Familienunterstützungsgesetz festgelegt worden, dass im Falle der Einberufung Ehefrauen und Kinder Anspruch auf Unterstützung zur Sicherung des notwendigen Lebensbedarfs hatten.[145] Aber der Unterstützungsanspruch war insofern eingeschränkt worden, als jeder Unterstützungsberechtigte „seine Arbeitskraft zur Beschaffung des notwendigen Lebensbedarf“ einsetzen musste. Ehefrauen mit Kindern waren aber von der Pflicht, eine Arbeit aufnehmen zu müssen, *de facto* ausgenommen. Denn in

143 Verordnung über die Beschränkung des Arbeitsplatzwechsels v. 1.9.1939, RGBl., 1939/1, S. 1685 sowie Zweite Durchführungsbestimmungen zum Abschnitt III (Kriegslöhne) der Kriegswirtschaftsverordnung v. 12.10.1939, ebd., S. 2028.

144 Birthe Kundrus, Kriegerfrauen. Familienpolitik und Geschlechterpolitik im Zweiten Weltkrieg, Hamburg 1995, S. 322 f.

145 Gesetz zur Unterstützung der Angehörigen der einberufenen Wehrpflichtigen und Arbeitsdienstpflichtigen v. 30.3.1936, RGBl. 1936/1, S. 327 f.

einer Durchführungsverordnung zum Familienunterstützungsgesetz hieß es, dass Ehefrauen Erwerbsarbeit nicht zugemutet werden dürfe, wenn dadurch die „geordnete Erziehung ihrer Kinder“ gefährdet würde; auch darüber hinaus waren bei Frauen die „Pflichten besonders zu berücksichtigen, die ihnen die Führung eines Haushaltes oder die Pflege von Angehörigen“ auferlegten.[146]

Nach Kriegsbeginn gab es zwar Überlegungen, die Familienunterstützung den Arbeitsämtern zu übertragen, um auf diese Weise die Möglichkeit zu haben, wenigstens kinderlose Kriegerfrauen zur Erwerbsarbeit zu verpflichten und ihnen im Falle einer Weigerung die Unterstützung zu kürzen oder gar zu entziehen. Aber dazu kam es nicht, um die Kampfmoral der Ehemänner an der Front nicht zu beeinträchtigen.[147] Stattdessen setzte man auf Anreize, indem bei der Aufnahme einer Erwerbsarbeit zwei Drittel des Verdienstes nicht auf die Unterstützung der Kriegerfamilie angerechnet wurde. Aber auch diese Maßnahmen zeigten wenig Erfolg.

Die Ehefrauen der zur Wehrmacht eingezogenen Männer erhielten bis zu 85 Prozent des letzten Nettoeinkommens ihres Mannes unabhängig von dessen Sold.[148] Damit konnten die ehemaligen weiblichen Bankangestellten, sofern sie einen Mann geheiratet hatten, der das Gehalt vergleichbar dem eines Bankangestellten der Tarifgruppe 3 (oder mehr) bezog, ihren Haushalt weiterführen und waren finanziell – anders als die Kriegerfrauen der Generation davor, im Ersten Weltkrieg – nicht darauf angewiesen, in ihren alten Beruf zurückzukehren. Wenn sie es dennoch taten, deutet das daraufhin, dass sie ihre Kündigung nach der Eheschließung nicht ganz freiwillig eingereicht hatten, sondern gerne weiter gearbeitet hätten, wenn das möglich gewesen wäre.

Diesen Frauen kamen die Arbeitgeber weit entgegen. So wies das Reichsarbeitsministerium die Betriebe im März 1940 daraufhin, dass sie den Kriegerfrauen Urlaub gewähren sollten, wenn deren Männer auf Heimaturlaub von der Front kamen. Im Rahmen des den Frauen zustehenden Jahresurlaubs war das wohl auch kein Problem. Wenn die Soldaten aber länger auf Heimaturlaub kamen als die Urlaubstage, die den Frauen nach der Tarifordnung zustanden, stellte sich mancher Arbeitgeber bei der Gewährung von Sonderurlaub quer. Bei den Großbanken scheint man so verfahren zu sein, dass den Frauen für die Arbeitstage, die über ihren Urlaubsanspruch hinausgingen, gehaltlosen Sonderurlaub gewährt wurde, was die Frauen offenbar als ausreichendes Zugeständnis ansahen.

---

146 Vorschriften zur Durchführung und Ergänzung des Familienunterstützungsgesetzes v. 30.3.1936, ebd, S. 329 ff. (Zitat, S. 332).

147 Kundrus, Kriegerfrauen, S. 327.

148 Kundrus, Kriegerfrauen, S. 285 ff.

Daneben wurde seit Dezember 1939 auch die Möglichkeit geschaffen, einmal im Monat gegen Lohnverzicht einen Hausarbeitstag einzulegen. Zunächst konnten die Arbeitgeber Hausarbeitstage auf freiwilliger Basis verheirateten Frauen gewähren. Das Ziel war dabei, das häufige Fernbleiben vom Arbeitsplatz zu beenden, das, so die Vermutung von Arbeitsministerium und Arbeitsfront, wenig mit einer Erkrankung, als vielmehr mit der Überforderung durch Erwerbs- und Hausarbeit zu tun hatte – besonders bei Frauen, die täglich Überstunden leisten mussten.[149] Außerdem wurde insbesondere bei Frauen mit Kindern die Möglichkeit einer Halbtagsarbeit eingeräumt, was zu Friedenszeiten vollkommen ausgeschlossen war. Die Bereitschaft vieler Kriegerfrauen, eine Erwerbsarbeit aufzunehmen, erhöhten diese Maßnahmen allerdings kaum. Daran änderte selbst die Vorladung an diejenigen Frauen durch das zuständige Arbeitsamt nichts, die ihre Erwerbstätigkeit nach Kriegsbeginn aufgegeben hatten.

Das sollte sich in der zweiten Kriegshälfte ändern. Denn nun wurden Maßnahmen ergriffen, die vordergründig nah an eine Dienstpflicht herankamen. Im Januar 1943 wurde „zur schnellstmöglichen Erringung des Endsieges" für alle Männer im Alter von 16 bis 65 Jahren sowie für Frauen von 17 bis 45 Jahren eine Meldepflicht bei ihrem zuständigen Arbeitsamt eingeführt. Allerdings wurden von der Meldepflicht Frauen mit einem noch nicht schulpflichtigen Kind oder mit mindestens zwei Kindern unter 14 Jahren sowie Schwangere ausgenommen.[150] Obwohl diese Verordnung großangelegte Erfassungsaktionen in Gang setzte, an denen neben der Arbeitsverwaltung auch die Kreisleitungen der NSDAP sowie NS-Frauenschaften beteiligt waren, hielt sich der Mobilisierungserfolg in Grenzen. Nach einer Erhebung der Arbeitsverwaltung konnte 1943 nur die Hälfte der erfassten Frauen eingesetzt werden und nur ein Fünftel stand ganztags zur Verfügung.[151]

Hinzu kam im Falle Berlins die Evakuierung von Frauen und Kindern in vermeintlich luftsichere Regionen, vor allem in Kleinstädte oder auf das Land. Die Arbeitsmöglichkeiten für Büroarbeitskräfte waren dort allerdings begrenzt. Selbst wenn die Frauen bereit gewesen wären, am Evakuierungsort eine Erwerbsarbeit anzunehmen, konnte ihnen oftmals kein Arbeitsplatz zugewiesen werden.

---

149 Seit Oktober 1943 war die Gewährung eines Hausarbeitstages für alle Frauen mit einem eigenen Haushalt eine gesetzliche Vorschrift. Allerdings wurde den Frauen für den Hausarbeitstag auch weiterhin anteilig das Gehalt gekürzt. Carola Sachse, Der Hausarbeitstag. Gerechtigkeit und Gleichberechtigung in Ost und West, Göttingen 2002, S. 35 ff.

150 Verordnung über die Meldung von Männern und Frauen für Aufgaben der Reichsverteidigung v. 27.1.1943, RGBl. 1943/1, S. 67 f.

151 Nicole Kramer, Haushalt, Betrieb, Ehrenamt, in: Michael Wildt u. Marc Buggeln (Hg.), Arbeit im Nationalsozialismus, München 2014, S. 46.

Nur wenige Großbetriebe waren in der Lage, ganze Abteilungen aus Berlin in weniger luftkriegsgefährdete Regionen zu verlegen und die Büroarbeitskräfte dorthin zu versetzen. Den Berliner Großbanken war das allerdings möglich, zumal sie selbst über Immobilien verfügten, die sie als Ausweichbüros nutzen konnten.[152] Natürlich wurden die Arbeitsabläufe durch die Dezentralisierung massiv beeinträchtigt und auch die Kosten waren erheblich. Denn die Arbeitskräfte mussten am Evakuierungsort untergebracht werden, ohne dass man von ihnen verlangen konnte, ihren Wohnsitz in Berlin aufzugeben, wenn sie mit Angehörigen in einem Haushalt lebten. Das betraf nicht nur verheiratete Angestellte, sondern auch die zahlreichen ledigen weiblichen Angestellten, die sich mit Eltern oder Geschwistern eine Wohnung teilten. Schließlich erwiesen sich gegen Ende des Krieges auch viele der Evakuierungsorte als nicht mehr luftsicher, so dass auch dort Arbeitskräfte der Großbanken aus Berlin ums Leben kamen.

152 Zu den Ausweichstandorten für ganze Abteilungen ihrer Zentralen vgl. James, Deutsche Bank, S. 406 f.; Bähr, Dresdner Bank, S. 248; Ziegler, Commerzbank, S. 216 ff.

Teil 1: **Arbeit und Leben von Frauen im Bankwesen**

3 Eine Kollektivbiografie weiblicher Angestellter bei Danat Bank und Dresdner Bank

3.1 Das Sample

Die meisten Menschen sind nicht prominent, kein biografisches Lexikon besitzt einen Eintrag für sie und über sie war zu Lebzeiten in den Zeitungen nichts zu lesen. Nach ihrem Ableben erschien äußerstenfalls eine Todesanzeige in der Lokalzeitung. Aber niemand schrieb einen Nachruf und kein Museum oder Archiv interessierte sich für den Nachlass, sofern es einen solchen überhaupt gab. 60 Jahre später ist diese Person weitgehend vergessen, und die Personen, die sich erinnern, haben die verstorbene Person nur am Ende ihres Lebens gekannt und was sie über die früheren Lebensjahre wissen, ist Wissen aus zweiter Hand. Wenn selbst eine Google-Suche ohne Ergebnis bleibt, hat diese Menschen sechzig, in manchen Fällen vielleicht auch etwas mehr Jahre nach ihrem Tod in gewisser Weise ein zweiter Tod, der Tod des Vergessens, ereilt.

Um etwa 200 Menschen, von denen niemand prominent war und über die nie etwas in der Zeitung zu lesen war, geht es in diesem Buch. Ihre Geburtsjahrgänge liegen zwischen 1875 und 1910, mit einem Schwerpunkt kurz vor und kurz nach der Jahrhundertwende. Soweit Todesdaten bekannt sind, liegen sie zwischen den vierziger und siebziger Jahren des 20. Jahrhunderts, mit einem Schwerpunkt in den fünfziger und sechziger Jahren. Todesdaten vor 1940 und nach 1980 waren nur sehr wenige zu ermitteln. Bei diesen 200 Menschen handelt es sich ausschließlich um Frauen, von denen viele unverheiratet waren und kinderlos blieben. Sie hatten somit keine Nachkommen; und bei denjenigen, die geheiratet und Kinder bekommen hatten, geht es in diesem Buch um den Lebensabschnitt, als sie noch kinderlos waren, so dass es heute auch in diesen Fällen niemanden mehr gibt, der über diesen Lebensabschnitt aus eigener Anschauung etwas berichten oder mehr sagen könnte, als die Familiengeschichten wiederzugeben, bei denen Legende und Wahrheit nicht mehr auseinandergehalten werden können. Das gilt besonders für die Jahre der NS-Herrschaft, aber keineswegs ausschließlich.

Wie kann man sich also einem solchen Personenkreis biografisch annähern, wie kann man den zweiten Tod wenigstens ein Stück weit zurückdrängen, wenn es keinen Nachlass, etwa ein Konvolut persönlicher Briefe mehr gibt? Es gibt eine Quelle, die einen bestimmten, manchmal längeren, manchmal weniger langen Ausschnitt im Leben eines Menschen beleuchten kann, nämlich die Zeit des Erwerbslebens. Diese Quelle, die einen Menschen dem zweiten Tod entreißen kann, ist die Personalakte des Arbeitgebers. Natürlich werden auch Personalakten irgendwann vernichtet. Aber größere Unternehmen geben sie oft in ihr historisches

 | https://doi.org/10.1515/9783112248287-003

Archiv, wenn sie im Tagesgeschäft nicht mehr gebraucht werden und die Unternehmen ein historisches Archiv führen. Obwohl dort nicht selten hunderte, manchmal sogar tausende von Personalakten aufbewahrt werden, werden sie kaum als Quellen für unternehmenshistorische Untersuchungen genutzt. Das ist meist kein Versäumnis der Autoren solcher Studien, sondern bei Personalakten handelt es sich aus datenschutzrechtlichen Gründen um äußerst sensible Quellen, die sehr lange gesperrt werden, ja für die Bearbeitung durch nicht zum Unternehmen gehörende Nutzer gesperrt werden müssen.[153]

Für die vor gut 25 Jahren von der Dresdner Bank in Auftrag gegebene Studie über „Die Dresdner Bank und die deutschen Juden" im Rahmen eines größeren Forschungsprojektes zur Geschichte der Dresdner Bank im „Dritten Reich" hatte ich bereits uneingeschränkt und unter Verkürzung der Sperrfristen Zugang zu dem riesigen, seinerzeit noch unerschlossenen Bestand an Personalakten der Dresdner Bank aus der Zwischenkriegszeit. Für die Bearbeitung des Forschungsauftrags wurde der Bestand von Mitarbeitern der Bank erschlossen und war damit für mich nach einiger Zeit vollständig nutzbar. Nach der Erschließung zeigte sich, dass etwa 11.000 Personalakten überliefert sind. Fast alle Akten waren von den Personalabteilungen[154] der Dresdner Bank und ihrer Rechtsvorgängerinnen für die Beschäftigten in der jeweiligen Zentrale und den Berliner Depositenkassen angelegt worden. Die größeren Filialen verfügten über eigene Personalabteilungen, deren Akten im Bestand der Dresdner Bank (heute im Historischen Archiv der Commerzbank) jedoch kaum überliefert sind. In dieser Zeit waren zwar weit mehr als 11.000 Personen in der Dresdner Bank und ihren Rechtsvorgängerinnen, vor allem bei der Darmstädter Bank bzw. der Danat Bank, beschäf-

153 Die Sperrfristen für Bestände mit Personalakten ergeben sich für die öffentlichen Archive aus den Archivgesetzen der Länder. Meist gilt, dass Personalakten erst dreißig Jahre nach dem Tod oder, falls das Todesdatum nicht feststellbar ist, einhundertzehn Jahre nach der Geburt des Betroffenen benutzt werden dürfen. Unternehmensarchive müssen sich an diese Vorschriften nicht halten, sondern das Unternehmen kann als Eigentümer des Archivguts die Sperrfrist für eine bestimmte Zeit verlängern oder die entsprechenden Bestände auch unbefristet sperren.

154 Gelegentlich ist in den Quellen auch vom „Personal-Büro" die Rede. Um Verwirrungen zu vermeiden, wird im Folgenden bei allen Banken der Begriff „Personalabteilung" unabhängig vom Quellenbegriff für die mit den Personalangelegenheiten befasste Stelle verwendet. Geleitet wurde die Personalabteilung von einem Abteilungsdirektor, dem mehrere Prokuristen und ein Heer von männlichen und weiblichen sog. „Bankbeamten" bzw. „Bankbeamtinnen" unterstellt waren. In der Personalabteilung gab es verschiedene Büros, die für bestimmte Aufgabenfelder zuständig waren, zum Beispiel für die Berechnung der Gehälter und die Gehaltszahlungen. Bei der Darmstädter Bank gab es auch ein eigenes Büro für die Angelegenheiten der weiblichen Angestellten, wovon im Folgenden noch öfter die Rede sein wird.

tigt gewesen. Aber da mir damals die ungefähre Zahl der „nichtarischen" Angestellten in der Berliner Zentrale einschließlich der Berliner Depositenkassen der Dresdner Bank im Jahr 1933 bekannt war und ich etwa für die Hälfte der Personen Akten finden konnte, ist zumindest für die dreißiger Jahre davon auszugehen, dass für ungefähr die Hälfte aller Personen, die für einen gewissen Zeitraum bei der Dresdner Bank in Berlin beschäftigt waren, eine Akte überliefert ist.

Bekannt ist ferner, dass in den dreißiger Jahren (mit Schwankungen) etwa 16 Prozent aller Beschäftigten Frauen waren, so dass eigentlich damit zu rechnen ist, dass wegen der größeren Fluktuation der weiblichen Angestellten etwa zwanzig Prozent (oder auch etwas mehr) der überlieferten Personalakten für Frauen angelegt worden waren. So viele sind aber nicht mehr vorhanden, was schon darauf hindeutet, dass die Überlieferungsdichte in den zwanziger Jahren deutlich lückenhafter ist als in den dreißiger Jahren. Denn während der Inflationsjahre waren sehr viele Frauen als Bürohilfskräfte eingestellt worden. In dieser Zeit war der Anteil der Frauen während des Untersuchungszeitraums (abgesehen von den Jahren des Zweiten Weltkriegs) mit vermutlich bis zu dreißig Prozent am höchsten. Nach der Stabilisierung der Währung wurden die meisten dieser Hilfskräfte wieder entlassen. Die Akten dieser Frauen sind zu einem unbekannten Zeitpunkt fast ausnahmslos vernichtet worden. Überliefert sind nur Akten der wenigen Frauen, deren Kündigung wieder zurückgenommen worden war oder die zu einem späteren Zeitpunkt erneut eingestellt wurden.

Eine zweite schmerzliche Lücke bilden die Personalakten der sogenannten Wochenlöhnerinnen, also der im Putz- oder Kantinendienst beschäftigten Frauen. Aus den frühen zwanziger Jahren sind gar keine Akten dieser Gruppe überliefert und für die späten zwanziger und die dreißiger Jahre sind es auch nur weit weniger Akten, als es dem Anteil der Wochenlöhnerinnen an allen in der Bank beschäftigten Frauen entsprochen hätte. Die wenigen Akten, die überliefert sind, sind außerdem bis auf eine Ausnahme sehr viel weniger ergiebig als die Akten der angestellten Frauen. Teilweise handelt es sich sogar nur um „Hilfsakten", die nicht viel mehr Auskunft geben als den Namen der Wochenlöhnerin, Geburtsjahr und Ort, den Familienstand und die Adresse, weil sie noch nicht einmal über einen Personalbogen verfügen.

Es ist also davon auszugehen, dass die Aktenvernichtung nicht nach den lange Zeit üblichen archivischen Standards vollzogen wurde, wie der Erhaltung nur der Akten von Personen, deren Familienname mit D, O und T beginnt oder der Komplettüberlieferung eines Geburtsjahrgangs in Zehnjahresschritten. Zum Glück hatte man sich aber auch nicht entschieden, nur die Akten der Amtsleiter (also in diesem Falle der Direktoren und Prokuristen) zu archivieren.[155] Denn dann wären gar keine Akten weiblicher Beschäftigter überliefert worden. Wahrscheinlich wurden längere Zeit abgeschlossene Akten im Rahmen der verordneten Abgabe von Altpapier während des Zweiten Weltkriegs zum Recycling abgegeben oder ein Teil der Akten wurde durch Brandschäden bei der Zerstörung der Hauptbank in Berlin im November 1943 vernichtet. Der Restbestand an Personalakten kann demzufolge Repräsentativität im Verhältnis zur (fiktiven) Grundgesamtheit aller bis zum Mai 1945 angelegten Akten nicht für sich beanspruchen. Bei der Samplebildung und bei der Interpretation der Ergebnisse ist das zu berücksichtigen.

Um diese Mängel auszugleichen, war zwischenzeitlich überlegt worden, eine Kontrollgruppe aus Akten im Bestand des Historischen Archivs der Deutschen Bank heranzuziehen. Aber davon wurde aus folgendem Grund Abstand genommen: Der Bestand, der vor allem Akten der Deutschen Bank und der Disconto-Gesellschaft enthält, besitzt eine ähnliche Größenordnung wie der Bestand der Dresdner Bank im Historischen Archiv der Commerzbank. Auch er ist erschlossen und benutzbar. Da die Beschäftigtenzahl der Deutschen Bank während der gesamten Zwischenkriegszeit (auch unter Berücksichtigung von Disconto-Gesellschaft bis 1929 auf der einen Seite sowie von Danat Bank bis 1932 auf der anderen Seite) größer war als der der Dresdner Bank, kann dieser Bestand an Personalakten aus der Zwischenkriegszeit im Historischen Archiv der Deutschen Bank ebenfalls nicht „vollständig" sein. Wie sich bei einer Inaugenscheinnahme durch die Masterstudentin Lea Schreck ergab, besitzt die Deutsche Bank sehr viel mehr Personalakten aus den Filialen, die sich im Bestand der Dresdner Bank fast gar nicht finden lassen. Das bedeutet im Umkehrschluss, dass bei der Deutschen Bank anteilig noch weit weniger Berliner Personalakten überliefert sind als im Bestand der Dresdner Bank. Für bestimmte Fragestellungen mag die Mischung aus Berliner und Filialüberlieferungen ein Vorteil sein. Für eine Kollektivbiografie ist es ein Nachteil, weil sich die Lebens- und Arbeitsbedingungen in der Berliner Zentrale deutlich von den Bedingungen zumindest der Mehrheit der Filialen in der „Provinz" deutlich unterschieden haben müssen.

Wichtiger noch für den Verzicht auf eine Deutsche Bank-Kontrollgruppe ist der Grund für die geringere Zahl und den geringeren Anteil der überlieferten Berliner Personalakten im Deutsche Bank-Bestand. Denn wie der Leiter des Historischen Archivs der Deutschen Bank, Martin Müller, vermutet, wurden bei der

155 Zu den Standards der Aufbewahrung von Personalakten in öffentlichen Archiven vgl. Jürgen Treffeisen und Clemens Rehm, Perspektiven der Personalaktenbewertung. Zwischen Samplebildung und Totalüberlieferung. Erfahrungen aus Baden-Württemberg, in: Katharina Tiemann (Hg.), Archivischer Umgang mit Personalakten, Münster 2004, S. 34 ff.

Deutschen Bank nur Akten solcher Personen über so lange Zeit aufbewahrt, die aufgrund der Beschäftigungsdauer einen Anspruch auf eine Betriebsrente („Pension“) erworben hatten. Das erklärt wegen der größeren Fluktuation unter den weiblichen Beschäftigten, weshalb der Anteil der Akten von Frauen an dem überlieferten Gesamtbestand noch geringer ist als im Bestand der Dresdner Bank.

Die Akten derjenigen Frauen, die während der Inflationsjahre eingestellt und Mitte der zwanziger Jahre entlassen wurden, also die größte „Lücke“ im Bestand der Dresdner Bank, werden im Bestand der Deutschen Bank genauso wenig zu finden sein wie bei der Dresdner Bank. Denn die als Bürohilfskräfte in den Jahren 1920 bis 1923 eingestellten Frauen konnten bei den wenigen Jahren ihrer Beschäftigung keinen Betriebsrentenanspruch erworben haben. Das gleiche gilt für Frauen, die schon nach wenigen Jahren aus dem Dienst bei ihrem Arbeitgeber wegen ihrer Eheschließung ausgeschieden waren. Denn alle Großbanken, deren Personalakten überliefert sind, haben während des Ersten Weltkriegs sowie während der zwanziger und erst recht während der dreißiger Jahre keine verheirateten Frauen wegen ihres Status als „Doppelverdienerinnen“ beschäftigt.

Erst kurz vor dem Zweiten Weltkrieg wurde dieses vermeintlich eherne Prinzip wegen des Arbeitskräftemangels durchbrochen. Bei der Auswertung eines Deutsche Bank-Samples würde man also als Ergebnis feststellen, dass die Frauen durchschnittlich etwa genauso lange beschäftigt waren wie die Männer, was sicher nicht der Fall war und dass die weiblichen Angestellten bei der Deutschen Bank an einer Eheschließung nicht interessiert waren. Die ausgedünnten Jahrgänge der für sie als Heiratspartner in Frage kommenden Männer könnten wohl erklären, weshalb viele weibliche Angestellte unverheiratet geblieben waren, aber nicht, dass so gut wie keine von ihnen heiratete. Das wiederum kann zu einer schwerwiegenden Fehlinterpretation hinsichtlich der Verbreitung der „Neuen Frau“ unter den Bankangestellten führen. Alles in allem hat sich deswegen erwiesen, dass die Repräsentativität der überlieferten Personalakten von Frauen im Bestand der Deutschen Bank noch geringer ist als bei den überlieferten Akten im Bestand der Dresdner Bank. Bei der folgenden kollektivbiografischen Auswertung der Akten aus dem Bestand der Dresdner Bank wird auf die Biases der Überlieferung unbedingt wieder zurückzukommen sein.

Die moderne Personalakte geht auf die „Dienerakte“ zurück, wie sie seit dem 18. Jahrhundert im Preußischen Staatsdienst angelegt wurde. Seit dem Ende des 19. Jahrhunderts setzte sich die Personalakte auch in der Privatwirtschaft durch. Solange der „Bankherr“ noch jeden seiner Mitarbeiter persönlich kannte, war der Aufbau eines bürokratischen Apparats für die Angelegenheiten des Personals entbehrlich. Je größer die Unternehmen und je anonymer die Beziehungen zwischen den Beschäftigten und der Geschäftsleitung wurden, desto wichtiger wurde der Aufbau einer eigenen Personalverwaltung mit einer den Standards der Zeit entsprechenden Aktenführung. Das bedeutet, dass jede Akte zwar Auskunft über ein einzelnes Individuum gibt, alle Akten aber eine parallele Struktur aufweisen. Die Archivwissenschaft spricht deswegen von gleichförmigen Massen- oder Parallelakten, denen allerdings ein besonderes Maß an Vertraulichkeit zukam und mitunter auch noch lange nach Schließung der Akte bis heute zukommt.

Nicht von ungefähr wehrte sich der Reichsverband der deutschen Bankleitungen, der Arbeitgeberverband im Bankgewerbe, nach der flächendeckenden Einführung von Tarifverträgen gegen die Aufnahme einer Klausel in den Manteltarifvertrag, die, wie von den Gewerkschaftsvertretern gefordert, das Recht auf Einsicht des einzelnen Arbeitnehmers in seine Personalakte festschreib. Denn in diesem Fall hätte das Unternehmen keine ehrlichen Leistungsbeurteilungen durch die Vorgesetzten und keine „Hausauskünfte" über die finanziellen Verhältnisse und den „Ruf" der Familie eines Bewerbers oder einer Bewerberin bei den Nachbarn mehr einziehen lassen können. Der Schwerpunkt der gewerkschaftlichen Forderungen lag auf diesem Recht auf Akteneinsicht allerdings wohl nicht, so dass der erste Tarifvertrag für das Bankgewerbe eine wachsweiche Formulierung enthielt, die vor allem die Informanten der Personalabteilung schützen sollte. Darin hieß es etwas holprig, was auf eine schwierige Suche nach einer Kompromissformel hindeutet: „Die Bankleitungen sind verpflichtet, ihren Arbeitnehmern Auskunft über ihre Personalakten mit Ausnahme der von Dritten, nicht der Bank angehörigen Personen, erteilten vertraulichen Auskünfte zu erteilen."[156] Keine der ausgewerteten Personalakten gibt einen Hinweis darauf, dass eine der Arbeitnehmerinnen jemals Einsicht in ihre Personalakte gefordert hatte.

Am Anfang jeder Personalakte befindet sich ein Personalbogen, der alle relevanten personenbezogenen Daten (Geburtsdatum und Ort, Adresse, Namen der Eltern und Beruf des Vaters, Konfession), Stationen des schulischen Werdegangs und des bisherigen Berufslebens enthält. Außerdem waren die Personen anzugeben, auf deren Veranlassung hin die Bewerbung erfolgt war sowie bis zu drei Personen, die die Bank über die Bewerberin um Auskunft bitten konnte. Dabei handelte es sich in den meisten Fällen um Angestellte der Bank aus unterschiedlichen Hierarchiestufen, um Kunden der Bank, um den letzten Arbeitgeber (im Falle einer betriebsbedingten Kündigung) oder gelegentlich auch um Prominente aus verschiedenen gesellschaftlichen Bereichen. Manchmal konnte die Bewerberin aber auch nur den Gemeindepfarrer oder den Direktor bzw. die Direktorin der von der Bewerberin besuchten Handelsschule als Referenz angeben. Dieser Personalbogen wurde von der Angestellten kurz vor oder kurz nach der Einstellung ausgefüllt. Auf den

156 Reichstarifvertrag für das deutsche Bankgewerbe (hrg. vom Deutschen Bankbeamten-Verein), Juni 1923, § 8, S. 5 f.

Personalbogen folgen in der Akte der handschriftliche Lebenslauf, sowie Zeugnisse vorheriger Arbeitgeber und gelegentlich auch „Hausauskünfte" sowie Abschriften der Schulzeugnisse, meist der Abgangszeugnisse. Die Auskünfte der „Bürgen" wurden offenbar nicht schriftlich abgefragt. Manche Aktennotizen deuten aber daraufhin, dass mündlich nachgefragt wurde, besonders wenn es sich um Bürgen aus dem Haus oder einer anderen Großbank handelte.

Als besonders wertvoll für die folgende Untersuchung haben sich die Informationen zum Gehalt und manchmal auch zu den geleisteten Überstunden, die Einstufungen in die Tarifgruppen sowie die Höhe von ggf. gezahlten Leistungszulagen, die Leistungsbewertungen und (vertrauens-)ärztlichen Gutachten erwiesen. Die Quellen mit dem größten Informationswert auch über die persönlichen Verhältnisse der Familie und die materiellen Lebensbedingungen waren die Bittbriefe für eine Höhergruppierung oder eine Leistungszulage. Denn diese Briefe finden sich in mehr als jeder zweiten ausgewerteten Akte. Gelegentlich, etwa wenn die Bitte abschlägig beschieden worden war, finden sich in einer Akte sogar mehrere Bittbriefe. Insofern ist der Beurteilung des ehemaligen stellvertretenden Präsidenten des Landesarchivs Baden-Württemberg Clemens Rehm und seines Mitarbeiters Jürgen Treffeisen nicht zutreffend, dass zur „Grundsicherung" der Personalakten die platzsparend in einer Datenbank zu erfassenden persönlichen Daten für fast alle Forschungsfragen ausreichend seien, da „der größte Teil der Personalakten" nur eine „anerkannt geringe Aussagekraft" habe.[157] Die folgende Arbeit wird hoffentlich zeigen, dass die Aussagekraft der Personalakten jenseits der Personalbögen alles andere als „gering" ist und wie die Autoren das Adjektiv „anerkannt" begründen, ist mir schleierhaft.[158]

Eine Auswertung der sicherlich über 1.000 überlieferten Personalakten von Frauen, die zwischen 1899 und dem Ende des Zweiten Weltkriegs bei der Dresdner Bank und ihren Rechtsvorgängerinnen beschäftigt waren, ist unmöglich. Es

---

157 Treffeisen u. Rehm. Perspektiven, S. 47.

158 Auf der aktuellen Homepage des Landesarchivs Baden-Württemberg scheint die Archivleitung zu einer anderen Bewertung des wissenschaftlichen Wertes von Personalakten gekommen zu sein. Dort heißt es: „Da die Unterlagen zudem stark strukturiert sind bzw. klar definierte Elemente enthalten, können sie auch statistisch z. B. für sozialgeschichtliche oder organisationsgeschichtliche Studien ausgewertet werden. Darüber hinaus erlauben Personalakten Untersuchungen über verwaltungsspezifische Fragestellungen, z. B. zu standes- und ausbildungsspezifischen Karrierechancen oder Genderfragen. ... Aufgrund der verschiedenen Aussonderungszeitpunkte und der differenzierten Bewertung von Teilakten einer Personalakte, kann es sein, dass bei archivwürdigen Personalakten nicht alle Teilakten archiviert wurden." Clemens Rehm, Personalakten (https://www.leo-bw.de/themenmodul/sudwestdeutsche-archivalienkunde/archivaliengattungen/akten/inhaltliche-unterscheidung/personalakten, abgerufen am 18.2.2025)

muss ein Sample gebildet werden, das einerseits als repräsentativ für die überlieferten Akten angesehen werden kann, aber andererseits auch ausreichend groß ist, um Besonderheiten als solche zu erkennen, wie etwa einen sexuellen Übergriff, und von solchen Informationen zu trennen, die auf den ersten Blick als Besonderheiten erscheinen, dann aber in so vielen Akten in ähnlicher Weise auftauchen, dass es sich nicht um eine Besonderheit handeln kann, wie etwa bestimmte Krankheiten, für die auch die Arbeitsbedingungen verantwortlich waren.

Es muss demzufolge ein Sample gebildet werden, das die überlieferten Akten von Frauen *pars pro toto* abbildet. Zu diesem Zweck wurden alle Frauen mit den Vornamen Alice, Charlotte, Erna, Gertrud (mit den Varianten Gertraud und Gertrudis) und Käthe (Käte) erfasst, die bis 1935 bei der Dresdner Bank oder einer ihrer Rechtsvorgängerinnen eingestellt worden waren. Das ergab eine Zahl von 152 Personalakten. Fast alle bis 1914 eingestellten Frauen des Samples waren von der Darmstädter Bank beschäftigt und nach deren Fusion mit der Nationalbank für Deutschland von der Danat Bank bzw. später von der Dresdner Bank übernommen worden. Der früheste Nachweis einer weiblichen Angestellten datiert vom Oktober 1899. Das gilt nicht nur für das Sample, sondern die Durchsicht aller überlieferten Personalakten hat kein früheres Einstellungsdatum einer weiblichen Angestellten ergeben. Das Sample weist bis zum Kriegsausbruch noch weitere sieben weibliche Angestellte auf.

Nach 1935 wurden viele Frauen neu eingestellt, aber deren Beschäftigung endete im Jahr 1945 abrupt. Sie konnten gar nicht länger als zehn Jahre in der Dresdner Bank arbeiten, die meisten sogar noch deutlich kürzer. Ihre Aufnahme in das Sample würde das Gesamtergebnis, das in Anbetracht der fehlenden Bürohilfskräfte der Inflationsjahre ohnehin schon ein sehr unerfreuliches Bias besitzt, noch weiter von der (fiktiven) Grundgesamtheit aller zwischen 1899 und 1945 angelegten Personalakten entfernen. Die Arbeits- und Lebensbedingungen der späten dreißiger Jahre bis Kriegsende lassen sich auf der anderen Seite auch durch diejenigen Frauen abbilden, die bis 1935 eingestellt worden waren.

Die Vornamen wurden ausgewählt, weil Erna, Gertrud, Käthe und Charlotte um die Jahrhundertwende zu den beliebtesten Mädchennamen in Deutschland gehörten, nach der Jahrhundertwende bildeten sie zusammen mit Martha und Anna sogar die obersten sechs Ränge. Mit Ausnahme der Erna kamen sie in allen sozialen Schichten vor. Erna war besonders in der Arbeiterklasse ein beliebter Vorname. Die Hoffnung, durch die „Ernas" mehr Putz- und Kantinenkräfte in das Sample zu bekommen, erfüllte sich leider nur teilweise. Immerhin trugen sechs der ermittelten elf Putz- und Kantinenkräfte den Vornamen Erna. Deshalb kann davon ausgegangen, dass ohne die „Ernas" der Anteil der Putz- und Kantinenkräfte noch geringer gewesen wäre. Aber den Bias zuungunsten dieser als „Wochenlöhnerinnen" geführten Arbeitnehmerinnengruppe können die Ernas nicht beheben.

Lediglich Alice gehörte nicht zu den beliebten Vornamen dieser Zeit, aber Alice hießen überdurchschnittlich viele Jüdinnen. Alice wurde ausgewählt, um auch Jüdinnen im Sample ausreichend repräsentiert zu haben. Dank „Alice" erreichte der Anteil der Jüdinnen im Sample etwa sechs Prozent. Zusammen mit den konfessionell christlichen, aber im NS-Sprachgebrauch als „Nichtarierinnen" bezeichneten Frauen (zwei Prozent) entsprach ihr Anteil im Sample knapp dem Anteil der „Nichtarierinnen" an allen weiblichen Beschäftigten des Jahres 1933, der auf knapp zehn Prozent geschätzt wird.[159]

Bei der Auswertung fiel auf, dass der Anteil der Katholikinnen im Sample mit dreizehn Prozent sehr niedrig liegt. Allerdings finden sich solche Vornamen, die besonders in katholischen Familien beliebt sind, wie die ansonsten sehr gebräuchlichen Vornamen Maria und Anna oder die weniger gebräuchlichen wie Pia oder Josefa, in der Liste der überlieferten Akten kaum oder gar nicht. Es ist deshalb davon auszugehen, dass der Anteil der Katholikinnen unter den weiblichen Beschäftigten der Dresdner Bank tatsächlich nicht höher als zwölf bis fünfzehn Prozent lag, was insofern auch nicht überraschend ist, als bis auf wenige Ausnahmen fast alle Frauen aus dem sehr protestantisch geprägten Berlin stammten. Der Vollständigkeit halber sollte noch erwähnt werden, dass eine konfessionslose, als „arisch" anerkannte Angestellte[160] im Sample vertreten ist.

Neben den 152 Personalakten der Stichprobe in Teil 1 wurden auch Personalakten solcher Personen ausgewertet, auf die in einer oder in mehreren Akten des Samples hingewiesen wurde und deren Akten aus unterschiedlichen Gründen für die Interpretation von Nutzen zu sein schienen, darunter sind auch Akten von männlichen Angestellten. Außerdem fiel bei der Durchsicht der Aktenlisten auf, dass zwei Frauen einen Doktortitel besaßen. Ihre Vornamen waren Liuba und Ursula. Beide waren demzufolge nicht im Sample erfasst. Das Gleiche gilt für die Akte der langjährigen DAF-Betriebsfrauenwalterin mit dem Vornamen Annemarie. Auch diese Akten wurden ausgewertet. In allen diesen ergänzenden Fällen wird aber im Text darauf hingewiesen werden, dass die betreffende Person nicht zum Sample gehört und ihre Daten demzufolge in der kollektivbiografischen Untersuchung nicht berücksichtigt sind.

Die in diesem Kapitel folgende Auswertung der persönlichen Daten von 152 Beschäftigten der Dresdner Bank und ihrer Rechtsvorgängerinnen stellt eine kol-

159 Ziegler, Dresdner Bank, S. 27. Unter den weiblichen Angestellten der Dresdner Bank war der Anteil „Nichtarierinnen" damit höher als der Anteil der „Nichtarier" unter den männlichen Angestellten.

160 Konfessionslose Deutsche, in der Regel als „Dissidenten" bezeichnet, waren in der Mehrheit aus der jüdischen Religionsgemeinschaft ausgetreten, hatten sich aber anders als die Konvertiten nicht taufen lassen.

lektive Erwerbsbiografie von 141 tarifangestellten Frauen und elf Wochenlöhnerinnen in der ersten Hälfte des 20. Jahrhunderts dar. Die Grundlage dafür bildet der Personalbogen sowie die Fortschreibung der Parameter durch die Einträge in der jeweiligen Personalakte. Darüber hinaus werden zum einen die materiellen Lebensverhältnisse der Frauen, aber zum Teil auch gesundheitliche Probleme beleuchtet, die sich zu einem erheblichen Teil aus den Arbeitsbedingungen erklären lassen. Zum anderen sagt die Gleichförmigkeit bestimmter Parameter, wie zum Beispiel der Schulbildung, etwas über die Grundsätze der Personalpolitik der Darmstädter Bank, der Danat Bank und der Dresdner Bank sowie ihre Veränderungen im Zeitablauf aus.

Im Einzelnen geht es zunächst um die Kriterien, nach denen die Banken aus dem Kreis der Bewerberinnen ihre Angestellten ausgewählt hatten, sowie um mögliche zeitliche Veränderungen. Dabei werden auch die unterschiedlichen Tätigkeitsfelder der Frauen berücksichtigt. Denn es ist nicht zu erwarten, dass die Putzkräfte nach denselben Kriterien ausgewählt wurden wie die Stenotypistinnen. Ferner geht es um die Gründe für das Ausscheiden aus dem Dienst und die Gründe für die im Durchschnitt deutlich kürzere Dienstzeit der Frauen im Vergleich zu den Männern. Denn keine Frau aus dem Sample hat das reguläre Renteneintrittsalter von 60 Jahren im aktiven Dienst erreicht. Das Kapitel schließt mit den Gehältern und den Aufstiegsmöglichkeiten für Frauen ab.

Das Kapitel über die Arbeitsplatzerfahrungen (Kap. 5) ist kein Ergebnis einer kollektivbiografischen Analyse. Es basiert zwar im Wesentlichen auf demselben Quellenkorpus wie die kollektivbiografische Untersuchung in Kapitel 3, untersucht werden aber nur Einzelfälle, wobei die große Zahl ausgewerteter Akten dabei hilft, Besonderheiten zu identifizieren und von verbreitet auftretenden Problemen abzugrenzen.

3.2 Das Eintrittsalter

Nach einer auf Grundlage der Reichsstatistik erstellten Berechnung waren etwa 22 Prozent der knapp 200.000 Bankangestellten des Jahres 1925 weiblich. Allerdings waren die Frauen nicht halbwegs gleichmäßig über die verschiedenen Alterskohorten verteilt, sondern in der Altersgruppe der 16- bis 25-jährigen betrug ihr Anteil zwischen 25 Prozent und 30 Prozent, während der Anteil der Frauen bei den über 40-jährigen Bankangestellten unter zehn Prozent lag.[161] Das ist insofern nicht erstaunlich, als die Beschäftigung von Frauen in den Büros der Banken,

161 Rudl, Angestellte, Tab. 3291.1, S. 142.

zumal der Berliner Großbanken, vor dem Ersten Weltkrieg noch eine Ausnahme war. Zudem waren die Frauen noch recht jung, als sie eingestellt wurden. Frauen, die bei ihrer Bewerbung bereits älter als 30 Jahre waren, kamen in der Regel für eine Beschäftigung nicht mehr in Betracht. Mitte der dreißiger Jahre dürfte der Anteil der Frauen, die das 25. Lebensjahr vollendet hatten, folglich etwas höher gelegen haben als 1925.

Dieser Befund deckt sich mit der statistischen Auswertung der Altersstruktur des Samples. Bei der Dresdner Bank betrug der Anteil der Frauen an den Tarifangestellten bei der Berliner Hauptbank und den Berliner Depositenkassen im Jahr 1930 etwa zwölf Prozent (275 von 2.375 Angestellten) und lag damit unter dem Reichsdurchschnitt des Jahres 1925. Rechnet man die ausschließlich männlichen übertariflich besoldeten Prokuristen, Syndici und Direktoren (308 Personen) hinzu, sinkt der Frauenanteil sogar auf nur noch gut zehn Prozent. Andererseits waren die Frauen unter den sogenannten Wochenlöhnern in der Mehrheit. Dabei handelte es sich um Beschäftigte, die nicht als Angestellte geführt wurden. Sie erhielten kein festes Gehalt, sondern wurden nach den geleisteten Arbeitsstunden bezahlt. Der Lohn wurde wochenweise ausgezahlt. Sie kamen auch nicht in den Genuss einer Betriebsrente, wenn sie das Rentenalter erreicht hatten oder berufsunfähig wurden. Von den 247 Wochenlöhnern des Jahres 1930 waren 228 weiblich, davon 199 im Reinigungsdienst tätig. Weitere 26 Frauen waren im Kantinendienst und als Tagesfrauen beschäftigt.[162]

Nach der Fusion von Dresdner Bank und Danat Bank war der Anteil der Frauen an den Tarifangestellten leicht auf 13 Prozent gestiegen (Dezember 1932). Während sich die Zahl der weiblichen Angestellten durch die Fusion immerhin um etwa 40 Prozent erhöht hatte, blieb die absolute Zahl der Wochenlöhnerinnen weitgehend unverändert, so dass sich der Frauenanteil an allen Berliner Beschäftigten durch den personellen Aufwuchs kaum verändert hatte.[163]

Nach der Beendigung des Personalabbaus der Jahre 1931 bis 1933 betrug der Frauenanteil weiterhin zwölf Prozent. Betrachtet man allerdings die Gesamtbank, also die Berliner Hauptstelle, die Berliner Depositenkassen und die Provinzfilialen lag der Frauenanteil unter den Angestellten bei etwa 17 Prozent. Weshalb der Frauenanteil in den Filialen so viel höher lag als in Berlin, ist nicht zu ermitteln. Bis zum Vorabend des Zweiten Weltkriegs war der Frauenanteil allerdings auch in Berlin leicht angestiegen und betrug im Frühjahr 1938 etwa 13,5 Prozent.[164]

162 Personalaufstellung für Dezember 1930, Berlin Hauptbank und Depositenkassen, in: HAC 500/51003-2001.
163 Personalaufstellung für April 1932, Berlin Hauptbank und Depositenkassen, in: ebd.
164 Personalaufstellung für Januar 1934, Berlin Hauptbank und Depositenkassen, in: ebd.

Mittlerweile war der Arbeitsmarkt weitgehend leergefegt und qualifizierte Büroangestellte nur noch schwer zu bekommen. Das könnte bedeuten, dass Frauen, wie schon im Ersten Weltkrieg, Tätigkeiten übernehmen konnten, die bis dahin nur Männern vorbehalten waren. Das ist allerdings nur anhand der einzelnen Personalakten zu prüfen und erfolgt in Kap. 5.4. Zunächst sind die Erwerbsbiographien der Frauen des Samples als Gruppe zu untersuchen.

In vielerlei Hinsicht unterschied sich die Gruppe der Tarifangestellten fundamental von der Gruppe der Wochenlöhnerinnen. Deshalb können beide Gruppen schon beim Eintrittsalter nicht zusammen betrachtet werden. Denn für die Wochenlöhnerinnen galt das „Doppelverdiener"-Verbot nicht. Für die Familien aus der Arbeiterklasse war es ein Normalzustand, wenn die Ehefrau einer Erwerbsarbeit nachging. Bürgerliche Vorstellungen von Ehe und Familie galten für Arbeiterfamilien nicht. Das wilhelminische Bürgertum konnte es schließlich nicht ignorieren, dass ein männlicher Arbeiter in der Regel allein keine Familie ernähren konnte. Deshalb hatte die Bank weder ein Problem damit, eine verheiratete Frau als Putzkraft, als Küchenhilfe oder als Tagesfrau einzustellen; und auch wenn eine ledige Wochenlöhnerin heiratete, war das kein Kündigungsgrund. Deshalb waren die Frauen im Putz- und Kantinendienst älter und wurden auch oftmals in einem Alter eingestellt, in dem Bürokräfte nicht mehr oder nur in besonders gelagerten Ausnahmefällen eingestellt wurden.

Die bei ihrer Einstellung zweitälteste Frau des Samples war die verheiratete Charlotte Rie. Sie war eine Mutter von vier Kindern und wurde im Jahr 1932 im Alter von 36 Jahren als Putzkraft eingestellt.[165] Eine solche Biografie konnte es bei den weiblichen Angestellten, selbst bei den Telefonistinnen oder den Kartenlocherinnen, die am unteren Ende des weiblichen Gehaltsgefüges für Angestellte angesiedelt waren, nicht geben. Hier zeigt sich vor allem eines: die Klassengrenze der Zwischenkriegszeit.

Von den elf Wochenlöhnerinnen des Samples war bei der Einstellung nur eine Küchenhilfe unter 20 Jahre alt, während vier dreißig Jahre und älter waren. Ganz anders war die Altersverteilung bei der Einstellung der Tarifangestellten. 61 der 141 Frauen des Samples waren noch keine 20 Jahre alt, als sie in den Dienst bei der Dresdner Bank, der Danat Bank oder einer ihrer Rechtsvorgängerinnen eintraten. Das entspricht fast 45 Prozent. Fast alle dieser 61 Mädchen und Frauen hatten sich unmittelbar nach Abschluss der (in der Regel) einjährigen Handelsschule erfolgreich bei der Bank beworben. Wieviele Konkurrentinnen sie dabei überflügelten, lässt sich leider nicht mehr feststellen, da keine Bewerberinnenlisten überliefert sind. In den jeweiligen Fällen war auch meist nicht zu ermitteln,

165 Arbeitsbescheinigung v. 17.6.1935, in: HAC 500/E.7287.

ob sich diese Frauen auf eine Anzeige beworben hatten oder ob es sich um Initiativbewerbungen handelte. Grundsätzlich kam beides vor. Im Falle einer Wiedereinstellung kurz vor oder während des Zweiten Weltkriegs sind die Bewerbungsschreiben überliefert. Dabei handelt es sich sowohl um Initiativbewerbungen als auch um Reaktionen auf Zeitungsannoncen. In dieser Zeit hatte die Bank außerdem ehemalige Mitarbeiterinnen, die wegen ihrer Eheschließung ausgeschieden waren, angeschrieben und sie darüber informiert, dass sie auch als verheiratete Frauen arbeiten durften. Eine solche Werbekampagne dürfte es bis dahin nicht gegeben haben. Denn zu keinem anderen Zeitpunkt war der Arbeitsmarkt für Bürokräfte derart leergefegt gewesen wie kurz vor und während des Zweiten Weltkriegs. Zu allen anderen Zeiten hatten es die Banken nicht nötig gehabt, auf solche Weise weibliche Arbeitskräfte zu rekrutieren.

Weitere 44 Frauen (oder gut dreißig Prozent) waren bei ihrer Einstellung zwischen 20 und 24 Jahre alt. Diese Frauen hatten meist schon Berufserfahrungen gesammelt und dürften sich entweder wegen der besseren Verdienstmöglichkeiten bei der Bank beworben haben oder hatten – gerade zu Beginn der dreißiger Jahre – ihre Beschäftigung verloren. Insofern wird es sich sowohl um gezielte Bewerbungen als auch um Initiativbewerbungen gehandelt haben. Die Bewerberinnen, die auf eine bessere Bezahlung zielten, dürften sich überwiegend auf Annoncen beworben haben, während Arbeitslose vermutlich Dutzende potenzielle Arbeitgeber angeschrieben hatten. Denn gerade in den Jahren hoher Arbeitslosigkeit unter den Bankangestellten, während der Stabilisierungskrise in den Jahren 1924/25 sowie während der Bankenkrise und ihrer Folgen in den Jahren 1931 bis mindestens 1933, wird die Bank keine Annoncen für weibliche Bürokräfte geschaltet haben. Ansonsten dürften Initiativbewerbungen dann erfolgt sein, wenn ein leitender Angestellter der Bank die Familie der Bewerberin oder sogar die Bewerberin selbst persönlich kannte und sich im Personalbogen als Referenz angeben ließ.

Die Darmstädter Bank verschickte einen Vordruck, mit dem sie die als Referenz angegebene Person über die Bewerberin befragte und erklärte, dass es ihr nicht nur daran lag, „über die geschäftlichen Fähigkeiten unserer Angestellten unterrichtet zu sein, sondern wir haben darüber hinaus ein erhebliches Interesse daran, genaue Informationen über den Ruf und die Familie unserer Angestellten zu besitzen". Deshalb wurde die als Referenz angegebene Person gebeten, „uns eine Auskunft bezüglich dieser Punkte ... zu erteilen".[166] Die überlieferten Antworten sind meist voll des Lobes. Aber in einem Fall wunderte sich die als Refe-

166 Schreiben an den Prokuristen Gü in Firma Schmidt & Lorenzen, Berlin, v. 28.3.1918, in: HAC 500/E.636.

renz angegebene Person, weil sie von der Bewerberin nicht gefragt worden war, ob er damit einverstanden sei, als Referenz angegeben zu werden. Er kannte auch den Vater der Bewerberin gar nicht und die Tochter nur dadurch, dass seine Tochter mit der Bewerberin vor einigen Jahren gemeinsam den Konfirmandenunterricht besucht hatte. Eine konkrete Auskunft über die Familie konnte er also nicht geben. Allerdings betonte er auch, dass er „die Familie natürlich als eine anständige ansehe, da ich ja sonst den Verkehr der jungen Dame mit meiner Tochter unterbunden haben würde".[167] Diese Auskunft stand aber am Ende der Einstellung nicht entgegen. Inwieweit ein zweites, positives Leumundszeugnis des Arbeitgebers des Vaters dafür ausschlaggebend war, lässt die Akte offen.

Gelegentlich wurde auch ein Angestellter der Auskunftsabteilung beauftragt, eine „vorsichtige Hausauskunft" über den Vater und die familiären Verhältnisse einer Bewerberin einzuholen. Als Beispiel dafür, wie eine solche „Hausauskunft" aussah, sei folgender Bericht zitiert. In diesem Falle geht es um die zu diesem Zeitpunkt 38-jährge Alice Ba, die allerdings schon seit vierzehn Jahren bei der Darmstädter Bank beschäftigt war. Sie wohnte nicht (mehr) bei ihren Eltern, sondern zur Untermiete in einem möblierten Zimmer: „Frl. Ba gilt im Haus als eine sehr anständige, ordentliche Dame. Sie wohnt seit längerer Zeit bei der Witwe Hirsch, welche mit ihrem Bruder seit Jahren gemeinschaftlich eine Sechszimmerwohnung innehat. Frau H. ist Verwalterin mehrerer Häuser und steht in gutem Rufe."[168]

Frauen ab 25 Jahren wurden deutlich seltener eingestellt als junge Frauen. Zwischen 25 und 29 Jahren waren 26 Frauen (oder 18%). Ein wesentlicher Grund für den gegenüber den jüngeren Frauen deutlich geringeren Anteil dieser Alterskohorte dürfte darin gelegen haben, dass Frauen in diesem Alter sehr häufig bereits verheiratet waren und deswegen als „Doppelverdiener" von vornherein keine Chance auf eine Beschäftigung hatten – unabhängig von ihrer sozialen Lage. Abgesehen von einer Ausnahme, wurde keine verheiratete Frau eingestellt, selbst wenn der Ehemann arbeitslos war. Lediglich Frauen, deren Ehe zuvor geschieden worden war, wurden in seltenen Ausnahmefällen bei ihren Bewerbungen berücksichtigt. Im Sample finden sich deswegen nur drei geschiedene Frauen, eine davon mit einem Kind. In allen drei Fällen lagen Sonderbedingungen vor. Zwei Frauen wurde im Zuge einer Übernahme ihres bisherigen Arbeitgebers eingestellt und eine Frau stammte aus einer sehr promintenten Berliner Familie und hatte höchstwahrscheinlich einflussreiche Fürsprecher in der Bank. Es ist deshalb

167 Schreiben von Prokurist Gü an die BHI v. 3.4.1918, in: ebd.
168 Aktennotiz v. 20.11.1919, in: HAC 500/E.3541.

davon auszugehen, dass in üblichen Bewerbungsverfahren auch geschiedene Frauen von vornherein keine Chance auf eine weitere Berücksichtigung hatten.

Frauen im Alter über 30 Jahren wurden nur noch in Ausnahmefällen eingestellt; eine davon gehörte zu den geschiedenen Frauen, die nach der Übernahme ihres bisherigen Arbeitgebers durch die Dresdner Bank mit übernommen wurden oder – vermutlich eher – mit übernommen werden mussten. In der Alterskohorte von 30 Jahren bis 34 Jahren waren acht Frauen und 35 Jahre oder älter waren nur noch vier Frauen bei ihrer Einstellung. Bei den über 30-jährigen war es nicht mehr wahrscheinlich, dass sie noch heiraten würden. Inwieweit diese Tatsache für sie einen freiwilligen Verzicht darstellte oder ob sie ein Opfer der demografischen Entwicklung geworden waren, lässt sich natürlich nicht mit Bestimmtheit sagen. Aber die Lebensläufe dieser Frauen geben zumindest gewisse Hinweise, ob ihre Lebenssituation freiwillig gewählt war oder nicht.

Zwei Frauen, die bei ihrer Einstellung bereits deutlich älter als dreißig Jahre waren, sollen im Folgenden auf ihre mögliche Motivation, als unverheiratete Frau berufstätig zu sein, genauer betrachtet werden. Die 1880 geborene und 1921 bei der Darmstädter Bank eingestellte Gertrud Be stammte vermutlich aus einem wohlhabenden Elternhaus.[169] Sie besuchte von 1890 bis 1897 die private Leyde'sche Höhere Mädchenschule (Lyzeum) in Berlin. Aus der Tatsache, dass sich daran kein Jahr Handelsschule anschloss, kann wohl gefolgert werden, dass die Aufnahme einer beruflichen Tätigkeit von ihr bzw. von ihren Eltern in dieser Zeit nicht geplant war. Die Berufsausübung war für junge Frauen aus bürgerlichen Familien im wilhelminischen Deutschland keine Option und entsprechend wurde eine berufsvorbereitende Schulbildung auch als überflüssig, ja möglicherweise sogar als nicht standesgemäß angesehen. Nach der Schulzeit blieb Gertrud Be, wie die meisten Mädchen aus dem Bürgertum, im Haushalt ihrer Eltern. Über eigenes Geld für ein Leben außerhalb ihres Elternhauses verfügte Gertrud Be nicht. Eine freie Wahl ihrer künftigen Lebensgestaltung besaß sie demnach ebenfalls nicht, sondern sie war darauf angewiesen, wie ihre Eltern ihre Zukunft planten. Selbst wenn sie kein Interesse an einer Eheschließung gehabt haben sollte, war sie aufgrund ihrer materiellen Abhängigkeit gezwungen, mit Anfang zwanzig, spätestens mit Mitte 20 zu heiraten oder – schlimmer noch – womöglich verheiratet zu werden. Es ist deshalb davon auszugehen, dass sich der Vater in dieser Zeit um einen Schwiegersohn bemühte, der die Gewähr dafür bot, auch auf längere Sicht ein standesgemäßes Leben für seine Tochter sicherzustellen. Dabei war der Vater aber offenbar nicht erfolgreich.

169 Vgl. hierzu und zum Folgenden den Lebenslauf o. D. (März 1921), in: HAC 500/E.4346.

So kam es, wie es kommen musste – nur früher als Gertrud Be es erwartet (oder vermutlich eher befürchtet) haben dürfte. Als sie 28 Jahre alt war, verstarb der Vater. Offenbar reichte das hinterlassene Vermögen nicht aus, um den Lebensstandard von Witwe und Tochter aufrechtzuerhalten. Gut ein Jahr nach dem Tod des Vaters, im Jahr 1911, sah sich Gertrud Be gezwungen Geld zu verdienen. Es ist in dieser Zeit davon auszugehen, dass sie auch ohne Berufserfahrung relativ schnell eine Anstellung finden konnte. Denn in den geschäftlichen oder privaten Verkehrskreisen des Vaters werden sich Männer gefunden haben, die aufgrund der Notlage der Familie ihres ehemaligen (Geschäfts-)Freundes eine Stelle vermitteln konnten, die für ein „Fräulein aus gutem Hause" als zumutbar angesehen wurde. Eine Tätigkeit als Hausmädchen oder Fabrikarbeiterin war für ein solches Fräulein ausgeschlossen und niemand wäre auf die Idee gekommen, ihr eine solche Stelle zuzumuten.

Zehn Jahre lang arbeitete Gertrud Be als „Hilfsschwester" in einer Zahnarztpraxis, wobei unklar ist, welches ihre Aufgaben dort waren. Erfahrungen in der Büroarbeit sammelte sie mit ziemlicher Sicherheit jedoch nicht. Die neue Lebensperspektive, die darin bestand, von nun an und wahrscheinlich auch dauerhaft selbst für den Lebensunterhalt aufkommen zu müssen, scheint ihr zunächst schwer zugesetzt zu haben. Denn schon kurze Zeit nach der Aufnahme ihrer Berufstätigkeit trat sie einen Kuraufenthalt in Arosa an, musste deswegen ihre Stelle kündigen und war anschließend fast sechs Monate ohne Beschäftigung. Erst im Jahr 1912 fühlte sie sich offenbar wieder stark genug, erneut eine Stelle als Hilfsschwester in einer Zahnarztpraxis anzunehmen.

Weshalb Gertrud Be 1921 diese Stelle aufgab und sich ausgerechnet bei einer Bank bewarb, ist leider nicht bekannt. Es ist aber denkbar, dass die Darmstädter Bank in dieser Zeit wegen des inflationsbedingt gestiegenen Arbeitskräftebedarfs weibliche Arbeitskräfte für Hilfstätigkeiten suchte und eine entsprechende Zeitungsannonce aufgegeben hatte. In dem von allen Bewerbern und Bewerberinnen auszufüllenden Personalbogen wurde in dieser Zeit auch nach dem letzten Gehalt gefragt. Hier gab Gertrud Be an, dass sie zuletzt ein Gehalt von 500 Mark monatlich erhalten hatte, was wegen der Inflation allerdings nur schwer einzuordnen ist. Geht man davon aus, dass der Dollarkurs zum Zeitpunkt der Bewerbung bei etwa gut 60 Mark statt 4,20 Mark vor dem Krieg, also bei fast dem 15-fachen, gelegen hat und der Kaufkraftverlust der Mark im Inland eher noch höher war, scheint die Zahnarztpraxis den Kaufkraftverlust durch Gehaltssteigerungen nur unzureichend aufgefangen zu haben. Denn 500 Papiermark dürften zu Jahresbeginn 1921 etwa 35 Goldmark entsprochen haben. Als Hilfsschwester in einer Zahnarztpraxis wird Gertrud Be im Jahr 1911 dagegen ein Monatseinkommen von vielleicht 60 Mark, möglicherweise sogar etwas mehr erhalten haben. Der Kaufkraftverlust könnte deshalb bei bis zu fünfzig Prozent gegenüber der

Vorkriegszeit gelegen haben. Das war möglich, weil die Arbeitgeber in den Jahren der Nachkriegsinflation nicht bereit waren, als Ergänzung zum Arbeitsentgelt sog. Teuerungszulagen in einer Höhe zu gewähren, die den Kaufkraftverlust ausgeglichen hätten; und selbst wenn solche Zulagen gewährt wurden, hinkten sie dem Kaufkraftverlust hinterher, wobei sich die Reallohnposition immer weiter verschlechterte, bis nach Monaten eine höhere Teuerungszulage gewährt wurde. In Anbetracht des geringen gewerkschaftlichen Organisationsgrads weiblicher Arbeitskräfte im Allgemeinen und weiblicher Büroangestellter im Besonderen[170] war die Orientierung einer Gehaltsforderung an der Kaufkraft der Vorkriegszeit im Jahr 1921 zwar illusorisch, aber ganz sicher versprach sich Gertrud Be durch ihre Bewerbung bei einer Bank eine Verbesserung ihrer finanziellen Situation.

Als Gertrud Be zum 1. April 1921 als Angestellte bei der Darmstädter Bank eingestellt und der Materialausgabe zugeteilt wurde, lag das Jahresgehalt zwar mit 5.700 Mark etwas unter dem Niveau ihres Gehalts als Hilfsschwester. Aber sie erhielt außerdem eine Teuerungszulage von 5.100 Mark. Auch wenn der Kaufkraftverlust während des seit Eingang der Bewerbung vergangenen Vierteljahres bis Arbeitsbeginn weiter fortgeschritten war, stellte sich Gertrud Be damit deutlich besser als während ihrer Tätigkeit als zahnärztliche Hilfsschwester. Zu berücksichtigen ist hierbei, dass Gertrud Be nicht als Bürokraft eingestellt worden war, sondern Hilfsarbeiten verrichtete und damit in gewisser Weise zum Heer der „Nullenschreiberinnen“ gehörte.

Allerdings scheint die Arbeit in einer Bank, möglicherweise aber auch ihre gesamten Lebensumstände Gertrud Be schon bald überfordert zu haben. Denn wie ihr Vorgesetzter Anfang Januar 1924 an die Personalabteilung der Danat Bank berichtete, war Gertrud Be Anfang Dezember 1923 in ein Krankenhaus eingeliefert worden, weil sie „vollkommen mit ihren Nerven zusammengebrochen“ war. Sie sollte zwar, so der Büroleiter, in absehbarer Zeit aus dem Krankenhaus entlassen werden, würde aber anschließend eine vier- bis sechswöchige Kur antreten, wofür er Sonderurlaub beantragte.[171] Tatsächlich war Gertrud Be bis Ende Februar 1924 und damit insgesamt elf Wochen krankgeschrieben und trat an-

170 Es wird geschätzt, dass von den etwa 850.000 weiblichen Angestellten des Jahres 1925 rund ein Viertel in einem der Berufsverbände organisiert war. Bei den männlichen Angestellten war es etwa die Hälfte. Der Unterschied im Organisationsgrad zwischen den weiblichen Angestellten und den Arbeiterinnen war kleiner. Arbeiterinnen waren nur zu knapp 30 Prozent organisiert. Susanne Suhr, Die organisierte Frauenerwerbsarbeit, in: Gewerkschaftsarchiv 7/1927, S. 241 ff., zit. in: Frevert, Weiblichkeit, S. 510.

171 Aktennotiz v. 1.4.1924, in: HAC 500/E.4346.

schließend ihre Kur an.[172] Dabei blieb es aber nicht. In den beiden Folgejahren sowie im Jahr 1929 trat sie jeweils einen weiteren Kuraufenthalt an. Auch wenn die den Kuraufenthalten vorausgegangenen Erkrankungen Gallenbeschwerden bzw. eine Rippenfellentzündung waren, hätten diese Erkrankungen wohl kaum allein ausgereicht, um jeweils eine vierwöchige Kur zu genehmigen.[173]

In Anbetracht dieser Krankheitsgeschichte ist es nicht überraschend, dass die Dresdner Bank nach der Fusion mit der Danat Bank die Gelegenheit nutzte und die zu diesem Zeitpunkt 51-jährige Gertrud Be in den vorzeitigen Ruhestand versetzte. Das zuvor vom Vertrauensarzt der Bank erstellte „Ärztliche Zeugnis zur Versetzung in den Ruhestand“ hatte zwar „keinen krankhaften Befund“ diagnostiziert.[174] Aber aus der Sicht der Bank war es offenbar besser, eine überforderte und deswegen häufig krankheitsbedingt fehlende Angestellte in den vorzeitigen Ruhestand zu versetzen als eine jüngere Kraft mit einer Abfindung zu entlassen. Natürlich lässt sich in diesem Fall, wie in allen anderen Fällen, nur spekulieren, inwieweit Ehelosigkeit und der sich daraus ergebende Zwang zur Erwerbsarbeit für Gertrud Be ein freiwillig gewählter Lebensentwurf oder nur aus der Not heraus gewählt worden war. Aber die Tatsache, dass sie bereits mit Anfang vierzig nach nur zweieinhalb Jahren in der Materialausgabe der Bank einen Nervenzusammenbruch erlitten hatte, danach vermutlich weitere Male unter Erschöpfungszuständen litt, ohne dass organisch chronische Beschwerden diagnostiziert wurden, lässt darauf schließen, dass Gertrud Be ihr Leben als einen sozialen Absturz erlebt hat, dem sie nur durch die Heirat mit einem Mann hätte entgehen können, der über ein Einkommen verfügte, das ihr ein standesgemäßes Leben ermöglicht hätte, wie es ihre Mutter bis zum Tod ihres Vaters vermutlich gelebt hatte. Zum Zeitpunkt der Einstellung bei der Darmstädter Bank dürfte sich diese Hoffnung altersbedingt bereits zerschlagen haben.

Auf eine gegenteilige Motivation bei der Bewerbung um eine Arbeitsstelle lässt der Lebenslauf der mit 35 Jahren eingestellten Gertrud (Gerty) St1 schließen. Auch Gerty St1 stammte aus einem bürgerlichen Elternhaus, ihr Vater war Studienrat. Sie besuchte in Bochum das Lyzeum und anschließend die Handelsschule. Nach der Schule verbrachte sie einige Zeit in England und sprach deswegen nach eigener Angabe „perfekt“ Englisch. Während des Krieges arbeitete sie in einem Bochumer Krankenhaus, dort zuletzt ehrenamtlich in der Krankenpflege. In den zwanziger Jahren war sie zunächst in Hamburg bei mehreren größeren Außenhandelsfirmen und später am Mittelrhein für verschiedene Winzereien tätig. Im

172 Gertrud Be fehlte vom 3.12.1923 bis zum 23.2.1924 wegen „Nervenschwäche“, Aktennotiz v. 23.2.1924, in: ebd.
173 Ärztliches Zeugnis des Vertrauensarztes der Dresdner Bank v. 10.9.1932, in: ebd.
174 Ebd.

Jahr 1927 zog sie nach Münster und arbeitete dort bei der Wicking'schen Portland-Cement- und Wasserwerke AG, einer der größten Zementfabriken Deutschlands, als Sekretärin des Generaldirektors Rudolf ten Hompel.[175] Als die Zementfabrik zu Beginn der dreißiger Jahre in Schwierigkeiten geriet und sich ten Hompel absehbar aus dem Geschäftsleben zurückziehen würde, bewarb sich Gerty St1 Ende des Jahres 1930 bei der Danat Bank. Wahrscheinlich war sie dort gut bekannt. Denn die Danat Bank war die Hausbank des Zementwerks und der Geschäftsinhaber der Danat Bank Jakob Goldschmidt Mitglied in deren Aufsichtsrat.

Gerty St1 wurde zu Jahresbeginn 1931 direkt als persönliche Sekretärin bei Rechtsanwalt Joachim Entzian eingesetzt, der 1926 als Syndikus in die Rechtsabteilung der Danat Bank eingetreten war und dort das Auslandsgeschäft bearbeitete. Diese mit der Stellung in Münster fast gleichwertige Position deutet darauf hin, dass die Bewerbung von Gerty St1 nur *pro forma* erfolgt war, weil Goldschmidt sie bei ten Hompel abgeworben hatte, als absehbar war, dass die Wickingwerke kurz vor dem Zusammenbruch standen. Dass die Danat Bank ein gutes halbes Jahr später ebenfalls zusammenbrechen und nach einer kurzen Übergangszeit von einer Konkurrentin übernommen werden sollte, ahnte Gerty St1 sicher nicht.

Ein weiterer Hinweis auf eine Abwerbung ist das Anfangsgehalt, das Gerty St1 bei der Danat Bank bezog. Sie wurde zwar formal als Tarifangestellte geführt, aber *de facto* hatte sie einen individuellen Arbeitsvertrag. So wurde sie zunächst in der höchsten Tarifgruppe, der Tarifgruppe 3, mit dem 15. Berufsjahr eingestuft, obwohl sie noch nie in einem Bankbetrieb gearbeitet hatte. Dadurch stand ihr aber das „männliche" Gehalt zu (s. Kap. 3.5.2.). Außerdem erlaubte der Tarifvertrag, dass „selbständige Bankangestellte in leitender Stellung", die „selbständig Entscheidungen von besonderer Wichtigkeit und Tragweite zu treffen" haben, einen Zuschlag von mindestens zehn Prozent der Gesamtbezüge erhalten konnten.[176] Diese Regelung fand auf Gerty St1 Anwendung und bedeutete, dass ihr Grundgehalt 396 RM betrug, wobei sie zusätzlich noch eine Leistungszulage in Höhe von 50 RM sowie eine Abschlussgratifikation, die in ihrem Fall in Monatsraten ausgezahlt wurde, von 54 RM erhielt. So kam sie auf ein Monatsgehalt von 500 RM, was schon fast dem Anfangsgehalt eines Prokuristen entsprach.[177]

Die Investition sollte sich für die Danat Bank sehr bald auszahlen. Denn Gerty St1 wurde während der Verhandlungen mit der Reichsregierung über die

175 Lebenslauf (undatiert, vermutlich Nov./Dez. 1930), in: HAC 500/E.4831.

176 Reichstarifvertrag, § 6, Abs. 7, S. 9 f.

177 Schreiben an Gerty St1 v. 8.1.1931, in: HAC 500/E.4831.

Zukunft der Danat Bank Anfang 1932 als Assistentin zum Verhandlungsführer der Danat Bank-Delegation, Siegmund Bodenheimer, abgeordnet. Bodenheimer bezeichnete sie „infolge ihrer Kompetenz“ für ihn als „absolut unentbehrlich“.[178] Außerdem gewann Gerty St1 innerhalb kürzester Zeit das Vertrauen ihres Chefs, des Syndikus Joachim Entzian, so dass dieser sie für Aufgaben einsetzen konnte, die weit über das übliche Maß hinausgingen, was von Sekretärinnen erwartet wurde. Ausweislich des späteren Abgangszeugnisses hatte sie sich in dieser Zeit in verschiedene Rechtsgebiete eingearbeitet und konnte selbständig Korrespondenzen in deutscher, englischer und französischer Sprache führen. Sie stenografierte Französisch und Englisch und verfügte auch noch über spanische Sprachkenntnisse.[179] Als sie später aufgrund des Berufsbeamtengesetzes als „Nichtarierin“ entlassen werden musste, lehnte Entzian mehrere ihm zugeteilte potenzielle Nachfolgerinnen nach einer Probezeit ab, weil sie an die Leistungen von Gerty St1 nicht heranreichten, der er eine „den Durchschnitt überragende Intelligenz“ bescheinigte.[180]

Gerty St1 war eine selbstbewusste Frau, was auch ihr Bewerbungsfoto zeigt. Sie schaute nicht nur offen in die Kamera, sondern hatte sich modisch, aber dezent modisch gekleidet. Wie Marlene Dietrich auf einem Foto aus der gleichen Zeit hatte sie sich die gleiche Haarfrisur zugelegt und trug ein Herrenhemd mit Binder. Sie wusste, was sie konnte, und übte ihren Beruf offenbar gern aus. Wie der Umzug von Münster nach Berlin beweist, bemühte sie sich vorwärtszukommen und war damit erfolgreich – jedenfalls soweit es Frauen in der deutschen Wirtschaft zu dieser Zeit möglich war. Ihr Gehalt wurde ihr zwar nach der Bankenkrise durch die Danat Bank und nach der Fusion mit der Dresdner Bank noch einmal gekürzt.[181] Ihr letztes Jahresgehalt (1934) hatte bei 4.116 RM und damit fast ein Drittel niedriger gelegen als das ihr im Januar 1931 zugesagte Gehalt.[182] Aber als persönliche Sekretärin eines leitenden Angestellten verdiente sie immer noch deutlich mehr als andere weibliche Angestellte zu dieser Zeit, so dass sie über einen für eine alleinstehende berufstätige Frau gehobenen Lebensstandard verfügt haben dürfte.

Gerty St1 war nach der Fusion mit der Dresdner Bank zunächst nicht entlassen, sondern zusammen mit ihrem Chef übernommen worden, für den sie auch weiterhin zuständig blieb. Allerdings wurde ihr Gehalt schon von der Danat Bank und dann noch einmal nach der Fusion drastisch reduziert. Am Ende verdiente

---

178 Schreiben von Bodenheimer an Entzian v. 19.1.1932, in: ebd.

179 Schreiben des Chefsyndikus der Dresdner Bank an die Personalabteilung v. 29.3.1935 sowie Vorläufiges Zeugnis v. 15.4.1935, in: ebd.

180 Schreiben von Joachim Entzian an die Personalabteilung v. 11.4.1935, in: ebd.

181 Schreiben der Danat Bank an Gerty St1 v. 3.9.1931 und 8.9.1931 sowie Schreiben der Dresdner Bank an Gerty St1. o. D. (Ende 1932), in: ebd.

182 Aufstellung o. D. (Februar 1935), in: ebd.

sie nur noch das aufgrund der Subventionsverordnung abgesenkte Grundgehalt der Tarifgruppe 3 („männlicher" Tarif) mit 15 Dienstjahren. Alle Zuschläge waren damit seit Jahresbeginn 1933 entfallen.[183] Es kann aber als wahrscheinlich angesehen werden, dass sie auf dieser Grundlage, zuzüglich spätestens Ende der dreißiger Jahre gewährter Leistungszulagen von 10 RM bis 20 RM, bis zum Erreichen der Altersgrenze bzw. der schließungsbedingten Kündigung im Jahr 1945 im Dienst der Dresdner Bank verblieben wäre, wäre sie nicht wegen ihrer jüdisch geborenen Mutter als „Nichtarierin" unter das Berufsbeamtengesetz gefallen (s. dazu Kap. 8.3.).

Den Krieg scheint Gerty St1 als „Mischling" im südlichen Baden überlebt zu haben. Denn tatsächlich wurde im Jahr 1950 erwogen, sie wieder einzustellen, nachdem der Geschäftsleiter der Rhein-Ruhr Bank, der westdeutschen Nachfolgerin der zerschlagenen Dresdner Bank, Carl Schleipen, sie zufällig während eines Urlaubsaufenthaltes in Badenweiler getroffen hatte und sich aus seiner Zeit als Leiter des Berliner Filialbüros noch an sie erinnerte. Sie erledigte während Schleipens Urlaub dessen Geschäftskorrespondenz und machte dabei ein solch guten Eindruck, dass Schleipen sie in Düsseldorf zur Wiedereinstellung empfahl. Denn Gerty St1 machte „trotz ihres immerhin schon vorgerückten Alters ... einen guten und beweglichen Eindruck".[184] Warum es nicht zu einer Wiedereinstellung kam, ist nicht überliefert. Aber wahrscheinlich war Gerty St1 nicht bereit, ihre neue Heimat zu verlassen, um für die verbleibenden fünf Jahre bis zum Erreichen des Rentenalters nach Westdeutschland zu ziehen.

Bei den anderen Frauen dieser Altersgruppe ist die persönliche Geschichte nicht vergleichbar gut überliefert. Bei Gertrud Di, einer weiteren Angestellten, die bei ihrer Einstellung älter als 35 Jahre war, lässt sich aber eine ähnliche persönliche Geschichte vermuten wie bei Gertrud Be. Sie wurde im Jahr 1915 36-jährig von der Dresdner Bank eingestellt. Auch hier lag, wie bei Gertrud Be 1921, die für den Untersuchungszeitraum ungewöhnliche Situation eines Arbeitskräftemangels vor, weil die Bank während des Ersten Weltkriegs dringend Ersatz für die eingezogenen Bankangestellten benötigte und Gertrud Di bereits über einschlägige Berufserfahrung verfügte. Wie bei Gertrud Be kam auch Gertrud Di aus einem begüterten Haushalt, hatte in Danzig eine höhere Töchterschule besucht und wurde durch den frühzeitigen Tod ihrer Eltern, eines ostelbischen Gutsbesitzerpaares, 1912 in die Arbeitswelt katapultiert. Sie zog zu ihrer Schwester nach Berlin und arbeitete dort zwei Jahre lang als Buchhalterin und Stenotypistin,

---

183 Schreiben der Danat Bank an Gerty St1 v. 3.9.1931 und 8.9.1932 sowie Schreiben der Dresdner Bank an Gerty St1 o. D. (Dezember 1932), in: ebd.

184 Schreiben der Hauptverwaltung der Rhein-Ruhr-Bank an die Dresdner Bank Berlin v. 20.10.1950, in: ebd.

bevor ihr letzter Arbeitgeber seine Firma wegen seiner Einberufung schließen musste.[185]

Auch Gertrud Di erkrankte in den zwanziger Jahren mehrfach. Nachdem sie zunächst 1924 entlassen werden sollte, empfahl der Vertrauensarzt der Dresdner Bank, die 45-jährige in den Vorruhestand zu schicken. Aufgrund einer Anämie und ihres hohen Blutdrucks sowie einer „Constitution ... , die kaum geeignet für einen Beruf mit voller Arbeitsleistung“ sei, attestierte ihr der Arzt eine „Erwerbsbeschränkung von 55 Prozent“ und hielt deshalb „eine Pensionierung für angezeigt“.[186] Der Antrag auf Berufsunfähigkeit wurde von der Reichsversicherungsanstalt für Angestellte allerdings abgelehnt, weil deren Vertrauensarzt ihr eine etwas weniger als fünfzigprozentige Arbeitsunfähigkeit attestiert hatte. Damit war allerdings zu rechnen gewesen. Denn der Ermessensspielraum für den Vertrauensarzt war nach dem Angestelltenversicherungsgesetz recht groß. Danach galt ein Versicherter als „berufsunfähig“, wenn seine „Arbeitsfähigkeit in Folge von Krankheit ... auf weniger als die Hälfte derjenigen geistig und körperlich gesunden Versicherten ähnlicher Ausbildung und gleichwertiger Kenntnisse und Fähigkeiten herabgesunken“ war.[187]

In Anbetracht der nur neunjährigen Dienstzeit hatte Gertrud Di allerdings auch keinen Betriebsrentenanspruch erworben. Da eine Weiterbeschäftigung für die Bank offenbar nicht in Frage kam, bewilligte sie ihr wegen ihrer schwierigen sozialen Verhältnisse eine zunächst nur auf vier Jahre befristete freiwillige Unterstützung von 50 RM im Monat. Eine neue Anstellung fand sie bis 1927 aufgrund ihres „Nervenleidens“ nicht und so hielt sie sich mit „Heimarbeit“ über Wasser.[188]

Im Jahr 1927 wurde die mittlerweile 48-jährigen Gertrud Di noch einmal vom Vertrauensarzt der Rentenversicherung untersucht, der nun die Erwerbsunfähigkeit zu 66 Prozent feststellte, so dass ihr eine Rente wegen Erwerbsunfähigkeit bewilligt wurde. Die monatliche Leistung der Angestelltenversicherung lag bei 60,20 RM. Die Bank stockte diesen Betrag um 20 RM auf, wobei diese Leistung nur für ein Jahr bewilligt wurde und kurz vor Jahresende für das neue Jahr erneut beantragt werden musste. Die Zusatzversicherung des Bankbeamtenversicherungsvereins betrug allerdings nur 7,20 RM pro Jahr, weil Gertrud Di den Arbeitnehmeranteil an der Versicherung seit ihrer Versetzung in den Ruhestand nicht mehr hatte zahlen können. Damit kam Gertrud Di auf eine monatliche Rente von

185 Handschriftlicher Lebenslauf o. D. (April 1915), in: HAC 500/E.3352.
186 Ärztlicher Personalbogen o. D. (April 1924), in: ebd.
187 Angestelltenversicherungsgesetz v. 28.5.1924, § 30, RGBl. 1924, S. 567.
188 Schreiben von Gertrud Di an die Personalabteilung der Dresdner Bank v. 17.6.1927, in: HAC 500/E.3352.

gut 80 RM.[189] Abgesehen von einer Extrazahlung der Bank zu Weihnachten über zunächst 30 RM und später 50 RM verfügte Gertrud Di über keine weiteren Einkünfte. Besonders prekär wurde die Lage, als ihre Schwester, mit der sie in einem Haushalt lebte, in der Weltwirtschaftskrise arbeitslos und wenig später wegen einer Erkrankung erwerbsunfähig wurde und von Gertrud Di unterstützt werden musste.[190]

Den Krieg überlebten Gertrud Di und ihre Schwester. Da die Bank aber die Unterstützungszahlungen wegen der Schließung der Bank in Berlin einstellte, musste die mittlerweile 66-jährige als Bauhilfsarbeiterin, als sog. „Trümmerfrau", ihren Lebensunterhalt und den ihrer weiterhin erwerbsunfähigen Schwester verdienen. Besonders dramatisch war die Lage offenbar im Winter 1946/47, einem der kältesten Winter des 20. Jahrhunderts in Deutschland. Die Bauarbeiten ruhten in dieser Zeit, so dass Gertrud Di gar keinen Verdienst hatte.[191] Sie bat die Bank deshalb um eine Unterstützung, die ihr auch bewilligt wurde. Die Lage besserte sich erst, als die Angestelltenversicherung die Rentenzahlungen in Deutscher Mark auszahlen konnte. 1951 nahm auch die Dresdner Bank die monatlichen „Beihilfen" mit zunächst 30 DM und ein Jahr später mit 45 DM wieder auf.[192] Drei Jahre später, im April 1955, verstarb Gertrud Di im Alter von 76 Jahren.

Ganz anders war der Fall bei Gertrud Sch1 und Charlotte Kr2 gelagert. Gertrud Sch1 war 1917 21-jährig von der Dresdner Bank eingestellt worden, heiratete aber bereits 1921 und verließ daraufhin die Bank. Im April 1940 verstarb ihr Ehemann, woraufhin sie sich im Juni 1940 um eine Wiedereinstellung bemühte und als Witwe auch ohne die ansonsten für verheiratete Frauen erforderliche Genehmigung des Arbeitsamts 44-jährig wieder eingestellt wurde.[193] Ihre Tätigkeit als Stenotypistin übte sie bis zur schließungsbedingten Kündigung 1945 aus. Auch Charlotte Kr2 war als Witwe eingestellt worden, obwohl sie über keine Berufserfahrung verfügte.[194] Der Grund für die Beschäftigung einer 41-jährigen dürfte für die Dresdner Bank 1916 wohl gewesen sein, dass ihr Mann Angestellter der Bank gewesen war. Auch sie hatte gesundheitliche Probleme und wurde 1932 mit 57 Jahren frühverrentet.[195]

189 Ärztliches Gutachten v. 5.1.1927 und Aufstellung v. 18.10.1935, in: ebd.

190 Schreiben von Gertrud Di v. 3.12.1933, in: ebd.

191 Schreiben von Gertrud Di v. 29.9.1946 und v. 16.1.1947, in: ebd.

192 Aufstellung v. 2.8.1950, v. 30.4.1951 und v. 16.1.1952, in: ebd.

193 Bewerbungsschreiben o. D. (Juni 1940) sowie Personalbogen (ausgefüllt am 20.6.1940), in: HAC 500/E.2562.

194 Handschriftlicher Lebenslauf o. D. (Dezember 1916), in: HAC 500/E.170.

195 Ärztliches Zeugnis des Vertrauensarztes der Dresdner Bank zur Versetzung in den Ruhestand v. 22.10.1931 sowie Schreiben der Dresdner Bank an Charlotte Kr2 v. 14.10.1931, in: ebd.

3.3 Die Einstellungsvoraussetzungen

Formale Voraussetzungen für die Einstellung von Frauen als Angestellte gab es bei Danat Bank und Dresdner Bank mit Ausnahme einer obligatorischen ärztlichen Untersuchung und der Erklärung des Ledigenstatus nicht. Bei welchen Befunden die durch den Vertrauensarzt – und zu Beginn der zwanziger Jahre bei der Darmstädter Bank für einige Jahre einer Vertrauensärztin – durchgeführte Untersuchung ausschlaggebend für die Ablehnung einer Bewerberin gewesen ist und wie häufig, lässt sich nicht ermitteln, da für abgelehnte Bewerberinnen keine Personalakten angelegt werden mussten. Allerdings ist eine Untersuchung überliefert, die vielleicht als ein Grenzfall angesehen werden könnte. Die zu diesem Zeitpunkt 31-jährige Gertrud Pu stellte sich im Januar 1921 bei der Vertrauensärztin der Darmstädter Bank vor. Diese diagnostizierte eine „ausgesprochene Schwäche des vasomotorischen Nervensystems“ sowie eine „allgemeine Nervenschwäche“, hielt beides aber nicht für „krankhaft“ und empfahl deshalb trotz der Diagnose die Einstellung.[196]

In diesem Fall, wie in allen anderen Fällen, erfolgte die Untersuchung erst nach der Einstellung. Denn die Frauen wurden zunächst „zur Probe“ und erst wenn sie sich bewährt hatten, gesund waren und die eingeholten Leumundszeugnisse positiv ausfielen, „fest“, also unbefristet, eingestellt.[197] Mit der Festanstellung war auch der obligatorische Beitritt zu der (Zusatz-)Rentenversicherung der Bank verbunden. Bei der Darmstädter Bank war das die hauseigene Pensionskasse und bei der Dresdner Bank der 1909 gegründete Beamtenversicherungsverein des Deutschen Bank- und Bankiergewerbes.

Über die Aufnahme in den Bankbeamtenversicherungsverein hatte nicht die Dresdner Bank, sondern der Versicherungsverein zu entscheiden und deshalb ist die Frage der Aufnahme in den Akten auch nicht überliefert. Bei der Darmstädter Bank war es die Angelegenheit der Bank selbst zu entscheiden, wen sie in ihre Pensionskasse aufnehmen wollte und wen nicht. Deshalb nahm der Vertrauensarzt der Bank die Untersuchung vor und deshalb ist sie auch in den Personalakten der Darmstädter Bank überliefert. Abgelehnt wurden die Bewerberinnen wahrscheinlich selten. Sie waren ausnahmslos jung und deshalb war es unwahr-

196 Ärztlicher Bericht o. D. (Januar 1921), in: HAC 500/E.4125.

197 Eine Zeitlang war dem Personalbogen eine Erklärung angehängt, die von den Bewerberinnen zu unterschreiben waren. Darin heißt es: „Es ist mir eröffnet worden, dass ich unter dem ausdrücklichen Vorbehalt eingestellt wurde, dass die noch vorzunehmende ärztliche Untersuchung mich für den Dienst bei der Dresdner Bank geeignet erscheinen läßt und daß die noch einzuholenden Auskünfte nichts Nachteiliges über mich ergeben.“ Personalbogen (ausgefüllt am 6.8.1934), in: HAC 500/E.5329.

scheinlich, dass sie unter Krankheiten litten, die gegen eine Aufnahme in die (Zusatz-)Rentenversicherung sprach.

Es ist aber ein Fall dokumentiert, bei dem es nicht zur Aufnahme kam. Es handelte sich um Gertrud Kno, die im November 1920 25-jährig von der Darmstädter Bank eingestellt worden war. Sie hatte in ihrem Personalbogen auf die Frage nach ihrem „jetzigen Gesundheitszustand“ mit „gesund“ geantwortet.[198] Aber der Arzt diagnostizierte eine „erheblich vergrößerte Schilddrüse“ und ein „erheblich vergrößertes Herz“. Deshalb hielt er Gertrud Kno „für eine feste Anstellung“ gesundheitlich nicht geeignet;[199] und damit riet er mittelbar auch von einer Aufnahme in die Rentenversicherung der Bank ab. Wenig später teilte die Bank Gertrud Kno mit, dass „ihr Gesundheitszustand nach dem Bericht unseres Vertrauensarztes ... nicht ganz unseren Anforderungen“ genügt. Eine Entlassung war damit zwar nicht verbunden, aber man wollte sie „von Zeit zu Zeit“ zu einer Nachuntersuchung beim Vertrauensarzt der Bank schicken.[200]

Nach zwei Monaten stellte sich Gertrud Kno erneut bei dem Vertrauensarzt vor. Die Untersuchung fand allerdings nicht bei dem Vertrauensarzt von 1920 statt, sondern bei Dr. Alice Profé, einer Ärztin, die seit Jahresbeginn 1921 die Funktion des Vertrauensarztes zumindest für die weiblichen Angestellten übernommen hatte. Die Diagnose der Ärztin war deckungsgleich mit der ihres Vorgängers. Auch sie stellte eine vergrößerte Schilddrüse und ein vergrößertes Herz fest, fügte noch „nervöse Übererregbarkeit“ hinzu und konnte „die Aufnahme in die Pensionskasse nicht empfehlen“.[201] Auch ein halbes Jahr später konnte die Vertrauensärztin keine Besserung feststellen. Sie schrieb: „Trotzdem Frl. K sich wohl fühlt und namentlich auch von Seiten des Herzens keine Beschwerden hat, kann ihre Aufnahme in die Pensionskasse nicht empfohlen werden. Es handelt sich nicht um eine Herzhypertrophie, sondern sicherlich auch um eine Herzdilatation; die Herzerscheinungen sind eine Folge der Schilddrüsenvergrößerung.“ Sie riet ihr dringend, sich in der Poliklinik der Charité vorzustellen und über eine Therapie beraten zu lassen.[202]

Sechs Wochen später stellte sich Gertrud Kno tatsächlich bei einem Spezialisten in der Charité vor und berichtete anschließend, dass dieser der Meinung war, dass „irgendwelche Komplikationen niemals zu befürchten seien“; und auch mit dem Eintritt der Erwerbsunfähigkeit sei nicht zu rechnen.[203] Die Vertrauensärztin

198 Personalbogen (ausgefüllt am 25.10.1920), in: HAC 500/E.462.
199 Ärztliches Attest v. 17.12.1920, in: ebd.
200 Schreiben an Gertrud Kno v. 20.12.1920, in: ebd.
201 Ärztliches Attest v. 21.2.1921, in: ebd.
202 Ärztliches Attest v. 27.9.1921, in: ebd.
203 Aktennotiz v. 21.11.1921, in: ebd.

hielt die Aussage von Gertrud Kno für wenig glaubwürdig und bestand auf einer schriftlichen Bestätigung durch den behandelnden Arzt.[204] Obwohl die Bank ihm eine Erklärung zusandte, wonach Gertrud Kno ihn von der Schweigepflicht entband, konnte sich der Arzt angeblich nicht mehr an die Untersuchung erinnern.[205] Sein Attest führte aber immerhin dazu, dass Gertrud Kno im Frühjahr 1922 eine Kur in Bad Orb antreten konnte. Der behandelnde Arzt in Bad Orb stellte dann auch erstmals die Diagnose „Basedow" auf,[206] deren Symptome aber die beiden Vertrauensärzte schon richtig erkannt hatten.

Auch ein Jahr später hatte sich der Gesundheitszustand nicht verbessert. Die Vertrauensärztin empfahl weiterhin, Gertrud Kno nicht in die Pensionskasse aufzunehmen.[207] Das scheint auch in den Folgejahren nicht geschehen zu sein, obwohl sie bis Ende der dreißiger Jahre nicht mehr über längere Zeit erkrankt war. Erst Ende 1941 erkrankte sie erneut und verstarb im Frühjahr 1942 an der Basedow'schen Krankheit.

Weniger strikt waren die Banken bei der schulischen Qualifikation und den beruflichen Vorerfahrungen. Jedenfalls ist kein entsprechendes Formblatt überliefert, das etwaige Voraussetzungen auflistete. Das hätte auch keinen Sinn gemacht. Denn es wurden zwar überwiegend Frauen als Stenotypistinnen und Maschinenschreiberinnen eingestellt, aber keineswegs ausschließlich. Stenotypistinnen mussten Schreibmaschine schnell und weitgehend fehlerlos schreiben, Stenogramme mit einer Mindestzahl an Silben pro Minute aufnehmen und anschließend mit der Maschine abschreiben können. Das erforderte eine höhere als die Elementarschulbildung, am besten das Lyzeum oder mindestens die Mittelschule – möglichst mit einem weiteren Schuljahr auf einer Handelsschule. Wahrscheinlich wollte man so sicherstellen, dass die Stenotypistinnen auch verstanden, was sie schreiben mussten, um so Fehler bei der Übertragung der Stenogramme auf die Maschine zu minimieren.

Bei den (Handels-)Schulabsolventinnen verließ sich die Bank nicht auf Eigenangaben oder das Zeugnis der Handelsschule, sondern in den dreißiger Jahren war man dazu übergegangen, eine standardisierte Prüfung bei Neueinstellung durchzuführen. Zunächst war ein Text mit der Maschine abzuschreiben. Anschließend wurden die Zeiten gemessen und die Fehler gezählt. Bei dem Text handelte es sich um einen Paragrafen aus einem Tarifvertrag. Abgesehen von dem Juristendeutsch waren dabei zahlreiche Einzüge, Absätze und Sonderzeichen zu beachten.

204 Aktennotiz v. 22.12.1921, in: ebd.
205 Aktennotiz v. 9.1.1922, in: ebd.
206 Ärztliche Bescheinigung v. 7.6.1922, in: ebd.
207 Ärztliches Attest v. 8.5.1923, in: ebd.

Im Sample sind elf Prüfungen dieser Art überliefert, wobei in zehn Fällen auch das Prüfungsergebnis bekannt ist. Bei sechs der elf Frauen handelte es sich um Berufsanfängerinnen, die gerade die Handelsschule abgeschlossen oder ein Universitätsstudium abgebrochen hatten. Eine der Bewerberinnen war bereits älter. Sie hatte zu Beginn der zwanziger Jahre schon einmal bei der Dresdner Bank als Stenotypistin gearbeitet. In den dreißiger Jahren war sie Hausfrau und Mutter eines kleinen Kindes gewesen und hatte deshalb wahrscheinlich nur noch wenig Übung, als sie sich im Jahr 1940 bewarb. Eine weitere Bewerberin war zwar erst 21 Jahren alt, hatte aber bereits eine kaufmännische Lehre absolviert.

Von den zehn Frauen, für die die Prüfungsergebnisse vorliegen, benötigten drei Bewerberinnen für die Abschrift acht Minuten, vier neun Minuten und jeweils eine zehn Minuten bzw. elf und 15 Minuten. Die Frauen hatten dabei zu entscheiden, ob sie eine gute Zeit erzielen wollten, aber Tippfehler in Kauf nahmen oder ob sie Tippfehler vermeiden wollten und den Text entsprechend langsamer abschrieben. Tatsächlich war einzig der 15-Minuten-Text fehlerfrei. Alle zehn Bewerberinnen hatten trotzdem diesen Teil der Prüfung bestanden.

Schwieriger war offenbar der zweite Prüfungsteil. Denn diesen Teil bestanden nur acht der elf Bewerberinnen im ersten Versuch. Es wurde der Ausschnitt eines Zeitungsartikels über ein deutsch-französisches Handelsabkommen diktiert, der als Stenogramm aufgenommen und anschließend mit der Maschine abgeschrieben werden musste. Eine Bewerberin stenografierte den Text in einer Geschwindigkeit von 195 Silben in der Minute. Das war ein fantastischer Wert, der sich dadurch erklärt, dass die Bewerberin ein halbes Jahr zuvor einen Preis bei einem Stenografenwettbewerb gewonnen hatte.[208] Sechs Bewerberinnen schafften 140 bis 160 Silben pro Minute, was vermutlich den Erwartungen entsprach. Eine der Bewerberinnen, die erwähnte Hausfrau und Mutter, schaffte dagegen nur 100 Silben, schrieb den Text aber in der Rekordzeit von acht Minuten ab – vermutlich wollte sie ihr langsames Tempo beim Stenografieren auf diese Weise wettmachen. Allerdings enthielt der Text auch den Rekordwert von zehn Fehlern. Trotzdem wurde sie eingestellt, was vermutlich dem im Jahr 1940 hohen Arbeitskräftebedarf geschuldet war. Die Bewerberinnen, die schon bei der Aufnahme des Stenogramms gute Leistungen gezeigt hatten, schreiben ihr Stenogramm in zehn bis zwölf Minuten, in einem Fall 15 Minuten, ab, wobei ihre Abschrift nur zwischen einem und vier (Tipp-)Fehlern aufwies.[209]

208 Ehrenurkunde v. 15.1.1933, in: HAC 500/E.5685.

209 Die Prüfungsergebnisse sind dokumentiert in: HAC 500/E.1147, E. 2627, E.4385, E.4606, E.4612, E.5678, E.5685, E.7145, E.7640 und E.8702.

Drei Bewerberinnen scheiterten bei diesem Prüfungsteil. Dazu gehörte auch die Bewerberin, deren Prüfungsergebnis nicht überliefert ist. Bei ihr war aber auch von vornherein vorgesehen, sie als Kartenlocherin und nicht als Stenotypistin einzusetzen. Ihr Prüfungsergebnis muss so schlecht ausgefallen sein, dass der Prüfer sie nur für die Powers-Abteilung geeignet erachtete.[210] Nicht besser erging es einer zweiten Bewerberin. Sie scheiterte beim Stenogramm, so dass das Diktat nach 90 Silben abgebrochen wurde. Auch bei ihr vermerkte der Prüfer, dass sie nur für die „Powers-Abteilung geeignet" sei.[211]

Auch bei der dritten gescheiterten Bewerberin wurde das Diktat nach 130 Silben abgebrochen, weil „Frl. F. nicht zu folgen vermochte". Für die Abschrift benötigte sie dann fünfzehn Minuten, wobei der Text lückenhaft war.[212] Sie erhielt allerdings die Gelegenheit auf einen Wiederholungsversuch. Die Texte waren die gleichen, so dass der Text beim zweiten Versuch schon in den Grundzügen bekannt und die Prüfung nicht ganz so schwierig war. Das Ergebnis fiel auch etwas besser aus. Denn die Bewerberin konnte dem Diktat nun folgen und dies bei einem guten Tempo von 140 Silben pro Minute. Allerdings hatte sie einige Teile des Diktats auslassen müssen, was sich bei der Abschrift zeigte, die sie in zwölf Minuten erledigte. Positiv dürfte dem Prüfer aber aufgefallen sein, dass diese Bewerberin als einzige in ihren Maschinenabschriften keinen einzigen Tippfehler gemacht hatte. Was der Grund für die (probeweise) Einstellung trotz der schwachen Leistung bei der Aufnahme von Stenogrammen war, ist nicht überliefert. Denkbar ist, dass der Prüfer erkannt hatte, dass diese Bewerberin außerordentlich nervös gewesen sein musste. Denn ihre erste Beurteilung zweieinhalb Monate nach der Einstellung fiel äußerst positiv aus. Ihr Büroleiter hatte sie fast ausschließlich mit der Aufnahme von Stenogrammen und deren Abschrift beschäftigt und bemerkte, dass „die Leistungen von Frl. F. im Maschineschreiben und Stenographie sehr zufriedenstellend" waren.[213] Damit stand der „Festanstellung" nach drei Monaten nichts mehr im Wege.

Aber nicht alle Frauen waren als Stenotypistinnen vorgesehen. Zu Beginn der zwanziger Jahre wurden zahlreiche Hilfskräfte eingestellt, die nur Tätigkeiten in den Büros verrichten sollten, für die kein höherer als ein Abschluss nach der achtjährigen Volksschule notwendig war. Es reichten zu dieser Zeit in der Regel

---

210 Abschrift des Prüfungstextes mit handschriftlicher Anmerkung des Prüfers v. 10.4.1934, in: HAC 500/E.2494.

211 Abschrift des Prüfungstextes mit handschriftlicher Anmerkung des Prüfers o. D. (April 1934), in: HAC 500/E.1147.

212 Abschrift des Prüfungstextes mit handschriftlicher Anmerkung des Prüfers o. D. (April 1933), in: HAC 500/E.2627.

213 Bericht v. 20.6.1933, in: ebd.

ein paar Jahre Berufserfahrung und eine gute Bewertung durch den ehemaligen Arbeitgeber. Dabei verließen sich die Banken allerdings nicht auf die vorgelegten Arbeitszeugnisse, sondern sie schrieben den letzten oder auch die letzten Arbeitgeber direkt an und baten um eine vertrauliche Bewertung.

In den meisten Fällen wurden diese Hilfskräfte nach der Stabilisierung der Währung wieder entlassen. Diese Gruppe wurde zeitgenössisch gerne als „Nullenschreiberinnen“ bezeichnet. Manche dieser ehemaligen „Nullenschreiberinnen“ blieben allerdings im Dienst von Danat Bank oder Dresdner Bank und wurden später in der Maschinen-Abteilung (Danat-Bank) bzw. Powers-Abteilung (Dresdner Bank) an den Lochkartenmaschinen eingesetzt oder bereiteten die Buchungsbelege in der Primanota-Abteilung für die Kartenlocherinnen vor. Schließlich gab es noch die kleine Gruppe derjenigen Frauen, die im Kantinen- oder Putzdienst beschäftigt waren. Sie wurden als Wochenlöhnerinnen nicht als Angestellte geführt und unterlagen damit auch nicht den zu Beginn der zwanziger Jahre gültigen Tarifverträgen für Bankangestellte.

Bei der folgenden Betrachtung der formalen und informellen Voraussetzungen für die Einstellung von Frauen in den Dienst bei Danat Bank und Dresdner Bank ist deswegen zu unterscheiden, für welche Funktionen die Frauen bei ihrer Einstellung vorgesehen waren. Dabei werden im Folgenden drei Gruppen unterschieden. Da sind erstens die Wochenlöhnerinnen, die Frauen im Kantinen- und Putzdienst, die keine Angestellte waren und auch nicht in den Genuss einer Betriebsrente kamen, wenn sie das Rentenalter erreicht hatten oder berufsunfähig wurden. Diese Gruppe besteht im Sample aus elf Personen. Die zweite Gruppe bilden die Hilfskräfte, die nur für einfache Arbeiten wie in der Expedition und Materialausgabe, für Bürohilfstätigkeiten während der Inflationsjahre und später für die Arbeit an den Buchungs- und Lochkartenmaschinen eingestellt worden waren. Sie waren allerdings Angestellte und fielen somit seit den zwanziger Jahren unter den Schutz der Tarifverträge für Bankangestellte. Diese Gruppe umfasst im Sample zwanzig Personen. Die dritte und mit 121 Frauen im Sample größte Gruppe bilden diejenigen Frauen, die als Stenotypistinnen, Korrespondentinnen oder Buchhalterinnen eingestellt wurden. Zu dieser Gruppe gehören auch diejenigen Frauen, die als persönliche Sekretärin in den Vorzimmern der Abteilungsdirektoren, der Syndici oder im Vorstandssekretariat arbeiteten. Diese Frauen bilden eine sehr kleine Teilgruppe in der großen Gruppe der Stenotypistinnen. Tatsächlich sind einige von ihnen auch im Sample zu finden, so dass Aussagen auch zu dieser Teilgruppe möglich sind. Wenn die Bezeichnung in Anbetracht der für Frauen verschlossenen weiteren Aufstiegskanäle nicht zynisch klingen würde, könnte diese Gruppe auch als die „Angestelltenaristokratie“ unter den Frauen in den Banken bezeichnet werden. Trotz der wenigen Personen ist es diese Teilgruppe dennoch wert, abschließend gesondert betrachtet zu werden.

In diesem Kapitel werden aber nicht nur die Schulbildung sowie Umfang und Qualität der Berufserfahrung vor der Einstellung betrachtet. Da die Schulbildung ganz wesentlich von der sozialen Klasse abhing, zu der die Familie gehörte, ist auch der Beruf des Vaters als mittelbare Voraussetzung für die Einstellung relevant. Insofern war es sicherlich auch kein Zufall, dass zu allen Zeiten während des Untersuchungszeitraums die Frage nach dem Beruf des Vaters zu den ersten in den Einstellungsfragebögen gehörte. Daneben könnte diese Frage aber auch insofern unmittelbar Relevanz besessen haben, als die Herkunft aus einer bürgerlichen oder kleinbürgerlichen Familie vermeintlich oder tatsächlich die Gewähr für ein bürgerliches Arbeitsethos der Bewerberin bot. Belege gibt es dafür in den Akten allerdings nicht. Überhaupt treten die Väter in den Akten nur äußerst selten in Erscheinung. Im Falle der Bewerbung einer minderjährigen Tochter hatten sie zwar den Arbeitsvertrag zu unterschreiben. Dass die Väter aber über die im Arbeitsvertrag festgelegten Konditionen mit der Bank diskutierten, kann zwar vorgekommen sein, aber vermutlich nicht oft. Geschah dies vor der Unterschrift, ist es nicht überliefert und danach war es eine seltene Ausnahme.

Dabei könnte es allerdings eine Rolle gespielt haben, ob es sich bei dem Vater um eine aus der Sicht des Sachbearbeiters einflussreiche Person gehandelt hat oder nicht. Auch wenn es sich um einen Kollegen handelte, konnte das Einfluss auf die Entscheidung – etwa über die Entfristung des Vertragsverhältnisses einer während der Sommermonate eingestellten Aushilfskraft oder den Ort des Einsatzes im Falle von Depositenkassen – gehabt haben. Über die Einstufung in die Tarifgruppe oder die Anerkennung von Berufsjahren ließen die Banken allerdings nicht mit sich reden.

Wie wichtig Männer als „Anwälte" der weiblichen Beschäftigten waren, zeigt das Beispiel von Alice Ba, die seit 1905 bei der Darmstädter Bank beschäftigt und in einer Berliner Depositenkasse eingesetzt war. Im Januar 1917 meldete der Depositenkassenleiter an die Personalabteilung, dass Alice Ba und eine ihrer Kolleginnen „betrübt" seien, weil ihre Teuerungszulage mit 100 Mark sehr niedrig ausgefallen sei. Alice Ba hatte keine Eltern mehr und lebte zur Untermiete. Man kann wohl davon ausgehen, dass sie in Anbetracht der Mietkosten wegen des Kaufkraftverlustes während des Krieges in finanzielle Bedrängnis gekommen war. Das scheint sie ihrem nicht in Berlin lebenden Bruder mitgeteilt zu haben. Jedenfalls schrieb dieser an den Depositenkassenvorsteher und bat um eine höhere Zulage für seine Schwester. Der Vorsteher konnte das nicht entscheiden und gab die Bitte an die Personalabteilung weiter, die für das letzte Jahr eine um 100 Mark höhere Abschlussgratifikation bewilligte.[214] Einige Monate später meldete

214 Aktennotiz v. 10.1.1917, in: HAC 500/E.3541.

sich der Bruder von Alice Ba persönlich bei der Personalabteilung, um für seine Schwester einen längeren Erholungsurlaub zu erbitten. Bisher hatte niemand ihrer Vorgesetzten Rücksicht auf den schlechten Gesundheitszustand von Alice Ba genommen. Nun aber, da der Bruder der 36-jährigen sich der Sache annahm, sagte der Sachbearbeiter in der Personalabteilung zu, Alice Ba zum Vertrauensarzt zu schicken und für den Fall, dass dieser einen längeren Erholungsurlaub für notwendig erachte, ihr diesen auch zu bewilligen.[215]

Solche Versuche der Einflussnahme waren zwar selten. Aber sie sind im Sample nachweisbar. Meist erreichten sie wie in diesem Fall ein gewisses Entgegenkommen. Aber durchschlagend war die Intervention eines männlichen Verwandten nur in einem Fall. Dabei handelte es sich um Gertrud Ar. Sie war 1915 23-jährig bei der Darmstädter Bank in Berlin eingestellt worden. Sie stammte aus einer wohlhabenden bürgerlichen Familie, die im Dresdner Villenvorort Weißer Hirsch lebte. Ihr Vater war in Dresden als freiberuflicher Architekt tätig, verstarb aber früh. Ihr Bruder war ebenfalls Architekt, aber als Stadtbaudirektor in dem Hamburger Vorort Wandsbek tätig. Um die Entlassung seiner Schwester nach der Fusion von Dresdner Bank und Danat Bank zu verhindern, setzte er alle Hebel in Bewegung, die ihm zur Verfügung standen.

Zunächst wandte er sich an einen mit ihm befreundeten bedeutenden Kunde der Danat Bank, das Vorstandsmitglied der Norddeutschen Hefeindustrie AG Ludwig Peter, der zudem den Geschäftsinhaber der Danat Bank Siegmund Bodenheimer persönlich kannte. Dieser Geschäftsfreund bat Bodenheimer, unmittelbar nachdem die Fusion öffentlich bekannt geworden war, „es irgendwie" zu ermöglichen, „dass Fräulein Ar nicht mit abgebaut wird". Denn „Herr Stadtbaudirektor Ar ist uns jederzeit ein gefälliger städtischer Beamter gewesen und wir möchten uns dessen Wohlwollen gerne erhalten".[216] Diese Intervention scheint allerdings keinen Erfolg gehabt zu haben. Bodenheimer dürfte zu diesem Zeitpunkt ohnehin andere Probleme gehabt haben, als sich um eine ihm völlig unbekannte Angestellte seines Hauses zu sorgen. Denn als persönlich haftender Gesellschafter einer grundsätzlich insolventen Bank musste er um seine eigene Zukunft fürchten und war auf das Wohlwollen der Regierung angewiesen, die ihn nicht nur seines Amtes entheben, sondern ihn auch wirtschaftlich ruinieren konnte.[217]

Deshalb wandte sich der Bruder von Gertrud Ar nach der Fusion an den Filialdirektor der Dresdner Bank in Dresden Viktor von Klemperer. Die beiden Männer waren offenbar seit Kindertagen und damit „älteste Freunde", wie Klem-

215 Vgl. hierzu ausführlich Kap. 5.1.

216 Schreiben von Ludwig Peter an Siegmund Bodenheimer v. 1.3.1932, in: HAC 500/ E.4476.

217 Zu Bodenheimers Karriereende vgl. Siegmund Bodenheimer, Mein Leben, Ms. 1944 (Leo Baeck Institute New York, M.E.511), S. 90 ff.

perer sich ausdrückte. Viktor von Klemperer hatte Gewicht in der Dresdner Bank. Er war nicht irgendein Filialdirektor. Nach der Jahrhundertwende war der promovierte Jurist mehrere Jahre der Privatsekretär des Dresdner Bank-Gründers Eugen Gutmann gewesen und hatte 1909 die Filialleitung in seiner Heimatstadt Dresden übernommen, wobei die Filiale Dresden rechtlich gar keine Filiale war. Obwohl die Geschäftsleitung 1884 nach Berlin verlegt worden war, blieb Dresden der juristische Sitz der Dresdner Bank bis nach Ende des Zweiten Weltkriegs. Davon abgesehen war Dresden wirtschaftlich die nach Berlin bedeutendste Adresse der Bank.

Klemperer rief den Leiter der Personalabteilung der Dresdner Bank in Berlin, Arthur Schumacher, im Mai 1932 persönlich an und bat um die Rücknahme der Kündigung von Gertrud Ar. Schumacher, der die Beschäftigten der Danat Bank zu diesem Zeitpunkt noch nicht kannte, versprach sich zu erkundigen und anschließend wieder bei Klemperer zu melden. Nachdem Schumacher die notwendigen Informationen eingeholt hatte, meldete er sich schriftlich bei Klemperer und zeigte sich sichtlich genervt über dessen Intervention. Schumacher bestätigte zunächst, dass Gertrud Ar derzeit noch bei der Danat Bank[218] beschäftigt war und fügte hinzu, dass ihr Vorgesetzter ihr eine „bescheidene Arbeitsleistung" attestiert hatte und dass er, Schumacher, keine Möglichkeit sah, sie „in einem unserer Büros auf einem besseren Posten zu verwenden, da sie nicht Schreibmaschine schreiben kann, was bei uns durchweg gefordert wird". Der Brief endete mit der Bemerkung: „Ich weiß also wirklich nicht, was man für Ihre Schutzbefohlene tun könnte".[219]

Klemperer ließ aber nicht locker, bedankte sich für die „freundlichen Zeilen" und bat noch einmal Gertrud Ar „weiterzubeschäftigen".[220] Das geschah dann auch, allerdings in der Primanoten-Abteilung. Dort verdiente sie sicherlich deutlich weniger als im Wechselbüro der Danat Bank, wo sie bis zur Fusion beschäftigt war. Aber sie wird froh gewesen sein, dass ihre Kündigung dank der Intervention des Freundes ihres Bruders zurückgenommen wurde.

---

218 Natürlich war Gertrud Ar mittlerweile bei der Dresdner Bank beschäftigt. Die Zusammenführung der Doppelstrukturen sollte sich allerdings noch über Monate hinziehen. Gemeint war vermutlich, dass das Wechselbüro der Danat Bank noch nicht mit dem Pendant der Dresdner Bank zusammengeschlossen war und sie dort Wechsel bearbeitete, die noch aus dem Geschäftsbetrieb der Danat Bank stammten. Allerdings waren in Erwartung des Abbaus von Doppelstrukturen bereits frühzeitig Kündigungen ausgesprochen und damit der Personalabbau eingeleitet worden.

219 Schreiben der Personalabteilung an Direktor v. Klemperer, in: HAC 500/E.4476.

220 Schreiben v. Viktor v. Klemperer an Direktor A. Schumacher, in: ebd.

3.3.1 Die Wochenlöhnerinnen

Im Falle des Küchen- und Reinigungspersonal sagen die wenigen überlieferten Personalakten wenig über Vorbildung und Berufserfahrung aus. Der Anteil der Wochenlöhnerinnen im Sample liegt bei sieben Prozent. Das entsprach in keiner Weise ihrem Anteil an den bei den Banken insgesamt beschäftigten Frauen. Im Dezember 1930, also vor der Fusion mit der Danat Bank, waren mit 228 Personen fast genauso viele Wochenlöhnerinnen als Putz- und Kantinenkräfte sowie als Tagesfrauen beschäftigt wie weibliche Angestellte mit 275 Personen.[221] Nach der Fusion hatte sich das Verhältnis zugunsten der Angestellten verschoben. Im Juni 1932 standen 494 Frauen (einschließlich eines weiblichen Lehrlings) nur 253 Wochenlöhnerinnen gegenüber.[222] Offenbar waren zahlreiche Putz- und Kantinenkräfte sofort nach der Fusion gekündigt worden. Denn während sich ihre Zahl trotz der Fusion nur geringfügig erhöht hatte, stieg die Zahl der weiblichen Angestellten um etwa achtzig Prozent. Dabei sollte es allerdings nicht bleiben. Der Personalabbau bei den Angestellten zog sich nur etwas länger hin. Das zeigte sich in der Statistik für den 31. Dezember 1933, als der Personalabbau (abgesehen von der Verdrängung der „Nichtarier") weitgehend abgeschlossen war. Die Zahl der Wochenlöhnerinnen hatte sich zu diesem Zeitpunkt nur geringfügig auf 216 verringert, während die Zahl der weiblichen Angestellten nur noch 420 betrug, gegenüber dem Sommer 1932 also um etwa fünfzehn Prozent niedriger lag.[223] Der Personalabbau war demnach bei den Wochenlöhnerinnen weitaus drastischer ausgefallen als bei den weiblichen Angestellten.

Aber wie auch immer das Verhältnis der weiblichen Angestellten zu den Wochenlöhnerinnen zu den unterschiedlichen Zeiten des Untersuchungszeitraums auch gewesen sein mag, ein Verhältnis von elf Wochenlöhnerinnen zu 141 weiblichen Angestellten spiegelt in keiner Weise das Verhältnis der beiden Gruppen innerhalb der Belegschaft der Dresdner Bank wider. Das ist wohl nur so zu erklären, dass die Akten der Wochenlöhnerinnen häufiger vernichtet worden waren als die Personalakten der Angestellten. Eine denkbare Erklärung dafür ist, dass Wochenlöhnerinnen keinen Betriebsrentenanspruch erworben hatten, so dass deren Akten nach dem Ausscheiden in der Zeit des Papiermangels eher vernichtet wurden als Angestelltenakten. Ein zweites Problem kommt hinzu. Die Personalak-

221 Wahrscheinlich lag die Zahl der Angestellten geringfügig höher, da 1930 noch einige junge Frauen als Lehrlinge in der Ausbildung waren. Die Lehrlinge sind in der Statistik allerdings nicht nach Geschlechtern getrennt. Aufstellung der Beschäftigten der Dresdner Bank in Berlin v. 7.5.1931, in: HAC 500/51003-2001.

222 Aufstellung der Beschäftigten der Dresdner Bank in Berlin v. 5.9.1932, in: ebd.

223 Aufstellung der Beschäftigten der Dresdner Bank in Berlin o. D. (Januar 1934), in: ebd.

ten der Wochenlöhnerinnen sind auch in ihrer Informationsdichte nicht mit den Angestelltenakten zu vergleichen. Sie enthalten in der Regel nur Hinweise auf die Schulbildung, den Beruf des Vaters und das Gehalt und selbst das nicht einmal in der Hälfte aller Fälle. Wenn sie darüberhinausgehende Informationen enthalten, konnte es sich nur um Sonderbedingungen, wie etwa Probleme mit der Arbeitsdisziplin oder unangemessenes Verhalten gegenüber den Angestellten handeln.

Alle elf Wochenlöhnerinnen des Samples hatten – soweit bekannt – nur eine elementare Schulbildung genossen und keine Handelsschule besucht. Wahrscheinlich hatten alle bereits nach Beendigung der Schulzeit arbeiten müssen, manche vielleicht auch als Dienstmädchen, bis sie heirateten und deshalb bei ihrer „Herrschaft“ hatten kündigen müssen. Im Gegensatz zu den Bankangestellten, die vermutlich, von wenigen Ausnahmen abgesehen, alle einen Mann heirateten oder zu heiraten gehofft hatten, der als Alleinverdiener seine Familie ernähren konnte, mussten diese Frauen weiterhin einer Erwerbstätigkeit nachgehen, damit die Familie über die Runden kam. Bei Bewerberinnen, die als verheiratete Frauen eine berufliche Vergangenheit als Dienstmädchen nachweisen konnten, könnte diese Qualifikation für den Kantinen- oder Putzdienst ausgereicht haben. Auffällig ist auch, dass keine dieser Frauen direkt als Schulabgängerin eingestellt wurde. Mit einer Ausnahme waren alle Kantinenhilfen und Reinigungskräfte zum Zeitpunkt ihrer Einstellung bereits über zwanzig Jahre alt. Deshalb ist davon auszugehen, dass sie alle über Berufserfahrungen verfügten, als sie eingestellt wurden.

Von den elf Wochenlöhnerinnen arbeiteten drei in der Kantine, sieben als Putzkräfte und eine in der bankeigenen Druckerei. Angaben über Berufserfahrungen finden sich nur in einem Fall, der in der Kantine beschäftigten Erna Kre. Sie war mit 22 Jahren als „Küchenmädchen“ eingestellt worden. Aufgewachsen war Erna Kre in der Prignitz als Tochter eines Landwirts, hatte dort die Volksschule besucht und war spätestens im Alter von 18 Jahren aus unbekannten Gründen nach Berlin gekommen, während ihre Eltern weiterhin an der Elbe lebten. In diesem Falle ist es denkbar, dass Erna Kre nach der Schule wie viele andere Mädchen vom Land als Dienstmädchen nach Berlin gekommen war und sich einige Zeit später nach einer Alternative umsah. Sicher ist, dass sie von ihrem 18. bis 22. Lebensjahr als Verkäuferin gearbeitet hatte, anschließend für wenige Wochen als Küchenhilfe („Herdmädchen“) in einer Gastwirtschaft und schließlich etwa ein halbes Jahr als „Büffetfräulein“ im Kasino einer Genossenschaftsbank. Zum Zeitpunkt ihrer Bewerbung war sie stellungslos.[224]

224 Personalbogen (ausgefüllt o. D., Februar 1929), in: HAC 500/E.78.

Angaben zum Beruf des Vaters finden sich leider nur bei vier der elf Wochenlöhnerinnen. Dabei handelte es sich um vier der fünf als Ledige eingestellten Kräfte. Die Akten der verheirateten bzw. verwitweten Frauen enthalten Angaben weder zu dem Beruf des Vaters noch zum Beruf des Ehemannes. Der Fall von Erna Kre, die als Minderjährige die elterliche Familie verließ, war wohl ein Einzelfall. Bei ihr ist es wenigstens vorstellbar, dass der Vater als Landwirt die finanziellen Möglichkeiten für eine Unterstützung der Tochter besaß. Sollte sie als Dienstmädchen nach Berlin gekommen sein, ist eine finanzielle Unterstützung des Vaters anfangs unwahrscheinlich. Immerhin musste er aber den Arbeitsvertrag bei dem Einzelhandelskaufmann unterzeichnen, da Erna Kre zu diesem Zeitpunkt immer noch minderjährig war. Er muss also mit dieser Beschäftigung oder ggf. mit der Aufgabe der Dienstbotentätigkeit einverstanden gewesen sein. Deshalb ist es denkbar, dass der Vater der Tochter, die nun ein Zimmer zur Untermiete beziehen musste, finanziell unter die Arme griff. Denn von ihrem kärglichen Gehalt, das zwischen 40 RM und (im Falle von Überstunden) 60 RM monatlich gelegen haben dürfte, wird sie kaum in der Lage gewesen sein, ein Zimmer zu bezahlen. Vorstellbar ist allerdings auch, dass sie eine zweite Arbeitsstelle hatte. Trotzdem wird es ihr materiell vermutlich nicht besser gegangen sein als in ihrer Zeit als Dienstmädchen. Aber immerhin hatte sie nun eine geregelte Arbeitszeit und musste nicht (fast) ständig zur Verfügung stehen, wie es für Dienstmädchen die Regel war. Bei den Vätern der drei anderen Wochenlöhnerinnen handelte es sich um Arbeiter oder Handwerker. Sie alle lebten in Berlin. Sehr wahrscheinlich waren die Töchter aufgrund des väterlichen Einkommens gezwungen, frühzeitig eine Arbeit anzunehmen.

3.3.2 Die angestellten Bürohilfskräfte

Die Wochenlöhnerinnen in der Kantine und beim Putzdienst standen auf der untersten Stufe der innerbetrieblichen Hierarchie. Aber obwohl ihre Arbeit kaum eine höhere Qualifikation erforderte, genossen die Frauen in der Expedition oder bei der Materialausgabe das Angestelltenprivileg. Sie wurden besser bezahlt und hatten einen Betriebsrentenanspruch, der nach einer gewissen Dienstzeit auch für den Fall der Berufsunfähigkeit galt, wie in Kap. 3.4.5. gezeigt werden wird. Auch diese Frauen hatten keine Handelsschule besucht und brachten noch nicht einmal kaufmännische Berufserfahrung mit. Sie entsprachen einer Berufsgruppe, die es auch bei den männlichen Angestellten gab und die dort als „Büroboten“ geführt wurden. Die Büroboten hatten, wie auch die Frauen, die gering qualifiziert Hilfsarbeiten erledigten, nur geringe Chancen auf einen beruflichen Aufstieg.

Charlotte Hi hatte zwar Lyzeum und Handelsschule besucht, brachte aber Berufserfahrung als Telefonistin bei der Reichspost mit.[225] Für die in dieser Zeit vermutlich noch im Aufbau befindliche Telefonzentrale der Darmstädter Bank war diese Erfahrung sicherlich mehr wert als eine höhere Schulbildung. Deshalb hatte keine der anderen Telefonistinnen des Samples eine höhere Schulbildung. Es war auch sicherlich nicht ihre kaufmännische Vorbildung, sondern ihre Berufserfahrung, weswegen Charlotte Hi vergleichsweise gut bezahlt wurde – besser als viele der zu dieser Zeit eingestellten Stenotypistinnen. Mit der Einführung der Tarifverträge für Bankangestellte sollte sich das allerdings ändern (s. Kap. 3.5.3.). Der Beruf der Telefonistin war nun kein neuer oder neuartiger mehr. Alle jungen Frauen dürften mit der Telefontechnik seit den zwanziger Jahren schon Erfahrungen gesammelt haben, so dass die Tätigkeit in der Telefonzentrale schnell erlernt werden konnte. Eine kaufmännische Ausbildung benötigten die Frauen für ihre Tätigkeit nicht und entsprechend wurden sie bezahlt.

Die Kartenlocherinnen wurden erst nach dem Krieg eingestellt, als es schon Tarifverträge gab. Die erste namentlich bekannte Bürohilfskraft, die von einer der Banken als Kartenlocherin eingestellt wurde, war Charlotte Kr1, die ihren Dienst bei der Danat Bank im Februar 1927 antrat. Ähnlich wie Charlotte Hi beim Aufbau der Telefonzentrale vor dem Krieg bereits Berufserfahrung mitbrachte, hatte auch Charlotte Kr1 bereits Erfahrung mit Hollerith-Maschinen gesammelt. Denn sie war von der Danat Bank beim Preußischen Statistischen Landesamt abgeworben worden. Dort hatte sie seit Mai 1926 als Kartenlocherin gearbeitet, war aber nicht in den Angestelltentarif aufgenommen worden. Die Danat Bank stellte sie zwar als Angestellte ein, stufte sie aber in die Tarifgruppe 1 ein. Immerhin gewährte sie ihr vier Berufsjahre, womit sie vermutlich auf ein höheres Gehalt kam als im öffentlichen Dienst.[226]

Somit wurden die Kartenlocherinnen von Anfang an und während des gesamten Untersuchungszeitraums in die niedrigste, die Tarifgruppe 1 eingestuft, hatten aber grundsätzlich die Chance als Kartenlocherin nach einigen Jahren in die Tarifgruppe 2 aufzusteigen. Wahrscheinlich war hierfür die Leistung ausschlaggebend. Denn die war anhand der pro Stunde gestanzten Lochkarten leicht zu messen. Für die Einstellung war die Schulbildung offenbar ohne große Bedeutung. Denn die Kartenlocherinnen wurden zumindest bei der Danat Bank nach etwa vier Wochen einer Eignungsprüfung unterzogen. Im Unterschied zu den Maschinenschreiberinnen und Stenotypistinnen konnte die Bank nicht davon ausge-

225 Handschriftlicher Lebenslauf v. 15.9.1911, in: HAC 500/E.1281.

226 Schreiben an Charlotte Kr1 v. 11.2.1927 und Zeugnis des Preußischen Statistischen Landesamtes v. 12.2.1927, in: HAC 500/E.154.

hen, dass die Kartenlocherinnen schon Erfahrung im Umgang mit Hollerith-Maschinen mitbrachten, so dass diese Prüfung wahrscheinlich darüber entschied, ob sie weiter an der Maschine arbeiten durften, wieder gekündigt oder mit einer anderen Tätigkeit betraut werden würden.

Nach der Prüfung bildete der regelmäßig zu erstellende Leistungsbericht ein weiteres Disziplinierungsinstrument. Bei der im Frühjahr 1934 eingestellten Charlotte Ge bemängelte der erste, nach etwa einem halben Jahr erstellte Leistungsbericht bereits „zunächst sehr mäßige Leistungen", die sich allerdings nach einiger Zeit etwas besserten. Auch die Bewertung der „Führung" war alles andere als gut. Dort hieß es: „Im ganzen gut. Sie schob gern von ihr gemachte Fehler anderen Arbeitskameraden zu, was des öfteren zu Auseinandersetzungen führte".[227] Zufriedenstellend waren die Leistungen auch später nicht. Im Leistungsbericht für 1937 hieß es erneut: „Schwacher Durchschnitt, neigt zu Gleichgültigkeit, langsam".[228] Charlotte Ge war im Jahr 1937 36 Jahre alt, hatte eine dreijährige kaufmännische Lehre in einer Buchdruckerei erfolgreich absolviert und vor der Einstellung bei der Dresdner Bank schon mehrere Stellen innegehabt. In Anbetracht der kümmerlichen Bezahlung, die sich von 105 RM brutto (Tarifgruppe 1, 1. Berufsjahr) im Jahr 1934 auf gerade einmal 122 RM im Jahr 1937 gesteigert hatte, und der monotonen Arbeit an der Lochkartenmaschine hätte mangelnde Motivation eigentlich nicht überraschen dürfen.

Trotzdem erhielt Charlotte Ge eine Verwarnung des Direktors der Personalabteilung. Darin heißt es: „Es wird Klage darüber geführt, dass ihre Leistungen nicht den an Sie gestellten Anforderungen genügen. Wir müssen Sie deshalb dringend bitten, hierin eine Änderung eintreten zu lassen, damit Weiterungen vermieden werden". Was diese „Weiterungen" bedeuteten, wird aus einer handschriftlichen Notiz des Personalchefs Gaebelein ersichtlich. Denn er vermerkte, dass er eine Kündigung „für richtig" hielt.[229] Eine Kündigung erfolgte allerdings nicht, was wahrscheinlich daran lag, dass 1938 Bürokräfte nur noch schwer zu finden waren. Aber die Warnung hatte ihre Wirkung nicht verfehlt. Der nächste Leistungsbericht vermerkt nämlich, dass sich die Leistungen „jetzt zu unserer Zufriedenheit entwickelt" hätten und dass Charlotte Ge eine „Durchschnittskraft" geworden sei.[230]

Als Angestellte erhielten die Hilfskräfte, Telefonistinnen und Kartenlocherinnen ein monatliches Gehalt und unterlagen seit den zwanziger Jahren dem Tarif-

227 Leistungsbericht v. 15.11.1934, in: HAC 500/E.2494.

228 Leistungsbericht v. 11.4,1938, in: ebd.

229 Schreiben an Charlotte Ge o. D. (Mai 1938), handschriftliche Anmerkungen v. 19.5.1938, in: ebd.

230 Leistungsbericht v. 20.2.1939, in: ebd.

vertrag für das deutsche Bankgewerbe; vor allem aber hatten sie die Aussicht auf eine Betriebsrente im Alter oder bei Berufsunfähigkeit. Deshalb war dieser Beruf für Mädchen aus der Arbeiterklasse bzw. für deren Eltern als Aufstiegskanal in eine kleinbürgerliche Existenz interessant. Von den zwanzig Frauen dieser Gruppe liegen leider nur in vierzehn Fällen Informationen über den Beruf des Vaters vor. Von diesen vierzehn jungen Frauen stammten vier aus einer Arbeiter- und weitere drei aus einer Handwerkerfamilie, ein Mädchen kam aus einem Waisenhaus. Alle acht Frauen hatten nur einen Volksschulabschluss erworben.

Von den restlichen sechs hatten drei einen Bankangestellten als Vater. Sie entstammten damit zwar einem kleinbürgerlichen Milieu, besaßen aber auch nur einen Volksschulabschluss. Möglicherweise glaubten die Väter, dass sie nicht in eine höhere Bildung ihrer Töchter investieren mussten, weil sie sich sicher waren, dass sie ihre Töchter mit 16 oder 17 Jahren bei ihrem Arbeitgeber würden unterbringen können. Sofern sie dieses Kalkül gehabt hatten, war es auch aufgegangen. Alle drei Töchter der Bankangestellten waren noch keine zwanzig Jahre alt, als sie eingestellt wurden.

Drei der zwanzig Frauen dieser Gruppe hatten zwar die Mittelschule besucht, aber in allen drei Fällen liegen keine Informationen über den Beruf des Vaters vor. Die zwei Absolventinnen des Lyzeums unter den Hilfskräften entstammten einem anderen Milieu als die Volksschülerinnen. Ihre Väter waren ein Kaufmann bzw. ein Rentier. Bei der Kaufmannstochter handelte es sich um Charlotte Hi, bei der die Tätigkeit als Telefonistin zum Zeitpunkt der Einstellung im Jahr 1911 keine im Vergleich zu den Stenotypistinnen schlecht bezahlte Hilfstätigkeit war. Wie bereits erwähnt, war sie als Telefonistin mit Berufserfahrung bei der Darmstädter Bank eingestellt worden und verdiente zunächst mehr als manche zeitgleich eingestellte Stenotypistin. Als ihre Tätigkeit als Telefonistin mit der Verbreitung der Technik entwertet wurde und sie nun weniger verdiente als eine Stenotypistin, bewarb sie sich aus der Telefonzentrale auf eine Stelle als Stenotypistin und arbeitete seit 1926 in verschiedenen Abteilungen mit Stenoblock und Schreibmaschine. Nach der Fusion wurde sie zwar wieder in die Telefonzentrale zurückversetzt. Wahrscheinlich war damit auch eine Verringerung des Gehalts verbunden. Denn im Jahr 1938 war sie in der zu dieser Zeit niedrigsten Tarifgruppe eingestuft, erhielt wegen ihrer langen Dienstzeit in der Bank allerdings den „männlichen“ Tarif (s. dazu Kap. 3.5.2.), womit sie 1938 immerhin auf ein Monatsgehalt von brutto 258 RM kam.[231] Sie blieb im Bankdienst bis zur Schließung der Berliner Zentrale im Jahr 1945.

231 Aufstellung v. 7.10.1938, in: ebd.

Die zweite Absolventin eines Lyzeums in dieser Gruppe war Gertrud Hi. Sie war zum 1. Februar 1930 als Bankgehilfin von der Danat Bank eingestellt worden. Obwohl die 28-jährige bereits als Stenotypistin bei einem Industriebetrieb gearbeitet hatte, wurde sie zunächst in der Maschinen-Abteilung der Bank als Kartenlocherin beschäftigt.[232] Denn sie hatte keine Handelsschule besucht. In der Maschinen-Abteilung musste sie sich nach vier Wochen einem Eignungstest unterziehen. Sie schaffte dabei durchschnittlich 207 Karten pro Stunde. Wie das bewertet wurde, ist leider nicht überliefert.[233] Es scheint aber eine gute Leistung gewesen zu sein, wie der Vergleich zu einer anderen Kartenlocherin nahelegt.[234]

Im Prinzip waren die Maschinen der Deutschen Hollerith-Maschinen GmbH der Danat-Bank mit den Maschinen der Powers Accounting Machine Co. in der sog. Powers-Abteilung der Dresdner Bank kompatibel. Aber das heißt natürlich nicht, dass der Umgang mit den Maschinen des jeweils anderen Herstellers sofort problemlos möglich war. Insofern ist es unklar, ob Gertrud Hi nach der Fusion eine Anlernzeit benötigt hätte und wie lang diese gewesen wäre, ob gerade kein Bedarf an Arbeitskräften in der Powers-Abteilung bestand oder ob ihre Leistung als Kartenlocherin vielleicht nicht ausreichte. Jedenfalls arbeitete sie seit der Fusion nicht mehr in der Maschinen- bzw. Powers-Abteilung, sondern als Stenotypistin im Juristischen Büro. Ihr Gehalt wurde aber zunächst nicht aufgebessert. Sie forderte von der Personalabteilung wiederholt vergeblich eine bessere Bezahlung, bis sie seit 1934 tatsächlich vergleichbar ihren neuen Kolleginnen mit einer ähnlichen Anzahl an Berufsjahren bezahlt wurde.[235]

Von allen Frauen dieser Gruppe hatten die Kartenlocherinnen noch die besten Aussichten einmal in eine andere Tätigkeit zu wechseln. Während die beiden in der Expedition arbeitenden Frauen des Samples während ihrer gesamten Dienstzeit nicht aufstiegen und von den vier Telefonistinnen nur Charlotte Hi eine Zeitlang als Stenotypistin in einer anderen Abteilung beschäftigt worden war, später aber wieder zurück in die Telefonzentrale wechselte, hatten von den vierzehn Kartenlocherinnen des Samples zwar zehn nur die Volksschule besucht, die meisten aber noch die Handelsschule, oft allerdings nur einen halbjährigen

232 Personalbogen (ausgefüllt o. D., Februar 1930), in: HAC 500/E.1444.

233 Aktennotiz v. 31.5.1930, in: ebd.

234 Die am 14.2.1927 bei der Danat Bank eingestellte Gertrud Pa hatte bei ihrem ersten Test nach drei Wochen Praxiserfahrung nur 126 Karten pro Stunde geschafft. Der Test wurde wegen des „schlechten Ausfalls der ersten Prüfung“ zwei Wochen später wiederholt. Das Ergebnis waren nun 173 Karten pro Stunde. Diese Leistung reichte wohl für die Weiterbeschäftigung aus. Allerdings hoffte der Prüfer, dass sich „die Leistung noch steigern wird“. Urteil Fräulein Gertrud Pa v. 18.5.1927, in: HAC 500/E.6465.

235 Schreiben von Gertrud Hi an die Personalabteilung v. 22.6.1932, o. D. (1933) und v. 28.2.1934 sowie Schreiben an Gertrud Hi v. 14.3.1934, in: HAC 500/E.1444.

Kursus angeschlossen. Insofern konnten sie zumindest die Hoffnung haben, sich bei guten Leistungen für eine besser bezahlte Tätigkeit zu qualifizieren und wie Gertrud Hi zur Stenotypistin aufzusteigen. Denn abgesehen von der Bezahlung wird die sehr monotone Tätigkeit an der Lochkartenmaschine der gesundheitlichen Verfassung der Frauen auf die Dauer nicht gerade zuträglich gewesen sein.

Zwei Angestellte der Powers-Abteilung der Dresdner Bank brachten bereits Berufserfahrung mit. Käte Al hatte zu Jahresbeginn 1934 einen zweiwöchigen Kursus bei der Deutschen Hollerith-Maschinen GmbH absolviert und war anschließend während der Auswertungsphase der Volkszählung vom Juni 1933 für einige Wochen dort nach eigenen Angaben als Locherin und Prüferin beschäftigt gewesen. Weshalb sie nach nur einem Vierteljahr wieder ausschied, ist nicht vermerkt.[236] Wahrscheinlich war ihre Tätigkeit von Anfang an befristet gewesen, weil ihr Arbeitgeber zwar kurzfristig einen starken, aber keinen dauerhaft starken Bedarf an Kartenlocherinnen hatte. Denn die Aufnahme der Fragebögen war irgendwann abgeschlossen und dann benötigte die Firma die vielen angelernten Locherinnen nicht mehr. Darauf wartete Käte Al aber nicht, sondern bewarb sich im Frühjahr 1934 als Kartenlocherin bei der Dresdner Bank und wurde auch eingestellt. Auch sie wurde in die Tarifgruppe 1 eingestuft. Obwohl sie seit 1928 in verschiedenen Unternehmen als Stenotypistin gearbeitet hatte, wurden ihr keine Berufsjahre anerkannt. Ihr Bruttogehalt betrug deshalb gerade einmal 105 RM.[237]

Im Frühjahr 1934, als die Dresdner Bank fast niemanden dauerhaft neu einstellte, scheint die Powers-Abteilung der Bank einen erhöhten Bedarf an Arbeitskräften gehabt zu haben. Denn auch die zweite Angestellte mit einschlägiger Berufserfahrung, die geschiedene Gertrud He1, war zu dieser Zeit, nur wenige Wochen nach Käte Al, eingestellt worden. Auch sie verfügte nur über Volksschulbildung, hatte aber bereits in mehreren Banken gearbeitet, darunter 1932 auch zwei Wochen als Aushilfe bei der Dresdner Bank. Zuletzt war sie zwei Jahre lang als Einlegerin in einer Druckerei beschäftigt gewesen. Auch sie wurde zwar in die Tarifgruppe 1 eingestuft. Aber immerhin wurden ihr die Jahre in einem Bankbetrieb als Berufsjahre anerkannt. Damit verdiente sie 175,50 RM brutto und damit deutlich mehr als die qualifiziertere Käte Al.[238] Gertrud He1 blieb in der Powers Abteilung bis Ende 1937 und wurde dann aus „organisatorischen Gründen" versetzt, was der Leiter der Powers Abteilung sehr bedauerte.[239] Möglicherweise war

236 Schreiben der Deutschen Hollerith Maschinen GmbH v. 15.3.1934 an die Dresdner Bank, in: HAC 500/E.1175.

237 Schreiben an Käte Al v. 13.3.1934, in: ebd.

238 Schreiben an Gertrud He1 v. 15.5.1934, in: HAC 500/E.1598.

239 Schreiben der Organisations-Abteilung der Dresdner Bank an die Personalabteilung v. 27.10.1937 und Leistungsbericht v. 4.11.1937, in: ebd.

auch Gertrud He1 nicht glücklich über die Versetzung. Denn vier Monate später kündigte sie, um sich erneut zu verheiraten.[240]

Nicht alle mit dieser Form der frühen Datenverarbeitung befassten Frauen arbeiteten jedoch als Kartenlocherinnen. Erna Hä wurde 1920 eingestellt. Da sie nur über Volksschulbildung verfügte, dürfte sie zunächst als eine der „Nullenschreiberinnen" eingesetzt worden sein. Zu dieser Zeit gab es noch keine Abteilungen für die Übertragung von Buchungsbelegen auf Lochkarten. Erna Hä wurde zunächst in der Expedition beschäftigt und später in die Primanota-Abteilung versetzt. Dort bereitete sie die Buchungsbelege vor, die anschließend auf Lochkarten übertragen wurden. Auch sie wurde in die Tarifgruppe 1 eingestuft, 1924 in die Tarifgruppe 2 versetzt, rutschte aber 1930 wieder in die Tarifgruppe 1.[241] Für eine qualifiziertere Arbeit fehlten ihr wahrscheinlich die Voraussetzungen und die Rückstufung in die Tarifgruppe 1 könnte mit ihrem mangelnden Arbeitseifer zusammenhängen. Denn der Vertrauensarzt charakterisierte sie, allerdings erst 1944, als „nicht sehr gutwillig".[242]

Ganz anders war die Situation bei Gertrud Kle. Sie war bereits während des Krieges seit September 1917 bei der Dresdner Bank angestellt gewesen, aber im Januar 1919 wieder entlassen worden, um für die demobilisierten männlichen Angestellten Platz zu machen.[243] 1920 bewarb sie sich erneut und wurde wieder eingestellt.[244] Da sie nur über Volksschulbildung verfügte und anschließend nur einen halbjährigen Handelsschulkurs besucht hatte, dürfte auch sie anfangs zu den „Nullenschreiberinnen" gehört haben. Nach der Inflation wurde sie an einer Buchungsmaschine eingesetzt.[245] Diese Tätigkeit übte sie etwa zehn Jahre lang aus und wurde danach in die Telefonzentrale versetzt. Dieser Wechsel war allerdings mit einer Gehaltsaufbesserung verbunden. Möglicherweise war die schwere Arbeit an den Buchungsmaschinen, die Frauen eigentlich gar nicht ausführen sollten, auf die Dauer nicht zumutbar gewesen,[246] aber als Stenotypistin kam Gertrud Kle aufgrund ihrer Vorbildung offenbar nicht in Betracht. Wahrscheinlich honorierte die Bank in diesem Fall den Arbeitswillen, so dass von einer Degradie-

240 Schreiben an Gertrud He1 v. 4.4.1938, in: ebd.
241 Schreiben von Erna Hä o. D. (März 1933), in: HAC 500/E.1899.
242 Ärztlicher Fragebogen v. 15.7.1944, in: ebd.
243 Abgangszeugnis v. 31.1.1919, in: HAC 500/E.472.
244 Schreiben an Gertrud Kle v. 21.2.1920, in: ebd.
245 Leistungsbericht v. 20.4.1931, in: ebd.
246 Zur physischen und psychischen Belastung der Arbeit an mechanischen Schreibmaschinen und Buchungsmaschinen vgl. ausführlich Christina Bargholz, „Tastschreiben" oder „Tippen"? Angestelltenarbeitsplätze unter Rationalisierungsdruck, in: Lauterbach, Burkhart (Hg.): Großstadtmenschen. Die Welt der Angestellten, Frankfurt am Main 1995, S. 194 ff.

rung durch die Versetzung in die Telefonzentrale hier nicht gesprochen werden kann. Ihre Vorgesetzten waren immer mit ihr zufrieden. Ihr Gehalt betrug während des Krieges (ohne Mehrarbeitspauschale) immerhin 258,55 RM brutto.[247]

3.3.3 Die Stenotypistinnen

Bei der mit Abstand größten Gruppe unter den Frauen des Samples handelte es sich um Stenotypistinnen, die auch von Anfang an als Schreibkraft in den Büros eingesetzt wurden. Die Frauen hatten in der Regel eine höhere als die elementare Schulbildung genossen und in den meisten Fällen auch noch ein Jahr Handelsschule an die Schulzeit angehängt. Die Ergänzung durch die Handelsschule war allerdings nicht zwingend. Von den 64 Absolventinnen des Lyzeums konnten 31 einen zusätzlichen Handelsschulabschluss vorweisen, während 33 von ihnen ohne Handelsschulabschluss eingestellt wurden. Die elf Mittelschulabsolventinnen ohne Handelsschulabschluss waren dagegen in der Regel nur eingestellt worden, wenn sie eine kaufmännische oder Banklehre absolviert hatten. In zwei Fällen waren sie mit der Übernahme einer anderen Bank in den Dienst bei der Dresdner Bank eingetreten. In diesen Fällen hatte der Schulabschluss keine Bedeutung, sondern die Frauen werden sich bei ihren vorherigen Arbeitgebern bewährt haben. Die zwölf Mittelschulabsolventinnen mit Handelsschulabschluss waren wie die Absolventinnen des Lyzeums mit Handelsschulabschluss meist direkt nach der Handelsschule eingestellt worden. Das erklärt, weshalb 61 der 141 weiblichen Tarifangestellten im Sample zum Zeitpunkt ihrer Einstellung jünger als 20 Jahre, aber auch älter als 16 Jahre waren. Dabei handelte es sich zum größten Teil um Handelsschulabsolventinnen mit mehr als den acht Pflichtschuljahren sowie um Mittelschulabsolventinnen mit anschließender kaufmännischer Lehre, die sich direkt oder kurz nach ihrer Lehrzeit wegen der besseren Verdienstmöglichkeiten bei einer Bank bewarben.

Die Frauen, die mit einer nur elementaren Schulbildung als Stenotypistinnen eingestellt wurden, waren älter und hatten schon Berufserfahrung, so dass sie nicht nur schneller und sicherer Stenogramme aufnehmen und auf der Maschine abschreiben konnten als nach der Schule, sondern auch mögliche Defizite in der Orthografie hatten beseitigen können. Die meisten dieser Frauen hatten außerdem einen Handelsschulkurs besucht, was aber möglicherweise schon bei den vorherigen Arbeitgebern eine Einstellungsvoraussetzung gewesen sein könnte. So hatten von den 25 Volksschulabsolventinnen, die als Stenotypistinnen eingestellt

247 Bescheinigung (o. D. 1943), in: HAC 500 E.472.

wurden, acht einen Handelsschulkurs und drei eine kaufmännische Lehre absolviert, während immerhin vierzehn Stenotypistinnen neben ihrem Volksschulabschluss keine weitere formale Qualifikation erworben hatten. Diese Frauen mit nur acht Pflichtschuljahren ohne Handelsschulkursus waren fast ausschließlich in Phasen engagiert worden, als entweder während des Krieges kurzfristig einberufene Männer ersetzt oder als vermehrt einfache Hilfsarbeiten durch billige Arbeitskräfte erledigt werden mussten.

Außerhalb dieser kurzen Zeitfenster, in denen die Bank dringend Arbeitskräfte benötigt hatte, wurden nur drei Frauen mit einer elementaren Schulbildung eingestellt. Dabei handelte es sich um Gertrud Eg, die seit 1919 als anfangs 17-jährige beim Brandenburgischen Bankverein arbeitete. Als diese Regionalbank 1930 von der Dresdner Bank übernommen wurde, wurde die inzwischen 28-jährige Gertrud Eg mit übernommen. Sie arbeitete zunächst weiterhin in der nun als Filiale weitergeführten Bank in Brandenburg und wechselte später nach Berlin.[248] Ihre Schulbildung dürfte zu diesem Zeitpunkt keine Rolle mehr gespielt haben. Denn die Bewertung durch ihren Vorgesetzten war ungewöhnlich, d. h. nicht ausschließlich mit den Standardsätzen, positiv. Darin heißt es, dass sie „Sekretariatsarbeiten ... mit einer gewissen Selbständigkeit erledigen“ konnte und sich „während ihrer Tätigkeit gute Kenntnisse im Kreditgeschäft angeeignet“ hatte.[249] Ähnlich war die Situation bei Gertrud Fi, die 1932 mit 29 Jahren von der Dresdner Bank eingestellt wurde. Sie hatte zuvor seit 1930 bei der von der Dresdner Bank übernommenen Spar- und Kreditanstalt für Deutsche Beamte und Angestellte als Stenotypistin gearbeitet. Außerdem konnte Gertrud Fi zwei Direktoren der Dresdner Bank sowie den ehemaligen, 1920 wegen seiner Beteiligung am Kapp-Putsch in den vorläufigen Ruhestand versetzten Regierungspräsidenten aus Schleswig-Holstein Heinrich Pauli als Referenzen angeben.[250] So hochkarätige Bürgen hatte kaum eine andere Stenotypistin vorzuweisen.

Bei dem dritten Fall handelt es sich um die 21-jährige Gertrud He3, die Anfang 1934 trotz fehlender höherer Schulbildung und fehlender Berufserfahrung eingestellt worden war. Obwohl sie nur einen befristeten Vertrag als Hilfskraft mit dem geringstmöglichen Gehalt erhielt, ist ihre Einstellung wohl auf ganz besondere Umstände zurückzuführen. Denn selbst höher qualifizierte Bewerbungen wurden zu dieser Zeit kaum berücksichtigt, ja die Bank war sogar durch die Arbeitsverwaltung aufgefordert, Angestellte dieses Alters zugunsten arbeitsuchender älterer Bankangestellter zu entlassen (s. Kap. 2.2.). Eine mögliche Erklärung

248 Abgangszeugnis v. 14.10. 1946, in: HAC 500/E.3140.

249 Personalbericht für das Jahr 1938, in: ebd.

250 Personalbogen (ausgefüllt o. D., April 1932), in: HAC 500/E.2199.

für die Einstellung von Gertrud He3 ist ihr ehrenamtliches politisches Engagement als rechte Hand des Gruppenleiters einer Deutsche Christen-Gemeinde in Berlin-Charlottenburg.[251] Es ist durchaus denkbar, dass die Deutsche Christen-Gemeinde über das Arbeitszeugnis hinaus, womöglich über die NSDAP, Einfluss auf die Einstellung bei der zu dieser Zeit noch reichseigenen Dresdner Bank genommen hat.[252]

Etwas anders lag der Fall bei denjenigen Stenotypistinnen, die zwar nur eine elementare Schulbildung besaßen, aber nach der Schule eine zweijährige kaufmännische Lehre absolviert hatten. Wenn sie nach ihrer Lehrzeit auch schon Berufserfahrungen hatten sammeln können, besaßen sie durchaus Chancen, auch in Jahren eingestellt zu werden, in denen kein unerwartet großer Bedarf an weiblichen Arbeitskräften bestand. So war Gertrud Fer zwar während des Inflationsjahres 1922 von der Danat Bank eingestellt worden. Aber trotz ihrer Elementarschulbildung wurde sie von Anfang an als Stenotypistin und nicht als „Nullenschreiberin" beschäftigt. Denn sie hatte nach der Schule eine Lehre bei einer kleinen pharmazeutischen Fabrik absolviert. Nach ihrer Lehrzeit wurde sie von ihrem Ausbildungsbetrieb übernommen und hatte dort nach eigenen Angaben die Korrespondenz erledigt und die Kasse geführt. Nach einiger Zeit war ihr auch die Bank- und Postvollmacht übertragen worden. Die Bewerbung bei der Danat Bank begründete sie mit dem Wunsch nach einer Aufbesserung ihres Gehalts.[253]

Ähnlich vorteilhaft wirkte sich die kaufmännische Lehre auch bei Gertrud Pu aus. Sie war nach dem Abschluss der achten Klasse für sieben Jahre im Haushalt ihrer Eltern im Bromberg ohne Beruf. Im Jahr 1910 entschloss sie sich mit 21 Jahren, eine Lehre als Buchhalterin bei einem Bücherrevisor in ihrer Heimatstadt zu beginnen. Dort wurde sie nach der Lehrzeit auch übernommen. Sie blieb 15 Monate und wechselte, um sich zu „verbessern", als „erste Buchhalterin" in eine Schirmfabrik. Nachdem Bromberg in den neu geschaffenen polnischen Staat eingegliedert worden war, übersiedelte die Familie 1920 nach Berlin, wo sich Gertrud Pu auf eine Anzeige der Darmstädter Bank bewarb.[254] Ähnlich wie Gertrud Fer wurde Gertrud Pu damit zwar zusammen mit vielen „Nullenschreiberinnen" während der Inflationsjahre eingestellt, aber wegen ihrer Berufsausbildung und

251 Schreiben der Glaubensbewegung „Deutsche Christen", Gau Groß Berlin, Gemeindegruppe „Luisen" Charlottenburg v. 31.5.1934, in: HAC 500/E.1618.

252 Ihre nationalsozialistische Gesinnung stellte Gertrud He auch dadurch unter Beweis, dass sie in dem obligatorischen Fragebogen nicht nur erklärte, dass sie „arischer Abstammung" sei, sondern sie fügte noch hinzu, dass sie ihre „arische Abstammung" sogar „nachweisen" könne. Personalbogen (ausgefüllt am 26.5.1934), in: ebd.

253 Handschriftlicher Lebenslauf o. D. (Januar 1922), in: HAC 500/E.2879

254 Personalbogen (ausgefüllt o. D., Juni 1920), in: HAC 500/E.4125.

Berufserfahrung direkt als Buchhalterin eingesetzt und entsprechend bezahlt, indem sie in die Tarifgruppe 2 eingestuft wurde. Lediglich die Berufsjahre in Bromberg wurden ihr nicht angerechnet, weil es sich nicht um eine Tätigkeit als Bankangestellte gehandelt hatte.

So erfolgreich waren jedoch nicht alle Frauen mit Volksschulabschluss und einer kaufmännischen Lehre, wie der Fall von Gertrud Ha2 zeigt. Sie hatte zwar das Lyzeum besucht, die Schule aber nach Beendigung der Schulpflicht aus vermutlich finanziellen Gründen abbrechen müssen. 15-jährig trat sie 1925 eine Lehre in der Rechenstube des Kaufhauskonzerns Hermann Tietz an und wurde anschließend als Kontoristin übernommen.[255] Das Gehalt war aber offenbar so niedrig, dass sie sich bei der Dresdner Bank bewarb und dort in der Primanota-Abteilung eingesetzt wurde. Dort hatte sie vermutlich die Buchungsbelege vorzubereiten, die in der Powers-Abteilung weiterverarbeitet wurden. Für diese wenig qualifizierte Arbeit wurde sie trotzdem in die Tarifgruppe 2 eingestuft und war damit etwas bessergestellt als die „Nullenschreiberinnen", die nur über einen Volksschulabschluss verfügten, aber 1924/25 nicht entlassen worden waren. Während der Bankenkrise wurde sie aber in die Tarifgruppe 1 zurückversetzt. Die Bitte, es doch bei der Einstufung in Tarifgruppe 2 zu belassen, wurde zwar zunächst abgelehnt, später aber dann doch bewilligt.[256]

Die meisten als Stenotypistinnen eingestellten Frauen verfügten über eine Lyzealbildung, wobei etwa die Hälfte von ihnen meist direkt nach der Schule mit 16 Jahren noch auf eine Handelsschule wechselten. Dabei wählten die Eltern fast ausschließlich eine renommierte Schule und keine „Presse" aus. Von den 121 als Stenotypistinnen oder Buchhalterinnen eingestellten Frauen hatten 64 Frauen das Lyzeum besucht, wobei 31 nach der Schule noch für meist ein Jahr die Handelsschule angehängt hatten. 20 Frauen hatten die Mittelschule (Realschule) besucht, wobei in diesem Fall ein zusätzlicher Handelsschulabschluss häufig zur Voraussetzung gemacht worden war. Mittelschulabsolventinnen ohne Handelsschulabschluss wurde nur selten als Stenotypistinnen eingestellt. Sie wurden für geringer qualifizierte Arbeiten, etwa an der Lochkartenmaschine eingesetzt.

Von den 64 Stenotypistinnen des Samples, die das Lyzeum mit 16 Jahren abgeschlossen hatten, hatte ein Mädchen nach dem Abschluss des Lyzeums Mitte der 1890er Jahre, als Frauen zum Hochschulstudium nicht zugelassen waren, zunächst das Lehrerinnenseminar besucht, die Ausbildung aber aus unbekannten Gründen nach einem Jahr abgebrochen und war dann auf eine Handelsschule ge-

255 Handschriftlicher Lebenslauf o. D. (Mai 1928), in: HAC 500/E.1751.

256 Schreiben von Gertrud Ha 2 v. 24.3.1932; Schreiben an Gertrud Ha2 v. 26.6.1933, Aktennotiz v. 8.10.1935, in: ebd.

wechselt.[257] Eine zweite Stenotypistin, die sich wegen des Kriegstodes ihres Vaters zunächst gezwungen sah die Handelsschule zu besuchen, um anschließend ihre Mutter und ihre Schwester finanziell zu unterstützen, war zunächst von 1921 bis 1927 als Stenotypistin bei der Deutsch-Südamerikanischen Bank beschäftigt gewesen. Dort kündigte die evangelische Christin, um in Stuttgart das Priesterseminar zu besuchen. Parallel arbeitete sie (vermutlich ehrenamtlich) als Vikarin. Nach zwei Jahren musste sie das Studium aber wieder aufgeben, da die Mutter schwer erkrankte. Sie kehrte nach Berlin zurück, bewarb sich erneut bei der Deutsch-Südamerikanischen Bank als Stenotypistin und wurde wieder eingestellt.[258] Zur Dresdner Bank wechselte sie erst später.

Weitere Stenotypistinnen in Sample 1 hatten die Hochschulreife auf einem Oberlyzeum erlangt. Fünf von ihnen hatten anschließend kein Studium aufgenommen, sondern entweder noch ein Jahr die Handelsschule besucht (drei Fälle) oder sich direkt nach dem Abitur bei der Dresdner Bank beworben (zwei Fälle). Drei junge Frauen hatten tatsächlich zunächst ein Studium aufgenommen, dieses aber wenig später abbrechen müssen. Auffällig ist, dass sieben der acht Frauen mit Abitur derselben Alterskohorte angehörten. Sie waren alle zwischen 1909 und 1914 geboren worden. Die Schule hatten sie demzufolge Ende der zwanziger Jahre und Anfang der dreißiger Jahre abgeschlossen. Noch auffälliger ist jedoch, dass alle sieben Frauen in den Jahren 1933 und 1934 bei der Dresdner Bank eingestellt worden waren, als die Bank eigentlich niemanden einstellte.

Hier müssen Sonderbedingungen vorgelegen haben, und zwar sowohl bei den Abiturientinnen, die ihren Traum von einer akademischen Laufbahn zugunsten einer Existenz als Stenotypistin aufgeben mussten, als auch auf Seiten der Bank, die für diese Frauen den Einstellungsstopp außer Kraft setzte, was von der Belegschaft sicherlich nicht begrüßt wurde. Denn gerade waren Hunderte von Kolleginnen und Kollegen „abgebaut“ worden, die 1933 und 1934 wahrscheinlich in den meisten Fällen noch keine neue Arbeitsstelle gefunden hatten.

Betrachten wir zunächst diejenigen Abiturientinnen, die ein Studium aufgenommen hatten. Im Falle von Gertrud Me1 ist sicher davon auszugehen, dass sie keine Unterstützung der Eltern erhielt, wie ihrem ungewöhnlich persönlich gehaltenen Lebenslauf zu entnehmen ist. Danach hatte sie zunächst ein Lyzeum in Berlin besucht. Trotz ihres Wunsches, „das Abiturium zu machen“, ermöglichten es ihr ihre Eltern nach Abschluss des Lyzeums nicht, weiter zur Schule zu gehen, sondern sie „veranlassten“ sie, wie Gertrud Me1 erstaunlich offen formulierte, „die Schule zu verlassen und in den Dienst der Oberpostdirektion in Berlin zu tre-

257 Handschriftlicher Lebenslauf v.9.4.1905, in: HAC 500/E.3541.

258 Handschriftlicher Lebenslauf o. D. (Dezember 1931), in: HAC 500/E.815.

ten". Die Arbeit dort gefiel Gertrud Me1 aber nicht, so dass ihr ihre Eltern nach vier Monaten doch erlaubten, wieder zur Schule zu gehen. Tatsächlich schaffte sie 1931 das Abitur und begann anschließend ein Mathematikstudium an der Friedrich-Wilhelms-Universität zu Berlin. Es war aber nicht die Zeit, um der Tochter ein, vermutlich aus der Sicht der Eltern, kostspieliges und unnützes Studium zu finanzieren und so musste sie schon nach einem Semester ihr Studium „aus wirtschaftlichen Gründen" wieder aufgeben. Stattdessen finanzierte ihr der Vater Privatunterricht im Maschineschreiben und in Stenografie, vermutlich um damit die Voraussetzungen für einen „Brotberuf" zu schaffen. Gertrud Me1 hatte sich im Krisenjahr 1932 offenbar damit abgefunden, dass ein Studium für sie ein unerreichbarer Traum gewesen war und lenkte ihren Ehrgeiz nun auf ihre Fähigkeiten als Stenotypistin. Sie legte im Februar 1933 die Kurzschriftprüfung mit einem erstklassigen Ergebnis ab, war damit aber noch nicht zufrieden und trat noch im gleichen Monat beim Gauwettschreiben der Deutschen Stenographenschaft an.[259] Obwohl die Dresdner Bank im Jahr 1933 niemanden einstellte, sah sie aber wohl bei ihr die Chance, eine exzellente Kraft für ein sehr niedriges Gehalt einstellen zu können. Denn sie wurde in die Tarifgruppe 1, 1. Berufsjahr eingestuft und bekam ein Bruttogehalt von 105 RM.[260]

Nicht besser erging es Gertrudis Ti. Auch sie hatte nach dem Abitur ein Studium begonnen, zuvor aber zur Überbrückung zwischen Abitur (März 1930) und Beginn des Wintersemesters (Oktober 1930) als „Handelspraktikantin" in einem Reisebüro gearbeitet. Der Vater, ein selbständiger Kaufmann, scheint den Studienwunsch seiner Tochter unterstützt zu haben. Denn die Kosten müssen erheblich gewesen sein, weil die Familie in Oppeln lebte. Dort gab es keine Hochschule, so dass die Tochter während ihres Studiums nicht zu Hause wohnen konnte. Anfangs scheint der Vater das Studium der Volkswirtschaft und Betriebswirtschaft von Gertrudis Ti an der Handelshochschule in Königsberg auch finanziert zu haben. Aber wenig später ging sein Geschäft bankrott. Gertrudis Ti musste ihr Studium nun selbst finanzieren und ging nach Köln, wo sie eine Stelle als Stenotypistin bei einer Versicherungsgesellschaft fand, die es ihr ermöglichte, ihr Studium an der Universität neben der Arbeit fortzusetzen. Auch dort bleib sie nicht lange, weil ihr Arbeitgeber seinen Sitz nach Berlin verlegte. In Berlin setzte sie ihr Studium zunächst noch fort. Auf die Dauer war die Doppelbelastung aber wahrscheinlich zu hoch und Gertrudis Ti brach ihr Studium nach dem Sommersemester 1932 ab. Ende des Jahres 1933 wurde die Versicherungsgesellschaft jedoch von der Münchner Lebensversicherungs-AG übernommen. Die neue Gesell-

259 Handschriftlicher Lebenslauf o. D. (März 1934), in: HAC 500/ E.6143.
260 Schreiben an Gertrud Mei v. 7.3.1934, in: ebd.

schaft bot ihr zwar die Übernahme an. Aber dann hätte Gertrudis Ti nach München ziehen müssen, was sie ablehnte. So war sie seit Oktober 1933 arbeitslos.[261] Auch in ihrem Fall erkannte die Dresdner Bank wohl die Chance, eine hoch qualifizierte Kraft zu einem winzigen Gehalt einstellen zu können. Auch sie stufte die Bank 1934 in die Tarifgruppe 1 ein und erkannte nur die zwei Jahre bei der Versicherungsgesellschaft als Berufsjahre an. Ihr Bruttogehalt betrug deshalb gerade einmal 115 RM im Monat.[262]

Käthe Ra hatte nach dem Abitur zunächst ebenfalls ein Studium aufgenommen und in Innsbruck und Berlin acht Semester lang, von 1929 bis 1933, Englisch, Französisch und Geschichte studiert. Parallel hatte sie Unterricht in Stenografie und Maschineschreiben genommen und gehörte der Deutschen Stenographenschaft, Ortsgruppe Universität Berlin, an. Nach eigenen Angaben stenografierte sie 200 Silben in der Minute. Nachdem sie im Sommersemester 1933 beurlaubt gewesen war, um in London ihre Englischkenntnisse zu „vervollkommnen", musste sie wegen „unglücklicher Familienumstände" im Winter 1933/34 ihr Studium aufgeben, um sich „einem Beruf zuzuwenden".[263]

Die Dresdner Bank stellte die hoch qualifizierte Kraft auch ein, gestand ihr aber nicht mehr als die Tarifgruppe 1, 1. Berufsjahr, und damit ein Bruttogehalt von 105 RM zu.[264] Wie qualifiziert Käthe Ra war, sollte sich schon wenige Wochen später zeigen. Denn die Personalabteilung benötigte dringend eine Angestellte mit sehr guten Englischkenntnissen und bat deshalb den Vorsteher der Depositenkasse, in der Käthe Ra eingesetzt war, darum, sie an die Zentrale abzutreten. Der Vorsteher lehnte das Ansinnen jedoch ab, weil er nach nur vier Monaten, die Käthe Ra in seiner Kasse arbeitete, auf sie nicht verzichten könne und auch mit einem Tausch gegen eine andere Stenotypistin nicht einverstanden war.[265] Auf ihr Gehalt hatte die Einschätzung ihres Vorgesetzten, wonach ihre Leistungen „außerordentlich günstig" seien, zunächst keinen Einfluss. Erst nach mehr als einem Jahr wurde Käthe Ra in die Tarifgruppe 2 versetzt.[266]

Es ist wohl davon auszugehen, dass sich die sieben Abiturientinnen der Geburtsjahrgänge 1909 bis 1914 nur deswegen in den Jahren 1933 und 1934 überhaupt als Stenotypistinnen bei der Dresdner Bank beworben hatten, weil ein Studium nicht finanzierbar war, sie arbeitslos waren und froh sein konnten, wenn sie überhaupt eine Anstellung fanden, egal wie unangemessen das Gehalt aus

261 Lebenslauf o. D. (August 1933), in: HAC 500/E.8651.
262 Schreiben an Gertrudis Ti v. 3.12.1933, in: ebd.
263 Handschriftlicher Lebenslauf o. D. (April 1934), in: HAC 500/E.7145.
264 Schreiben an Käthe Ra v. 21.4.1934, in: ebd.
265 Aktennotiz v. 22.8.1934, in ebd.
266 Schreiben an Käthe Ra v. 6.6.1935, in: ebd.

ihrer Sicht auch war. Genau dieses, gemessen an der Qualifikation der Frauen unangemessen niedrige Gehalt, das alle Studienabbrecherinnen bereit waren zu akzeptieren, war aber offenbar für die Bank der Grund, für sie eine Ausnahme von der *de facto* Einstellungssperre zu machen.

Besonders deutlich wird das Ausnutzen der Notlage qualifizierter Frauen bei Charlotte Ti. Sie hatte nach ihrem Abitur kein Studium begonnen, sondern noch die Handelsschule an das Oberlyzeum angeschlossen. Kurz vor der Bankenkrise war sie mit 19 Jahren beim Berliner Privatbankhaus Hagen & Co., das von dem „Judenchristen" Carl Hagen geführt wurde, eingestellt worden und dort für die englischsprachige Korrespondenz zuständig. Sie erhielt demnach eine ihrer Qualifikation einigermaßen angemessene Beschäftigung und wurde vermutlich auch entsprechend bezahlt. Darauf deutet jedenfalls die Tatsache hin, dass Charlotte Ti zu dieser Zeit außerdem damit begann, ihre Französisch- und Englisch-Sprachkenntnisse durch Spanisch-Kurse zu ergänzen. Aber nur kurze Zeit nach ihrer Einstellung bei Hagen & Co. wurde das Bankhaus in die Turbulenzen um das Kölner Bankhaus A. Levy hineingezogen, das von Carl Hagens Bruder Louis Hagen, einem der führenden Bankiers der Weimarer Republik, geführt wurde. Nach der Machtübernahme der Nationalsozialisten hatte Hagen & Co. endgültig keine Zukunft mehr und trat in Liquidation. Die Dresdner Bank erklärte sich wohl bereit, einige der „arischen" Beschäftigten zu übernehmen und so kam Charlotte Ti dort unter. Allerdings wurde sie weder entsprechend ihrer Qualifikation eingesetzt, noch erhielt sie ein Gehalt, das auch nur annähernd dem entsprochen haben dürfte, was sie bei Hagen & Co. bezogen hatte. Auch sie wurde trotz ihrer Qualifikation und Berufserfahrung in die Tarifgruppe 1, 2. Berufsjahr eingestuft. Ihr Bruttogehalt betrug somit gerade einmal 108,50 RM.[267]

Die Gründe, weshalb Abiturientinnen kein Studium aufgenommen hatten, werden in den Personalakten nicht erwähnt. In Falle von Charlotte Kle lässt sich allerdings vermuten, dass der Vater ohnehin nie geplant hatte, seine Tochter zum Studium zu schicken. Denn er war Angestellter der Dresdner Bank in Königsberg und dürfte gewusst haben, dass die Großbanken bei der Einstellung von jungen Frauen als Banklehrling sehr zurückhaltend waren und sich anfangs nur bereiterklärt hatten, Absolventinnen der Oberlyzeen bei Bewerbungen zu berücksichtigen. Er finanzierte seiner Tochter Ende der zwanziger Jahre womöglich noch den Besuch des Oberlyzeums, damit sie sich anschließend mit Aussicht auf Erfolg um eine Lehrstelle bei seinem Arbeitgeber bewerben konnte. Die Tatsache, dass der Vater von Charlotte Kle tatsächlich kurz vor der Fusion den Lehrvertrag für seine Tochter unterschreiben konnte, als sicherlich auch in Königsberg absehbar

---

267 Schreiben an Charlotte Ti v. 1.7.1933, in: HAC 500/E.8702.

war, dass mehrere Angestellte in naher Zukunft entlassen werden würden, deutet auf ein frühzeitiges, also vor der Bankenkrise abgeschlossenes Arrangement des Vaters mit dem Königsberger Filialdirektor hin. Denn dieser würde es andernfalls kaum gewagt haben, die 19-jährige Tochter eines Kollegen als Lehrling einzustellen, wenn er wenig später mehrere Kündigungen länger gedienter Beschäftigter, darunter sicherlich auch Frauen, aussprechen musste. Nach Beendigung der Lehrzeit wurde der Vater von Charlotte Kle nach Berlin versetzt, wohin ihm seine Tochter folgte, nachdem sie zuvor ein halbes Jahr als Bankangestellte in Königsberg erste Berufserfahrungen gesammelt hatte.[268]

Früher als die Frauen der Kohorte der zwischen 1909 und 1914 geborenen war nur eine Frau des Samples mit Abitur eingestellt worden. Dabei handelte es sich um die etwa zehn Jahre ältere Alice Le, die 1920 mit 20 Jahren bei der Dresdner Bank eingetreten war. Sie gehörte damit zu den wenigen Mädchen, die schon vor dem Ende des Ersten Weltkriegs das Abitur angestrebt hatten. Denn ein Studium an einer Universität aufzunehmen, war Frauen in Preußen erst seit 1908 möglich. Ohne diese Perspektive machte es selbst für liberale Väter wenig Sinn, die Tochter bis zum Abitur zur Schule zu schicken. Ein gut bezahlter Beruf, der ihnen ein standesgemäßes Leben garantierte, ohne auf Dauer vom Vater oder von einem gutverdienenden Ehemann abhängig zu sein, war für ein Mädchen auch aus großbürgerlicher Familie praktisch unerreichbar und inwieweit das Abitur ihren Wert auf dem Heiratsmarkt erhöhte, war zumindest zweifelhaft.

Alice Le kam aus einer bürgerlichen Familie. Als Beruf des Vaters hatte sie „Kaufmann“ angegeben, was natürlich nicht viel über Einkommen und Vermögen der Familie aussagt. Ob der Vater für seine Tochter jemals ein Studium vorgesehen hatte, ist unklar. Aber als Alice Le zu Jahresbeginn 1919 ihr Abitur bestanden hatte, war die Zukunft der Familie und möglicherweise auch des väterlichen Geschäfts im hohen Maße ungewiss. Insofern war es nicht die Zeit, ein Mädchen auf die Universität zu schicken, selbst wenn der Familie das finanziell noch möglich gewesen sein sollte. Denkbar ist aber auch, dass es Einkommen und Vermögen der Familie erforderlich machten, dass Alice Le ihr eigenes Geld verdiente und womöglich gar ihren Beitrag zum Familieneinkommen leisten musste. So bewarb sie sich im März 1920 bei der Dresdner Bank und wurde wenig später als Stenotypistin für die Devisen-Korrespondenz eingestellt.[269]

---

268 Schreiben der Direktion der Filiale Königsberg an die Personalabteilung in Berlin v. 12.9.1935 und Schreiben der Personalabteilung an die Direktion der Filiale Königsberg v. 31.10.1935, in: HAC 500/E.10018.

269 Bewerbungsschreiben v. 24.3.1920 und Personalbogen (ausgefüllt 29.4.1920), in: HAC 500/E.4153.

Alice Le dürfte zu diesem Zeitpunkt aber nicht nur im Sample, sondern auch in der Grundgesamtheit aller 1920 in der Dresdner Bank beschäftigten Frauen als weiblichen Angestellte mit Abitur eine Ausnahmeerscheinung gewesen sein. Für die Bank war ihre schulische Qualifikation allerdings unerheblich. Wichtiger waren vermutlich die englischen und französischen Sprachkenntnisse, wegen der sie wohl ausgerechnet in der Devisen-Abteilung eingesetzt wurde. Ihr Gehalt zum Zeitpunkt der Einstellung ist nicht überliefert. Nach Einführung des ersten Tarifvertrages betrug es 8.231 Mark p. a. (einschließlich der Teuerungszulage von 3.900 Mark), was auf eine Einstufung in die Tarifgruppe 2 hindeutet. In den Folgejahren stieg das Gehalt in einem für die Dresdner Bank ungewöhnlich schnellen Tempo. Im Jahr 1924 war Alice Le nicht nur bereits in die Tarifgruppe 3 eingestuft, sondern ihr wurden auch mehr Berufsjahre angerechnet, als sie tatsächlich im Bankgewerbe beschäftigt war. Im Jahr 1929 erhielt sie außerdem eine Leistungszulage von 25 RM. Mit einem Gehalt von 365 RM war sie mit 29 Jahren die am Ende der zwanziger Jahre bei der Dresdner Bank bestbezahlte Angestellte des Samples.[270]

Es ist kaum überraschend, dass sich die soziale Herkunft der Abiturientinnen fundamental von derjenigen der Volksschülerinnen unterschieden hat, die als Hilfskräfte eingestellt worden waren. Während die Väter der Hilfskräfte mit nur acht Pflichtschuljahren überwiegend Handwerker und Arbeiter waren, waren die Väter der Abiturientinnen in vier Fällen Kaufleute, in zwei Fällen Bankangestellte und in einem Fall Finanzbeamter. Bei einer Angestellten war der Beruf des Vaters nicht zu ermitteln. Überraschend ist allerdings die nivellierende Wirkung der Einstellung bei den beiden Großbanken. Die Gehaltsunterschiede waren zumindest zum Zeitpunkt der Einstellung sehr gering. Inwieweit sich die Gehälter später auseinanderentwickelten, wird noch zu beleuchten sein. Die Erklärung für die geringen Unterschiede zum Zeitpunkt der Einstellung dürfte vor allem bei den unterschiedlichen Zeitpunkten zu finden sein, in denen die jeweiligen Einstellungen erfolgten. Denn in beiden Fällen lagen Bedingungen vor, die zu anderen Zeiten nicht existierten. Die Frauen mit Abitur waren in sieben der acht Fälle eingestellt worden, als die Arbeitslosigkeit hoch war und die Frauen froh sein konnten, überhaupt eine Stelle gefunden zu haben. Drei der Frauen hatten, vermutlich aus wirtschaftlichen Gründen, sogar ein Studium abbrechen müssen. Eine so dramatische Situation gab es ansonsten, abgesehen von der unmittelbaren Nachkriegszeit, während des Untersuchungszeitraums nicht. Die Hilfskräfte waren dagegen eingestellt worden, als die Bank während der Inflationsjahre unqualifizierte und damit billige Arbeitskräfte suchte und in großer Zahl als Bürohilfskräfte ein-

270 Aufstellung v. 15.11.1920, Schreiben an Alice Le v. 22.2.1924 und Aufstellung o. D. (1929), in: ebd.

stellte. Auch eine solche Situation war während des Untersuchungszeitraums einmalig.

3.3.4 Die Direktionssekretärinnen

Sieben Frauen des Samples besaßen das Privileg, als Vorzimmersekretärin eines leitenden Angestellten zu arbeiten und deswegen im Grundsatz nicht nur in der höchsten Tarifgruppe eingestuft zu sein, sondern wegen der in der Regel mehr als 15 Dienstjahre in der Tarifgruppe 3 (später Tarifgruppe 4, s. Kap. 3.5.2.) auch nach dem Männertarif bezahlt zu werden. Bei den leitenden Angestellten handelte es sich um den Direktor im Industriebüro Bedo Panner, den Syndikus Joachim Entzian (Juristisches Büro), den Direktor der Hauptbank Erich Niemann, das stellvertretende Vorstandsmitglied Ernst Sander sowie die Vorstandsmitglieder Emil Meyer, Hugo Zinsser und Carl Lüer.

Manche der Sekretärinnen hatten in einer der Banken als Stenotypistinnen angefangen und hatten nach und nach anspruchsvollere Tätigkeiten zugewiesen bekommen. Der erste Aufstieg dieser Art gelang Erna Ro. Sie war 21-jährig 1908 bei der Darmstädter Bank als Stenotypistin eingestellt worden und erhielt in den Folgejahren sehr gute Bewertungen durch die Sachbearbeiterin für die Angelegenheiten der weiblichen Angestellten in der Personalabteilung, Fräulein vK. Während der Inflationsjahre stieg sie zur Sekretärin des Vorstandsmitglieds der Darmstädter Bank und späteren Geschäftsinhabers der Danat Bank, Paul Bernhard, auf. Nach dessen Ausscheiden im Jahr 1924 wurde sie von dem stellvertretenden Vorstandsmitglied („A-Direktor") Ernst Sander übernommen.[271] Im Jahr 1925 hatte sie als Tarifgehalt plus Zulage und Gratifikation 4.426 RM und 1927 sogar 5.367 RM verdient.[272] Auch wenn sie während und nach der Bankenkrise deutliche Einkommensverluste hatte hinnehmen müssen,[273] dürfte sie bis zu ihrer Frühpensionierung im Jahr 1935 zu den Spitzenverdienerinnen unter den weiblichen Angestellten gehört haben.

Die zweite erfolgreich zur Sekretärin im Vorzimmer aufgestiegene Stenotypistin war Gertrud Ei. Sie war direkt nach Lyzeum und Handelsschule mit 17 Jahren von der Dresdner Bank angestellt worden. Zunächst war sie in einer Berliner

---

271 Aktennotiz (Ernst Sander) v. 4.7.1933, in: HAC 500/E.6844.

272 Schreiben an Erna Ro v. 21.7.1926 und 3.10.1928, in: ebd.

273 Im Jahr 1934 hatte ihr Monatsgehalt in der Tarifgruppe 3, 15. Berufsjahr, also „männlicher" Tarif, mit einer Leistungszulage von 25 RM insgesamt 342 RM betragen (Schreiben an Erna Ro v. 22.8.1934, in: ebd.). Mit dem 13. Monatsgehalt entsprach das einem Jahreseinkommen von knapp 4.450 RM.

Depositenkasse tätig, wurde 1922 in die Zentrale versetzt und durchlief dort mehrere Abteilungen, bevor sie 1925 als Sekretärin dem Sanierungsfachmann und späteren Leiter der Sanierungsabteilung im Industriebüro der Bank, Hugo Ratzmann, für die Sanierungsmaßnahmen des Stumm-Konzerns zugeordnet wurde. Auch nachdem Ratzmann die Bank 1931 vorübergehend verlassen hatte, um in den Vorstand der Tilgungskasse für gewerbliche Kredite, eine im Zuge der Bankenkrise gegründete „Bad Bank", einzutreten, blieb Gertrud Ei zunächst noch im Industriebüro.

Weshalb Gertrud Ei ihre vermutlich vergleichsweise anspruchsvolle Tätigkeit im Industriebüro aufgeben musste, und in das Filialbüro versetzt wurde, ist unklar. Jedenfalls war sie dort offenbar unterfordert. Im durch den Abteilungsdirektor erstellten Personalbericht für das Jahr 1936 hieß es über Gertrud Ei, dass sie „sehr gut" in Kurzschrift und beim Maschineschreiben und dass ihre Auffassungsgabe „sehr gut" sei. Außerdem bringe sie der Arbeit ein „reges Interesse" entgegen. Auf die Frage, ob „Kenntnisse und Fähigkeiten auf dem jetzigen Posten nicht voll ausgenützt" würden, antwortete der Direktor, dass sie „geeignet" sei, „auch den Posten einer Direktionssekretärin auszufüllen".[274] Es dauerte dann auch nicht lange und Gertrud Ei wurde dem (damals noch stellvertretenden) Vorstandsmitglied Hugo Zinsser zugeteilt. In dieser Zeit verdiente sie für eine weibliche Angestellte ausgesprochen gut. In den Jahren 1937 und 1938 lag ihr Bruttogehalt bei gut 4.200 RM p. a. und im Jahr 1939 sogar bei knapp 4.500 RM.[275] Damit war sie nicht mehr allzu weit vom Anfangsgehalt eines Prokuristen entfernt. Als Zinsser 1939 zur Wehrmacht einberufen wurde, wurde sie wieder in das Filialbüro zurückversetzt, aber als Zinsser 1944 von der Wehrmacht ausgemustert worden war, übernahm sie wieder dessen Sekretariat.

Ganz ähnlich war der Weg von Erna Fe. Ihr Vater war Kaufmann und besaß eine Papiergroßhandlung. Sie besuchte das Lyzeum und anschließend die Handelsschule. Von 1911 bis 1914 arbeitete sie zunächst in der Papiergroßhandlung ihres Vaters und danach in verschiedenen Behörden der Kriegswirtschaft als Stenotypistin. Nach dem Krieg wechselte sie übergangslos in verschiedene Unternehmen der Privatwirtschaft, bevor sie sich im Oktober 1922 mit 27 Jahren bei der Dresdner Bank bewarb.[276] Sie wurde eingestellt und arbeitete zunächst als Stenotypistin in verschiedenen Abteilungen und Büros der Bank. Mitte der dreißiger Jahre wurde sie als Sekretärin dem „industriellen Berater" der Dresdner Bank Hilarius Giebel zugeteilt. Giebel war nicht bei der Bank angestellt, sondern formal

274 Personalbericht für 1936, in: HAC 500/E.3087.

275 Aufstellung v. 4.4.1945, in: ebd.

276 Personalbogen (ausgefüllt am 20.10.1922), in: HAC 500/E.2989.

freiberuflich tätig. Im Zuge von Unternehmenssanierungen und „Arisierungen" war er als „Mann fürs Grobe" für Maßnahmen zuständig, mit denen Vorstandsmitglieder besser nicht in Verbindung gebracht werden sollten. Er beschrieb seine Vorgehensweise selbst als „energisch und rücksichtslos".[277] Giebel verfügte aber über ein Büro in der Zentrale und zwei eigene Sekretärinnen; und eine davon war Erna Fe. Als Giebels Tätigkeit bei der Dresdner Bank endete, wahrscheinlich 1936, arbeitete Erna Fe wieder als Stenotypistin. Sie war allerdings wegen ihrer hervorragenden Französischkenntnis für eine Abordnung an die Deutsche Orientbank nach Istanbul vorgesehen.[278] Dazu kam es aber aus unbekannten Gründen nicht. Stattdessen wurde sie 1938 dem neu berufenen Vorstandsmitglied Carl Lüer zugeteilt. Auch sie verdiente Ende der dreißiger Jahre etwa 4.200 RM pro Jahr.[279] Beide Fälle zeigen, dass eine „Hauskarriere" für eine Stenotypistin möglich war. Das war zwar nicht viel im Vergleich zu den Aufstiegschancen der männlichen Angestellten. Aber in beiden Fällen war höchstwahrscheinlich die individuelle Leistung für den Aufstieg ausschlaggebend. Beiden wurde auch in verschiedenen Bewertungen durch ihre Vorgesetzten bescheinigt, dass sie ein „reges Interesse" an ihrer Arbeit zeigten.

Nun könnte man meinen, dass der Aufstieg zur Direktionssekretärin in Anbetracht der für Frauen versperrten Karriereaufstiegswege der Männer ein attraktives Ziel gewesen sein müsste; und dass in Anbetracht von 121 Stenotypistinnen im Sample eigentlich auch mehr als drei Frauen diesen Aufstieg nicht nur angestrebt, sondern auch erreicht haben müssten. Zumindest Letzteres war aber nicht der Fall und in Anbetracht der nur drei Fälle dürfte die Erwartung, diese kleine Hauskarriere auch schaffen zu können, wenn man nur mit guten Leistungen auf sich aufmerksam machte und der Arbeit „ein reges Interesse" entgegenbrachte, bei den wenigsten Frauen vorhanden gewesen sein. Denn die vier anderen Vorzimmersekretärinnen des Samples waren einen anderen Weg als den der „Hauskarriere" gegangen.

Der Weg von Gerty St1 aus Münster in das Vorzimmer des Syndikus der Danat Bank, Joachim Entzian, wurde bereits in Kap. 3.2. thematisiert. Ihre gemessen an den Möglichkeiten, die sich den Frauen in der Zwischenkriegszeit boten, im Rahmen des Samples einzigartig erfolgreiche Karriere endete wegen ihrer jüdisch geborenen Mutter mit ihrer Entlassung aufgrund des Berufsbeamtengesetzes (s. Kap. 7.4.).

277 Zur Rolle von Hilarius Giebel in der Dresdner Bank vgl. Ziegler, Dresdner Bank, S. 330 f sowie S. 314 (Zitat).

278 Schreiben der Personalabteilung der Dresdner Bank an den Direktor der Deutschen Orientbank Istanbul v. 24.3.1939, in: HAC 500/E.2989.

279 Ebd.

Erna Bo stieg zwar scheinbar auf der Leiter der „Hauskarriere" zur Vorstandssekretärin auf – aber nur scheinbar. Sie war 1923 18-jährig von der Dresdner Bank eingestellt worden. Ihr Vater war ein Einzelhandelsvertreter und sie selbst hatte nur die Volksschule besucht, an die sie den eineinhalbjährigen Besuch einer städtischen Handelsschule anhängte. Nach der Schule arbeitete sie zunächst drei Jahre lang bei einer landwirtschaftlichen Ein- und Verkaufsgenossenschaft. Wahrscheinlich bewarb auch sie sich, wie viele andere zu dieser Zeit eingestellte Frauen, wegen der Teuerungszulage, die die Großbanken ihren Angestellten in Ergänzung des Tariflohns zahlten. Obwohl ihr Sozial- und Bildungsprofil eher auf die Verwendung als „Nullenschreiberin" hindeutet, wurde Erna Bo aufgrund ihrer Berufserfahrung in der Genossenschafts-Abteilung der Dresdner Bank eingesetzt. Dort lernte sie als einen ihrer Vorgesetzten Emil Meyer kennen, als dieser 1924 als Syndikus in die Genossenschafts-Abteilung eintrat.

Entweder aus Überzeugung oder vielleicht auch schon zu diesem Zeitpunkt aus Opportunismus trat Erna Bo als „Märzgefallene" im Mai 1933[280] in die Nationalsozialistische Betriebszellenorganisation (NSBO) ein.[281] Dort war sie zu diesem Zeitpunkt eine von ganz wenigen Frauen unter den durchweg männlichen NS-Aktivisten. Sollte der Eintritt aus Opportunismus erfolgt sein, hatte das sicherlich mit Emil Meyer zu tun. Meyer war zwar als Nationalsozialist in der Bank bis zur „Machtergreifung" nicht in Erscheinung getreten und 1933 gerade noch rechtzeitig vor Verhängung der Aufnahmesperre in die NSDAP eingetreten. Er war aber ein Cousin von Hitlers Wirtschaftsberater Wilhelm Keppler und in dessen Unterstützerkreis aus Persönlichkeiten der Wirtschaft schon im Jahr zuvor eingetreten. Er war damit der prominenteste Nationalsozialist unter den „Oberbeamten" der Bank. Insofern war es im Mai 1933 absehbar, dass ihm ein weiterer Aufstieg bevorstand. Denn in Personalfragen war die teilverstaatlichte Bank auf das Einvernehmen mit dem Reichswirtschaftsministerium angewiesen.

Dazu kam es allerdings zunächst nicht. Im Frühjahr 1933 drängten sich Nationalsozialisten aus dem mittleren Management in den Vordergrund und einfache, meist jüngere Angestellte, die schon während der „Kampfzeit" als Nationalsozia-

280 Nach der Machtübernahme der Nationalsozialisten setzte im Februar und März 1933 eine Welle von Aufnahmeanträgen in die NSDAP ein. Um die Verwässerung der ursprünglichen Kaderpartei durch den Zustrom von Opportunisten zu stoppen, verhängte die Parteiführung Mitte April eine Aufnahmesperre, die erst 1937 wieder aufgehoben wurde. Die nach der Machtübernahme eingetretenen Neumitglieder wurden im Parteijargon gerne als „Märzgefallene" bezeichnet - in gewollter Reminiszenz an die Toten der Revolution von 1848. Martin Broszat, Der Staat Hitlers. Grundlegung und Entwicklung seiner inneren Verfassung, München 1969, S. 252; Jürgen Falter, Die „Märzgefallenen" von 1933, in: Geschichte und Gesellschaft 24/1998, S. 596.

281 Fragebogen zur Mitgliedschaft in der NSDAP und ihren Gliederungen (ausgefüllt am 4.12.1936), in: HAC 500/E.3623.

listen in der Bank aktiv gewesen waren. Als „Oberbeamter" trat man nicht in die NSBO ein, die sich als nationalsozialistische Gewerkschaft gerierte und auch von der Parteileitung eher geduldet als gefördert worden war. Es könnte also sein, dass Erna Bo sich in der NSBO engagierte, um ihrem Chef Bericht zu erstatten. Denn seit dem Frühjahr 1933 tobten unter den Nationalsozialisten interne Machtkämpfe, wobei die Bankleitung diese zu nutzen versuchte, um den Einfluss der radikalen Kräfte unter den mittlerweile zahlreichen Nationalsozialisten zurückzudrängen. Meyer hielt sich aus diesen Ränkespielen weitgehend heraus und wurde dafür mit der Beförderung zum Abteilungsdirektor der Genossenschafts-Abteilung belohnt. Womöglich war er aber über die Schachzüge seiner Partei-„Freunde" dank Erna Bo gut informiert.

Ende des Jahres 1933 verbündete sich Meyer schließlich mit dem langjährigen Betriebsrat des Deutschnationalen Handlungsgehilfenverbandes (DHV) und „alten Kämpfer" der NSDAP Hans Oberberg, dessen Gehalt nach der Machtübernahme kurzerhand um etwa 30 Prozent erhöht worden war.[282] Gemeinsam intrigierten sie erfolgreich gegen den als Verbindungsmann zur NSDAP von außen in die Dresdner Bank berufenen Erich Niemann. Niemann war ein Fliegerkamerad von Hermann Göring und hatte diesen in dessen Funktion als preußischer Ministerpräsident im Kampf der Bankleitung gegen die radikalen Elemente der NSBO zu Hilfe geholt. Anschließend war er zum Dank als Direktor der Hauptbank (Zentrale) in die Geschäftsleitung der Dresdner Bank berufen worden. Ein Aufstieg in den Vorstand war demnach scheinbar nur eine Frage der Zeit und Meyer wäre leer ausgegangen.

Meyers Verbindung zu Keppler war aber enger als Niemanns Verbindung zu Göring und so schaltete sich Keppler in den Konflikt ein, indem er von der Bankleitung die Entlassung Niemanns forderte. Die Bank ließ Niemann daraufhin genauso schnell wieder fallen, wie sie ihn angeheuert hatte. Denn Meyer konnte die Funktion des Kontaktmannes zur NSDAP ebenso gut und mittlerweile dank seiner Beziehungen zu Keppler wahrscheinlich sogar noch wirkungsvoller ausfüllen als Niemann. Außerdem hatte man Keppler einen Gefallen getan, was sich später für die Bank noch auszahlen konnte. Im Juli 1934 wurde Niemann deshalb zum 30. September gekündigt – demselben Monat, in dem Meyer als stellvertretendes Vorstandsmitglied in die Geschäftsleitung befördert wurde. Obwohl ihn die anderen Vorstandsmitglieder für unfähig hielten, wurde Meyer im August 1935 sogar zum ordentlichen Vorstandsmitglied ernannt.[283]

---

282 Dieter Ziegler, Die Nationalsozialisten im Betrieb, in: Bähr, Dresdner Bank, S. 137. Die Absicht dahinter war auch manchen von Oberbergs Parteigenossen bewusst, die ihm deswegen erheblich zusetzten. Vgl. dazu ebd., S. 140.

283 Dieter Ziegler, „Entjudung" und Nazifizierung 1933–1937, in: Bähr, Dresdner Bank, S. 92.

Mit dem Aufstieg von Meyer untrennbar verbunden war auch der Aufstieg von Erna Bo zur Vorstandssekretärin, der sich nicht zuletzt in einer beträchtlichen Gehaltssteigerung niederschlug. So hatte sie vor dem Aufstieg ihres Chefs in der Tarifgruppe 2 im Jahr 1933 etwa 186 RM im Monat verdient. Wenig später erhielt sie zunächst eine außertarifliche Zulage von in dieser Zeit bei der Dresdner Bank ungewöhnlich hohen 25 RM. Im Februar 1935 wurde sie in die Tarifgruppe 3 befördert und verdiente nun 281 RM, was einer Gehaltssteigerung von gut 30 Prozent entsprach. Mit der Tarifstrukturreform 1937 (s. Kap. 3.5.2.) wurde sie selbstverständlich sofort in die Tarifgruppe 4 befördert und erhielt eine Mehrarbeitspauschale von 100 RM im Monat. So kam Erna Bo auf ein Monatseinkommen von 417,25 RM.[284]

Mit ihren besonderen Leistungen ist dieser Gehaltssprung wohl nicht zu erklären. Sie war zwar von ihrem Abteilungsdirektor als „fleißig, umsichtig, gewandt und tüchtig" beschreiben worden.[285] Aber so wurden viele Stenotypistinnen bewertet, ohne dass sie in das Vorzimmer eines leitenden Angestellten aufrückten. Ähnlich wie der rasante Aufstieg von Emil Meyer ohne die nationalsozialistische Machtübernahme und sein Verwandtschaftsverhältnis mit Wilhelm Keppler nicht denkbar ist, so ist auch der Aufstieg von Erna Bo in das Vorzimmer eines Vorstandsmitglieds ohne ihre politische Nähe und unbedingte Loyalität zu Emil Meyer nicht denkbar. Lediglich bei dem Versuch, sich während des Zweiten Weltkriegs um die Luftschutzwachen zu drücken, scheint sie von Meyer nicht protegiert worden zu sein. Ihre Begründung, dass ihr bei Fliegeralarm übel werde, reichte dem Vertrauensarzt nicht aus.[286]

Wie schnell ein solcher Aufstieg zur Direktionssekretärin in der Zeit der nationalsozialistischen Herrschaft erreicht, aber wie schnell die Karriere auch wieder beendet werden konnte, zeigt der Fall von Käthe St. Dieser Fall ist in jeder Hinsicht außergewöhnlich. Denn Käthe St war die Nichte eines kaiserlichen Spitzenbeamten, der eine zentrale Figur der kriegswirtschaftlichen Lenkung des Rohstoffeinsatzes während des Ersten Weltkrieges gewesen war. Nachdem sie während des Krieges Schule und Handelsschule abgeschlossen hatte, arbeitete sie zunächst in der Behörde ihres Onkels, bis diese aufgelöst wurde. Während kurzer Zwischenstationen bei Reichspost und Polizeipräsidium engagierte sie sich in rechtsextremen Kreisen und arbeitete für die Redaktion der „Antibolschewistischen Korrespondenz".[287] Dieses, nach dem Krieg in einer hohen Auflage publizierte Kampfblatt wurde von der während der Novemberrevolution gegründeten konterrevolutionären Antibolschewistische Liga herausgegeben, die später in

284 Aufstellung v. 5.4.1939, in: HAC 500/E.3623.
285 Personalbericht v. 9.4.1935, in: ebd.
286 Ärztlicher Fragebogen (ausgefüllt am 6.7.1943), in: ebd.
287 Lebenslauf v. 10.8.1933, in: HAC 500/E.8964.

Liga zum Schutze der deutschen Kultur umbenannt wurde. Die Antibolschewistische Liga wurde von Industriellen finanziert und war wohl auch in die Ermordung von Karl Liebknecht und Rosa Luxemburg verwickelt.

Aufgrund einer längeren Erkrankung hatte Käthe St kündigen müssen und war einige Monate arbeitslos, bis sie Ende 1920 in den Industriekonzern der Gebrüder Mannesmann eintrat. Dort war sie zunächst in der Personalabteilung tätig und wurde später in die sog. Marokko-Abteilung versetzt. Denn in Marokko hatte Alfred Mannesmann vor dem Krieg neben mehreren großen landwirtschaftlichen Betrieben das der Familie gehörende Marokko-Minen-Syndikat geleitet, das über einen umfangreichen Eisenerzgrubenbesitz in dem französischen Protektorat verfügte.[288] Während des Krieges wurde der Mannesmannbesitz in Marokko durch die französische Verwaltung enteignet. Deshalb stellte sich nach dem Krieg die Frage der Entschädigung durch das Deutsche Reich. Die Ansprüche der Mannesmann Brüder wurden von der Marokko-Abteilung im Berliner Büro des Konzerns bearbeitet, das von Alfred Mannesmann geleitet wurde.[289] Zu dem Konzern gehörten u. a. der Automobil- und Lastwagenhersteller Mannesmann-Mulag, die Mannesmann Licht-Gesellschaft und die Mannesmann Waffen- und Munitions-Werke, die nach dem Krieg u. a. elektrische Kühlschränke herstellten.[290] Alle Konzerngesellschaften hatten ihre Produktionsstätten im Rheinland, so dass Alfred Mannesmann häufig nicht in Berlin anwesend war. In dieser Zeit bewährte sich Käthe St, indem sie nach eigener Aussage Alfred Mannesmann vertrat, wenn dieser sich in Westdeutschland aufhielt.[291] Diese Aussage aus ihrem Lebenslauf ist insofern glaubwürdig, als das Vertrauen des Chefs in seine Mitarbeiterin so groß gewesen sein muss, dass er die gerade einmal 21-jährige Käthe St im Jahr 1923 zu seiner Privatsekretärin machte.

Nachdem das Berliner Büro 1924 als Mannesmann Industrie- und Handels-Aktiengesellschaft zur Konzernholding aufgewertet worden war, zog sich der mittlerweile 65-jährige Alfred Mannesmann vermutlich aus dem Berliner Büro zurück und übersiedelte nach Westdeutschland. Das Alltagsgeschäft übernahmen nun die Vorstände der Aktiengesellschaft, wobei einer von ihnen Erich Niemann

288 Heinrich Pohl, Marokko und Mannesmann: Ein völkerrechtlicher Rückblick, in: Zeitschrift für Politik 5 (1912), S. 558 ff.

289 Zu den Entschädigungsansprüchen vgl. Horst A. Wessel, Alfred Mannesmann, in: Internetportal Rheinische Geschichte (https://www.rheinische-geschichte.lvr.de/Persoenlichkeiten/alfred-mannesmann-/DE-2086/lido/5e130a27e3e508.30031527, abgerufen am 16.08.2024)

290 Ebd. sowie ders. Reinhard Mannesmann jun., in: ebd. (https://www.rheinische-geschichte.lvr.de/Persoenlichkeiten/reinhard-mannesmann-jun./DE-2086/lido/57c9476bb00302.12395509, abgerufen am 16.08.2024)

291 Lebenslauf v. 10.8.1933, in: HAC 500/E.8964.

war,[292] der Käthe St von Alfred Mannesmann als Privatsekretärin übernahm. Als Erich Niemann zum Dank für seine Intervention bei Hermann Göring im Juli 1933 in die Geschäftsleitung der Dresdner Bank wechselte, brachte er seine Sekretärin mit, die kurz zuvor noch als „Märzgefallene" in die NSDAP eingetreten war.[293] In ihrem Fall kann allerdings nicht nur aufgrund des Engagements von Käthe St im rechtsextremen politischen Milieu der Nachkriegszeit wohl ausgeschlossen werden, dass der Parteieintritt aus Opportunismus erfolgt war, sondern nach dem Parteieintritt engagierte sie sich ehrenamtlich als Sekretärin in einer Berliner Ortsgruppe der Partei. Davon abgesehen war Anfang März 1933 Niemanns Karrieresprung noch gar nicht absehbar gewesen.

Nur wenige Wochen später war Niemanns Verhandlungsposition dank seiner Beziehung zu Hermann Göring aber gegenüber der Dresdner Bank so gut, dass er nicht nur für sich eine herausgehobene Stellung beanspruchen konnte, sondern die Bank musste seiner 32-jährigen Sekretärin ein Gehalt zahlen, das ihr nach Tarif in ihrem Alter und mit gerade einmal zehn Dienstjahren, davon keines als Bankangestellte, nicht zugestanden hätte. Sie wurde deswegen außertariflich bezahlt und erhielt ein Jahresgehalt von 3.900 RM.[294] Vermutlich war sie die einzige Frau, die bei der Dresdner Bank seit der Einführung des Tarifvertrages für das deutsche Bankgewerbe zu Beginn der zwanziger Jahre außertariflich bezahlt wurde. Mit 300 RM monatlich (plus des 13. Monatsgehalts, das auch Tarifangestellten zustand) verdiente sie allerdings nicht mehr als einer Tarifangestellten in der Tarifgruppe 3 mit fünfzehn Berufsjahren zustand. Weshalb die Bank Käthe St dennoch nicht als Tarifbeamte führte, ist nicht klar. Entweder wollte sie keinen Präzedenzfall schaffen und einer Angestellten nicht mehr Berufsjahre zugestehen, als sie tatsächlich geleistet hatte oder Niemann hatte darauf bestanden, um später weitere Gehaltssteigerungen durchsetzen zu können. Denn als Tarifangestellte hatte Käthe St mit 300 RM monatlich das Maximum dessen erreicht, was nach dem 1933 gültigen Tarifvertrag möglich war.

Aus der schon zum Greifen nahen Karriere als Vorstandssekretärin einer Großbank wurde aber schließlich nichts. Niemanns Karriere bei der Dresdner Bank endete, wie bereits ausgeführt, genauso schnell, wie sie begonnen hatte. Im Juni 1934 wurde Käthe St angeblich wegen Personalmangels aus seinem Vorzim-

---

292 Berliner Handelsregister Ausgabe 62.1926 (https://digital.zlb.de/viewer/fulltext/34457317_1926/1098/, abgerufen am 9.9.2024)

293 Fragebogen zur Mitgliedschaft in der NSDAP und ihren Gliederungen (ausgefüllt am 4.12.1936), in: HAC 500/E.8964.

294 Schreiben an Käthe St v. 15.8.1933, in: ebd.

mer abgezogen und an anderer Stelle in der Konsortialabteilung eingesetzt.[295] Ihr Gehalt scheint aber immerhin nicht gekürzt worden zu sein.[296]

Auch Charlotte Zi kam von außen in die Bank und stieg in kurzer Zeit zur persönlichen Sekretärin eines Direktors auf. Allerdings scheint der fehlende „Stallgeruch“ für sie von Nachteil gewesen zu sein. Sie hatte nach der Volksschule eineinhalb Jahre eine Handelsschule besucht und war während des Ersten Weltkriegs mit 18 Jahren bei der Berliner Dependance des Essener Bankhauses Gebr. Hammerstein als Stenotypistin angestellt worden. Während des Krieges bekam sie „infolge Beamtenmangels“, wie sie sich ausdrückte, zahlreiche Aufgaben übertragen, die normalerweise von männlichen Angestellten erledigt wurden. Das war wahrscheinlich deswegen unvermeidlich, weil die Bank ein sehr kleines Institut war, das nur wenige Angestellte und Charlotte Zi als einzige Frau beschäftigte. Wenn von den männlichen Angestellten ein oder zwei zum Militärdienst eingezogen wurden, konnte die Arbeit wahrscheinlich nicht allein auf die verbliebenen Männer verteilt werden, so dass ihr auch anspruchsvollere Arbeiten als das Aufnehmen und Abschreiben von Diktaten zugewiesen werden mussten. In dieser Zeit gewann Charlotte Zi offenbar das Vertrauen des Berliner Inhabers des Bankhauses und wurde seine Chefsekretärin. Im Jahr 1919 heiratete sie und bekam 1920 einen Sohn. Ein „Doppelverdiener“-Problem scheint es bei dieser Privatbank nicht gegeben zu haben. Jedenfalls blieb Charlotte Zi weiterhin dort beschäftigt, auch nachdem die Ehe 1924 geschieden worden war.[297]

Die Bankenkrise überlebte das Bankhaus nicht und wurde unter Beteiligung der Dresdner Bank liquidiert, die sich im Gegenzug bereiterklärte, die drei Beschäftigten des Berliner Bankhauses zu übernehmen, die wegen der Geschäftsabwicklung 1934 noch bei Hammerstein tätig waren. Darunter war auch Charlotte Zi, die die Dresdner Bank im Industriebüro einsetzte, das u. a. Sanierungsfälle unter den Kunden bearbeitete. Dort wurde sie zunächst aber nur in die Tarifgruppe 2 (statt wie zuvor in die Tarifgruppe 3) eingestuft. Außerdem verfielen sämtliche Ansprüche, die sie durch ihre Beschäftigung bei Gebr. Hammerstein erworben hatte. Das betraf den Kündigungsschutz und die Dienstjahre.[298]

Ihre Vorgesetzten erkannten schnell das Potenzial von Charlotte Zi und vor allen ihre Berufserfahrung, die sie bei der Abwicklung des Bankhauses in den letzten Jahren gesammelt hatte. So dauerte es nicht lange, bis der Abteilungsdi-

---

295 Schreiben an Erich Niemann v. 18.6.1934, in: ebd.

296 Im Jahr 1942 lag ihr Jahresgehalt bei etwa 4.556 RM. Das entsprach einem Monatsgehalt von etwa 350 RM, wobei zu berücksichtigen ist, dass während des Krieges eine Überstundenpauschale gezahlt wurde. Handschriftliche Notiz v. 5.8.1943, in: ebd.

297 Handschriftlicher Lebenslauf o. D. (März 1934), in: HAC 500/E.9712.

298 Schreiben an Charlotte Zi v. 9.4.1934, in: ebd.

rektor Bedo Panner sie in sein Vorzimmer holte. Allerdings unternahm er nicht viel, um für sie eine Aufbesserung der Bezüge zu erreichen. Sie erhielt lediglich einen Tarifzuschlag von 20 RM/Monat, nachdem sie in sein Vorzimmer versetzt worden war.[299] Nachdem Panner zum Aufbau der Dresdner Bank-Filialen im annektierten Sudetenland nach Reichenberg abgeordnet worden war, arbeitete sie für dessen Vertreter und nach Panners Rückkehr erneut für ihn. Aber selbst 1941 wurden ihre wiederholten Anträge auf eine Höhergruppierung nicht genehmigt. Selbst die Zeit bei Gebr. Hammerstein wurden ihr auch später nicht als Berufsjahre anerkannt. Ihr Gehalt lag mit etwa brutto 3.400 RM p. a. Ende[300] der dreißiger Jahre deutlich niedriger als das Gehalt von etwa gleichaltrigen Gertrud Ei und Erna Fe.

Charlotte Zi gehörte damit zu der Gruppe hoch qualifizierter weiblicher Angestellter, die in den Jahren 1933 und 1934 zu Bedingungen eingestellt worden waren, zu denen sie es normalerweise nicht nötig gehabt hätten, ein solch schlecht bezahltes Stellenangebot anzunehmen. In der Akte wird sehr deutlich, dass die Bank die Notlage von Charlotte Zi ausnutzte. Obwohl die Dresdner Bank Charlotte Zi ursprünglich veranlasst hatte sich zu bewerben, ließ sie sie lange im Unklaren und machte ihr ein Angebot zur Übernahme, das sie deutlich schlechter stellte als bei ihrem früheren Arbeitgeber.[301] Weshalb sie später nicht in eine höhere Tarifgruppe befördert wurde, ist zwar in der Akte nicht vermerkt. Aber es ist denkbar, dass eine rund 40-jährige geschiedene Frau mit einem minderjährigen Kind selbst in den späten dreißiger Jahren kaum noch die Chance auf eine besser bezahlte Stelle besaß. Deshalb konnte es sich die Bank, anders als in den Fällen der jüngeren Gertrud Ei oder der politisch protegierten Erna Bo und Käthe St, durchaus leisten, das armselige Niveau aus der Zeit der Einstellung später nur leicht anzuheben.

Mit Ausnahme von Charlotte Zi hatten demnach alle Direktionssekretärinnen besser verdient als die „einfachen“ Stenotypistinnen. Da aber alle vor dem Erreichen des Rentenalters, entweder wegen der Schließung der Bank oder weil ihnen als „Nichtarierinnen“ eine weitere Beschäftigung untersagt wurde, ausscheiden mussten und mit Ausnahme von Erna Bo noch in einem Alter waren, in dem sie hoffen konnten, bei einem entsprechend guten Zeugnis eine neue Stelle zu finden, lohnt auch ein Blick auf die Zeugnisse. Denn darin kann sich so etwas wie Wertschätzung seitens ihrer Vorgesetzten ausdrücken oder eben auch nicht. Denn Berichte über Tätigkeit und Leistung, manchmal auch in der Form eines Entwurfs

299 Aktennotiz v. 4.9.1936 (handschriftliche Ergänzung) sowie Schreiben an Charlotte Zi v. 18.8.1936, in: ebd.

300 Schreiben von Charlotte Zi an die Personalabteilung der Dresdner Bank v. 20.2.1941, in: ebd.

301 Aktennotiz v. 16.3.1934, in: ebd.

für das Abgangszeugnisse, wurden der Personalabteilung von den Abteilungsdirektoren übermittelt.

Im Falle von Erna Fe und Gerty St1 unterscheiden sich die Zeugnisse deutlich von denjenigen, wie sie Stenotypistinnen normalerweise bekamen, wo fast schon wie in einem Standardtext auf die Fähigkeiten in Stenografie und Maschineschreiben, den Arbeitswillen, die Sorgfalt, oft auch auf das Interesse an der Arbeit, die Auffassungsgabe und in jedem Fall die „Führung" verwiesen wurde. Abschließend wurde eine Gesamtbewertung mit „Zufriedenheit", „voller Zufriedenheit" oder „vollster Zufriedenheit" vorgenommen.

Bei Erna Fe war das Gutachten mehr als doppelt so lang wie die „gewöhnlichen" Zeugnisse. Neben den üblichen Bewertungen der Stenografinnenarbeit („Perfekt in der Aufnahme von Stenogrammen und in der Bedienung der Schreibmaschine"; „gute Auffassungsgabe", „reges Interesse an allen Geschäftsvorgängen") legt das Zeugnis sehr ausführlich die Tätigkeiten dar, die mit der Funktion einer Chefsekretärin verbunden waren und die „einfachen" Stenotypistinnen nicht übertragen wurden. Verwiesen wurde außerdem auf ihre „Zuverlässigkeit und Verschwiegenheit", wodurch es möglich war, ihr auch „die Bearbeitung vertraulicher Vorgänge zu übertragen". Schließlich – und das war vermutlich besonders wichtig – wurde noch auf die „selbständige Weise" verwiesen, in der sie „ihre Obliegenheiten ... erfüllte".[302]

Noch eindrucksvoller fiel das Zeugnis für Gerty St1 aus. Das erklärt sich aber wohl aus ihrer dreijährigen Tätigkeit für den Syndikus Joachim Entzian, der 1933 und 1934 alle Hebel in Bewegung gesetzt hatte, um sie nicht zu verlieren (s. dazu Kap. 7.3.). Gerty St1 hatte bei ihrer Entlassung im Frühjahr 1935 noch darauf gehofft, eine andere Anstellung zu finden, da die meisten Arbeitergeber nicht wie die Dresdner Bank verpflichtet waren, „Nichtarier" zu entlassen. Bei einem entsprechend guten Zeugnis hoffte sie weiter, bei dem sich langsam entspannenden Arbeitsmarkt für Bürokräfte ihre Karriere als Sekretärin im Vorzimmer eines „Chefs" fortsetzen zu können. Deshalb bat sie auch darum, den Kündigungsgrund nicht zu nennen.[303] Denn in ihrem Personalbogen konnte sie unter „Konfession" evangelisch angeben und wenn der neue Arbeitgeber nicht danach fragte, ob die Bewerberin auch „arisch" sei, konnte sie hoffen, dass die Tatsache, dass sie „Nichtarierin" war, unentdeckt blieb.

In ihrem Zeugnis, das nicht ganz so ausführlich ist wie das von Erna Fe, wird neben den Grundfertigkeiten einer Stenotypistin („sicher in der Aufnahme von Stenogrammen und gewandt in der Bedienung der Schreibmaschine") vor allem

302 Vorläufiges Zeugnis v. 10.2.1949, in: HAC 500/E.2989.
303 Schreiben von Gerty St1 v. 26.6.1935, in: HAC 500/E.4831.

die Selbständigkeit von Gerty St1 hervorgehoben: „selbständige Erledigung von Korrespondenzen“, „selbständige“ Aktenführung und Ergänzung, wofür eine intensive Einarbeitung in verschiedene Rechtsgebiete notwendig war wie „Devisenrecht, Osthilfe, landwirtschaftliche Schuldenregelung, Vollstreckungsschutz, Erbhofrecht, Gemeindeumschuldungsgesetz usw.“. Auch bei der Gesamtbewertung („vollste Zufriedenheit“) wurde noch einmal die Selbständigkeit betont, mit der sie ihre Obliegenheiten erledigte.[304]

3.3.5 Banklehre

Eine realistische Chance auf eine zumindest kleinbürgerliche Existenz, ohne finanziell von Eltern oder Ehemann abhängig zu sein, bot in den zwanziger Jahren eine Banklehre. Vor dem Ersten Weltkrieg war jungen Frauen diese Möglichkeit selbst bei der gegenüber der Anstellung von Frauen schon zu dieser Zeit offenen Darmstädter Bank noch verwehrt. Im Jahr 1913 meldete sich die 17-jährige Charlotte Zei bei der Darmstädter Bank und fragte an, ob sie „als Volontärin ohne Vergütung“ bei der Bank arbeiten dürfe, um sich „auf ihren künftigen Beruf in geeigneter Weise“ vorbereiten zu können. Die Bank lehnte das ab, weil „Damen zur Ausbildung nicht eingestellt“ würden. Der Sachbearbeiter in der Personalabteilung trug das Anliegen dennoch bei seinen Vorgesetzten vor und wenig später schlug die Bank Charlotte Zei vor, sie sofort und ohne „geeignete Vorbereitung“ als Stenotypistin anzustellen.[305] Nachdem sie einen Stenografiertest bestanden hatte, erfolgte im Dezember 1913 die Einstellung.

Bis sich die negative Einstellung der Großbanken gegenüber weiblichen Lehrlingen änderte, sollten noch knapp zehn Jahre vergehen. Aber als sich die Großbanken zu Beginn der zwanziger Jahre für die Einstellung von jungen Frauen als Banklehrlinge öffneten, konnten junge Absolventinnen des Lyzeums hoffen, dass sie mit einer Banklehre schnell in der Hierarchie der Bank aufsteigen, die höchste Tarifgruppe und vielleicht sogar eine Stellung als Prokuristin erreichen würden. Schnell wurde dabei deutlich, dass das Abitur, wie zunächst angenommen, keine Voraussetzung war. Denn das hätte bedeutet, dass die weiblichen Lehrlinge einen Bildungsvorsprung gegenüber den meisten männlichen besessen hätten, so dass es recht wahrscheinlich war, dass sie am Ende der Lehrzeit bessere Bewertungen erreicht hätten als ihre männlichen Konkurrenten. Denn für die Einstellung als

304 Abgangszeugnis v. 29.6.1935, in: ebd.
305 Aktennotiz v. 2.10.1913 und Aktennotiz v. 28.11.1913, in: HAC 500/E.9650.

(männlicher) Banklehrling reichte das sog. Einjährige, also der Abschluss der 10. Klasse auf dem Gymnasium oder der Oberrealschule.

Immerhin elf Frauen des Samples hatten sich erfolgreich für eine Banklehre bei der Dresdner Bank oder der Danat Bank beworben. Nur eine der Frauen hatte das Abitur und jeweils fünf Frauen waren nach dem Lyzeum bzw. nach Abschluss der Mittelschule eingestellt worden. Damit dürfte ihr Bildungsprofil in etwa demjenigen der männlichen Banklehrlinge entsprochen haben. Auffällig ist allerdings, dass die Väter von fünf der weiblichen Lehrlinge selbst Bankangestellte waren.

Zum vermutlich ersten Jahrgang weiblicher Banklehrlinge bei der Danat Banik gehörte Charlotte Blo, deren Vater bei der Darmstädter Bank beschäftigt gewesen und während des Krieges gefallen war. Sehr wahrscheinlich wurde für Charlotte Blo wegen dieser besonderen Situation eine Ausnahme von der anfänglichen Bedingung des Abiturs gemacht. Denn sie hatte gerade erst das Lyzeum abgeschlossen, als 1922 ihre Lehrzeit begann.[306]

Auch Charlotte Bo und Gertrud Va waren die Töchter von Bankangestellten. Beide hatten sich 17-jährig im Jahr 1923 (Gertrud Va) bzw. im Jahr 1929 (Charlotte Bo) nach dem Lyzeum auf eine Lehrstelle bei der Dresdner Bank beworben und waren damit auch erfolgreich gewesen. Bei Gertrud Va ist es sicher, dass der Vater bei der Dresdner Bank (als Depositenkassenvorsteher) angestellt war. Bei Charlotte Bo ist das aus der Akte leider nicht zu ersehen, aber wohl wahrscheinlich. Es ist deshalb davon auszugehen, dass die Väter erfolgreich versucht hatten, Einfluss auf die Entscheidung zur Aufnahme ihrer Töchter zu nehmen. In ihren Personalbögen räumten beide Bewerberinnen freimütig ein, dass sie in der Stenografie noch Anfängerinnen waren, und Maschineschreiben konnten sie gar nicht.[307] Aber schließlich hatten sie sich nicht als Stenotypistin beworben, sondern wollten „Bankkaufmann“ werden. Ein Ablehnungsgrund war das demzufolge nicht.

Während in diesen drei Fällen die Hintergründe der Einstellung als Banklehrling recht offensichtlich sind, ist das bei Alice Mü, die sich im August 1923, also auf dem Höhepunkt der Hyperinflation mit 17 Jahren bei der Danat Bank bewarb, überhaupt nicht zu erklären. Ein werbender Einfluss ihres Vaters ist bei Alice Mü auszuschließen. Ihr Vater war Agrarchemiker und auch die als Referenzen angegebenen Personen wie der Direktor ihres Lyzeums oder der Chef ihres Vaters werden bei der Bank kaum als verlässliche Bürgen angesehen worden sein. Au-

306 Personalbogen (ausgefüllt o. D., November 1922), in: HAC 500/E.3813.

307 Personalbögen (ausgefüllt am 2.8.1923 [Gertrud Va] und ausgefüllt am 28.1.1928 [Charlotte Bo]), in: HAC 500/E.8601 u. HAC 500/E.3603.

ßerdem hatte sie auf die Frage, ob sie stenografieren könne, ähnlich wie Gertrud Va und Charlotte Bo geantwortet, dass sie sich in der Ausbildung befände, während sie mit dem Gebrauch der Schreibmaschine „nicht vertraut" war und auch keine „Bankkenntnisse außer der Allgemeinbildung" besaß.[308]

Die anderen Väter der weiblichen Banklehrlinge waren zwei Kaufleute, ein Kriminalbeamter und weitere zwei Bankangestellte. Aus dem Rahmen fällt allerdings die Familie von Charlotte Bö2, deren Vater Tischler mit eigener Werkstatt war. Sie hatte die Mittelschule und anschließend eine Handelsschule besucht, so dass sie deswegen immerhin schon Stenografieren und Maschineschreiben konnte. Referenzen konnte sie, abgesehen von dem Leiter der Handelsschule, keine angeben.[309] Auf die Möglichkeit bei der Danat Bank eine Banklehre zu absolvieren, hatte sie das Berufsamt aufmerksam gemacht, woraus sich schließen lässt, dass bestenfalls der Betrieb des Vaters zwar Kunde bei einer Bank gewesen war, darüberhinausgehende Beziehungen der Familie zu einer Bank, geschweige denn zu einer Großbank, aber nicht bestanden.

Standardisierte Fragebögen des Einsatzes der Lehrlinge und der Arbeiten, die ihnen zugewiesen worden waren, gab es zu dieser Zeit offenbar noch nicht. Deshalb forderte die Personalabteilung den Depositenkassenvorsteher als Vorgesetzten (und vermutlich auch Ausbilder) von Charlotte Bö2 in einem formlosen Schreiben auf, einen Bericht über die „Art der Tätigkeiten", die „Leistungen" und die „Führung" von Charlotte Bö2 zu erstellen. Denn man wollte „nur wirklich tüchtige und gut qualifizierte Lehrlinge als Beamte übernehmen", wie es weiter hieß.[310] Der Bericht war kurz und lautete: „Fräulein B. ist bei uns für die Dauer ihrer Lehrzeit mit nachstehenden Arbeiten beschäftigt worden: Expedition, Cassenarbeiten, Maschinenarbeiten, Correspondenzarbeiten, Staffelrechnen. Sie war stets pflichttreu, pünktlich und arbeitsfreudig und brachte den ihr übertragenen Arbeiten ein gutes Verständnis entgegen. Wir bitten sie zu Beamtin zu machen und erklären uns gern bereit, sie in dieser Eigenschaft zu übernehmen".[311] Charlotte Bö2 wurde übernommen und blieb zunächst für mehrere Jahre im Depositenkassenbetrieb.

Vier der jungen Frauen gehörten zur ersten Generation von weiblichen Banklehrlingen bei den Berliner Großbanken. Da Charlotte Blo 1922, Alice Mü 1923, beide bei der Danat Bank, sowie Gertrud Va und Gertrud Sch2 ebenfalls 1923 bei der Dresdner Bank angestellt wurden, liegen auch Lehrverträge beider Banken aus der Frühzeit der Lehrlingsausbildung für Mädchen vor. Feste Lehrjahre, d. h.

308 Personalbogen (ausgefüllt am 23.8.1923), in: HAC 500/E.8464.

309 Personalbogen (ausgefüllt am 8.10.1925), in: HAC 500/E.3761.

310 Schreiben an den Vorstand der Depositenkasse 5 v. 22.2.1928, in: ebd.

311 Schreiben des Vorstehers der Depositenkasse 5 o. D., in: ebd.

ein für alle Lehrlinge gültiges Datum für Beginn und Ende der Lehrzeit gab es nicht. Vielmehr wurden die Lehrlinge zu unterschiedlichen Zeitpunkten im Jahr eingestellt. Da die Lehrzeit in allen Fällen zweieinhalb Jahre dauerte, endete sie auch zu unterschiedlichen Zeitpunkten. Was über den Beginn der Lehre bestimmte, ist unklar. Im Falle des ersten weiblichen Lehrlings im Sample, Charlotte Blo, ist es aber denkbar, dass der Beginn der Lehrzeit von dem Schulabschluss bestimmt worden war. Denn wie schon erwähnt, ist es wahrscheinlich, dass die Witwe und Mutter von Charlotte Blo, Dora Blo, frühzeitig mit der Bank vereinbart hatte, dass ihre bzw. die Tochter des im Krieg gefallenen Kassierers bei einer Depositenkasse der Darmstädter Bank, Eduard Blo, als Lehrling eingestellt werden würde, sobald sie das Lyzeum abgeschlossen hatte. Die Bewerbung wäre in diesem Falle nur eine *Pro-forma*-Bewerbung gewesen.

Charlotte Blo wurde zum 8. November 1922 eingestellt – eine Woche nach Beendigung der Schulzeit. Die im Lehrvertrag[312] festgelegten Bedingungen sahen wie folgt aus:

- „Es steht der Bank frei, einen Lehrling, der für das Bankfach ungeeignet erscheint, innerhalb der ersten drei Monate der Lehrzeit zu entlassen."
- Sollte der Lehrling innerhalb der zweieinhalb Jahre mehr als drei Monate wegen Krankheit der Ausbildung ferngeblieben sein, so wird „die versäumte Lehrzeit unter entsprechender Verlängerung der Vertragsdauer" nachgeholt.
- „Der Lehrling ist verpflichtet, seinem Vorgesetzten Gehorsam und Achtung zu erweisen, die im Geschäft bestehende Ordnung genau inne zu halten, die ihm übertragenen Arbeiten treu und gewissenhaft auszuführen und sich innerhalb und außerhalb des Geschäfts eines gesitteten Betragens zu befleißigen; die Interessen des Geschäfts nach jeder Richtung hin treu zu wahren und über alle Geschäftsvorgänge, auch nach beendeter Lehrzeit, gegenüber jedermann strengste Verschwiegenheit zu beobachten (sic!)."
- Die Vergütung betrug im ersten Lehrjahr 200 Mark, im zweiten 250 Mark und im letzten halben Jahr 416,60 Mark pro Monat. Eine Abschlussgratifikation oder ein Weihnachtsgeld stand den Lehrlingen nicht zu.
- Der Einsatzort war die Berliner Zentrale sowie die Depositenkassen in Berlin und den Vororten Berlins.
- Die Gründe für eine fristlose Kündigung waren u. a. die Verletzung der Verschwiegenheitspflicht, aber auch mangelnder Gehorsam gegenüber den Vorgesetzten und ein unsittlicher Lebenswandel.
- Schließlich musste sich der Vater bzw. im Falle von Charlotte Blo die Mutter eines minderjährigen Lehrlings verpflichten, „der Bank für jeden durch Un-

312 Lehrvertrag der Bank für Handel und Industrie v. 8.11.1922, in: HAC 500/E.3813.

redlichkeit, Böswilligkeit, vorsätzliche oder grobe Fahrlässigkeit des Lehrlings verursachten Schaden in vollem Umfange Ersatz" zu leisten.

Ein Dreivierteljahr später wurde mit Alice Mü der zweite weibliche Lehrling des Samples eingestellt, und zwar von der Danat Bank. Der am 20. August 1923 unterzeichnete Lehrvertrag war mit einer Ausnahme identisch mit dem Charlotte Blo im November des Vorjahres vorgelegten Vertrag. Der Beginn der Lehrzeit war am gleichen Tag, dem 20. August 1923. Die Schule hatte Alice Mü Ostern 1923 abgeschlossen und war seitdem ohne Beschäftigung. Der einzige Unterschied ihres Vertrages zu dem von Charlotte Blo war die Gehaltsangabe. Hatte der Vertrag vom November 1922 noch einen Betrag genannt, enthielt der Vertrag vom August 1923, auf dem Höhepunkt der Hyperinflation, nur noch den Hinweis, dass der Lehrling „während der Lehrzeit eine Vergütung nach den jeweiligen Sätzen des Reichstarifs im Bankgewerbe" erhalten würde.[313]

In dieser Hinsicht etwas konkreter war das Gertrud Va zwei Wochen zuvor von der Dresdner Bank überreichte Schreiben mit der Einstellungsbestätigung. Dort wurde immerhin noch die Vergütung für das erste Lehrjahr angegeben. Einschließlich der Teuerungszulage betrug der Jahresverdienst auf dem Höhepunkt der Inflation sagenhafte 1,78 Mio. Mark. Ansonsten hatte das Schreiben aber wenig mit dem Lehrvertrag gemein, den Alice Mü und Charlotte Blo bei der Danat Bank erhalten hatten. Denn die Dresdner Bank scheint zu diesem Zeitpunkt noch gar keinen Lehrvertragsvordruck erarbeitet zu haben. Sie teilte der Bewerberin lediglich formlos die Bedingungen mit, zu denen sie als Lehrling eingestellt werden würde. Dazu gehörte neben der Höhe der Vergütung die Anmeldung bei der Renten- und Krankenversicherung mit dem Hinweis auf den Abzug des Arbeitnehmerbeitrags vom Bruttolohn und der Festsetzung einer dreimonatigen Probezeit. Schließlich hatte der Vater in einem formlosen Schreiben zu erklären, dass er mit dem Eintritt seiner Tochter in den Dienst bei der Dresdner Bank unter den genannten Bedingungen einverstanden war, wobei er zugleich zu versichern hatte, dass er seine Tochter während ihrer Lehrzeit „standesgemäß zu unterhalten" in der Lage sei. Die Lehrzeit begann am 1. Oktober 1923.[314] Das nur wenige Wochen später als das von Anfang August 1923 datierte Schreiben an Gertrud Sch2 gerichtete Schreiben war mit demjenigen an Gertrud Va identisch. Lediglich der Hinweis auf das Lehrlingsgehalt fehlte. Auch die Dresdner Bank beschränkte sich spätestens Anfang Oktober 1923 auf den Hinweis auf den gültigen Tarifvertrag.[315]

313 Lehrvertrag der Darmstädter und Nationalbank v. 20.8.1923, in: HAC 500/E.8464.
314 Schreiben der Dresdner Bank an Gertrud Va v. 14.8.1923, in: HAC 500/E.8601.
315 Schreiben der Dresdner Bank an Gertrud Sch2 v. 1. 10.1923, in: HAC 500/E.8368.

Alle vier Verträge wurden während der Inflationsjahre geschlossen. Bei Charlotte Blo hatte die Hyperinflation noch nicht eingesetzt. Dennoch hatte das im Vertrag angegebene Gehalt kaum einen Informationswert. Denn zu dieser Zeit erhielten die Beschäftigten neben dem Gehalt auch noch eine Teuerungszulage. Davon ist allerdings in dem Vertrag nicht die Rede. Anders verhielt sich Anfang August 1923 noch die Dresdner Bank, die einen Betrag für Gehalt und Teuerungszulage für das erste Lehrjahr angab. Bei den mit Alice Mü und Gertrud Sch2 nur wenig später geschlossenen Vereinbarungen sind Angaben über die Höhe des Gehalts nicht mehr enthalten. Das hätte zum Zeitpunkt des Vertragsabschlusses auch wenig Sinn gemacht. Denn Ende August und im Oktober 1923 hatte das Geld vollständig seine Funktion als Wertmesser und Recheneinheit verloren. Deshalb werden sich der Agrarchemiker Hans Mü und der Kriminalbeamte Ernst Sch2 mit dem Hinweis auf die tariflichen Regelungen auch zufriedengegeben haben.

Für die späten zwanziger Jahre, nach der Stabilisierung der Währung sind ebenfalls Lehrverträge überliefert. Der 1925 für Charlotte Bö2 ausgefertigte Vertrag der Danat Bank war wortgleich mit den Verträgen von 1922 und 1923, einschließlich des Hinweises auf die „jeweiligen Sätze des Reichstarifs für das Bankgewerbe“.[316] Die ersten, für ein Samplemitglied seit der Währungsstabilisierung überlieferten Lehrverträge der Dresdner Bank stammen aus den Jahren 1928 und 1929. Diese, mit den Vätern von Alice Bl und Charlotte Bo abgeschlossenen Verträge waren teilweise wortgleich, teilweise dem Sinn nach mit den Lehrverträgen der Danat Bank identisch. Sie enthielten aber konkrete Angaben zum Gehalt, das bei Alice Bl im ersten Lehrjahr, als sie noch keine 18 Jahre alt war, monatlich 36 RM, im zweiten Lehrjahr mit 18 Jahren 67 RM und im dritten Lehrjahr 89 RM betrug. Bei Charlotte Bo, die ein halbes Jahr später eingestellt worden war, waren es die gleichen Beträge. Ferner wurde eine Verpflichtung der Dresdner Bank, den Lehrling nach der erfolgreich abgeschlossenen Lehrzeit als „Beamten“ zu übernehmen, ausdrücklich verneint. Außerdem hatte sich der Lehrling zu verpflichten, dem Beamtenversicherungsverein des Deutschen Bank- und Bankiergewerbes beizutreten und dort Mitglied zu bleiben, solange er bei der Dresdner Bank beschäftigt war.[317]

Tatsächlich war die Banklehre eine gute Voraussetzung, um anschließend als „Beamtin“ von der Ausbildungsbank übernommen zu werden. Die Frauen wurden auch nicht in die Tarifgruppe 1 eingestuft, wie eine Absolventin von Lyzeum und Handelsschule, sondern gleich in die Tarifgruppe 2. Allerdings wurden ihnen

316 Lehrvertrag der Darmstädter und Nationalbank v. 13.10.1925, in: HAC 500/3761.

317 Lehrvertrag der Dresdner Bank mit Alice Bl v. 28.8.1928, in: HAC 500/E.3845 sowie Lehrvertrag mit Charlotte Bo v. 22.2.1929, in: HAC 500/E.3603.

die Lehrjahre nicht als Berufsjahre anerkannt. Lediglich Alice Bl und Charlotte Bo wurden nach ihrer Lehrzeit nicht übernommen. Sie hatten das Pech, dass sie ihre Lehre im Oktober 1928 bzw. im April 1929 angetreten hatten, so dass sie Ende April bzw. Ende September 1931 ausgelernt hatten.

Als Alice Bl im Frühjahr 1931, d. h. vor Ausbruch der akuten Bankenkrise, ihre Lehrzeit beendet hatte, sah es zunächst so aus, als würde sie wie alle bisherigen Lehrlinge behandelt werden: Sie wurde übernommen und erhielt ein Gehalt nach der Tarifgruppe 2. Die erste Abbauwelle nach der Bankenkrise überstand sie noch ohne Kündigung. Aber ein halbes Jahr nach der Fusion wurde sie schließlich doch entlassen. Immerhin erhielt sie aber eine Abfindung in Höhe von 831 RM, was mehr als fünf Monatsgehältern entsprach.[318] Die Berechnungsgrundlage für das „Abkehrgeld" ist leider nicht überliefert. Aber es müssen die Lehrjahre als Berufsjahre mitgerechnet und dabei nicht der Lehrlingslohn, sondern das Gehalt zugrunde gelegt worden sein, das Alice Bl als ausgelernte Angestellte bekommen hatte. Anders ist diese – im Vergleich zu anderen zu dieser Zeit entlassenen weiblichen Angestellten – hohe Summe nicht zu erklären.

Charlotte Bo hatte erst nach der Bankenkrise, im September 1931, ausgelernt. Die Bank machte deshalb (bei den weiblichen Lehrlingen vermutlich erstmals) von ihrem Recht Gebrauch, einen Lehrling nicht zu übernehmen. Allerdings hatte ihr Depositenkassenvorsteher in einem kurzen Schreiben an die Personalabteilung Charlotte Bo positiv bewertet. Deshalb bot ihr die Bank an, sie für einen Monat als „Beamtin" zu übernehmen. Offenbar bewährte sie sich in der Depositenkasse, in der sie eingesetzt war, so sehr, dass die Bank die Kündigung zurücknahm und einen neuen Kündigungstermin zum 31. März 1932 festsetzte.[319] Dieses vermeintliche Entgegenkommen wurde von der Bank aber so interpretiert, dass Charlotte Bo deshalb keine Abfindung zustand. Im März 1932 wurde das Beschäftigungsverhältnis noch einmal um vier Monate verlängert.[320] Danach entließ die Bank ihren ehemaligen Banklehrling ohne Abfindung in die Arbeitslosigkeit.

Die unterschiedliche Behandlung von Charlotte Bo und Alice Bl, deren Abschluss der Banklehre nur wenige Monate auseinanderlag und die fast zeitgleich entlassen wurden, ist sicherlich erklärungsbedürftig. Die Entlassungen im Jahr 1932 waren wegen der gerade angelaufenen Entlassungswelle wohl unvermeidlich gewesen. Denn es war gegenüber der Belegschaft (und sicherlich auch gegenüber dem Betriebsrat) kaum zu rechtfertigen, wenn die Bank zwei junge Angestellte mit einer erst kurzen Dienstzeit behielt, während sie zahlreiche ältere

318 Schreiben an Alice Bl v. 26.9.1932, in: HAC 500/E.3845.

319 Schreiben an Charlotte Bo v. 28.9.1931 u. 10.10.1931, in: HAC 500/E.3603.

320 Abgangszeugnis v. 31.7.1932, in: ebd.

Angestellte mit zum Teil deutlich längeren Dienstzeiten entließ. Hinzu kam, dass die Angestellten der alten Danat Bank der Dresdner Bank unterstellten, dass vorzugsweise Danat Bank-Angestellte entlassen und überproportional viele Dresdner Bank-Angestellte verschont wurden. Da beide Frauen bei der Dresdner Bank gelernt hatten, war dies ein zusätzliches Argument sie zu entlassen – unabhängig davon, ob das Gerücht stimmte oder nicht. Für das Zusammenwachsen der Belegschaften war ein solches Gerücht reines Gift. Deshalb war die Entlassung von Charlotte Bo und Alice Bl aus der Sicht der Bank folgerichtig.

Die Tatsache, dass Alice Bl eine Abfindung erhielt, die auch noch vergleichsweise großzügig ausfiel, und Charlotte Bo ganz leer ausging, ist wohl nur so zu erklären, dass im Falle von Alice Bl die Kosten auf den Steuerzahler abgewälzt wurden. Denn wie es in dem Kündigungsschreiben heißt, entsprach die Abfindung „den in den allgemeinen Richtlinien festgelegten Bestimmungen" und erfolgte „aus den von der Regierung zur Verfügung gestellten besonderen Mitteln".[321] Damit waren die zwischen der Bankleitung und dem Betriebsrat ausgehandelten Regelungen gemeint, wonach allen aufgrund des Personalabbaus nach der Fusion entlassenen Angestellten eine Abfindung zustand, die ein Dreiviertel-Monatsgehalt pro Dienstjahr betrug. Bei den „von der Regierung zur Verfügung gestellten Mitteln" handelte es sich um den 20 Mio. RM betragenden „Abbaufonds", der zu dem Gesamtpaket der Mittel gehörte, mit dem die Regierung der aus zwei *de facto* insolventen Vorgängerinstituten zusammengesetzten neuen Dresdner Bank wieder auf die Beine helfen wollte (s. Kap. 2.1.). Charlotte Bo wurde allerdings im März 1932, also kurz vor der Fusion gekündigt. Deshalb wäre die Abfindung für sie nicht aus dem „Abbaufonds" finanziert worden und ist sehr wahrscheinlich deswegen auch unterblieben.

Charlotte Bo war in der Zentrale zugleich der letzte weibliche Banklehrling des Samples. Danach wurde nur noch Charlotte Kle in Königsberg als Lehrling eingestellt, wobei hier, wie in Kap. 3.3.3. erläutert, sehr wahrscheinlich Sonderbedingungen vorgelegen haben, da es ansonsten kaum vorstellbar ist, dass in dem Jahr des stärksten Personalabbaus in der Geschichte der beiden Banken ein weiblicher Lehrling eingestellt werden konnte. Seit der Machtübernahme der Nationalsozialisten war die Zeit der weiblichen Banklehrlinge erst einmal wieder vorbei. Die Politik der Nationalsozialisten zielte in den ersten Jahren ihrer Herrschaft auf die Verdrängung von Frauen aus dem Arbeitsmarkt. Da machte es wenig Sinn, Frauen zu qualifizieren, damit sie, zumindest in der Theorie, Arbeiten erledigen konnten, die bisher männlichen Angestellten vorbehalten waren. Da es aber wohl in den Filialen immer wieder Überlegungen gab, auch junge Frauen als Lehrlinge einzustellen –

321 Schreiben an Alice Bl v. 26.9.1932, in: HAC 500/E.3845.

womöglich ausgelöst durch weibliche „Vertrauensmänner“ vor Ort – wurde im Jahr 1937 von der Zentrale sogar ein formales Verbot für die Einstellung weiblicher Lehrlinge erlassen.[322] Erst als sich der Überschuss an Büroarbeitskräften kurz vor dem Krieg in einen Arbeitskräftemangel verwandelt hatte, wurden wieder Frauen zu einer Banklehre zugelassen.[323] Da das Sample aber die seit 1936 neu eingestellten Frauen nicht mehr berücksichtigt, sind Lehrlinge dieser Alterskohorten nicht mehr vertreten. Die Frage der praktischen Auswirkungen der Aufhebung des Verbots muss an dieser Stelle deshalb offenbleiben.

3.4 Die Dauer der Beschäftigung

Die Fluktuation unter den weiblichen Angestellten war sehr hoch. Während die männlichen Angestellten oftmals von ihrer Lehrzeit bis zum Eintritt in das Rentenalter bei derselben Bank beschäftigt waren, erreichte keine Frau im Sample das Rentenalter von zu dieser Zeit 60 Jahren im aktiven Dienst. Das hatte mehrere Gründe. Der erste Grund ist ein statistischer bzw. ein demografischer. Da die ersten weiblichen Angestellten um die Jahrhundertwende und dann als meist noch sehr junge Frauen eingestellt wurden und ihre Zahl bis zum Ausbruch des Ersten Weltkriegs noch recht überschaubar war, konnten überhaupt erst wenige Frauen im Sample 1945 das Rentenalter von 60 Jahren erreicht haben. Außerdem ist der Anteil der überlieferten Personalakten aus der Frühzeit der Frauenbeschäftigung bei der Dresdner Bank und der Darmstädter Bank sehr viel geringer als der Anteil derjenigen Frauen, die nach der Entlassungswelle der Stabilisierungskrise 1924 eingestellt wurden. Personalakten der Nationalbank für Deutschland, die 1922 mit der Darmstädter Bank zur Darmstädter und Nationalbank (Danat Bank) fusionierte, sind fast überhaupt keine überliefert. Die Zahl der Frauen im Sample, die das Rentenalter

322 Für die Filiale Eisenach sind die Vertrauensratsprotokolle überliefert. Dort scheint ein stellvertretender weiblicher „Vertrauensmann“ die Frage der Einstellung weiblicher Lehrlinge forciert zu haben (vgl. Ziegler, Nationalsozialisten im Betrieb, S. 155). Wie viele weibliche „Vertrauensmänner“ es überhaupt gab und wie aktiv sich diese für die Einstellung weiblicher Lehrlinge eingesetzt haben, wie repräsentativ Eisenach also für die Gesamtbank war, lässt sich aufgrund der weitgehend vernichteten Unterlagen der Vertrauensräte nicht beurteilen. Die Betriebsfrauenwalterin in Berlin, Annemarie Nay, war in dieser Frage ausweislich der überlieferten Quellen nicht aktiv.

323 In einer Filialleiterbesprechung teilte Vorstandsmitglied Lüer den anwesenden Filialleitern lt. Protokoll im August 1938 Folgendes mit: „Infolge der veränderten Lage am Arbeitsmarkt sollen grundsätzlich wieder weibliche Lehrlinge eingestellt werden, wie überhaupt der Anteil der weiblichen Gefolgschaftsmitglieder an der Gesamtkopfzahl durchaus eine weitere Steigerung verträgt“. Protokoll der Filialleitersitzung am 17.8.1938 in Hannover, in: HAC-500/431-2000.

bis 1945 im aktiven Dienst hätten erreichen können, musste insofern auch wegen der Überlieferungssituation gering ausfallen.

3.4.1 Das abrupte Ende 1945

Das Jahr 1945 war für die Beschäftigten der Dresdner Bank in Berlin neben den Folgen des Krieges und der Besatzung ein besonderer Einschnitt, weil die meisten Angestellten, darunter fast alle weiblichen Angestellten von der Dresdner Bank im Laufe des Jahres zunächst gehaltlos beurlaubt und dann entlassen wurden. Denn schon bevor die Westalliierten ihre künftigen Besatzungssektoren in Berlin übernommen hatten, war von der sowjetischen Besatzungsmacht die Einstellung der Tätigkeit aller Banken mit Ausnahme der im Juni 1945 neu gegründeten Berliner Stadtbank verfügt worden. Den sogenannten „ruhenden Banken", zu denen auch die Dresdner Bank mit ihrer Zentrale und den Berliner Depositenkassen gehörte, war lediglich die Erstellung der Abschlussbilanz per 30. April 1945 und die technische Sicherung des Gebäudes und seiner Einrichtungen gestattet (s. Kap. 2.1.). Nur sehr wenige Angestellte wurden in Berlin für diese Abwicklungsarbeiten noch beschäftigt. Von den Frauen aus dem Sample war nur Erna Frä darunter, die aber im Oktober 1945 ebenfalls nicht mehr gebraucht wurde. Erst deutlich später, als das Geschäft in den drei Westsektoren der Stadt Fahrt aufgenommen hatte, wurden Erna Frä und drei weitere Angestellte des Samples, Käthe St, Charlotte Fu und Erna Bo, in Berlin wieder eingestellt.

Es ist auffällig, dass alle vier Angestellte ausgewiesene Nationalsozialistinnen gewesen waren. Zwei von ihnen waren 1933 in die Nationalsozialistische Betriebszellenorganisation (NSBO) eingetreten und zwei von ihnen waren sogar Mitglieder der NSDAP gewesen. Abgesehen davon, dass ein Zufall nicht ganz ausgeschlossen werden kann, ist die eine mögliche Erklärung die Existenz von Netzwerken ehemaliger Nationalsozialisten, die so viel Einfluss besaßen, dass sie ihre ehemaligen Partei- bzw. Gesinnungsgenossen und Genossinnen in dem Berliner Nachfolgeinstitut der Dresdner Bank unterbringen konnten. Allerdings gibt es auch den Fall einer aktiven Nationalsozialistin, die nach dem Krieg trotz zweier Anfragen nicht wieder eingestellt wurde. Dabei handelte es sich um die nicht zum Sample gehörende ehemalige DAF-Betriebsfrauenwalterin Annemarie Fischer (bis 1942 Annemarie Nay). Wahrscheinlich war sie zu exponiert gewesen und ihre Wiedereinstellung wäre auf Widerstände in der Belegschaft getroffen, so dass ihr ohne Begründung abgesagt wurde.[324]

324 Schreiben von Annemarie Fischer v. 27.2.1951 und 22.3.1951, in: HAC 500/E.2640. Vgl. zur Rolle von Annemarie Nay als Betriebsfrauenwalterin ausführlich Kap. 4.

Denkbar ist aber auch, dass die entlassenen weiblichen Angestellten ohne braune Vergangenheit eine Anstellung gefunden hatten, bevor die (Berliner) Bank für Handel und Industrie, das Nachfolgeinstitut der Dresdner Bank in (West-)Berlin, gegründet worden war. Die Einstellung der vier NSDAP- bzw. NSBO-Mitglieder war dagegen womöglich auch bei einem anderen Arbeitgeber des Banken- oder Versicherungswesens in den Westsektoren so lange nicht möglich, wie das Entnazifizierungsverfahren noch nicht abgeschlossen war. Eine Anstellung im Ostteil der Stadt dürfte für die Frauen ohnehin nicht in Frage gekommen sein.

Die im Jahr 1945 42-jährige Erna Frä wurde nach ihrer Entlassung bei der Dresdner Bank zunächst als „Trümmerfrau" eingesetzt und nach mehreren Monaten Arbeitslosigkeit bei einer Baufirma für Aufräumarbeiten beschäftigt. Im Oktober 1949 stellte sie die amerikanische Besatzungsbehörde in Berlin als Buchhalterin ein, woraufhin sie sich sofort erfolgreich bei der Bank für Handel und Industrie bewarb.[325] Die zeitliche Nähe von der Einstellung bei der US-Besatzungsbehörde und der erfolgreichen Bewerbung bei der Bank für Handel und Industrie deutet daraufhin, dass Erna Frä zu dieser Zeit als entnazifiziert galt. Denn sie war im Mai 1933 in die NSBO eingetreten und es ist kaum vorstellbar, dass die US-Behörden eine nicht entnazifizierte Buchhalterin eingestellt hätten.

Das gleiche ist auch bei Charlotte Fu anzunehmen, die ebenfalls im Mai 1933 in die NSBO eingetreten war. Sie wurde nach gut einem Jahr als „Trümmerfrau" Ende 1947 zunächst von der sog. „Banken-Kommission" beschäftigt. Deren Aufgabe war es, die Wertpapiere der geschlossenen und im Ostteil der Stadt gelegenen Hauptsitze sicherzustellen. Zu Jahresbeginn 1950 wechselte Charlotte Fu zur ruhenden Dresdner Bank („Altbank"). Denn durch ihre Tätigkeit bei der Banken-Kommission war sie bestens qualifiziert, um für die „Altbank" bei der Wertpapierbereinigung und der sog. Uraltkontenumstellung eingesetzt zu werden. Im Jahr 1950 wurde sie zunächst halbtags abgeordnet, um im Februar 1952 ganz in die Bank für Handel und Industrie zu wechseln.[326]

Ähnlich verlief der Weg von Käthe St, die als Direktionssekretärin bis 1945 eine herausgehobene und vergleichsweise gut bezahlte Position innegehabt hatte. Nach ihrer Entlassung bei der Dresdner Bank arbeitete sie zunächst bei einem Bücherrevisor, weil sie sich vermutlich wegen ihres laufenden Entnazifizierungsverfahrens zunächst nicht bei der Dresdner Bank („Altbank") bewerben konnte, obwohl sie dem Personalchef bestens bekannt war. Denn Käthe St war eine der wenigen Angestellten des Samples, die Mitglied in der NSDAP gewesen waren. Sie

325 Fragebogen zur Wiedereinstellung v. 21.11.1949, in: HAC 500/E.2725.

326 Aufstellung v. 15.5.1950, Tätigkeitsbericht v. 8.6.1950 sowie Schreiben an Charlotte Fu v. 19.12.1951, in: HAC 500/E.2760.

war als „Märzgefallene“ eingetreten, beließ es aber nicht bei einer bloßen Mitgliedschaft, sondern engagierte sich ehrenamtlich in ihrer Ortgruppe, indem sie deren Korrespondenz erledigte.[327] Im Jahr 1949 war das Entnazifizierungsverfahren mit der Einstufung als „unbelastet“ abgeschlossen worden, so dass eine Wiedereinstellung möglich war, die auch umgehend bei der Bank für Handel und Industrie erfolgte.[328]

Einen besonderen Fall stellt die ehemalige Sekretärin vom Emil Meyer dar, der bei Kriegsende Selbstmord begangen hatte. Sie hatte schon kurz nach Kriegsende wegen ihrer NSDAP-Mitgliedschaft von der Dresdner Bank entlassen werden müssen. Das war aber ganz und gar nicht im Interesse der Bank. Erna Bo wurde noch gebraucht. Denn sie fungierte als Zeugin bei der Vorbereitung und im späteren Nachfolgeprozess gegen das Dresdner Bank-Vorstandsmitglied Karl Rasche.[329] Es erscheint schon recht wahrscheinlich, dass sie in die Verteidigungsstrategie der Bank (und nicht Rasches) eingebunden werden sollte, deren Ziel es war, die Verantwortung für die Beteiligung der Bank an den Verbrechen im besetzten Osten Europas und die Unterstützung der Bank für die SS durch eine großzügige Kreditvergabe möglichst auf Meyer und dort, wo das nicht möglich war, auf Rasche abzuschieben, um die Gesamthaftung des Vorstands zu verhindern.[330] Deshalb wurde Erna Bo von Juni 1946 bis September 1949 bei einer Tochtergesellschaft der Dresdner Bank, der Grundbesitz-Verwaltung-AG,[331] untergebracht.[332] Nach dem Prozess war es der Dresdner Bank im Oktober 1949 wieder möglich, Erna Bo in der „Altbank“ zu beschäftigen. Mit Jahresbeginn 1951 wechselte sie schließlich in die für das Geschäft in den Westsektoren der Stadt gegründeten Bank für Handel und Industrie.[333]

---

327 Fragebogen (ausgefüllt am 4.12.1936), in: HAC 500/E.8964.

328 Schreiben von Käthe St an Direktor Georg Butz v. 18.8.1949, in: ebd. Butz war der stellvertretende Personalchef der Dresdner Bank gewesen und leitete nun die Personalabteilung der ruhenden Altbank. Da Käthe St Butz aus der Kriegs- und Vorkriegszeit kannte, bat sie ihn um ein Empfehlungsschreiben, um sich bei der im August 1949 von den drei Nachfolgeinstituten der Dresdner Bank für das Geschäft in den Westsektoren der Stadt gegründeten Bank für Handel und Industrie bewerben zu können. Damit war sie erfolgreich, wie die Weiterführung ihrer Personalakte zeigt.

329 Vernehmungen von Erna Bo v. 6.5.1947, in: BA Berlin, 99 US 7/439 sowie Prozessaussage, in: BA Berlin, 99 US 7/781.

330 Vgl. hierzu ausführlich Ralf Ahrens, Der Exempelkandidat – Die Dresdner Bank und der Nürnberger Prozess gegen Karl Rasche, in: Vierteljahrshefte für Zeitgeschichte 52/2004, S. 637 ff.

331 Zum Beteiligungsverhältnis s. Bähr, Dresdner Bank, Tab. I/7, S. 39.

332 Schreiben an Erna Bo v. 21.10.1949, in: HAC 500/E.3623.

333 Schreiben an Erna Bo v. 20.12.1950, in: ebd.

Neben der (Wieder-)Einstellung bei der Bank für Handel und Industrie bestand für die entlassenen Angestellten auch die Möglichkeit, Berlin zu verlassen und in die westlichen Besatzungszonen abzuwandern, um sich bei einer der dortigen Filialen, die ihr Geschäft eingeschränkt weiterführen durften, um eine Wiedereinstellung zu bemühen. Aber unter den Frauen im Sample scheint mit Erna Mü nur eine diese Möglichkeit genutzt zu haben.[334] Während des Krieges hatte sie bei einer der Berliner Depositenkassen als Stenotypistin gearbeitet, wurde 1945 entlassen, aber 1953 in der Stuttgarter Filiale der Rhein-Main Bank, dem süddeutschen Nachfolgeinstitut der Dresdner Bank, wieder eingestellt.[335] Sie war zu diesem Zeitpunkt bereits 52 Jahre alt und insofern in einem Alter, in dem eine Stenotypistin in der Dresdner Bank normalerweise nicht mehr eingestellt wurde. Man kann deshalb annehmen, dass die Fürsprache ihres Vetters, eines Direktors der Landeszentralbank in Stuttgart, ausschlaggebend für die Einstellung bei der Rhein-Main Bank war.[336] Aber Erna Mü hatte 1953 zunächst noch keine Zuzugsgenehmigung nach Stuttgart vom zuständigen Flüchtlingskommissar erhalten. Die Aussicht ehemaliger Dresdner Bank-Angestellter aus Berlin, in den frühen fünfziger Jahren in Westdeutschland wieder in den Dienst einer der Nachfolgebanken aufgenommen zu werden, scheint demzufolge nicht allzu günstig gewesen zu sein. Wegen solcher Schwierigkeiten werden wohl nur wenige alleinstehende Frauen mittleren Alters diesen Schritt gewagt haben. Wahrscheinlicher ist, dass einzelne Frauen, insbesondere wenn sie im Ostteil der Stadt lebten, um eine Anstellung bei der Berliner Stadtbank oder später auch bei der Deutschen Notenbank (der DDR) nachgesucht hatten. Wieviele es waren und wie erfolgreich sie dabei waren, ist in den Personalakten der Dresdner Bank allerdings nicht dokumentiert.

Betroffen von der Schließung der Berliner Dresdner Bank waren 1945 immerhin 35 Frauen des Samples. Das entspricht 25 Prozent. Diese Frauen waren im Durchschnitt 44 Jahre alt, wobei die Streuung nicht sehr breit war. Die älteste 1945 entlassene Angestellte war 56 Jahre und die jüngste 32 Jahre alt, wobei allerdings zu berücksichtigen ist, dass nur Frauen in das Sample aufgenommen wur-

334 Bei der Commerzbank war eine ähnliche Tendenz festzustellen. Auch dort scheinen nur sehr wenige Frauen Berlin verlassen zu haben, um an einer westdeutschen Filiale von einem der Nachfolgeinstitute wieder eingestellt zu werden. Sattler, Neuanfang, S. 226.

335 Schreiben des Direktors der Rhein-Main Bank Stuttgart Carl Kauffmann v. 18.5.1953; Schreiben der Rhein-Main Bank Stuttgart an Erna Mü v. 8.8.1953 (Abschrift), in: HAC 500/E.5908.

336 Schreiben der Rhein-Main Bank Stuttgart an die Bank für Handel und Industrie (Berlin) v. 17.8.1953, in: ebd.

den, die bis 1935 in den Dienst bei der Bank eingetreten waren. Mit den Ausnahmen einer Geschiedenen und einiger während des Krieges wieder eingestellter Verheirateter waren alle Frauen ledig. Es ist unwahrscheinlich, dass eine nennenswerte Zahl dieser Frauen nach dem Krieg noch geheiratet hatte und deswegen ohne Schließung der Bank trotzdem ausgeschieden wäre. Man kann insofern davon ausgehen, dass nicht wenige dieser 35 Frauen mit dem Erreichen ihres 60. Lebensjahres in den Ruhestand getreten wären, wenn die Bank ihren Betrieb in Berlin nach Kriegsende hätte weiterführen können. Aber solche kontrafaktischen Überlegungen sind Mutmaßungen – mehr nicht!

Die folgende Auswertung der Beschäftigungsdauer ist insofern nicht repräsentativ. Denn bei einem Viertel des Samples wurde die Beschäftigungsdauer unfreiwillig beendet, während andererseits die weiblichen Angestellten, die während der Inflationsjahre eingestellt und in der Stabilisierungskrise überwiegend entlassen wurden, so gut wie keine Spuren hinterlassen haben. Sie werden nicht länger als zwischen einem und fünf Jahren beschäftigt gewesen sein und demzufolge auch keinen Betriebsrentenanspruch erworben haben. Damit gleicht ihr Fehlen ein Stück weit das Fehlen der vielen seit 1936 (und bis 1945) in der Bank beschäftigten Frauen aus. Aber dennoch sind die folgenden Berechnungen nicht mehr als Anhaltspunkte.

Die durchschnittliche Beschäftigungsdauer der Frauen im Sample lag bei etwa 13,5 Jahren. Diese Zahl sagt jedoch gar nichts aus. Denn gerade einmal acht Frauen waren dreizehn bzw. vierzehn Jahre bei der Dresdner Bank beschäftigt. Die größte Gruppe bilden 82 Frauen (oder 57%), die zwischen wenigen Monaten und zwölf Jahren beschäftigt waren, während sich eine weitere Häufung bei einer Beschäftigungsdauer von 25 bis 30 Jahren zeigt. Auf eine solche lange Beschäftigung konnten 25 Frauen (oder etwa 17,5%) zurückblicken.

Fünf Frauen waren 30 Jahre und länger bei der Dresdner Bank und ihren Rechtsvorgängerinnen beschäftigt. 30 Jahre lang, von 1915 bis 1945, war Charlotte Bö3 zunächst bei der Darmstädter Bank, später bei der Danat Bank und schließlich seit 1932 bei der Dresdner Bank beschäftigt. Sie hatte zu den zahlreichen jungen Frauen gehört, die während des Ersten Weltkriegs als Ersatz für die einberufenen männlichen Angestellten von den Berliner Großbanken eingestellt wurden. Allerdings hatte Charlotte Bö3 lediglich Volksschulbildung und keine Handelsschule besucht. Aber sie war die Tochter eines Pförtners der Nationalbank für Deutschland, deren Vater es schaffte, zwei Direktoren seines Arbeitgebers dazu zu veranlassen, sich dafür zu verwenden, seine Tochter bei der Darmstädter Bank unterzubringen. Über das Gehalt ließ die Darmstädter Bank jedoch nicht mit sich reden. Da Charlotte Bö3 mit ihren 17 Jahren auch über keine Berufserfahrung verfügte, lag ihr Anfangsgehalt mit 60 Mark im Monat sehr niedrig. Ihre Leistungen waren anscheinend auch nicht besonders gut. Jedenfalls wies die Personalabteilung der Darmstädter Bank ihren Wunsch auf Gehaltserhöhung 1918 ungewöhnlich brüsk zurück.[337]

Auch in den Folgejahren, nach der Einführung des Tarifvertragssystems, verbesserte sich ihre Lage kaum. Erst gegen Ende der zwanziger Jahre scheint sie sich durch Fleiß und Zuverlässigkeit das Vertrauen ihrer Vorgesetzten erarbeitet zu haben. Denn vor der Fusion mit der Dresdner Bank arbeitete sie eine Zeitlang als Assistentin des Tresorverwalters im Effekten-Büro.[338] Da auch ihre Gesundheit recht robust gewesen zu sein scheint, kann bei Charlotte Bö3 wohl angenommen werden, dass sie den im Jahr 1958 anstehenden Renteneintritt im aktiven Dienst erreicht hätte, wenn die Dresdner Bank ihren Geschäftsbetrieb nicht im Jahr 1945 hätte einstellen müssen.

Interessant ist in diesem Zusammenhang der Vergleich mit Käthe Plö, die ebenfalls 1915 eingestellt worden war und 30 Jahre lang im Dienst der Dresdner Bank und ihrer Rechtsvorgängerinnen gestanden hatte. Sie war zunächst im Wechselbüro und später bei der Dresdner Bank in der Scheckabteilung beschäftigt worden. Sie bezog ein Gehalt nach der Tarifgruppe 2 (später nach der Tarifreform in der Tarifgruppe 3). Auch ihre Gesundheit scheint recht robust gewesen zu sein. Jedenfalls sind keine Untersuchungen durch den Vertrauensarzt der Bank überliefert. Auch sie hätte womöglich bis zum Erreichen des 60. Lebensjahres im Jahr 1953 im Dienst der Bank gestanden, wenn dies möglich gewesen wäre. Allerdings setzte sie ihrem Leben nach der Schließung der Bank im Mai 1945 ein Ende.[339]

Obwohl Charlotte Bö3 nicht zu den besserverdienenden weiblichen Angestellten gehörte, scheint sie sich nicht um eine besser bezahlte Stellung bemüht zu haben. Ihr Beschäftigungsverhältnis endete deshalb erst 1945, als sie zunächst gehaltlos beurlaubt und etwas später gekündigt wurde.[340] Es ist davon auszugehen, dass sie, unabhängig davon, ob sie als 50-jährige Frau Ende der vierziger Jahre eine neue Stelle gefunden hatte, seit 1958 nicht nur ihre Versicherungsrente, sondern für ihre dreißig Dienstjahre auch eine Betriebsrente der Dresdner Bank erhalten hat. Obwohl die Personalakte darauf keinen Hinweis enthält, ist auf dem Aktendeckel vermerkt, dass Charlotte Bö3 im April 1990 verstorben war. Es ist deshalb anzunehmen, dass in den fünfziger Jahren neue Personalakten angelegt

337 Aktennotiz v. 28.9.1918, in: HAC 500/E.3705.
338 Vorläufiges Zeugnis v. 27.3.1947, in: ebd.
339 Aktennotiz v. 23.12.1947, in: HAC 500/E.6543.
340 Vorläufiges Zeugnis v. 27.3.1947, in: HAC 500/E.3705.

worden sind, die nicht (oder noch nicht) an das Historische Archiv abgegeben wurden.

Noch länger als Charlotte Bö3 und Käthe Plö war Charlotte Hi beschäftigt. Sie war bereits vor dem Krieg, im Jahr 1911 bei der Darmstädter Bank eingestellt worden, verfügte über eine Lyzealbildung und hatte anschließend auch die Handelsschule besucht. Wichtiger für die Einstellung war aber wohl, wie bereits erwähnt, ihre Berufserfahrung als Telefonistin bei der Reichspost. Telefonistin war von Anfang an ein Frauenberuf. Offenbar hatte die Darmstädter Bank eine Stellenanzeige für Telefonistinnen aufgegeben. Denn trotz ihrer kaufmännischen Vorbildung hatte Charlotte Hi als Berufswunsch den Telefondienst angegeben und ihren Wechselwunsch damit begründet, dass sie eine „günstigere Stellung annehmen" wollte. Ihr Gehaltswunsch war mit 1.000 Mark p. a. für eine Telefonistin in der Vorkriegszeit auch nicht unbescheiden.[341] Tatsächlich entsprach die Bank ihrem Wunsch und stellte die 21-jährige mit einem Gehalt von 1.000 Mark p. a. ein.[342]

Der Vergleich zur Bezahlung von Charlotte Bö3 ist insofern interessant, als er das Maß an Willkür zeigt, das bei der Bezahlung, vermutlich nicht nur der weiblichen Angestellten, vor der Einführung von Tarifverträgen herrschte. Obwohl Charlotte Bö3 als Bürokraft eingestellt worden war, verdiente sie mit 720 Mark p. a. deutlich weniger als die Telefonistin Charlotte Hi. Die Schulbildung kann dafür nicht ausschlaggebend gewesen sein. Denn als Telefonistin benötigte man weder eine höhere Schulbildung noch einen Handelsschulabschluss. Für die Besserstellung kann deshalb nur der Bedarf an Telefonistinnen ausschlaggebend gewesen sein, die nicht erst angelernt werden mussten, sondern den Umgang mit den neuartigen technischen Geräten bereits beherrschten.

Viel mehr als 37 Dienstjahre konnte kaum eine Frau 1945 erreicht haben. Die einzige Frau des Samples, die so lange bei der Dresdner Bank bzw. ihren Rechtsvorgängerinnen beschäftigt war, war Charlotte To. Sie verfügte über einen Mittelschulabschluss und hatte anschließend die Handelsschule besucht, bevor sie 1908 18-jährig bei der Darmstädter Bank in der Depositenkasse Moabit als Aushilfe für sechs Wochen gegen eine „Vergütung von drei Mark pro Tag" eingestellt wurde. Der Depositenkassenvorsteher empfahl Charlotte To zur Weiterbeschäftigung in der Bank, da sie Vollwaise war und ihre zwei Geschwister mit ernähren musste.[343] Ein Vierteljahr später wurde sie fest angestellt und erhielt ein Jahresgehalt von 900 Mark.[344] Obwohl sie in den Folgejahren häufig erkrankte und Sonderurlaub für Ku-

341 Personalbogen (ausgefüllt am 21.9.1911), in: HAC 500/E.1281.
342 Schreiben an Charlotte Hi v. 2.10.1911, in: ebd.
343 Schreiben v. 6.11.1908, in: HAC 500/E.8844.
344 Anstellungsvertrag v. 17.1.1909, in: ebd.

raufenthalte benötigte, wurden alle Versuche der Personalabteilung, Charlotte To „gelegentlich ausscheiden“ zu lassen, von ihrem Depositenkassenvorsteher erfolgreich abgewehrt.[345] So blieb sie 37 Jahre lang in der Depositenkasse, ohne versetzt zu werden, was im höchsten Maße ungewöhnlich ist.

Ein ganz anderer Fall war Erna Lö, die 1905 21-jährig von der Darmstädter Bank eingestellt worden war. Bei ihrer Bewerbung konnte sie bereits auf mehrere berufliche Stationen verweisen, u. a. in der Börsenfiliale einer US-amerikanischen Lebensversicherungsgesellschaft. Ihr Gehalt betrug dennoch anfangs bescheidene 75 Mark (oder 900 Mark p. a.) brutto im Monat. Im Jahr 1916 war das Gehalt auf 1.700 Mark p. a. gestiegen, wobei natürlich die „Teuerung“ in Rechnung gestellt werden muss. Sie erwies sich als eine qualifizierte Kraft und übernahm während des Krieges „Herrenposten“, womit die Gehaltssteigerung zumindest zum Teil erklärt werden kann.[346]

Auch nach dem Krieg übte Erna Tae (geborene Lö) zeitweise bei der Darmstädter Bank bzw. der Danat Bank Tätigkeiten aus, die normalerweise Männern vorbehalten waren, wie Effektenkassiererin und Tresorverwalterin. Sie wurde deshalb auch nach der Einführung der Tarifverträge in die Tarifgruppe 3 eingestuft. In ihrem Fall ist ähnlich wie bei Gerty St1 davon auszugehen, dass sie freiwillig entschieden hatte, nicht zu heiraten und stattdessen allein für ihren Lebensunterhalt zu sorgen. Denn sie hatte sich zu Kriegsbeginn verlobt. Der Verlobte Georg Tae fiel aber schon im ersten Kriegsjahr an der Ostfront, woraufhin sie sich dafür entschied, mit Genehmigung der Schwiegereltern den Namen ihres Verlobten anzunehmen. Das Innenministerium, das den Antrag zu genehmigen hatte, änderte nach Prüfung des Heiratswunsches, wofür Erna Lö nicht näher spezifizierte „Dokumente“ vorlegen konnte, im April 1918 nicht nur den Familiennamen, sondern gestattete ihr auch den Namen ihres Verlobten „mit dem Prädikat ‚Frau‘“ zu führen.[347] In der Korrespondenz mit der Personalabteilung wurde sie in den Folgejahren auch als „Frau Tae“ angesprochen.

Wenn Erna Tae dennoch 1937 mit 53 Jahren in den Vorruhestand geschickt wurde, hatte das weder etwas mit ihrer gesundheitlichen Verfassung zu tun noch mit dem Wunsch der Bank, eine ältere Angestellte wegen nachlassender Leistungen loszuwerden. Jedenfalls gibt es dafür in der Personalakte keinerlei Hinweis. Im Gegenteil, der Vertrauensarzt bescheinigte ihr im Januar 1937, dass „Berufsunfähigkeit in absehbarer Zeit nicht zu erwarten“ sei.[348] Der Grund war

345 Aktennotiz v. 13.11.1913, in: ebd.

346 Aktennotiz (Frl. vK) v. 27.11.1916, in: ebd.

347 Schreiben von Erna Tae an die Personalabteilung der Darmstädter Bank v. 19.4.1918 und Schreiben an das Reichswirtschaftsministerium v. 30.6.1933, in: HAC 500/E.8816.

348 Ärztliches Zeugnis betr. Versetzung in den Ruhestand v. 14.1.1937, in: ebd.

vielmehr ihre „rassische" Herkunft. Erna Tae hatte 1905 in ihrem Personalbogen, damals noch unter dem Mädchennamen Erna Lö, als Religionszugehörigkeit „mosaisch" angegeben, war aber später zum evangelischen Glauben konvertiert – wahrscheinlich anlässlich ihrer Verlobung oder spätestens vor ihrem Namenswechsel. Nach der Klassifizierung durch das Berufsbeamtengesetz von April 1933 galt sie jedoch wegen ihres jüdischen Vaters als „Nichtarierin" und erhielt im Juni 1933 die Kündigung. Da sie aber bereits seit 1905 in der Dresdner Bank bzw. ihrer Rechtsvorgängerin, der Darmstädter Bank, beschäftigt war, fiel sie unter die Ausnahmebestimmung, dass alle Beamten, die vor Kriegsausbruch eingestellt worden waren, nicht entlassen werden mussten („geschützte Nichtarierin", s. Kap. 7.2.). Auch diese Regelung war auf die Angestellten im öffentlichen Dienst und bei Unternehmen in Reichsbesitz anzuwenden. Ihrem Einspruch gegen die Kündigung beim Reichswirtschaftsministerium wurde deswegen auch stattgegeben. Als ihr im Dezember 1936 durch die Personalabteilung mitgeteilt wurde, dass sie zum 1.7.1937 in den Ruhestand versetzt werden würde, war zwar von ihrer „rassischen" Herkunft nicht die Rede.[349] Aber der Zusammenhang ist mehr als wahrscheinlich. Denn als Folge einer Vereinbarung aller Großbanken, die letzten verbliebenen „Nichtarier" aus dem Bankdienst zu entfernen, erfolgten zu diesem Zeitpunkt mehrere Kündigungen bzw. Versetzungen in den Ruhestand.[350] Da Erna Tae auch Mitglied des Samples in Teil 2 ist, wird auf ihren Fall in den Kapiteln 7.4., 7.5. und 8. noch ausführlicher eingegangen werden.

Mit der Schließung der Bank 1945 und der antisemitischen Politik des NS-Regimes mit dem Berufsbeamtengesetz und seinem „Arierparagrafen" sind auch schon die Gründe für das Ausscheiden aus dem aktiven Dienst benannt, die weder auf den Wunsch der Beschäftigten noch auf Betreiben der Bank erfolgten. Neben den 35 Frauen des Samples, die 1945 zunächst gehaltlos beurlaubt und später entlassen wurden, fielen zehn Frauen unter das Berufsbeamtengesetz, wovon fünf entlassen und vier in den vorzeitigen Ruhestand versetzt wurden. Eine jüdische Angestellte, deren Vater im Krieg gefallen war und deshalb als „geschützte Nichtarierin" zunächst unbehelligt geblieben war, heiratete 1934 und schied deswegen aus, bevor sie gekündigt wurde.[351] Alle „nichtarischen" Angestellten des Samples in Teil 1 gehören auch zum Sample in Teil 2, so dass auf sie dort noch zurückzukommen sein wird.

349 Schreiben an Erna Tae v. 6.1.1937, in: ebd.

350 Schreiben des Vorstandsmitglieds der Dresdner Bank Hans Schippel an Dr. Koehler (Reichswirtschaftsministerium) v. 11.3.1937, in: RGVA, Fond 1458, Findbuch 1, Akte 550. Vgl. auch Ziegler, Dresdner Bank, S. 62 ff.

351 Schreiben von Charlotte Blo v. 17.2.1934, in: HAC 500/E.3813.

3.4.2 Das „Doppelverdiener"-Verbot

Die Heirat war der häufigste Grund, aus dem Dienst bei der Danat Bank oder der Dresdner Bank auszuscheiden. Auch wenn es den Banken in den zwanziger Jahren nicht verboten war, verheiratete Frauen als Angestellte zu beschäftigen, folgte auf die Ankündigung der Heirat in allen Fällen die freiwillige oder vermeintlich freiwillige Kündigung durch die Angestellte. Das galt jedoch nicht für das Kantinen- und Reinigungspersonal. Von den elf im Putz- oder Kantinendienst tätigen Frauen waren zum Zeitpunkt der Einstellung fünf verheiratet und eine verwitwet. Zwei weitere heirateten nach der Einstellung. Die eine der beiden gab ihre Stelle erst auf, nachdem sie ein Kind geboren hatte. Die andere blieb bis Juni 1940, als sie zusammen mit den anderen drei, zu dieser Zeit noch beschäftigten Putzkräften des Samples entlassen wurde. Denn die Bank hatte wegen „des Mangels an Arbeitskräften" die Büroräume nicht „mehr in eigener Regie" reinigen lassen können, sondern eine Fenster- und Gebäudereinigungsfirma damit beauftragt, wobei diese Firma bereit war, die Reinigungskräfte der Dresdner Bank zu übernehmen.[352] Da das „Doppelverdienerverbot" für sie nicht galt, kann das Ausscheiden der Wochenlöhnerinnen in diesem Kapitel nicht berücksichtigt werden.

Von den 141 angestellten Frauen des Samples kündigten immerhin 44 (oder knapp ein Drittel) anlässlich ihrer Eheschließung. Die durchschnittliche Beschäftigungsdauer dieser Frauen betrug acht Jahre. Auffällig ist dabei, dass während der Krisenjahre 1931 und 1932 nur drei Frauen heirateten, während es 1934 und 1935 zehn waren. Das deutet daraufhin, dass mehrere Angestellte ihren Heiratswunsch aufgeschoben hatten, weil sie ihren Arbeitsplatz nicht verlieren wollten. Denn ihr Verlobter war in den Krisenjahren entweder schon arbeitslos oder es bestand die Gefahr, dass er seine Arbeit verlieren und damit als Ernährer ausfallen könnte. Denn auch wenn der Verlobte arbeitslos war, konnte die Angestellte nicht damit rechnen, nach der Hochzeit weiterhin bei der Dresdner Bank beschäftigt zu werden. Ein entsprechender Antrag ist auch durch keine der Frauen des Samples gestellt worden.

Ein Fall gibt allerdings einen Hinweis auf den Umgang der Bank mit verheirateten weiblichen Angestellten. Die 1906 geborene Erna Le2 hatte von 1923 bis 1925 eine Banklehre bei der Ostbank für Handel und Gewerbe in Königsberg absolviert und war anschließend von dieser Bank als „Beamtin" übernommen worden. Als die Dresdner Bank 1929 mit der Ostbank fusionierte, wurde sie entlassen.

352 Das an alle vier Frauen verschickte Kündigungsschreiben datiert v. 14.4.1940. Immerhin wurde ihnen aber von der Bank eine Abfindung bezahlt, die je nach Dienstjahren zwischen 80 RM und 200 RM (brutto) lag. Das Schreiben findet sich in folgenden Akten HAC 500/E.509, E.2623, E.6785, E.9153.

Auf Vermittlung der Bank fand sie jedoch eine neue Stelle als Stenotypistin bei der Hermes Versicherungs-AG, wobei die Dresdner Bank die Vermittlung „einer gleichwertigen Stellung“ als Begründung dafür heranzog, Erna Le2 die Zahlung einer Abfindung zu verweigern.[353] Ob es sich aus der Sicht von Erna Le2 um eine „gleichwertige Stellung“ handelte, darf allerdings bezweifelt werden. Denn als Stenotypistin wird sie kaum das gleiche Gehalt bezogen haben wie zuvor als gelernte „Bankbeamtin“.

Als Erna Le2 im Mai 1930 den Bauingenieur Hans Ma heiratete, war das offenbar kein Grund für die Versicherung, Erna Ma zu kündigen. Ob verheiratete Stenotypistinnen dort geduldet wurden oder ob die Arbeitslosigkeit des Ehemannes eine Ausnahme begründete, ließ sich nicht feststellen. Jedenfalls entschied sich das Ehepaar, dass Hans Ma nach Brasilien auswanderte, um seine Frau nachzuholen, sobald er sich dort beruflich etabliert hatte. Aber die Versicherung bekam während der Bankenkrise Probleme und baute Personal ab, so dass Erna Ma im Herbst 1931 auch diese Stelle verlor. Trotz der schwierigen Arbeitsmarktlage war sie nur etwa einen Monat arbeitslos und fand eine neue Stelle bei einer landwirtschaftlichen Genossenschaft. In dieser Zeit gelang es Hans Ma jedoch immer noch nicht, eine Anstellung in Brasilien zu finden, so dass er seine Frau nicht nachkommen lassen konnte, ja er konnte sie noch nicht einmal finanziell unterstützen. Im Gegenteil, während ihrer Anstellung bei der Hermes Versicherung war Erna Ma nach eigenen Angaben gezwungen, von ihrem Einkommen „dauernd Zuschüsse für seinen Lebensunterhalt zu leisten“. Als die Genossenschaft wenige Wochen nach der Anstellung von Erna Ma ihre Tätigkeit einstellen musste, wurde Erna Ma erneut arbeitslos und fand in Königsberg auch keine neue Stellung.[354]

Anfang 1932 bewarb sie sich bei der Dresdner Bank und wurde tatsächlich wieder eingestellt, allerdings nicht in Königsberg, sondern in Berlin. Auch wurde sie nicht in die Tarifgruppe 3 eingestuft wie bei der Ostbank, sondern nur in die Tarifgruppe 2.[355] Für Erna Ma bedeutete die Anstellung bei der Dresdner Bank, dass sie von Königsberg, wo sie immer noch im Haushalt ihrer Eltern gelebt hatte, nach Berlin umziehen und dort in Anbetracht ihres Gehalts von 162 RM brutto, wie viele ihrer unverheirateten Kolleginnen, in einem möblierten Zimmer zur Untermiete wohnen musste, zumal sie ihren Mann in Brasilien weiterhin mit kleinen Beträgen unterstützte. Denn auch im Jahr 1932 gelang es ihm in Brasilien

353 Schreiben an Erna Le v. 18.1.1930, in: HAC 500/E.5103.

354 Handschriftlicher Lebenslauf o. D. (Februar 1932), in ebd.

355 Schreiben des Industriebüros der Dresdner Bank an die Personalabteilung v. 18.5.1932, in: ebd.

nicht, eine Anstellung zu finden. Deshalb kehrte er Ende des Jahres nach Königsberg zurück. Aber auch dort fand er zunächst keine neue Arbeitsstelle.[356]

In den ersten eineinhalb Jahren ihrer Beschäftigung im Industriebüro der Dresdner Bank blieb Erna Ma als verheiratete Angestellte unbehelligt. Sie leistete anscheinend so wertvolle Arbeit, dass ihr Vorgesetzter schon nach einem Vierteljahr bei der Personalabteilung beantragte, dass man ihr wenigstens eine außertarifliche Zulage von 40 RM gewähren solle, wenn man Erna Ma schon nicht in die Tarifgruppe 3 einstufen könne. Damit wäre der Gehaltsunterschied zur Tarifgruppe 3 fast aufgehoben worden. Die Personalabteilung lehnte den Antrag ab und auch eine geringere Zulage wurde offenbar nicht gewährt.

Nach der Machtübernahme der Nationalsozialisten wurde die Luft für Erna Ma als verheiratete Angestellte dünner. Denn der nazifizierte Betriebsrat machte 1933 nicht nur Jagd auf „Nichtarier“, sondern startete auch eine Kampagne gegen das „Doppelverdienertum“. Ende August 1933, als die „nicht geschützten Nichtarier“ entweder bereits entlassen waren oder zumindest ihre Kündigung erhalten hatten, veranlasste der Betriebsrat die Personalabteilung, einen Fragebogen zu verschicken, in dem nach verheirateten Frauen gefahndet wurde. Allzu viele Frauen werden in der Bank nicht aufzufinden gewesen sein. Aber Erna Ma war eine von ihnen. Sie antwortete, dass „Doppelverdienertum bei mir nicht besteht, weil mein Mann arbeitslos ist“, und weiter: „Sollte es ihm gelingen, eine feste Position zu beschaffen, werde ich nicht verfehlen, Ihnen hiervon unverzüglich Mitteilung zu machen.“[357]

Ein halbes Jahr später war die Voraussetzung für die Weiterbeschäftigung tatsächlich entfallen. Denn dank der anlaufenden Konjunktur und der leichten Entspannung auf dem deutschen Arbeitsmarkt hatte Hans Ma in Königsberg eine neue Stelle gefunden. Daraufhin kündigte Erna Ma ihre Stelle bei der Dresdner Bank und begründete dies mit dem Ende der vierjährigen Arbeitslosigkeit ihres Mannes. Gleichzeitig bat sie um eine Abfindung, da sie wegen der Auswanderung ihres Mannes nie eine gemeinsame Wohnung besessen und nun erhebliche Aufwendungen wegen der Beschaffung von Einrichtungsgegenständen hatte. Ersparnisse hatten die Eheleute keine. Dabei konnte Erna Ma darauf verweisen, dass sie bei ihrem Ausscheiden aus dem Dienst der Rechtsvorgängerin der Dresdner Bank, der Ostbank in Königsberg, keine Abfindung erhalten hatte und auch die als „Heiratsbeihilfe“ getarnte, allen Frauen nach ihrer Heirat zustehende Abfindung hatte sie nicht bekommen, da sie erst nach ihrer Entlassung geheiratet

356 Schreiben von Erna Ma v. 10.5.1934, in: ebd.
357 Schreiben von Erna Ma v. 8.9.1933, in: ebd.

hatte. Diese Bitte wurde wenig später, und wenig überraschend, ohne weitere Begründung von der Dresdner Bank abgelehnt.[358]

Die Erwerbsbiografie von Erna Ma deutet zwar daraufhin, dass es in Ausnahmefällen wie einer besonderen Notlage vor der Machtübernahme der Nationalsozialisten durchaus möglich war, verheiratete Frauen (weiter) zu beschäftigen. Aber erstens gibt es bis kurz vor Beginn des Zweiten Weltkriegs keinen weiteren Fall unter den weiblichen Angestellten des Samples, die nach ihrer Heirat nicht aus dem Dienst bei der Dresdner Bank ausgeschieden wäre bzw. ausscheiden musste. Zweitens war die soziale Notlage mit Sicherheit nicht der Grund für die Einstellung von Erna Ma. Denn nach der Teilverstaatlichung der Dresdner Bank im Sommer 1931 war die Belegschaft um über 1.000 Beschäftigte reduziert worden.[359] Zu Jahresbeginn 1932 muss außerdem klar gewesen sein, dass das nur der Anfang des Personalabbaus sein würde. Denn es war bereits bekannt, dass die Reichsregierung wegen der „Übersetzung" des deutschen Bankwesens auf der Fusion der Dresdner Bank mit einer anderen Großbank bestehen würde. Die Rede war zeitweise von der Commerzbank oder der reichseigenen Reichskreditgesellschaft.

Im Februar 1932, fast zeitgleich mit der Einstellung von Erna Ma, wurde dann entschieden, dass die Dresdner Bank mit der Danat Bank fusionieren musste. Es machte demnach überhaupt keinen Sinn, im Februar 1932 aus sozialen Erwägungen eine neue Kraft einzustellen. In Not geraten waren in den Wochen zuvor hunderte Angestellte durch ihre Entlassung und es war absehbar, dass es in den folgenden Wochen noch mehr Angestellte treffen würde. Eine Neueinstellung, zumal von einer verheirateten Frau, musste Unmut in der Belegschaft hervorrufen und das konnte die Bankleitung in dieser angespannten Situation gar nicht gebrauchen. Tatsächlich stellte die Dresdner Bank Anfang 1932 außer Erna Ma niemanden aus dem Sample ein. Wie wenig soziale Erwägungen bei Erna Ma eine Rolle spielten, zeigt im Übrigen auch die Tatsache, dass die Bank ihr zweimal die Zahlung einer Abfindung verweigerte und sich dabei auf eine rechtlich einwandfreie, aber moralisch und damit auch sozial fragwürdige Begründung zurückzog.

Es muss demnach einen anderen Grund für die Einstellung von Erna Ma gegeben haben. Die Personalakte liefert dafür zwar keine Begründung, aber es gibt einen Hinweis. Erna Ma war von einem für die „Industriekontrolle" zuständigen Angestellten ermutigt worden sich zu bewerben. Da die Personalabteilung den Namen dieses Angestellten nicht kannte, kann angenommen werden, dass es sich

358 Schreiben von Erna Ma v. 20.3.1934 und Schreiben an Erna Ma v. 24.3.1934, in: ebd.

359 Ein Großteil dieser Entlassungen erfolgte anscheinend im September 1931. Denn in diesem Monat stieg die Zahl der Betriebsrentner um 46% an. HAC 500/51003-2001.

um einen Angestellten aus Königsberg, einen ehemaligen Kollegen von Erna Ma handelte. Außerdem lebte sie zu dieser Zeit noch in Königsberg. Denkbar ist, dass die Zentrale der Dresdner Bank die Filialleitung in Königsberg gebeten hatte, eine Person zur Unterstützung bei der Abwicklung „notleidender" Industrieengagements der alten Ostbank abzuordnen. Dafür spricht, dass Erna Ma in Berlin dem Industriebüro zugeteilt wurde, das u. a. für genau solche Aufgaben zuständig war. Sie hatte womöglich seinerzeit in Königsberg diese Engagements betreut und verfügte über Vor-Ort-Informationen über die Kreditnehmer, die in Berlin niemand besaß. Ein weiterer Vorteil dürfte aus Sicht der Bankleitung wohl auch darin bestanden haben, dass man eine exzellent ausgebildete Kraft bekam und diese bereit war, ein geringeres Gehalt zu akzeptieren, als ihr mit ihrer Banklehre und der Berufserfahrung eigentlich zustand. Möglicherweise verkaufte man der Belegschaft im Industriebüro in Berlin die Einstellung von Erna Ma auch als eine Versetzung aus Königsberg, was den Unmut über die neue Kollegin vermutlich gedämpft haben dürfte.

Das Beispiel von Erna Ma zeigt demzufolge keineswegs, dass junge Frauen hoffen konnten, im Falle einer Notlage nach ihrer Hochzeit weiterbeschäftigt oder wieder eingestellt zu werden. Vielmehr belegt der Fall, dass es während der Krisenjahre ein hohes Risiko war, zu heiraten und damit den Arbeitsplatz freiwillig zu räumen. Denn kaum ein Arbeitsplatz war in dieser Zeit wirklich sicher. Rücksicht auf die familiäre Situation nahm die Dresdner Bank nur in dem Fall, wenn Kinder im Spiel waren; und das betraf dann ausschließlich den Ernährer der Familie, also männliche Beschäftigte. Frauen konnten, da unverheiratet und kinderlos, auf Rücksichtnahme eher nicht rechnen.[360] Das galt auch für Frauen, die bereits einen Rentenanspruch erworben hatten. Sie wurden eher frühverrentet als zugunsten jüngerer (und leistungsfähigerer) Kolleginnen geschont, was häufig einen dramatischen sozialen Abstieg für diese älteren Frauen bedeutete. Denn das Gehalt war in vielen Fällen schon zu bescheiden für einen den kleinbürgerlichen Standards entsprechenden Lebensstil. Mit einer nach fünfzehn oder zwanzig Jahren Betriebszugehörigkeit erworbenen Rente war der Abstieg in eine proletaroide Existenz für diese Frauen fast gewiss.

Der Anstieg der Eheschließungen unter den weiblichen Bankangestellten in den Jahren 1934 und 1935 kann demzufolge durch die Verschiebung eines schon länger bestehenden Heiratswunsches erklärt werden. In einem Fall wird dieses Motiv sogar ganz offen angesprochen. Die zu diesem Zeitpunkt 30-jährige Gertrud Bre bat die Dresdner Bank im Oktober 1934 darum, ohne Einhaltung der üblichen Frist kündigen zu dürfen. Sie begründete ihre Bitte u. a. damit, dass sie verlobt sei

360 Ziegler, Ordnungsrahmen, S. 59 f.

und „seit Jahren die Absicht (hatte) zu heiraten." Bedingt durch die „früheren Zeitverhältnisse" habe sie ihre „Heirat aber stets aufschieben müssen."[361]

Zu der hier angesprochenen Entspannung am Arbeitsmarkt und der Überwindung der „früheren Zeitverhältnisse" kam auch das arbeitsmarkt- wie geschlechterpolitisch motivierte Programm der NS-Regierung zur Verdrängung weiblicher Beschäftigter vom Arbeitsmarkt durch das sog. Ehestandsdarlehen, das die Frauen verpflichtete, ihre Erwerbstätigkeit aufzugeben, wenn der Ehemann nach ihrer Verheiratung das zinsfreie Darlehensangebot in Anspruch nehmen wollte. Auch später musste die Ehefrau dem Arbeitsmarkt fernbleiben, bis das Darlehen abgezahlt war oder der Ehemann weniger als 150 RM im Monat verdiente (s. Kap. 2.2.). Da davon auszugehen ist, dass weibliche Bankangestellte selten Arbeiter heirateten, sondern sich Partner ihrer sozialen Klasse suchten, kann man vermuten, dass kaum eine Angestellte der Großbanken in Anbetracht der sehr niedrig angesetzten Lohnobergrenze des Ehemannes auch Jahre nach ihrer Eheschließung dem Arbeitsmarkt wieder zur Verfügung stand. So verdienten beispielsweise verheiratete männliche Bankangestellte mindestens das Doppelte der im Gesetz angegebenen 150 RM-Grenze.

Die Personalabteilung der Dresdner Bank ging es zwar nichts an, ob eine ihrer Angestellten mit ihrem Verlobten ein Ehestandsdarlehen beantragte. Die Personalakten enthalten deswegen auch keinen Hinweis. Aber in Anbetracht von zwischen 1933 und 1939 1,5 Mio. reichsweit genehmigten Anträgen – das entsprach etwa 28 Prozent der in dieser Zeit geschlossenen Ehen[362] – ist es sehr wahrscheinlich, dass die meisten der neun Angestellten des Samples, die in den Jahren 1934 und 1935 bei der Dresdner Bank wegen ihrer Eheschließung kündigten, die von der Bank gezahlte „Heiratsbeihilfe" durch ein Ehestandsdarlehen ergänzten und sich so einen eigenen Hausstand einrichten konnten, von dem sie in den Jahren zuvor nur hatten träumen können. Derartige soziale „Wohltaten" trugen in Verbindung mit der sinkenden Arbeitslosenquote mit Sicherheit dazu bei, die Zustimmung zum Regime in der Belegschaft zu steigern.

Die von der Bank gezahlte Heiratsbeihilfe hing von der Beschäftigungsdauer und dem Bruttoverdienst ab. Der Berechnung der Höhe der Heiratsbeihilfe sah seit der Fusion wie folgt aus. Für jedes Dienstjahr wurde 75 Prozent eines Monatsgehalts berechnet. Deshalb erhielt Charlotte Na keine Heiratsbeihilfe, weil sie erst

361 Schreiben von Gertrud Bre v. 9.190.1934, in: HAC 500/E.3981.

362 Cristina Somcutean, Mass Weddings, Baby Boom and Full Employment? Nazi Germany's 1933 Marriage Loan and its Efficacy in Theory and Practice, in: Jahrbuch für Wirtschaftsgeschichte 63/2022, S. 268.

neun Monate vor ihrer Eheschließung eingestellt worden war.[363] Auch Gertrud He3 erhielt keine Heiratsbeihilfe, weil sie nur als Aushilfe mit einem befristeten Arbeitsvertrag ausgestattet war und der angekündigten Entlassung nur durch die Heirat zuvorkam.[364] Charlotte Blo erhielt dagegen mit ihren zwölf Berufsjahren eine Heiratsbeihilfe von 1.272 RM und Alice Mü für ihre elf Dienstjahre 1.000 RM, wobei die Heiratsbeihilfe in ihrem Fall offensichtlich auf den glatten Betrag abgerundet worden war.[365] Eine Berechnung ist der Mitteilung zwar leider nicht beigefügt. Aber für das Beispiel von Gertrud Hi ist eine solche Berechnung handschriftlich auf der Kopie der Mitteilung über die Heiratsbeihilfe vermerkt. Gertrud Hi hatte zuletzt ein Bruttogehalt von 242,25 RM bezogen. Für ihre fünf Dienstjahre hätten ihr fünf Monatsgehälter, also 1.211,25 RM, davon 75 Prozent, d. h. 908,45 RM zugestanden. Dieser Betrag wurde auf 900 RM abgerundet.[366] So dürfte man auch bei Alice Mü vorgegangen sein, während man bei Charlotte Blo auf ein Abrunden verzichtet zu haben scheint.

Unter den Frauen im Sample sind nur zwei Fälle bekannt, als sich eine Angestellte nachweislich weigerte, nach der Eheschließung zu kündigen. Dabei handelte es sich einmal um Gertrud Fi, die 1930 als 27-jährige Stenotypistin von der Spar- und Kreditanstalt für Deutsche Beamten und Angestellte eingestellt worden. An der Liquidation dieser Bank war die Dresdner Bank beteiligt und scheint im Gegenzug einige Angestellte dieses Instituts übernommen zu haben. Im März 1932 trat Gertrud Fi ihren Dienst bei der Dresdner Bank an. Aber schon gut ein Jahr später teilte sie der Bank mit, dass sie sich verheiratet hatte. Sie verband diese Mitteilung weder mit einer Kündigung noch informierte sie sich über ihren Anspruch auf eine Heiratsbeihilfe. In allen anderen Fällen unterrichteten die Angestellten ihre Arbeitgeber vor der Eheschließung. Weshalb das hier nicht geschah, könnte darauf zurückzuführen sein, dass Gertrud Fi mit ihrer Mitteilung den Mai abgewartet hatte, um erst zum 30. Juni gekündigt zu werden und so die Kündigungsfrist auf fast zwei Monate auszudehnen. Hätte sie sich Anfang April gemeldet und ihre Absicht kundgetan zu heiraten, hätte man ihr klargemacht, dass sie zum 30. April zu kündigen habe. So aber musste die Initiative von der Bank ausgehen, die Gertrud Fi mitteilte, dass „wir uns ... infolge ihrer Verheiratung zu unserem Bedauern ... gezwungen sehen, Ihnen Ihre bei uns innehabende Stellung zu kündigen“. Indem sie kündigte, musste die Bank die Kündigungsfrist bis zum

363 Schreiben von Charlotte Na v. 6.4.1934 und Schreiben an Charlotte Na 8.4.1934, in: HAC 500/ E.5685.

364 Schreiben von Gertrud He3 v. 4.10.1934, in: HAC 500/ E.1618.

365 Schreiben an Charlotte Ko1 (geborene Blo) v. 24.3.1934 in: HAC 500/E.3813. und Schreiben an Alice Mü v. 25.10.1935, in: HAC 500/E.8464.

366 Aktennotiz v. 17.9.1935, in: HAC 500/E.1444.

Ende des nächsten Monats, also Ende Juni, einhalten, so dass Gertrud Fi zwei Monate länger als üblich und als eine verheiratete Frau bei der Bank arbeitete. Für diese zwei Monate bezog sie nicht nur ihr Gehalt, sondern sie erhielt auch ein Abkehrgeld in Höhe von drei Monatsgehältern.[367]

Bei dem zweiten Fall handelte es sich um die als geschiedene Frau eingestellte Gertrude vD, die der Bank im Mai 1939 mitteilte, dass sie noch in demselben Monat beabsichtigte, ein zweites Mal zu heiraten. Gleichzeitig betonte sie, dass sie „aus verschiedenen Gründen" beabsichtigte weiterzuarbeiten. Sie schrieb in einem in den Korrespondenzen mit der Personalabteilung selten zu findenden selbstbewussten Ton: „Ich bitte Sie daher höflich, mir bestätigen zu wollen, dass die Dresdner Bank sich bereit erklärt, mich auch weiterhin unbefristet – ungeachtet meiner Verheiratung – zu beschäftigen".[368] Möglich war eine solche Forderung allerdings nur, weil die Bank zu diesem Zeitpunkt wegen des Arbeitskräftemangels mit Genehmigung des Arbeitsamtes auch verheiratete Frauen beschäftigte. Offenbar war diese Forderung aber so ungewöhnlich, dass der Direktor der Personalabteilung Gertrude vD persönlich einbestellte. Dabei berief sie sich, so ergänzte er das Schreiben durch eine handschriftliche Notiz, auf eine Kollegin aus der Registratur, die seit ihrer Verheiratung weiterhin unbefristet beschäftigt wurde. Damit kam sie tatsächlich durch und musste nicht kündigen.[369]

3.4.3 Betriebsbedingte Kündigungen

Der dritte Grund für ein vorzeitiges Ausscheiden weiblicher Angestellter des Samples nach der Schließung der Bank 1945 und der mehr oder (womöglich auch) weniger freiwilligen Kündigung aufgrund der Eheschließung waren die – modern gesprochen – betriebsbedingten Kündigungen bzw. der – zeitgenössisch gesprochen – „Abbau" von Personal. Die Kündigungen erfolgten in Schüben, wobei zwei Krisenperioden hervorstechen: die Stabilisierungskrise nach Beendigung der Inflation und die Bankenkrise mit der Fusion von Dresdner Bank und Danat Bank. Eigentlich wäre zu erwarten gewesen, dass es auch nach der Beendigung des Ersten Weltkriegs zu einer Kündigungswelle gekommen sein müsste. Denn die Arbeitgeber waren in der Demobilmachung verpflichtet, nicht ihre aus dem Krieg heimkehrenden Beschäftigten zu kündigen, sondern diesen wieder einen Arbeitsplatz zuzuweisen. Da die meisten der während des Krieges eingestellten Frauen

367 Schreiben von Gertrud Fi v. 5.5.1933 und Schreiben an Gertrud Fi v 9.5.1933, in: HAC 500/E.2199.

368 Schreiben von Gertrude vD v. 13.5.1939, HAC 500/E.1846.

369 Schreiben an Gertrude vD v. 16.5.1939, ebd.

nur als Ersatzarbeitskräfte für die wegen der Einberufungen fehlenden Männer gedacht waren, hätten sie nun eigentlich entlassen werden müssen (s. Kap. 2.2.). Das war ihnen bei der Einstellung auch schon so mitgeteilt worden. So hatte der Vater der im Juni 1918 von der Darmstädter Bank eingestellten Gertrud Re bei der Personalabteilung anlässlich der Unterzeichnung des Arbeitsvertrages angefragt, ob seine Tochter „fest oder als Aushülfe" angestellt worden sei. Der Sachbearbeiter teilte ihm daraufhin mit, dass „wir im Allgemeinen jetzt nur aushülfsweise einstellen".[370]

In den meisten Wirtschaftsbereichen, in denen Frauen kriegsbedingt an die Stelle von Männern gerückt waren, führte die Demobilmachung tatsächlich zu einer Verdrängung von Frauen aus Berufen, die zuvor ausschließlich von Männern ausgeübt worden waren. Zunächst sah es sogar so aus, als würde das auch die während des Krieges eingestellten Frauen in den Banken treffen. In einem überlieferten Kündigungsschreiben der Darmstädter Bank vom Februar 1919 heißt es entsprechend: „Die Wiederaufnahme unserer im Hause befindlichen Beamten, die bereits am 1. August 1914 bei uns tätig gewesen sind, zwingt uns nunmehr ... die Beendigung des Dienstverhältnisses von Aushilfskräften ins Auge zu fassen." Dieser, vermutlich in einigen Dutzend Kündigungsschreiben verwendete Satz dürften die betroffenen Frauen nicht überrascht haben. Allerdings folgte danach eine Einschränkung: „Es wird vielleicht möglich sein, diesen Zeitpunkt über den ursprünglich ins Auge gefassten Termin (31. März 1919, D.Z.) hinauszuschieben, da der Bank zur Zeit eine Reihe von Aufgaben obliegt, die vorübergehend die Beschäftigung eines grösseren Personals, als das normal ist, gestattet. In einigen Monaten wird diese vorübergehende Arbeit aber erheblich nachlassen oder gar schon beendet sein, so dass alsdann eine Einschränkung des Personals sich nicht mehr vermeiden lassen wird."[371]

Ob mit den „Aufgaben" die mit der einsetzenden Nachkriegsinflation verbundene zusätzliche Arbeit gemeint war, ist zwar möglich, aber unwahrscheinlich. Vermutlich erwartete die Bank wegen der Umstellung der Kriegs- auf die Friedenswirtschaft, die auch das Kreditwesen betraf, einen erhöhten Arbeitskräftebedarf. Gleichzeitig ging die Bank zu Jahresbeginn 1919 wohl davon aus, dass nach der Vorlage des Friedensvertrages und dessen Ratifizierung eine schnelle Rückkehr zu den Vorkriegszuständen erfolgen würde, so dass sich spätestens „in einigen Monaten" diese „Aufgaben" erledigt haben würden. Da dieser Zeitpunkt jedoch nicht vorhersehbar war, war die Bank daran interessiert, die weibliche Arbeitskraftreserve noch eine Weile zu behalten, sie nach Erledigung der zusätz-

370 Aktennotiz v. 13.6.1918, in: HAC 500/E.372.
371 Kündigungsschreiben der Darmstädter Bank an Gertrud Re v. 13.2.1919, in: HAC 500/E.372.

lichen „Aufgaben“ aber auch schnell abbauen zu können. Deshalb bot die Bank den betroffenen Frauen an, dass sie auch noch länger bleiben könnten, wenn sie einer verkürzten Kündigungsfrist zustimmten. Diese Regelung sollte für beide Seiten gelten, d. h. die Bank konnte die Frauen kurzfristig entlassen. Aber auch die Frauen konnten kurzfristig kündigen, wenn sie eine andere Arbeitsstelle finden sollten.[372]

Die meisten betroffenen Frauen werden dieser Vereinbarung zugestimmt und sich vielleicht auch nach einer anderen Arbeitsstelle umgesehen haben, sofern sie nicht in den elterlichen Haushalt zurückkehren wollten, sobald der „Ernährer“ aus dem Feld zurückgekehrt war. Aber diejenigen Frauen, die auf den Verdienst angewiesen waren, werden eine andere Beschäftigung als Bürokraft kaum gefunden haben, so dass sie sich mit diesen Bedingungen einverstanden erklärt haben dürften. Die „vorübergehende Arbeit“ erwies sich jedoch schon bald als nicht vorübergehend, sondern der Arbeitsaufwand nahm sogar noch zu, so dass die Hilfskräfte der Kriegsjahre nun fest angestellt und „in den folgenden Monaten“ sogar noch weitere Frauen eingestellt wurden. Allerdings war die Kündigungswelle nicht aufgehoben, sondern nur aufgeschoben. Sie kam nach der Beendigung der Inflation 1924/25, als die „Nullenschreiberei“ ihr Ende gefunden hatte (s. Kap. 2.2.).

Die angegebenen Kündigungsgründe und vor allem die Kriterien, nach denen die Kündigungen erfolgten, lassen sich in dieser Zeit durch die überlieferten Personalakten leider nicht auf einer sicheren Grundlage analysieren. Denn auch hier weist das Sample ein Bias auf. Es existieren so gut wie keine Personalakten derjenigen Frauen, die während des Krieges oder in der Nachkriegszeit eingestellt worden waren und 1924 oder 1925 entlassen wurden. Der Anteil der „abgebauten“ weiblichen Beschäftigten hätte demzufolge deutlich höher liegen müssen als die neun Prozent Betroffene des Samples, wenn die Akten der 1924 und 1925 entlassenen Frauen in einer ähnlichen Dichte überliefert worden wären wie die der später „abgebauten“ Frauen.

Bei den dreizehn Frauen des Samples, die betriebsbedingt gekündigt wurden, handelte es sich mit einer Ausnahme ausschließlich um Angestellte, die in den Jahren 1931 bis 1933 ausscheiden mussten. Einige Angestellte des Samples wurden allerdings 1924 entlassen, die Kündigung wenig später aber wieder zurückgenommen. Zwei Angestellte des Samples wurden tatsächlich 1924 entlassen, aber eine von ihnen 1925 wieder eingestellt. Sie blieb in der Bank bis zu ihrer Schließung 1945. Nur deswegen ist diese Akte erhalten geblieben. In dem anderen Fall scheint die Überlieferung der Akte ein Versehen gewesen zu sein. Sie ist wohl bei der Ak-

372 Ebd.

tenvernichtung übersehen worden. Denn nach der Entlassung im September 1924 gab es keinen weiteren Kontakt mehr mit der ehemaligen Angestellten. Obwohl es sich um zwei Einzelfälle im Sample handelt, während wahrscheinlich insgesamt über einhundert Frauen von der Entlassungswelle 1924/25 betroffen waren, lohnt ein Blick auf die Umstände der Entlassung.

Erna Frä wurde im März 1920 von der Darmstädter Bank eingestellt. Sie gehörte demzufolge zu der Gruppe Frauen, die wegen des erhöhten Arbeitsanfalls während der Inflationsjahre beschäftigt wurden. Diese als Geldzählerinnen oder „Nullenschreiberinnen" bezeichneten Frauen waren, wie bereits erläutert, in der Regel geringer qualifiziert als ihre vor und während des Krieges eingestellten Kolleginnen. Denn sie benötigten für ihre Tätigkeit keine kaufmännische Vorbildung und besaßen deswegen oftmals nur eine elementare Schulbildung und erst recht keinen Handelsschulabschluss. Berufserfahrung war wohl erwünscht. Da viele Frauen nach dem Krieg ihre Beschäftigung verloren hatten, aber auf den Verdienst angewiesen waren, war der Bedarf der Banken zwar groß, aber die Zahl der Bewerberinnen auch. Durch die Überlieferung lässt sich diese Vermutung leider nicht verifizieren. Denn diese Frauen wurden mit Sicherheit 1924/25 größtenteils wieder entlassen. Nach der Stabilisierung der Währung benötigten die Banken nur noch Bürokräfte und kaum noch ungelernte Arbeitskräfte für einfache Tätigkeiten.

Dem Profil dieser „Nullenschreiberinnen" entsprach Erna Frä allerdings nicht. Sie hatten das Lyzeum und anschließend ein Jahr die Handelsschule besucht. Sie war bei ihrer Einstellung 17 Jahre alt und demzufolge wohl Berufsanfängerin. Damit entsprach sie eher dem Profil derjenigen Frauen, die die Darmstädter Bank schon während des Krieges eingestellt hatte. Trotzdem erhielt sie im April 1924 ein vorgedrucktes Entlassungsschreiben. Darin hieß es lapidar: „Wir sehen uns leider genötigt, Ihnen infolge der allgemeinen wirtschaftlichen Verhältnisse, die uns zu einer nicht unerheblichen Einschränkung unseres Personalbestandes zwingen, ihre Stellung zu kündigen."[373] Eine Abfindung erhielt sie nicht. Eine entsprechende Bitte wurde von der Bank zurückgewiesen. Eine neue Arbeitsstelle fand Erna Frä auch nicht. Deshalb bewilligte ihr die Danat Bank im September 1924 nach persönlicher Vorsprache in der Personalabteilung wegen der Notlage der Familie ein weiteres Monatsgehalt und im November noch einmal eine Beihilfe von 50 RM.[374]

Im Frühjahr 1925 scheint Erna Frä noch einmal bei dem Prokuristen der Personalabteilung, der ihr die Beihilfen bewilligt hatte, vorgesprochen zu haben. Da-

373 Kündigungsschreiben v. 25.4.1924, in: HAC 500/E.2725.

374 Schreiben an Erna Frä v. 10.9.1924 sowie v. 7.11.1924, in: ebd.

raufhin schlug dieser dem Leiter der Personalabteilung vor, Erna Frä in einer Depositenkasse als Stenotypistin wieder einzustellen. Er begründete dies damit, dass er „wegen der ungünstigen Lage" schon länger vergeblich eine Stenotypistin für die Kasse zu finden versucht hatte. Erna Frä wohnte nur wenige Minuten von der Kasse entfernt und war bereit, dort sofort den Dienst anzutreten.[375] Das war erstens ein für Erna Frä glücklicher Zufall und zweitens kam ihr nun ihre kaufmännische Ausbildung zugute, da sie anders als die meisten anderen „Nullenschreiberinnen" als Stenotypistin einsetzbar war.

Eine zweite, 1924 aus dem Dienst entfernte Person, Erna St, war kurz vor Kriegsende von der Darmstädter Bank eingestellt worden. Im Zuge der Demobilisierung des Heeres sollte sie bereits im Februar 1919 entlassen werden,[376] wozu es allerdings zunächst nicht kam. Erst im September 1924 erhielt sie erneut ein Kündigungsschreiben. Auch sie erhielt keine Abfindung, sondern ihr wurde nur ein weiteres Monatsgehalt in Aussicht gestellt, falls sie einen Monat nach der Kündigung noch keinen neuen Arbeitsplatz gefunden haben sollte.[377] Allerdings scheint sie sofort eine neue Stelle gefunden zu haben. Jedenfalls ist keine Bitte um ein zusätzliches Monatsgehalt überliefert.

Die dritte 1924 entlassene Angestellte ist bereits in Kap. 3.2. behandelt worden und fällt nicht in die Kategorie der betriebsbedingt gekündigten Frauen. Sie war zunächst zwar entlassen worden, wurde aber wenig später in den Vorruhestand geschickt. Das ist äußerst ungewöhnlich, weil 1924 kaum eine Beschäftigte auch nur annähernd das Alter von 60 Jahren erreicht haben konnte. An dieser Stelle ist allerdings die Vorgeschichte der Vorruhestandsregelung relevant und soll deshalb hier vorgezogen werden: Gertrud Di war nach dem Tod ihrer Eltern im Jahr 1912 nach Berlin gezogen und wohnte bei ihrer ebenfalls ledigen Schwester. Deren Gehalt reichte aber nicht für zwei Personen und so musste sich die inzwischen schon 33 Jahre alte Gertrud Di eine Arbeitsstelle suchen. Probleme bei der Arbeitssuche scheint sie trotz ihres Alters und der fehlenden Berufserfahrung keine gehabt zu haben. Nachdem ihr letzter Arbeitgeber 1915 zum Militär einberufen worden war und sein Geschäft hatte schließen müssen, bewarb sie sich bei der Dresdner Bank und wurde mit 36 Jahren eingestellt.[378] Denn sie konnte nicht nur eine Lyzealbildung mit anschließendem Handelsschulabschluss vorweisen, sondern sie ließ erwarten, dass sie dank ihrer Berufserfahrung als Buchhalterin auch für Männerarbeit einsetzbar war. Das scheint auch geschehen zu sein. Denn sie sollte bereits zum Jahresende 1918 „infolge Rückkehr unserer Beamten aus

375 Aktennotiz v 3.5.1925, in: ebd.
376 Schreiben an Erna St v. 15.2.1919, in: HAC 500/E.8953.
377 Kündigungsschreiben v. 19.9.1924, in: ebd.
378 Handschriftlicher Lebenslauf o. D. (April 1915), in: HAC 500/E.3352.

dem Felde“ entlassen werden.[379] Warum es dazu nicht kam, ist unklar. Jedenfalls blieb Gertrud Di während der Inflationsjahre bei der Dresdner Bank beschäftigt. Nach der Einführung der Tarifverträge für Bankangestellte wurde sie in die Tarifgruppe 2 eingestuft und ihr nicht nur die Tätigkeit bei der Dresdner Bank als Berufsjahre anerkannt, sondern auch die Berufstätigkeit bei anderen Arbeitgebern. Dieses Zugeständnis machte die Bank ihren Angestellten später nicht mehr, wenn es sich nicht um eine Tätigkeit in einem Bankbetrieb handelte. Das kann wohl nur bedeuten, dass die Vorgesetzten mit Gertrud Di wegen des hohen Arbeitsanfalls während der Inflationsjahre und in Anbetracht der vielen ungelernten Kräfte noch durchaus zufrieden waren. Das sollte sich aber bald ändern. Im Jahr 1924 wurde sie im Alter von 45 Jahren „wegen notwendig gewordener Umstellung des Betriebes“ entlassen.[380]

Während demnach zwei formal qualifizierte Kräfte 1924 entlassen wurden, behielt die Bank eine der wenigen zu Beginn der Inflationsjahre eingestellten Frauen über die Mitte der zwanziger Jahre hinaus, die eher dem Profil der „Nullenschreiberinnen“ entsprach. Es handelte sich um die nicht in das Sample aufgenommene Frida Bre, die 1920 eingestellt wurde, nur eine Elementarschulbildung und als 16-jährige keinerlei Berufserfahrung besaß. Sie wurde allerdings zunächst nur als Aushilfe für drei Monate eingestellt, wobei die befristete Beschäftigung immer wieder verlängert wurde, da die Arbeit eher mehr als weniger wurde, so dass sie 1922 fest mit der üblichen Kündigungsfrist von vier Wochen angestellt wurde.[381] Weshalb sie 1924 nicht entlassen wurde, ist unklar. Denkbar ist natürlich, dass sie sich in dieser Zeit als wertvolle Kraft bewährt hatte. Denkbar ist aber auch, dass ihr Vater, der in der Bank als Kassenbote arbeitete, genügend Fürsprecher organisieren konnte, so dass seiner Tochter das Schicksal vieler gleichaltriger Kolleginnen erspart blieb.

Ganz ähnlich war die Situation bei der 1915 ebenfalls als Aushilfe eingestellten Gertrud Ar. Auch sie verfügte nur über eine achtjährige Schulbildung, hatte aber anschließend nach ihrer eigenen Angabe Privatunterricht in Stenografie und „einfacher Buchführung“ bekommen.[382] Das ist insofern glaubhaft, weil sie aus einer ursprünglich begüterten Familie stammte. Der Vater verstarb früh, so dass die Tochter sich eine Stelle als Stenotypistin suchen musste. Tatsächlich waren ihre Leistungen ausgesprochen schlecht, so dass sie 1924 mit der schon zitierten, dutzendfach verschickten Begründung („Einschränkung unseres Personalbestandes“) entlassen wurde. Es folgte aber ein Nachsatz, der sicherlich nicht

379 Abgangszeugnis (Entwurf) v. 31.12.1918, in: ebd.

380 Schreiben v. 25. Juli 1924, in: ebd.

381 Schreiben an Frida Bre v. 21.9.1920 und v. 8.12.1922, in: HAC 500/E.3981.

382 Handschriftlicher Lebenslauf o. D. (Dezember 1915), in: HAC 500/ E.4476.

üblich war: „Wir sind aber bereit, Ihre Kündigung dann zurückzunehmen, wenn sie uns bis zum 15. Dezember dieses Jahres den Nachweis geliefert haben, dass Sie spätestens von diesem Tage ab in der Lage sind, den Posten einer perfekten Stenotypistin auszufüllen.“[383]

Weshalb dieses Angebot erfolgte und weshalb die Kündigung von Gertrud Ar zurückgenommen wurde, obwohl sie auch Jahre später immer noch keine gute Stenotypistin war und Maschineschreiben überhaupt nicht beherrschte,[384] wird aus ihrer Personalakte nicht deutlich. Die wahrscheinlichste Erklärung ist wohl auch in diesem Falle die Intervention einer einflussreichen Persönlichkeit, die ihre Hand schützend über Gertrud Ar hielt.

Deutlich besser dokumentiert ist die Entlassungswelle während der Bankenkrise 1931 und nach der Fusion von Dresdner Bank und Danat Bank 1932. Betroffen waren insgesamt dreizehn Frauen sowie weitere sechs Frauen, die in den Vorruhestand geschickt wurden. Von den dreizehn gekündigten Frauen waren drei 20 Jahre oder jünger und fünf zwischen 21 und 25 Jahren alt. Vier Frauen waren älter als 30 Jahre. Dabei handelte es sich um die 31-jährige Charlotte An, die 34-jährige Charlotte Bra, die 36-jährige Käthe Bi und die 38-jährige Käthe Ju, die jeweils seit Anfang der zwanziger Jahre bei der Nationalbank für Deutschland bzw. der Danat Bank (Charlotte An) oder bei der Dresdner Bank (Charlotte Bra, Käthe Bi und Käthe Ju) beschäftigt waren. Charlotte An, Käthe Bi und Käthe Ju wurden gleich zu Beginn der Entlassungswelle, im Jahr 1931 nach elf Dienstjahren gekündigt und Charlotte Bra nach der Fusion 1932.

Die Gründe dafür, weshalb beide Banken drei ältere Angestellte nach einer vergleichsweise langen Dienstzeit bereits in der ersten Phase des Personalabbaus kündigten, ist aus den Personalakten nicht ohne weiteres ersichtlich. Im Kündigungsschreiben von Käthe Bi heißt es lediglich: „Da eine Verringerung des Personalbestandes erforderlich ist, sehen wir uns zu unserem Bedauern gezwungen Ihnen hierdurch Ihre Stellung ... zu kündigen.“[385] Das Bedauern scheint allerdings in ihrem Fall nicht allzu groß gewesen zu sein. Darauf deutet die Formulierung des Arbeitszeugnisses hin. Dort heißt es: „Wir können ihr sowohl bezüglich ihrer Leistungen als auch ihrer Führung unsere volle Anerkennung aussprechen.“[386]

383 Kündigungsschreiben v. 10.11.1924, in: ebd.

384 Schreiben des Direktors der Personalabteilung der Dresdner Bank an den Filialdirektor der Dresdner Bank in Dresden v. 23.5.1932, in: ebd.

385 Kündigungsschreiben v. 29.9.1931, in: HAC 500/E.4048.

386 Abgangszeugnis v. 1.2.1932, in: ebd.

Bei der ebenfalls 1931 entlassenen 23-jährigen Gertrud Sch2 hört sich das ganz anders an: „Frl. Sch2 hat sich sowohl durch ihre Leistungen als auch durch ihre Führung unsere vollste Zufriedenheit erworben."[387]

Wie auch die beiden anderen älteren Angestellten bat auch Käthe Bi nach ihrer Entlassung um eine Wiedereinstellung und war sogar bereit, als Aushilfe deutlich schlechtere Konditionen in Kauf zu nehmen. In ihrem ersten Schreiben vom Juni 1932 verwies sie darauf, dass zwei ihrer ebenfalls entlassenen Kolleginnen „zurückgeholt" worden seien.[388] Die Rückfrage der Personalabteilung bei ihrem ehemaligen Büroleiter ließ dort jedoch kein Bedauern über den Verlust erkennen („Herr St. lehnt ab!").[389] In ihrer Antwort drückte sich die Bank dann um eine offene Ablehnung, indem sie darauf verwies, dass Käthe Bi nach ihrer Entlassung zu Verwandten nach Mecklenburg ziehen wollte, so dass sie nach Ansicht der Bank für eine Wiedereinstellung nicht in Betracht kam. Nun komme die Anfrage zu spät. Denn inzwischen seien „alle Plätze belegt, so dass leider keine Möglichkeit besteht, ihrem Wunsche zu entsprechen."[390]

Diese wachsweiche Ablehnung führte dazu, dass Käthe Bi ein Vierteljahr später erneut anfragte. Zu einer Einstellung kam es aber nicht. Einen nächsten Versuch startete sie im Frühsommer 1933.[391] Die Bank hatte gerade begonnen, die „nichtarischen" Angestellten zu kündigen und stellte, offenbar um die kurzfristig unbesetzten, aber für den Geschäftsbetrieb notwendigen Stellen zu füllen, erstmals seit der Fusion wieder Aushilfskräfte ein. Davon hatte Käthe Bi anscheinend gehört und bat die Bank darum, bei der Auswahl dieser Hilfskräfte berücksichtigt zu werden. Diesmal hatte sie tatsächlich Glück und wurde befristet für einen Monat zu einem Lohn von 7,58 RM pro Tag eingestellt – allerdings nicht in ihrer alten Abteilung. Im Dezember 1933 wurde sie erneut und zu den gleichen Konditionen für sechs Wochen eingestellt.[392] Ihrer Bitte, länger bleiben zu dürfen, wurde allerdings nicht entsprochen. Erst im Sommer 1934 erhielt Käthe Bi wieder eine Beschäftigung, diesmal als Urlaubsvertretung für sechs Wochen, die noch einmal um vier Wochen verlängert wurde. Wegen des Endes der Urlaubszeit bestand aber anschließend kein Bedarf mehr an Hilfskräften.[393] Deshalb fragte sie im September erneut an und bat um eine dauerhafte Einstellung. Denn sie hatte erfahren, dass die Bank jüngere gegen ältere Arbeitskräfte austauschen musste.

---

387 Abgangszeugnis v. 10.12.1931, in: HAC 500/E.8368.
388 Schreiben von Käthe Bi v. 23.6.1932, in: HAC 500/E.4048.
389 Ebd. (handschriftliche Ergänzung).
390 Schreiben an Käthe Bi v. 24.6.1932, in: ebd.
391 Schreiben von Käthe Bi v. 11.9.1932 u. 11.6.1933, in: ebd.
392 Schreiben an Käthe Bi v. 29.6.1933 u. 18.12.1933, in: ebd.
393 Schreiben an Käthe Bi v. 11.6.1934 u. 26.7.1934, in: ebd.

Auch diese Bitte lehnte die Bank ab und begründete dies damit, dass die Information zwar richtig sei. Bei der Auswahl der jüngeren, zu kündigenden Arbeitskräfte könne die Bank zwar Einfluss nehmen. Aber die älteren, neu einzustellenden Arbeitskräfte würden der Bank durch das Arbeitsamt zugewiesen. Eine entsprechende Aufforderung des Arbeitsamtes liege aber nicht vor und deshalb könne man sie auch nicht berücksichtigen.[394] Im Dezember 1934 versuchte es Käthe Bi noch einmal und erklärte sich bereit, wie im letzten Jahr eine Aushilfsstelle anzunehmen. Aber dazu scheint es nicht gekommen zu sein.[395] Weitere Anfragen sind nicht überliefert. Möglicherweise hatte Käthe Bi wegen der Entspannung am Arbeitsmarkt auch für Bürokräfte im Laufe des Jahres 1935 nach über drei Jahren Arbeitslosigkeit eine neue Stelle gefunden.

Nicht besser erging es Käthe Ju, die im Dezember 1931 37-jährig nach zehn Dienstjahren entlassen worden war.[396] Auch bei ihr dürfte sich das Bedauern über ihr Ausscheiden bei den Vorgesetzten in Grenzen gehalten haben. Denn ihre Bitte vom Mai 1933, wieder eingestellt zu werden, wurde direkt abgelehnt. Dabei hätte es durchaus soziale Gründe gegeben, Käthe Ju ähnlich wie Käthe Bi aushilfsweise zu beschäftigen. Denn sie hatte für ihren zu einhundert Prozent arbeitsunfähigen Bruder zu sorgen. Auch hier wurde eine Begründung bemüht, die nicht ganz der Wahrheit entsprach. Denn die Bank berief sich auf eine Vereinbarung mit den „Arbeitnehmer-Organisationen" – der Begriff der „Gewerkschaft" sollte im Mai 1933 wohl unbedingt vermieden werden. Danach sei die Bank eine Verpflichtung eingegangen, wonach sie „bei Bedarf ... die auf Wartegeld gesetzten Angestellten ... einberufen" müsse.[397] Diese Vereinbarung hatte es zwar tatsächlich gegeben (s. Kap. 2.2.). Aber allem Anschein nach sind keine Frauen „auf Wartegeld gesetzt", sondern grundsätzlich entlassen worden. Jedenfalls gibt es im Sample keine Wartegeldempfängerin. Außerdem zeigt das Beispiel von Käthe Bi und anderen Frauen, dass die Bank seit Mitte 1933 durchaus Frauen einstellte – allerdings nur zur Aushilfe und deswegen befristet. Wenn Käthe Ju dieses Angebot nicht gemacht wurde, kann das nur bedeuten, dass sie mit ihren mittlerweile 38 Jahren als nicht mehr ausreichend leistungsfähig angesehen wurde.

Eine ähnliche Schutzbehauptung wie die „Einberufung von Wartegeldempfängern" im Fall von Käthe Ju stellt auch die erwähnte Antwort der Dresdner Bank auf das Schreiben von Käthe Bi dar, in dem diese auf den Austausch von jüngeren gegen ältere Arbeitskräften Bezug genommen hatte. Tatsächlich gab es

394 Schreiben von Käthe Bi v. 20.9.1934 u. Schreiben an Käthe Bi v. 24.9.1934, in: ebd.
395 Schreiben von Käthe Bi v. 8.12.1934 u. Schreiben an Käthe Bi v. 12.12.1934, in: ebd.
396 Schreiben der Dresdner Bank an die Stellenlosenkasse des Gewerkschaftsbunds der Angestellten v. 22.11.1932, in: HAC 500/E.1031.
397 Schreiben von Käthe Ju v. 9.5.1933 und Schreiben an Käthe Ju v. 16.5.1933, in: ebd.

eine entsprechende Anordnung des Präsidenten der Reichsanstalt für Arbeitsvermittlung und Arbeitslosenversicherung vom August 1934. Danach hatten die Arbeitgeber zu prüfen, ob „die altersmäßige Gliederung der Arbeiter und Angestellten unter betriebstechnischen und wirtschaftlichen Erfordernissen des Betriebes den staatspolitischen Gesichtspunkten gerecht" wurde. Darunter verstand die Arbeitsverwaltung eine „bevorzugte Beschäftigung arbeitsloser älterer Arbeiter und Angestellter, insbesondere kinderreicher Familienväter gegenüber Arbeitern und Angestellten unter 25 Jahren", sofern diese nicht verheiratet waren. Zu diesem Zweck musste die Bank dem Arbeitsamt mitteilen, wie viele ihrer Beschäftigten, nach Geschlechtern getrennt, unter 25 Jahren und wie viele älter waren. Gleichzeitig musste angegeben werden, wie viele der jüngeren Personen entlassen werden sollten, um sie durch vom Arbeitsamt zugewiesene ältere Arbeitslose zu ersetzen. Daraufhin verschickte die Bank einen Fragebogen an ihre jüngeren Beschäftigten, in dem diese einzutragen hatten, ob sie weitere Familienmitglieder finanziell unterstützen mussten, ob sie den freiwilligen Arbeitsdienst oder das freiwillige Landjahr absolviert hatten und ob sie Mitglied der NSDAP waren oder einer ihrer Gliederungen angehörten.[398]

Diese Fragebögen finden sich zwar in einigen der Personalakten. Aber keine junge Frau aus dem Sample wurde aus diesem Grund entlassen und keine ältere Angestellte wurde der Bank durch das Arbeitsamt zugewiesen. Dafür kann es eigentlich nur eine Erklärung geben: Diese Maßnahme zielte vor allem darauf, männliche Arbeitslose wieder in Lohn und Brot zu bringen. Die Arbeitsteilung zwischen den Geschlechtern innerhalb des Bankbetriebs war jedoch klar ausgeprägt, Überschneidungen gab es nicht. Damit entsprach die Bank der nationalsozialistischen Geschlechterideologie, so dass auch die NS-Betriebszellenorganisation keine Handhabe hatte, den Austausch zu forcieren. Für die männlich dominierten Gewerkschaften der Weimarer Republik war es ebenso wie für die ebenfalls rein männlich dominierten NS-Aktivisten im Betrieb undenkbar, dass für eine Sekretärin bzw. Stenotypistin, Kartenlocherin oder Telefonistin ein Mann eingestellt werden würde. Damit trafen sich deren geschlechterideologischen Vorstellungen mit den wirtschaftlichen Interessen der Bank. Denn ein solcher Mann wäre, da er Familienvater mit mehreren Kindern sein musste, sehr viel teurer gewesen als eine junge Frau, so dass die Bank selbst kaum ein Interesse daran haben konnte, eine junge Frau durch einen Familienvater zu ersetzen – selbst wenn das möglich gewesen wäre. Denkbar wäre es demzufolge nur gewesen, dass eine junge Frau durch eine arbeitslose ältere Angestellte wie Käthe Bi ersetzt worden wäre. Aber daran

398 Fragebogen betr. Anordnung des Präsidenten der Reichsanstalt für Arbeitsvermittlung und Arbeitslosenversicherung über die Verteilung von Arbeitskräften v. 28.8.1934, in: HAC 500/E.4606.

hatte die Bank ebenfalls kein Interesse. Denn ältere Angestellte waren teurer bei meist deutlich geringerer Leistung. Außerdem gehörten kinderlose Frauen nicht zu dem Personenkreis, für den sich die NS-Arbeitsmarktpolitik aus „staatspolitischen Gesichtspunkten" sonderlich interessierte. Da die Verordnung der Reichsanstalt „betriebstechnische und wirtschaftliche Erfordernisse des Betriebes" als Begründung für den Verzicht auf die Entlassung zuließ, konnte die Bank eine besondere Qualifikation jüngerer Angestellter anführen, um deren Entlassung zu verhindern. Außerdem scheint das Arbeitsamt kaum in der Lage gewesen zu sein, eine gleichwertige Kraft zuzuweisen, wie man am Beispiel von Käthe Bi sehen kann, die Ende 1934 schon jahrelang arbeitslos, aber offenbar für die Arbeitsverwaltung keine vorrangig zu vermittelnde Arbeitskraft war.

In der Praxis unterlief die Dresdner Bank nicht nur die Anordnung der Reichsanstalt für Arbeitsvermittlung und Arbeitslosenversicherung, ja sie widersprach in dieser Zeit mit ihrer Personalpolitik sogar ausdrücklich deren „staatspolitischen Gesichtspunkten". Denn in den Jahren 1933 und 1934 entließ sie auch ältere weibliche Angestellte und stellte jüngere an ihrer Stelle ein, obwohl die älteren Frauen deutlich schlechtere Chancen auf dem Arbeitsmarkt hatten als die jüngeren. Käthe Bi war kein Einzelfall. Auch die beiden anderen, über dreißigjährigen, 1931 bis 1932 entlassenen weiblichen Angestellten des Samples fanden zunächst keine neue Beschäftigung und baten um eine Wiedereinstellung. Charlotte Bra erging es dabei ähnlich wie Käthe Bi. Sie war zwar erst etwas später, nach der Fusion von Dresdner Bank und Danat Bank im Jahr 1932 entlassen worden. Aber eine neue Stelle zu finden, war für eine 34-jährige Büroangestellte zu diesem Zeitpunkt fast unmöglich. Sie ließ sich deshalb im Februar 1933 auf eine auf 14 Tage befristete Beschäftigung ein, wobei sie nicht nach Tarif bezahlt wurde, sondern einen Tagessatz von 6,02 RM erhielt. Ähnlich wie Käthe Bi scheint auch Charlotte Bra von der Entlassung „nichtarischer" Angestellter profitiert zu haben. Jedenfalls wurde sie während der Sommermonate 1933 für zwei Monate zu den gleichen Konditionen wie Käthe Bi als Aushilfe eingestellt.[399] Da sie auch anschließend offenbar keine neue Stelle fand, bat sie im Mai 1934 noch einmal aushilfsweise eingestellt zu werden, was die Bank allerdings ablehnte.[400]

Offenbar wurde der Bank Ende 1934, spätestens Anfang 1935 klar, dass die geschäftliche Erholung von Dauer sein würde, so dass man nicht mehr nur während

399 Arbeitsbescheinigung v. 16.2.1933, in: HAC 500/E.3893.

400 Schreiben v. Charlotte Bra v. 16.5.1934, Schreiben an Charlotte Bra v. 22.5.1934, in: ebd. Wenig später scheint Charlotte Bra jedoch eine Anstellung bei der Deutschen Girozentrale gefunden zu haben. Jedenfalls fragte die Deutsche Girozentrale nach einer „ausführlichen Auskunft", die die Dresdner Bank auch ausstellte. Schreiben der Deutschen Girozentrale v. 20.7.1934 und Schreiben an die Deutsche Girozentrale v. 21.7.1934, in: ebd.

der Sommermonate oder während der Weihnachtszeit Aushilfen benötigte. Vielmehr ging sie nun dazu über, junge Frauen wieder fest einzustellen. Die älteren Angestellten wie Käthe Bi und Charlotte Bra, die bei ihrer Entlassung 36 bzw. 34 Jahre alt gewesen waren und die 1934 wahrscheinlich ohnehin nicht mehr so leistungsfähig waren wie zu Beginn ihrer Beschäftigung, wären in wenigen Jahren in die Tarifgruppe für männliche Angestellte aufgestiegen, was einen deutlichen Gehaltssprung bedeutet hätte. Außerdem hätten sie einen Betriebsrentenanspruch erworben. Da bei ihnen nicht mehr zu erwarten war, dass sie noch heiraten würden, hätte man sie womöglich schon vor Erreichen des 50. Lebensjahres wegen mangelnder Leistung in Verbindung mit längeren krankheitsbedingten Ausfallzeiten in den Vorruhestand schicken müssen. Auf längere Sicht wären sie somit deutlich teurer geworden als jüngere Frauen, die nach vielleicht fünf bis zehn Jahren heiraten und dann mit einer „Heiratsbeihilfe" ausgestattet erneut durch eine junge Kraft ersetzt werden würden.

Allerdings ging es auch anders. Charlotte An war bereits 1931 bei der Danat Bank entlassen worden und anschließend, abgesehen von einer zweimonatigen Aushilfstätigkeit bei einem Zeitungsverlag, bis Mai 1934 arbeitslos gewesen. Ihr letztes Gehalt bei der Danat Bank hatte gut 250 RM brutto betragen, wovon sie bis dahin vergleichsweise gut hatte leben können, da sie noch im Haushalt ihrer Eltern wohnte. Die Arbeitslosigkeit hatte sie sehr wahrscheinlich nicht so hart getroffen wie beispielsweise Käthe Bi, die Berlin, wo sie zur Untermiete wohnte, zwischenzeitlich hatte verlassen müssen. Käthe Bi war bei Verwandten in einem mecklenburgischen Dorf untergekommen, aber dort war es noch aussichtsloser, als Bürokraft eine Stelle zu finden. Der Vater von Charlotte An war ein höherer Beamter in der Reichsschuldenverwaltung, der, selbst wenn er 1931 bereits pensioniert gewesen sein sollte, immer noch über ein Einkommen verfügte, mit dem er für sich, Frau und Tochter einen bescheidenen, nicht ärmlichen Lebensstil halten konnte. Sollte ihm das Haus in Charlottenburg, in dem die Familie wohnte, gehört haben, dürfte sogar der bürgerliche Lebensstil der zwanziger Jahre aufrechterhalten worden sein.

Im Mai 1934 wurde Charlotte An ähnlich wie Charlotte Bra und Käthe Bi für die Sommerzeit befristet eingestellt. Allerdings erhielt sie keinen Tageslohn von 7,58 RM, sondern wurde nach Tarif bezahlt, wobei ihr die Jahre der Arbeitslosigkeit sogar auf die Beschäftigungszeit angerechnet wurden. Ihr Bruttoverdienst lag damit zwischen 20 Prozent und 25 Prozent höher als derjenige ihrer beiden Kolleginnen.[401] Ende August wurde die Beschäftigung zunächst nicht verlängert, wobei mit dem Ende der Urlaubszeit die gleiche Begründung gegeben wurde wie

401 Schreiben an Charlotte An v. 14.5.1934, in: HAC 500/E.4663.

in den beiden anderen Fällen.[402] Aber Ende September 1934 wurde Charlotte An zum 1. Oktober fest angestellt.[403] Sogar die 1931 von der Danat Bank gezahlte Abfindung in Höhe von 1.010 RM musste sie nicht zurückzahlen. Die Berechnungsgrundlage war dabei ein fiktives Gehalt von 80 RM während der Monate der Arbeitslosigkeit. Charlotte An war gut 26 Monate arbeitslos gewesen und hatte demnach einen fiktiven Verlust von gut 2.000 RM erlitten. Da dieser Verlust deutlich höher lag als die Abfindung, wurde auf die Rückzahlung, auch nur eines Teilbetrages, verzichtet.[404]

Weshalb die drei Frauen so unterschiedlich behandelt wurden, lässt sich nicht mit Sicherheit sagen. Denkbar ist zwar die bürgerliche Herkunft und womöglich ein damit zusammenhängendes selbstbewussteres Auftreten bei Charlotte An. Denn während deren Vater ein höherer Beamter war, kamen Charlotte Bra und Käthe Bi aus kleinbürgerlichen Verhältnissen. Der Bildungsweg kann dagegen als Ursache für die Ungleichbehandlung wohl ausgeschlossen werden. Denn Charlotte An hatte zwar das Lyzeum, aber keine Handelsschule besucht. Das entsprach auch dem Ausbildungsgang von Käthe Bi, während Charlotte Bra zwar nur über einen Volksschulabschluss verfügte, aber anschließend die Handelsschule besucht hatte. Die wahrscheinlichste Erklärung ist wohl die Leistungsbeurteilung der drei Frauen durch ihre Vorgesetzten während ihrer Aushilfstätigkeit. Diese ist zwar von der zitierten Ausnahme bei Käthe Bi abgesehen nicht überliefert und wurde womöglich mündlich eingeholt. Aber es ist eigentlich nicht vorstellbar, dass sich die Personalabteilung bei ihren Entscheidungen über eine Entfristung der Beschäftigung ihrer Aushilfskräfte nicht bei deren Vorgesetzten über die Leistungsfähigkeit und Leistungsbereitschaft der Frauen erkundigt hatte. Im Falle von Charlotte An sollte sich die aus Sicht der Bank günstige Prognose wohl auch bestätigen. Sie blieb bis zur Schließung 1945 in der Bank und erhielt in den regelmäßigen Leistungsberichten auch eine positive Beurteilung durch ihren Vorgesetzten.

Wie sehr Leistungsfähigkeit, aber auch Leistungsbereitschaft von Aushilfen für die weitere Beschäftigung bei dem Personalaufbau seit Ende 1934 eine Rolle spielten, zeigt das Beispiel von Charlotte Ap. Auch sie kam aus einem bürgerlichen Haushalt, hatte das Oberlyzeum mit dem Abitur abgeschlossen und anschließend noch die Handelsschule besucht. Nach dem Handelsschulabschluss wurde sie von der Dresdner Bank im Februar 1934 als Aushilfe eingestellt. Die Arbeitsmarktlage war zu diesem Zeitpunkt immer noch so prekär, dass die Bank Char-

402 Schreiben an Charlotte An v. 27.7.1934, in: ebd.
403 Schreiben an Charlotte An v. 24.9.1934, in: ebd.
404 Aktennotiz o. D. (Oktober 1934), in ebd.

lotte Ap lediglich in die Tarifgruppe 1, 1. Berufsjahr, einstufte.[405] Sie bekam damit das niedrigste Gehalt, das eine weibliche Angestellte nach der Tarifordnung bekommen konnte, obwohl sie zu den qualifiziertesten Bewerberinnen unter den jung eingestellten Angestellten im Sample gehörte. Aufgrund der Arbeitsmarktlage für Büroangestellte sah sich Charlotte Ap aber wohl gezwungen, trotz der ungünstigen Konditionen diese Stelle anzunehmen. Allerdings konnte sie hoffen, dass die Bank sie fest einstellen würde, sobald sie sich bewährt hatte. Zu anderen Zeiten hätte sie sich wahrscheinlich als Banklehrling bewerben können. Aber nach dem Regimewechsel durften junge Frauen zunächst keine Banklehre mehr absolvieren. Die Aushilfstätigkeit von Charlotte Ap wurde zwar mehrmals verlängert. Aber es ist sehr wahrscheinlich, dass sie nach einigen Monaten in dieser prekären Lage Forderungen stellte, etwa eine Festanstellung mit einer Höhergruppierung in die Tarifgruppe 2. Als diese Forderungen nicht erfüllt wurden, kündigte sie nach acht Monaten wieder.[406] Eine Abfindung stand ihr nach der kurzen Beschäftigungszeit, zumal als Aushilfe, nicht zu.

Wie erwähnt waren die meisten Angestellten des Samples, die nach der Bankenkrise und im Zuge der Fusion entlassen worden waren, zwischen 20 Jahren und 25 Jahren alt. Ein vielleicht repräsentatives Beispiel für diese Mehrheit der vom „Fusionsabbau" betroffenen weiblichen Angestellten ist Gertrud Kr1. Sie hatte sich im Frühjahr 1930 auf eine Zeitungsanzeige der Dresdner Bank hin beworben und wurde auch eingestellt, obwohl die 16-jährige nur über eine Volksschulbildung und damit über keine Fremdsprachenkenntnisse verfügte. Nach der Schule hatte sie aber immerhin zwei Jahre lang die Städtische Handelsschule besucht, was in einer Situation, in der die Bank Bürokräfte suchte, offenbar als Qualifikation ausreichte. Sie wurde in die Tarifgruppe 1, 1. Berufsjahr, eingestuft, was bei minderjährigen Frauen während der Probezeit einen Bruttoverdienst von 74 RM im Monat bedeutete.[407] Nach der dreimonatigen Probezeit wurde ihr Gehalt allerdings erhöht, so dass sie, als sie zum 31. Oktober 1932 gekündigt wurde, eine Abfindung in Höhe von 546 RM erhielt.[408] Auch sie meldete sich ein Jahr später bei der Bank, weil sie in dieser Zeit vergeblich eine neue Arbeitsstelle gesucht hatte und bat um eine Wiedereinstellung. Die Bank entsprach diesem Wunsch allerdings nicht.[409] Wie lange Gertrud Kr1 anschließend noch arbeitslos blieb, geht aus der Akte leider nicht hervor.

405 Schreiben an Charlotte Ap v. 31.1.1934, in: HAC 500/E.4612.
406 Schreiben von Charlotte Ap v. 22.11.1934, in: ebd.
407 Schreiben an Gertrud Kr1 v. 20.5.1930, in: HAC 500/E.180.
408 Kündigungsschreiben v. 23.9.1932, in: ebd.
409 Schreiben v. Gertrud Kr1 v. 3.10.1933 und Schreiben an Gertrud Kr1 v. 7.10.1933, in: ebd.

Aber nicht alle Frauen ließen sich widerstandslos kündigen. Die im Jahr 1931 29-jährige Käthe Sch hatte mit Kündigungen und deren Rücknahme schon reichlich Erfahrungen gesammelt und wehrte sich, als sie die Kündigung der Dresdner Bank erhielt. Sie kam aus einfachen Verhältnissen – der Vater war Kellner – und hatte nur die Volksschule besucht. Trotzdem war sie im August 1923 als eine der „Nullenschreiberinnen" eingestellt worden. Immerhin verfügte sie bereits über Berufserfahrung, da sie seit 1917 insgesamt fünf Arbeitsstellen innegehabt hatte, als sie sich bei der Dresdner Bank bewarb. Nach eigenen Angaben hatte sie dabei auch als Stenotypistin in einer Bank gearbeitet. Zum Zeitpunkt der Bewerbung war sie in einer ungekündigten Stellung bei einem Werkzeugmacher beschäftigt. Als Begründung für ihre Bewerbung gab sie an, dass ihr das Gehalt, das die Werkzeugmacherfirma zahlte, „zu wenig" sei.[410] Wahrscheinlich fiel die Teuerungszulage bei der Dresdner Bank deutlich höher aus als bei dem Werkzeugmacher, was in den Monaten der Hyperinflation von entscheidender Bedeutung für die Beschäftigten gewesen war. Die Tariflöhne spielten nur eine untergeordnete Rolle, da sie gar nicht so schnell neu verhandelt werden konnten, wie der Geldwert verfiel.

Nachdem die Bank eine vertrauliche Beurteilung über Käthe Sch durch die Werkzeugmacherfirma eingeholt hatte, stellte sie sie als Aushilfe in ihrer Genossenschaftsabteilung ein.[411] Mit der Einführung der Rentenmark im November 1923 wurde Käthe Sch allerdings zum Jahresende schon wieder gekündigt. Denn das „Nullenschreiben" würde sich absehbar erledigt haben, so dass die Hilfskräfte für die einfachsten Büroarbeiten nicht mehr gebraucht wurden. Wenig später verlängerte die Bank die Beschäftigung aber befristet bis zum 31. März 1924, da im Sekretariat der Genossenschaftsabteilung eine Stenotypistin ausgeschieden war, die Käthe Sch nun ersetzen sollte. Zwei weitere Verlängerungen um jeweils drei Monate folgten, bis sich im September 1924 der Direktor der Genossenschaftsabteilung bei der Personalabteilung meldete und um die Entfristung von Käthe Sch bat, da diese sich als Stenotypistin bewährt habe und seine Abteilung keine weitere Stenotypistin entbehren könne.[412] Die Personalabteilung lehnte die Empfehlung zunächst ab, verlängerte die befristete Beschäftigung allerdings bis Ende des Jahres 1924. Auch im Jahr 1925 wurde das Beschäftigungsverhältnis nur quartalsweise verlängert, bis sich die Bank im März 1926 entschied, Käthe Sch endgültig fest, d. h. nach

410 Personalbogen (ausgefüllt am 18.6.1923), in: HAC 500/E.8158.

411 Schreiben an Käthe Sch v. 30.10.1923, in: ebd.

412 Schreiben der Genossenschafts-Abteilung der Dresdner Bank an die Personalabteilung v. 19.9.1924, in: ebd.

Tarif mit der gesetzlichen vierwöchigen Kündigungsfrist einzustellen.[413] Bis dahin hatte sie fast drei Jahre in der ständigen Ungewissheit gelebt, ob und wie lange sie noch Geld verdienen würde. Denn das Gehalt ihres Vaters, in dessen Haushalt sie lebte, wird so bescheiden gewesen sein, dass die Familie auf den Zuverdienst der Tochter angewiesen war. Kurz nach ihrer Entfristung verstarb der Vater, so dass Käthe Sch seitdem für sich und ihre Mutter sorgen musste.

Nach gut fünf Jahren mit einem vergleichsweise sicheren Arbeitsplatz erfolgte nach der Teilverstaatlichung der Dresdner Bank Ende September 1931 die Kündigung zum 31. Oktober. Eine Abfindungszahlung wurde in dem Kündigungsschreiben nicht erwähnt.[414] Käthe Sch protestierte in einem ausführlichen Schreiben gegen die kurzfristige Kündigung nach der mittlerweile bereits achtjährigen Dienstzeit. Da der Tarifvertrag keine längere Kündigungsfrist als vier Wochen vorsah, argumentierte sie zum einen damit, dass sie außer für sich und ihre Mutter auch für ihre stellungslose Schwester sorgen müsse, die mit ihr im Haushalt der Mutter lebte. Zum anderen stellte sie in Aussicht, dass sie mit einem Angestellten der Bank verlobt sei und in absehbarer Zeit heiraten und damit – was sie nicht ausdrücklich erwähnen musste – ohnehin aus dem Dienst bei der Bank ausscheiden würde. Für die Gründung eines eigenen Haushalts hatten sie und ihr Verlobter zwar etwas gespart. Aber diese Ersparnisse würden durch die kurzfristige Entlassung zur Bestreitung des Lebensunterhalts aufgebraucht werden. Sie bat deshalb darum, ihre Kündigung aufzuschieben. Außerdem brachte sie einen „Ausgleich" ins Spiel, womit wohl eine Abfindung gemeint war, um „meinem Verlobten und mir die Eheschließung unter den heutigen wirtschaftlichen Verhältnissen" zu ermöglichen.[415]

Das war ein äußerst kluger Schachzug gewesen, führte aber zunächst nur dazu, dass das Beschäftigungsverhältnis bis zum Jahresende verlängert wurde. Von einer Abfindung war in dem neuerlichen Kündigungsschreiben immer noch nicht die Rede.[416] Daraufhin wandte sich Käthe Sch an den Betriebsrat, der in der Kündigung in ihrem Fall tatsächlich „eine unbillige Härte" sah.[417] Da die Bankleitung in dieser Zeit des drastischen Personalabbaus um des Betriebsklimas willen auf ein gutes Verhältnis zum Betriebsrat angewiesen war, verlängerte die Personalabteilung die Beschäftigung immerhin bis zum September 1932. Da Käthe Sch somit zum Zeitpunkt der Fusion mit der Danat Bank noch bei der Dresdner Bank beschäftigt war, fiel sie unter den vom Reich subventionierten Personalabbau, so

413 Schreiben an Käthe Sch v. 5.3.1926, in: ebd.
414 Kündigungsschreiben v. 29.9.1931, in: ebd.
415 Schreiben von Käthe Sch o. D. (Oktober 1931), in: ebd.
416 Kündigungsschreiben v. 8.10.1931, in: ebd.
417 Aktennotiz o. D. (Oktober 1931), in: ebd.

dass ihr nun eine Abfindung in Höhe von 1.944 RM zustand.[418] Damit war offenbar der Weg frei für die Eheschließung. Denn nur zwei Wochen nach ihrem Ausscheiden aus der Bank heiratete Käthe Sch einen Arbeitskollegen. Ob die Heiratsbeihilfe ähnlich hoch ausgefallen wäre wie die Abfindung, wenn Käthe Sch eher geheiratet hätte und damit „freiwillig" ausgeschieden wäre, darf angesichts der Schieflage der Bank bezweifelt werden. Es lässt sich insofern konstatieren, dass Käthe Sch dank ihrer Hartnäckigkeit unter den gegebenen Verhältnissen das Maximum dessen für sich herausgeholt hatte, was möglich war.

3.4.4 Die Suche nach besserer Bezahlung

Die Einschaltung des Betriebsrats im Falle von Gehaltskürzungen oder Entlassungen war in der Zeit der Weimarer Republik ein einmaliger Vorgang bei den weiblichen Beschäftigten des Samples. Das bestätigt die These eines geringen Interesses der meisten weiblichen Büroangestellten an der Arbeit der Gewerkschaften. Demzufolge wäre es auch nicht zu erwarten gewesen, dass solche an den Betriebsrat gerichteten Beschwerden über eine unangemessene Behandlung oder eine Benachteiligung durch die Bank wie die von Käthe Sch häufiger vorkamen. Das heißt aber nicht, dass alle Frauen alles widerspruchslos hinnahmen. Denn ein weiterer wichtiger Grund für das Ausscheiden aus dem Dienst bei der Dresdner Bank waren die als ungerecht angesehenen Bedingungen des Arbeitsvertrages, insbesondere der Einstufung in die Tarifgruppen. Tatsächlich kündigten zehn Frauen des Samples, weil ihnen die Bezahlung nicht ausreichte. Fast alle Kündigungen aus diesem Grund erfolgten in der zweiten Hälfte der dreißiger Jahre, was ebenfalls keine Überraschung ist. Denn der Arbeitsmarkt hatte sich in dieser Zeit zunächst entspannt und später herrschte sogar Arbeitskräftemangel. Wenn die Bank in dieser Zeit der wirtschaftlichen Erholung meinte, dem Ziel der Reprivatisierung alles unterordnen zu müssen, indem sie Gewinne ausweisen wollte und für potenzielle Investoren attraktive Dividenden ausschüttete, ging das auch auf Kosten der Beschäftigten und das nahmen bei weitem nicht alle Frauen hin.

Fast alle diejenigen Frauen, die kündigten, weil sie mit den Beschäftigungsbedingungen unzufrieden waren, waren in den Jahren unmittelbar nach der letzten großen Abbauwelle eingestellt worden: vier Frauen 1933 und drei 1934. Zwei Frauen schieden schon sehr schnell wieder aus, die meisten aber im Jahr der Reprivatisierung 1937. Die beiden Frauen, die bereits 1934 wieder ausschieden, als die Arbeitsmarktlage eine Kündigung ohne Alternative kaum erlaubt hätte, hat-

418 Kündigungsschreiben o.D (August 1932), in: ebd.

ten sich trotz der Anstellung bei der Dresdner Bank angesichts der schlechten Bezahlung weiterhin nach anderen Arbeitgebern umgesehen und schieden erst aus, als sie eine besser bezahlte Stelle gefunden hatten. Ansonsten hatten die beiden Frauen aber wenig gemein.

Charlotte Fi war im April 1933 19-jährig direkt nach dem Lyzeum und der Handelsschule als Aushilfskraft eingestellt worden. Eine Entfristung wurde ihr nicht in Aussicht gestellt. Deshalb war es naheliegend, weiter auf Stellensuche zu gehen – und das mit Erfolg! Noch im gleichen Jahr hatte sie die Gelegenheit in das Reichsfinanzministerium zu wechseln und nutzte diese Gelegenheit.[419] Dort war die Bezahlung womöglich gar nicht besser, aber diese Beschäftigung war krisensicher.

Bei dem zweiten Fall handelt es sich um Gertrudis Ti, die in Oppeln (Schlesien) aufgewachsen war und dort das Abitur bestanden hatte. Anschließend studierte sie zwei Semester in Königsberg Betriebswirtschaft. Die familiären Verhältnisse ließen aber wohl die Fortsetzung des Studiums nicht zu und so nahm sie im Oktober 1931 eine Stellung als Direktionssekretärin bei einer Versicherungsgesellschaft an, übersiedelte nach Berlin und lebte dort zur Untermiete (s. Kap. 3.3.3.). Im Oktober 1933 wurde sie jedoch arbeitslos,[420] verfügte aber anscheinend über gute Kontakte. Denn sie war gewerkschaftlich bei dem bürgerlichen Deutschen Bankbeamten-Verein engagiert. Der Vorsitzende des Berliner Zweigvereins dieser Gewerkschaft, Karl Quack, war zugleich einer der zwei Betriebsratsvertreter im Aufsichtsrat der Dresdner Bank und kannte Gertrudis Ti offenbar aus der Gewerkschaftsarbeit. Er empfahl der Personalabteilung der Dresdner Bank die Anstellung von Gertrudis Ti, die Englisch und Französisch beherrschte und Englisch stenografieren konnte. Tatsächlich bot die Bank ihr eine Stelle zum 1.12.1933 an, war aber nur bereit, diese hoch qualifizierte Kraft in die Tarifgruppe 1 einzustufen.[421] Das Bruttogehalt der 22-jährigen lag bei gerade einmal 115 RM. Netto bleiben ihr nach ihren Angaben ganze 97 RM. Anfang März 1934 wandte sich Gertrudis Ti an die Personalabteilung und verwies darauf, dass ihr bei „zufriedenstellenden Leistungen“ eine Höhergruppierung in Aussicht gestellt worden war. Doch anstatt einer Höhergruppierung gewährte ihr die Bank lediglich eine außertarifliche Zulage von 15 RM.[422]

Karl Quack wird zu diesem Zeitpunkt nicht mehr viel für Gertrudis Ti getan haben. Denn mit dem Arbeitsordnungsgesetz vom Januar 1934 war der Betriebsrat, der zwar im April 1933 nazifiziert worden war, aber Quack in seiner Funktion zunächst noch unbehelligt gelassen hatte, durch den sog. Vertrauensrat abgelöst wor-

---

419 Schreiben von Charlotte Fi v. 14.8.1933, in: HAC 500/E.2627.

420 Lebenslauf o. D. (August 1933), in: HAC 500/E.8651.

421 Schreiben an Gertrudis Ti o. D. (November 1933) sowie v. 5.12.1933, in: ebd.

422 Schreiben von Gertrudis Ti v. 8.3.1934 und Schreiben an Gertrudis Ti v. 16.3.1934, in: ebd.

den. Auf der Kandidatenliste für den Vertrauensrat, die vom Nationalsozialistischen Betriebszellen-Obmann in Verbindung mit dem sog. Betriebsführer, d. h. dem für Personalfragen zuständigen Vorstandsmitglied, zusammengestellt wurde, war Quack nicht mehr vertreten und Arbeitnehmervertreter im Aufsichtsrat gab es ohnehin nicht mehr. Quack war aber weich gefallen. Die Bank beförderte ihn im Juli 1933 zum Prokuristen im Depot, was für ihn einen Gehaltssprung bedeutet haben musste.[423] Als Gewerkschaftsfunktionär der „Systemzeit" musste er trotzdem darauf achten, nicht ins Visier der NS-Betriebszelle zu geraten.

Gertrudis Ti zog daraus die Konsequenz und bemühte sich um eine neue Stelle, was ihr in Anbetracht ihrer Qualifikation offenbar trotz der weiterhin schwierigen Arbeitsmarktlage für Bürokräfte auch gelang. Jedenfalls kündigte sie nach nur neun Monaten bei der Dresdner Bank ihre Stellung, um eine neue Stelle anzunehmen, die „wirtschaftlich ... eine bedeutende Verbesserung bedeutet", wie sie in ihrem Kündigungsschreiben ausdrücklich betonte.[424]

Gertrudis Ti war kein Einzelfall. In den Jahren hoher Arbeitslosigkeit war es, wie oben bereits ausgeführt, eine Strategie der Dresdner Bank gewesen, überdurchschnittlich qualifizierte Frauen einzustellen, ohne ihnen ein ihrer Qualifikation auch nur halbwegs angemessenes Gehalt zu zahlen. Auch der steigende Bedarf an Büroarbeitskräften führte bis zur Reprivatisierung oftmals nicht dazu, an dieser Schlechterstellung der während der Krisenjahre eingestellten Frauen etwas zu ändern. Auch Gertrud Ack, die im April 1933 eingestellt worden war, war hoch qualifiziert. Auch sie hatte Abitur und anschließend den Abiturientinnenkurs der Städtischen Handelsschule absolviert, sprach Englisch, Französisch und Spanisch und konnte Englisch stenografieren. Trotzdem wurde sie in die Tarifgruppe 1 eingestuft und erhielt als Minderjährige mit 84 RM brutto ein noch niedrigeres Gehalt als Gertrudis Ti.[425] Trotzdem kündigte Gertrud Ack zunächst nicht. Im Gegenteil, als Minderjähriger drohte ihr die Entlassung.

Nach der bereits erwähnten Anordnung des Präsidenten der Reichsanstalt für Arbeitsvermittlung und Arbeitslosenversicherung vom August 1934 hatte auch Gertrud Ack den Fragebogen erhalten, in dem nach persönlichen Gründen für eine Weiterbeschäftigung einer unter 25-jährigen Angestellten gefragt wurde. Obwohl Gertrud Ack in ihrem Fragebogen nichts angeben konnte, das sie vielleicht hätte schützen können, wurde sie nicht entlassen. So hatte sie durch ihr Gehalt die Familie oder einzelne Familienmitglieder nicht unterstützen müssen, hatte nicht das freiwillige Landjahr absolviert und war weder Mitglied der

423 Aufstellung der Beförderungen v. 8.7.1933, in: HAC 500/51003-2001.
424 Schreiben von Gertrudis Ti v. 14.9.1934, in: HAC 500/E.8651.
425 Schreiben an Gertrud Ack v. 29.3.1933, in: HAC 500/E.4606.

NSDAP noch einer ihrer Gliederungen.[426] Aber ihr Vorgesetzter verlangte für den Fall der Entlassung von Gertrud Ack die Abordnung einer gleichwertigen Kraft, also einer Stenotypistin, die englischsprachige Stenogramme aufnehmen konnte.[427] Eine solche Kraft scheint das Arbeitsamt aber offenbar nicht in der Kartei gehabt zu haben, so dass Gertrud Ack verschont blieb. Da sich ihre Gehaltssituation aber nicht wesentlich verbesserte, machte sie sich spätestens im Jahr 1935 auf die Suche nach einer Stelle, bei der sie entsprechend ihrer Qualifikation entlohnt wurde. Diese Stelle fand sie und kündigte im Dezember 1935 bei der Dresdner Bank.[428]

Eine der qualifiziertesten Frauen des Samples war die 1934 eingestellte Käthe Ra. Sie hatte ihr Studium nach acht Semestern abbrechen müssen, bewarb sich bei der Dresdner Bank und war nach vier Monaten in der Depositenkasse, in der sie eingesetzt worden war, schon so unentbehrlich, dass ihr Kassenvorsteher sich weigerte sie an die Zentrale abzugeben, die sie wegen ihrer exzellenten englischen Sprachkenntnisse dringend gebraucht hätte. Sie war zwar nach gut einem Jahr von der Tarifgruppe 1 in die Tarifgruppe 2 hochgestuft worden. Da das Gehalt von etwa 148 RM brutto für den Unterhalt von ihr und ihrer mittellosen Mutter aber nicht reichte, bat sie in der Personalabteilung um die Genehmigung nach Dienstschluss Nachhilfestunden in Englisch geben zu dürfen. Ihr Zusatzverdienst betrug seitdem etwa 40 RM im Monat. Als sie 1935 schließlich doch in die Zentrale versetzt wurde, musste sie den Nachhilfeunterricht wegen der langen Anfahrt aufgeben. Ihr Antrag, den wirtschaftlichen Verlust durch eine höhere Zulage auszugleichen, wurde abgelehnt.[429] Insofern konnte es niemanden in der Bank verwundern, dass sich Käthe Ru nach einer neuen Stelle umsah und im Frühjahr 1937 kündigte.[430]

In einem Fall hatte die Angestellte ihre Kündigung nach einiger Zeit offenbar bereut. Alice Be war im Dezember 1933 mit 17 Jahren als Aushilfe von der Dresdner Bank eingestellt worden und kündigte zwei Jahre später, als sie eine Stenotypistinnenstelle bei einer anderen Bank angeboten bekommen hatte.[431] Die Dresdner Bank wusste von ihrer Bewerbung, weil der neue Arbeitgeber bei ihr eine vertrauliche Bewertung über Leistung und „Führung“ von Alice Be erbeten hatte. Die neue Stelle sagte Alice Be aber offenbar nicht zu und so bewarb sie sich nur

426 Fragebogen betr. Anordnung des Präsidenten der Reichsanstalt für Arbeitsvermittlung und Arbeitslosenversicherung über die Verteilung von Arbeitskräften v. 28.8.1934, in: ebd.

427 Ebd. (handschriftliche Ergänzung durch den Sachbearbeiter).

428 Kündigungsschreiben von Gertrud Ack v. 14.12.1935, in: ebd.

429 Schreiben des Vorgesetzten von Käthe Ru (Unterschrift unleserlich) v. 21.11.1936, in: HAC 500/E.7145.

430 Schreiben von Käthe Ru v. 31.3.1937, in: ebd.

431 Schreiben von Alice Be v. 28.12.1935, in: HAC 500/E.4385.

gut ein halbes Jahr nach ihrem Stellenwechsel auf eine Stellenanzeige der Dresdner Bank.[432] Die Art und Weise, wie eine Angestellte die sich entspannende Arbeitsmarktlage für sich zu nutzen versucht hatte, gefiel der Bank aber offenbar gar nicht und so ließ sie die Bewerbung unbeantwortet.

Lediglich eine Angestellte kündigte zu einem anderen Zeitpunkt als zwischen 1933 und 1937, weil sie mit den Arbeitsbedingungen bei der Dresdner Bank unzufrieden war. Dabei handelte es sich um Charlotte Ho1, die im Jahr 1927 eine Lehrstelle bei der Dresdner Bank-Filiale in Bielefeld angetreten hatte. Dort war sie 1930 auch übernommen worden. Im Alter von 31 Jahren hatte sie sich 1940 nach Berlin versetzen lassen. Neben ihrer Tätigkeit als Bankangestellte erwarb sie noch in Bielefeld eine Zusatzqualifikation als Dolmetscherin. Aber ihre englischen und italienischen Sprachkenntnisse konnte sie in der Filiale in Bielefeld nicht anwenden. Da sie aber „weiterkommen" wollte und ein weiterer beruflicher Aufstieg in Bielefeld nicht möglich war, hoffte sie offenbar in der Zentrale in Berlin bessere Aufstiegsmöglichkeiten vorzufinden. Konkret stellte sie sich ein Sekretariat in der Auslandsabteilung vor. Damit hätte sie, die in Bielefeld als gelernte Bankangestellte in der Tarifgruppe 3 (neuer Tarif) eingestuft und seit dem Ende ihrer Lehrzeit nicht mehr befördert worden war, in die Tarifgruppe 4 aufsteigen können.[433]

Nachdem der Bielefelder Filialleiter widerwillig der Versetzung zugestimmt hatte, wurde Charlotte Ho1 in der Korrespondenzabteilung eingesetzt und war dort für die italienische Korrespondenz zuständig.[434] Mit dieser neuen Tätigkeit war sie jedoch unzufrieden und bewarb sich als Dolmetscherin beim Ufficio Sindacale Italiano di Collegamento col Fronte Tedesco, der italienischen Verbindungsstelle zur Deutschen Arbeitsfront. Sie bekam die Stelle und kündigte bei der Dresdner Bank zum 30.4.1941.[435] Dieser Fall ist aber so ungewöhnlich, dass er kaum als repräsentativ für eine relevante Minderheit der weiblichen Angestellten der Dresdner Bank angesehen werden kann. Allein schon Versetzungen von weiblichen Angestellten aus der Provinz nach Berlin waren sehr selten und über besondere Fähigkeiten, die in der Zentrale dringend gesucht, aber im Hause nicht vorhanden waren, verfügten weibliche Angestellte in den Filialen ebenfalls kaum.

432 Schreiben von Alice Be v. 38.8.1936(sic!), in: ebd.

433 Aktennotiz v. 4.9.1940 und Lebenslauf v. 28.9.1940, in: HAC 500/ E.1270.

434 Schreiben an die Filialleitung Bielefeld v. 30.9.1940 und Schreiben der Filialleitung Bielefeld v. 3.10.1940, in: ebd.

435 Schreiben von Charlotte Ho v. 4.4.1941, in: ebd.

3.4.5 Berufsunfähigkeit und Vorruhestand

Wie bereits erwähnt, hatten die Banken nur in seltenen Ausnahmefällen Frauen eingestellt, die bereits das 30. Lebensjahr vollendet hatten. Als einer der Gründe dafür war bereits ausgeführt worden, dass sich wahrscheinlich deutlich weniger Frauen in diesem Alter auf eine Stellenanzeige beworben hatten als jüngere, weil die meisten Frauen in Deutschland in diesem Alter bereits verheiratet waren und die Banken grundsätzlich keine verheirateten Frauen einstellten. Das war aber nicht der einzige Grund. Wegen der Kriegsverluste, die vor allem Männer der Geburtsjahrgänge betraf, die als Heiratspartner für Frauen, die im letzten Jahrzehnt des 19. und im ersten Jahrzehnt des 20. Jahrhundert geboren worden waren, in Frage kamen, gab es zahlreiche Frauen, die Ende der zwanziger und Anfang der dreißiger Jahre älter als dreißig Jahre und unverheiratet waren. Es stellt sich insofern die Frage, weshalb Frauen in diesem Alter so gut wie gar nicht unter den Neueinstellungen im Sample vertreten sind.

Tatsächlich war der häufigste Grund für das Ausscheiden aus dem aktiven Dienst nach der Eheschließung und der Schließung der Bank 1945 die Versetzung in den vorzeitigen Ruhestand. Der Grund dafür war, abgesehen von den Sonderfällen „nichtarischer“ Angestellter, in allen Fällen die Gesundheit der Betroffenen und damit verbunden hohe krankheitsbedingte Fehlzeiten und mehrwöchige Kuren. Fünfzehn Frauen des Samples schieden als Frührentnerinnen aus dem Dienst, wobei die meisten von ihnen diesen Schritt nicht freiwillig gewählt haben dürften, sondern sich dem Schicksal fügen mussten, weil die Alternative vermutlich die Entlassung mit einer Abfindung gewesen wäre. Diese Abfindung wäre zwar seit 1932 im Vergleich zu den Jahren davor recht hoch ausgefallen, hätte aber nur eine Weile zum Leben gereicht. Denn bei der Krankengeschichte dieser Frauen hätten sie mit einer hohen Wahrscheinlichkeit keine neue Stelle gefunden. In allen Fragebögen, die vor der Einstellung auszufüllen waren, wurde nach der gesundheitlichen Verfassung gefragt. Außerdem mussten sich die Bewerberinnen dem Vertrauensarzt der Bank vorstellen. Wer im Fragebogen falsche Angaben machte oder dem Arzt ernsthafte Erkrankungen verschwieg, konnte sofort fristlos gekündigt werden. Solche Fragebögen waren sicherlich nicht nur in der Kreditwirtschaft verbreitet, sondern dürften allen Angestellten in allen Branchen vor der Einstellung vorgelegt worden sein.

Alter, vor allem in Verbindung mit einer (sehr oft) nicht freiwillig gewählten Ehelosigkeit wurde insofern von den Banken (und wahrscheinlich nicht nur von ihnen) als ein gesundheitliches Risiko angesehen. Das galt natürlich noch nicht für dreißigjährige Frauen, aber bei vielen der Frauen des Samples zeigten sich schon vor Erreichen des vierzigsten Lebensjahres schwere Erschöpfungssymptome. In allen Fällen spielten dabei psychische Erkrankungen eine entscheidende

Rolle, die allerdings gelegentlich auch von physischen Erkrankungen begleitet wurden, darunter Verschleißerscheinungen vor allem an den Schultern, aber auch angeborene Erkrankungen oder Armutserkrankungen wie der Skrofulose, einem tuberkulösen Ausschlag der Haut.

Die Krankheitsgeschichten sind in den Personalakten ausführlich dokumentiert, weil sich alle Angestellten, die häufiger krankheitsbedingt vom Dienst fernblieben, bei den Vertrauensärzten der Banken vorstellen mussten. Deren Gutachten sind in vielen Fällen in den Personalakten überliefert. Die meisten Frauen, insgesamt zehn, hatten zwischen 23 Jahren und 28 Jahren im Dienst der Dresdner Bank, der Danat Bank oder einer ihrer Rechtsvorgängerinnen gestanden. Länger war nur Erna Tae mit 32 Jahren beschäftigt gewesen, als sie vorzeitig in den Ruhestand geschickt wurde. Das Alter der meisten Frauen, insgesamt dreizehn, lag zwischen 44 und 53 Jahren. Das ist auch nicht erstaunlich. Denn jüngere Frauen hatten in der Regel noch keinen Betriebsrentenanspruch erworben und bei älteren Frauen lohnte vermutlich der Aufwand nicht, weil sie mit sechzig Jahren ohnehin ihren Anspruch aus der gesetzlichen Rentenversicherung erworben hatten. Älter als 53 Jahre war mit Charlotte Kr2 (56 Jahre) nur eine und jünger als 44 Jahre war mit Gertrud Ha2 (26 Jahre) auch nur eine Angestellte.

In beiden Fällen müssen demzufolge Sonderbedingungen vorgelegen haben, die im Folgenden zunächst betrachtet werden. Charlotte Kr2 war 1916 von der Dresdner Bank eingestellt worden, wobei schon die Anstellungsvoraussetzungen ungewöhnlich waren. Charlotte Kr2 war nämlich die Witwe eines Angestellten der Bank, der im Jahr 1913 verstorben war. Die Witwenrente für die Ehefrau und die 1904 geborene, also noch minderjährige Tochter betrug 805 Mark im Jahr. Da die Rente zum Leben nicht reichte und offenbar auch kein Vermögen vorhanden war, hatte Charlotte Kr2 zunächst als Schneiderin gearbeitet. Nach Kriegsausbruch gab es jedoch kaum noch Nachfrage und so bat die mittlerweile 41-jährige den ehemaligen Arbeitgeber ihres Mannes ihr durch eine Anstellung zu helfen.[436] Obwohl die Bank vermutlich auch schon zu dieser Zeit keine Frauen in diesem Alter einstellte, war die Einstellung von Charlotte Kr2 für sie durchaus attraktiv. Denn erstens benötigte die Bank dringend Aushilfskräfte, um die eingezogenen Männer zu ersetzen und zweitens konnte ihr mit 60 Mark/Monat ein Gehalt gezahlt werden, wie es nur junge Berufsanfängerinnen erhielten. Die Beschäftigung war ohnehin „für die Dauer des Krieges“ befristet, so dass man sie wieder entlassen konnte, wenn sie den Anforderungen nicht entsprach. Da Charlotte Kr2 allerdings nur über eine elementare Schulbildung verfügte und keinerlei Berufserfah-

436 Handschriftlicher Lebenslauf o. D. (Dezember 1916), in: HAC 500/E.170.

rung als Bürokraft besaß, wurde sie in der Expedition, also Kuvertierung und Versand u. a. von Effektenabrechnungen an die Kunden, eingesetzt.[437]

Anscheinend hatte sich Charlotte Kr2 in ihrem Tätigkeitsfeld bewährt, so dass sie nach Kriegsende nicht entlassen wurde. Sie verblieb aber in der Expedition, wurde nach Einführung des Tarifsystems in die Tarifgruppe 1 eingestuft und hatte auch keine Chance auf einen Aufstieg. So blieb sie in der Tarifgruppe 1, allerdings erhöhte sich ihr (Nominal-)Gehalt durch das steigende Dienstalter und die inflationsbedingten Teuerungszulagen. Von einer Entspannung der finanziellen Lage konnte aber sicherlich keine Rede sein. Im Jahr 1923 zeigten sich erste Erschöpfungserscheinungen. Wahrscheinlich war der Arbeitsanfall während der galoppierenden Inflation in der Expedition so groß, dass auch die Einstellung zahlreicher Hilfskräfte keine ausreichende Entlastung bot. Auf Empfehlung des Vertrauensarztes trat sie deshalb eine zehnwöchige Kur an, die größtenteils von der gesetzlichen Rentenversicherung finanziert wurde. Im Jahr 1926 wurde Charlotte Kr2 erneut beim Vertrauensarzt vorstellig, der der Bank die Frühpensionierung der 51-jährigen empfahl. Physische Erkrankungen waren abgesehen von „Schmerzen zwischen den Schulterblättern", auf die allerdings nicht näher eingegangen wurde, nicht diagnostiziert worden. Ausschlaggebend für die „Erwerbsbeschränkung auf 55%" war deshalb wohl, dass der Arzt Charlotte Kr2 als „eine elende, frühzeitig verbrauchte Frau mit Erscheinungen von Praesclerose (Bluthochdruck, D.Z.) und Nervenschwäche" wahrnahm. Die Verschreibung einer Kur empfahl er nicht, weil sie „keine wesentliche Besserung der Arbeitsfähigkeit bringen würde".[438]

Eine Versetzung in den Vorruhestand erfolgte jedoch zunächst nicht. Wahrscheinlich schloss sich der Vertrauensarzt der Rentenversicherung der Diagnose der Erwerbsminderung um 55 Prozent nicht an. Erst zwei Wochen vor dem Ausbruch der akuten Bankenkrise wurde Charlotte Kr2 mitgeteilt, dass sich die Dresdner Bank „infolge der durch die ungünstige Wirtschaftslage bedingten Geschäftseinengung" genötigt sähe, „auf eine wesentliche Ermäßigung unseres Unkosten-Etats bedacht zu sein und dementsprechend die Zahl unserer Beamten weiter zu verringern". Deswegen werde die 56-jährige, so das Schreiben, zum Ende des Jahres „zu unserem Bedauern" in den Ruhestand versetzt werden. Die Höhe des Rentenbezugs betrug 125 RM pro Monat, einschließlich der Witwenrente.[439] Um die Übernahme eines Teils der Rentenzahlung auch schon vor dem Erreichen des 60. Lebensjahres durch die gesetzliche Rentenversicherung, den

437 Schreiben an Charlotte Kr2 v. 3.1.1917, in: ebd.

438 Ärztlicher Personalbogen v. 16.1.1926 und v. 22.1.1926, in: ebd.

439 Kündigungsschreiben v. 29.6.1931 und Schreiben an Charlotte Kr2 v. 14.10.1931, in: ebd.

Beamtenversicherungsverein des Deutschen Bank- und Bankiergewerbes, „erwirken“ zu können, wurde Charlotte Kr2 noch einmal zum Vertrauensarzt der Dresdner Bank geschickt. Denn wenn dieser eine Erwerbsminderung von über 50 Prozent diagnostiziert und sich der Vertrauensarzt der Rentenversicherung dem Befund angeschlossen hätte, wäre die gesetzliche Rentenversicherung verpflichtet gewesen, einen Teil der Rente für Charlotte Kr2 zu übernehmen. Aber der Vertrauensarzt der Dresdner Bank, eine andere Person als 1926, erkannte bei den inneren Organen „keinen krankhaften Befund“ und auch das Nervensystem sei „intakt“. Eine Erwerbsminderung über 50 Prozent läge demzufolge weiterhin nicht vor, so sein Befund. Allerdings sollte sich Charlotte Kr2 in einem Jahr erneut bei ihm vorstellen.[440]

Die Versetzung in den Ruhestand wegen Berufsunfähigkeit erfolgte trotzdem. Aber die Bank hatte nun bis zum Juli 1935, also bis zum 60. Geburtstag von Charlottes Kr2 die Rente allein zu tragen, sofern der Vertrauensarzt zuvor keine Berufsunfähigkeit feststellen sollte. Danach musste sie den Anteil der Betriebsrente zahlen, mit der die gesetzliche Rente aller Angestellter (ab einer gewissen Zahl von Dienstjahren) aufgestockt wurde. Die Zahlungen endeten im Juni 1946, als Charlotte Kr2 verstarb.[441]

Gertrud Ha2 war 1928 mit 17 Jahren von der Dresdner Bank eingestellt worden. Sie hatte zunächst das Lyzeum besucht, musste die Schule aber mit 14 Jahren verlassen und trat beim Kaufhauskonzern Hermann Tietz eine kaufmännische Lehre an, die sie 1927 beendete und anschließend auch übernommen wurde.[442] Sie bewarb sich bei der Dresdner Bank, weil dort wahrscheinlich die Verdienstmöglichkeiten besser waren. Sie wurde zunächst in die Tarifgruppe 2 eingestuft, aber im Zuge der Bankenkrise in die Tarifgruppe 1 zurückversetzt. Ihr Gesuch, wieder nach Tarifgruppe 2 bezahlt zu werden, wurde 1933 abgelehnt.[443] Denn im Jahr 1932 war sie mehrere Wochen lang wegen Lungenproblemen krankgeschrieben.[444] Erst Anfang 1935 erhielt sie ihren alten Status zurück.[445] Nur vier Monate später erkrankte Gertrud Ha2 jedoch an Lungen-Tuberkulose. Seitdem erschien sie nicht mehr zum Dienst, erhielt aber bis Jahresende ihr volles Gehalt.[446] Die vertrauensärztliche Untersuchung ergab zum Jahresende einen deprimierenden Befund. Der Arzt zeigte sich „erschrocken“ über den rasant verschlechterten All-

---

440 Ärztliches Zeugnis betr. Versetzung in den Ruhestand v. 22.10.1931, in: ebd.
441 Handschriftlicher Vermerk auf dem Aktendeckel, in: ebd.
442 Handschriftlicher Lebenslauf o. D. (April 1928), in: HAC 500/E.1751.
443 Schreiben an Gertrud Ha2 v. 26.6.1933, in: ebd.
444 Ärztliches Zeugnis v. 4.2.1932 und Schreiben an Gertrud Ha2 v. 5.3.1932, in: ebd.
445 Schreiben an Gertrud Ha2 v. 25.1.1935, in: ebd.
446 Aktenvermerk v. 17.4.1936, in: ebd.

gemeinzustand der 24-jährigen Patientin und wagte die Prognose, dass es unwahrscheinlich sei, dass Gertrud Ha2 jemals wieder dienstfähig werden würde.[447] Deshalb beantragte die Dresdner Bank im Dezember 1935 bei der Rentenversicherung die Versetzung in den Ruhestand.[448] Ihr Gehalt bezog Gertrud Ha2 noch bis Juni 1936 und anschließend erhielt sie die ihr zustehende Versicherungsrente in Höhe von 65 RM sowie einen Bankzuschuss von 35 RM, allerdings befristet auf zwei Jahre.[449] Die Akte endet hier. Es findet sich nur die handschriftliche Anmerkung, dass Gertrud Ha2 „verst" sei. Ein Datum ist nicht vermerkt. Deshalb ist anzunehmen, dass sie recht bald nach ihrer Versetzung in den Ruhestand verstorben ist.

Bei der Kerngruppe der Frührentnerinnen fällt auf, dass sich die Daten des Ausscheidens weitgehend mit den Daten derjenigen Angestellten decken, die wegen eines notwendigen Personalabbaus gekündigt worden waren. Der Schwerpunkt liegt demnach bei der Stabilisierungskrise 1924/25 und bei Bankenkrise und Fusion 1931–1933. Später wurden die drei „Nichtarierinnen" Erna Ro, Gertrud Ro und Erna Tae, die auch im zweiten Sample vertreten sind und in Teil 2 behandelt werden, sowie Charlotte St2 und Charlotte Ar in den Vorruhestand versetzt, die während des Zweiten Weltkriegs ausschieden. 1924/25 waren drei Frauen betroffen und 1931–1933 sechs Frauen. In diesen Fällen war der Zeitpunkt sicherlich nicht zufällig gewählt worden. Vielmehr zeigt sich hier ein Muster, das sich schon bei der Analyse der in der Zeit des Personalabbaus gekündigten Frauen angedeutet hatte. Während sich bei den Männern mit der Schonung von Familienvätern mit minderjährigen Kindern eine gewisse soziale Komponente bei der Auswahl der betroffenen Personen zeigt, spielten derartige Überlegungen bei Frauen kaum eine Rolle. Ausgewählt wurden Frauen, deren Leistungsfähigkeit in den Jahren zuvor rapide nachgelassen hatte und die deswegen krankheitsbedingt häufig vom Dienst ferngeblieben waren. Was die Versetzung in den Vorruhestand für diese Frauen bedeutete, spielte für die Entscheidung der Bank offenbar keine Rolle.

Abgesehen von Gertrud Ha2 lässt sich nur bei Gertrud Ru kein Zusammenhang zwischen dem Ausscheiden aus dem aktiven Dienst und der Notwendigkeit, die Beschäftigtenzahl zu reduzieren, vermuten. Gertrud Ru wurde 1929 in den vorzeitigen Ruhestand versetzt und ihre Krankengeschichte kann wohl als prototypisch für viele Frauen angesehen werden, die über ihr 35. Lebensjahr hinaus bei einer der Banken beschäftigt waren. So klar wie in diesem Fall hatte kein Ver-

447 Ärztliches Zeugnis v. 9.12.1936, in: ebd.

448 Schreiben an den Beamtenversicherungsverein des Deutschen Bank- und Bankiergewerbes v. 17.12.1935, in: ebd.

449 Schreiben an Gertrud Ha2 v. 2.6.1936, in: ebd.

trauensarzt in den Sample-Akten der Dresdner Bank diagnostiziert. Deshalb soll das Gutachten vom November 1928 hier nur geringfügig gekürzt wiedergegeben werden.

Gertrud Ru hatte im Jahr 1904 mit 20 Jahren den Dresdner Bank-Angestellten Otto Ru geheiratet. Das Paar hatte zwei Kinder, als Otto Ru 43-jährig im Jahr 1916 nach 18 Dienstjahren überraschend verstarb.[450] Nur vier Monate später stellte die Dresdner Bank Gertrud Ru ein, die anders als die zeitgleich eingestellte Witwe Charlotte Kr2 über eine höhere Mädchenbildung verfügte. Allerdings hatte auch sie keine Handelsschule besucht. Deshalb wurde sie als Bürohilfskraft im Wechselbüro eingesetzt und erhielt zunächst ein Jahresgehalt von 1.200 Mark.[451] Bereits im Jahr 1919 wurde ihr wegen „Nervosität" eine dreiwöchige Kur verschrieben. 1922 und 1924 trat sie wegen „Nervosität" zwei weitere Male jeweils für vier Wochen einen Kuraufenthalt an. In den folgenden Jahren war sie öfter krank und klagte gegenüber dem Vertrauensarzt über Kopfschmerzen, brennende und tränende Augen, Schlafstörungen und Menstruationsbeschwerden. Der Befund des Arztes lautete nun:

> „Mittelgroß, guter Ernährungszustand, Haut und Schleimhäute gut durchblutet. ... Die linke Körperseite ist an Rumpf, Armen und Beinen mit verstreut angeordneten zahlreichen, kleinen bräunlich-grünlichen Schuppen bedeckt (Schlihyonis). Herz und Lunge frei von Krankheitszeichen. Die linke Leibseite zeigt eine etwas gesteigerte Empfindlichkeit auf Druck. Puls mittelkräftig, regelmäßig. Neurologisch: sehr lebhafte Sehnenreflexe, Lidflattern, Händetremor, sonst ohne krankhaften Befund. Harn frei von Eiweiß und Zucker."

Seine Diagnose und die Beurteilung der Erwerbsfähigkeit lauteten:

> „Allgemeine Neurasthenie erheblichen Grades. Beschwerden des beginnenden Rückbildungsalters. Chronische Bindehautentzündung.
>
> Es besteht bei Frau Ru seit frühester Kindheit an eine gewisse neuropathische Konstitution. Durch äussere Lebensschicksale (früher Verlust des Gatten u. a.) und Berufseinflüsse hat sich im Laufe der letzten neun Jahre in zunehmendem Maße ein funktionelles Nervenleiden entwickelt. Die daraus und aus den Nebenleiden resultierende Erwerbsbeschränkung wird von mir auf 66 2/3% geschätzt. Eine wesentliche Besserung des Befindens ist wenig wahrscheinlich, jedoch nach Abklingen der Menopause-Beschwerden möglich."[452]

Die Möglichkeit einer Besserung wartete die Bank jedoch nicht ab, sondern versetzte die 44-jährige nach zwölf Dienstjahren in den vorzeitigen Ruhestand. Ihre Rente (einschließlich der Witwenpension) betrug 185 RM, davon 124 RM als Be-

450 Handschriftlicher Lebenslauf o. D. (Februar 1916), in: HAC 500/E.6876.

451 Schreiben an Gertrud Ru v. 23.1.1917, in: ebd.

452 Ärztliches Zeugnis betr. Versetzung in den Ruhestand v. 26.11.1928, in: ebd.

triebsrente. Die Tochter war mittlerweile volljährig, während sich der 19-jährige Sohn noch in der Ausbildung befand. Für ihn bekam Gertrud Ru bis längstens zum 21. Lebensjahr den Kinderzuschuss von 16,65 RM.[453]

Im Zuge der Stabilisierungskrise wurden drei weibliche Angestellte in den Vorruhestand geschickt. Im Gegensatz zu den seinerzeit gekündigten Frauen, deren Akten nicht überliefert sind, kann bei den in Rente geschickten Frauen davon ausgegangen werden, dass es nicht allzu viele weitere Fälle gegeben hat, die nur wegen Aktenverlusten im Sample nicht auftauchen. Denn nur sehr wenige Frauen konnten Mitte der zwanziger Jahre aufgrund ihrer Dienstjahre überhaupt einen Rentenanspruch erworben haben. Zwei der drei Fälle gehörten deshalb auch zu den ersten Frauen, die nachweislich von der Darmstädter Bank eingestellt worden waren. Gertrud St2 trat im Jahr 1899 und Gertrud Ma ein Jahr später in den Dienst der Bank.

Gertrud Ma war als Tochter eines Arztes aufgewachsen und hatte die Handels- und Gewerbeschule des Lette Vereins in Berlin besucht. Dieser Ausbildungsgang war besonders für Mädchen aus einem bürgerlichen Haushalt gedacht, die unter anderen Bedingungen womöglich ein Studium aufgenommen hätten. Aber die Zulassung zur Universität war jungen Frauen der Generation der 1872 geborenen Gertrud Ma in Preußen noch verwehrt. Als Gertrud Ma die Handelsschule absolviert hatte, war zwischenzeitlich der Vater verstorben. Daraufhin zogen Mutter und Tochter nach Gleiwitz in Schlesien. Dort absolvierte Gertrud Ma zunächst eine kaufmännische Lehre, weil sie vermutlich einen Beitrag zum Familieneinkommen leisten musste. Anschließend arbeitete sie zehn Jahre lang in Gleiwitz als Buchhalterin. Im Jahr 1900 zog sie aus unbekannten Gründen wieder nach Berlin und bewarb sich bei der Darmstädter Bank, die sie auch einstellte.[454] Ob sie dort schon zu Beginn als Buchhalterin arbeitete (oder besser: arbeiten durfte), ist leider nicht bekannt. Das ist einerseits unwahrscheinlich wegen des Widerstands der Männer gegen die Einstellung von Frauen im Allgemeinen und gegen kaufmännisch qualifizierte Frauen im Besonderen. Aber bei der Darmstädter Bank ist das als einziger Berliner Großbank vor dem Ersten Weltkrieg zumindest denkbar. Nach dem Krieg ist es dagegen sehr wahrscheinlich, dass Gertrud Ma als Buchhalterin arbeitete. Denn sie wurde nach der Einführung des Tarifsystems in die Tarifgruppe 3 eingestuft und erhielt wegen ihrer mehr als fünfzehn Dienstjahre auch das gleiche Gehalt wie die männlichen Angestellten ihrer Tarifgruppe. Mehr konnte eine Frau realistischerweise in keiner der Berliner Großbanken erreichen. Als alleinstehende Frau hatte sie damit ein gutes Auskommen.

453 Schreiben an Gertrud Ru v. 9.2.1929, in: ebd.

454 Personalbogen (ausgefüllt 1.6.1900), in: HAC 500/E.4164.

Das war auch notwendig, weil sie einen eigenen Haushalt finanzieren musste. Denn ihre Mutter war zwischenzeitlich ebenfalls verstorben. Weshalb sie 1925 in den Vorruhestand geschickt wurde, ist leider nicht überliefert. Es ist aber anzunehmen, dass ähnliche Gründe wie bei Gertrud Ru entweder vorlagen oder vorgeschickt wurden. Allerdings war Gertrud Ma zu diesem Zeitpunkt bereits 53 Jahre alt und hatte einschließlich der Lehrzeit 35 Jahre gearbeitet, wobei allerdings anzunehmen ist, dass sie nicht die gesamte Zeit versicherungspflichtig gewesen war. Ihre Rente betrug 1925 215 RM, davon 100 RM als Zuschuss der Bank.[455]

Noch besser dokumentiert ist der Fall von Gertrud St2. Auch sie entstammte einem bürgerlichen Elternhaus und hatte die Gewerbe- und Handelsschule des Lette Vereins besucht. Anschließend hatte sie fünf Jahre lang als Buchhalterin bei Ludwig Loewe & Co. gearbeitet, bevor sie sich im Jahr 1899 bei der Darmstädter Bank bewarb.[456] Ihre Gehaltsforderung lag mit 1.200 Mark p. a. deutlich höher als bei den anderen vor dem Weltkrieg eingestellten Frauen. Trotzdem stellte die Darmstädter Bank sie ein und zahlte ihr auch das geforderte Gehalt. Allerdings arbeitete Gertrud St2 nicht als Buchhalterin, sondern als Stenotypistin und war für zwei Direktoren der Bank zuständig. Später unterstützte sie auch die Sachbearbeiterin für die Angelegenheiten weiblicher Angestellter in der Personalabteilung, Fräulein vK.[457]

Ihre Akte enthält ausführliche Leistungsberichte, die von Fräulein vK verfasst worden waren. Der erste Bericht stammt aus dem Jahr 1916. Gertrud St2 war zu diesem Zeitpunkt 40 Jahre alt und seit 17 Jahren in der Bank angestellt. In ihrer Beurteilung stellt Fräulein vK zunächst fest, dass Gertrud St2 „gute Fähigkeiten" besitze und „stets bestrebt" sei, ihren „Wissenskreis zu erweitern". Ihre Leistungen seien, „da sie fleißig und gewissenhaft arbeitet, dabei eine große Uebung im Maschineschreiben und im Stenographieren besitzt, in jeder Hinsicht zufriedenstellend". Ihr „Berufsinteresse" bezeichnete Fräulein vK als „lebhaft", ihre „Umgangsformen" als die eines „gebildeten Menschen". Dann aber schränkte sie ihr Lob ein. Denn, so heißt es weiter, es machten sich „bisweilen einige Schroffheiten, hervorgerufen durch eine gewisse starke Selbstüberschätzung und Herrschsucht" bemerkbar. Zusammenfassend stellte sie fest, dass sie hoffe, dass „diese tüchtige Kraft der Bank dauernd erhalten bleibt", auch wenn sie „bisweilen ein wenig zerstreut" sei, was sie auf eine „gewisse körperliche Schwäche" zurückführte.[458]

455 Aufstellung v. 9.10.1937, in: ebd.
456 Schreiben von Gertrud St2 v. 9.9.1916, in: HAC 500/E. 8997.
457 Ebd. Zu Fräulein vK s. Kap. 3.5.4.
458 Bericht v. Fräulein vK v. 7.1.1916, in: ebd.

Die „gewisse körperliche Schwäche“ war offenbar der Grund für eine Untersuchung beim Vertrauensarzt der Bank im gleichen Jahr. Der Bericht ist leider nicht überliefert. Aber es folgte ein Gespräch des Direktors der Personalabteilung mit Gertrud St2, in deren Verlauf dieser ihr die Versetzung auf einen „ruhigeren Posten“ vorschlug. Dazu scheint es zu diesem Zeitpunkt aber nicht gekommen zu sein. Allerdings musste Gertrud St2 die Hilfsarbeiten für Fräulein vK abtreten.[459] Der Hintergrund war wahrscheinlich folgender: Gertrud St2 hatte den Zugang zu den Personalakten ihrer Kolleginnen dazu genutzt, Informationen über deren Gehälter zu sammeln, die 1916, also vor Einführung des Tarifsystems, noch individuell festgelegt wurden. Die so gewonnenen Informationen nutzte sie, um gegenüber der Bankleitung daraus einen Anspruch auf ein höheres Gehalt abzuleiten. Gertrud St2 vermutete hinter dieser Zurücksetzung Fräulein vK, was der Direktor in einem Gespräch mit Gertrud St2 vehement bestritt.[460] Wahrscheinlich hatten die beiden Frauen schon vor dem Vertrauensbruch durch Gertrud St2 ein schlechtes Verhältnis, worauf die Beurteilung „Schroffheiten“, „Selbstüberschätzung“ und „Herrschsucht“ hindeuten. Aber auch Gertrud St2 beklagte sich gegenüber dem Direktor, dass es „nicht immer leicht“ sei, „mit Fräulein vK auszukommen“. Insofern ist es schon denkbar, dass Fräulein vK die Gelegenheit des Vertrauensbruchs nutzte, um Gertrud St2 loszuwerden.

Schon im nächsten Jahr wirkte sich die „gewisse körperliche Schwäche“ insofern aus, als Gertrud St2 wegen „Herzleiden und körperlicher Erschöpfung“ eine sechswöchige Kur verschrieben bekam und ihr die Bank darüber hinaus vier Wochen Sonderurlaub gewährte. Anschließend, so fügte Fräulein vK empört an, glaubte Gertrud St2 „trotzdem, sich noch schonen zu müssen“; und auch im Jahr 1918 vermerkte Fräulein vK, dass sich Gertrud St2 „weiter schont“. Ein weiteres halbes Jahr später nahm Fräulein vK das Schonungsargument nicht mehr hin und attestierte Gertrud St2 ein „Nachlassen der Arbeitskraft“. Seitdem gab es keine weiteren kritischen Anmerkungen mehr. Außerdem schienen ihre beiden Chefs „mit ihr zufrieden zu sein“, wie Fräulein vK im Juli 1920 vermerkte.[461]

Im Jahr 1925 leitete die Bank jedoch die Versetzung der knapp 50-jährigen in den Ruhestand durch einen Antrag auf Gewährung von Ruhegeld wegen Berufsunfähigkeit aufgrund von „Herzschwäche und schwerer skrophularer Nervenschwäche“ ein. Ihr letztes Gehalt hatte 368,10 RM betragen. Daraus errechnete die Bank bei knapp 27 Dienstjahren eine Berufsunfähigkeitsrente von 175 RM.[462] Im

459 Aktennotiz v. 26.8.1916, in: ebd.

460 Aktennotiz v. 20.7.1916, in: ebd.

461 Berichte v. Fräulein v.K, in: ebd.

462 Schreiben an Gertrud St2 v. 11.9.1926, in: ebd.

Jahr 1931 wurde die Rente im Zuge der Brüning'schen Deflationspolitik auf 125 RM gekürzt.[463]

In beiden Fällen, bei Gertrud St2 und bei Gertrud Ma kann bei der Versetzung in den Ruhestand nicht von einer sozialen Härte gesprochen werden. Beide hatten lange gearbeitet und insofern Anspruch auf eine Rente, die zwar niedriger lag als die Rente, die ihnen bei Erreichen des 60. Lebensjahres zugestanden hätte. Aber ihr letztes Gehalt entsprach demjenigen der männlichen Angestellten ihrer Tarifgruppe und auch bei den Männern wurden vorzugsweise ältere in den vorzeitigen Ruhestand geschickt, bevor man jüngere, verheiratete mit Kindern in die Arbeitslosigkeit entließ. Anders war die Situation bei Gertrud Di, die bei der Dresdner Bank beschäftigt war und die 1924 mit 45 Jahren nach neun Dienstjahren noch keinen Betriebsrentenanspruch erworben hatte. Auch in ihrem Fall waren, wie oben bereits ausgeführt, gesundheitliche Probleme mit entsprechenden Fehlzeiten der Grund für die Entlassung. Da aber klar war, dass sie in ihrem Alter mit ihrer Krankheitsgeschichte kaum eine neue Stelle finden würde, hatte ihr die Bank nach der Ablehnung einer Berufsunfähigkeitsrente durch die Reichsversicherungsanstalt für Angestellte auf vier Jahre befristet eine freiwillige Unterstützung von 50 RM pro Monat bewilligt.[464] Ihr letztes Gehalt hatte 185 RM betragen. Von 50 RM konnte Gertrud Di nicht leben. Die Bank setzte offenbar darauf, dass sie von ihrer Schwester, in deren Haushalt Gertrud Di lebte, unterstützt werden würde. Auf jeden Fall sah sich Gertrud Di gezwungen, durch Heimarbeit das gemeinsame Einkommen etwas aufzubessern.[465]

Anfang des Jahres 1927 wurde Gertrud Di noch einmal auf ihre Berufsunfähigkeit hin untersucht. Der Vertrauensarzt der Reichsversicherungsanstalt für Angestellte beschrieb die gesundheitlichen Folgen der Notlage, die hier als „subjektive Beschwerden" verharmlost wurden:

> „Frl. D., die jetzt fast 48 Jahre alt ist und in den Wechseljahren steht, macht auf mich im Vergleich bei der letzten Untersuchung im Juni 1924 einen überaus rasch gealterten Eindruck. Sie ist unruhig, ängstlich und auffallend abgefallen. Die Kopfarterien sind geschlängelt, der Puls der A.radialis ist hart. ... Über alle Arterien unreines systolisches Geräusch, das in den früheren Jahren meiner Beobachtungen nicht bestanden hat. Die Patella-Reflexe sind gesteigert. Es besteht Zittern der Finger. Mit geschlossenen Augen fängt Frl. D. an zu schwanken. ...
>
> Aufgrund der subjektiven Beschwerden im Einklang mit dem Herzbefund ... erachte ich deshalb Frl. D. als 66 2/3 % erwerbsunfähig."[466]

---

463 Schreiben an Gertrud St2 v. 30.9.1931, in ebd.

464 Schreiben an Gertrud Di v. 23.12.1926, in: HAC 500/E.3352.

465 Schreiben von Gertrud Di v. 27.6.1027, in: ebd.

466 Ärztliches Gutachten v. 5.1.1927, in: ebd.

Daraufhin erhielt Gertrud Di eine Berufsunfähigkeitsrente der Reichsversicherungsanstalt von 50 RM im Monat. Daneben stand den Angestellten der Dresdner Bank noch die Rente einer freiwilligen Zusatz(-renten-)versicherung, der Rentenversicherung des Deutschen Bank- und Bankiergewerbes, zu. Gertrud Di hatte aber seit ihrer Entlassung die monatlichen Beiträge in Höhe von 12 RM pro Monat nicht aufbringen können und deshalb standen ihr gerade einmal 7,20 RM pro Jahr aus dieser Versicherung zu. Wegen der Geringfügigkeit des Betrages bot ihr die Versicherung stattdessen eine Einmalzahlung von 64,10 RM an.[467] Da auch die Dresdner Bank ankündigte, wegen der Bewilligung der Versicherungsrenten ihre freiwillige Unterstützung zur Jahresmitte 1927, also vorzeitig, einzustellen, wandte sich Gertrud Di an die Personalabteilung der Dresdner Bank:

> „Die Frist der mir von Ihnen gütigst gewährten Unterstützung ist ... abgelaufen. Da es mir trotz grösster Bemühungen in Anbetracht meines Alters bisher nicht gelungen ist eine Anstellung zu finden, und ich seit einiger Zeit an heftigen Nervenschmerzen in den Armen leide, ist es mir infolgedessen oft nicht möglich, mir neben der Rente von 50 Mark aus der Reichsversicherung durch Heimarbeit etwas zu verdienen.
>
> Ich trete nun nochmals an Sie, verehrte Direktion, mit der grossen Bitte heran, mich in meiner Notlage, wenn irgend möglich, noch weiter zu unterstützen."[468]

Tatsächlich reagierte die Bank, indem sie Gertrud Di eine freiwillige Unterstützung von 20 RM zahlte.[469] Damit verfügte Gertrud Di über 70 RM monatlich, wovon sie auch nicht hätte leben können, wenn sie nicht ihre Schwester gehabt hätte. Sie überlebte den Krieg und erhielt nach der Währungsreform von 1948 eine Versicherungsrente von 70,20 DM im Monat.[470] Ob die Dresdner Bank diese Rente durch einen freiwilligen Zuschuss zu dieser Zeit noch aufstockte, lässt die Akte offen.

Der Personalabbau in den Jahren 1931 bis 1933 eignet sich nicht für einen Vergleich im Umgang der beiden Bank mit nicht (mehr) voll leistungsfähigen weiblichen Angestellten. Ein Dreivierteljahr lang existierte die Danat Bank nach der akuten Krise zwar noch und leitete bereits in dieser Zeit den Personalabbau ein. Aber die Handlungsfreiheit der Bank war durch die beiden Reichstreuhänder weitgehend eingeschränkt (s. Kap. 2.2.). Grundsätzlich scheint der Personalabbau aber ähnlich vollzogen worden zu sein wie während der Stabilisierungskrise; allerdings mit dem Unterschied, dass 1932 ein „Abbaufonds" in Höhe von 20 Mio.

467 Schreiben von Gertrud Di an die Reichsversicherungsanstalt für Angestellte v. 10.4.1927 (Abschrift), in: ebd.

468 Schreiben von Gertrud Di v. 27.6.1027, in: ebd.

469 Aufstellung v. 2.3.1935, in: ebd.

470 Aufstellung v. 5.1.1950, in: ebd.

RM zur Verfügung stand, der die vereinigte Bank von den Kosten eines – nach den Standards der Zeit – sozialverträglichen Personalabbaus entlastete.

Es ist aber ein Fall dokumentiert, der die unterschiedliche Behandlung weiblicher Angestellter zwischen Danat Bank und Dresdner Bank verdeutlicht. Käthe Bä war bereits 1907 bei der Darmstädter Bank eingestellt worden. Sie kam aus einem bürgerlichen Elternhaus, lebte in Brieg in Schlesien, ging dort auf das Lyzeum und half der Mutter anschließend im Haushalt, wie es für Mädchen aus „gutem Hause" zu dieser Zeit üblich war. Mit 23 Jahren entschied sie sich das Elternhaus zu verlassen, um in Berlin die Rackow'sche Handelsakademie zu besuchen, die sich auf den Klassenunterricht für Erwachsene spezialisiert hatte. Ein ähnliches Qualifizierungsangebot wird es in Brieg nicht gegeben haben und in Berlin hatte sie Verwandte, bei denen sie wohnen konnte.[471] Anschließend bewarb sie sich bei der Darmstädter Bank. Ihr Anfangsgehalt als Korrespondentin in der Depositenkasse Lichterfelde im Jahr 1907 betrug zwar nur 720 Mark im Jahr. Aber bis 1910 stieg ihr Jahresgehalt auf 1.100 Mark – ein gemessen an den damaligen Verhältnissen vergleichsweise hohes Gehalt. Um diese Zeit verließen die Verwandten allerdings Berlin und Käthe Bä musste sich in einer Pension einmieten.

Ohne den Familienanschluss vereinsamte Käthe Bä, wie spätere Briefe belegen, und sie erkrankte. Zur Gesundung beantragte sie bei ihrem Arbeitgeber einen längeren Erholungsurlaub und wurde deswegen beim Vertrauensarzt der Bank vorstellig. In seinem Attest beschrieb er den Zustand der zu diesem Zeitpunkt 26-jährigen wie folgt:

> „Frl. B. klagt über das Gefühl der Überarbeitung, ist matt, leicht ermüdet, schläft schlecht, hat leicht Herzklopfen und hat deswegen einen achtwöchigen Urlaub beantragt.
>
> Es besteht ziemlich starke Blutarmut, der Puls ist sehr klein und leicht zu unterdrücken. Die Untersuchung des Blutdrucks ergibt auffallend niedrige Werte: 90–65.
>
> Hieraus und aus den Klagen der Untersuchten ergiebt sich glaubhaft, daß in der That ihre Absicht, einige Zeit auszuspannen nicht verfehlt wäre und ein Urlaub von acht Wochen nur als eine Art Compromis aufzufassen wäre. Die ganze Constitution ist durchaus nicht kräftig, die Arbeitskraft des Herzens gering, ein Erschlaffen aller Kräfte, so wie jetzt, würde nach einem achtwöchentlichen Urlaub anfangs wohl nicht so leicht wieder eintreten, doch wird die Besserung kaum allzulange vorhalten und der jetzige Zustand nach schärferer Arbeit sich wieder einstellen.

471 Personalbogen (ausgefüllt o. D., September 1907), in: HAC 500/E.4230.

> …
>
> Falls es daher aus anderen Gründen nicht gut angängig ist, Frl. B. für längere Zeit zu beurlauben, oder sie gewissermassen nach einem halben Jahr wieder einzustellen – falls eine Erholung in ausreichendem Masse stattgefunden hat -, möchte ich doch einen möglichst langen Urlaub – also acht Wochen – für angezeigt halten.“[472]

Ob die Bank ihr die Wahl ließ oder ob der achtwöchige Urlaub nicht gewährt wurde, ist unklar. In einem internen Vermerk vom Juni 1910 heißt es, dass der Vorgesetzte mit Käthe Bä „vereinbart“ habe, zu kündigen und sofort auszuscheiden. Für den Übergang erhielt sie allerdings ihr Gehalt für weitere acht Wochen. Wenn sie „wiederhergestellt“ sei, sollte sie sich erneut melden.[473] Ein halbes Jahr später, Ende November, meldete sich Käthe Bä tatsächlich bei der Darmstädter Bank und bat um Wiedereinstellung, möglichst auf ihrem alten Posten in der Depositenkasse Lichterfelde. Sie beteuerte, vollständig genesen zu sein und verwies dabei auf ihren Hausarzt. Das Schreiben erreichte die Bank aus Great Malvern in der englischen Grafschaft Worcestershire.[474] Vermutlich lebte sie auch dort bei Verwandten. Aber die Tatsache, dass sie sich dort mehrere Wochen aufhielt, deutet daraufhin, dass sie über in dieser Zeit ungewöhnlich gute Englischkenntnisse verfügte.

Die Bank reagierte aber zögerlich auf das Ansinnen und schickte Käthe Bä zunächst erneut zu ihrem Vertrauensarzt. Auch der stellte eine deutliche Besserung ihres Zustandes fest. Die Blutarmut bestehe zwar immer noch, aber der Blutdruck hatte sich mittlerweile normalisiert. Zusammenfassend glaubte er „annehmen zu können, daß jetzt völlige Arbeitsfähigkeit besteht und voraussichtlich auch anhalten wird.“[475] Daraufhin wurde Käthe Bä wiedereingestellt und in ihrer alten Depositenkasse eingesetzt.

Aber Käthe Bä kam in Berlin allein immer noch nicht zurecht und deswegen beantragte sie die Versetzung nach Breslau. Neben ihrer Isolation führte sie allerdings auch wirtschaftliche Gründe an. Denn das Leben in einer Pension beanspruchte fast das gesamte Gehalt. Als die Bank die Versetzung allerdings ablehnte, ihr aber zusagte, das Gesuch in einem Vierteljahr noch einmal zu prüfen, verzichtete sie auf die Versetzung[476] – vermutlich hatte sie Angst, wie schon drei Jahre zuvor zur Kündigung aufgefordert zu werden.

---

472 Ärztliches Attest des Vertrauensarztes der Darmstädter Bank v. 25.5.1910, in: ebd.

473 Aktennotiz v. 28.5.1910, in: ebd.

474 Schreiben von Käthe Bä v. 24.11.1910, in: ebd.

475 Aktennotiz v. 15.12.1910, Ärztlicher Bericht v. 16.12.1910 und Schreiben an Käthe Bä v. 13.1.1911, in: ebd.

476 Schreiben v. Käthe Bä v. 12.2.1913 und Aktennotiz v. 14.2.1913, in: ebd.

Der Krieg änderte aber die Situation grundlegend. Denn wegen der zahlreichen, zum Kriegsdient einberufenen Männer herrschte Arbeitskräftemangel. Die Darmstädter Bank reagierte auf den Mangel, indem sie auch Frauen mit Tätigkeiten betrauten, die für sie vor Kriegsbeginn mit ziemlicher Sicherheit noch verschlossen waren. Käthe Bä erhielt in ihrer Depositenkasse in Vertretung des einberufenen 2. Vorstehers und des einberufenen Kassierers Procura. Aus dem im Jahr 1918 erstellten Zeugnis lässt sich folgern, dass sie auch die Funktion des 2. Vorsteher übertragen bekommen hatte – auch wenn das explizit in dem Zeugnis (natürlich!) so nicht formuliert wurde.[477] Damit dürfte sich auch das Gehalt deutlich erhöht haben. Genaue Daten fehlen zwar, aber bei Kriegsende verdiente Käthe Bä 2.200 Mark im Jahr und damit das Doppelte ihres Gehalts im Jahr 1910.[478] Selbst wenn die Kaufkraft ihres Gehalts nicht mehr dem entsprach, was 2.200 Mark im Jahr 1910 wert gewesen waren und die meisten Dinge des täglichen Bedarfs wegen der Rationierung gar nicht oder nur auf Lebensmittelkarten verfügbar waren, dürften die wirtschaftlichen Gründe für den Versetzungswunsch nun nicht mehr so gravierend gewesen sein.

Dennoch reichte sie im Mai 1918 ihre Kündigung ein. Als Begründung führte sie an, dass sie sich in Berlin nicht „wohlfühle“ und auf jeden Fall nach Schlesien zurückkehren wolle. Außerdem wollte sie ein halbes Jahr aussetzen – vermutlich hatte sie das Gefühl, ähnlich ausgebrannt zu sein wie schon im Jahr 1910. Die Bank versuchte noch sie zu halten. Aber Käthe Bä ließ sich auf nichts ein, da sie, so ihr Vorgesetzter, es „hier nicht mehr aushalten“ könne. Daraufhin sagte ihr die Bank zu, dass sie ihrer Filiale in Breslau die Wiedereinstellung von Käthe Bä empfehlen werde, wenn von dort eine Anfrage an die Zentrale eingehen sollte.

Tatsächlich erkundigte sich die Filiale Breslau im Oktober 1918 bei der Berliner Zentrale nach Käthe Bä, weil die Filiale sie für die in ihrem Zeugnis angeführten Arbeiten „recht gut verwenden“ konnte. Konkret ging es um die Leitung der Kommanditen-Abteilung in der Buchhalterei. Nachdem die Zentrale die Anstellung empfohlen hatte, wurde Käthe Bä im November 1918 erneut, diesmal aber durch die Filiale Breslau eingestellt.[479] In Breslau scheint sie auch keine gravierenden Gesundheitsprobleme mehr gehabt zu haben. Untersuchungen durch den Vertrauensarzt sind jedenfalls nicht überliefert. Nach Kriegsende übte sie die Funktionen eines stellvertretenden Depositenkassenvorstehers nicht mehr aus. Aber sie bekam immer noch Tätigkeiten mit einer besonderen Verantwortung übertragen wie die Führung des Skontros und später die Tresorverwaltung. Außerdem wurde sie ver-

477 Abgangszeugnis (Entwurf) o. D. (Mai 1918), in: ebd.
478 Schreiben der Filiale Breslau an die Darmstädter Bank Berlin v. 17.10.1918, in: ebd.
479 Schreiben an die Filiale Breslau v. 23.10.1918, in: ebd.

tretungsweise für zahlreiche andere, üblicherweise von Männern ausgeführte Tätigkeiten eingesetzt. Nach der Fusion war sie für die Überführung des Tresors bzw. dessen Inhalts in das Gebäude der Dresdner Bank-Filiale verantwortlich.[480]

Nachdem die Zusammenführung der Breslauer Filialen abgeschlossen war und nun zahlreiche überzählige Beschäftigte in der vereinigten Filiale abgebaut werden mussten, wurde Käthe Bä auf Wartegeld gesetzt. Sie war zu diesem Zeitpunkt 49 Jahre alt. Gleichzeitig wurde ihr angeboten, entweder weiterhin als Wartegeldbezieherin auf bessere Zeiten zu hoffen oder in den Vorruhestand zu treten. Tatsächlich scheint eine Wahl bestanden zu haben. Denn Käthe Bä ließ sich die Höhe der Rentenbezüge ausrechnen, um besser entscheiden zu können, ob sie weiter Wartegeldbezieherin bleiben oder sich in den Ruhestand versetzen lassen wollte. Das Wartegeld betrug 75 Prozent ihres letzten Gehalts, während ihr die Personalabteilung des fusionierten Instituts in Breslau mitteilte, dass ihr als „Richtlinienpensionärin" zwei Drittel ihres Gehalts zustand, das zuletzt 241 RM betragen hatte. Mit einer Rente von 161 RM wollte sie sich aber nicht zufriedengeben und ließ sich deshalb vom neuen Leiter der Breslauer Personalabteilung erklären, wie er ihren Rentenanspruch errechnet hatte. Dabei stellte sie fest, dass nur 14 Dienstjahre angerechnet wurden. Daraufhin bat sie in Berlin darum, die Rechnung zu überprüfen und verwies dabei auf die elf Dienstjahre in Berlin, die bei der Rentenberechnung nicht berücksichtigt worden waren.[481]

Gegenüber der Berliner Personalabteilung verteidigte sich die Dresdner Bank-Filiale Breslau, indem sie sich darauf berief, dass Käthe Bä im Jahr 1918 von sich aus gekündigt hatte, so dass sie nur 14 Jahre ununterbrochen bei der Danat Bank beschäftigt gewesen war: „Insofern dürfte an der Richtigkeit unserer Ausrechnung ... kein Zweifel sein." Sollte Berlin aber bei der „Festsetzung der Pension auch die vor dem 1. Juli 1918 liegende Dienstzeit berücksichtigen" wollen, so „haben wir dagegen nichts einzuwenden".[482] Schließlich ging diese Pension zu Lasten des Abbaufonds und damit auf Kosten des Steuerzahlers. Käthe Bä entschied sich für den Vorruhestand, wurde aber nicht als berufsunfähig anerkannt. Selbst im Jahr 1940 wurde sie von der Filiale Breslau als „berufsfähig" beurteilt[483]

---

480 Schreiben von Käthe Bä v. 4.7.1932, in: ebd.

481 Ebd.

482 Schreiben der Filiale Breslau an die Dresdner Bank v. 14.7.1932, in: ebd.

483 Anfang November 1940 forderte die Dresdner Bank Berlin die Filiale Breslau auf, die Berufsfähigkeit der mittlerweile 57-jährigen Käthe Bä überprüfen zu lassen, um durch die Berufsunfähigkeitsrente der Reichsversicherungsanstalt für Angestellte von der allein durch die Bank zu leistende Betriebsrente entlastet zu werden. Schreiben der Dresdner Bank Berlin an die Filiale Breslau v. 8.11.1940, in: ebd.

und zwei Jahre und damit ein Jahr vor dem Erreichen des Rentenalters wurde sie aufgefordert, sich beim zuständigen Arbeitsamt als arbeitssuchend zu melden.[484]

Weshalb Käthe Bä in den Vorruhestand versetzt wurde, ist aus der Akte nicht zweifelsfrei zu ermitteln. Aber obwohl sie in den ersten Jahren häufig krank und entsprechend häufig nicht zum Dienst erschienen war, scheint sich ihr Gesundheitszustand nach ihrer Übersiedelung nach Breslau gebessert zu haben, so dass häufige Fehlzeiten kein Grund für die Bank gewesen sein dürften, sie außer Dienst zu setzen. Auch eine nachlassende Leistungsfähigkeit scheint bei der knapp 50-jährigen noch kein Problem gewesen zu sein. Jedenfalls gibt es dafür keinen Anhaltspunkt in ihrer Akte. Vielmehr spricht die Tatsache, dass ihr bis zur Fusion mit der Dresdner Bank wiederholt Aufgaben zugewiesen wurden, die Frauen normalerweise nicht übertragen bekamen, dafür, dass sie nach wie vor eine zuverlässige und belastbare Bürokraft gewesen war.

Trotzdem scheint hier der tiefere Grund für die Entscheidung der Dresdner Bank zu liegen, Käthe Bä nicht weiter zu beschäftigen. Stenotypistinnen, Kartenlocherinnen, Telefonistinnen und Direktionssekretärinnen übten Tätigkeiten aus, die Männern nicht übertragen wurden. Frauen waren für diese vermeintlich rein mechanischen Arbeiten billige Arbeitskräfte, deren Tätigkeiten als „Frauenarbeit" auch von den Männern in den Büros mittlerweile akzeptiert waren. Insofern konnte man auch keine Stenotypistin etc. entlassen und deren Tätigkeit einem im fusionierten Bankbetrieb überflüssigen verheirateten Mann mit Kindern übertragen. Käthe Bä übte bei der Danat Bank aber Tätigkeiten aus, die gewöhnlich Männer ausführten. Indem man sie kostengünstig über den Abbaufonds freisetzte, konnte man einen Mann an ihre Stelle setzen und ihn damit schonen. Davon abgesehen waren der Dresdner Bank, anders als der Danat Bank-Leitung, Frauen in verantwortlichen Positionen ohnehin ein Dorn im Auge. Die merkwürdige Dienstzeitberechnung der neuen Breslauer Dresdner Bank-Filialleitung könnte auch darauf hindeuten, dass man Käthe Bä als eine Frau ansah, die sich nicht an die vermeintlich gottgegebene Arbeitsteilung in den Büros einer Bank hielt.

Auf der anderen Seite scheint Käthe Bä anders als die meisten ihrer Kolleginnen nicht allzu verzweifelt wegen der Freisetzung gewesen zu sein. Sie hatte anscheinend ihren Rentenanspruch, der nach öffentlich bekannten Regeln festzulegen war, errechnet und dabei festgestellt, dass sie damit ein auskömmliches Leben haben würde. Deshalb hat sie das Angebot, auf „Wartegeld gesetzt" zu werden, nicht angenommen und deshalb ist ihr auch sofort aufgefallen, dass die Berechnung ihres Rentenanspruchs nicht stimmen konnte. Vielleicht spielte auch eine Rolle, dass ihr klargewesen ist, dass sie bei einer Wiedereinstellung in der

484 Schreiben der Dresdner Bank Berlin an die Filiale Breslau v. 5.3.1942, in: ebd.

Dresdner Bank nicht mehr solch verantwortungsvolle Aufgaben zugewiesen bekommen würde wie zuvor in der Danat Bank. Nach knapp 20 Jahren in einer (wenn auch bescheidenen, aber für Frauen ungewöhnlichen) Leitungsfunktion war sie womöglich nicht mehr bereit, als Stenotypistin für Vorgesetzte zu arbeiten, mit denen sie in der Danat Bank noch auf „Augenhöhe“ zusammengearbeitet hatte.

Der Fall soll an dieser Stelle nicht als prototypisch bewertet werden. Er ist in jeder Hinsicht untypisch für die Frauen des Samples, die im Zuge des allgemeinen Personalabbaus außer Dienst gestellt wurden. Er wurde hier auch nicht wegen der Umstände der Versetzung in den Vorruhestand und der sozialen Folgen für die Betroffene so ausführlich dokumentiert, sondern weil er das unterschiedliche Verständnis der Bankleitungen über die Einsatzmöglichkeiten für Frauen zeigt. Mit dem Zusammenbruch der Danat Bank und der Übernahme durch die Dresdner Bank waren die Ansätze, Frauen auch mehr zuzutrauen als Stenogramme aufzunehmen und Stichworte des Vorgesetzten in Briefdeutsch zu verwandeln, bis auf weiteres erledigt. Allerdings ist zu berücksichtigen, dass auch die Danat Bank seit Mitte der zwanziger Jahre nicht mehr sehr experimentierfreudig war (s. Kap. 3.5.4.). Aber selbst wenn die Danat Bank länger existiert hätte, wäre auch dort der letzte Rest Experimentierbereitschaft mit der Machtübernahme durch die Nationalsozialisten an ihr Ende gekommen.

Typischer für die Frauen, die im Zuge der Bankenkrise in den Vorruhestand geschickt wurden, ist der Fall von Käte Bo, die zwar jüdischen Glaubens war, aber bereits vor der Machtübernahme der Nationalsozialisten „abgebaut“ wurde. Die Konfession oder gar die „Rasse“ spielte dabei keine Rolle. Käte Bo entstammte einem bürgerlichen Elternhaus, hatte eine private Höhere Mädchenschule besucht und trat im Jahr 1907 18-jährig in den Dienst bei der Dresdner Bank-Filiale Hamburg ein. Das Anfangsgehalt lag bei 600 Mark im Jahr.[485] Während ihrer ersten etwa zwanzig Dienstjahre schien sie sich bewährt zu haben, so dass sie Ende der zwanziger Jahre, mittlerweile in Berlin, ein Bruttogehalt von monatlich 312 RM bezog, d. h. sie erhielt in der Tarifgruppe 3 das „männliche“ Gehalt.[486] Allerdings begann zu dieser Zeit auch ihre Arbeitsleistung nachzulassen, die aus Sicht der Bank wohl in keinem angemessenen Verhältnis mehr zum Gehalt stand. Im Jahr 1929 trat sie zunächst eine fünfwöchige Kur an. Aber auch nach ihrer Rückkehr verbesserte sich das Leistungsvermögen der mittlerweile 40-jährigen nicht, so dass sie Ende 1930 zum Vertrauensarzt geschickt wurde. Obwohl der Arzt eine

---

485 Personalbogen (ausgefüllt am 26.6.1907) und handschriftliche Ergänzung durch die Bank, in: HAC 500/12590-2001.

486 Bescheinigung o. D., in: ebd.

Erwerbsminderung von über fünfzig Prozent wegen „eines chronischen Nierenleidens und nervösen Schwächen" attestierte, geschah zunächst nichts.[487] Erst im Folgejahr wurde sie im Zuge des allgemeinen Personalabbaus zunächst gekündigt, die Kündigung aber wenig später wegen der langen Dienstzeit von 24 Jahren wieder zurückgenommen. Stattdessen stellte die Bank einen Antrag bei der Reichsversicherungsanstalt für Angestellte auf Berufsunfähigkeitsrente, beurlaubte Käte Bo und stellte ihr eine Rente von 150 RM in Aussicht, die die Bank so lange zahlen wollte, bis der Antrag auf Berufsunfähigkeit von der Rentenversicherung bewilligt war. Danach wurde die Versicherungsrente auf die von der Bank gezahlte Betriebsrente angerechnet.

Der Antrag ist überliefert und gibt Auskunft über die Motivation der Bank. So wurden die Krankheitstage seit der Kur Ende 1929 aufgelistet. Es handelte sich um 15 Tage in 18 Monaten. Die Fehlzeiten können demzufolge kein Grund für den Antrag gewesen sein. Ferner wurde gefragt, seit wann die Vorgesetzten ein Nachlassen der Arbeitskraft beobachtet hätten, worauf die Bank antwortete: „Seit langem". Auch die Frage, ob die Leistungen noch dem Entgelt entsprachen, beantwortete die Bank recht eindeutig: „Wir haben Rücksicht auf ihren Gesundheitszustand genommen."[488]

In Anbetracht der langen Dienstzeit und einem Gehalt, das zwischenzeitlich im Zuge der Brüning'schen Deflationspolitik zwar abgesenkt worden war, aber immer noch 292 RM betrug, erscheint die Höhe der von der Bank gewährten Betriebsrente im Vergleich zur Rente, die Käthe Bä erhielt, sehr niedrig. Käte Bo konnte etwa genauso viele Dienstjahre aufweisen wie Käthe Bä, die selbst in der ersten Berechnung, als ihr nur 14 Dienstjahre angerechnet worden waren, mit 161 RM mehr zugesprochen wurde als Käthe Bä mit ihren unbestrittenen 24 Dienstjahren. Der Grund war nicht die unterschiedliche Leistungsfähigkeit der beiden Frauen. Vielmehr hatte Käte Bo das Pech, dass sie in den Vorruhestand geschickt wurde, bevor das Reich dem fusionierten Institut den 20 Mio. RM umfassenden „Abbaufonds" zur Verfügung gestellt hatte. Eine Bedingung für die Bereitstellung des Fonds durch das Reich war es gewesen, dass sich die Bank mit dem Betriebsrat auf Regeln verständigte, wer vorzugweise entlassen bzw. in den Vorruhestand geschickt, wer auf „Wartegeld gesetzt" werden und wer nach Möglichkeit gar nicht von den Abbaumaßnahmen betroffen sein sollte. Außerdem wurden Regeln für die Höhe der Betriebsrenten und der Abfindungen festgelegt. Davon hatte Käthe Bä profitiert, während im Falle von Käte Bo solche Regeln noch nicht exis-

487 Aktenvermerk v. 13.2.1931 mit Bezug auf eine vertrauensärztliche Untersuchung im Oktober 1930, in: ebd.

488 Fragebogen der Reichsversicherungsanstalt für Angestellte (handschriftlich ausgefüllt von der Personalabteilung der Dresdner Bank am 16.4.1931), in: ebd.

tierten, sondern die Bank die Betriebsrente „freihändig" festsetzen konnte. Dabei orientierte sie sich offenkundig weder an den Dienstjahren noch an der Höhe des letzten Gehalts, sondern an einer für eine alleinstehenden Frau zumutbaren Mindestrente. Nur so ist wohl zu erklären, dass Käte Bo nach 24 Dienstjahren mit 150 RM nur etwas über fünfzig Prozent ihres letzten Gehalts als Rente erhielt, während Käthe Bä nur etwa ein Jahr später über achtzig Prozent ihres letzten Gehalts bezog.

Die Zahl der ernsthaft, meist psychisch erkrankten weiblichen Bankangestellten war hoch. Das zeigt die Auswertung der Gründe für die Frühverrentung. In den meisten Fälle setzten die Symptome schon vor Erreichen des 40. Lebensjahres ein. Es fallen allerdings zwei, womöglich sogar drei Fälle aus dem Rahmen, die die ganze Verzweiflung über die Lebensumstände aufzeigen, die nicht wenige Frauen erfasste. Die meisten versuchten allerdings durchzuhalten und hofften trotz nachlassender Leistung nicht ins Visier der Personalabteilung zu geraten. Das gelang vermutlich nur selten, weil ihre Vorgesetzten sie irgendwann loswerden wollten. Der Vorgesetzte informierte in diesen Fällen die Personalabteilung und erkundigte sich, ob für die betreffende Person vielleicht ein Antrag auf Berufsunfähigkeit gestellt werden könnte. Dann übernahm die Personalabteilung die Initiative, indem sie zunächst den Vertrauensarzt einschaltete. Stellte der Vertrauensarzt eine Berufsunfähigkeit fest, stellte die Bank einen entsprechenden Antrag bei den Versicherungsträgern und stockte die Rente nach der Bewilligung durch eine ergänzende Betriebsrente auf.

3.4.6 Ableben und Suizid

Charlotte Pe trat im Jahr 1921 26-jährig bei der Nationalbank für Deutschland als Stenotypistin ein. Sie war bürgerlicher Herkunft, hatte das Lyzeum besucht und anschließend eine zweijährige kaufmännische Lehre absolviert. In mehreren Arbeitsstellen hatte sie bereits Berufserfahrung gesammelt, darunter auch zwei Jahre lang als Aushilfskraft bei der Commerzbank. Dort war sie aber 1920 aufgrund einer Anordnung des Demobilmachungsausschusses für Großberlin entlassen worden.[489] Sie hatte bei der Commerzbank in einer Berliner Depositenkasse bearbeitet[490] und wurde auch bei der Nationalbank für Deutschland einer Depositenkasse zugeteilt, die wenig später als Kasse der Danat Bank weitergeführt wurde.

489 Handschriftlicher Lebenslauf v. 29.9.1921, in: HAC 500/E.6641.

490 Abgangszeugnis der Commerz- und Privatbank v. 5.11.1920, in: ebd.

Da Charlotte Pe schon bald nach der Tarifgruppe 3 bezahlt wurde, ist anzunehmen, dass sie keine „Nullenschreiberin“ war, sondern eine verantwortungsvollere Tätigkeit übertragen bekam.[491] Wie viele ihrer Kolleginnen, die in Berlin keinen Familienanschluss hatten, kam Charlotte Pe offenbar als Untermieterin in einer fremden Wohnung nicht gut klar. Das zeigte sich etwa daran, dass sich die gebürtige Dresdnerin im Jahr 1928 nach einer Blinddarmoperation vorzeitig auf eigene Verantwortung aus dem Krankenhaus in Berlin entlassen ließ und zu ihrer verheirateten Schwester nach Schwerin fuhr, wo sie die restliche Zeit ihrer Krankschreibung verbrachte.[492]

Die Bankenkrise traf Charlotte Pe zunächst beim Gehalt. Aufgrund der Anordnung des Reichskommissars wurde sie zunächst von der Tarifgruppe 3 in die Tarifgruppe 2 zurückgestuft, womit sie auch das Anrecht verlor, im Jahr 1936 nach dem männlichen Tarif bezahlt zu werden. Um den Verlust in Grenzen zu halten, wurde ihr aber immerhin ein außertariflicher Zuschlag von 40 RM/Monat gewährt, der nach der Fusion mit der Dresdner Bank auf 20 RM gekürzt wurde.[493] Ob sie dadurch allerdings in finanzielle Schwierigkeiten geraten ist, ist unklar. Jedenfalls bat sie nicht um die Rücknahme der Kürzung, wie es in fast allen anderen Fällen geschehen war. Sie konnte es sich auch leisten, nicht mehr zur Untermiete zu wohnen, sondern hatte wohl eine kleine eigene Wohnung bezogen. Materiell ging es ihr somit vermutlich besser als den meisten ihrer Kolleginnen – sofern sie nicht mehr als junge Frauen bei begüterten Eltern wohnen konnten und dort kein oder kaum Kostgeld zahlten.

Trotzdem muss Charlotte Pe die personelle Neuaufstellung ihrer Depositenkasse aus der Bahn geworfen haben. Denn im Frühjahr 1933 war sie für längere Zeit wegen eines „Nervenleidens“ krankgeschrieben. Am Tag ihrer Rückkehr zum Dienst Anfang Mai meldete sie sich nicht an ihrem Arbeitsplatz, sondern suchte die Personalabteilung in der Zentrale auf. Dort bat sie unter Tränen um ihre Versetzung in eine andere Kasse. Eine Begründung lieferte sie nicht.[494] Der Sachbearbeiter hielt sie aufgrund ihres Erscheinungsbildes für nicht arbeitsfähig und schickte sie zum Vertrauensarzt. Der stellte eine nervliche Zerrüttung fest und empfahl einen längeren Erholungsurlaub, der ihr auch bewilligt wurde.[495] Nach ihrer Rückkehr wurde sie tatsächlich in eine andere Depositenkasse versetzt.

---

491 Aufstellung v. 1.10.1925, in: ebd.

492 Schreiben an Charlotte Pe v. 16.2.1928, in: ebd.

493 Schreiben der Danat Bank an Charlotte Pe v. 21.9.1931 und Schreiben der Dresdner Bank an Charlotte Pe v. 5.9.1932, in: ebd.

494 Aktennotiz v. 8.5.1933, in: ebd.

495 Schreiben an Charlotte Pe v. 10.5.1933, in: ebd.

Offenbar stabilisierte sich ihre Gesundheit trotz der neuen Arbeitsumgebung nicht. Im Sommer 1936 fiel sie erneut für mehrere Wochen wegen „Nervenschwäche“ aus und blieb zu Hause. Als sie nicht wieder zum Dienst erschien und sich auch nicht in der Bank meldete, wurde eine Kollegin zu ihrer Wohnung geschickt, die, nachdem ihr nicht geöffnet wurde, die Polizei verständigte. Die Beamten öffneten die Tür und fanden die 40-jährige Charlotte Pe leblos in der Wohnung vor. Als Todesursache wurde später eine Gasvergiftung festgestellt.[496]

Charlotte Pe war kein Einzelfall. Die Umstände des Todes von Gertrud Te sind leider nur sehr unzureichend dokumentiert. Aber ein Suizid ist auch hier zumindest denkbar. Gertrud Te wurde im Jahr 1922 26-jährig bei der Dresdner Bank eingestellt und dürfte damals zu den „Nullenschreiberinnen“ gehört haben. Sie hatte nur eine elementare Schulbildung, an den sich ein einjähriger kaufmännischer Ausbildungskurs anschloss. Während des Krieges war sie bei einer militärischen Einrichtung als Stenotypistin tätig gewesen. Nachdem ihre Dienststelle nach Inkrafttreten des Versailler Vertrages aufgelöst worden war, arbeitete sie noch eine Weile in einer Knopffabrik, bevor sie sich ungekündigt bei der Dresdner Bank, wahrscheinlich wegen der im Bankwesen gezahlten Teuerungszulagen, bewarb. Für die Bank dürfte die Berufserfahrung von Gertrud Te ausschlaggebend für die Einstellung gewesen sein. Offenbar wurde sie schon bald nicht mehr für einfache Hilfsarbeiten, sondern als Stenotypistin eingesetzt, so dass sie weder von der Entlassungswelle 1924/25 noch von der Entlassungswelle 1931/32 betroffen war. Allerdings war sie auch eine für ihre Tätigkeit billige Arbeitskraft. Denn sie war zehn Jahre lang nicht in eine höhere als die (Eingangs-)Tarifgruppe 1 befördert worden. Lediglich einen Tarifzuschlag in Höhe von 15 RM billigte man ihr zu.[497]

Im Jahr 1935 erkrankte sie schwer und war fast sechs Monate krankgeschrieben. Anfang 1936 erkrankte sie erneut und war diesmal zweieinhalb Monate krankgeschrieben. Die Bank versetzte sie anschließend in den Vorruhestand und beantragte gleichzeitig eine Berufsunfähigkeitsrente bei der Reichsversicherungsanstalt für Angestellte. Nur wenige Tage vor ihrer Versetzung in den Ruhestand verstarb Gertrud Te. Leider wird die Todesursache in der Akte nicht genannt.[498] Denkbar ist aber auch hier ein Suizid. Denn in denjenigen zwei Fällen, in denen Frauen in dieser Zeit eines natürlichen Todes starben, ist die Todesursache in deren Akte vermerkt. Selbst wenn die zwei langen Erkrankungen nichts mit „Nervenschwäche“ zu tun gehabt haben sollten, dürfte die Rente, die die 40-jährige in Anbetracht ihres letzten Gehalts von 219 RM und der nur vierzehn Dienstjahre

496 Aktennotiz v. 7.8.1936, in: ebd.

497 Personalbogen (ausgefüllt o. D., Januar 1934), in: HAC 500/E.8806.

498 Aktennotiz v. 30.9.1936, in: ebd.

erwarten konnte, kaum ausgereicht haben, ihren ohnehin schon bescheidenen Lebensstil aufrechtzuerhalten.[499] Die zeitliche Übereinstimmung von Versetzung in den Ruhestand und Tod war vielleicht keine zufällige.

Der dritte Fall ist deutlich besser dokumentiert. Charlotte Bae war die Tochter eines pensionierten Volksschulrektors, hatte zunächst das Lyzeum und anschließend die Höhere Handelsschule des Lette-Vereins besucht.[500] Im Jahr 1922 wurde sie 20-jährig von der Dresdner Bank eingestellt. Damit gehörte sie wie die nur ein Jahr zuvor bei der Nationalbank für Deutschland eingestellte Charlotte Pe nicht zu den „Nullenschreiberinnen“, die in dieser Zeit in großer Zahl eingestellt wurden. Wie Charlotte Pe überstand auch Charlotte Bae die Entlassungswelle 1924/25 ohne Kündigung. Auch während und nach der Bankenkrise scheint ihre Arbeitsleistung noch nicht nachgelassen zu haben, obwohl ihr schon das Stigma der „Nervosität“ anhaftete. Ihr Gehalt stieg langsam, aber stetig. 1936 verdiente sie in der Tarifgruppe 2 mit ihren Dienstjahren 260 RM,[501] womit sie ein für eine alleinstehende Frau vergleichsweise gutes Auskommen hatte, zumal sie auch mit Anfang dreißig noch bei den Eltern lebte und in Anbetracht der Pension des Vaters vermutlich auch nichts oder nicht viel an Kostgeld abgegeben haben dürfte. Auf jeden Fall hatte sie ein kleines Wertpapierdepot aufbauen können, dessen Kurswert Mitte der dreißiger Jahre 700 RM, also knapp drei Monatsgehälter, betrug.

Anfang November 1936 erkrankte Charlotte Bae und wurde wenig später wegen „Herz- und Nervenleiden“ in ein Krankenhaus eingeliefert, wo sie bis kurz vor Weihnachten verblieb. Nach Neujahr trat sie ihren Dienst aber zunächst nicht wieder an, sondern blieb krankgeschrieben. Nach der Reichstarifordnung für das Bankgewerbe hatte die Bank ihr drei Monate lang, also bis Anfang Februar 1937, das volle Gehalt zu zahlen. Danach bezog Charlotte Bae Krankengeld von ihrer Krankenkasse, das von der Dresdner Bank auf 95 Prozent des letzten Monatsgehalts aufgestockt wurde.[502] Da die Zahlungen nach einem halben Jahr eingestellt worden wären, hatte Charlotte Bae im Frühjahr 1937 ihren Dienst wieder aufgenommen. Da sie aber mit der Situation offenbar überfordert war, unternahm sie Ende Juni 1937 einen Suizidversuch, indem sie sich aus dem Fenster stürzte. Sie überlebte, erlitt aber schwere Verletzungen, u. a. brach sie sich zwei Wirbel, das rechte Bein, den rechten Unterarm und beide Fersengelenke. Außer-

---

499 Die Höhe der Pension scheint zum Zeitpunkt des Ablebens noch nicht festgestanden zu haben. Denn der Antrag bei der Reichsversicherungsanstalt war noch nicht entschieden. Aktennotiz v. 21.9.1936, in: ebd.

500 Personalbogen (ausgefüllt am 7.10.1922), in: HAC 500/E.4439.

501 Aufstellung v. 30.12.1936, in: ebd.

502 Aufstellung v. 2.2.1937, in: ebd.

dem vermuteten die Ärzte innere Verletzung, was sich aber nach einer Operation als unbegründet herausstellte.[503]

Nach dem Sturz war Charlotte Bae zeitweise an beiden Beinen gelähmt. Insgesamt verbrachte sie ein Jahr und drei Monate im Krankenhaus. Die Bank bezahlte zunächst das volle Gehalt weiter, leitete aber gleichzeitig ein Rentenverfahren wegen Berufsunfähigkeit ein. Als nach einem Vierteljahr die Verpflichtung zur Lohnfortzahlung erloschen war, stockte die Bank das Krankengeld erneut auf. Außerdem zahlte sie Charlotte Bae mehrere, jeweils als einmalig bezeichnete Zuschüsse zu den Krankenhauskosten. Zu Jahresbeginn 1938 wurde sie zunächst beurlaubt und ein Vierteljahr später in den Ruhestand versetzt. Ihre (Versicherungs-)Rente betrug nun 82 RM im Monat.[504] Nach der Entlassung aus dem Krankenhaus wurde Charlotte Bae offenbar zu Hause durch die Eltern gepflegt, die aber auch nicht verhindern konnten, dass sie von ihrem Bruder um ihr Wertpapierdepot geprellt wurde, was ihrer Genesung sicherlich nicht zuträglich war.

Nach zwei Jahren wurde Charlotte Bae wieder eingestellt. Sie war zwar immer noch schwer gehandikapt, aber die Not, die einberufenen und dienstverpflichteten Angestellten zu ersetzen, war so groß, dass die Bank das Risiko einging und eine wegen Berufsunfähigkeit in den Ruhestand versetzte Frau reaktivierte. Anfangs schien das Experiment auch zu glücken. Aber der nun immer häufiger einsetzende Fliegeralarm und die Bombennächte in den Bunkern waren zu viel für die Nerven von Charlotte Bae.

Im Oktober 1943 meldete sich die Gestapo bei der Bank und fragte nach Charlotte Bae. Denn eine der Dienststellen hatte von ihr einen Brief „mit ganz konfusem Zeug“ erhalten. Darin behauptete sie unter anderem, dass sie mit „Radiostrahlen“ beobachtet werde.[505] Aber dieser mehr als deutliche Hinweis auf „Nervenschwäche“ löste keine Maßnahmen gegen Charlotte Bae aus. Das kann eigentlich nur so erklärt werden, dass die Ende August und Anfang September 1943 gegen Berlin geführten alliierten Luftangriffe nicht nur Charlotte Bae, sondern auch anderen Angestellten beiderlei Geschlechts nervlich zusetzten: die Bombennächte im Schutzraum, das Geschützfeuer, die Detonationen und die Suchscheinwerfer im Nachthimmel scheint die alleinstehende und vielleicht auch vereinsamte Frau nervlich nicht verkraftet zu haben. Das Verhalten von Charlotte Bae war sicherlich extrem. Aber grundsätzlich war es im Herbst 1943 nicht so außergewöhnlich, wie es zu Friedenszeiten gewesen wäre. Die Bank sagte der Gestapo zu, Charlotte Bae wegen ihrer zeitweisen „geistigen Umnachtung“ im Auge zu be-

503 Schreiben des Vater Otto Bae an die Dresdner Bank v. 30.3.1940, in: ebd.
504 Aufstellungen v. 2.12.1937 und v. 9.6.1938, in: ebd.
505 Aktennotiz v. 20.10.1943, in: ebd.

halten und informierte den Vater. Weiter geschah aber nichts.[506] Charlotte Bae blieb vielmehr bis zur Schließung der Bank im Jahr 1945 im Dienst.[507]

Der Krieg setzte den Angestellten der Dresdner Bank nicht nur psychisch zu, sondern zwei weibliche Angestellte des Samples fielen dem Bombenkrieg auch zum Opfer. Dabei handelte es sich zum einen um die seit 1916 bei der Dresdner Bank beschäftigte Charlotte La. Sie hatte 1942 als 43-jährige einen Kollegen geheiratet, der aber nur ein Jahr später verstarb.[508] Beide lebten in dem Berliner Vorort Rüdersdorf, der mit der Straßenbahn von Berlin aus zu erreichen war. Anfang Oktober 1944 wurde Charlotte La auf der Heimfahrt in der Straßenbahn von einem Tieffliegerangriff überrascht und durch den Beschuss der Bahn getötet.[509]

Bei dem zweiten Kriegsopfer handelte es sich um Käte Ka, die im Filialbüro als Stenotypistin eingesetzt war. Gegen Kriegsende wurden mehrere Abteilungen der Berliner Zentrale wie das Filialbüro, die Konsortialabteilung, aber auch die Belegschaften mehrerer schlesischer Filialen zusammen mit der Vorstandsgruppe Ost in das vermeintlich luftsichere Dresden verlagert, wo die Dresdner Bank außerdem über zwei große und unzerstörte Bankgebäude verfügte. Dort kamen bei den Luftangriffen der Royal Airforce in der Nacht vom 13. auf den 14. Februar sowie bei den Tagesangriffen der US Airforce am 14. und 15. Februar 1945 insgesamt 41 Angestellte der Dresdner Bank ums Leben, darunter acht aus Berlin nach Dresden abgeordnete Angestellte. Unter diesen acht Berlinern waren zwei Stenotypistinnen, eine davon war die Sample-Angestellte Käte Ka.[510] Die genauen Umstände ihres Todes sind nicht überliefert. Aber es ist wahrscheinlich, dass sie zu den 29 Bankmitarbeitern gehörte, die in die Schutzräume unter den Bankgebäuden geflohen waren. Beide Gebäude, jeweils im völlig zerstörten Altstadtbereich gelegen, hielten den Bomben nicht Stand. Nur die Schutzräume blieben unversehrt. Das rettete die verschütteten Insassen allerdings nicht. Sie starben an Sauerstoffmangel oder an einer Rauchgasvergiftung.[511]

506 Aktennotiz v. 21.1.1944, in: ebd.
507 Abgangszeugnis v. 11.2.1946, in: ebd.
508 Aktennotiz v. 30.12.1942 und 28.2.1944, in: HAC 500/E.4781.
509 Aktennotiz v. 7.10.1944, in: ebd.
510 Aufstellung v. 4.4.1945, in: HAC 500/E.815.
511 Vgl. zu den Opfern der Dresdner Bank in Dresden im Februar 1945 Bähr, Dresdner Bank, S. 252.

3.5 Gehälter und beruflicher Aufstieg

In den Jahren vor und während des Ersten Weltkrieges war mit jedem Angestellten und jeder Angestellten ein individueller Arbeitsvertrag geschlossen worden, in dem das Jahresgehalt, die Kündigungsfrist etc. festgelegt war. Für die Bestimmung der Höhe der Gehälter von weiblichen wie von männlichen Angestellten gab es keine Richtlinien. Die Qualifikation der Bewerberinnen und Bewerber spielte dabei aber sicherlich ebenso eine Rolle wie die Berufserfahrung und das Alter. Der Ermessensspielraum bei der Festlegung der Gehälter seitens der Arbeitgeber war aber augenscheinlich sehr hoch. Darauf deuten auch die wenigen überlieferten Arbeitsverträge weiblicher Angestellter der Vorkriegszeit hin, die keinerlei Systematik bei der Bemessung der Gehälter erkennen lassen. Das Verfahren war vollkommen intransparent. Niemand wusste, wieviel der Kollege oder die Kollegin verdiente, die die gleiche Arbeit machte oder wieviel man nach einem Bewährungsaufstieg verdienen würde. Der bürgerliche Deutsche Bankbeamten-Verein (DBV) hatte nach eigenen Angaben zwar schon vor dem Krieg versucht, mit den Bankleitungen bestimmte Kriterien festzulegen, nach denen entlohnt werden sollte.[512] Aber geschehen war nichts. Denn auch der wirtschaftsfriedliche DBV wurde zu dieser Zeit nicht als Gesprächs- oder gar Verhandlungspartner von den Bankleitungen anerkannt.

Stellenanzeigen aus der Vorkriegszeit deuten aber daraufhin, dass ein männlicher Berufsanfänger mit einem Jahresgehalt von etwa 1.200 Mark rechnen konnte. Bei den weiblichen Angestellten waren 1.200 Mark ein Spitzengehalt, das nur eine Bewerberin mit Berufserfahrung als Einstieg erhielt. Das Durchschnittsjahresgehalt eines männlichen Bankangestellten soll im Jahr 1906 2.543 Mark betragen haben und damit deutlich höher als das Jahresgehalt von Angestellten anderer Branchen.[513] In die Nähe eines solchen Gehalts kam keine der Frauen des Samples zu dieser Zeit, wobei allerdings zu berücksichtigen ist, dass die wenigen Frauen, für die Daten dieser frühen Jahre weiblicher Beschäftigung vorliegen, auf noch nicht allzu viele Dienstjahre gekommen sein konnten, während ein Angestellter mit 2.543 Mark vermutlich schon fünfzehn bis zwanzig Jahre im Dienst einer Bank stand. Für weibliche Angestellte können demnach keine Vergleichszahlen vorliegen, aber es ist wohl davon auszugehen, dass die Gehälter der

512 Thamm, Anspruch, S. 86.

513 Toni Pierenkemper, Der Sparkassenangestellte im gesellschaftlichen Entwicklungsprozeß, in: Zeitschrift für bayerische Sparkassengeschichte 6 (1992), S. 185. Nach einer Berechnung von Imke Thamm auf Grundlage zeitgenössischer Erhebungen lag das Durchschnittgehalt für männliche Bankangestellte um etwa zwanzig Prozent höher als die Gehälter kaufmännischer Angestellter anderer Branchen. Thamm, Anspruch, S. 87 f.

Frauen im Bankgewerbe bei gleicher Dienstzeit im Durchschnitt deutlich niedriger lagen als die der Männer. Allerdings wird das in den anderen Branchen nicht anders gewesen sein, so dass die Relation der Gehälter zwischen Frauen im Bankgewerbe und kaufmännisch vorgebildete Frauen in anderen Branchen ähnlich wie bei den Männern ausgefallen sein dürfte.

3.5.1 Der Kampf um den Reichstarifvertrag für das deutsche Bankgewerbe

Während der Revolutionswochen 1918 war in allen Großbanken ein Betriebsrat gewählt worden. Dabei kam dem sozialdemokratischen Allgemeinen Verband der Bankangestellten eine besondere Rolle zu. Denn der Vollzugsausschuss der Berliner Revolutionären Obleute hatte ihn als einzig legitimen Vertreter der Bankangestellten anerkannt. Auch gegenüber den Bankleitungen betonte der Allgemeine Verband seinen Alleinvertretungsanspruch, den er gegenüber den Arbeitgebern auch aus dem Stinnes-Legien-Abkommen ableiten konnte. So gerieten Arbeitnehmervertreter und Bankleitung schon bei einem ersten Versuch, Verhandlungen über einen Flächentarifvertrag aufzunehmen, Anfang Dezember 1918 aneinander. Der Allgemeine Verband lehnte eine Beteiligung des DBV an den Verhandlungen ab, der bis dahin zahlenmäßig größten Vertretung der Bankangestellten. Da die Arbeitgeberseite nicht ohne und die Arbeitnehmerseite nicht unter Beteiligung des DBV verhandeln wollte, kam zunächst nichts dabei heraus.[514]

Im November 1918 verfügten die Berliner Großbanken noch nicht über einen Arbeitgeberverband. Das war bisher auch nicht nötig gewesen. Denn mit Gewerkschaftsvertretern wurde nicht verhandelt. Die Konditionen in den Arbeitsverträgen wurden von den leitenden Angestellten der Personalabteilungen unter Aufsicht eines Vorstandsmitglieds individuell bestimmt. Im Dezember 1918 mussten die Bankleitungen allerdings erkennen, dass ein Arbeitgeberverband künftig unverzichtbar sein würde, weil die Banken nicht mehr darum herumkamen mit Gewerkschaftsvertretern zu sprechen, ja im schlimmsten Falle sogar zu verhandeln. Denn die Revolutionsregierung bereitete eine Verordnung über Tarifverträge, Arbeiter- und Angestelltenausschüsse und die Schlichtung von Arbeitsstreitigkeiten vor, mit der die Rahmenbedingungen für den Abschluss von Tarifverträgen und eine vertraglich vereinbarte Mitbestimmungsregelung geschaffen werden sollten. Kurz vor Weihnachten 1918 wurde diese Verordnung im Reichsgesetzblatt veröffentlicht.[515]

514 Thamm, Anspruch, S. 75.

515 Verordnung über Tarifverträge, Arbeiter- und Angestelltenausschüsse und Schlichtung von Arbeitsstreitigkeiten v. 23. Dezember 1918, in: RGBl. 1918, S. 1456 ff.

Bei den Bankleitungen kam dieser Vorstoß gar nicht gut an. Statt Flächentarifverträge auf lokaler oder gar nationaler Basis abzuschließen, versuchten sie lieber Hausvereinbarungen mit den Betriebsräten zu schließen. Die Betriebsräte waren dazu auch bereit, weil das Problem drängte. Die Inflation senkte Woche für Woche den Reallohn der Beschäftigten. Zeitgenössische Schätzungen gehen davon aus, dass der Preisindex für Lebensmittel von 100 zu Kriegsbeginn auf etwa 250 bei Kriegsende gestiegen war.[516] Auch wenn dieser Wert wegen der Rationierung der meisten Nahrungsmittel und der statistisch kaum zu erfassenden Schwarzmarktpreise große Unsicherheiten birgt und auch wenn die Banken schon während des Krieges dazu übergegangen waren, den Kaufkraftverlust durch Teuerungszulagen zu dämpfen, kann es keinen Zweifel geben, dass die Lage vieler Familien von Bankangestellten, vieler demobilisierter Bankangestellter und vieler lediger weiblicher Bankangestellter verzweifelt gewesen sein muss.

An der Notwendigkeit, etwas gegen die Not ihrer Beschäftigten zu tun, gab es auch in den Bankleitungen keinen Zweifel. Schließlich litten auch die Vorstandsmitglieder der Banken unter der Inflation. Aber so wie die Dinge um die Jahreswende 1918/19 lagen, war es kaum möglich, einseitig und auf freiwilliger Basis weitere Teuerungszulagen zu gewähren. Man musste sich irgendwie mit den Belegschaften ins Benehmen setzen. Deshalb gründeten die Berliner Banken Anfang Dezember 1918 den Verband der Berliner Bankleitungen, der im Falle eines Falles an Stelle der Direktion einer einzelnen Bank in Verhandlungen mit den Gewerkschaften eintreten sollte.

Diese Entwicklung auf der Arbeitgeberseite hätte auch auf Arbeitnehmerseite ein Umdenken erfordert, um durch einen Zusammenschluss von Allgemeinem Verband und DBV mehr Schlagkraft gegenüber dem Arbeitgeberverband zu erreichen. Tatsächlich kam es auch unter Vermittlung der Regierung Mitte Dezember 1918 zu einem Einigungsversuch, als sich 34 Betriebsräte der Berliner Großbanken mit Funktionären der beiden Verbände trafen, um über einen Zusammenschluss zu verhandeln. Allerdings bestand der Allgemeine Verband auf ihren Vorsitzenden Karl Emonts und Benno Marx als Vorsitzenden der Vereinigungsgewerkschaft, die beide zum linken Flügel der USPD gehörten. Das war für den DBV aber eine Kröte, die zu schlucken er nicht bereit war. Aber immerhin war der Alleinvertretungsanspruch des Allgemeinen Verbandes durch die Fusionsgespräche etwas aufgeweicht worden.[517]

---

516 Max Westermann, Die Entwicklung der Löhne im Bankgewerbe unter dem Einfluss der Tarifbewegung, Diss. Uni Hamburg 1924, S. 50.
517 Thamm, Anspruch, S. 75 f.

Der Verband der Berliner Bankleitung versuchte die Situation zu nutzen und kündigte an, dass die Direktionen nun in Verhandlungen mit den Betriebsräten in ihren Häusern eintreten würden, um zu Haustarifverträgen zu gelangen. Das war zwar ganz und gar nicht im Interesse der Gewerkschaften, die die Kontrolle über die Abschlüsse nur sichern konnten, wenn Flächentarifverträge abgeschlossen werden würden, die von ihnen und nicht von den Betriebsräten zu verhandeln waren. Aber die Zeit drängte. Deshalb war die Personalvertretung der Darmstädter Bank (vermutlich) als erste an ihre Direktion herangetreten und hatte Verhandlungen über Gehaltsanpassungen verlangt. Zunächst aber spielte die Bankleitung auf Zeit und vertröstete den Betriebsrat auf den Beginn des zweiten Quartals 1919. Denn dann läge der Jahresabschluss für 1918 vor und man habe Kenntnis über den Spielraum, den die Ertragslage der Bank für Lohnerhöhungen eröffnen würde.

Anfang April 1919 war es so weit und die Darmstädter Bank-Leitung trat in Verhandlungen mit dem Betriebsrat ein. Unterstützt wurden die Beschäftigtenvertreter vom Reichsarbeitsministerium, das seine Räumlichkeiten als „neutralen Ort“ für die Verhandlungen zur Verfügung stellte. Die Verhandlungsdelegation der Arbeitnehmer bestand aus drei Mitgliedern des Betriebsrats und dem Vorsitzenden des Allgemeinen Verbands, Karl Emonts[518]. Die Forderungen der Arbeitnehmervertreter waren: eine pauschale Gehalterhöhung von 50 Mark im Monat für alle Beschäftigten sowie eine einmalige „Wirtschaftshilfe“ von 1.500 Mark für Verheiratete und von 1.000 Mark für Ledige. Außerdem forderten sie weitgehende Mitbestimmungsrechte. So war nach ihren Vorstellungen „bei allen Einzelfragen und in jedem Einzelfall der Entlohnung, der Einstellung, der Entlassung und beim Erlass von Direktionsverfügungen, welche die Arbeitszeit betreffen,“ die Zustimmung des Betriebsrats einzuholen. Es ist davon auszugehen, dass diese politischen Forderungen, die die Handlungsautonomie der Bankleitung massiv eingeschränkt und sie durch den Betriebsrat erpressbar gemacht hätten, vor allem ein Anliegen von Karl Emonts waren.

Die Direktion der Darmstädter Bank kam der Forderung nach einer Verbesserung der Gehälter mit ihrem Gegenangebot weit entgegenkam. Sie bot an, das Jahresgehalt um 300 Mark zu erhöhen und eine Wirtschaftshilfe in Höhe von 1.250 Mark für Verheiratete und 850 Mark für Ledige zu zahlen. Bei den Mitbestim-

518 Karl Emonts war zu diesem Zeitpunkt noch Mitglied der USPD. Ein Jahr später wurde er für die USPD in den Berliner Magistrat gewählt. Im gleichen Jahr trat er aber zur KPD über, wahrscheinlich im Zuge der Spaltung der Partei im Dezember 1920. Vgl. Verein Aktives Museum (Hg.), Vor die Tür gesetzt. Im Nationalsozialismus verfolgte Berliner Stadtverordnete und Magistratsmitglieder 1933–1945, Berlin 2006, S. 180.

mungsforderungen machte sie aber keinerlei Zugeständnisse, woraufhin der Betriebsrat die Verhandlungen platzen ließ.[519]

Wenige Tage später organisierte der Betriebsrat der Darmstädter Bank eine Belegschaftsversammlung, an der nicht nur die Beschäftigten der Hauptbank, sondern auch die Angestellten der Berliner Depositenkassen teilnahmen. Wegen des erwarteten großen Andrangs mietete der Betriebsrat das Zelt des Zirkus Krone an, das mehreren tausend Menschen Platz bot. Dort beschlossen die Beschäftigten in einen Streik zu treten, um die Forderungen durchzusetzen. Es ist davon auszugehen, dass die Mehrheit der Darmstädter Bank-Belegschaft dem Aufruf gefolgt ist und an der Versammlung teilnahm. Denn auch der DBV sah sich gezwungen den Streikaufruf zu unterstützen, obwohl er bis 1914 Streiks grundsätzlich abgelehnt hatte und obwohl die Forderungen des Betriebsrats besonders den unteren Gehaltsgruppen entgegenkamen, die eher nicht Mitglieder des Bankbeamten-Vereins waren.

Als Gegenreaktion auf den Streikbeschluss sagten die Leitungen der anderen Berliner Großbanken der Direktion der Darmstädter Bank ihre Unterstützung zu, indem sie den Kundenverkehr der Darmstädter Bank in ihren Depositenkassen abzuwickeln bereit waren. Daraufhin erklärten sich die Betriebsräte der anderen Berliner Banken mit der Belegschaft der Darmstädter Bank solidarisch und forderten ihre Belegschaften auf, ebenfalls in den Streik zu treten.

Der Streik begann am 8. April. Die übrigen Banken folgten mit Ausnahme der Berliner Handelsgesellschaft einen Tag später, wobei es bei der Deutschen Bank zu gewaltsamen Auseinandersetzungen kam und am Ende sogar Freikorps-Mannschaften die Bank besetzten. Trotzdem riss der Gesprächsfaden nicht ab, wofür wahrscheinlich das Arbeitsministerium sorgte. Der Streik endete am 19. April, wobei sich die Gewerkschaften weitgehend durchgesetzt hatten. So mussten die Banken nicht nur in der Gehaltsfrage, sondern auch in der Frage der betrieblichen Mitbestimmung weitgehende Zugeständnisse machen, indem die Banken den Betriebsräten ein Mitbestimmungsrecht bei Entlassungen einräumen mussten. Außerdem mussten sie sich zur Aufnahme von Tarifverhandlungen bereiterklären.[520]

Trotz der großen Zustimmung innerhalb der Belegschaft der Darmstädter Bank und trotz des relativen Erfolgs des Streiks drehte sich der Wind schon wenige Wochen später wieder, als der DBV plötzlich von seiner Streikunterstützung nichts mehr wissen wollte. Vermutlich stand er unter Druck seiner Mitglieder in der Deutschen Bank, wo der Streikbeschluss nur eine knappe und darüber hinaus

519 Börsenblatt für den Deutschen Buchhandel Nr. 73, 14.4.1919, S. 263.

520 Rudl, Angestellte, S. 200; Feldman, Deutsche Bank, S. 179; Thamm, Anspruch, S. 96.

anfechtbare Mehrheit bekommen hatte und wo die gewalttätigen Auseinandersetzungen die in ihrer Mehrheit eigentlich wirtschaftsfriedlichen Angestellten abgestoßen hatten. Nun wurde für die Eskalation allein der Vorsitzende des Allgemeinen Verbandes Karl Emonts verantwortlich gemacht, der im Sommer 1919 unter dem Verdacht der Kollaboration mit den Franzosen während des Krieges verhaftet worden war. Selbst die SPD ging zu Emonts auf Distanz und stilisierte die Bankangestellten „zu Opfern kommunistischer Treibereien".[521]

Bis zum Abschluss des ersten Reichstarifvertrages im Bankgewerbe sollte es aber noch über ein Jahr dauern, weil sich die Arbeitgeber, die Ende des Jahres 1919 mit dem Reichsverband der deutschen Bankleitungen einen überregional tätigen Arbeitgeberverband gebildet hatten, auf eine Hinhaltetaktik verlegt hatten. Denn die Zeit schien für sie zu arbeiten. Mittlerweile hatte der Reichstag das Betriebsrätegesetz gegen den Protest von schätzungsweise einhunderttausend Demonstranten vor dem Reichstag verabschiedet. Dabei war es zu einem Blutbad gekommen, bei dem mehrere Dutzend Demonstranten getötet wurden. Diese Demonstranten waren jedoch keine Anhänger bürgerlicher oder rechter Parteien, die jegliche Mitbestimmungsrechte für Arbeitnehmer ablehnten, sondern es waren Anhänger von USPD und KPD, die in dem Gesetz einen Verrat an den Idealen der Revolution sahen. Tatsächlich verpflichtete das Gesetz die Betriebsräte zunächst auf den Arbeitsfrieden. Vom Betriebsrat wurde verlangt, das Einvernehmen innerhalb der Arbeitnehmerschaft sowie zwischen ihm und dem Arbeitgeber zu fördern (§ 66). Das schloss auch ein, Forderungen und Maßnahmen zu unterlassen, die das Gemeininteresse schädigten (§ 68). Die Forderung nach Mitsprache bei Einstellungen und Entlassungen wurde folgendermaßen verwässert: „Wird infolge von Erweiterung, Einschränkung oder Stillegung des Betriebs oder infolge von Einführung neuer Techniken oder neuer Betriebs- oder Arbeitsmethoden die Einstellung oder die Entlassung einer größeren Zahl von Arbeitnehmern erforderlich, so ist der Arbeitgeber verpflichtet, sich mit dem Betriebsrat, ... möglichst längere Zeit vorher über Art und Umfang der erforderlichen Einstellungen und Entlassungen und über die Vermeidung von Härten bei letzteren ins Benehmen zu setzen" (§ 74). Eine formale Verpflichtung gab es nicht, von einem Vetorecht des Betriebsrats ganz zu schweigen. Das war weit weniger als die Mitbestimmungsrechte, die die streikenden Angestellten der Darmstädter Bank im April 1919 durchgesetzt hatten.[522]

Die Arbeitgeber waren mit diesem Gesetz sicherlich nicht glücklich. Aber es räumte den Betriebsräten weniger Rechte ein, als sie zwischenzeitlich befürchtet haben dürften. Deshalb konnten sie auch gegenüber den Mitbestimmungsforde-

521 Vorwärts, Morgenausgabe v. 3.7.1919, zit. in: Thamm, Anspruch, S. 100.
522 Betriebsrätegesetz v. 4.2.1920, RGBl. 1920, S. 147 ff.

rungen der Gewerkschaften eine harte Haltung an den Tag legen und sich auf die Regelungen des Betriebsrätegesetzes berufen. Zu einer Einigung über einen Reichstarifvertrag zwischen dem Reichsverband der Bankleitungen (als Arbeitgeber) und den tariffähigen Gewerkschaften, dem sozialdemokratischen Allgemeine Verband der Deutschen Bankangestellten und dem bürgerlichen, sich als unpolitisch, ursprünglich als Standesorganisation verstehenden Deutsche Bankbeamten-Verein[523] kam es demzufolge nicht, so dass ein Schlichter des Reichsarbeitsministerium eingeschaltet wurde. Dieser legte im März 1920 einen Vertragsentwurf vor, der u. a. einen Lebenshaltungskostenindex zur verpflichtenden Anpassung der Teuerungszulagen vorsah. Eine so weitgehende Verpflichtung lehnte die Arbeitgeberseite jedoch ab und erklärte sich nur bereit, Teuerungszulagen auf freiwilliger Basis zu zahlen. Auch die in dem Vertragsentwurf vorgesehenen Mitbestimmungsrechte lehnten sie ab und konnten dabei auf das Betriebsrätegesetz verweisen. Damit war der erste Schlichtungsversuch gescheitert. Stattdessen setzte der Reichsverband der Bankleitungen die Einkommen einseitig und rückwirkend zum 1. Februar fest.[524]

Daraufhin kam es erneut zu einem Streik, an dem sich allerdings die Berliner Bankangestellten nicht beteiligten. Dort war der Streik vom April 1919 schon so sehr in Misskredit geraten, dass die Belegschaften der Zentralen nicht bereit waren, den Arbeitsfrieden zu stören, nachdem man sich auf Karl Emonts als Buhmann verständigt hatte. Ohne die Berliner Zentralen endete der Streik, an dem sich reichsweit etwa 30.000 Angestellte beteiligt hatten, ohne Ergebnis.[525]

Nicht nur das Betriebsrätegesetz, auch der Streik hatte die Verhandlungsposition der Gewerkschaften deutlich verschlechtert, so dass ein neuer Schlichtungsvorschlag den Arbeitgebern in der Frage der Mitbestimmungsrechte weit entgegenkam. Auch von der Anpassung der Teuerungszulage nach einem Lebenshaltungskostenindex war nicht mehr die Rede. Lediglich die reine Freiwilligkeit der Teuerungszulage wurde den Arbeitgebern nicht zugestanden.

So bekamen die Gewerkschaften im Oktober 1920 endlich den ersehnten Reichstarifvertrag, mit dem aber wohl auch die Arbeitgeber in Anbetracht der Umstände gut leben konnten. Denn die Eingriffe in ihre Handlungsautonomie fielen deutlich geringer aus, als im April 1919 von den Gewerkschaften gefordert und teilweise erreicht worden war. Ihre Hinhaltetaktik hatte sich also ausgezahlt.

---

523 Später kam noch der 1920 gegründete Reichsverband der Bankkassenboten und technischen Bankangestellten Deutschlands hinzu, der dem Deutschen Bankbeamten-Verein politisch nahestand. Thamm, Anspruch, S. 79 f.

524 Rudl, Angestellte, S. 175.

525 Thamm, Anspruch, S. 102.

Seitdem wurden die Gehälter der Bankangestellten durch Tarifverträge festgelegt. Gestreikt wurde nicht mehr. Mit der Beschleunigung der Inflation mussten die Einkommen aber in immer kürzeren Abständen angepasst werden. Deshalb konnten die Arbeitgeber auch dieses Mal mit einer Hinhaltetaktik die Gewerkschaften ausmanövrieren. Sie verweigerten sich einer Einigung in den Tarifverhandlungen, so dass ein Schlichter eingeschaltet werden musste. Bis dieser einen Schlichtungsvorschlag vorlegte, war der von den Gewerkschaften geforderte Nominallohn schon so sehr entwertet worden, dass sich die Gewerkschaften zwar formal, nicht aber sachlich hatten durchsetzen können.[526]

Auf dem Höhepunkt der Hyperinflation kam das Tarifvertragssystem allerdings an seine Grenzen. So schnell konnte gar nicht verhandelt werden, wie der Wert der Währung verfiel. Ende September 1923 wurde deshalb auf der Basis einer Reichslebenshaltungsindexziffer ein Ausgangsmonatsgehalt berechnet. Dieses Gehalt wurde am Ende jeder Arbeitswoche in Raten ausbezahlt, wobei die Höhe der Raten nach der Indexziffer jeweils neu berechnet wurde.[527] Diese Regelung stellte in Anbetracht der Umstände aus der Sicht der Beschäftigten zweifellos eine Verbesserung dar. Aber die Banken standen unter dem Druck der wegen des Personalzuwachses enorm gestiegenen Kosten und nahmen diese Regelung deshalb nicht lange hin. Als sich einen Monat später abzeichnete, dass eine Stabilisierung der Währung unmittelbar bevorstand, kehrten sie zu den im September ausgehandelten Nominalgehältern zurück.

Nach der Stabilisierung der Währung durch die Einführung der Rentenmark verbesserte sich die Situation für die Beschäftigten im Bankgewerbe zwar noch nicht. Aber das sollte sich in der zweiten Jahreshälfte 1924 mit der Einführung der Reichsmark deutlich zugunsten der Beschäftigten ändern. Ein Schlichterspruch des Reichsarbeitsministeriums sah im Sommer eine Erhöhung der Einkommen um etwa zehn Prozent vor. Widerstand der Arbeitergeber wurde nun durch eine Verbindlichkeitserklärung beiseite gewischt, was aus deren Sicht einem staatlichen Lohndiktat gleichkam. Auch in den Folgejahren stiegen die Einkommen der Bankangestellten bis 1929 stark an und übertrafen damit wohl auch real das Vorkriegsniveau.

Insofern ist es nicht erstaunlich, wenn sich die Arbeitgeber nie mit dem Tarifvertragssystem anfreundeten. Besonders die Schichtung mit der Möglichkeit, einen Schlichterspruch durch den Reichsarbeitsminister als verbindlich zu erklären, war ihnen ein Dorn im Auge. Es sollte aber noch bis in das Jahr 1930 hinein

---

526 Johannes Bähr, Staatliche Schlichtung in der Weimarer Republik. Tarifpolitik, Korporatismus und industrieller Konflikt zwischen Inflation und Deflation 1919–1932, Berlin 1989, S. 63 f.
527 Rudl, Angestellte, S. 179.

dauern, bis es zum Gegenschlag kam. Gegen Ende des Jahres 1930 hatte die Regierung Brüning im Rahmen ihrer Deflationspolitik angekündigt, die Gehälter der Beschäftigten im öffentlichen Dienst auf das Niveau des Jahres 1927 abzusenken. Da es die Erwartung der Regierung war, dass die freie Wirtschaft diesem Beispiel folgen würde, um damit die Voraussetzung auch für Preissenkungen zu schaffen, war kein Widerstand der Regierung mehr zu erwarten, als der Reichsverband der Bankleitungen im November 1930 ankündigte, dass es sein Ziel bei den nächsten Tarifverhandlungen sei, die Gehälter der Angestellten im Bankgewerbe ebenfalls auf das Niveau von 1927 zurückzuführen. Bei dem Mitte Dezember 1930 abgeschlossenen Tarifvertrag betrug die Gehaltskürzung ab Januar 1930 zunächst fünf Prozent bei den niedrigen Gehaltsgruppen und sechs Prozent bei den höheren Gehaltsgruppen. Ein Jahr später folgte eine nochmalige Kürzung aufgrund einer Notverordnung der Regierung von zwölf Prozent. Dabei waren mögliche Kürzungen von Leistungszulagen noch gar nicht berücksichtigt.[528]

Mit der Zerschlagung der Gewerkschaften durch die NS-Regierung kam das Tarifvertragssystem auch formal an sein Ende. Tarifverhandlungen gab es seitdem nicht mehr. Den als Vermittler bei Konflikten zwischen Arbeitgebern und Arbeitnehmern berufenen Treuhändern der Arbeit wurde im Mai 1933 auch das Tarifwesen übertragen.[529] Damit blieb das Tarifsystem im Prinzip bestehen, womit eigentlich nicht zu rechnen gewesen war. Denn die NSDAP hatte sich bisher gegen Tarife ausgesprochen und auch die Arbeitgeber, die Tarife und Tarifverhandlungen in den zwanziger Jahren heftig kritisiert hatten, waren nun plötzlich nicht mehr dafür, zu den Vorkriegsverhältnissen individueller Arbeitsverträge zurückzukehren. Auf Vorschlag des Reichsverbandes der Bankleitung und der einzigen zunächst noch verbliebenen Gewerkschaft, des Deutschnationalen Handlungsgehilfenverbandes, verlängerte der Treuhänder der Arbeit für das Wirtschaftsgebiet Brandenburg im November 1933 den Tarifvertrag von 1932 mit nur geringfügigen Veränderungen bis Juni 1934.[530]

Zu Jahresbeginn 1934 wurden im sogenannten Arbeitsordnungsgesetz alle gültigen Tarifverträge außer Kraft gesetzt.[531] Aber da der für das Bankgewerbe gültige Tarifvertrag schon vom Treuhänder der Arbeit verlängert worden war, blieb er noch bis Juni 1934 in Kraft. Anschließend wurde der Tarifvertrag für das Bankgewerbe in eine Tarifordnung umgearbeitet, was aber an den wesentlichen Regelungen des letzten Tarifvertrages nicht viel änderte. Für die Angestellten im Bankwesen bedeutete das allerdings, dass die Tarife auf dem Krisenniveau des

528 Weihe, Personalpolitik, S. 148.
529 Gesetz über Treuhänder der Arbeit v. 19. Mai 1933, in: RGBl. 1933/I, S. 285.
530 Weihe, Personalpolitik, S. 148 f.
531 Gesetz zur Ordnung der nationalen Arbeit v. 20.1.1934 in: RGBl. 1934/I, S. 45 ff.

Jahres 1932 eingefroren wurden, was aber nicht notwendigerweise gleichbedeutend mit einem Einfrieren der Gehälter war. Denn es gab weiterhin die Möglichkeit von Leistungszulagen, über die allein der Arbeitgeber entschied.

Der Tarifvertrag hieß nun nicht mehr „Reichstarifvertrag für das deutsche Bankgewerbe", sondern „Reichstarifordnung für das private deutsche Bankgewerbe". Das machte auch Sinn, denn den Charakter eines Vertrages zwischen zwei oder mehreren Parteien hatten eine Tarifordnung nicht. Der für ein bestimmtes Tarifgebiet zuständige Treuhänder der Arbeit verhandelte nicht, sondern dekretierte. Um einen regionalen Flickenteppich von Tarifverträgen im Bankgewerbe zu vermeiden, wurde der Reichstreuhänder für das Wirtschaftsgebiet Hessen zum Sondertreuhänder für das private deutsche Bankgewerbe ernannt, der nun für die reichweit gültigen Tarifordnungen für die privaten Banken zuständig war.

3.5.2 Tarifverträge und Tarifordnungen

Seit 1920 fielen zwar die meisten Beschäftigten der Banken unter den Reichstarifvertrag für das Bankgewerbe – aber bei weitem nicht alle. So gab es weiterhin Angestellte, die außerhalb der Tarife, als Prokuristen[532] und „Oberbeamte"[533] mit individuellen Arbeitsverträgen ausgestattet, bezahlt wurden. Anders als die einfachen Angestellten waren sie nicht an einem Tarifvertrag interessiert und bildeten mit der Vereinigung der Oberbeamten im Bankgewerbe ihrerseits einen Interessenverband, der ihre Privilegien schützen sollte. Damit waren sie auch erfolgreich. Der Aufstieg von einem Tarifangestellten in den Rang eines Prokuristen bedeutete einen Gehaltssprung, der weit größer war als die Gehaltsaufbesserung durch den Aufstieg zwischen den Tarifgruppen. Wichtiger noch als die Höhe des Grundgehalts war jedoch, dass diese Personen tantiemeberechtigt waren. Der Anteil der Tantiemen am Jahresgehalt eines „Oberbeamten" betrug dabei nicht sel-

532 Prokuristen und Depositenkassenvorsteher hatten die Wahl, ob sie nach Tarif oder außerhalb des Tarifs mit einem individuellen Arbeitsvertrag eingestellt werden wollten. In der Praxis wählten diese Angestellten immer den individuellen Arbeitsvertrag, wobei davon auszugehen ist, dass diese Arbeitsverträge wegen der großen Zahl von Prokuristen etc. ebenfalls standardisiert und von Seiten der Angestellten nur bedingt verhandelbar waren.

533 Nach dem Reichstarifvertrag gehören dazu „Direktoren, stellvertretende Direktoren, Abteilungsdirektoren, Leiter von Niederlassungen und Zweigstellen, ... , Generalbevollmächtigte, ferner Angestellte, deren Berufstätigkeit in der Bank eine abgeschlossene Hochschulbildung zur Voraussetzung hat, insbesondere Juristen nach bestandener großer Staatsprüfung, technische oder volkswirtschaftliche Fachleute". Reichstarifvertrag für das deutsche Bankgewerbe (hrg. vom Deutschen Bankbeamten-Verein), Juni 1923, § 1, S. 3.

ten bis zu fünfzig Prozent, bei Vorstandsmitgliedern, die allerdings keine „Oberbeamten" waren, gelegentlich sogar mehr.

Um ihre Privilegien zu wahren, eignete sich zwar kein Tarifvertrag, aber dennoch legten auch die „Oberbeamten" Wert auf eine vertragsähnliche Absicherung ihrer Gehälter. Deshalb schloss die Vereinigung der Oberbeamten mit dem Reichsverband der Bankleitungen im Frühjahr 1923 ein Abkommen, in dem erstens der Verzicht auf eine tarifvertragliche Regelung von Gehältern, Arbeitszeiten etc. festgeschrieben und stattdessen ein weiterhin individueller Arbeitsvertrag zwischen dem „Oberbeamten" und der Bankleitung geschlossen werden sollte. Legitimiert wurde der individuelle Arbeitsvertrag dadurch, dass nur so Vorbildung und persönliche Leistung des „Oberbeamten" angemessen berücksichtigt werden könne. Dabei sollte das Gehalt eines „Oberbeamten" mindestens 25 bis 40 Prozent (je nach Dienstalter) höher liegen als das Einkommen, das ein Tarifangestellter in günstigsten Fall erreichen konnte.[534] Da keine der Frauen im Sample in die Gruppe der „Oberbeamten" aufgerückt war und da es auch darüber hinaus mehr als unwahrscheinlich ist, dass eine Frau in Dresdner Bank und Danat Bank in solche Gehaltsdimensionen vorgestoßen war, wird die Gruppe der „Oberbeamten" im Folgenden nicht weiter berücksichtigt werden.

Ebenfalls nicht unter den Tarifvertrag fielen die Aushilfen unter den Bankangestellten, also Personen, deren Arbeitsverträge befristet waren und die eine Kündigungsfrist von weniger als vier Wochen hatten. Gerade während und nach der Bankenkrise nutzte die Dresdner Bank diese Möglichkeit, stellte eine Stenotypistin befristet für wenige Wochen ein, etwa während der Urlaubszeit im Sommer, und zahlte in dieser Zeit kein Gehalt, sondern nur einen Stundenlohn.

Unterschiedlich wurden die sogenannten gewerblichen Angestellten und Arbeiter behandelt. Im Normalfall fielen Kassenboten, Bürodiener und Büroburschen, Pförtner, Fahrer, Hausmeister etc. unter den Tarifvertrag. Dabei handelte es sich überwiegend um Männer. Anders verhielt es sich bei den Küchenhilfen, Tagesfrauen und beim Reinigungspersonal.[535] Sie fielen nicht unter den Tarifvertrag und wurden stundenweise entlohnt. Auch einen Anspruch auf eine Betriebsrente erwarben sie nicht. Bei diesen „Wochenlöhnern" handelte es sich fast ausschließlich um Frauen.

Die Tarifangestellten waren nicht tantiemeberechtigt, bekamen aber eine Abschluss- und eine Weihnachtsgratifikation, anfangs von 25% des im Tarifvertrag festgelegten Monatsgehalts – zeitgenössisch oftmals als „Fixum" bezeichnet. Später wurde die Gratifikation zum 13. Monatsgehalt ausgebaut, das in zwei Raten

534 Rudl, Angestellte, S. 180 f.
535 Reichstarifvertrag, § 4, S. 4.

im April (Abschlussgratifikation) und im Dezember (Weihnachtsgratifikation) ausgezahlt wurde. Zusammen mit dem Gehalt und ggf. der Teuerungszulage, Haushalts- und Kinderzulagen bildeten die beiden Gratifikationen das im Tarifvertrag so bezeichnete „Mindestmonatseinkommen“.[536] Außerdem gab es in Berlin einen Ortszuschlag zum Gehalt in Höhe von drei Prozent, der auch bei der Berechnung von Haushalts- und Kinderzulage berücksichtigt wurde.[537] Die Kinderzulage bekamen nur die Väter ausgezahlt. Lediglich verwitwete und geschiedene Frauen hatten einen Anspruch auf die Kinderzulage.[538] Allerdings waren die weiblichen Beschäftigten der Großbanken wegen des „Doppelverdiener“-Verbots unverheiratet und fast alle kinderlos.

Obwohl sich „Haushaltszulage“ so anhört, als sei sie ein für Frauen gedachter Einkommensbestandteil, waren Frauen davon ausdrücklich ausgeschlossen. Denn sie wurden, unabhängig von ihrem tatsächlichen Familienstand, ausdrücklich als „ledig“ angesehen, hatten demzufolge keinen eigenen Haushalt und waren somit vom Bezug einer Haushaltszulage ausgeschlossen.[539] Es gibt nur eine Frau im Sample, die die Haushaltszulage beantragt und dann sogar bewilligt bekommen hat. Der Antrag wurde im Zweiten Weltkrieg von Charlotte Go1 gestellt und von der DAF-Betriebsfrauenwalterin Annemarie Nay unterstützt. Als Begründung führte Charlotte Go1 folgenden Sachverhalt an: Sie lebte mit ihrer Mutter und ihrer Schwester zusammen in einem Haushalt. Der verstorbene Vater war als Kaufmann nicht rentenversicherungspflichtig gewesen, so dass auch die Witwe keinen Rentenanspruch besaß und damit von ihren unverheirateten Töchtern abhängig war. Charlotte Go1 führte also einen eigenen Haushalt. Allerdings verfügte auch die Schwester über ein Gehalt, das aber mit 165 RM im Monat niedriger lag als die 317 RM, die Charlotte Go1 im Monat verdiente.[540]

Ähnliche familiäre Verhältnisse finden sich in sehr vielen Akten des Samples, ohne dass ein Antrag auf Haushaltszulage gestellt worden wäre. Weshalb Charlotte Go1, die zusammen mit ihrer Schwester ein Monatsgehalt von immerhin fast 500 RM bezog, bei einem Dreipersonenhaushalt als Ausnahme von der Regel betrachtet wurde, dass Frauen grundsätzlich keine Haushaltsvorstände seien, ist unklar. Zwei Gründe sind denkbar. Zum einen kann die Einschaltung des Vertrauensrates durch die DAF-Betriebsfrauenwalterin ein Grund gewesen sein. Zum

536 Reichstarifvertrag, § 12, S. 7.

537 Reichstarifvertrag, § 20, S. 11 sowie Fritz Otto, Art. „Tarifvertrag“, in: M. Palyi u. P. Quittner (Hg.), Handwörterbuch des Bankwesens, Berlin, Heidelberg 1933, S. 558.

538 Reichstarifvertrag, § 13, Abs. 4, S. 8.

539 Reichstarifvertrag, § 13, Abs. 3, S. 7 f.

540 Schreiben von Charlotte Go1 an die Direktion der Personalabteilung der Dresdner Bank o. D. (1941), in: HAC 500/E.2197.

anderen war die Bank im Krieg gezwungen, den Wünschen auch der weiblichen Beschäftigten entgegenzukommen, da diese wegen der Einberufungen und der Knappheit an qualifizierten Büroangestellten erstmals seit dem Ersten Weltkrieg wieder eine starke Verhandlungsposition besaßen. Beides kann aber nicht erklären, weshalb keine der anderen Frauen, die nachweislich einen Haushalt führten, die Zulage bekam.

Vieles deutet darauf hin, dass der wesentliche Grund für diese privilegierte Behandlung die Nähe von Charlotte Go1 zu den Entscheidern, den Direktoren der Personalabteilung, war. Denn sie war seit 1932 in der Personalabteilung beschäftigt und bearbeitete dort die Gehälter der Angestellten. Charlotte Go1 wusste durch ihre tägliche Arbeit, dass alle verheirateten Männer die Zulage erhielten, und konnte möglicherweise ihren Abteilungsdirektor davon überzeugen, dass es nicht gerecht sei, dass sie als einzige die Zulage nicht erhielt, obwohl sie auch einen eigenen Haushalt besaß. Zu anderen als den Kriegszeiten hätte sie einen solchen Vorstoß allerdings kaum gewagt; und wenn sie es gewagt hätte, wäre ihr wahrscheinlich entgegengehalten worden, dass die Ehefrauen der Haushaltsvorstände kein eigenes Arbeitseinkommen hatten, Charlotte Go1 aber gewissermaßen in einem „Doppelverdienerhaushalt" lebte. Mit dieser Begründung wäre das Gesuch abgelehnt worden – nicht aber unter Kriegsbedingungen.

Auf eine besondere, durch den persönlichen Kontakt ermöglichte Rücksichtnahme auf die Sorgen einer Kollegin deutet auch die Bewertung von Charlotte Go1 hin, die offenbar im Zusammenhang mit dem Antrag erstellt worden war. Der Verfasser ist zwar unbekannt. Aber es kann eigentlich nur einer der Abteilungsdirektoren gewesen sein, der diese Beurteilung womöglich als Argumentationshilfe für die DAF-Betriebsfrauenwalterin erstellt hatte. Darin heißt es: „Ihre Einsatzbereitschaft zeigt sich besonders auch dadurch, dass sie in Zeiten grossen Arbeitsanfalls überall in ihrer flinken Weise helfend einspringt. Durch ihre vielseitige Verwendbarkeit hat sie sich im Laufe der Jahre unentbehrlich gemacht und es mit viel Geschick und Energie verstanden, ein gutes kameradschaftliches Einvernehmen mit den ausschliesslich männlichen Arbeitskameraden in der Abteilung herbeizuführen." Sogar ihr Engagement in der Damen-Ruder-Abteilung und die wertvollen Preise, die sie als „Steuermann" für die Bank „nach Hause gebracht" hatte, wurden in dem Schreiben ins Feld geführt.[541]

Alle durch den Vorgesetzten angeführten Argumente hatten nichts mit der Haushaltszulage zu tun. Sie zeigen aber sehr deutlich das persönliche Motiv. Natürlich könnten auch andere Abteilungsdirektoren für eine ihrer Mitarbeiterinnen so argumentiert haben. Aber die hatten über die Gewährung einer Haushalts-

541 Aktennotiz ohne Verfasser und ohne Datum, in: ebd.

zulage nicht zu entscheiden und ob die Direktoren der Personalabteilung eine solche Argumentation für eine Angestellte aus einer anderen Abteilung, mit der sie selbst nicht täglich zu tun hatten, akzeptiert hätten, darf bezweifelt werden.

Die Teuerungszulage stand grundsätzlich allen Angestellten zu und wurde von einigen Banken schon vor dem Krieg gezahlt[542] – wahrscheinlich als Alternative zu einer Gehaltserhöhung. Inwieweit sich Dresdner Bank, Darmstädter Bank oder Nationalbank für Deutschland schon zu dieser Zeit dieses Instruments bedienten, ist nicht bekannt. Allerdings gibt es in den Personalakten der vor dem Ersten Weltkrieg beschäftigten Frauen darauf keinen Hinweis. Von den drei hier betrachteten Banken gehörte die Nationalbank für Deutschland zu den ersten in Deutschland, die seit Jahresbeginn 1915 ihren Angestellten eine Teuerungszulage zugestand.[543] Darmstädter Bank und Dresdner Bank folgten etwas später.[544]

Nach dem Krieg entwickelte sich die Teuerungszulage nach und nach zum wichtigsten Bestandteil des Einkommens. Allerdings wurden die Teuerungszulagen vor dem Abschluss des ersten Tarifvertrages nicht in die Arbeitsverträge aufgenommen und stellten somit einen freiwilligen Einkommensbestandteil dar, der jederzeit vom Arbeitgeber einseitig widerrufen werden konnte. Die ersten Tarifverträge nahmen die Teuerungszulage dann auf. Das war aus gewerkschaftlicher Sicht im Jahr 1920 zwar ein großer Fortschritt. Aber mit dem zunehmenden Tempo der Geldentwertung war das System der Tarifverträge bei der Festsetzung der Höhe des Zuschlags zu träge. Spätestens seit 1922 war die Dresdner Bank deshalb dazu übergegangen, die Teuerungszulage monatlich anzupassen. Dies geschah zwar nicht einseitig durch den Arbeitgeber, sondern in Verhandlungen mit den Gewerkschaften. Aber die Arbeitgeber hatten natürlich die Möglichkeit, die Teuerungszulage dadurch zu entwerten, dass sie eine gewisse Zeit zwischen der Vereinbarung und der Auszahlung verstreichen ließen. Besonders auf dem Höhepunkt der Hyperinflation im Sommer 1923 kam es bei der Gehaltsauszahlung auf jeden Tag an. Auch wenn die Bank, um dieser Kritik zu entgehen, Vorschüsse auf das Gehalt des laufenden Monats auszahlte, wird der Kaufkraftverlust durch die Teuerungszulagen niemals auszugleichen gewesen sein.

542 Rudl, Angestellte, S. 162.

543 Ebd.

544 In einer Aufstellung der Darmstädter Bank über die Gehälter von Gertrud St2 während des Krieges wird die Teuerungszulage erstmals im Jahr 1916 erwähnt (HAC 500/E.8997). Bei der Dresdner Bank wurde 1916 an die Angestellte in der Telefonzentrale Gertrud Hi zweimal eine Teuerungszulage von jeweils 50 Mark gezahlt. Allerdings war im Vorjahr bereits das „Fixum" um 200 Mark auf 1.200 Mark p. a. angehoben worden (Aufstellung o. D., verm. Juli 1921, in: HAC 500/E.1281). Auch das könnte schon eine Reaktion auf die „Teuerung" gewesen sein.

Wie sehr das Geld zu dieser Zeit seine Tauschmittel- und Rechenfunktion eingebüßt hatte, machen die Beispiele der im November 1922 von der Dresdner Bank eingestellten Erna Fe und der einen Monat später eingestellten (nicht zum Sample gehörenden) Elsbeth Wi deutlich. Bei Erna Fe ging die Bank Ende Oktober noch von einem berechenbaren Jahreseinkommen aus. Das tarifliche Jahreseinkommen sollte danach 14.750 Mark (einschließlich der Gratifikation und eines „Überteuerungszuschusses“[545]) betragen. Für das Gesamteinkommen war dieser Betrag jedoch nur insofern relevant, als er die Grundlage für die Berechnung der Teuerungszulage bildete. Denn zu dem Tarifgehalt trat eine monatliche Teuerungszulage, die im September 1922 1.325 Prozent des Grundgehalts betragen hatte.[546] Einen Monat später hielt sich die Bank schon gar nicht mehr mit der (offenbar inzwischen als unsinnig erkannten) Berechnung des Jahreseinkommens auf. Die in normalen Zeiten in den Einstellungsschreiben präzisen Angaben zum Gehalt, um die sich die Bank Ende Oktober 1922 immerhin noch bemüht hatte, wurden Ende November bei Elsbeth Wi wie folgt formulieren: „Da die Höhe der Teuerungszuschläge jeweils monatlich festgesetzt wird, können wir nur die Beträge der gegenwärtigen provisorischen November-Bezüge nennen.“[547]

Seit 1924 entfiel die Teuerungszulage. Denn mit der Reichsmark waren der Goldstandard zurückgekehrt und die Inflationsjahre überwunden. Der einzige für Frauen nun noch relevante Einkommensbestandteil neben dem Gehalt („Fixum“) war der Leistungszuschlag, der im Tarifvertrag nicht fixiert war und damit der freien Gestaltung durch den Arbeitgeber unterlag. Der Leistungszuschlag wurde im Einzelfall festgelegt und war nicht immer leistungsbezogen, sondern gelegentlich wurde auch auf die familiäre Situation Rücksicht genommen. Dieses Entgegenkommen kann wohl als ein Überbleibsel der eigentlich überlebten patriarchalen Arbeitsbeziehungen der Vorkriegszeit interpretiert werden.

Das Gehalt war anhand von Tarifgruppen gestaffelt, wobei allerdings zu berücksichtigen ist, dass es sich dabei um das Mindesteinkommen handelte und

545 Der Überteuerungszuschuss war ursprünglich Arbeitern gewährt worden, um das in den Industriegebieten im Vergleich zu ländlich geprägten Regionen schnellere Tempo des Kaufkraftverlusts auszugleichen. Im Laufe des Jahres 1922 wurde der Zuschuss in den Tarifverträgen auch auf Angestellte in den Ballungsräumen ausgeweitet. Quantitativ war der Überteuerungszuschuss Ende 1922 jedoch nicht relevant. Bei der Dresdner Bank betrug er im Monat November 1922 zwar etwa 25 Prozent des Grundgehalts. Wegen der geringen Bedeutung des Grundgehalts und der überragenden Bedeutung des Teuerungszuschlags an den Gesamtbezügen besserte der Überteuerungszuschuss das Novembergehalt (in der Tarifgruppe 1) um gerade einmal zwei Prozent auf. Schreiben an Erna Fe v. 24.10.1922, in: HAC 500/E.2989 und Schreiben an Elsbeth Wi v. 30. November 1922, in: HAC 500/E.9964.

546 Schreiben an Erna Fe v. 24.10.1922, in: HAC 500/E.2989.

547 Schreiben an Elsbeth Wi v. 30. November 1922, in: HAC 500/E.9964.

auch im Bankwesen außertarifliche Zulagen gezahlt wurden.[548] In den Jahren 1920 bis 1936 gab es drei Tarifgruppen. In den Tarifverträgen waren bestimmte Merkmale festgelegt worden, nach denen die Einstufung zu erfolgen hatte. In die Gruppe 1 wurden die Bankgehilfen eingestuft. Darunter wurden Angestellte ohne banktechnische Vorbildung verstanden. In der Gruppe 2 waren Angestellte mit banktechnischer oder gleichwertiger Vorbildung für einfache Arbeiten und in Gruppe 3 für höhere Arbeiten als Gruppe 2 eingestuft.[549] In Anbetracht dieser wachsweichen Formulierungen ließ die Umsetzung auf die Verhältnisse im Unternehmen den Arbeitgebern immer noch einen gewissen Spielraum. Um zu verhindern, dass alle Angestellten tarifvertraglich betrachtet „einfache Arbeiten" verrichteten und entsprechend nach Gruppe 2 bezahlt wurden, musste mindestens die Hälfte aller qualifizierten Angestellten mit zehn und mehr Dienstjahren in der Tarifgruppe 3 eingestuft sein.[550]

Es ist davon auszugehen, dass es interne Anweisungen gab, welche Beschäftigtenprofile einer bestimmten Gruppe zuzuordnen waren. Eine solche Anweisung ist allerdings für die Jahre bis 1936 nicht überliefert. Erst als der Sondertreuhänder für das private deutsche Bankgewerbe im April 1937 eine Tarifgruppenreform durchführte, liegt eine solche differenzierte Zuordnung der Dresdner Bank, „Beschäftigungsgruppenbeispiele" genannt, zu der einzelnen Tarifgruppen vor. Dabei handelte es sich allerdings um einen Entwurf, der handschriftlich durch eine unbekannte Person, möglicherweise den Direktor der Personalabteilung oder gar durch das für Personal zuständige Vorstandsmitglied, in den Kriterien verschärft wurde.[551]

Orientiert waren die „Beschäftigungsgruppenbeispiele" selbstverständlich an den Formulierungen der Reichstarifordnung. Allerdings waren diese in der Tariffordnung von 1939 nicht präziser gefasst als 1920.[552] Die Tarifgruppe 1 war in eine Gruppe 1a und 1b gegliedert worden. In die Gruppe 1a waren die Büroboten und Büroburschen, Fahrer, Pförtner und das (ungelernte) Hauspersonal eingestuft, während zur Gruppe 1b alle Facharbeiter mit abgeschlossener Lehrzeit gehörten. Der Grund für die Trennung der Tarifgruppe 1 in zwei Teilgruppen war wahrscheinlich die unterschiedliche Bezahlung. Die Angehörigen der Tarifgruppe 1b verdienten etwa zehn Prozent mehr als die Angehörigen der Tarifgruppe 1a. Zur

548 Zum Problem der Tarifverträge als Quellen für das Nominaleinkommen bestimmter Beschäftigtengruppen vgl. Carl-Ludwig Holtfrerich, Die deutsche Inflation 1914–1923, Berlin 1980, S. 225 f.

549 Reichstarifvertrag, § 16, Abs. 1, S. 8 f.

550 Reichstarifvertrag, § 16, Abs. 2, S. 9.

551 Tätigkeitsmerkmale für die Beschäftigungsgruppen der Gefolgschaftsmitglieder in Bankinstituten o. D., in: HAC 500/50395-2001.BE.

552 Reichstarifordnung für das private deutsche Bankgewerbe v. 31.7.1939, § 7.

Tarifgruppe 2 gehörten alle „Gefolgschaftsmitglieder, die keine banktechnische oder keine der banktechnischen gleichwertige kaufmännische Vorbildung“ besaßen, also die Bürohilfskräfte des Tarifvertrages von 1920. Der gravierendste Unterschied zur alten Tarifordnung war dabei die Tatsache, dass die Bürohilfskräfte in der Tarifgruppe 2 während der ersten beiden Berufsjahre weniger verdienten als die gelernten gewerblichen Arbeiter in der Tarifgruppe 1b. Erst nach zwei Jahren wurde die alte Hierarchie der Gehälter zwischen einem kaufmännischen Angestellten und einem Arbeiter wiederhergestellt. Der Unterschied betrug aber selbst im 15. Berufsjahr gerade einmal 7 RM/Monat. Hierbei ging es wohl vor allem um eine Aufwertung der – im NS-Jargon – „Arbeiter der Faust“.[553] Zur Tarifgruppe 3 gehörten alle Beschäftigten mit einer erfolgreich abgeschlossenen Bank- oder kaufmännischen Lehre sowie die „Gefolgschaftsmitglieder, die eine banktechnische oder eine der banktechnischen gleichwertige kaufmännische Vorbildung“ besaßen, also einfache Arbeiten verrichteten. In die Tarifgruppe 4 stiegen diejenigen kaufmännischen Angestellten auf, die, wie schon 1920, „höhere Arbeiten“ verrichteten als Gruppe 3.

Der Unterschied zur alten Tarifgruppeneinteilung lag demnach vor allem in der Trennung der Bürohilfskräfte von den gewerblichen Arbeitern. Während die gewerblichen Arbeiter in den beiden Tarifgruppen 1 eingestuft blieben, wurde für die Bürohilfskräfte eine eigene Tarifgruppe gebildet (Tarifgruppe 2). Die alten Tarifgruppen 2 und 3 wurden nun nur mit einer anderen Nummerierung versehen (Tarifgruppe 3 und 4). Inhaltlich hatte sich bei den kaufmännischen Angestellten nichts geändert. Das gilt auch für die Vorschrift, dass von den kaufmännischen Angestellten mit zehn oder mehr Dienstjahren mindestens die Hälfte in die höhere Tarifgruppe (jetzt Tarifgruppe 4, bis 1936 Tarifgruppe 3) eingestuft sein mussten.

Auf dieser weiterhin wenig präzisen Grundlage versuchte nun die Dresdner Bank ihr Personal halbwegs nachvollziehbar in die einzelnen Tarifgruppen einzuordnen. Danach wurden in die Tarifgruppe 1 diejenigen Angestellten eingestuft, die „einfache, vorwiegend mechanische oder schematische Arbeiten“ verrichte-

553 Im Brockhaus des Jahres 1935 heißt es dazu: „Die nationalsozialistische Sozialpolitik ist darauf gerichtet, den Arbeiter als ‚sozialen Gegenspieler‘ im Sinne der Klassenkampfideen des Marxismus zu beseitigen, ihn in den Stand zu erheben, d.h. ihn zum vollwertigen Mitglied der Volksgemeinschaft zu machen, den ‚Arbeiter der Stirn‘ ebenso wie den ‚Arbeiter der Faust‘“ (Der Große Brockhaus. Handbuch des Wissens in zwanzig Bänden. Ergänzungsband A-Z, Leipzig 1935, S. 37). Da man aber nicht bei der Postulierung der grundsätzlichen Gleichberechtigung von „Arbeitern der Stirn“ und „Arbeitern der Faust“ stehenbleiben konnte, sondern die „soziale Ehre“ der Arbeiter „das Arbeitsleben fruchtbar gestalten“ sollte, stellte der Treuhänder der Arbeit die (gelernten) „Arbeiter der Faust“ wenigstens zwei Jahre lang über die (ungelernten) „Arbeiter der Stirn“.

ten, „für die keine besondere Berufsausbildung, sondern lediglich eine kurze Einarbeitung erforderlich ist“. Zur Tarifgruppe 2 gehörten Angestellte, die nur „allgemeine Kenntnisse oder Fähigkeiten“ mitbrachten, die sie beispielsweise auf der Handelsschule vermittelt bekommen hatten; zur Tarifgruppe 3 gehörten Angestellte mit besonderen Fachkenntnissen, die etwa durch eine „Berufslehre“ erworben worden waren und zur Tarifgruppe 4 gehörten Angestellte mit „vertieften Fachkenntnissen“, die in der Regel nur „durch mehrjährige Erfahrungen nach erfolgreicher Berufsausbildung“ erworben werden konnten.

Für die einzelnen „Beschäftigungsgruppen“ wurden darüber hinaus Beispiele angeführt, um der Personalabteilung die Einstufung zu erleichtern und eine gewisse Einheitlichkeit bei der Besoldung zu garantieren. Dabei wurde Abteilung für Abteilung durchdekliniert, was an dieser Stelle nicht relevant ist. Relevant sind lediglich die Einteilungen bei den Stenotypistinnen und Maschinenschreiberinnen sowie bei den Telefonistinnen.

Bei den Stenotypistinnen und Maschinenschreiberinnen sahen die „Beschäftigungsgruppenbeispiele“ wie folgt aus:

Tarifgruppe 1: „Maschinenschreibarbeiten gleichbleibender Art. Aufnahme und Übertragung von Stenogrammen. Maschinenrechenarbeiten einfacher und gleichförmiger Art“.

Tarifgruppe 2: „Maschinenschreib- und Rechenarbeiten wechselnder Art nach Anweisung“.

Tarifgruppe 3: „Maschinenarbeiten verschiedener Art, mit denen eine Abstimmung verbunden ist.“

Tarifgruppe 4: „Aufnehmen und Übertragen von schwierigen Stenogrammen, wobei sinnvolle Wiedergabe des Diktats und z. T. selbständige Briefformung nach Stichwortangabe verlangt werden. Erledigung von normalen Sekretariatsarbeiten.“

In der Aufstellung ist auch von einer Tarifgruppe 5 die Rede, für die „schwierige Arbeiten“ und „Arbeiten mit Führungsbefugnissen“ als Voraussetzungen genannt wurden. Für die Tarifgruppe 5 gibt es sogar ein konkretes Anwendungsbeispiel („Aufnahme und Übertragung fremdsprachiger Stenogramme“). Aber an dieser Stelle findet sich ein handschriftliches Fragezeichen. Das war auch mehr als berechtigt. Denn die Tarifordnung kannte keine Tarifgruppe 5. Sie ließ nur die Möglichkeit offen, „für Gefolgschaftsmitglieder, die sich durch besondere Verantwortlichkeit oder wichtige Aufsichtsbefugnisse offenbar über die Tarifgruppe 4 erheben“, einen Einzelvertrag anzuschließen.[554] Viele Stenotypistinnen in der

554 Reichstarifordnung für das private deutsche Bankgewerbe, Berlin 1939, § 8, Abs. 5, S. 12.

Bank verfügten über die Fähigkeit, fremdsprachige, in der Regel englische, manchmal auch spanische und französische Stenogramme aufzunehmen und abzuschreiben. Aber allem Anschein nach wurden sie nicht besser bezahlt als nach der Tarifgruppe 4, so dass davon auszugehen ist, dass dieses Kriterium später gestrichen wurde und nun die Tarifgruppe 4 die Obergrenze dessen darstellte, was eine Frau in der Dresdner Bank erreichen konnte. Ausschlaggebend dafür war wohl, dass weder eine Buchhalterin noch eine Vorstandssekretärin, geschweige denn eine Stenotypistin oder Telefonistin „Führungsbefugnisse" besaß.

Auch diese Aufstellung war immer noch nicht sehr präzise. Insbesondere die Übergänge von den Tarifgruppen 1 nach 2 und von 2 nach 3 unterlagen weiterhin einem erheblichen Ermessensspielraum des Sachbearbeiters. Deshalb wurden zusätzliche Leistungskriterien herangezogen, um die Einstufung weiter zu objektivieren. Dafür brauchte man aber ein vermeintlich objektives, messbares Kriterium und dieses messbare Kriterium war die Silbenzahl, die eine Stenotypistin in einer Minute aufnehmen konnte. Wer in die Tarifgruppe 2 eingestuft werden wollte, musste bei einem zehnminütigen Diktat mindestens 120 Silben pro Minute „fehlerlos und lückenlos aufnehmen, vorlesen und wiedergeben" können. In der Tarifgruppe 3 waren es 140 Silben.

In der Fernsprechvermittlungsstelle (wie die Telefon-Zentrale bei der Dresdner Bank hieß) war die Situation ähnlich, nur dass eine Telefonistin noch weniger Aufstiegsmöglichkeiten hatte als eine Stenotypistin. In der Tarifgruppe 1 war für eine Telefonistin nicht mehr nötig als Fernsprechverbindungen herzustellen. In der Tarifgruppe 2 wurde zusätzlich eine gewisse Kenntnis des Geschäftsbetriebes vorausgesetzt – vermutlich um den gewünschten Gesprächspartner in der Bank schnell und zuverlässig finden zu können. In der Tarifgruppe 3 mussten zusätzlich Stenogramme am Fernsprecher aufgenommen werden können. Ob es dafür tatsächlich Gelegenheiten gab, erscheint allerdings zweifelhaft. Denn Telefonistinnen, die dazu in der Lage gewesen wären, hätten sich vermutlich bemüht, aus der Fernsprechvermittlungsstelle zu den Stenotypistinnen versetzt zu werden. Unter den Frauen im Sample gibt es dafür Beispiele. Jedenfalls wurde nach 1937 keine der Telefonistinnen des Samples in die Tarifgruppe 3 eingestuft. Um in die Tarifgruppe 4 aufzusteigen, musste die Person eine Aufsichtsfunktion innehaben. Solche Angestellte dürfte es unter den Frauen in beiden Banken seit Mitte der zwanziger Jahre nicht mehr gegeben haben (s. dazu Kap. 3.5.4.). Insofern war auch keine Telefonistin des Samples in die Tarifgruppe 4 eingestuft worden.

Für den 1.1.1938 ist eine Aufstellung aller Berliner Tarifangestellten beiderlei Geschlechts nach den einzelnen Tarifgruppen überliefert.[555] Danach waren in der

555 Alters- und Dienstjahrgliederung der Gefolgschaft v. 1.1.1938, in: HAC 500/50395-2001.BE.

Hauptbank und den Berliner Depositenkassen 479 Frauen als Angestellte beschäftigt, davon in den Tarifgruppen 1 und 2 zusammen 131 Frauen, in der Tarifgruppe 3 290 Frauen und in der Tarifgruppe 4 58 Frauen. Wie die Aufstellung für die Filialen zeigt, wo zwischen den Tarifgruppen 1 und 2 differenziert wurde, war die Zahl der Frauen in der Tarifgruppe 1 mit fünf gegenüber 273 Frauen in der Tarifgruppe 2 verschwindend gering. Die Arbeitsplatzbeschreibungen der Tarifgruppen 1 passten allerdings auch nicht auf die akzeptierten Beschäftigungsfelder von Frauen. Außerdem gab es unter Berücksichtigung des Abschlags vom „männlichen“ Tarif für Frauen keinen Unterschied in der Bezahlung zwischen einem Facharbeiter und einer weiblichen Bürohilfskraft.

In der neu geschaffenen Tarifgruppe 4 waren demnach etwa zwölf Prozent der weiblichen Angestellten eingestuft. Bei den männlichen Angestellten sah die Relation etwas anders aus: von den 3.055 männlichen Angestellten (einschließlich der gewerblichen Angestellten wie Kassenboten, Pförtner etc., die ähnlich wie die Frauen keine Aufstiegschancen hatten) waren 48 Prozent in der Tarifgruppe 4 eingestuft. Rechnet man die (ausschließlich männlichen) Prokuristen, Direktoren etc. hinzu, die außertariflich besoldet wurden, waren es 2.440 von 4.034 Männern oder gut sechzig Prozent, die mindestens genauso gut, aber überwiegend weitaus besser bezahlt wurden als die 58 Frauen in der Tarifgruppe 4.

Wie sehr Frauen systematisch benachteiligt wurden, zeigt aber eine scheinbar arbeitnehmerfreundliche Vorschrift der Reichstarifverträge, die später auch von den Reichstarifordnungen übernommen worden war. Danach musste mindestens die Hälfte aller Angestellten mit mehr als zehn Dienstjahren, die in den Tarifgruppen 2 und 3 (später 3 und 4) eingestuft waren, in die Tarifgruppe 3 (später 4) eingereiht werden. Dieses Gebot galt jedoch nicht für beide Geschlechter getrennt, sondern für alle Angestellten. Trennt man die Einstufung in die Tarifgruppen des Jahres 1938 nach Geschlechtern, zeigt sich ein sehr unterschiedliches Bild. Von den 1.823 männlichen Angestellten in Berlin mit mehr als zehn Dienstjahren, die in den Tarifgruppen 3 und 4 eingestuft waren, verteilten diese sich auf 1.283 Angestellte in der Tarifgruppe 4 und 540 Angestellte in der Tarifgruppe 3. Das Verhältnis fiel bei den Männern also prozentual mit etwa 70 Prozent zu 30 Prozent zugunsten der Tarifgruppe 4 aus. Bei den weiblichen Angestellten mit mehr als zehn Dienstjahren waren 208 Frauen in die beiden Tarifgruppen eingestuft, davon aber nur 45 in der Tarifgruppe 4. Das Verhältnis betrug demnach bei den Frauen 22 Prozent (Tarifgruppe 4) zu 78 Prozent (in der Tarifgruppe 3).

Fasst man beide Geschlechter zusammen, waren von 2.031 Personen 1.328 Personen in der Tarifgruppe 4 eingestuft. Das Gebot der Reichstarifordnung wurde von der Dresdner Bank demnach deutlich übererfüllt. Es ist demzufolge wohl nicht allzu spekulativ anzunehmen, dass die ungleiche Geschlechterverteilung, die sich dabei nach einigen Jahren zeigen würde, sowohl den Tarifparteien im Jahr 1920 als auch später dem Reichstreuhänder nicht nur bewusst gewesen ist, sondern auch als eine erwünschte Verteilung erachtet wurde. Deshalb wurde das Gebot nicht zufällig für alle Angestellten gemeinsam in den Text aufgenommen und nicht für Frauen und Männer getrennt. Denn in gewisser Weise biss sich hier die Katze in den Schwanz. Indem den Frauen mehrheitlich einfache Arbeiten zugewiesen wurden, die Männer ohnehin nicht ausführen wollten – wie Diktate aufzunehmen und abzuschreiben –, und nur wenige Frauen Arbeiten durchführen durften, die nach den Einkommensgrundsätzen als „höher" definiert waren, konnten auch nur wenige Frauen in die jeweils höchste Tarifgruppe aufsteigen.

Die Gehaltsunterschiede zwischen den Tarifgruppen waren beträchtlich. Im ersten Berufsjahr verdiente ein Angestellter in der Tarifgruppe 3 etwa 17 Prozent mehr als in der Tarifgruppe 2, wobei die Differenz im Laufe der Zeit anstieg und im 15 Berufsjahr fast 30 Prozent erreichte. Zwischen den Tarifgruppen 3 und 4 lag die Differenz nicht ganz so hoch. Sie steigerte sich von 15 Prozent auf 23 Prozent. Entsprechende Werte für weibliche Angestellte führte der Reichstarifvertrag zwar nicht auf. Aber die Differenz muss zwischen dem 13. und 16. Berufsjahr noch größer gewesen sein. Denn den „männlichen" Tarif erhielten die Frauen nur in der Tarifgruppe 4 schon nach 12 Jahren (statt bisher 15 Jahren). In den Tarifgruppen 2 und 3 mussten sie nur noch 15 Jahre (statt bisher 20 Jahre) warten.

Der zweite Faktor bei der Bestimmung des „Mindesteinkommens" neben der Tarifgruppe war die Zahl der Berufsjahre. Als Berufsjahre angerechnet wurden alle Dienstjahre, die ein Angestellter in einer Bank mit kaufmännischen Arbeiten verrichtet hatte. Lehrjahre wurden nicht mitgerechnet und auch alle Beschäftigtenzeiten, in denen der Angestellte das 20. Lebensjahr noch nicht vollendet hatte, wurden nicht als Berufsjahre gerechnet. Minderjährige Angestellte erhielten, je nach Alter, nur zwischen vierzig Prozent und achtzig Prozent des Tarifeinkommens in der Tarifgruppe 1.

Die Tarifgruppe 1, in der bis 1936 weitaus mehr Angestellte eingestuft waren als danach, war im Regelfall eine Durchgangsstation. Lediglich Kartenlocherinnen und Telefonisten mussten damit rechnen, über längere Zeit nach der Tarifgruppe 1 bezahlt zu werden. Bei den Stenotypistinnen ohne kaufmännische oder Banklehre konnte man davon ausgehen, dass sie sich allein durch ihre Tätigkeit weiterbildeten, so dass sie nach etwa fünf Jahren in die Tarifgruppe 2 übernommen sein sollten.

Allerdings gab es auch Ausnahmen, als Stenotypistinnen längere Zeit nicht befördert wurden, was vermutlich mit ihren Leistungen zu erklären ist. Ein solches Beispiel ist Erna Hä, die nach zehn Jahren bei der Dresdner Bank 1930 im Alter von 29 Jahren von der Tarifgruppe 2 in die Tarifgruppe 1 zurückversetzt worden war. Die Bank kam ihr immerhin insofern entgegen, als man sie in das

15. (statt bisher des 10. Berufsjahres) beförderte.[556] Das war eigentlich unsinnig. Denn Erna Hä war 1920 mit 19 Jahren eingestellt worden und konnte zu diesem Zeitpunkt noch keine anrechenbaren Berufsjahre erworben haben. Aus der Sicht der Bank hatte dieses scheinbare Entgegenkommen aber nicht nur den Vorteil, dass Erna Häs Gehalt trotz der „geschenkten" fünf Berufsjahre immer noch um 23,45 RM (oder etwa zehn Prozent) niedriger lag als bei einer Bezahlung nach der Tarifgruppe 2 mit zehn Berufsjahren, sondern sie konnte so auch in den nächsten Jahren durch zusätzliche Berufsjahre kein höheres Gehalt erzielen, weil nach fünfzehn Berufsjahren keine weiteren Steigerungen aufgrund des Dienstalters mehr vorgesehen waren. Erst nach weiteren zehn Jahren würde Erna Hä eine Gehaltssteigerung erfahren, wenn sie nach dem „männlichen" Tarif hätte bezahlt werden müssen. So weit sollte es aber doch nicht kommen. Denn Erna Hä wurde im Jahr 1933 schließlich doch wieder in die Tarifgruppe 2 hochgestuft.[557]

Die Zahl der Berufsjahre der 1938 in der Dresdner Bank beschäftigten Frauen lag im Durchschnitt deutlich niedriger als die der männlichen Angestellten. So waren von den 4.034 männlichen Angestellten (einschließlich Prokuristen, „Oberbeamten" etc.) 683 25 Jahre oder länger im Dienst der Dresdner Bank und ihrer Rechtsvorgängerinnen. Das waren 17 Prozent. Bei den weiblichen Angestellten waren es ganze zwölf Angestellte (von 479) oder 2,5 Prozent. Die Gründe für die offenbar hohe Fluktuation der weiblichen Angestellten ist bereits ausführlich behandelt worden (Kap. 3.4.). In diesem Zusammenhang entscheidend ist, dass neben der Verteilung der Frauen auf die Tarifgruppen und der Diskriminierung der Frauen aufgrund ihres Geschlechts gegenüber ihren männlichen Kollegen in der gleichen Tarifgruppe die Berufsjahre als ein weiterer Faktor für die finanzielle Schlechterstellung der weiblichen Angestellten anzusehen ist.

Ein wichtiges Privileg der Bankangestellten war das Krankengeld. Nach den gesetzlichen Bestimmungen waren die Bezüge im Krankheitsfall sechs Wochen lang in voller Höhe zu zahlen. Wenn aber ein Bankangestellter zehn oder mehr Jahre bei dem gleichen Arbeitgeber beschäftigt war, hatte er ein Anrecht auf weitere drei Monate mit vollen Bezügen.[558] In der Praxis bedeutete das, dass das von den Krankenkassen gezahlte Krankengeld auf die Höhe der Bezüge von den Banken aufgestockt wurde. Hier wurden Männer und Frauen gleichbehandelt, wenn man davon absieht, dass der Anteil der Frauen, die noch keine zehn Jahre im Dienst der Bank standen (1938: 45 Prozent), deutlich höher lag als bei den Männern (1938: 14 Prozent).

556 Schreiben an Erna Hä v. 1.10.1929, in: HAC 500/E.1899.
557 Schreiben an Erna Hä v. 23.3.1933, in: ebd.
558 Reichstarifvertrag, § 22, Abs. 10, S. 14.

Auch Lehrlinge fielen unter das Tarifrecht, wobei im Tarifvertrag ausdrücklich auch weibliche Lehrlinge genannt wurden, die bis 1921 bei den Großbanken noch gar nicht ausgebildet wurden. Die Lehrzeit betrug zweieinhalb Jahre, wobei die Ausbildung bei Vorliegen bestimmter Voraussetzungen auch verkürzt werden konnte, was aber im Falle der weiblichen Lehrlinge des Samples nicht geschehen ist. Die Vergütung richtete sich nach der Tarifgruppe 2, in die die ausgelernten Angestellten schon im ersten Berufsjahr eingestuft wurden. Das Lehrlingsgehalt lag im ersten Lehrjahr bei 25 Prozent des Anfangsgehalts der Tarifgruppe 2, 45 Prozent im zweiten und 60 Prozent im dritten Lehrjahr.[559] Daran war auch durch die Tarifgruppenreform des Jahres 1937 nichts geändert worden. Bei der zugrunde gelegten Tarifgruppe handelte es sich seit der Reform nur um die Tarifgruppe 3.[560] Materiell war der Unterschied marginal.

Bei der Ausbildung wurden weibliche und männliche Lehrlinge gleichbehandelt. Es ist nicht erkennbar, dass es einen weiblichen und einen männlichen Lehrgang gegeben hätte, als weibliche Lehrlinge seit 1922 durch die Großbanken ausgebildet wurden. Das Formular für den Lehrbericht der Dresdner Bank, der nach Beendigung der Lehrzeit ausgefüllt bei der Personalabteilung einzureichen war, war in der Anrede männlich vorformuliert. Im Falle von Gertrud Sch2 zeigt der Bericht, dass sie fünfzehn Monate lang für „Hilfsarbeiten“ in verschiedenen Abteilungen eingesetzt worden war und dort u. a. mit den Kurszetteln vertraut gemacht wurde oder den Umgang mit Salings Börsenjahrbuch erlernte. Auch der Unterricht im Maschineschreiben und in Stenografie war vorgesehen. Aber wenn hier vielleicht zu erwarten gewesen wäre, dass diesem Ausbildungsteil bei jungen Frauen eine besondere Bedeutung zukam, so war das mit sechs Wochen nicht der Fall. Dieser Ausbildungsteil wird bei Gertrud Sch2 wohl nicht länger gedauert haben als bei einem männlichen Lehrling. Im zweiten Teil der Ausbildung wurden die Lehrlinge mit selbständigen Arbeiten beschäftigt. Bei Gertrud Sch2 waren das neun Monate, in denen sie in der Kasse, der Effekten-Abteilung und der Primanota-Abstimmung eingesetzt wurde. Nicht eingesetzt wurde sie in der Depotverwaltung, beim Kontokorrent und bei der Bilanzerstellung.[561] Das waren zweifellos anspruchsvolle Tätigkeitsfelder. Aber es gibt keinen Hinweis darauf, dass Frauen diese Aufgaben nicht erlernen sollten, zumal viele Frauen mit der Führung des Kontokorrents beschäftigt wurden.

559 Reichstarifvertrag, § 28, S. 15.
560 Reichstarifordnung, § 11, Abs. 3, S. 14.
561 Lehrbericht für Gertrud Sch2 o. D., in: HAC 500/E.8368.

Die Arbeitszeit betrug acht Stunden an fünf Tagen in der Woche und samstags sechs Stunden.[562] Überstunden sollten nach Möglichkeit vermieden werden. Der Urlaubsanspruch war nach Dienstalter gestaffelt. In den ersten Berufsjahren betrug er 12 Werktage (zwei Wochen) und steigerte sich bei zwanzig Dienstjahren auf 24 Werktage (vier Wochen). Gewerbliche Angestellte und Arbeiter erhielten neun bis maximal achtzehn Werktage Urlaub, Lehrlinge sechs bis neun Werktage.[563]

Auch daran war durch die Reform von 1937 nicht grundsätzlich gerüttelt worden. Doch statt des Gebotes Überstunden nach Möglichkeit zu vermeiden, war nun davon die Rede, dass „im Bedarfsfall“ die tägliche Arbeitszeit auf bis zu zehn Stunden und die Wochenarbeitszeit auf bis zu 54 Stunden „vorübergehend“ ausgedehnt werden durfte. Arbeitete ein Angestellter oder eine Angestellte mehr als 96 Stunden in zwei Wochen, galt die 97. Stunde und alle weiteren als „Mehrarbeit“. Damit waren zwei Überstunden pro Woche nicht als „Mehrarbeit“ gewertet und wurden entsprechend auch nicht vergütet. Vergütet wurde jede Mehrarbeitsstunde durch ein Zweihundertstel des tariflichen Mindesteinkommens plus 25 Prozent. Für eine weibliche Angestellte in Berlin bedeutete das beispielsweise[564] in der Tarifgruppe 3 mit zehn Berufsjahren, dass sie einen Stundenlohn für Mehrarbeit in Höhe von brutto 1,30 RM erhielt. Geht man bei einem Mindesteinkommen von brutto 209,60 RM aus und unterstellt (ohne Berücksichtigung des Urlaubsanspruchs, aber mit den beiden unbezahlten Überstunden pro Woche) 192 Arbeitsstunden im Monat, dann lag der Stundensatz bei etwa 1,09 RM.

Auf die deutlich ausgedünnten Belegschaften während des Krieges reagierte der Reichstreuhänder im März 1941 mit einer Änderung der Bestimmungen über die Arbeitszeiten in der Tarifordnung, indem nun neun Stunden täglich, samstags weiterhin sechs Stunden, zur Regelarbeitszeit erklärt wurden. Bei „weiterem Bedarf“ durfte der Arbeitgeber die Arbeitszeit aber auch auf zehn Stunden täglich und samstags acht Stunden heraufsetzen. Als Mehrarbeit zu vergüten waren aber auch weiterhin alle geleisteten Stunden, die über 96 Stunden in zwei Wochen hinausgingen.[565]

562 Reichstarifvertrag, § 29, S. 15.

563 Reichstarifvertrag, § 33, S. 17.

564 Reichstarifordnung, § 5, S. 9.

565 Tarifordnung zur Abänderung und Ergänzung der Reichstarifordnung für das private deutsche Bankgewerbe v. 31.7.1939, v. 7.3.1941, § 1, S. 1.

3.5.3 Die Gehälter der weiblichen Beschäftigten (Angestellte und Wochenlöhnerinnen)

Selbst aus heutiger Sicht erscheint es kaum verwunderlich, wenn Frauen bei gleicher Arbeit nicht das gleiche Gehalt beziehen wie ihre männlichen Kollegen. Aber während das heute zumindest in der veröffentlichten Meinung als ungerecht angesehen wird, war das vor dem Ersten Weltkrieg und in der Zwischenkriegszeit – und zwar keineswegs nur während der Zeit des Nationalsozialismus – kaum kritisch hinterfragt worden. Vor dem Krieg lag das Gehalt weiblicher (Büro-)Angestellter bei bestenfalls achtzig Prozent des Gehalts männlicher Angestellter, die in den Kontoren einfache Arbeiten verrichteten. Während des Krieges und in den ersten Nachkriegsjahren verringerte sich die Differenz aufgrund der gestiegenen Nachfrage am Arbeitsmarkt[566] und mit dem ersten Tarifvertrag vom Oktober 1920 verbesserte sich die Lage weiter. Das ist aber nur ein sehr grobes Bild, das in diesem Kapitel verfeinert werden soll.

Gehaltsangaben aus der Vorkriegs- und Kriegszeit sind nur wenige überliefert, da nur wenige Frauen des Samples 1918 oder früher von einer der Banken eingestellt worden waren. Die Spannweite der Einstiegsgehälter war vor dem Krieg beträchtlich. Bei den Frauen im Sample (ausschließlich Angestellte) lagen sie zwischen 720 Mark und 1.200 Mark im Jahr. Das sagt allerdings wenig aus. Denn die Gehälter wurden meist Jahr für Jahr und das manchmal beträchtlich erhöht. Bei der Spitzenverdienerin im Sample, bei Gertrud St2, die vermutlich als eine der ersten weiblichen Angestellten bei der Darmstädter Bank im Jahr 1899 mit einem Einstiegsjahresgehalt von 1.200 Mark eingestellt worden war, waren nicht nur das Einstiegsgehalt, sondern auch die Gehaltssteigerungen bis Kriegsbeginn beträchtlich. Jedes Jahr erhöhte die Bank das Grundgehalt und seit 1902 kamen auch noch eine Abschluss- und eine Weihnachtsgratifikation hinzu, die 1905, 1906, 1910 und 1911 jeweils durch eine „Extragratifikation“ ergänzt wurden. Das Jahresgehalt von Gertrud St2 hatte sich auf diese Weise in den 14 Jahren bis 1913 bei insgesamt 2.535 Mark mehr als verdoppelt.[567] Ein Gehalt in dieser Größenordnung war zu dieser Zeit vermutlich eine Ausnahme. Die anderen Frauen im Sample verdienten vor dem Krieg deutlich weniger. Mehr als 2.000 Mark verdiente keine zweite Frau im Sample; und es ist wohl nicht unzulässig spekulativ, wenn man davon ausgeht, dass es selbst in der Darmstädter Bank kaum eine zweite Frau mit einem Jahresgehalt von 2.000 Mark oder mehr im Jahr 1913 gegeben hat. Über die Dresdner Bank ist keine Aussage möglich, weil es im Sample

566 Rudl, Angestellte, S. 158.
567 Gehaltsaufstellung o. D., in: HAC 500/E.8997.

nur eine Angestellte gab, die vor 1914 eingestellt worden war – und das nicht in Berlin, sondern in Hamburg.

Ein aufschlussreicher Fall über die Verhandlungsposition von Frauen im Bankbetrieb ist das protokollierte Einstellungsgespräch mit der nicht zum Sample gehörenden Margarete Swa, die sich 1913 mit 24 Jahren bei der Darmstädter Bank bewarb. Sie hatte seit 1906 mehrere Stellungen in Berlin und seit 1910 in London innegehabt. Dort war sie zunächst in der Niederlassung ihres Berliner Arbeitgebers und nach gut einem Jahr als Stenotypistin (*shorthand typist*) in einer englischen Maschinenfabrik mit einem offenbar umfangreichen Exportgeschäft tätig. Dort war sie für die deutsche und gelegentlich auch französische Korrespondenz zuständig gewesen. Aus nicht näher ausgeführten Gründen kehrte sie 1913 nach Berlin zurück und lebte wieder im Haushalt ihrer Eltern.[568]

In London hatte sie zuletzt umgerechnet 45 Mark in der Woche verdient und verlangte nun ein Monatsgehalt von 140 Mark bis 150 Mark. Die in der Personalabteilung der Darmstädter Bank für die Angelegenheiten der Frauen zuständige Sachbearbeiterin, Fräulein vK, die eine schriftliche Aktennotiz über das Einstellungsgespräch anfertigte, antwortete ihr, dass „mit so hohem Gehalt keine Damen hier engagiert“ würden. Margarete Swa glaubte jedoch, „diese Ansprüche stellen zu können, da sie selbständig Deutsch und Englisch korrespondieren könne und auch im Französischen gute Kenntnisse besäße“. Eine solche Kraft war aber nicht gesucht. Fräulein vK erklärte ihr, dass „hier keine selbständigen Korrespondentinnen, sondern ausschließlich Stenographinnen, die nach Diktat schreiben, angestellt werden“. Daraufhin erklärte sich Margarete Swa bereit, auch für weniger Gehalt, für 100 Mark im Monat zu arbeiten.[569]

Die Behauptung von Fräulein vK, dass „mit einem so hohen Gehalt“ keine Frau bei der Darmstädter Bank eingestellt werden würde, mag richtig gewesen sein. Aber erstaunlicherweise ließ Fräulein vK Margarethe Swa darüber im Dunkeln, wieviel Margarete Swa in einigen Jahren verdienen konnte. Denn Gertrud St2 verdiente zu dieser Zeit mehr als das Doppelte. Aber wahrscheinlich hatte Fräulein vK die Anweisung darüber zu schweigen, um keine Erwartungen zu wecken. Es ist zwar richtig, dass Gertrud St2 1899 auch nur mit 100 Mark im Monat begonnen hatte. Aber mittlerweile waren 14 Jahre ins Land gegangen und Margarethe Swa war hoch qualifiziert, als die Bank sie einstellte, selbst wenn sie über keine Erfahrung im Bankbetrieb verfügte. Dafür hatte sie aber durch den jahrelangen Aufenthalt in England für die Zeit ungewöhnlich gute Fremdsprachenkenntnisse erworben, die mit dem Schulenglisch einer Absolventin eines Lyze-

568 Personalbogen (ausgefüllt o. D., Juli 1913), in: HAC 500/E.8122.
569 Aktennotiz v. 14.4.1913, in ebd.

ums nicht vergleichbar waren und über die die Mittelschulabsolventin Gertrud St2, die sich ausweislich ihres Lebenslaufs nie länger im Ausland aufgehalten hatte, sicher nicht verfügte. Ein Einstiegsgehalt von 100 Mark im Monat war 1913 für eine solch qualifizierte Kraft wie Margarete Swa auf jeden Fall unangemessen niedrig. Aber das konnte diese wegen der vom Arbeitgeber gewollten Intransparenz der Gehälter vor Einführung des Tarifvertragssystems nicht wissen.

Im Allgemeinen ist davon auszugehen, dass die Grundgehälter für weibliche kaufmännische Angestellte in anderen Branchen niedriger lagen als im Bankgewerbe, aber zum „ganz erträglich Wirtschaften", wie der Journalist und Soziologe Siegfried Kracauer Ende der zwanziger Jahre mutmaßte,[570] reichte es in den meisten Fällen auch bei der Darmstädter Bank nicht. Die Banken selbst erachteten vor dem Krieg ein Jahreseinkommen von 3.000 Mark als Untergrenze für die Führung eines für ihre Angestellten standesgemäßen Familienhaushalts. Aus diesem Grund musste bei der Dresdner Bank jeder männliche Angestellte, der sich verheiraten wollte, aber noch keine 3.000 Mark im Jahr verdiente, eine „Heiratskaution" beibringen, die mit fünf Prozent verzinst wurde und so hoch bemessen sein musste, dass Einkommen und Zinsen zusammen 3.000 Mark ergaben.[571]

Selbst Gertrud St2 reichte mit ihren 14 Berufsjahren an diesen Wert nicht einmal annähernd heran. Wäre sie ein Mann gewesen, der zu ihrem Gehalt bei der Commerzbank beschäftigt war, hätte sie zwar unbeanstandet heiraten dürfen – aber eben erst nach 14 Dienstjahren. Denn bei der Commerzbank behielt sich die Bankleitung im Jahr 1903 vor, „unseren Beamten nur dann (zu) gestatten, sich zu verheirathen, wenn sie uns eine Mindesteinnahme von 2.500 Mark pro Jahr, sei es an Gehalt, sei es durch Einkünfte anderer Art, nachweisen." Den Nachweis für diese „Mindesteinnahme" hatte jeder Angestellte der Bank mindestens drei Monate vor dem Hochzeitstermin vorzulegen. Wer das unterließ oder eine falsche Angabe über seine Einkommens- und Vermögensverhältnisse machte, musste mit einer Kündigung rechnen. Als Begründung für diesen Eingriff in die Privatsphäre ihrer Angestellten führte die Bank an, dass man auf diese Weise „das unüberlegte Eingehen von Ehen" verhindern wollte, „welches gewöhnlich Noth und Entbehrung nach sich zieht"[572] und – so ließe sich ergänzen – auf die Bank zurückfallen würde, weil sie ihren Angestellten entweder ein höheres Gehalt zahlen müsste oder weil ihr Image Schaden nehmen würde, indem der Eindruck entstand, dass sie Angestellte aus unterbürgerlichen Verhältnissen beschäftigte. Die ausschließ-

570 Siegfried Kracauer, Die Angestellten. Aus dem neuesten Deutschland, Frankfurt/Main 1971, S. 46.

571 Rudl, Angestellte, S. 53.

572 Protokoll der Aufsichtsratssitzung der Commerz- und Disconto-Bank v. 22.6.1903, zit. in: Krause, Commerz- und Disconto-Bank, S. 222.

lich bürgerliche Kundschaft erwartete, von Bankangestellten bedient zu werden, die zumindest äußerlich ihrer sozialen Klasse entsprachen.

Die Commerzbank galt als diejenige Berliner Großbank, die die geringsten Gehälter zahlte. Wenn aber jeder männliche kaufmännische Angestellte schon nach wenigen Jahre so viel verdiente wie die bestbezahlte weibliche Angestellte bei der grundsätzlich besser bezahlenden Darmstädter Bank nach 14 Dienstjahren, sagt das viel über die Lohndifferenz zwischen Männern und Frauen in der Zeit aus, als es noch keine tarifvertragliche Regelung der Gehälter gab. Denn keinem Bankangestellten wird die Bank zugemutet haben, 14 Jahre lang zu warten, bis er 2.500 Mark Jahresgehalt erreicht hatte und eine Heiratserlaubnis bekam.

Während des Krieges stieg das Einkommen von Gertrud St2 zunächst nicht weiter. 1914 lag das Jahresgehalt auf dem gleichen Niveau wie 1913 und 1915 stieg nur die Weihnachtsgratifikation um 10 Mark, was den in diesem Jahr sicher schon spürbaren Kaufkraftverlust nicht ausgleichen konnte.[573] Im Jahr 1916 wurde das Fixum um 100 Mark und die Abschlussgratifikation um 15 Mark erhöht. Das Jahresgehalt war demnach auf 2.660 Mark gestiegen. Hinzu kamen allerdings noch sechs Teuerungszulagen in Höhe von zusammen etwa 300 Mark.[574]

Nach Kriegsende und vor der Einführung des Tarifvertragssystems ist die Einkommenssituation der weiblichen Angestellten praktisch nicht seriös zu beurteilen. In ihrer Aufstellung der Jahresgehälter von Gertrud St2 verzichtete die Personalabteilung seit 1919 auf eine differenzierte Aufstellung der einzelnen Bestandteile des Jahresgehalts wie Gratifikationen und Zulagen, sondern beschränkte sich auf das Jahresgehalt. Das mag zum einen an der Unübersichtlichkeit der Zahlungen liegen, die im Laufe des Jahres immer wieder neu festgelegt werden mussten. Aber zum anderen legte seit 1920 der Tarifvertrag die Zahlungen fest, so dass die Zeit individueller Arbeitsverträge für weibliche Angestellte vorbei war und die Aufstellungen vermutlich auch deswegen nur noch wenig Sinn machten. Ab Jahresmitte 1921 wurde die Gehaltsaufstellung bei Gertrud St2 ganz eingestellt.[575]

Für die Inflationsjahre liegen zwar mehr Personalakten vor als für die Vorkriegszeit. Aber die Nachkriegsinflation lässt kaum eine zuverlässige Schätzung des Realeinkommens im Vergleich zum Jahr 1913 zu. Die Nominalgehälter lagen zwar höher, aber der Kaufkraftverlust wurde dadurch sehr wahrscheinlich nicht ausgeglichen, wobei zu berücksichtigen ist, dass die Aufhebung der Lebensmittel-

573 Nach einer zeitgenössischen Quelle setzte bereits 1915 „ein starkes Sinken des Reallohns" ein. Peter Quante, Lohnpolitik und Lohnentwicklung im Kriege, in: Zeitschrift des Preußischen Statistischen Landesamtes 59/1919, S. 370.

574 Aufstellung der Darmstädter Bank über die Gehälter von Gertrud St2 o. D., in: HAC 500/ E.8997.

575 Ebd.

rationierung erst 1919 begann und dann nur schrittweise erfolgte. Inwieweit die Rationen zum Leben reichten und inwieweit sich die Angestellten über den Schwarzmarkt versorgen konnten und welche Preise dort zu zahlen waren, ist für den Einzelfall nicht und für die Angestellten *in toto* erst recht nicht zu ermitteln.

Gegen Ende des Krieges und vor allem in den beiden ersten Nachkriegsjahren häuften sich die Beschwerden der Beschäftigten über ihre Entlohnung. Die verwitwete Mutter von zwei Kindern, die als Bürohilfskraft im Wechselbüro angestellte Gertrud Ru übersandte der Personalabteilung Anfang 1920 sogar eine Gegenüberstellung ihrer monatlichen Einnahmen und Ausgaben. Danach musste sie im Monat 50 Mark für Miete, 400 Mark für „Wirtschaftsausgaben", 100 Mark für Instandhaltungen, 24 Mark Schulgeld für ihre beiden Kinder, 25 Mark für eine Haushaltshilfe und 25 Mark Fahrspesen, insgesamt 624 Mark, aufwenden. Ihr Gehalt betrug dagegen nur 175 Mark plus 200 Mark Teuerungszulage. Als Kinderbeihilfe bezog sie zusätzlich 400 Mark im Jahr (oder knapp 35 Mark im Monat).[576]

Dabei fiel nun die eigentlich gewollte Intransparenz der Gehälter auf die Bank zurück. Denn die Beschäftigten bezogen sich bei ihren Beschwerden immer wieder auf den Verdienst ihrer Kolleginnen, die angeblich die gleiche oder eine minderwertigere Arbeit verrichteten, weniger Berufsjahre aufzuweisen hatten, aber mehr verdienten. Diese Beschwerden hielten die Personalabteilung vermutlich in Atem, da die Sachbearbeiter recherchieren mussten, inwieweit die Beschwerden berechtigt waren. Dabei hatten sie wegen der zahlreichen Neueinstellungen dieser Jahre eigentlich keine Zeit für solche, an sich unnötigen Arbeiten.

So beschwerten sich im Januar 1920 drei weibliche Angestellte aus dem Wechselbüro der Darmstädter Bank bei der Personalabteilung, dass sie „im Wechselbüro immer und immer wieder gegen gleichaltrige Damen in anderen Büros zurückgesetzt würden, dass sie im Verhältnis zu viel jüngeren schlecht ständen" und dass sie bei einem Gehalt von 1.500 Mark im Jahr stehengeblieben seien, während „alle anderen Damen mehr haben als sie. Sie gehören zu den dienstältesten Damen der Bank und glauben, durch ihre Führungen und durch ihre Leistungen keine Unzufriedenheit erregt zu haben". Der Sachbearbeiter behauptete daraufhin, dass dieser Eindruck nicht stimme, womit sich die drei Frauen aber nicht zufriedengaben und auf einer Prüfung bestanden. Tatsächlich scheint die Prüfung die Berechtigung der Klagen bestätigt zu haben, wobei wohl nicht so sehr das Gehalt, sondern die Teuerungszulage als zu niedrig anerkannt wurde. Der Direktor der Personalabteilung, der sich der Angelegenheit nun persönlich angenommen hatte, war zwar nicht bereit, das Gehalt für 1919 oder die

576 Aufstellung o. D. (Januar 1920), in: HAC 500/E.6876.

letzte Teuerungszulage nachträglich zu erhöhen. Aber er versprach den drei Frauen bei der in drei Monaten anstehenden Abschlussgratifikation dadurch einen Ausgleich zu schaffen, indem er deren Gratifikation um 300 Mark erhöhte.[577]

Wie bedeutsam die Teuerungszulage mittlerweile geworden war, zeigen die in den noch tarifvertragslosen Jahren 1919 und 1920 geschlossenen Arbeitsverträge von Charlotte Mi bei der Darmstädter Bank und der nicht zum Sample gehörenden Frida Bre bei der Dresdner Bank. In dem im Mai 1919, also wenige Wochen nach dem großen Streik vom April 1919, von der Darmstädter Bank mit Charlotte Mi geschlossenen Arbeitsvertrag heißt es dazu: „Als Gehalt bewilligen wir Ihnen 200 Mark im Monat. Hierzu tritt für jedes Jahr, das sie voll in unseren Diensten zubringen, eine Weihnachtsgratifikation, deren Höhe von der Direktion bestimmt wird. Außerdem gewähren wir Ihnen bis auf Widerruf eine monatliche Teuerungszulage von 66,70 Mark, die für den Monat Juli (1919) auf 100 Mark erhöht worden ist."[578] Das waren auf das Jahr gerechnet 3.200 Mark bzw. 3.600 Mark plus Weihnachtsgratifikation.

Die Akte von Charlotte Mi erlaubt dank der überlieferten monatlichen Gehaltsaufstellungen einen Eindruck der in vielen Fällen enormen nominalen Steigerung der Gehälter durch die Einführung der Tarifverträge. So war das Gehalt von Charlotte Mi im Jahr 1920 zwar in Anbetracht der „Teuerung" spürbar erhöht worden und betrug bis Mai 1920 225 Mark plus 225 Mark Teuerungszulage, zusammen also 450 Mark oder auf das Jahr berechnet 5.400 Mark plus Weihnachtsgratifikation. Nach dem Inkrafttreten des ersten Tarifvertrages musste das Gehalt („Fixum") auf 360,40 Mark und die Teuerungszulage auf 300 Mark angehoben werden. Außerdem zahlte die Bank einen außertariflichen Teuerungszuschlag in Höhe von 150 Mark.[579] Zusammen ergab das 710,40 Mark oder eine nominale Gehaltssteigerung um etwa 58 Prozent. Bis November 1920 stieg das Gehalt allerdings nicht weiter, so dass wohl ein spürbarer Reallohnverlust eingetreten sein dürfte, bevor das Gehalt im Dezember erstmals wieder erhöht wurde.

Bei der kurz vor Inkrafttreten des ersten Tarifvertrages für das Bankgewerbe von der Dresdner Bank eingestellten Frida Bre wurde der bereits vorliegende, aber von den Arbeitgebern nicht akzeptierte Tarifvertrag im zunächst noch individuellen Arbeitsvertrag bereits berücksichtigt. Darin heißt es: „Wir bewilligen Ihnen ein Mindestjahreseinkommen von 5.100 Mark, welcher Betrag sich aus dem Fixum von 2.040 Mark (oder 170 Mark im Monat, D.Z.), der Weihnachts- und Ab-

577 Aktennotiz v. 5.1.1920 und v. 9.1.1920, in: HAC 500/E.3688.
578 Arbeitsvertrag von Gertrud Mi v. 20.5.1919, in: HAC 500/E.5874.
579 Aufstellung o. D. (Januar 1921), in: ebd.

schlussgratifikation von zusammen 25% – 510 Mark – und der abbaufähigen Teuerungszulage von 2.550 Mark (oder 212,50 Mark im Monat, D.Z.) zusammensetzt. Falls der bezgl. der tariflichen Regelung ergangene Schiedsspruch zur Annahme gelangt, erhöht sich Ihr Jahresgesamteinkommen auf 6.420 Mark.«[580] In ihrem Fall erhöhte sich das Gehalt demnach, auf das Jahr gerechnet, von 5.100 Mark auf 6.240 Mark.

Wie dieser Gehaltssprung zwischen der tariflosen Zeit und der rückwirkend zum 1. August 1920 gültigen Regelung des Tarifvertrags zu erklären ist, lässt die Akte von Frida Bre zwar offen. Aber der Hauptgrund dürfte die tarifvertraglich festgelegte Teuerungszulage gewesen sein. Sie lag nun für Frauen bei 3.600 Mark und damit fast 1.000 Mark höher als der ursprünglich von der Dresdner Bank vorgesehene Betrag. Erwähnt werden sollte an dieser Stelle allerdings auch, dass die männlichen Angestellten eine Teuerungszulage in Höhe von 4.800 Mark erhielten.[581]

Einen Eindruck von der Nominallohnentwicklung weiblicher Angestellter gibt die Gehaltsliste von Erna Hä. Sie war unmittelbar nach Inkrafttreten des ersten Tarifvertrages 1920 eingestellt worden. Danach standen ihr ein Jahresgrundeinkommen von 4.500 Mark sowie eine Weihnachtsgratifikation in Höhe von 450 Mark (zehn Prozent des Fixums), eine Abschlussgratifikation in Höhe von 625 Mark (fünfzehn Prozent des Fixums, zusammen also 25 Prozent) sowie eine Teuerungszulage von 3.600 Mark zu. Das Gesamtjahreseinkommen betrug demnach 9.225 Mark.[582] Nur zwei Monate später, inzwischen hatten sich die Tarifparteien auf einen neuen Vertrag verständigt, war das Gesamteinkommen auf 10.200 Mark gestiegen. Dabei machte sich auch die Personalabteilung der Dresdner Bank nicht mehr die Mühe, die Zulagen zu differenzieren. Mitgeteilt wurde Erna Hä lediglich, dass das Fixum auf 5.100 Mark und die Teuerungszulage ebenfalls auf 5.100 Mark angehoben worden sei.[583] Das entsprach zwar einem monatlichen Zuwachs von rund fünf Prozent. Es ist aber davon auszugehen, dass Erna Hä im ersten Halbjahr 1921 trotzdem über weniger Kaufkraft verfügte als im November 1920.

In der zweiten Jahreshälfte 1921 hatte die Personalabteilung festgestellt, dass es keinen Sinn mehr machte, wegen der laufenden Anpassungsnotwendigkeiten an den Kaufkraftverlust das Jahreseinkommen anzugeben, so dass man für die interne Gehaltsberechnungen auf Monatswerte überging. So erhielt Erna Hä im Juli 1921 ein Monatsfixum von 200 Mark und eine Teuerungszulage von 385 Mark. Hinzukamen im Jahr 1921 an Einmalzahlungen 225 Mark Weihnachtsgratifikation

580 Arbeitsvertrag von Frida Bre v. 21.9.1920, in: HAC 500/E.3981.

581 Rudl, Angestellte, S. 164.

582 Gehaltsmitteilung v. 15.11.1920, in: HAC 500/E.1899.

583 Gehaltsmitteilung v. 25.1.1921, in: ebd. Die Gehaltserhöhung galt rückwirkend zum 1. Januar.

plus 450 Mark Teuerungszuschlag für die Weihnachtsgratifikation und einen Teuerungszuschlag für Dezember in Höhe von 495 Mark. Weshalb es neben der Weihnachtsgratifikation noch einen Dezemberzuschlag gab, ist wahrscheinlich dadurch zu erklären, dass Gehalt und Teuerungszuschlag umgestellt worden waren. So war in diesem Monat eine deutliche Gehaltssteigerung von 200 Mark auf 375 Mark gezahlt worden. Aber die Teuerungszulage wurde von 385 Mark auf 300 Mark gekürzt. Möglicherweise gehörte der Dezemberzuschlag zur Teuerungszulage, so dass auch diese deutlich erhöht worden sein dürfte: von 385 Mark im Monat November auf 795 Mark im Monat Dezember.[584] Darauf deutet auch ein Schreiben an Erna Hä vom Januar 1922 hin, als ihr ein Jahreseinkommen von 25.800 Mark mitgeteilt wurde. Die Teuerungszulagen machten bei diesem Betrag mit 16.000 Mark den Löwenanteil aus.[585] Diese Werte dürften aber nur wenig später Makulatur gewesen sein. Denn in der zweiten Jahreshälfte 1922 beschleunigte sich die Inflation noch einmal deutlich und es begann die Phase, die heute als Hyperinflation bezeichnet wird. Jede Angabe über das Gehalt war nach kürzester Zeit schon überholt.

Die Gehaltsentwicklung der hier betrachteten weiblichen kaufmännischen Angestellten sagt noch nichts über die Differenz zu den männlichen Kollegen aus. Das ergibt sich allerdings sehr klar aus dem Tarifvertrag. Der erste von 1920 und die folgenden Tarifverträge postulierten zwar, dass Frauen gleich zu behandeln seien. So heißt es im Tarifvertrag für das Bankgewerbe unter dem Paragrafen 17 („Einkommensgrundsätze für weibliche kaufmännische Angestellte"), dass „weibliche Angestellte in allen Gruppen nach den Sätzen für männliche Angestellte zu entlohnen" seien. Diese Gleichsetzung wurde allerdings sofort wieder eingeschränkt: „ ... , sofern sich nicht aus dem nachstehenden Absatz etwas anderes ergibt". Aus dem nachstehenden Absatz ergab sich natürlich „etwas anderes", nämlich, dass „bei Jugendlichen und (bei Frauen) in den ersten sieben Berufsjahren ein Abschlag von zehn Prozent, in Gruppe 3 nur von siebeneinhalb Prozent, in den zweiten sieben Berufsjahren ein solcher von siebeneinhalb Prozent, in Gruppe 3 nur von fünf Prozent und in den weiteren sechs Berufsjahren ein solcher von fünf Prozent, in der Gruppe 3 jedoch kein Abschlag" stattfindet; „vom 21. Berufsjahr ab findet ein Abschlag in keiner Gruppe statt".[586]

Derartige Regelungen waren auch keine Besonderheit des Bankgewerbes. Nach einer Gewerkschaftserhebung sahen fast alle Tarifverträge einen Abzug für Frauen von meist zehn Prozent vor, in manchen Fällen sogar mehr; d. h. eine weibliche

---

584 Aufstellung o. D. (Januar 1922), in: ebd.
585 Gehaltsmitteilung v. 2.1.1922, in: ebd.
586 Reichstarifvertrag, Juni 1923, § 17, S. 10.

Angestellte verdiente zehn Prozent weniger als ein lediger Mann, wenn beide in dieselbe Tarifgruppe eingestuft worden waren und über die gleiche Anzahl von Berufsjahren verfügten.[587] Sobald die männlichen Angestellten heirateten, stieg die Lohndifferenz weiter an. So lagen die Gehälter für verheiratete männliche Angestellte in der Tarifgruppe 1 knapp 30 Prozent und in der Tarifgruppe II immerhin noch 22 Prozent höher als für ledige.[588] Insofern betrug das Gehalt einer (grundsätzlich unverheirateten) weiblichen Angestellten in denjenigen Gehaltsgruppen, nach denen die weitaus meisten Frauen im (nach zeitgenössischem Verständnis) „heiratsfähigen Alter" bezahlt wurden, mindestens um ein Drittel und bis zu 40 Prozent unter dem eines verheirateten Mannes, selbst wenn sie ihre Eltern – ebenso wie der verheiratete Mann seine nicht berufstätige Ehefrau – mitversorgen musste.

Für die weiblichen Angestellten der Dresdner Bank bedeutete diese Regelung, dass sie frühestens mit 15 Berufsjahren den „männlichen Tarif" erhielten – aber auch nur dann, wenn sie nach der Tarifgruppe 3 bezahlt wurden. Das betraf vor der Reform der Tarifgruppen im Jahr 1937 aber nur sehr wenige Frauen. Für alle anderen weiblichen Angestellten wurde der „männliche Tarif" erst ab dem 21. Berufsjahr gewährt. Aber 21 Berufsjahre oder mehr wiesen von den 479 weiblichen kaufmännischen Angestellten in der Berliner Hauptbank und den Depositenkassen des Jahres 1938 nur 37 auf.[589] Das entsprach gerade einmal gut 7,5 Prozent. Angaben für frühere Jahre liegen leider nicht vor. Aber dort wird der Anteil noch deutlich niedriger gelegen haben. Denn dreißig Dienstjahre (oder mehr) hatten 1938 nur drei Frauen aufzuweisen. 1928 werden bei der Danat Bank zwar noch einige mehr Frauen mit 21 Berufsjahren beschäftigt gewesen sein, die nach der Fusion in den Vorruhestand geschickt worden waren. Aber selbst dort war die Zahl der vor 1908 eingestellten Frauen vermutlich noch sehr gering. Bei der Dresdner Bank wird 1928 wohl gar keine Frau auf eine zwanzigjährige Dienstzeit zurückgeblickt haben. Denn es gibt keinen Hinweis, dass vor 1908 dort überhaupt Frauen beschäftigt waren. Demzufolge wird es in beiden Banken zusammen nur eine Handvoll Frauen gegeben haben, die schon 1928 von der tarifvertraglichen Regelung für die Gleichstellung von „weiblichen" und „männlichen" Gehältern profitiert haben.

Bei der Einführung des Tarifvertragssystem 1920 dürfte noch keine Frau von dem Gleichstellungsgebot profitiert haben. Allerdings wurden während der Inflationsjahre die Tarifgruppen in den Gehaltsaufstellungen gar nicht erwähnt. Das

---

587 Günther Schulz, Die weiblichen Angestellten vom 19. Jahrhundert bis 1945, in: Hans Pohl (Hg.), Die Frau in der deutschen Wirtschaft, Wiesbaden 1985, S. 190.

588 Eigene Berechnung nach Angaben in Rudl, Angestellte, Tab. 451.1, S. 260.

589 Alters- und Dienstjahrgliederung der Gefolgschaft v. 1.1.1938, in: HAC 500/50395-2001.BE.

ist insofern nachvollziehbar, als Teuerungs- und andere, zum großen Teil freiwillig gewährte Zulagen viel wichtiger für das Gesamteinkommen waren als die Einordnung in die Tarifgruppen. Bei der 1899 eingestellten Gertrud St2 wird die Tarifgruppe erstmals 1924 erwähnt. Sie war in die Tarifgruppe 3 eingestuft. Es ist aber nicht vermerkt, ob ihr Gehalt nach dem „männlichen" Tarif berechnet worden war.[590] Das ist zwar wahrscheinlich, aber nicht sicher. Denn später wurde auch bei langen Dienstjahren immer erwähnt, wenn der „männliche Tarif" für eine weibliche Angestellte galt.

Das Tarifvertragssystem hatte eine höhere Transparenz der Gehälter geschaffen, so dass die Willkür bei der Festsetzung von Gehältern zwar nicht aufgehoben, aber zumindest eingedämmt worden war. Allerdings hätte die Anpassung der Gehälter für Frauen an die der Männer während der Hyperinflation auch keine spürbare Verbesserung ihrer Lage bedeutet. Denn die Inflation hatte in allen Wirtschaftszweigen und auch im Bankwesen eine nivellierende Wirkung auf die Gehälter. Das heißt, wer vor dem Krieg ein hohes Einkommen bezogen hatte, verlor bis Anfang 1924 auch sehr viel. Bei den „Oberbeamten" schätzte man den realen Einkommensverlust auf knapp fünfzig Prozent und bei den ledigen männlichen Tarifangestellten auf etwa dreißig Prozent. Das entspricht etwa den Berechnungen von Carl-Ludwig Holtfrerich für die Reichsbeamten in Großstädten. Danach lag der Realeinkommensverlust der oberen Beamten bei etwa siebzig Prozent, bei den mittleren Beamten bei etwa fünfzig Prozent und bei den unteren Beamten bei etwa dreißig Prozent.[591] Grundsätzlich galt, dass der Realeinkommensverlust bei den höheren Einkommensgruppen am höchsten und bei den Geringverdienern am niedrigsten war, so dass die Inflation eine die Einkommen nivellierende Wirkung besaß. Für die Angestellten bedeutete das eine deutliche Schlechterstellung gegenüber den Arbeitern. Da die Gehälter der weiblichen Angestellten an die Gehälter der männlichen mit den erwähnten Abzügen gekoppelt waren, betraf das auch die Frauen, obwohl sie weniger verdienten als die Männer.

Nach der Stabilisierung der Währung durch die Einführung der Rentenmark verbesserte sich die Lage der Beschäftigten im Bankwesen zunächst nicht. Als sich die Tarifparteien zu Jahresbeginn 1924 wieder einmal nicht auf einen neuen Vertrag hatten einigen können und das Reichsarbeitsministerium einen Schlichter stellen musste, fiel der Schlichterspruch verheerend für die Beschäftigten aus. Denn die Regierung hatte die Befürchtung, dass ein zu hoher Lohnabschluss die Inflation wieder anheizen könnte. Das hielt sie davon ab, die realen Einkommen durch einen für die Beschäftigten günstigeren Schlichterspruch wenigstens

590 Aufstellung v. 11.2.1924, in: HAC 500/E.8997
591 Holtfrerich, Inflation, Tab. 43, S. 232.

etwas zu erhöhen, von einem Erreichen des Vorkriegsniveaus ganz zu schweigen; und die Gewerkschaften waren inzwischen so geschwächt, dass ein Streik nicht ernsthaft zur Debatte stand.[592]

Als mit dem Entwurf für den später so bezeichneten Dawesplan jedoch die dauerhafte Einbindung der deutschen Währung in das internationale Währungssystem absehbar wurde, scheint die Befürchtung der Reichsregierung, zu hohe Gehälter könnte die Inflation neu anheizen, verflogen zu sein. Nachdem sich die Tarifparteien in der ersten Jahreshälfte 1924 nicht auf einen neuen Tarifvertrag hatten einigen können, legte der Schlichter im Juli einen Vorschlag vor, der den Forderungen der Gewerkschaften sehr weit entgegenkam. Da absehbar war, dass die Arbeitgeberseite dem Vorschlag auf keinen Fall zustimmen würde, erklärte der Reichsarbeitsminister den Schlichterspruch für verbindlich und leitete damit eine Phase deutlicher Einkommensverbesserungen ein.

Inwieweit diese Gehaltssteigerungen allerdings ausreichten, um das Vorkriegsniveau des (materiellen) Lebensstandards bis 1929 wieder zu erreichen, ist nicht sicher zu sagen. Die ersten Tarifverträge nach der Stabilisierung linderten die Not jedenfalls kaum. Das zeigt das Beispiel von Käte Ab. Sie war 1921 mit 23 Jahren bei der Nationalbank für Deutschland eingestellt worden. Nach dem ersten Tarifvertrag seit der Stabilisierung im Januar 1924 bezog sie in der Tarifgruppe 2 im vierten Berufsjahr ein Bruttoeinkommen von etwa 113 RM (= netto 95 RM). Nach dem zweiten Tarifvertrag stieg ihr Einkommen im Herbst 1924 zwar prozentual um beachtliche elf Prozent auf brutto etwa 125 RM. Aber ihr Nettoeinkommen von 105 RM betrachtete Käte Ab in Anbetracht ihres Alters von 27 Jahren immer noch als unangemessen niedrig und bat um eine Gehaltserhöhung: „Mein Posten in der Sortenkasse ist ein so gut wie selbständiger und ich denke nicht unbescheiden zu sein, wenn ich Sie ... bitte, mich anders einzugruppieren oder mir mehr Berufsjahre anzurechnen."[593]

Eine Zusammenstellung der Gehaltssteigerungen der (männlichen) Beschäftigten im Bankwesen in den Jahren 1924 (Schiedsspruch vom Januar) bis 1926 (Schiedsspruch vom Februar) zeigt allerdings, dass sich die soziale Lage der Bankangestellten stetig verbesserte – natürlich nur solange sie von der Entlassungswelle dieser Zeit verschont geblieben waren. So stieg das Gehalt in der Tarifgruppe 1 im ersten Berufsjahr von 75 RM auf 117,90 RM, also um 57 Prozent in etwas mehr als zwei Jahren. In den anderen Tarifgruppen und mit einer höheren Anzahl von Berufsjahren war der Anstieg prozentual zwar nicht ganz so hoch. Aber auch in der Tarifgruppe 3 lag der Anstieg im ersten Berufsjahr noch bei 53

592 Thamm, Anspruch, S. 112.
593 Schreiben von Käte Ab v. 1.12.1924, in: HAC 500/E.4613.

Prozent und nach zehn Berufsjahren bei 50 Prozent. Nach 15 Berufsjahren verdiente ein männlicher Angestellter in der Tarifgruppe 3 sogar wieder 52 Prozent mehr als 1924.[594]

Auch bei Käte Ab verbesserte sich die Lage deutlich, was aber auch an der steigenden Zahl von Berufsjahren und daran lag, dass sie in die Tarifgruppe 3 aufstieg. Bevor die verordneten Kürzungen der Tarifgehälter zu Beginn der dreißiger Jahre einsetzten, hatte Käte Ab ein Monatsgehalt von 288 RM erhalten,[595] d. h. ihr Gehalt erhöhte sich gegenüber dem Jahresbeginn 1924 innerhalb von gut sechs Jahren um gut 150 Prozent.

Vor dem Krieg war die Dresdner Bank davon ausgegangen, dass ein Jahresgehalt von 3.000 Mark erforderlich sei, um als Bankangestellter eine Familie standesgemäß unterhalten zu können. Ein solches Gehalt erreichte ein Bankangestellter Mitte der zwanziger Jahre allerdings (ohne außertariflichen Zuschlag) in der Tarifgruppe 2 erst nach etwa zehn Dienstjahren, in der Tarifgruppe 3 nach sieben Dienstjahren. Aber erstens werden nach sieben Dienstjahren noch nicht allzu viele männliche Angestellte in die Tarifgruppe 3 aufgestiegen sein und zweitens dürfte in der zweiten Hälfte der zwanziger Jahre ein Jahresgehalt von 3.000 RM kaum mehr für ein als standesgemäß erachtetes Auskommen einer Bankbeamtenfamilie ausgereicht haben. Solche Eingriffe in das Privatleben, wie ein Heiratsverbot, war den Banken nach dem Tarifvertrag zwar ausdrücklich untersagt.[596] Aber man kann wohl davon ausgehen, dass ein Bankangestellter als Alleinverdiener ein ausreichendes Einkommen für seine Familie haben würde, bevor er heiratete; und eine weibliche Angestellte wird die gleiche Überlegung für das Gehalt ihres künftigen Ehemannes angestellt haben, bevor sie dessen Heiratsantrag annahm. Ihr eigenes Gehalt spielte dabei keine Rolle. Denn es war klar, dass sie nach der Eheschließung kein Einkommen mehr haben würde.

Obwohl sich die Gehälter weiblicher Angestellter im Vergleich zu den männlichen Kollegen gegenüber der Zeit des Kaiserreichs deutlich erhöht hatten, verdiente selbst gegen Ende der zwanziger Jahre immer noch kaum eine unter 30-jährige weibliche Angestellte 3.000 RM im Jahr, die meisten sogar deutlich weniger. In den dreißiger Jahren war bis zur Einführung der neuen Tarifstruktur 1937 die Lage eher noch schlechter, weil die Gehälter auf dem Krisenniveau des Jahres 1932 eingefroren worden waren. Im Fall von Käte Ab war das Bruttogehalt von 3.744 RM im Jahr 1930 auf 3.020 RM im Jahr 1932 abgesunken,[597] was allerdings auch mit dem Wechsel des Arbeitgebers von der Danat Bank zur Dresdner

594 Thamm, Anspruch, Tab. 3, S. 115.
595 Aufstellung v. 9.6.1952, in: HAC 500/E.4613.
596 Reichstarifvertrag, § 9, S. 6.
597 Aufstellung v. 9.6.1952, in: HAC 500/E.4613.

Bank zu erklären ist. Es ist deshalb wohl davon auszugehen, dass Käte Ab trotz Tarifvertrag als Angestellte der Dresdner Bank 1930 weniger verdient hätte und nun nach der Fusion auf das Gehaltsniveau ihrer Kolleginnen bei der übernehmenden Bank zurückgeworfen wurde. Das war für sie sicherlich bitter. Aber sie wird trotzdem froh gewesen sein, dem Personalabbau nach der Fusion nicht zum Opfer gefallen zu sein.

Der wesentliche Grund dafür, dass die (weiblichen) Danat Bank-Angestellten in der zweiten Hälfte der zwanziger Jahre mehr verdienten als ihre Dresdner Bank-Kolleginnen war die außertarifliche Zulage. Der Tarifvertrag regelte nur ein „Mindestmonatseinkommen". Damit waren übertarifliche Zulagen ausdrücklich nicht ausgeschlossen, weil der Tarifvertrag den Sinn eines individuellen, leistungsbezogenen Gehalts grundsätzlich anerkannte.[598] Die Höhe des Zuschlags auf das Grundgehalt lag für Frauen (seit 1924) bei mindestens 10 RM und konnte im Einzelfall sogar bis zu 50 RM im Monat betragen; und dabei zeigen sich deutliche Unterschiede zwischen der Danat Bank und der Dresdner Bank. Während die Dresdner Bank in den zwanziger Jahren sehr zurückhaltend bei der Gewährung von übertariflichen Zulagen war, erhielt bei der Danat Bank fast jede weibliche Angestellte nach einigen Dienstjahren einen übertariflichen Zuschlag. Auch bei der Höhe der Zuschläge lassen sich deutliche Unterschiede erkennen. Während die Dresdner Bank selten mehr als 10 RM zahlte, lagen die Zuschläge bei der Danat Bank oftmals deutlich höher. So wunderte sich der Leiter der Personalabteilung der Dresdner Bank während der Zusammenführung der Abteilungen der beiden Banken im Frühjahr 1932 über die Höhe des Gehalts einer Stenotypistin im Wechselbüro der Danat Bank, die „für ihre immerhin bescheidene Arbeitsleistung ein Monatsgehalt von 275,75 RM brutto" erhielt, wofür vor allem die außertarifliche Leistungszulage verantwortlich war.

In den dreißiger Jahren, nach der Bankenkrise, kürzte die Dresdner Bank die Zuschläge der eigenen (weiblichen) Beschäftigten, wenn sie mehr als 10 RM betragen hatten und Zuschläge von 10 RM wurden meist ganz gestrichen. Da das Gehaltsniveau der ehemaligen Danat Bank-Angestellten auf das gleiche Niveau gebracht werden musste, wirkte sich die Gehaltskürzung auf das Dresdner Bank-Niveau bei den von der Danat Bank übernommenen Frauen deutlich dramatischer aus als bei den Angestellten der alten Dresdner Bank. An der Linie einer äußerst restriktiven Vergabe von übertariflichen Zuschlägen für Frauen änderte sich bis etwa 1937 nichts. Wenn die Dresdner Bank in der ersten Hälfte der drei-

598 Abgesehen von dem garantierten Mindestmonatseinkommen (plus ggf. Haushalts- und Kinderzulage) sollte das Gehalt, so der Tarifvertragstext wörtlich, „aufgrund der Leistungen und Fähigkeiten des Einzelnen zu bemessen" sein. Reichstarifvertrag, § 13, Abs. 2, S. 7.

ßiger Jahre überhaupt übertarifliche Zulagen bewilligte, war ein häufiger Grund, dass die Angestellte gleichzeitig von ihrer bisherigen Tarifgruppe in eine niedrigere Tarifgruppe abgestuft wurde. Der Zuschlag diente dann dazu, den Rückgang des Gehalts etwas abzufedern; und das oftmals nur vorübergehend.

Die Danat Bank scheint in seltenen Ausnahmefällen auch jüngere Frauen nach dem männlichen Tarif bezahlt zu haben, obwohl sie nach dem Tarifvertrag dazu nicht verpflichtet gewesen wäre. Im Sample gibt es zwei solche Fälle. Alice Mü und Charlotte Blo hatten zu den ersten Banklehrlingen der Danat Bank gehört, hatten Mitte der zwanziger Jahre ausgelernt und waren anschließend als „Beamtin" übernommen worden. Alice Mü hatte von ihrem Gehalt sowohl ihre krankheitsbedingt arbeitsunfähige Mutter als auch ihre an Lungentuberkulose erkrankte Schwester, die beide mit ihr in einem Haushalt lebten, zu versorgen. Sie war, wie bei der Danat Bank üblich in die Tarifgruppe 2 eingestuft. Wegen ihrer besonderen familiären Situation hatte ihr die Bank zu einem unbekannten Zeitpunkt den männlichen Tarif gewährt. Der Unterschied betrug 1932 16 RM im Monat. Zusätzlich hatte sie einen außertariflichen Zuschlag von 10 RM/Monat erhalten. Bis zur Fusion mit der Dresdner Bank lag ihr Gehalt bei 227 RM.[599]

Für die Dresdner Bank war die Gleichstellung einer weiblichen Angestellten mit den männlichen Angestellten völlig ausgeschlossen, sofern der Tarifvertrag sie nicht darauf verpflichtete. Sie teilte Alice Mü deshalb nach der Übernahme mit, dass sie nach einer Übergangszeit nicht mehr nach dem männlichen Tarif bezahlt werden und auch der Tarifzuschlag entfallen würde.[600] Damit hätte sich ihr Gehalt auf 196 RM verringert. Alice Mü schrieb daraufhin ein Gesuch an den zuständigen Sachbearbeiter in der Personalabteilung, schilderte ihre familiäre Situation und erklärte so, weshalb sie von der Danat Bank mit den männlichen Angestellten gleichgestellt worden war.[601] Eine solche Gleichstellung war aber für die Dresdner Bank aus „grundsätzlichen Erwägungen", wie sie selbst schrieb, undenkbar. Alice Mü wurde seit 1933 wieder nach dem weiblichen Tarif bezahlt. Immerhin beließ man ihr aber den Tarifzuschlag.

Wenig später zog die Familie von Alice Mü um, weil der Arzt die Wohnung der Familie für den schlechten Gesundheitszustand der Schwester mit verantwortlich machte. Die neue Wohnung war natürlich teurer. Als sich die Gesundheit der Schwester jedoch nicht besserte, riet der Arzt zu einer mehrmonatigen Kur, die die Schwester trotz der prekären finanziellen Lage der Familie auch um-

599 Schreiben von Alice Mü an die Personalabteilung der Dresdner Bank v. 2.2.1934, handschriftliche Berechnungen des Prokuristen Schmidt auf dem Brief, in: HAC 500/E.8464.

600 Schreiben an Alice Mü v. 29.6.1932, in: ebd.; ein gleichlautendes Schreiben, datiert vom 4.11.1932, hatte auch Charlotte Blo erhalten. HAC 500/E.3813.

601 Schreiben von Alice Mü v. 1.12.1932, in: HAC 500/E.8464.

gehend antrat. Durch die mit dem Kuraufenthalt verbundenen Kosten hatte sich die Situation für Alice Mü und ihre Mutter so sehr verschlechtert, dass Alice Mü Anfang 1934 bei ihrem Arbeitgeber „mit Rücksicht auf meine Vorbildung und meine mehr als zehnjährige Tätigkeit bei Ihnen eine Gehaltaufbesserung" beantragte, „die mich finanziell der Besoldungsgruppe 2 für männliche Angestellte in meinen jetzigen Berufsjahren gleichstellt".[602] Offenbar hatte die Bank ihr im Vorjahr nochmals mitgeteilt, dass eine Gleichstellung aus grundsätzlichen Erwägungen heraus nicht in Frage kam, so dass ihre Vorstellung nun wohl die Erhöhung ihres außertariflichen Zuschlags von 10 RM auf mindestens 25 RM gewesen sein dürfte. Aber auch diese verkappte Gleichstellung war für die Dresdner Bank offenbar kein gangbarer Weg. Immerhin wurde der Zuschlag jedoch von 10 RM auf 20 RM erhöht,[603] so dass der Unterschied nur noch bei 5 RM lag. Damit blieb die Geschlechterungleichbehandlung gewahrt, aber dem Anliegen von Alice Mü, das offenbar als berechtigt angesehen wurde, kam die Bank immerhin entgegen, was in dieser Zeit, als die Bank noch alles daransetzte, durch die Ausweisung eines Gewinns die Voraussetzungen für eine erfolgreiche Reprivatisierung zu schaffen, ein sehr ungewöhnliches Entgegenkommen war.

Theoretisch hätte auch die Differenz zum männlichen Grundgehalt in der gleichen Tarifgruppe durch eine übertarifliche Leistungszulage etwas verkürzt werden können. In der Praxis ist aber zu berücksichtigen, dass auch die männlichen Angestellten Tarifzuschläge bekommen konnten. Eine systematische Untersuchung der realen Jahresgehälter einer relevanten Zahl männlicher Angestellter war im Rahmen dieser Arbeit zwar nicht zu leisten. Aber die übertariflichen Zulagen dürften die Diskrepanz bei den Monatsgehältern zwischen den Geschlechtern von meist zehn Prozent mindestens bei der Dresdner Bank eher noch vergrößert als abgemildert haben.

Noch wichtiger für die Einkommenssituation als der Abschlag für Frauen in den Tarifverträgen war die Tatsache, dass Frauen sehr viel häufiger als Männer Tätigkeiten ausübten, die nur nach der Tarifgruppe 1 bezahlt wurden. Das galt für Kartenlocherinnen und Telefonistinnen sowie für Stenotypistinnen in den ersten Dienstjahren. Ein Aufstieg in die Tarifgruppe 2 war für Bürohilfskräfte zwar möglich, aber bei Kartenlocherinnen und Telefonistinnen keineswegs selbstverständlich. Stenotypistinnen wurden zwar nach einigen Dienstjahren in der Regel nach der Tarifgruppe 2 bezahlt. Sie konnten nach vielen Jahren auch in die Tarifgruppe 3 aufrücken, wenn sie sich bewährt hatten oder zur persönlichen Sekretärin im Vorzimmer eines leitenden Angestellten aufgestiegen waren. Auch als

602 Schreiben von Alice Mü an die Personalabteilung der Dresdner Bank v. 2.2.1934, in: ebd.
603 Schreiben der Personalabteilung der Dresdner Bank an Alice Mü v. 5.2.1934, in: ebd.

Korrespondentin mit sehr guten Fremdsprachenkenntnissen war ein Aufstieg in die Tarifgruppe 3 möglich. Aber der Regelfall war das keineswegs.

Wie restriktiv die Bank bei den Frauen, im Gegensatz zu den Männern, bei der Versetzung in eine höhere Tarifgruppe vorging, zeigt ein Beispiel aus dem Jahr 1939. Nachdem die Bank ihre Angestellten in die neuen Tarifgruppen nach der Strukturreform des Jahres 1937 eingeordnet hatte, fühlten sich einige Frauen übergangen. In den meisten Fällen erwarteten die Frauen die Versetzung in die Tarifgruppe 4, in manchen Fällen ging es aber wohl „nur" um die Höhe der Zulage. Anstelle eines Bittbriefs an die Personalabteilung, wie es bis dahin üblich gewesen war, wandten sich acht Frauen, davon zwei Frauen des Samples, an die DAF-Betriebsfrauenwalterin Annemarie Nay, damit diese sich ihrer Sache annahm. Nay führte daraufhin ein Gespräch mit dem stellvertretenden Leiter der Personalabteilung Georg Butz, der eine Prüfung der Fälle zusagte. Diese Prüfung ergab nur bei einer Angestellten die erstrebte Einstufung in die Tarifgruppe 4. Die Begründung für die revidierte Einstufung war, dass die Tätigkeit von Gertrud Wi als die einer „selbständigen Sachbearbeiterin" zu bewerten sei, während es in den meisten abgelehnten Fällen lapidar hieß, dass die jeweilige Tätigkeit „nach Gruppe 3 zu bewerten" sei. Nur einmal, vermutlich wegen einer nicht zugestandenen außertariflichen Leistungszulage, hieß es, dass die „Leistungen" der Angestellten „nicht über dem Durchschnitt" lägen.

In den meisten Fällen wären zwar ähnlich lautende Begründungen auch bei männlichen Angestellten vorstellbar. Aber in einem Fall wurde die Ungleichbehandlung von Männern und Frauen in einer einmaligen Weise offen kommuniziert, was wahrscheinlich daran lag, dass es sich hierbei nicht um die Aktennotiz eines Sachbearbeiters der Personalabteilung handelte, sondern um die Aktennotiz der außen stehenden DAF-Funktionärin, die der Personalabteilung in Kopie zur Verfügung gestellt wurde und ihren Weg in eine der Personalakten fand.[604] Im Fall von Charlotte Ge, deren Personalakte nicht überliefert ist und die deshalb nicht zu den Frauen des Samples gehört, protokollierte Nay die Entscheidung wie folgt: „Charlotte Ge kann nicht in die Gruppe 4 übernommen werden, da die Arbeit in der Verrechnungskasse nach Gruppe 3 zu bewerten ist. Auf meinen Einwand, dass ihre Mitarbeiter nach Gruppe 4 bezahlt werden, wurde mir gesagt, dass auch die Arbeit dieser Kameraden eigentlich nach Gruppe 3 bezahlt werden müsste, den Männern aber nun nicht die Gruppe 4 entzogen werden kann." Offenbar als Entschädigung für die Schlechterstellung von Charlotte Ge konnte Nay immerhin eine Leistungszulage von 15 RM im Monat (ab April 1940) erreichen, was aber wohl als

604 Aktennotiz v. Annemarie Nay „betr. Überführung von weiblichen Angestellten in Gruppe 4" v. 24.7.1939, in: HAC 500/E.4476.

ein freiwilliges Entgegenkommen zu bewerten ist. Denn ein Druckmittel, die Gleichbehandlung von Männern und Frauen durchzusetzen, hatte Nay nach dem Arbeitsordnungsgesetz von 1934 nicht. Deshalb gab sie sich anscheinend mit diesem Kompromiss zufrieden.

In der Literatur wird gelegentlich behauptet, dass das Gehalt einer weiblichen Büroangestellten ausreichend für ein „angemessenes Leben" gewesen sei.[605] Belegt wird diese Behauptung jedoch nicht. Die ausgewerteten Akten zeichnen vielmehr ein anderes Bild. Wie bereits erwähnt wurden in die Tarifgruppe 3 nur wenige Frauen befördert, womit nach 15 anerkannten Berufsjahren auch die Beförderung in den Tarif für die männlichen Angestellten verbunden gewesen wäre. Ein Grund dafür war, dass viele Frauen lange vor Erreichen des 15. Berufsjahres wegen ihrer Verheiratung die Bank verlassen hatten. Ein zweiter Grund war, dass nur eine Minderheit von Frauen mit 15 Berufsjahren in die Tarifgruppe 3 aufgestiegen waren und deshalb bis zum 21. Berufsjahr warten mussten, um nach dem männlichen Tarif bezahlt zu werden. Wer nicht mehr zu tun bekam als Stenogramme in deutscher Sprache aufzunehmen und abzuschreiben, erreichte die Tarifgruppe 3 nicht und musste demzufolge auf das 21. Dienstjahr warten. In der Praxis kam es dazu aber kaum. Im Sample wurden mit Charlotte Hi und Charlotte Boe nur zwei Frauen außerhalb der Tarifgruppe 3 nach dem männlichen Tarif bezahlt.[606] Ein dritter Grund war die nachlassende Arbeitsleistung, häufige Fehlzeiten aufgrund von Erkrankungen und die folgende Frühverrentung.

Aber selbst wenn eine Frau vor dem Erreichen ihres 40. Lebensjahres in der Tarifgruppe 3 mit 15 Berufsjahren in den männlichen Tarif aufgenommen wurde, endeten hier ihre Aufstiegsmöglichkeiten. Bei guter körperlicher und psychischer Konstitution konnte sie hoffen, auf diesem Gehaltsniveau das Rentenalter zu erreichen und auch anschließend als „Pensionärin" noch ein aus ihrer Sicht „standesgemäßes" Leben führen zu können. Wenn es dazu in keinem Fall kam, lag das freilich am Zweiten Weltkrieg, der Schließung der Dresdner Bank und dem Ende der freiwilligen und somit widerruflichen Betriebsrenten für „Pensionäre". Von dieser Widerrufsmöglichkeit machte die Dresdner Bank in den vierziger Jahren zunächst auch Gebrauch. Erst nach der Währungsreform nahm sie die Rentenzahlungen wieder auf – aber nur sofern die Betriebsrentnerin in Westberlin und nicht im Ostteil der Stadt lebte.

In der Dresdner Bank scheint es während der gesamten Zwischenkriegszeit keine einzige Frau gegeben zu haben, die eine höhere Position erreicht hätte als

605 Lorentz, Aufbruch, S. 75.

606 Aufstellung o. D. (September 1936), in: HAC 500/E.1281 und Schreiben an Charlotte Boe v. 21.6.1934, in: HAC 500/E.3688.

die der persönlichen Sekretärin eines leitenden Angestellten, als Fremdsprachenkorrespondentin oder als Buchhalterin mit gewissen selbständig zu erledigenden Aufgaben. Das Tätigkeitsfeld einer der vermutlich qualifiziertesten weiblichen Angestellten der Mitte der dreißiger Jahre, wird von ihrem Vorgesetzten wie folgt beschrieben: „Fräulein Gertrud St1 ist im Juristischen Büro als Sekretärin tätig. Zu ihren Obliegenheiten gehört: die Aufnahme von Diktaten, die Anfertigung von Übersetzungen aus dem Deutschen in das Französische und Englische und umgekehrt, die selbständige Erledigung von Korrespondenzen, die fortlaufende Führung der Registratur von Handakten und Gesetzmaterial. Daneben hat sich Fräulein St1 in die neuen Rechtsmaterien, wie Devisenrecht, Osthilfe, landwirtschaftliche Schuldenregelung, Vollstreckungsschutz, Erbhofrecht, Gemeindeumschuldungsgesetz usw. gut eingearbeitet, so dass sie selbständig die erforderlichen Handakten und Sachregister über diese Gesetze zu führen und die notwendigen Ergänzungen derselben vorzunehmen in der Lage ist“.[607] Die 40-jährige Gertrud St1 war in die höchste Tarifgruppe eingestuft und verdiente dank einer außertariflichen Zulage gut 4.000 RM im Jahr. Damit war sie materiell gut gestellt und scheint einen eigenen Haushalt geführt zu haben – jedenfalls enthält ihre Personalakte als eine der wenigen des Samples keinerlei Klagen über die wirtschaftliche Situation. Aber in eine verantwortlichere Position stieg sie trotz der ihr attestierten außergewöhnlichen Leistungen nicht auf.

Ganz anders waren die Perspektiven der männlichen Kollegen. Prokuristen und „Oberbeamte“ wurden nicht mehr nach Tarif bezahlt, sondern konnten einen individuellen Arbeitsvertrag schließen und waren tantiemeberechtigt. Bei der Deutschen Bank unterlagen 1925 knapp 10% der Angestellten nicht der Tarifbindung und wurden deutlich besser bezahlt als die Tarifangestellten.[608] Vergleichszahlen liegen für Dresdner Bank und Danat Bank für diese Zeit leider nicht vor. Geht man davon aus, dass der Anteil der außertariflich besoldeten Angestellten bei der Dresdner Bank ähnlich hoch war, etwa 15 Prozent aller Angestellten weiblich waren und deshalb keinerlei Chance auf diesen Aufstieg hatten, waren die Chancen junger männlicher Banklehrlinge, den Aufstieg mindestens zum Prokuristen zu schaffen, tatsächlich nicht schlecht.

Eine Übersicht des Jahres 1938[609] belegt diese Vermutung. Von den insgesamt 517 Angestellten der Berliner Hauptbank und der Depositenkassen, die 50 Jahre oder älter waren, davon 514 männlichen Geschlechts, hatten es 229 (oder knapp 45 Prozent) mindestens zum Prokuristen oder Depositenkassenvorsteher ge-

607 Vorläufiges Arbeitszeugnis von Gerty St1 v. 15.4.1935, in: HAC 500/E.4831.

608 Rudl, Angestellte, S. 207.

609 Alters- und Dienstjahrgliederung der Gefolgschaft v. 1.1.1938, in: HAC 500/50395-2001.BE.

bracht. Ein unverheirateter Prokurist kam in den dreißiger Jahren auf ein Jahresgehalt von mindestens 5.500 RM (ohne Tantieme). Das war schon deutlich mehr als die 4.000 RM, die Gertrud (Gerty) St1, die Mitte der dreißiger Jahre die vermutlich bestbezahlte weibliche Angestellte des Samples war, pro Jahr verdiente. Aber vor allem: ein Jahresgehalt von 5.500 RM musste bei weitem nicht das Ende des Aufstiegs für den jungen Prokuristen sein. Das zeigt eine Aufstellung aus dem Jahr 1931, in der die Gehälter außertariflich besoldeter Angestellter aufgeführt sind. Nach welchen Kriterien die Auswahl der Personen erfolgt ist, ist leider unklar. Bei den dort aufgeführten Prokuristen ist allerdings aufgrund ihres Alters anzunehmen, dass sie verheiratet waren und womöglich Kinder unter 18 Jahren hatten. Insofern sind die Gehaltsgrundlagen von Gerty St1 nicht mit den hier zusammengestellten Prokuristen, Depositenkassenvorstehern und Direktoren und ihren Einkommen vergleichbar. Aber der Vergleich zeigt, was für Gerty St1 möglich gewesen wäre, wenn sie als Mann bei der Danat Bank eingestellt worden wäre.

So verdiente der dem gleichen Geburtsjahrgang wie Gerty St1 angehörende Prokurist Max Sch im Jahr 1930 insgesamt 27.200 RM. Diese Summe setzte sich zusammen aus einem Fixum von 11.400 RM (oder 950 RM/Monat) und der Tantieme von 15.800 RM. Max Sch war mit seinen 33 Jahren der Jüngste in der Aufstellung und verfügte mit seinen acht Dienstjahren auch noch nicht über eine längere Bankkarriere. Allerdings scheint er über Spezialkenntnisse im Devisenrecht verfügt zu haben. Möglicherweise hatte er auch ein Jurastudium absolviert, was seinen späten Einstieg und dann gleich als überdurchschnittlich bezahlter Prokurist erklären würde. 1934 wurde er in das Sekretariat von Carl Goetz berufen und zwei Jahre später zum Abteilungsdirektor der Hauptbank.[610] Das geringste Jahreseinkommen in der 48 Namen umfassenden Liste der zu diesem Zeitpunkt 304 Dresdner Bank-„Oberbeamten“ in Berlin erzielte ein 48-jähriger Depositenkassenvorsteher mit 25 Dienstjahren. Sein Jahreseinkommen betrug 15.090 RM, das sich zusammensetzte aus einem Fixum von 9.300 RM (oder 775 RM im Monat) und einer Tantieme in Höhe von 5.290 RM.[611]

---

610 In der zweiten Kriegshälfte leitete Max Sch die Auslands-Abteilung der Bank. Da er jedoch kein NSDAP-Mitglied gewesen war, wurde er zwar nach dem Krieg ausführlich befragt, aber offenbar nicht verhaftet, so dass er zum Jahresende 1945 in die Geschäftsleitung der Dresdner Bank in den Westzonen berufen wurde. Später setzte er seine Karriere als Vorstandsmitglied der Nachfolgebanken fort, bevor er 1955 starb (Johannes Bähr, Dresdner Bank, S. 612). Zu diesem Zeitpunkt hielt sich Gertrud St mit Sekretariatsarbeiten für Geschäftsleute auf Urlaub in Badenweiler über Wasser, was allerdings eher durch ihre „nichtarische“ Mutter zu erklären ist als allein durch ihr Geschlecht (s. dazu Kap. 3.2.).

611 Aufstellung o. D. (Juli 1931), in: HAC 500/51003-2001

Am anderen Ende der Gehaltsskala waren das weibliche Reinigungspersonal und die Kantinenhilfen angesiedelt. Sie waren als „Wochenlöhnerinnen“ direkt bei der Bank beschäftigt, wurden aber nicht nach dem Angestelltentarif für das Bankgewerbe bezahlt. Leider sind mit einer Ausnahme keine Personalakten dieser Frauen überliefert, sondern nur einzelne Korrespondenzblätter, aus denen auch nur in fünf Fällen die Höhe des Verdienstes hervorgeht. Alle fünf Frauen waren im Putzdienst beschäftigt. Der Bruttolohn lag bei drei von ihnen zu Beginn und Mitte der dreißiger Jahre jeweils bei 47,60 RM pro Monat, wobei die Arbeitszeit 20 Stunden pro Woche betrug.[612] Das dürfte einem Stundenlohn von 0,49 RM entsprochen haben. Denn wenn eine Reinigungskraft in einer Woche länger arbeitete als die vertraglich festgelegten zwanzig Stunden, erhielt sie auch für jede Überstunde 0,49 RM. Bei Gertrud Ha1 betrug der Zusatzverdienst 12,25 RM.[613] Das entsprach in diesem Monat 25 Überstunden, also vermutlich eine Stunde pro Arbeitstag. Bei ihr, wie in den zwei anderen Fällen, bei denen Angaben über den Lohn vorliegen, ist aber zu berücksichtigen, dass es sich um verheiratete Frauen und damit nur um den Zusatzverdienst einer Arbeiterfamilie handelte, wobei in allen Fällen Kinder zu versorgen waren. Inwieweit die ledige Erna Bra mit diesem Verdienst über die Runden kam, ist unklar. Wahrscheinlich wohnte sie bei ihren Eltern, bis sie im Alter von 33 Jahren den Schlosser Robert Nü heiratete.[614] Lediglich die Reinigungskraft Erna Klo verdiente mehr als 47,60 RM. Sie erhielt ein „Gehalt“ in Höhe von 68 RM. Sie war anscheinend alleinerziehend. Ob sie geschieden war oder ob der Ehemann verstorben war, ließ sich nicht ermitteln. Da sie auch von 68 RM mit einem Kind kaum leben konnte, scheint sie noch eine zweite Stelle gehabt zu haben, bei der sie 52 RM verdiente. Außerdem wohnte sie in einer Wohnung der Bank, für die sie 20 RM Miete zahlte.[615]

Besonders prekär war die Situation von Charlotte Rie. Sie war verwitwet und hatte drei Kinder. Zwischenzeitlich konnte sie ihren Lohn von 47,60 RM im Monat durch die Ableistung von Überstunden etwas aufbessern. Aber diese Situation war nicht von Dauer und während eines längeren Krankenhausaufenthaltes im März und April 1935 war sie noch nicht einmal mehr in der Lage ihre Miete zu bezahlen. Anlässlich der Einsegnung einer Tochter zu Ostern 1935 bat sie die

612 Schreiben der Dresdner Bank an den Bezirksbürgermeister Tiergarten v. 15.2.1938, in: HAC 500/E.7082.

613 Schreiben an Gertrud Ha1 o. D., in: HAC 500/E.2009.

614 Aktennotiz v. 23.8.1939, In: HAC 500/E.6785.

615 Gehaltsaufstellung für Mai 1940 o. D., in: HAC 500/E.509.

Bank deshalb um eine kleine Unterstützung. Tatsächlich erhielt sie eine Sonderzahlung von 25 RM,[616] die allerdings wohl zwei Monate später für die Abtragung der Mietrückstände und nicht für die Tochter verwendet worden sein dürften.

Vergleicht man den Lohn dieser Wochenlöhnerinnen mit dem Einstiegsgehalt einer Angestellten (Tarifgruppe 1, 1. Berufsjahr), das seit 1932 bei 105 RM brutto für 46 Stunden Arbeit pro Woche lag, war der Unterschied zu den Putzfrauen mit ihrem Lohn von 47,60 RM für 20 Stunden nicht allzu groß. Allerdings erhielt die Angestellte ein dreizehntes Monatsgehalt, das in zwei Raten ausgezahlt wurde, wobei sie nur für sich zu sorgen hatte, unverheiratet war und keine Kinder hatte. Hatte sie doch Kinder, etwa wenn sie Witwe oder geschieden war, erhielt sie pro Kind und längstens bis zum Erreichen des 18. Lebensjahres des Kindes 20,60 RM Kinderzuschlag. Hatte das Kind vor Erreichen des 18. Lebensjahres ein eigenes Einkommen, wurde der Zuschlag entsprechend gekürzt. Die Wochenlöhnerinnen erhielten keinen Kinderzuschlag. Außerdem stieg das Gehalt der Angestellten im Laufe der Zeit, allein schon mit den Berufsjahren. Der Stundenlohn der Frauen im Putzdienst blieb dagegen immer gleich, unabhängig davon, wie lange die Frau schon bei der Bank beschäftigt war. Denn auch die Arbeiterlöhne waren auf dem Krisenniveau von 1932 eingefroren worden. Außerdem konnten die Angestellten mit einer Betriebsrente im Alter oder bei Berufsunfähigkeit sowie auf eine Beihilfe im Falle des Ausscheidens bei Eheschließung rechnen. Diese sozialen Leistungen gab es für Wochenlöhnerinnen ebenfalls nicht.

Abgesehen vom dreizehnten Monatsgehalt handelte es sich bei diesen Vergünstigungen allerdings um Zukunftsversprechen, die sich für eine Berufsanfängerin zunächst nicht bemerkbar machten. Deshalb gab es bei einem Gehalt von 105 RM brutto und dem Erreichen des 21. Lebensjahres kaum eine Alternative als weiterhin im elterlichen Haushalt zu leben. So schrieb die Stenotypistin Gertrud He2, die seit 1930 mit Unterbrechungen als Aushilfskraft bei der Dresdner Bank beschäftigt war und deswegen auch nach über drei Jahren noch nach der Tarifgruppe 1, 1. Berufsjahr, besoldet wurde, d. h. 105 RM brutto pro Monat verdiente, im Jahr 1934 an die Personalabteilung: „Es bedrückt mich außerordentlich – mit 22 Jahren – noch immer von meinen Eltern abhängig zu sein".[617] Eine andere Stenotypistin, die mit ihren 31 Jahren 1920 nicht mehr bei den Eltern wohnen wollte, beantragte die Versetzung nach Mannheim, weil sie in Berlin bei ihrem Gehalt möbliert wohnen und sich in Gastwirtschaften verköstigen müsse. In Mannheim sei das Leben billiger

616 Schreiben von Charlotte Ri v. 16.1.1935 und Schreiben an Charlotte Ri v. 22.1.1935, in: HAC 500/E.7257.

617 Schreiben von Gertrud He2 an die Personalabteilung der Dresdner Bank v. 6.3.1935, in: HAC 500/E.7791.

und sie habe dort Bekannte. Der Antrag wurde abgelehnt und die Stenotypistin blieb bei ihren Eltern wohnen.[618]

Inwieweit die Kolleginnen dieser beiden Stenotypistinnen die Erwartung hatten, bei der Aufnahme einer Berufstätigkeit mit Erreichen der Volljährigkeit von ihren Eltern finanziell unabhängig zu werden, ist nicht bekannt. Eine ähnlich formulierte Erwartung findet sich in keiner weiteren Personalakte. Denn diese Erwartung war unrealistisch. Gleichwohl findet sich in mehr als der Hälfte aller Personalakten mindestens ein Gesuch, in eine höhere Tarifgruppe eingestuft zu werden, mehr Berufsjahre anerkannt zu bekommen oder wenigstens einen Tarifzuschlag zu erhalten. Dabei wurde in den meisten Fällen nicht mit der Leistung argumentiert, sondern auf die prekäre finanzielle Situation verwiesen. So bat Gertrud Fl, die 1930 bei der Dresdner Bank ihre Lehre abgeschlossen hatte und anschließend in den Dienst als „Beamtin" übernommen worden war, dass ihr die zwei Lehrjahre bei der Gehaltsberechnung als Dienstjahre angerechnet würden. Sie war zwar vermutlich in die Tarifgruppe 2 eingestuft. Unter Berücksichtigung des Abschlags für Minderjährige blieben ihr aber davon netto nur 98 RM. Das reiche nicht für den Lebensunterhalt aus, schrieb sie. Die 18-jährige Halbwaise musste ihren erwerbslosen Vater unterstützen, mit dem sie in einem Haushalt lebte. Dieses Argument ließ die Bank aber nicht gelten. Sie erhielt keine Gehaltsaufbesserung. Die Lehrjahre waren und blieben keine Dienstjahre.[619] Das war im Tarifvertrag ausdrücklich so festgelegt worden[620] und über die im Tarifvertrag festgeschriebenen Verpflichtungen ging die Dresdner Bank grundsätzlich nicht hinaus. Etwas großzügiger verfuhr die Bank bei Gertrud Ko, die zur gleichen Zeit wie Gertrud Fl bei der Danat-Bank eine Banklehre absolviert hatte und ebenfalls etwa 100 RM netto im Monat verdiente. Auch sie war Halbwaise und musste ihre kranke Mutter unterstützen, in deren Haushalt sie lebte. Sie erhielt immerhin einen Tarifzuschlag von 10 RM.[621]

Fast alle Berufsanfängerinnen wohnten bei ihren Eltern, auch wenn sie schon volljährig waren. Nur in den Fällen, wenn die jungen Frauen nach Berlin zugezogen waren und auch keine sonstigen Verwandten in Berlin hatten, mussten sie zur Untermiete in einem möblierten Zimmer wohnen. Solange sie Anfängerinnen waren, werden die Eltern sie noch unterstützt haben. Denn von 100 RM im Monat konnte eine junge Frau nicht leben, wenn sie noch die Miete für das

618 Aktennotiz v. 6.11.1920 u. Aktennotiz v. 25.1.1921, in: HAC 500/E.8122.

619 Schreiben von Gertrud Fl an die Personalabteilung der Dresdner Bank v. 25.2.1931 u. Schreiben o. D., in: HAC 500/E.2678.

620 Reichstarifvertrag, § 16, Abs. 4, S. 9.

621 Schreiben von Gertrud Ko an die Personalabteilung der Dresdner Bank v. 19.4.1933 und Schreiben an Gertrud Ko v. 29.4.1933, in: HAC 500/E.441.

Zimmer bezahlen musste. Davon abgesehen war die soziale Kontrolle bei den meisten Vermietern, in der Regel Vermieterinnen, nicht weniger ausgeprägt als bei den Eltern. Eine erstrebenswerte Alternative zum elterlichen Haushalt wird die Untermiete deshalb kaum gewesen sein.

Das Gehalt der Stenotypistinnen stieg zwar mit der Zeit. Aber die meisten Frauen blieben weiterhin im Haushalt der Eltern, solange sie unverheiratet waren. Selbst wenn sie eine Zeitlang ausreichend verdienten, weil sie keine Miete zahlen, nur wenig Kostgeld abgeben, vor allem aber keine Familienmitglieder unterstützen mussten, konnte schnell ein unvorhersehbarer Rückschlag eintreten. Die Entlassung war dabei zwar das einschneidendste Ereignis, aber auch Rückstufungen bei der Tarifgruppe waren nicht selten. Das konnte durchaus auch ältere Angestellte treffen. So wurde Erna Hä 1930 von der Dresdner Bank von der Tarifgruppe 2 in die Tarifgruppe 1 zurückversetzt. Um den Einkommensverlust nicht zu groß ausfallen zu lassen, wurden ihre zehn Berufsjahre in der Gruppe 2 zwar auf die maximalen 15 Jahre in der Gruppe 1 aufgestockt, obwohl die 30jährige noch keine 15 Jahre beschäftigt war.[622] Aber der Einkommensverlust betrug trotzdem knapp 10%, da 15 Berufsjahre weder in der Gruppe 2 noch in der Gruppe 1 einen Anspruch auf den „männlichen" Tarif begründeten. In der Bankenkrise traf es Erna Hä sogar noch härter. Die Bank stufte sie Anfang 1933 erstens auf die tatsächlich erreichte Zahl der Berufsjahre (mittlerweile zwölf) zurück und strich ihr außerdem ihren Tarifzuschlag in Höhe von 15 RM/Monat. Die Auswirkungen auf die finanzielle Situation der Familie war verheerend, wie sie in einem Schreiben an die Personalabteilung ausführte, mit dem sie die Rückversetzung in die Tarifgruppe 2 erbat.[623]

Im Jahr 1933 war Erna Hä 32 Jahre alt. In diesem Alter war es schon recht unwahrscheinlich, dass sie noch heiraten würde. Vor allem aber drohte vielen weiblichen Angestellten über dreißig Jahre ein neues Lebensrisiko. Die Eltern näherten sich der Altersgrenze und waren häufig bereits erkrankt, nicht selten war ein Elternteil auch schon verstorben. Das bedeutete in vielen Fällen, dass die Angestellte nun nicht mehr nur für sich allein sorgen musste. Je älter sie wurde, desto wahrscheinlicher wurde es, dass die Eltern oder ein Elternteil finanziell von der Tochter abhängig wurden. Wenn die Eltern dem Bürgertum oder dem Kleinbürgertum entstammten, hatten sie oftmals keine gesetzlichen Rentenansprüche erworben, sondern hatten geglaubt, durch Wertpapierbesitz oder ein Ge-

622 Schreiben der Personalabteilung der Dresdner Bank an Erna Hä v. 1.10.1929 sowie handschriftliche Vergleichsrechnung (o. D.), in: HAC 500/E.1899. In diesem Zusammenhang sei daran erinnert, dass 15 Berufsjahre in den Tarifgruppen 1 und 2 nicht ausreichten, um in den männlichen Tarif versetzt zu werden (s. Kap. 3.4.3.).

623 Schreiben von Erna Hä an die Personalabteilung der Dresdner Bank v. 18.3.1933 in: ebd.

schäft für ihr Alter vorgesorgt zu haben. Das Geschäft ging aber womöglich in der Stabilisierungskrise 1924/25 oder während der Weltwirtschaftskrise zu Beginn der dreißiger Jahre in die Insolvenz und das Wertpapiervermögen hatte sich während der Inflation ohnehin in Luft aufgelöst.

Die Kinder waren in solchen Situationen die einzigen Garanten, die einen Absturz in die völlige Verarmung verhindern konnten. Selbst wenn die unverheiratete Tochter mittlerweile so viel verdienen sollte, dass sie aus dem Haushalt ihrer Eltern hätte ausziehen können, wurde von ihr erwartet, dass sie weiterhin im Haushalt der Eltern lebte und den Lebensunterhalt für sich und die Eltern sicherstellte. Von den (verheirateten) Brüdern wurde das nicht erwartet. Sie hatten ihre eigene Familie zu versorgen. Welche Folgen das haben konnte, zeigt das Beispiel von Gertrud Ar, die seit 1915 bei der Darmstädter Bank arbeitete und anlässlich der Fusion von Danat Bank und Dresdner Bank entlassen werden sollte. Gertrud Ar lebte mit ihrer erblindeten und verwitweten Mutter in einem Haushalt und hatte diese mitzuversorgen. Aber obwohl die Bank wusste, dass Gertrud Ar einen Bruder hatte, der als verbeamteter Architekt gut verdiente, erwartete niemand, dass dieser Bruder seine Mutter (und damit mittelbar auch seine Schwester) unterstützte.[624] Das war die Angelegenheit der unverheirateten Tochter, mochten die Lebensverhältnisse von ihr und ihrer Mutter auch noch so prekär gewesen sein.

Ein Beispiel dafür, welch geringen finanziellen Spielraum selbst vergleichsweise gutverdienende weibliche Angestellte der Dresdner Bank besaßen, ist Gertrud Wi. Sie war 1918 16-jährig als Tochter eines Fabrikbesitzers nach Abschluss des Lyzeums und ohne anschließenden Handelsschulbesuch als Aushilfe eingestellt worden.[625] Im Zuge der Demobilisierung sollte sie zunächst wieder entlassen werden, wurde aber weiter beschäftigt, da sie sich offenbar sehr gut bewährt hatte. Sie arbeitete zu Beginn der zwanziger Jahre zunächst als Korrespondentin in der Filial-Abteilung und wurde nach Abschluss des ersten Tarifvertrages in der Tarifgruppe 2 eingestuft. Im Jahr 1925 stieg sie 23jährig vorübergehend zur Sekretärin eines Direktors im Juristischen Büro auf und wurde entsprechend auch nach Tarifgruppe 3 besoldet. Als Gertrud Wi nach etwa einem Jahr diese Stellung wieder verlor und als Stenotypistin in die Auslandsabteilung versetzt wurde, rutschte sie auch wieder in die Tarifgruppe 2. Offenbar ließ sie sich dadurch nicht entmutigen, überstand die Entlassungswelle während und nach der Bankenkrise und arbeitete seit 1934 wegen ihrer offenbar außergewöhnlich guten

624 Schreiben des Dresdner Filialdirektors von Klemperer an die Personalabteilung der Dresdner Bank in Berlin v. 23.5.1932, in: HAC 500/E.4476.
625 Personalbogen (ausgefüllt am 15.3.1918), in: in: HAC 500/E.8901.

Fremdsprachenkenntnisse als Korrespondentin, wobei sie nach eigenen Angaben selbständig Korrespondenzen im Rahmen der Abwicklung der Engagements der Deutschen Orientbank im Nahen Osten führte, die als Tochter der Dresdner Bank während der Bankenkrise untergegangen war. Diese Korrespondenz wurde ausschließlich in englischer und französischer Sprache geführt. Ihre Bitte vom Dezember 1935, wieder in die Tarifgruppe 3 eingestuft zu werden, wurde dennoch abgelehnt und ihr stattdessen eine Leistungszulage in Höhe von 10 RM im Monat zugebilligt, die ein Jahr später auf 20 RM erhöht wurde. Mit ihrem Bruttogehalt von 278 RM im Monat dürfte sie zu diesem Zeitpunkt im oberen Mittelfeld der weiblichen Angestellten ihres Alters gelegen haben. Dennoch reichte sie 1937 erneut ein Gesuch auf Gehaltserhöhung ein, da ihr Gehalt nicht ausreichte, um ihren und den Lebensunterhalt ihrer verwitweten Mutter, mit der Gertrud Wi in einem Haushalt lebte, zu finanzieren.[626] Nun wird der Lebensstandard einer Fabrikantenwitwe und ihrer Tochter nicht dem entsprochen haben, wie ihn die meisten Stenotypistinnen in der Dresdner Bank in ihren Familien gewohnt waren. Mit einem Bruttogehalt von 278 RM würden die meisten wahrscheinlich einen für sich und die verwitwete Mutter als angemessen empfundenen Lebensstandard finanziert haben. Aber darum ging es nicht. Es ging um den sozialen Abstieg und den wollte Gertrud Wi sich und ihrer Mutter auf jeden Fall ersparen. Erst zwei Jahre später wurde Gertrud Wi schließlich doch noch in die mittlerweile als Tarifgruppe 4 geführte Tarifgruppe 3 eingestuft.[627]

Noch prekärer als die Situation der Stenotypistinnen war die soziale Lage der Kartenlocherinnen in der Powers-Abteilung der Bank. Die geschiedene Gertrud He2 war 1932 zwei Wochen aushilfsweise bei der Dresdner Bank beschäftigt worden. Offenbar war die Bank wegen der Liquidation ihres früheren Arbeitgebers, der Spar- und Kreditanstalt für Deutsche Beamte und Angestellte, zur Übernahme des verbliebenen Personals dieser Bank verpflichtet. Die Bedingungen sagten Gertrud He2 aber offenbar nicht zu, so dass sie schon nach zwei Wochen kündigte.[628] Zwei Jahre später kehrte sie wieder zur Dresdner Bank zurück.[629] Sie war keine „höhere Tochter“, ihr Vater war ein Facharbeiter und sie selbst hatte nur Volksschulbildung. Anschließend hatte sie einen halbjährigen Handelsschulkurs besucht und schließlich in mehreren Unternehmen, darunter auch Banken, Berufs-

626 Schreiben von Gertrud Wi an die Personalabteilung der Dresdner Bank v 20.5.1937 sowie handschriftliche Vergleichsrechnung (o. D.), in: ebd.

627 Schreiben an den Direktor im Auslands-Sekretariat von Holzing-Berstett, den Vorgesetzten von Gertrud Wi v. 27.7.1939, in: ebd.

628 Schreiben der Personalabteilung der Dresdner Bank an Gertrud He2 v. 30.3.1932, in: HAC 500/E.1598.

629 Schreiben an Gertrud He2 v. 15.5.1934, in: ebd.

erfahrungen als Kontoristin gesammelt. Allerdings waren die Bedingungen bei der Wiedereinstellung noch schlechter als 1932. Denn Gertrud He2 wurde nicht als Kontoristin, sondern als Kartenlocherin beschäftigt und in die niedrigste Tarifgruppe eingestuft. Sie erhielt keine Zulagen und wurde nie länger als wenige Monate am Stück beschäftigt, so dass sie keine Berufsjahre anerkannt bekam und auch die Tarifgruppe 1 nicht verlassen konnte. Die prekäre Beschäftigungslage sowie das niedrige Gehalt während der Beschäftigungszeiten reichten nicht für einen eigenen Haushalt, so dass die mittlerweile 33-jährige wieder bei ihren Eltern einziehen musste.[630] Sie beklagte sich nicht. Wahrscheinlich verfügte die Familie noch über ein Einkommen des Vaters und vielleicht auch der Mutter. Aber die Situation wird für sie vermutlich dennoch kaum erträglich gewesen sein. Deshalb wundert es auch nicht, dass sie 1938 eine zweite Ehe einging.[631]

Die Reform der Tarifstruktur des Jahres 1937 brachte für die weiblichen Angestellten zwar etwas mehr Geld, da damit in den meisten Fällen eine Versetzung in die nächsthöhere Tarifgruppe verbunden war. Aber eine Besserstellung der Frauen gegenüber den männlichen Angestellten war damit nicht verbunden. Immerhin war der Text des Paragrafen über „die Einkommensgrundsätze für weibliche Gefolgschaftsmitglieder" in der Tarifordnung von 1937 ehrlicher als in den Tarifverträgen der Weimarer Republik. In den zwanziger Jahren hatten sich die Tarifparteien noch grundsätzlich verpflichtet, „weibliche Angestellte nach den Sätzen für männliche Angestellte" zu entlohnen. Dieser Gleichstellungsgrundsatz entfiel in der Tarifordnung. Die Abschläge waren nun selbstverständlich geworden, was sie allerdings – abgesehen von der gewerkschaftlichen Rhetorik – auch schon in den zwanziger Jahren waren.

Die Höhe der Abschläge wurde auch in der neuen Tarifordnung nicht gegenüber den Tarifverträgen verändert. Allerdings wurde die Laufzeit der Abschläge etwas verkürzt. So wurde in der Tarifgruppe 4 schon nach zwölf (statt fünfzehn) Jahren auf den Abschlag verzichtet und in den anderen Tarifgruppen nach fünfzehn (statt zwanzig) Jahren.[632] Insofern erfolgte die Angleichung der Gehälter der weiblichen an diejenige der männlichen Angestellten im Nationalsozialismus sogar früher als in der Weimarer Republik. Für die Frauen in der Tarifgruppe 4 erfolgte somit nach zwölf Jahren ein Gehaltssprung. Verdiente eine weibliche Angestellte in Berlin im elften Berufsjahr in der Tarifgruppe 4 brutto 285,72 RM, so waren es ein Jahr später 304,88 RM – eine Steigerung um 19,16 RM oder knapp 6,75 Prozent. In der Tarifgruppe 3 war der Gehaltssprung nach 15 Jahren nicht

630 Das ergibt sich aus dem Abgleich ihrer Adresse mit der ihrer Eltern, die im Personalbogen angegeben werden musste, in: ebd.

631 Schreiben an Gertrud He2 v. 4.4.1938, in: ebd.

632 Reichstarifordnung, § 9, S. 12.

ganz hoch, weil das Gehalt auch der männlichen Angestellten ab dem 16. Berufsjahr nicht mehr anstieg. Die Gehaltssteigerung betrug bei Frauen in der Tarifgruppe 3 deshalb nur 12,93 RM (oder etwa 5,25 Prozent).[633]

3.5.4 Die Aufstiegsblockade

Als sich die Berliner Großbanken zu Beginn der zwanziger Jahre der Aufnahme von weiblichen Banklehrlingen öffneten, könnte es bei den Bewerberinnen noch die Hoffnung gegeben haben, dass ihnen nach der Lehrzeit grundsätzlich die gleichen Aufstiegschancen offenstanden wie ihren männlichen Kollegen. Selbst das „Doppelverdiener"-Verbot hätte womöglich bald fallen können. Im öffentlichen Dienst war es bereits gefallen; und warum sollte das in der privaten Wirtschaft anders sein? Außerdem beschäftigten kleinere Banken auch verheiratete Frauen, da es keine gesetzliche Vorschrift gab und auch verheiratete Frauen billiger waren als Männer. Denn in der Versorgungslogik der Zeit mussten sie nicht für eine ganze Familie sorgen. Als „Doppelverdiener" trugen sie nur zum Familieneinkommen bei. Es gab demnach nach dieser Logik keinen Grund, sie wie die männlichen Angestellten zu bezahlen.

Wenn sich am Ende herausstellte, dass sich die Vorstellung, als gelernter „Bankkaufmann" vielleicht zur Prokuristin oder gar zur Direktorin aufsteigen zu können, ohne notwendigerweise zölibatär leben zu müssen, als Illusion erwies, heißt das nicht, dass die jungen Frauen, als sie in den zwanziger Jahren ihre Lehrzeit bei der Danat Bank oder der Dresdner Bank antraten, diese Hoffnung nicht gehabt hatten. Fünf der elf ehemaligen Banklehrlingen sollten später heiraten und aus dem Bankdienst ausscheiden. Sie waren zwar anders als die nicht gelernten Kolleginnen ohne längere Berufserfahrung sofort in die Tarifgruppe 2 eingestuft worden. Aber sollten sie gehofft haben, eine anspruchsvollere Tätigkeit und damit verbunden auch eine bessere Bezahlung im Vergleich zu den von vornherein als Stenotypistinnen eingestellten Frauen zugewiesen zu bekommen, wurden sie enttäuscht. Alle fünf Frauen wurden nicht anders beschäftigt als eine Stenotypistin ohne Banklehre und wurden nach einigen Jahren auch nicht mehr besser bezahlt.

Natürlich bedeutet das Ausscheiden aus dem Dienst bei der Bank nicht notwendigerweise, dass alle fünf Frauen unzufrieden mit ihren Aufstiegsmöglichkeiten und/oder mit ihrem Gehalt waren und sich in die Ehe geflüchtet hätten. Auffällig ist allerdings, dass drei von ihnen bereits das 30. Lebensjahr erreicht oder

633 Eigene Berechnung nach der Gehaltstabelle im Anhang, in: Reichstarifordnung, S. 24.

überschritten hatten, als sie sich für die Ehe und gegen eine weitere Laufbahn bei der Bank entschieden. Die Personalakten geben zwar keine Auskunft über die Motive. Aber es ist immerhin denkbar, dass diese drei Frauen nach über zehn Jahren im Dienst bei der Danat Bank bzw. bei der Dresdner Bank hatten erkennen müssen, dass ein weiterer Aufstieg für sie als Frau nicht möglich war und wohl auch nicht mehr möglich werden würde. Vor allem hatten sie mit ansehen müssen, wie sie von manchen gleichaltrigen Kollegen, die sie während ihrer Lehrjahre kennengelernt hatten und deren Leistungen womöglich nicht an die ihren herangereicht hatten, im Karrierefortschritt abgehängt worden waren.

Bei Charlotte Ho1 ist die Enttäuschung über die Aufgaben, die ihr zugewiesen worden waren, sogar belegt. Sie heiratete zwar nicht, aber sie kündigte, weil sie sich erfolgreich um eine attraktivere Stelle beworben hatte. Ein weiterer weiblicher „Bankkaufmann" war schwer herzkrank und schied mit 35 Jahren freiwillig aus. Drei weibliche „Banklehrlinge" waren nicht übernommen worden, weil sie, wie bereits beschrieben, während der Krisenjahre ausgelernt hatten, als die Belegschaften radikal abgebaut wurden, so dass sich nur bei einem weiblichen „Bankkaufmann" vermuten lässt, dass der Karriereverlauf ohne den Zweiten Weltkrieg erst mit Erreichen des 60. Lebensjahres geendet hätte.

Bei diesem „Bankkaufmann" handelte es sich um Gertrud Va. Sie war 1926 nach ihrer Lehrzeit in die Tarifgruppe 2 übernommen worden und stieg drei Jahren später in die Tarifgruppe 3 auf. In dieser Zeit arbeitete sie zunächst als Assistentin des Tresorverwalters in der Berliner Hauptbank und wurde wenig später 25-jährig als Buchhalterin in eine Berliner Depositenkasse versetzt.[634] Während männliche Angestellte mit dieser Qualifikation und in diesem Alter gute Chancen besaßen, mit etwa 30 Jahren zum Prokuristen aufzusteigen, um noch ein paar Jahre später die Leitung einer Depositenkasse zu übernehmen, waren die Aufstiegsmöglichkeiten von Gertrud Va und damit auch eine weitere Verbesserung ihrer materiellen Lage bereits mit 25 Jahren an ihr Ende gekommen. Sie erhielt im Jahr 1938, als qualifizierte Arbeitskraft, die mittlerweile knapp geworden waren und deswegen im Unternehmen gehalten werden mussten, einen Tarifzuschlag von 15 RM/Monat. Als kurz vor Kriegsausbruch die Lage am Arbeitsmarkt so kritisch geworden war, dass sich die Unternehmen ihre kaufmännisch qualifizierten Arbeitskräfte mit solchen Tarifzuschlägen abzuwerben begannen und der Treuhänder der Arbeit, um diesen Wildwuchs einzudämmen, eine Tarifgruppenreform durchführte,[635] verbesserte sich die materielle Lage von Gertrud Va noch einmal dank dieser für sie günstigen Umstände. Gegen

634 Vorläufiges Zeugnis v. 9.8.1948, in: HAC 500/E.8601.
635 Reichstarifordnung für das private Bankgewerbe, September 1939, Berlin (Verlag der Deutschen Arbeitsfront) 1939.

Ende des Krieges verdiente sie gut 401,50 RM im Monat. Das war sicherlich deutlich mehr als eine weibliche Angestellte zu dieser Zeit im Durchschnitt verdiente, aber ein weiterer Aufstieg in den rein männlichen Kreis der „Oberbeamten“ blieb ihr auch jetzt noch verschlossen.

Ganz so unrealistisch, wie sie sich in den dreißiger Jahren erweisen sollten, waren die Aufstiegschancen in den frühen zwanziger Jahren jedoch nicht, jedenfalls wenn man bei der Darmstädter Bank oder bei der Nationalbank für Deutschland beschäftigt war. Natürlich war es im Rahmen der Recherchen für diese Arbeit nicht möglich, über eintausend Personalakten von Frauen dahingehend zu prüfen, ob es nicht vielleicht doch eine Prokuristin oder aus anderen Gründen übertariflich bezahlte Angestellte in einer der Banken gegeben hat. Im Folgenden sollen aber vier Frauen genauer unter die Lupe genommen werden, bei denen aus unterschiedlichen Gründen zu vermuten ist, dass sie zumindest zeitweise eine Leitungsfunktion innegehabt haben könnten.

So fallen bei der Durchsicht der Namen der etwa 11.000 Beschäftigten, deren Personalakten überliefert sind, zwei Frauen auf, die einen Doktortitel besaßen. Obwohl sie zu keinem der beiden Samples gehören, erscheint es lohnend, ihre Laufbahnen genauer zu betrachtet. Im zweiten Sample gibt es eine weitere Frau, die tatsächlich 1917 zur Prokuristin ernannt wurde und die diese Funktion bis zu ihrer Frühpensionierung 1932 auch behalten sollte. Ferner gibt es mehrere Hinweise in den Personalakten der Danat Bank während der Kriegs- und der ersten Nachkriegsjahre auf eine Frau, die in der Darmstädter Bank eine Leitungsfunktion innehatte. Leider ist ihre Personalakte nicht überliefert, so dass sich weder ihr Geburtsjahr noch ihre soziale Herkunft, ihre Schul- oder Berufsausbildung, ja noch nicht einmal ihr Ein- und Austrittsdatum bei der Darmstädter Bank (bzw. der Danat Bank) oder auch nur ihr Vorname ermitteln ließen. Aber alle Frauen, die während des Ersten Weltkrieges und in der ersten Hälfte der zwanziger Jahre in dieser Bank beschäftigt waren, kannten sie und wussten um ihre für eine Frau herausgehoben Stellung. Fräulein vK war nämlich die in der Personalabteilung der Darmstädter Bank für die Angelegenheiten der Frauen zuständige Sachbearbeiterin.

Ursprünglich war Fräulein vK in der Telefon-Zentrale der Darmstädter Bank beschäftigt gewesen. Wann sie und ob sie als Telefonistin oder gleich als Leitungskraft eingestellt worden war, ist nicht bekannt. Jedenfalls hatte sie schon wenige Jahre nach der Jahrhundertwende die Leitung der Telefon-Zentrale inne. Das war wohl deswegen möglich, weil dort ausschließlich Frauen arbeiteten. Denn eine Frau als Vorgesetzte wäre für die männlichen Kollegen eine inakzeptable Zumutung gewesen. Wie oben bereits gezeigt worden war, war die Tätigkeit als Telefonistin vor dem Krieg vergleichsweise gut bezahlt, so dass es denkbar ist, dass Fräulein vK, selbst wenn sie ursprünglich nicht als Führungskraft eingestellt worden war, für die Verhältnisse der weiblichen Angestellten von Anfang an gut verdiente.

In ihrer Leitungsfunktion scheint sich Fräulein vK bewährt zu haben. Wahrscheinlich erkannten ihre Vorgesetzten, dass es durchaus Vorteile hatte, wenn die Telefonistinnen eine Frau als Vorgesetzte hatten, zu der sie womöglich eher Vertrauen fassten als zu einem männlichen Vorgesetzten. Offenbar ging die Bankleitung deshalb um 1910 sogar so weit, dieses Experiment auf die gesamte Berliner Zentrale der Darmstädter Bank auszuweiten und übertrug Fräulein vK als Sachbearbeiterin in der Personalabteilung auch die Verantwortung für Angelegenheiten aller weiblicher Angestellten in Berlin. Zu diesem Schritt der Darmstädter Bank passte auch, dass die Bank mit Dr. Alice Profé, einer der ersten niedergelassenen Ärztinnen in Berlin,[636] zusammenarbeitete und sie damit beauftragte, als Vertrauensärztin die weiblichen Angestellten zu untersuchen.

In der neuen Funktion trat Fräulein vK in den Akten erstmals 1910 und 1911 in Erscheinung, als sie Einstellungsgespräche mit Bewerberinnen für eine Stenotypistinnen- bzw. Telefonistinnenstelle führte und darüber eine Aktennotiz anlegte. In den Folgejahren verfasste sie halbjährliche Leistungsberichte der Telefonistinnen, was darauf schließen lässt, dass sie vor dem Krieg beide Funktionen übertragen bekommen hatte. Denn allzu viele Frauen waren in dieser Zeit bei der Darmstädter Bank noch nicht beschäftigt. Das änderte sich zwar während des Krieges, als die Zahl der weiblichen Beschäftigten geradezu explodierte. Aber nun fehlten die Männer, so dass sie trotz des vermutlich stark gestiegenen Arbeitsanfalls weiterhin beide Funktionen ausfüllte. Als Entlastung hatte ihr ihr Vorgesetz-

636 Dr. Alice Profé war 1867 in der Provinz Posen geboren und aufgewachsen, bevor die Eltern Ende der 1870er Jahre nach Berlin zogen. Als sie ihre Schulzeit beendet hatte, war ein Studium in Preußen jedoch noch nicht möglich und sie besuchte das Lehrerinnenseminar. Mit 20 Jahren legte sie das Lehrerinnenexamen für mittlere und höhere Mädchenschulen ab und arbeitete eine Zeitlang in England. Ihren Traum von einem Universitätsstudium gab sie jedoch nicht auf und ging in die Schweiz. Ende der neunziger Jahre nahm sie in Zürich und Bern ihr Medizinstudium auf, wechselte nach dem Physikum nach Straßburg, später nach Freiburg und legte dort 1903 die ärztliche Staatsprüfung ab, an die sie 1904 die Promotion anschloss. Im Jahr 1909 eröffnete Alice Profé eine Praxis in Charlottenburg und engagierte sich in der liberalen Frauenbewegung. Sie praktizierte bis zu ihrem Tod 1946 (Gertrud Pfister, „Macht die Schleppe kürzer und ihr macht die Schwingen länger" - Alice Profé [1867–1946], in: Ulrike Henkel u. a., Hg., Für eine andere Bewegungskultur, Pfaffenweiler 1997, S. 49 ff.). Wie lange sie für die Darmstädter bzw. für die Danat Bank als Vertrauensärztin arbeitete, ist nicht bekannt. Zu Jahresbeginn 1921 scheint sie einen Dr. Auerbach als Vertrauensarzt für die bei der Darmstädter Bank beschäftigten Frauen abgelöst zu haben. Das erste Mal trat sie Anfang 1921 in einer der Personalakten auf und Anfang 1923 zum letzten Mal. Denkbar ist, dass die Danat Bank nach dem Zusammenschluss wieder einen Arzt, möglicherweise denjenigen, der bisher für die Nationalbank für Deutschland als Vertrauensarzt praktiziert hatte, mit dieser Funktion betraute.

ter immerhin eine eigene Stenotypistin zur Unterstützung, vermutlich für die Schreibarbeiten und die Registratur, zugewiesen, die zwar nicht in Vollzeit, aber immerhin mehrere Stunden am Tag für sie arbeitete. Inwieweit ihre Funktionen in der Personalabteilung und als Leiterin der Telefon-Zentrale als die einer Prokuristin anerkannt und auch entsprechend bezahlt wurden, ließ sich wegen der fehlenden Personalakte nicht ermitteln. Entscheidend für diesen Aufstieg war jedoch, dass sie, wie schon in der Telefon-Zentrale, auch in der Personalabteilung keinem männlichen Angestellten vorgesetzt war und sie Männern vor allem keine Anweisungen erteilen konnte. Das wäre in dieser Zeit auf den hartnäckigen Widerstand der betroffenen Männer gestoßen, die auf eine breite Solidarität in der Kollegenschaft hätten rechnen können, in der sich alle politischen Richtungen vereint hätten.

Fräulein vK führte in ihrer Doppelfunktion nicht nur Einstellungsgespräche, sondern sie wurde auch bei frauenspezifischen Problemen von ihren männlichen Kollegen in der Personalabteilung zu Rate gezogen. Das zeigt das Beispiel von Alice Ba, die sich 1914 mit 33 Jahren einer Unterleibsoperation hatte unterziehen müssen und nun von ihrem Hausarzt in einem Attest als „sehr erschöpft" beschrieben wurde. Der Arzt empfahl einen längeren Erholungsurlaub, der ihr im Rahmen ihres vertraglich festgelegten Anspruchs auf Erholungsurlaub auch genehmigt wurde.[637] Der Urlaub scheint aber keine wesentliche Besserung bewirkt zu haben. Denn im Folgejahr riet ihr der Arzt eine sechswöchige Kur anzutreten. Einen entsprechenden Urlaubsanspruch hatte sie nicht, so dass eine nur für den individuellen Fall mögliche Ausnahmegenehmigung erforderlich war. Der Leiter der Personalabteilung wollte aber das Gespräch nicht führen oder Alice Ba ein solches Gespräch mit einem Mann nicht zumuten und vermerkte, dass er sie „zunächst zu Fräulein vK geschickt" habe, „damit sie sich mit dieser über ihr Leiden aussprechen kann".[638]

In einem anderen Fall war die Stenotypistin Gertrud Blü während des Krieges aus einer Berliner Depositenkasse der Darmstädter Bank zum Magistrat der Stadt Berlin abgeordnet worden. Nach dem ersten Arbeitstag dort kam die 17-jährige „weinend mit ihrer Mutter zu Fräulein vK", wie es in einer Aktennotiz heißt, und erklärte ihr, „dass sie nicht beim Magistrat bleiben wollte, sie wolle bei uns bleiben."[639] Tatsächlich scheint Fräulein vK dafür gesorgt zu haben, dass dem Wunsch von Gertrud Blü entsprochen wurde. Denn sie wurde auch weiterhin in der Bank beschäftigt.

637 Ärztlicher Bericht v. 3.6.1910, in HAC 500/E.3541.

638 Aktennotiz v. 24.6.1915, in ebd.

639 Aktennotiz v. 28.11.1916, in: HAC 500/E.3831.

Allerdings begriff sich Fräulein vK nicht als „Anwältin“ der weiblichen Angestellten. Das zeigte sich etwa, wenn es zu Konflikten am Arbeitsplatz kam, in die die Personalabteilung eingeschaltet wurde. Wenn eine Frau beteiligt war, wurde Fräulein vK anscheinend häufiger hinzugezogen. Dabei sah sie ihre Aufgabe wohl in erster Linie darin, die Hierarchie zwischen den Geschlechtern sicherzustellen. Da dies aber offenbar im engen Einvernehmen mit ihrem männlichen Vorgesetzten geschah, der seinerseits auf die männlichen Beteiligten versuchte, Einfluss zu nehmen, konnte es gelingen den Konflikt zu befrieden. Diese Arbeitsteilung zwischen den Geschlechtern scheint funktioniert zu haben. Aber das war nur möglich, weil die männlichen Kollegen in der Personalabteilung, vor allem der Prokurist und spätere Direktor der Abteilung Fritz Ehlerding,[640] Fräulein vK als eine gleichberechtigte Kollegin anerkannten – was in dieser Zeit ganz sicher nicht selbstverständlich war.

Noch deutlicher wurde ihre Mittlerfunktion zwischen den Interessen der (männlich dominierten) Bank und den weiblichen Angestellten im Falle von Charlotte Go1, die im März 1917 mit 18 Jahren als Stenotypistin von der Darmstädter Bank eingestellt worden war. Charlotte Go1 hatte zwar Lyzeum und Handelsschule besucht, aber ihre Leistungen waren nicht ausreichend, um sie nach der dreimonatigen Probezeit fest einzustellen. Die nach der Probezeit von ihrem Vorgesetzten verfasste Beurteilung war eigentlich vernichtend. Darin hieß es, dass Charlotte Go1 zwar arbeitswillig sei, aber da sie die kaufmännischen und juristischen Zusammenhänge offenbar nicht verstehe, sei sie als Stenotypistin nicht zu gebrauchen. Es werde noch Jahre dauern, „bis Fräulein Go1 sich so weit entwickelt hat, dass sie die deutsche Sprache in Wort und Schrift vollkommen beherrscht und eine wirklich leistungsfähige Stenotypistin für unseren Betrieb geworden ist. Solche Kräfte wie Fräulein Go1 genießen wohl den großen Vorteil, bei uns zu lernen und sich heranzubilden, fördern aber keineswegs die schnelle und glatte Abwicklung der Post.“ Da er aber „der jungen Dame ... nicht schaden“ wollte, empfahl er noch das Urteil von Fräulein vK abzuwarten.[641]

---

640 Der 1874 geborene Ehlerding war nach seiner Lehrzeit in einem kleinen Privatbankhaus in Hannover 1897 als einfacher Bankangestellter bei der Darmstädter Bank in Berlin eingestellt worden. Dort arbeitete er zunächst in der Korrespondenzabteilung. Nach einiger Zeit wurde der Direktor der Personalabteilung auf ihn aufmerksam und holte ihn 1907 in seine Abteilung, wo er 1912 Prokura erhielt. Nach dem Krieg wurde ihm 1919 die Leitung der Personalabteilung 1 übertragen, die für die Berliner Angestellten zuständig war. Nach der Fusion mit der Nationalbank für Deutschland stieg er zum stellvertretenden Direktor auf und schied somit als Leiter aus der Personalabteilung aus. Im Jahr 1931 wurde er (vor der Bankenkrise) in den vorzeitigen Ruhestand geschickt. Er starb im Jahr 1946, nachdem er 1943 wegen des Bombenkrieges Berlin verlassen und in sein Elternhaus in Walsrode gezogen war. Vgl. hierzu ausführlich HAC 500/E.3125.

641 Aktennotiz v. 20.6.1917, in: HAC 500/E.2197.

Fräulein vK empfahl offenbar, die Probezeit um weitere drei Monate zu verlängern und verfasste in dieser Zeit die Leistungsberichte selbst. In ihrer ersten Beurteilung vom Juli 1917 räumte sie zwar die Schwächen beim Stenografieren ein, betonte aber, dass sich Charlotte Go „große Mühe" gebe, „willig und sehr fleißig" sowie „stets bestrebt" sei, „sich immer besser einzuarbeiten". Tatsächlich wurde Charlotte Go1 nach sechs Monaten auf die Empfehlung von Fräulein vK hin fest übernommen, was diese wenig später befriedigt so kommentierte, dass Charlotte Go1 mittlerweile „ganz brauchbar geworden" sei und deshalb eine Gehaltsaufbesserung vorschlug.[642] Ihr Wort hatte in der Personalabteilung offenbar ein solch hohes Gewicht, dass gleich eine aus der Sicht von Fräulein vK unangemessen hohe Zulage für Charlotte Go1 ins Auge gefasst wurde. Sie intervenierte erneut und der Sachbearbeiter notierte nach einem persönlichen Gespräch mit ihr handschriftlich, dass „Frl. Go1 noch recht jung" und „daher eine höhere Zulage (als 300 Mark im Jahr, D.Z.) nicht angebracht" sei.[643] Die Prognose „ganz brauchbar" sollte sich in den folgenden Jahrzehnten bewahrheiten. Charlotte Go1 überstand die Entlassungswelle 1924/25, wurde 1932 von der Dresdner Bank übernommen und blieb bis zur Schließung der Bank 1945 in deren Diensten. Zuletzt war sie sogar in die Tarifgruppe 4 aufgestiegen.

Als im Jahr 1920 immer mehr Frauen als „Nullenschreiberinnen" eingestellt werden mussten und auch der Männermangel durch die demobilisierten Angestellten beseitigt war, gab Fräulein vK ihre Funktion als Leiterin der Telefon-Zentrale auf. Ursprünglich war vorgesehen, ein Fräulein Me, über die aber leider nichts weiter bekannt ist, als Nachfolgerin einzusetzen. Aber davon nahm die Bank schließlich doch Abstand und setzte einen Mann ein. Für die Frauen in der Telefon-Zentrale muss das ein Schock gewesen sein, so dass sie ihrem neuen Vorgesetzten offenbar misstrauisch gegenübertraten. Daraufhin nahm dieser sich die dienstälteste Telefonistin Charlotte Hi vor und teilte ihr in einem „sehr heftigen Ton" mit, dass sie ihren Kolleginnen mitteilen möge, „dass, wer gegen ihn etwa intrigiere, hinausfliege." Diesen Ton waren die Frauen in der Telefon-Zentrale offenbar nicht gewohnt, so dass sich Charlotte Hi an die Personal-Abteilung wandte und sich im Namen der Kolleginnen über den Ton des neuen Chefs beschwerte. Der neue Leiter der Telefon-Zentrale wurde daraufhin in die Personal-Abteilung einbestellt, wo man ihm klarmachte, dass er, da er „dauernd mit Damen zusammenzuarbeiten habe, in Zukunft vermeiden" solle, „unnötige Differenzen hervorzurufen".[644] Den Frauen in der Telefon-Zentrale wurde der männliche Vorge-

642 Aktennotizen von Fräulein vK zwischen Juni und November 1917, in: ebd.

643 Aktennotiz v. 4.1.1919, in: ebd.

644 Aktennotiz v. 13.9.1920, in: HAC 500/E.1281.

setzte als Leiter der Telefon-Zentrale anstelle einer weiblichen Vorgesetzten aus dem Kreis der Telefonistinnen so verkauft, dass die Zahl der Telefonistinnen sehr erhöht werden müsste, so dass die Notwendigkeit einer strafferen Organisation entstanden sei. Der „Aufgabe, die Umstellung vorzunehmen" sei aber eine ehemalige Kollegin „weniger gewachsen als ein neugebacken eingetretener Herr". Angeblich gaben sich die Frauen in der Telefon-Zentrale mit dieser Begründung zufrieden.[645]

Im Juni 1923 hatte Fräulein vK noch einmal einen Zwist zwischen zwei weiblichen Angestellten wegen einer verschmutzten Toilette zu schlichten.[646] Aber seitdem verliert sich ihre Spur und es ist anzunehmen, dass sie etwa zu dieser Zeit die Bank verlassen hat. Es ist zwar denkbar, dass sie geheiratet hat und deshalb kündigen musste. Aber wahrscheinlich ist das nicht. Denn sie muss in einem Alter gewesen sein, in dem von den ledigen weiblichen Angestellten des Samples von zwei Ausnahmen abgesehen niemand mehr geheiratet hat. Die Episode mit der neuen männlichen Leitung der Telefon-Zentrale deutet vielmehr daraufhin, dass die Bank Frauen nicht mehr in Leitungsfunktionen geduldet haben könnte. Mit einer Zurückstufung könnte sie aber nicht einverstanden gewesen sein und deswegen gekündigt haben. Denkbar ist auch, dass Fräulein vK bereits das 50. Lebensjahr vollendet hatte und sie von der Bank in der Zeit des Personalabbaus während der Stabilisierungskrise 1924/25 in den Vorruhestand geschickt wurde. Sicher ist lediglich, dass sich der Zeitgeist wieder gewandelt hatte. Denn die Bankleitung, die bereits 1920 einen Mann als Leiter der Telefon-Zentrale eingesetzt hatte, brach das Experiment einer Sachbearbeiterin für die Angelegenheiten der weiblichen Beschäftigten ab und bestellte nach dem Ausscheiden von Fräulein vK keine Nachfolgerin mehr.

Aber selbst wenn Fräulein vK als Prokuristin mit einem entsprechenden Gehalt ihre Tätigkeit fortgesetzt hätte, wäre diese 1932 mit an Sicherheit grenzender Wahrscheinlichkeit an ihr Ende gekommen. Denn die Dresdner Bank hätte eine Frau in dieser Funktion nach der Fusion nicht geduldet und sie höchstwahrscheinlich im Rahmen des Personalabbaus in den Vorruhestand geschickt. Das ist nämlich mit einer zweiten Angestellten geschehen, die zwar kein Mitglied des in Teil 1 betrachteten Samples ist, wohl aber Teil des Samples in Teil 2. Für Eva Sa liegt eine Personalakte vor, so dass sich ihr Karriereverlauf recht lückenlos bis zu ihrer frühzeitigen Pensionierung im Jahr 1932 sowie die Betriebsrenten der Zeit

645 Aktennotiz über ein Gespräch mit der dienstältesten Telefonistin Charlotte Hi in der Personalabteilung v. 25.11.1920, in: ebd.
646 Aktennotiz v. 22.6.1923, in HAC 500/E.8122.

seit 1934 in der Emigration, zunächst in der Schweiz und später in Italien, rekonstruieren lassen.

Eva Sa war 1876 geboren worden, hatte zunächst das Lyzeum und anschließend das Lehrerinnenseminar besucht und mit dem Lehrerinnenexamen abgeschlossen. Ein Universitätsstudium war nicht in Frage gekommen. Denn in den 1890er Jahren waren Frauen in Preußen zum Studium noch nicht zugelassen. Nach dem Examen arbeitete Eva Sa eineinhalb Jahre als Erzieherin in London. Anschließend kehrte sie zurück und bildete sich „in Buchführung, Stenographie und Maschineschreiben" fort. Ihre erste Stelle trat sie 1898 als Korrespondentin bei einer Kleinbahngesellschaft an und bearbeitete vor allem Steuerangelegenheiten. Dort wurde der Chefsyndikus der Nationalbank für Deutschland Merba auf sie aufmerksam und warb sie für seine Bank ab. Sie nahm sein Angebot an, weil sie bei einer Großbank bessere Aufstiegschancen vermutete, wie sie es selbst formulierte. Dort wurde sie zunächst in der Konsortial-Abteilung eingesetzt, wo sie vor allem Steuer- und Prospektangelegenheiten bearbeitete. Merba erkannte ihre besonderen Fähigkeiten und förderte sie, indem er ihr ermöglichte sich in das Aktienrecht einzuarbeiten. Nach eigener Aussage erledigte sie seitdem die Arbeiten eines Prokuristen, konnte aber nicht entsprechend befördert werden, weil es zu dieser Zeit bei keiner Großbank weibliche Prokuristen gab. Ihr Gehalt erhöhte sich allerdings entsprechend ihren Aufgaben.

Während des Krieges war sie wegen der Einberufung aller Prokuristen der Konsortial-Abteilung die einzige Mitarbeiterin von Syndikus Merba und arbeitete mit ihm und dem 1915 in den Vorstand der Bank berufenen Hjalmar Schacht zusammen. Schacht war es auch, der sie nicht nur wie eine Prokuristin bezahlte, sondern sie 1917 auch zur Prokuristin beförderte – wahrscheinlich als erste Frau in einer Berliner Großbank überhaupt.[647] Nach dem Krieg muss es zumindest in der Nationalbank für Deutschland und in der Darmstädter Bank noch weitere Prokuristinnen gegeben haben, die aber während des Personalabbaus im Zuge der Stabilisierungskrise 1924/25 wieder zu Tarifangestellten zurückgestuft wurden. Eva Sa bezeichnete sie in einem Schreiben später als „Inflationsprokuristinnen".[648] In den ausgewerteten Personalakten finden sich allerdings von ihnen keine Spuren.

647 Ausführlicher, am 6.7.1932 für das Dresdner Bank-Vorstandsmitglied für Personalangelegenheiten Walther Frisch verfasster Lebenslauf, in: HAC 500/12559-2001.
648 Ebd.

Im Jahr 1919 wurde bei Eva Sa Lungentuberkulose diagnostiziert. Deshalb fehlte sie in den Inflationsjahren häufig krankheitsbedingt. Nach mehreren jeweils mehrmonatigen Kuren im Alpenklima, die dank des „Entgegenkommens" der Nationalbank und später der Danat Bank, so formulierte es der behandelnde Arzt, möglich waren, war Eva Sa seit etwa 1924 wieder „sehr beschränkt arbeitsfähig". Erstaunlicherweise nutzte die Bank diesen Umstand nicht und stufte sie nicht zu einer Tarifangestellten zurück. Im Gegenteil, sie beließ sie nicht nur in ihrer Position, sondern gestattete ihr auch eine verlängerte Mittagspause und zwei Urlaubszeiten pro Jahr. Wenn Eva Sa zu Hause bleiben musste, stellte die Bank eine Stenotypistin ab, mit der sie zu Hause arbeiten konnte. Außerdem durfte Eva Sa den Fahrdienst der Bank in Anspruch nehmen.[649] Das ist wohl nur durch ihre außerordentlich hohe Qualifikation zu erklären, so dass sie durch einen Mann nur schwer und kurzfristig gar nicht zu ersetzen war. Wenn sie trotz ihres Aufgabenbereichs Mitte der zwanziger Jahre nicht zur Abteilungsdirektorin befördert wurde, hatte das zwar sicher auch damit zu tun, dass Frauen selbst bei der Danat Bank in einer solchen Position nicht denkbar waren, wie Eva Sa später mutmaßte. Aber es ist dennoch zweifelhaft, ob ein ähnlich qualifizierter Mann bei einem vergleichbaren Krankheitsbild zum Abteilungsdirektor ernannt worden wäre. Das Geschlecht war sicherlich ein Grund für die ausgebliebene Beförderung, aber nicht der alleinige.

Auch wenn keine weiteren Personalakten von Prokuristinnen vorliegen, gibt es immerhin einen Hinweis, dass es bei der Nationalbank für Deutschland eine zweite Frau gab, die während des Krieges in eine herausgehobene Position aufgestiegen war; und zwar wiederum im direkten Umfeld von Vorstandsmitglied Hjalmar Schacht. Eine Personalakte von Auguste Krü ist nicht überliefert. Sie sprach allerdings im Jahr 1936 bei der Personalabteilung der Dresdner Bank vor und machte dort einige Angaben zur Person, die der Sachbearbeiter in einer Aktennotiz festhielt.[650] Obwohl er Auguste Ra, geborene Krü, offenbar nicht mehr aus der Nationalbank kannte, scheint er, wie aus dem Zusammenhang mit ihrem Anliegen deutlich wurde (s. Kap. 8), ihre Angaben für glaubwürdig gehalten zu haben. Möglicherweise existierte aber auch ihre Personalakte zu diesem Zeitpunkt noch, so dass er ihre Angaben überprüfen konnte.

Auguste Krü war 1907 von der Nationalbank für Deutschland im Alter von zwanzig Jahren eingestellt worden. Sie scheint sehr ehrgeizig gewesen zu sein und erkrankte bereits vor dem Krieg wegen Überanstrengung im Dienst. Aufgrund ihrer außergewöhnlich guten Leistungen holte Hjalmar Schacht sie in sein

649 Fachärztliches Gutachten v. 9.11.1932, in: ebd.
650 Aktennotiz v. 24.11.1936, in: HAC 500/E.6679.

Sekretariat und machte sie – wie man heute vielleicht sagen würde – zu seiner persönlichen Assistentin; d. h. sie erledigte nicht nur Sekretariatsarbeiten, sondern wurde „von ihm mit seiner Vertretung in Sitzungen usw. betraut". Sie sah ihre Stellung als gleichwertig mit der von Eva Sa an, die sie namentlich nannte. Aber während Eva Sa Procura erhalten hatte, wurde Auguste Krü dieser Aufstieg verwehrt. Eine Erklärung könnte sein, dass sie den Überstunden und dem Arbeitsanfall während des Krieges körperlich nicht gewachsen war. Jedenfalls war sie häufiger krank. Im Jahr 1920 heiratete sie einen Kollegen und schied aus dem Dienst bei der Nationalbank aus. Eine Abfindung in irgendeiner Form, etwa als Heiratsbeihilfe, erhielt sie nicht. Ein Jahr später bekam sie einen Sohn. Nach ihren Angaben hatte sie sich seitdem nie richtig von ihrer Krankheit erholt, die sie auf die Überanstrengung während ihrer dreizehn Jahre im Dienst der Bank zurückführte. Obwohl sie keine Belege für diese Behauptung vorlegte, scheint ihr der Sachbearbeiter auch diese Aussage geglaubt zu haben. Möglicherweise verfügte er aufgrund der Personalakte über Informationen, die er in der Aktennotiz nicht niederlegte. Glaubwürdig ist die Aussage aber auch insofern, als Auguste Ra nur wenige Jahre später, vermutlich Anfang der vierziger Jahre im Alter von etwa 55 Jahren verstarb.

Bei den beiden promovierten Beschäftigten handelt es sich um zwei sehr unterschiedlich gelagerte Fälle, die aber eher die Aufstiegsbarriere für Frauen bestätigten, so dass sie noch nicht einmal die Ausnahmen von der Regel darstellen. Dr. Liuba Ra war litauische Staatsbürgerin. Sie hatte dort zunächst ein russisches Mädchengymnasium besucht, war aber während der deutschen Besatzung im Ersten Weltkrieg auf ein deutsches Realgymnasium in Kaunas gewechselt. Der Vater, ein promovierter Chemiker, besaß eine Fabrik für chemische Produkte und finanzierte seiner Tochter nach dem Krieg ein Studium in Deutschland, wo sie in Königsberg, Berlin und Leipzig Staatswissenschaften studierte. In Leipzig wurde sie zum Dr. phil. In den Fächern Volkswirtschaft und Statistik promoviert. Anschließend verbrachte sie ein Jahr in Paris, um dort Französisch zu lernen. Ende des Jahres 1929 bewarb sich die 28-jährige Liuba Ra als Volontärin bei der Volkswirtschaftlichen Abteilung der Dresdner Bank, wo sie Anfang 1930 „zu informatorischen Zwecken", d. h. ohne Bezahlung, eingestellt wurde.

Volontäre hatten eine Sonderstellung unter den Auszubildenen in kaufmännischen Berufen inne. Sie waren älter und hatten bereits eine Berufsausbildung oder ein Hochschulstudium hinter sich und sollten durch das Volontariat auf die Nachfolge im elterlichen Unternehmen vorbereitet werden. Das Ziel war also keine Anstellung, sondern der Volontär sollte viele Unternehmen und Arbeitsbereiche kennenlernen. Volontäre waren bei den Kollegen in den Banken nicht sonderlich beliebt. Denn sie hielten sich nicht an die üblichen Aufstiegswege und verhielten sich aufgrund ihrer sozialen Herkunft häufig dünkelhaft gegenüber den

Angestellten, mit denen sie zusammenarbeiteten oder womöglich auch gegenüber Angestellten, die ihnen Weisungen erteilten.[651]

Im Falle von Liuba Ra kam hinzu, dass sie eine Frau, ja eine Frau mit Doktortitel, und eine Ausländerin war. Außerdem wurde sie mit der „Durchsicht der ausländischen Zeitungen und Zeitschriften" sowie der „Bearbeitung der Konjunkturstatistik" beschäftigt.[652] Damit war sie für die Bank eine sehr qualifizierte, aber auch eine sehr billige Arbeitskraft. Nur dürfte sie wenig gelernt haben. Deshalb entschied sie sich zu kündigen und heiratete wenig später. Nach dem Krieg behauptete sie, dass sie als Jüdin nicht eingestellt worden sei, um einen Anspruch auf Wiedergutmachung (Schaden im wirtschaftlichen Fortkommen) zu begründen.[653]

Aber das ist äußerst unwahrscheinlich. Abgesehen davon, dass es bei einem Volontär ohnehin nicht üblich war, auf eine Karriere bei seinem „Ausbildungs"-Betrieb zu spekulieren, gibt es für diese Zeit, zu Jahresbeginn 1931, bei der Dresdner Bank ansonsten keinerlei Hinweis auf eine antisemitisch motivierte Personalpolitik. Es ist zwar gut möglich, dass ihr Kollegen oder auch Vorgesetzte ablehnend oder gar feindselig gegenübergetreten waren. Aber dafür war ihr Geschlecht, in Verbindung mit ihrer Qualifikation, vielleicht auch noch ihre Staatsangehörigkeit, nicht aber die Konfession oder gar die „rassische" Zugehörigkeit verantwortlich. Denn davon dürften nur die wenigsten Kollegen gewusst haben.

Eine ähnliche Tätigkeit übte auch Dr. Ursula Sch aus – aber zu einer anderen Zeit, seit dem Jahr 1941, und damit unter gänzlich anderen Rahmenbedingungen als Liuba Ra. Ursula Sch hatte 1928 das Abitur bestanden und danach in Berlin Geschichte und Englisch studiert. Das Studium schloss sie 1934 mit der Promotion zum Dr. phil. ab. Anschließend trat sie in einem wissenschaftlichen Fachverlag als Redakteurin für ein bankbetriebswirtschaftliches Lehrbuch ein. Als dieses Projekt abgeschlossen war, wechselte sie in das Reichsinstitut für Berufsausbildung in Handel und Gewerbe, musste diese Stelle aber nach kurzer Zeit wieder aufgeben, um ihre schwer erkrankte Mutter zu pflegen. Der Leiter der Volkswirtschaftlichen Abteilung, Kurt Hunscha, scheint Ursula Sch aus ihrer Tätigkeit als Redakteurin gekannt zu haben und hätte sie schon damals gerne für die Dresdner Bank abgeworben. Ende 1940 konnte er sie zur Bewerbung animieren und setzte sich nachdrücklich bei dem stellvertretenden Leiter der Personalabteilung für ihre Einstellung ein. Interessant ist eine seiner angeführten Gründe. Danach sei die Tätigkeit, der er ihr übertragen wollte, nämlich die „planmäßige Auswertung des bei uns laufend eingehenden in- und ausländischen Zeitschriftenmaterials

651 Thamm, Anspruch, S. 204.

652 Abgangs-Zeugnis v. 15.1.1931, in: HAC 500/E.7130.

653 Schreiben des Entschädigungsamtes Berlin an die Dresdner Bank AG Berlin-Charlottenburg v. 27.3.1961, in: ebd.

für die Zwecke der internen Information", wie geschaffen für Ursula Sch, weil diese Tätigkeit „bekanntermaßen von intelligenten Frauen am besten und rationellsten ausgeübt wird".[654]

Eine „intelligente Frau" war Liuba Ra sicherlich auch und solange sie auf eine Bezahlung verzichtete, war sie auch so „rationell", dass man ihre Arbeitsleistung gerne entgegennahm. Aber zu Beginn der dreißiger Jahre war es angesichts der Arbeitsmarktlage unmöglich, eine Frau für solche, nicht als „rein mechanisch" qualifizierbare Arbeiten zu beschäftigen und entsprechend zu bezahlen. Das war 1941 anders. Deshalb konnte Hunscha auch noch ein zweites Argument für Ursula Sch ins Feld führen. Denn sie sei nicht nur „in idealer Weise dazu geeignet, in der Abteilung eine seit langem empfundene Lücke endlich zu schließen", sondern „für die Dauer des Krieges könnte Frl. Dr. Sch. asserdem für Arbeiten fast jeder anderen Art als Ersatz für die einberufenen Abteilungsmitglieder herangezogen werden". Denn durch ihre Redaktionsarbeit habe sie bewiesen, dass sie sich, obwohl sie kein volkswirtschaftliches Studium absolviert hatte, trotzdem „mit den volkswirtschaftlichen Problemen und Tatsachen kritisch und selbständig befassen" könne.[655]

Damit sind die Bedingungen, unter denen es möglich war, eine qualifizierte Frau wie Ursula Sch einzustellen und entsprechend ihrer Qualifikation einzusetzen, auch benannt. Sie konnte als „Springer" eingesetzt werden, wenn Männer kriegsbedingt nicht (mehr) zur Verfügung standen und sie war deutlich billiger als ein Mann mit entsprechender Qualifikation. In ihrem Fragebogen hatte sie 450 RM im Monat als Gehaltswunsch genannt. Das hätte knapp dem Einstiegsgehalt eines Prokuristen entsprochen. Sie erhielt 400 RM (sowie zusätzlich ein 13. Monatsgehalt wie die Tarifangestellten). Damit verdiente sie mit ihren 33 Jahren mehr als jede andere Angestellte in diesem Alter. Aber das war nur möglich, weil der Arbeitsmarkt schon vor Kriegsausbruch weitgehend leergefegt war und sich die Lage nach Kriegsbeginn aus Arbeitgebersicht noch einmal deutlich verschlechterte. Ein Umdenken in der Personalpolitik, die auf mittlere Sicht bessere Aufstiegschancen für Frauen in den Bereich des Möglichen rückte, war damit nicht verbunden. Darauf deutet auch der Hinweis Hunschas auf „die Dauer des Krieges" hin. Man muss wohl davon ausgehen, dass die Bank nach dem Krieg zum Status Quo Ante zurückgekehrt wäre, wenn sie 1945 so weiter hätte existieren können wie 1918.

654 Schreiben v. Dr. Kurt Hunscha (Volkswirtschaftliche Abteilung) an Direktor Georg Butz (Personalabteilung) v. 4.11.1940, in: HAC 500/E.2927.

655 Schreiben v. Dr. Kurt Hunscha (Volkswirtschaftliche Abteilung) an Direktor Georg Butz (Personalabteilung) v. 14.11.1940, in: ebd.

4 Die Betriebsfrauenwalterinnen Annemarie Nay und Käte Vick

Die Deutsche Arbeitsfront (DAF) war am 10. Mai 1933 gegründet worden. Obwohl die Gründung nur wenige Tage nach der Zerschlagung der freien Gewerkschaften erfolgt war, war die Arbeitsfront ausdrücklich nicht als nationalsozialistische Gewerkschaft konzipiert worden. Vielmehr sollte der Klassenkampf überwunden werden und an seine Stelle die „Volksgemeinschaft" treten, die, so drückte es das Organisationsbuch der NSDAP aus, ihren „sichtbaren Ausdruck durch den Zusammenschluss schaffender Deutscher der Stirn und der Faust" in der Deutschen Arbeitsfront fand. Das Ziel war demnach „die Bildung einer wirklichen Volks- und Leistungsgemeinschaft aller Deutschen".[656] Zunächst konnte sich wahrscheinlich kaum jemand unter diesen blumigen Worten etwas Konkretes vorstellen – selbst die Nationalsozialisten im Betrieb nicht, die gerade in den nazifizierten Betriebsrat eingerückt waren. Bevor die Deutsche Arbeitsfront aber in den Betrieben überhaupt einen Machtfaktor bilden konnte, musste sie dort erst einmal eine Organisationsstruktur aufbauen. Es gab zwar in vielen Unternehmen bereits NS-Betriebszellen, die eine Keimzelle für die neue Organisation hätten sein können. Aber deren Mitglieder hatten mitunter ein anderes Verständnis ihrer politischen Arbeit in den Betrieben, als es die Parteiführung verlangte.

Das war sicherlich auch in der Dresdner Bank der Fall. Dort war der Konflikt um die Frage, wie sich die Nationalsozialisten in der Bank organisieren sollten, besonders heftig. Es ging zwar vor allem um Pfründe. Aber es ging auch um das Verständnis einer nationalsozialistischen Betriebspolitik. Gerade die „Alten Kämpfer" hatten wenig Interesse daran, die Kontrolle über die organisierten Nationalsozialisten an „Märzgefallene" oder andere Neu-Nationalsozialisten abzugeben, die als Funktionäre der neuen Organisation nach oben gespült wurden.[657] Manche „Alte Kämpfer" stellten sich stur und wollten eher die Plätze der alten Gewerkschafts-

656 Organisationsbuch der NSDAP (hrg. v. Reichsorganisationsleiter der NSDAP), München 1936, S. 188.

657 Wie sehr der Aufstieg bisher als Nationalsozialisten nicht bekannter Opportunisten die Veteranen der „Bewegung" nervte, zeigt die Artikelserie „Nationalsozialistische Personalpolitik" in der monatlich erscheinenden „Werkzeitung für die Betriebsgemeinschaft Dresdner Bank ‚Betriebs-Echo'", die von NS-Betriebszellenobmann Erwin Voth selbst verfasst worden war. Darin heißt es, dass die „alten Nationalsozialisten, die Leben, Geld und Zeit geopfert haben, um ihre Ideale zu verwirklichen, ein moralisches und vom Staat verbrieftes Anrecht haben, ... bei fachlicher und persönlicher Eignung bevorzugt befördert" zu werden. „Nationalsozialistische Personalpolitik", HAC, Dresdner Bank, Betriebs-Echo, Jg. 1(1935), S. 65.

 | https://doi.org/10.1515/9783112248287-004

funktionäre im gleichgeschalteten Betriebsrat einnehmen, während andere frühzeitig erkannten, dass ein neuer Wind wehte und es besser für sie war, einen Funktionärsposten in der Deutschen Arbeitsfront zu ergattern, solange die Organisationsstrukturen noch im Aufbau waren.

Zunächst wurde die Funktion des „Betriebswalters" (später „Betriebsobmann") als oberstem Repräsentanten der DAF im Betrieb geschaffen. Diese Funktion wurde bei der Dresdner Bank anfangs dem in der Bank wegen seines brutalen Verhaltens gefürchteten NS-Betriebszellenobmanns Erwin Voth und später dem gemäßigteren Jerome Sillem übertragen. Dem Betriebsobmann unterstellt waren in Berlin elf „Hauptzellenwalter" für die wichtigsten Abteilungen und Depositenkassen. Diesen wiederum war eine nicht bekannte Zahl von „Zellenwaltern" und denen wiederum von „Blockwaltern" unterstellt. Einen parallelen Aufbau besaß auch die NS-Gemeinschaft „Kraft durch Freude" (KdF) als Unterorganisation der DAF. Dem KdF-Wart Helmut Krembzow wurden zur Organisation von Freizeitaktivitäten analog den Hauptzellenwaltern der DAF elf Hauptzellen- KdF -Warte unterstellt, denen in KdF-Angelegenheiten die Zellenwalter und Blockwalter der DAF unterstellt waren.[658] Diese Funktionen wurden ausnahmslos ehrenamtlich übernommen. Nur zwei Mitglieder des Vertrauensrates waren vom Dienst in der Bank freigestellt. Allerdings verstand es der KdF-Wart ausgezeichnet, vor allem für sich selbst und seine altgedienten Parteigenossen (einschließlich der Betriebsfrauenwalterin) Plätze für die attraktiven Italienfahrten der NS-Gemeinschaft „Kraft durch Freude" zu verschaffen.[659]

Nach und nach wurde die Organisationsstruktur der DAF in der Dresdner Bank erweitert, indem Betriebsfunktionäre für besondere Aufgaben oder bestimmte Beschäftigungsgruppen berufen wurden. Im Organigramm der Arbeitsfront sind neben dem KdF-Wart auf Betriebsebene folgende Funktionen aufgeführt: der Berufswalter, der Arbeitsschutzwalter, der Gesundheitswalter, der Pressewalter, der Propagandawalter, der Jugendwalter und schließlich die Frau-

658 Ebd., S. 62.

659 Bei drei, von November 1937 bis Januar 1938 durchgeführten Italienfahrten nahmen insgesamt zwanzig Dresdner Bank-Angestellte teil. Davon waren neunzehn Parteimitglieder, wobei bis auf vier alle vor der NS-Machtübernahme in die Partei eingetreten waren. Selbstverständlich hatten der KdF-Wart Helmut Krembzow und der KdF-Hauptzellenwalter Rudolf Franken auch für sich selbst einen Platz gesichert. Bei dem einzigen Italienfahrer ohne Parteimitgliedschaft handelte es sich um die Sekretärin im Büro des freigestellten Vertrauensrats Hans Oberberg, der ebenfalls, allerdings bei einer anderen Reise mitfuhr. Sie war neben Annemarie Nay zugleich die einzige Frau. Außerdem wurde festgelegt, dass nur die Hälfte der notwendigen Urlaubstage auf den Jahresurlaub angerechnet wurden. Aufstellung der KdF-Italienfahrten o. D., in: HAC 500/ E.7601.

enwalterin.[660] Es dauerte bis zum ersten Halbjahr 1935, bis der Aufbau der DAF-Strukturen in der Dresdner Bank abgeschlossen war. Bis zur ersten Vertrauensratswahl im Frühjahr 1934 taucht die Arbeitsfront kaum in den Akten auf. Für die Aufstellung der Einheitsliste für die Vertrauensratswahl war noch der NS-Betriebszellenobmann in Abstimmung mit dem Betriebsführer (d. h. dem für Personalangelegenheit zuständigen Vorstandsmitglied) verantwortlich. Bei den Kandidaten für die zehn ordentlichen Mitglieder und den zehn Kandidaten für die Stellvertreter handelte es sich – soweit das zu ermitteln war – abgesehen von einem vom Betriebsführer ausgewählten „Oberbeamten" ausschließlich um Aktivisten der Betriebszelle und ausschließlich um Männer.

Drei Faktoren scheinen im Laufe des Jahres 1934 dafür verantwortlich gewesen zu sein, dass sich die Arbeitsfront in der zweiten Jahreshälfte in der Dresdner Bank etablieren konnte. Erstens demonstrierte im Juni die „Nacht der langen Messer", in der die NS-Parteiführung die SA-Spitzen und andere innerparteiliche Gegner liquidieren ließ, dass ein radikaler Umbau der Gesellschaft, wie er weiten Teilen von SA und NSBO vorschwebte, nicht mehr gewünscht und dass es lebensgefährlich war daran festzuhalten.

Der zweite Faktor war die Verordnung des Führers über Wesen und Ziel der Deutschen Arbeitsfront vom Oktober 1934. Die durch diese Verordnung festgelegten Aufgaben stellten klar, dass die Arbeitsfront keine Vertretung der Arbeitnehmer war, sondern den „Arbeitsfrieden" sichern sollte, indem bei den „Betriebsführern das Verständnis für die berechtigten Ansprüche ihrer Gefolgschaft, bei den Gefolgschaften das Verständnis für die Lage und die Möglichkeiten ihres Betriebes" geschaffen wurden. Die Aufgabe der Arbeitsfront bestand deshalb darin, „zwischen den berechtigten Interessen aller Beteiligten jenen Ausgleich zu finden, der den nationalsozialistischen Grundsätzen entspricht."[661] Das war nicht die Betriebspolitik, wie sie sich viele „Alte Kämpfer" vorstellten. Aber in Anbetracht einer Verordnung ihres Führers mussten sie sich fügen.

Für die Unternehmen war die Deutsche Arbeitsfront zwar ein Fremdkörper, wie es früher die Gewerkschaften auch gewesen waren. Sie mischten sich in Dinge ein, die sie nach Arbeitgebermeinung nichts angingen. Aber so wie viele „Alte Kämpfer" erkennen mussten, dass ihr Traum von einer national*sozialistischen* Gesellschaft nicht realisiert werden würde, mussten die Arbeitgeber anerkennen, dass die Mitbestimmungsregelungen beseitigt und dadurch die Machtverhältnisse der Vorkriegszeit innerhalb der Betriebe fast wiederhergestellt worden waren; der

660 Organisationsbuch der NSDAP, S. 205b. Zu den Aufgaben dieser Funktionäre allgemein vgl. Frese, Betriebspolitik.

661 Verordnung des Führers über Wesen und Ziel der Deutschen Arbeitsfront v. 24.10.1034, § 7, in: Organisationsbuch der NSDAP, S. 186.

Vertrauensrat und die Arbeitsfront konnten sogar nützlich sein, solange die DAF-Führung die radikalen Elemente in den Fällen in Schach hielt, in denen Beförderungen und Gehaltsaufbesserungen nicht reichten, um sie zu pazifizieren.[662]

Wenn man den Vertrauensmännern und DAF-Funktionären ihre „Spielwiesen“, etwa die Drangsalierung der verbliebenen „nichtarischen“ oder der dem Regime distanziert gegenüberstehenden Beschäftigten beließ, sorgte die DAF im Gegenzug für Ruhe in der Bank. Diese wechselseitige Instrumentalisierung von Arbeitgeber und Arbeitsfront war der dritte Faktor zur Etablierung der Strukturen der Arbeitsfront innerhalb der Dresdner Bank. Sichtbarstes Zeichen für das mittlerweile entstandene gegenseitige Einvernehmen war die Unterstützung des Plans der Arbeitsfront, alle Beschäftigten freiwillig oder durch Zwang in der DAF zu organisieren, oder, wie es die Nationalsozialisten ausdrückten, die „Betriebsgemeinschaft“ zu „vervollständigen“. Die Dresdner Bank beteiligte sich an diesem Vorhaben, indem sie nicht nur von Januar 1935 an die Mitgliedbeiträge für die Arbeitsfront einzog, sondern sie unterstützte die Mitglieder-„Werbung“ mit einer von der Personalabteilung organisierten Fragebogenaktion.[663] Außerdem akzeptierte die Bank die Forderung der Arbeitsfront, bei Neueinstellungen nur noch Personen zu berücksichtigen, die Mitglied der DAF waren oder sich bereiterklärten, der Organisation vor der Einstellung beizutreten.[664]

Mit der Bestellung der Frauenwalterin ließ sich die DAF-Spitze viel Zeit. Dabei hätte es 1934 schon genug Grund für eine vom Personalbüro unabhängige Ansprechpartnerin für weibliche Angestellte gegeben, wie das Beispiel von Charlotte De zeigt. Sie war zu Jahresbeginn 1934 bei der Dresdner Bank als Aushilfe eingestellt worden. Ihr Vertrag war bis April 1934 befristet, wurde aber insgesamt viermal verlängert und dann plötzlich vorzeitig gekündigt. Dadurch geriet sie in finanzielle Schwierigkeiten, da sie mit ihrer verwitweten Mutter in einem Haushalt lebte, die ihrerseits nur eine Beschäftigung als Aushilfskraft hatte. Solche Lebenssituationen finden sich sehr häufig in den Schilderungen, die in den Personalakten des Samples überliefert sind. Aber Charlotte De ging nicht den Weg

---

662 Zur Strategie der Dresdner Bank, die führenden NSBO-Funktionäre durch Beförderungen und Gehaltsaufbesserungen ruhig zu stellen, vgl. Ziegler, Nationalsozialisten im Betrieb, S. 135 ff.

663 In diesem Fragebogen mussten alle Beschäftigten ihr Einverständnis erklären, dass die Bank berechtigt war, den DAF-Mitgliedsbeitrag ähnlich wie die Sozialversicherungsbeiträge bei der Gehaltszahlung direkt einzubehalten. Wer diesen Fragebogen bis März 1935 noch nicht abgegeben hatte, erhielt vom „Betriebsführer“ eine Erinnerung. Im Juli 1935 folgte dann eine ultimative Aufforderung, in der mit Konsequenzen gedroht wurde. Rundschreiben „An sämtliche Betriebsangehörigen“ v. 31.12.1934, in: HAC 500/50314-2001.

664 Filialrundschreiben v. 6.8.1935, in: ThürHStA, Geschlossene Banken, Teilbestand A: Dresdner Bank Nr. 16, Filiale Eisenach, Vertrauensrat 1934–1942; vgl. allgemein auch Wolfgang Spohn, Betriebsgemeinschaft und Volksgemeinschaft, Berlin 1987, S. 233.

vieler ihrer Kolleginnen und schrieb einen Bittbrief an ihren Arbeitgeber, der auf dem Schreibtisch eines Sachbearbeiters im Personalbüro landete. Sie wandte sich an die Rechtsberatung der Deutschen Arbeitsfront, trug ihren Fall vor und bat darum, dass der Berater sich mit der Dresdner Bank in Verbindung setzte. Der Berater schilderte daraufhin in einem Schreiben an die Bank den Fall, wie ihn Charlotte De dargestellt hatte. „Ohne zur Sach- und Rechtslage zunächst selbst Stellung zu nehmen“, versuchte er die Bank dazu zu bewegen, die Kündigung zurückzunehmen oder, falls das nicht möglich sei, ihr wenigstens noch das Gehalt bis zum Ende der Laufzeit des letzten Aushilfsvertrages zu zahlen.[665]

Die Bank antwortete und trug eine Begründung für die Kündigung vor, von der sie annehmen konnte, dass sie der DAF-Jurist, der die innerbetrieblichen Verhältnisse der Dresdner Bank nicht kannte, akzeptieren würde: „Eine Weiterbeschäftigung war deshalb nicht möglich, weil inzwischen in einer anderen Abteilung männliche Aushilfskräfte frei wurden, die wir zwecks der Erhaltung ihres Arbeitsplatzes gegen weibliche Angestellte ausgetauscht haben.“ Allerdings sagte die Bank zu, Charlotte De noch ihr Gehalt für den halben Monat bis zum Ende der Laufzeit des letzten Aushilfsvertrages nachzuzahlen. Damit gab sich die DAF-Beratungsstelle erwartungsgemäß zufrieden.[666] Ob die Begründung allerdings der Wahrheit entsprach, erscheint mehr als zweifelhaft. Denn erstens war Charlotte De als Kartenlocherin in der Powers-Abteilung beschäftigt und, soweit bekannt, wurden für diese Tätigkeiten keine Männer eingesetzt. Zweitens wurden im Laufe des Jahres 1934 mehrere Frauen des Samples als Kartenlocherinnen eingestellt, was darauf hindeutet, dass die Powers-Abteilung in dieser Zeit ausgebaut wurde. Eine Überbesetzung der Abteilung mit Kartenlocherinnen ist insofern unwahrscheinlich. Eine Betriebsfrauenwalterin hätte die Lüge wahrscheinlich durchschaut. Ob sie interveniert hätte, ist natürlich ungewiss. Hätte sie interveniert, was Annemarie Nay zwei Jahre später wahrscheinlich getan hätte, wäre die Bank in Erklärungsnot gekommen und hätte womöglich klein beigegeben.

Einen Hinweis auf den wahren Kündigungsgrund gibt der Entwurf für das Abgangszeugnis für Charlotte De. Dort ist nämlich nicht von einer „vollen Zufriedenheit“ die Rede, wie in fast allen Zeugnissen, sondern nur davon, dass Charlotte De „ihre Obliegenheiten zu unserer Zufriedenheit erledigt“ habe.[667] Wahrscheinlich war Charlotte De, die auf eine fünfjährige Berufserfahrung als Stenotypistin

665 Schreiben der Rechtsberatungsstelle der DAF Bezirk Berlin-Brandenburg Dr. Neumann an die Personalabteilung der Dresdner Bank v. 29.10.1934, in: HAC 500/E.3411.

666 Schreiben an die Rechtsberatungsstelle der DAF Bezirk Berlin-Brandenburg v. 3.11.1934 und Schreiben der Rechtsberatungsstelle an die Personalabteilung der Dresdner Bank v. 6.11.1934, in: ebd.

667 Entwurf für ein Abgangszeugnis v. 15.10.1934, in: ebd.

in der Commerzbank zurückblicken konnte, mit der stupiden Tätigkeit als Kartenlocherin und vor allem mit dem Gehalt in der Tarifgruppe 1, 1. Berufsjahr, auf die Dauer nicht zufrieden und machte daraus gegenüber ihren Vorgesetzten auch keinen Hehl. Das würde auch erklären, dass sie gar nicht erst den üblichen „Dienstweg" eines Bittbriefes an die Personalabteilung beschritt, sondern sich gleich an die DAF-Rechtsberatung wandte, weil es einen Ansprechpartner für sie in der Bank nicht gab.

Erst im Mai 1935 wurde die „Frauenreferentin der Betriebsgemeinschaft", wie es zunächst hieß, Annemarie Nay, in der ersten Versammlung „sämtlicher weiblicher Gefolgschaftsmitglieder" der Bank vorgestellt. Offenbar hatte es schon Unmut darüber gegeben, dass es fast zwei Jahre nach der Gründung der DAF in der Dresdner Bank immer noch keine Frauenwalterin gab. Der Betriebsobmann Erwin Voth, der die Sitzung eröffnete, sah sich wohl genötigt diese Kritik zu kontern. Dies tat der ehemalige Kolonialbeamte mit einem selten dämlichen Bild: Wie in einem vermutlich von ihm selbst verfassten oder zumindest redigierten Artikel in der „Werkzeitung der Betriebsgemeinschaft Dresdner Bank ‚Betriebs-Echo'" zu lesen war, begründete er „in launigen Worten, warum der Einbau der Arbeitskameradinnen erst jetzt erfolge. Er trug eine kurze afrikanische Erzählung von einem Ansiedler vor, der sich in Afrika ein Haus bauen lassen wollte und zu seinem Erstaunen feststellen mußte, daß die Neger den Hausbau bei der Spitze anfingen. Wir fangen beim Fundament an und setzen das Dach zuletzt oben drauf, meinte er, das Dach aber seien sie, die Krone der Schöpfung."[668]

Abgesehen von dieser armseligen Rechtfertigung sind zwei Gründe denkbar, weshalb die Frauenwalterin als vermutlich letzte der Funktionsträger der DAF in der Dresdner Bank berufen wurde. Erstens war es zu dieser Zeit das erklärte Ziel der NSDAP, Frauen aus dem Arbeitsmarkt zu verdrängen. Selbstverständlich hatte die DAF diesem Ziel nicht zu widersprechen. Dabei hätte die Frauenwalterin bei einem Aufgabenprofil der „sozialen und beruflichen Betreuung" durchaus bei dem oben beschriebenen Fall von Charlotte De wegen der befristeten Beschäftigung und niedriger Bezahlung einer qualifizierten jungen Frau intervenieren können. Das wäre zwar vermutlich auch nicht geschehen, wenn die Frauenwalterin schon im Amt gewesen wäre. Aber die Einrichtung der Funktion im Jahr 1934 hätte vielleicht bei vielen weiblichen Beschäftigten Erwartungen geweckt, die dann enttäuscht worden wären. Dass diese Frauen ihre Erwartungen, die sie vielleicht bei der Ankündigung der Berufung einer Frauenwalterin noch gehabt hatten, deutlich herunterschrauben mussten, machte das „launige" Bild von dem

668 „Die erste Versammlung der weiblichen Gefolgschaftsmitglieder", HAC, Dresdner Bank, Betriebs-Echo, Jg. 1 (1935), S. 41.

Fundament und der „Krone der Schöpfung“ deutlich. Jede der anwesenden Frauen wird verstanden haben, wie dieses Bild gemeint war und welchen Stellenwert die weiblichen Beschäftigten im Denken des Betriebsobmannes hatten.

Aber vielleicht ist der Grund für die späte Berufung zweitens sehr viel banaler. Vielleicht war es gar nicht so einfach, eine Frau zu finden, die bereit war das Amt der Betriebsfrauenwalterin zu übernehmen. Denn Frauen spielten in der Betriebszelle der Dresdner Bank, wie anderswo auch, keine Rolle. Unter den 713 im Jahr 1946 entlassenen Berliner Parteimitgliedern waren 14 Frauen als Parteimitglieder und weitere 16 Frauen als Mitglieder der NS-Frauenschaft (ohne Parteimitgliedschaft) verzeichnet. Keine dieser Frauen war NSBO-Mitglied gewesen. Das heißt zwar wegen der großen Fluktuation unter den weiblichen Angestellten nicht, dass es keine weiblichen NSBO-Mitglieder gegeben hat. Aber ein erster Hinweis auf ihre Bedeutungslosigkeit ist es allemal. Nur drei weibliche Angestellte konnten bei der Recherche überhaupt als Mitglieder der Betriebszelle namentlich ermittelt werden. Dabei handelt es sich neben Annemarie Nay um Charlotte Fu und Frieda Le, die aber beide erst nach der Machtübernahme der Nationalsozialisten als „Märzgefallene“ Mitglied der Betriebszelle in der Dresdner Bank geworden waren.

Charlotte Fu, deren Personalakte überliefert ist, ist als nationalsozialistische Aktivistin allerdings im Gegensatz zu Frieda Le zu keinem Zeitpunkt in Erscheinung getreten. Bei Frieda Le ist außer ihrer Mitgliedschaft in der NSBO und später auch in der NSDAP (seit 1937) auch nicht viel bekannt. Ihre Personalakte ist nicht überliefert. Erwähnt wurde sie einmal, weil sie im November 1935 als „altes NSBO-Mitglied“ zu ihrem 25-jährigen Dienstjubiläum von Betriebsobmann Erwin Voth Hitlers „Mein Kampf“ überreicht bekam. Wenn eine „Märzgefallene“ 1935 schon als „altes Mitglied“ gewürdigt wurde, sagt auch das etwas über das Engagement von Frauen in der Betriebszelle während der „Kampfzeit“ aus. Nach dem Krieg hatte Frieda Le ihre Parteimitgliedschaft verleugnet und musste sich deswegen 1947 auch wegen falscher Angaben vor der Entnazifizierungskommission verantworten.[669] Das rief den Betriebsrat der Dresdner Bank auf den Plan rief.[670] Er beschaffte der Entnazifizierungskommission Pankow den von Frieda Le unterschiebenen Fragebogen über ihre Mitgliedschaften in den verschiedenen NS-Organisationen (vermutlich aus dem Jahr 1939) und bemühte sich um Zeugen, die die „Persilscheine“ von zwei Angestellten der Dresdner Bank konterkarieren konnten. So forderte der Betriebsrat einen Angestellten ihrer Depositenkassen

669 Aktennotiz v. 18.3.1947, in: HAC 500/50080-2001.

670 Zur Rolle des Betriebsrats der Dresdner Bank in den Entnazifierungsverfahren von ehemaligen Angestellten der Bank vgl. Ziegler, Nationalsozialisten im Betrieb, S. 143 ff.

auf sich als Zeuge zu melden.[671] Denn er hatte in „Mischehe“ gelebt und war, wie Zeugen gegenüber dem Betriebsrat aussagten, von Frieda Le deswegen schikaniert worden.[672]

Von Annemarie Nay ist ein aktives Vorgehen gegen „Nichtarier“ in der Bank nicht überliefert. Auch an den erwähnten Konflikten unter den Nationalsozialisten war sie nicht beteiligt. Jedenfalls taucht ihr Name in keiner der Personalakten der NS-Aktivisten aus, soweit diese überliefert sind. Auch in ihrer Akte gibt es keinen Hinweis auf politische Aktivitäten, Ämter oder die Kandidatur für ein politisches Amt. Aus ihrer Personalakte geht aber hervor, dass sie im Jahr 1934 unter einer vom Vertrauensarzt der Dresdner Bank diagnostizierten „hochgradig nervösen Erschöpfung“ litt. Sie verbrachte deswegen den gesamten Juli und August in einem Sanatorium, und im November 1934 meldete sich Annemarie Nay krank, was der Büroleiter gegenüber der Personalabteilung damit erklärte, dass sie „bekanntlich am Freitag wieder einen ihrer Nervenanfälle gehabt“ habe.[673]

Unter diesen Umständen ist es kaum vorstellbar, dass sie sich an der Jahreswende 1934/35 um einen ehrenamtlichen Funktionärsposten der Arbeitsfront beworben hatte. Es ist eher vorstellbar, dass ihre Parteigenossen mangels Alternativen Annemarie Nay bedrängen mussten, sich als Betriebsfrauenwalterin zur Verfügung zu stellen. Damit aber nicht genug: Unter den Mitgliedern und stellvertretenden Mitgliedern des ersten, 1934 „gewählten“ Vertrauensrats war keine Frau. Das wird zwar kaum jemand als überraschend empfunden haben. Denn im Betriebsrat, Angestelltenrat und Arbeiterrat der Dresdner Bank saßen während der Weimarer Republik, soweit bekannt, auch nur männliche Mitglieder. Aber wenn man schon das Amt der Betriebsfrauenwalterin mit einer Frau besetzen musste, machte es Sinn, der Belegschaft auch ein weibliches Vertrauensratsmitglied vorzuschlagen. Das würde vielleicht die Wahlbeteiligung, die ebenso wie das „Wahl“-Ergebnis nie veröffentlich wurde, etwas erhöhen.

Tatsächlich ließ sich Annemarie Nay bei der zweiten Vertrauensratswahl 1935 als Kandidatin für die Stellvertretung aufstellen und wurde auch „gewählt“. Für ihre Sprechstunden und die Sitzungstermine wird sie von der Arbeit freigestellt worden sein, aber mehr wohl auch nicht. Das hätte sie eigentlich gesundheitlich schwer beeinträchtigen müssen. Aber es sind seit 1935 keine „Nervenanfälle“, kein Besuch beim Vertrauensarzt und auch keine Kur mehr dokumentiert. Das wird zwei Gründe gehabt haben. Erstens erfuhr Annemarie Nay nun die An-

671 Schreiben des Betriebsratsvorsitzenden Adolf Wendt an Benedikt Bäu o. D. (Februar 1947), in: HAC 500/ 50080-2001.

672 Schreiben von Else St v. 4.2.1947, in: ebd.

673 Schreiben des Sanatoriums Hochstein, Oberschreiberhau v. 9.8.1934 sowie Aktennotiz v. 12.11.1934, in: HAC 500/E.2640.

erkennung, die sie wahrscheinlich seit dem Tod ihres Vaters und wegen der aus der Sicht der Tochter eines höheren Beamten damit verbundenen prekären Lebensverhältnisse vermisst haben dürfte. Zweitens wurde ihr am Jahresende 1935 ein weiterer, ein dritter ehrenamtlicher Funktionärsposten übertragen. Die Gauverwaltung der Deutschen Arbeitsfront berief sie zur Frauenreferentin der Gaubetriebsgemeinschaft Groß-Berlin, wobei sie für die Ausübung ihrer ehrenamtlichen Funktionen von da an täglich nachmittags an drei Stunden von der Arbeit freigestellt wurde.[674]

Leider ist der Entscheidungsfindungsprozess über die Vergabe der Funktionen der Betriebsfrauenwalterin und der Vertrauensmänner (auch eine Frau war ein „Vertrauensmann") nicht dokumentiert. Die Akten des Vertrauensrates und des DAF-Betriebsobmannes sind nicht überliefert. Diese Bestände sind gegen Ende des Krieges wohlweislich vernichtet worden. In den Personalakten der NS-Aktivisten, die erstaunlich breit erhalten sind, finden sich dagegen nur Bruchstücke. Denn die politischen Aktivitäten ihrer Angestellten ging die Bank nichts an, solange niemand gegen die Arbeitsordnung[675] verstieß. Das war in den Tarifverträgen der Weimarer Republik so festgeschrieben; und daran hatte sich die Bank auch gehalten. Obwohl die Tarifordnungen der nationalsozialistischen Zeit dieses Gebot nicht mehr enthielten, interessierte sich die Personalabteilung für politische Aktivitäten der Angestellten nur dann, wenn sich einer der Funktionsträger der NSDAP (bzw. NSBO) oder später vor allem der DAF und natürlich der Vertrauensrat an den Personalchef oder seinen Stellvertreter wandte. Das sind zwar nur Schlaglichter auf die Aktivitäten der NS-Funktionäre in der Bank. Aber diese Quellen geben doch einen gewissen Einblick, wobei an dieser Stelle natürlich die Arbeit der beiden Betriebsfrauenwalterinnen Annemarie Nay und ihrer Nachfolgerin Käte Vick im Mittelpunkt steht.

Annemarie Nay war bereits im April 1931 in die NSDAP eingetreten und damit wahrscheinlich das erste weibliche Parteimitglied unter den Angestellten der Danat Bank überhaupt. Sie stammte aus einem ursprünglich begüterten Elternhaus. Ihr Vater war Oberregierungsrat, dessen Vorstellung von der Zukunft seiner Tochter es wohl gewesen sein dürfte, dass sie zunächst das Lyzeum besuchen und anschließend so lange im Haushalt ihrer Eltern verbleiben sollte, bis ein geeigneter Ehemann gefunden war. Dieser Plan ließ sich aber nicht verwirklichen. Der Vater fiel im Weltkrieg und die Inflation scheint das Vermögen der Familie vernichtet zu haben. Denn nach zwei Jahren im Haushalt der Mutter sah

674 Schreiben des Gauwalters der Deutschen Arbeitsfront v. 14.12.1935, in: ebd.

675 Unter der Arbeitsordnung verstand das Betriebsrätegesetz von 1920 eine Dienstvorschrift für die Arbeitnehmer eines Betriebes, die der Arbeiter- bzw. Angestelltenrat mit dem Arbeitgeber zu vereinbaren hatte. Betriebsrätegesetz v. 4.2.1920, § 78, RGBl. 1920, S. 165.

sich Annemarie Nay Ende 1921 gezwungen, in einem Schmuck- und Juwelen-Großhandel die Ware mit Preisschildern zu versehen – also in gewisser Weise ein Pendant zum „Nullenschreiben" in einer Bank. Aber das war sicherlich nicht das Leben, das sich eine Familie ihres „Standes" für ihre Tochter und vermutlich auch die Tochter selbst vorgestellt hatten.

Aber es kam noch schlimmer: die Mutter und die Schwester erkrankten schwer und Annemarie Nay musste sich wieder um den Haushalt der Familie kümmern. Bevor sie anschließend jedoch wieder mangels Qualifikation eine so wenig standesgemäße Stellung annehmen musste wie 1921, entschied sie sich mit 20 Jahren noch einen dreimonatigen Handelsschulkurs zu besuchen. Nachdem sie diesen erfolgreich abgeschlossen hatte, bewarb sie sich auf dem Höhepunkt der Hyperinflation im Sommer 1923 bei der Danat Bank.[676] Zu anderen Zeiten wäre sie mit ihrem kurzen Handelsschulbesuch kaum eingestellt worden. Aber als „Nullenschreiberin" war sie ausreichend qualifiziert. Zunächst wurde sie im Wechselbüro beschäftigt, wo sie vermutlich typische inflationsbedingte Bürohilfstätigkeiten verrichtete. Aber ihre Vorgesetzten merkten schnell, dass Annemarie Nay auch für qualifiziertere Arbeiten geeignet war, und so wurde sie bei der Entlassungswelle 1924/25 verschont und nur ein Jahr nach ihrer Einstellung in die Effektenabteilung versetzt, wo sie als Assistentin des Tresorverwalters beschäftigt wurde, wodurch sich auch das Gehalt aufbesserte.

Die Gründe für den frühen Eintritt in die NSDAP sowie in die bei der Danat Bank schon damals recht aktive NS-Betriebszellenorganisation liegen im Dunkeln. Denkbar ist, dass Annemarie Nay den eigenen und den sozialen Abstieg ihrer Familie nicht dem Kaiser, seinen Regierungen und Militärs für den Krieg, die Kriegführung und die Kriegsfolgen anlastete, sondern der Republik und deren „Erfüllungspolitikern". Denkbar ist aber auch die spezifisch völkisch-nationalistische Ideologie der Partei mit ihrem selbst für das rechte Spektrum der Parteien radikalen Antisemitismus. Überlieferte Hinweise auf ihre politische Einstellung gibt es abgesehen von der Tatsache der Mitgliedschaft in NSDAP und NSBO für die Zeit vor der Machtübernahme der Nationalsozialisten keine.[677] Aber eines ist sicher: Anders als bei den „Märzgefallenen" des Frühjahrs 1933 kann Opportunismus als Motiv für den Parteieintritt bei Annemarie Nay ausgeschlossen werden.

Im Gegenteil, auch wenn die sogenannten „Alten Kämpfer" später ihre „Kampfzeit" als entbehrungsreich mythologisierten, um daraus den Anspruch auf

676 Handschriftliches Bewerbungsschreiben mit Lebenslauf v. 24.6.1923 sowie Personalbogen (ausgefüllt o. D., Juli 1923), in: HAC 500/E.2640.

677 Das erste Mal, als Nay in ihrer Personalakte politisch in Erscheinung trat, war der Antrag, für den Besuch des Reichsparteitags im September 1935 Sonderurlaub zu erhalten. Dieser Antrag wurde natürlich genehmigt. Schreiben an Annemarie Nay v. 4.9.1935, in: ebd.

„Wiedergutmachung“ oder zumindest auf eine gewisse Privilegierung abzuleiten, musste Annemarie Nay im Frühjahr 1931 damit rechnen, dass ihre Vorgesetzten ihre NSDAP-Mitgliedschaft nicht gutheißen, bestenfalls ignorieren würden, wenn sie sich herumsprach. Das galt natürlich besonders für jüdische Vorgesetzte, wobei der Anteil der später sogenannten „Nichtarier“ unter den „Oberbeamten“ beider Banken in den frühen dreißiger Jahren bei über sechzehn Prozent lag.[678] Da war die Wahrscheinlichkeit, einem jüdischen Bürochef oder Abteilungsdirektor zugeteilt zu werden, recht hoch; und es wäre nur menschlich, wenn ein Bürochef eine Stenotypistin anders behandelte als alle anderen, wenn er wüsste, dass sie ihn, seine Familie und weite Teile seiner Freundes- und Verkehrskreise für alle Übel dieser Welt verantwortlich machte und sich wünschte, dass er und seine Familie eines Tages ihrer gesellschaftlichen Stellung beraubt werden würden. Auch wenn es keinen Beleg für die seinerzeit gerne kolportierte Legende einer besonderen Förderung jüdischer Angestellter durch die Geschäftsinhaber und Direktoren der Danat Bank gibt, werden diejenigen, die an die „jüdische Weltverschwörung“ glaubten, dieses Gerücht in Anbetracht der Tatsache, dass fünf der sechs Geschäftsinhaber der Danat Bank jüdischer Herkunft waren, nur allzu gerne geglaubt haben.[679]

Als Annemarie Nay im Mai 1935 als „Frauenreferentin“ vorgestellt wurde und alle Zuhörerinnen ihren Worten, so der Artikel im „Betriebs-Echo“, „mit Spannung“ folgten, werden diejenigen enttäuscht gewesen sein, die sich vorgestellt hatten, dass Annemarie Nay etwas zu ihren künftigen Aufgaben sagen würde. Das tat sich nicht, sondern sie berichtete von den „vielseitigen ‚Samariterdiensten der Frau in den Kampfjahren‘, die nie gefragt habe, was bekomme ich dafür,“ und erst am 30. Januar 1933 die „schönste Belohnung“ erhielt. Ob Annemarie Nay wirklich die Idee hatte, sich selbst als „alten Kämpfer“ so über den grünen Klee zu loben, erscheint eher unwahrscheinlich. Solche Elogen waren typisch für den Betriebsobmann Voth, dem sie als DAF-Funktionärin unterstellt war.

Wahrscheinlich war Annemarie Nay zu diesem Zeitpunkt selbst noch nicht klar, was sie als „Frauenwalterin“ in den nächsten Monaten angehen würde. Für den politischen Teil der Versammlung war deshalb auch ein Fräulein Wenzel, Frauenreferentin bei der Reichsbetriebsgemeinschaft Banken und Versicherungen, eingeladen worden. Allerdings sprach auch sie nur über die „Ziele der weib-

678 Ziegler, Dresdner Bank, S. 24.

679 Ziegler, „Entjudung“, in: Bähr, Dresdner Bank S. 85. Mit der Fusion änderte sich daran im Prinzip nichts. Im Frühjahr 1932 waren zehn der vierzehn Mitglieder der Geschäftsleitung des fusionierten Instituts jüdischer Herkunft. Ziegler, Dresdner Bank, S. 23.

lichen Mitarbeit zur Festigung der Betriebsgemeinschaft".[680] Was unter der „Festigung der Betriebsgemeinschaft" für Frauen konkret zu verstehen war, konnten die Beschäftigten der Dresdner Bank in der gleichen Ausgabe des „Betriebs-Echos" lesen, in dem über die Frauenversammlung berichtet wurde. In dem Artikel „Die Frau im nationalsozialistischen Staat" hieß es: „Auch die berufstätige Frau weiß, dass es heute nicht mehr darum geht, die Unterschiede der Nationen und der einzelnen Menschen zu leugnen. Der Charakter, die innere Freiheit, das Rassebewusstsein entscheidet. Die Frau arbeitet auch nicht mehr, um dem Mann seinen Arbeitsplatz fortzunehmen und somit der Natur ins Handwerk zu pfuschen, indem sie Werte des Mannes auf sich übertragen möchte. Es ist ... nur wichtig, dass wir ... in unserem Beruf 'Frau' sind und bleiben."[681]

Klügeren Nationalsozialisten als es der Betriebsobmann Erwin Voth war, dürfte aber klargewesen sein, dass Frauen mit chauvinistischer und rassistischer Ideologie allein nicht für den Nationalsozialismus zu gewinnen waren. Man musste ihnen vielmehr das Gefühl geben, dass sie ganz persönlich vom nationalsozialistischen Staat profitierten. Im Organisationsbuch der NSDAP wurde deshalb auch die „Betreuung der berufstätigen Frauen" als eine der Aufgaben des Betriebsobmannes aufgeführt, die er bei größeren Betrieben von Mitarbeitern „in seinem Auftrag" bearbeiten lassen konnte. Dazu heißt es: „Der Betriebsobmann der DAF ist verantwortlich für die weltanschauliche Ausrichtung und Erziehung sowie für die soziale und berufliche Betreuung der im Betrieb tätigen Frauen. In Betrieben mit wenigstens sechs berufstätigen Frauen wird eine Frauenwalterin zur Beratung und zur Unterstützung des Betriebsobmannes der DAF und in dessen Auftrag zur Bearbeitung der Frauenfrage berufen."[682]

Bei dem für die „Frauenfrage" zuständigen Frauenamt der DAF war es die höchste „soziale Aufgabe", die Frau als „Mutter des Volkes" zu schützen. Eine „neue Arbeitsteilung nach nationalsozialistischen Gesichtspunkten" sollte es ermöglichen, dass „wertvolle Frauenkraft zur besten Leistung gelangen kann und die Frau trotzdem für ihre künftige Mutterschaftsleistung geschützt wird."[683] Gemeint war damit der Frauenarbeitsschutz, d. h. die Betriebsfrauenwalterinnen hatten darauf zu achten, dass die Schutzbestimmungen vor schwerer körperlicher und gesundheitsgefährdender Arbeit sowie bei Schwangerschaften und Geburten eingehalten wurden und ggf. Verbesserungsvorschläge zu machen. Nach

680 „Die erste Versammlung der weiblichen Gefolgschaftsmitglieder", HAC, Dresdner Bank, Betriebs-Echo, Jg. 1 (1935), S. 41.

681 „Die Frau im nationalsozialistischen Staat", in: ebd., S. 40.

682 Organisationsbuch der NSDAP, S. 206q.

683 Otto Marrenbach, Fundament des Sieges. Die Gesamtarbeit in der Deutschen Arbeitsfront von 1933 bis 1940, Berlin 1941, S. 230 f.

Kriegsbeginn kam die Sorge um eine ausreichende Kinderbetreuung hinzu, damit auch die Mütter die volle Arbeitszeit (einschließlich kriegsbedingter Mehrarbeit) leisten konnten. Sollte dies nicht möglich sein, sollte den Unternehmen nahegebracht werden, Halbtagsarbeit für Mütter kleiner Kinder zu ermöglichen.[684]

Diese Ausgestaltung des Schutzes der Frau „als Mutter des Volkes" war tatsächlich bei einem Bankbetrieb nicht relevant. Gesundheitsgefährdende Arbeit verrichtete keine Frau und obwohl die Bedienung der Maschinen bei langen täglichen Arbeitszeiten über die Jahre Arm- und Schultergelenk schädigen konnte, war der Arbeitsplatz einer Stenotypistin, ja selbst der Arbeitsplatz einer Kartenlocherin zeitgenössisch kaum als „körperlich schwer" angesehen worden. Schwangerschaften und Geburten kamen bei den weiblichen Angestellten wegen des „Doppelverdienerverbots" ohnehin so gut wie nie vor. Lediglich die Betreuung von Kleinkindern während des Krieges wäre ein Problem gewesen, als auch verheiratete Frauen bei der Dresdner Bank beschäftigt wurden. Aber das war 1935 noch kein Thema.

Deswegen war die „Bearbeitung der Frauenfrage" für den Betriebsobmann in der Dresdner Bank offenbar nicht wichtig, wie die späte Berufung der Frauenwalterin und seine „Krone der Schöpfung"-Bemerkung beweisen. Seine Vorstellung war die „weibliche Mitarbeit zur Festigung der Betriebsgemeinschaft" und Annemarie Nay ging diese Vorstellung ihres vorgesetzten Betriebsobmannes auch tatsächlich in den folgenden Monaten an. Anders als bei ihren männlichen Kollegen bestand ihre Hauptaufgabe als „Vertrauensmann" und Betriebsfrauenwalterin nicht in der offensiven Propagandaarbeit. Nur etwa einmal im Jahr organisierte sie politische Frauenversammlungen. Vielmehr engagierte sie sich federführend bei den Sammlungen des Winterhilfswerks in der Bank, richtete Reichsmütterdienstkurse im Kochen, Nähen und in der Heimgestaltung ein, was auch und gerade für unverheiratete junge Frauen mit Heiratswunsch attraktiv war, und organisierte Gymnastikabende. Außerdem führte sie Kameradschaftsfeste und „Damenkränzchen" zu allen möglichen Gelegenheiten durch.[685]

Aber Erwin Voth war nur noch wenige Monate ihr vorgesetzter Betriebsobmann. Warum er zu Jahresbeginn 1936 durch Jerome Sillem abgelöst wurde, ist nicht bekannt. Aber Sillem kannte Nay schon aus ihrer gemeinsamen Zeit im Dunstkreis der NS-Betriebszelle in der Danat Bank[686] und ließ ihr bei der Ausge-

---

684 Ebd., S. 236. Vgl. auch Michael Schneider, Unterm Hakenkreuz. Arbeiter und Arbeiterbewegung 1933 bis 1939, Bonn 1999, S. 202 f.

685 „Der Betriebsführer spricht vor den Frauen der Hauptbank". HAC, Dresdner Bank, Betriebs-Echo, Jg. 1 (1935), S. 200.

686 Nach einem Bericht des „Betriebs-Echo" hatten fünf Angestellte der Depositenkasse am Nollendorfplatz zu Beginn des Jahres 1931 die Betriebszelle in der Danat Bank gegründet (HAC,

staltung ihrer Aufgaben freie Hand. Sichtbarster Ausdruck des Vertrauens, das Sillem in Nay hatte, war die Tatsache, dass er als Betriebsobmann im Vertrauensrat, der nach der Aussetzung der „Wahlen" 1936 zusammen mit dem Betriebsführer über die Zusammensetzung des Vertrauensrats zu entscheiden hatte, dafür sorgte, dass Annemarie Nay 1937 zum ordentlichen Vertrauensratsmitglied berufen wurde.[687]

Seit 1936 taucht Annemarie Nay immer wieder in den Personalakten der Samplemitglieder auf. Sie hielt in der Zeit ihrer Freistellung u. a. Sprechstunden für weibliche Angestellte ab; und wenn sie ein Anliegen für berechtigt hielt, informierte sie den Betriebsobmann Sillem, der ihr entweder grünes Licht gab, in der Sache qua Amt bei der Personalabteilung zu intervenieren oder den Fall zunächst dem Vertrauensrat vorzulegen. Die Art und Weise, wie sich die beiden im Umgang mit der Personalabteilung „die Bälle zuspielten", dürfte als ein weiterer Beleg für ihren vertrauensvollen Umgang gelten.

Ein Beispiel ist die Behinderung von Käte Al. Sie hatte sich 1934 als Kartenlocherin bei der Dresdner Bank beworben und war eingestellt worden, obwohl ihr rechter Arm deutlich verkürzt und der Ellenbogen versteift war.[688] Sie war zunächst in die Tarifgruppe 1 eingestuft und blieb dort auch bis zur Tarifgruppenreform 1937, als sie in die Tarifgruppe 2 eingestuft wurde, was sich aber beim Gehalt, das Ende 1938 142 RM im Monat betrug, kaum auswirkte. Allerdings bereitete ihr ihre Behinderung bei der Arbeit an der Leistenlochmaschine mit der Zeit Probleme. Ihr Vorgesetzter attestierte Käte Al zwar ein fleißiges Bemühen, betonte aber auch, dass sie aufgrund ihres „körperlichen Gebrechens ... nicht besonders schnell" arbeitete.

Den Druck, der auf sie ausgeübt wurde, hielt sie in Verbindung mit ihrer Behinderung auf die Dauer nicht aus: So wandte sie sich im Herbst 1938 an die DAF-

---

Dresdner Bank, Betriebs-Echo, Jg. 2, Januar 1936, S. 13). Sillem kann allerdings nicht dabei gewesen sein, denn er hatte nie in einer Depositenkasse gearbeitet. Nach eigenen Angaben war er bereits deutlich früher als Einzelmitglied in die NSBO eingetreten, konnte aber, so seine eigene Darstellung, wegen seiner häufigen SA-Dienste und zahlreicher Überstunden keine Zelle in der „Judenbank" gründen (Bundesarchiv Berlin, BDC, Jerome Sillem, Schreiben an die Privatkanzlei des Führers v. 14.11.1938). Auch Annemarie Nay war in der Depositenkasse am Nollendorfplatz nicht beschäftigt gewesen. Es ist deshalb anzunehmen, dass sie wenig später dazustieß, als die Zelle sich auf die Gesamtbank ausdehnte. Beide waren wahrscheinlich keine Aktivisten der Zelle. Sillem war ein sehr aktiver SA-Mann, der in der Hierarchie der Organisation schnell aufstieg und Nay agierte eher im Hintergrund als „Samariter", wie sie es selbst beschrieb. Dennoch war der Kreis der Mitglieder zu der Zeit noch so klein, dass sich alle persönlich gekannt haben werden.

687 Die Verpflichtung von Annemarie Nay zum ordentlichen Mitglied im Vertrauensrat erfolgte am 23.7.1937. Aktennotiz v. 12.6.1937 (mit handschriftlicher Ergänzung o. D.), in: HAC 500/E.2640.

688 Ärztlicher Personalbogen v. 11.4.1934, in: HAC 500/E.1175.

Betriebsfrauenwalterin und bat um deren Unterstützung für ein Versetzungsgesuch. Nay hielt das Anliegen für berechtigt und veranlasste Sillem, den Fall in der nächsten Vertrauensratssitzung auf die Tagesordnung zu setzen. Dort trug Nay den Fall vor und der „Betriebsführer" Schippel sagte zu, „Frl. A. in Stenographie und Maschineschreiben prüfen" zu lassen und sie „bei sich bietender Gelegenheit" zu versetzen, „falls sie den Anforderungen genügt".[689]

Wie dieses Beispiel aber auch zeigt, ging es bei Nays Interventionen immer nur um individuelle und nicht um grundsätzliche Fragen. Sie kannte ihre Grenzen und stellte ganz im Sinne des oben zitierten Artikels im „Betriebs-Echo" weder die Geschlechterhierarchie in Frage noch prangerte sie Missstände über den konkreten Einzelfall hinaus an. Das Äußerste, was Nay riskieren wollte oder konnte, war die Unterstützung von Frauen, die bei der Einstufung in die Tarifgruppen benachteiligt worden waren. Denn auch das widersprach nicht grundsätzlich DAF-Positionen. So war es in Einzelfällen zulässig, einen „gerechten Lohn" einzufordern. Der Leiter des Hauptpersonalamtes der DAF, Otto Marrenbach, hatte es in manchen Fällen sogar für zulässig erachtet, wenn Frauen (allerdings nur bezogen auf Arbeiterinnen) den „Männerlohn" erhielten.[690]

Die Angestellten, die sich in der Gehaltsfrage ungerecht behandelte fühlten, zogen zum Vergleich zwar nie den „Männerlohn" herum, sondern verglichen ihr Gehalt mit dem Gehalt anderer Frauen im Unternehmen. Aber Annemarie Nay verstieß dennoch nicht gegen die DAF-Grundsätze, wenn sie der Personalabteilung eine Zulage oder eine andere Einstufung in die Tarifgruppen empfahl. Wahrscheinlich waren Gehaltsfragen die häufigsten Anliegen, die Nay vorgetragen wurden und ziemlich sicher wurden ihr sehr viel mehr Fälle zugetragen, als sie an die Personalabteilung weitergab. Denn sie prüfte den Fall erst und entschied dann, ob das Anliegen eine Berechtigung hatte oder nicht. Nur wenn sie eine Berechtigung sah, reichte sie das Anliegen und dann immer befürwortend an die Personalabteilung (bzw. zunächst an den Vertrauensrat) weiter. Damit entlastete sie die Personalabteilung in nicht unerheblichem Maße. Die Direktoren der Abteilung wussten das auch zu honorieren. Denn in den Akten der Samplemitglieder ist nicht ein einziger Fall dokumentiert, in dem die Personalabteilung der Empfehlung von Annemarie Nay oder einer Empfehlung des Vertrauensrats, die auf einen Antrag von Nay zurückging, nicht gefolgt wäre.

Lediglich in einem Fall lehnte der Personalchef eine Eingabe von Nay ab. Aber Nay verstand es sich trotzdem durchzusetzen. Die seit über 20 Jahren bei

---

689 Auszug aus dem Sitzungsprotokoll des Vertrauensrats der Dresdner Bank v. 7.11.1938, in: ebd.

690 Marrenbach, Fundament, S. 338.

der Dresdner Bank beschäftigte Charlotte Ra wandte sich im Februar 1937 an den Vertrauensrat und bat um Unterstützung in einer finanziellen Notsituation. Ihre 76-jährige Mutter, die nicht krankenversichert war und keine Rente bezog, hatte mehrere Wochen im Krankenhaus gelegen. Die Krankenhausrechnung konnte Charlotte Ra nicht bezahlen und bat um ein Darlehen über 300 RM, das sie in monatlichen Raten von 15 RM abzahlen wollte.[691] Ihr aktuelles Gehalt betrug 248 RM brutto. Der Vertrauensrat bewilligte ihr daraufhin aus einem „Sonderfonds des Vertrauensrats" eine Beihilfe über 100 RM und die Bank gewährte ihr ein Darlehen über 200 RM. Nachdem sie davon gut die Hälfte zurückgezahlt hatte, erließ die Bank ihr den Rest.[692]

Ein Jahr später meldete sich Annemarie Nay bei der Personalabteilung und bat für Charlotte Ra erneut um eine Unterstützung. Mittlerweile war die Mutter verstorben und Charlotte Ra hatte beim Vertrauensrat zur Deckung der Kosten für den letzten Krankenhausaufenthalt sowie für die Beerdigung ein Darlehen über 200 RM erbeten. Nay bat dringend darum, auch dieses Mal zu helfen und begründete dies in „Samariter"-Manier, nämlich dass die Bank damit „einem bescheidenen, sehr pflichttreuen und ordentlichen Menschenkind wieder neuen Lebensmut" geben könne.[693] Der Personalchef notierte am Rand des Briefes von Nay ein „Nein!". Nachdem ihr die Ablehnung bekanntgegeben worden war, brachte sie ihr Anliegen über Sillem in den Vertrauensrat. Dort überzeugte sie nicht nur die Parteigenossen, sondern auch den „Betriebsführer". Der wies anschließend den Personalchef an, Charlotte Ra eine einmalige Beihilfe über 150 RM zu gewähren.[694]

Die weitgehendste, auf Annemarie Nays Initiative zurückgehende Korrektur einer Entscheidung der Personalabteilung, die in den Personalakten des Samples überliefert ist, dürfte der Fall von Gertrud Kü aus dem Jahr 1938 sein. Die zu diesem Zeitpunkt 36 Jahre alte Gertrud Kü fühlte sich von ihrem Büroleiter abgeschoben und beschwerte sich darüber bei Annemarie Nay. Nay hielt den (modern gesprochen) Mobbing-Vorwurf für berechtigt und brachten diesen und noch einen weiteren Fall, den Fall eines nicht zum Sample gehörenden Fräulein Kr, im Vertrauensrat zur Sprache. Im Protokoll der Sitzung hieß es: „Pgn. Nay wies auf die Behandlung von älteren weiblichen Angestellten hin und erwähnte u. a. den

691 Schreiben von Charlotte Ra an den Vertrauensrat der Dresdner Bank v. 15.2.1937, in: HAC 500/E.4781.

692 Schreiben der Personalabteilung an den Vertrauensrat v. 26.4.1937, in: ebd.

693 Schreiben v. Charlotte Ra an den Vertrauensrat o. D. sowie Schreiben von Annemarie Nay an den Vertrauensrat v. 6.7.1938, in: ebd.

694 Vorlage für die Vertrauensratssitzung v. 8.7.1938 sowie Schreiben an Charlotte Ra v. 11.7.1938, in: ebd.

Fall Ak. (Arbeitskameradin, D.Z.) Kü, welche heute nach 20-jähriger Tätigkeit aus dem Kurtagebüro in das Sachdepot versetzt wurde; sie wird hier mit nebensächlichen Arbeiten beschäftigt."[695] Der Vertrauensrat schloss sich der Beschwerde an und gab eine entsprechende Empfehlung an die Personalabteilung weiter. Der Hinweis auf die „nebensächlichen Arbeiten" ist wohl so zu verstehen, dass Gertrud Kü fürchtete, dass ihr in absehbarer Zeit die übertarifliche Zulage von 20 RM gestrichen werden würde. Denn diese Zulage hatte sie 1935 ebenfalls aufgrund einer Intervention des Vertrauensrates zugesprochen bekommen, der das seinerzeit damit begründet hatte, dass sie die gleichen Arbeiten zu erledigen habe wie ihre männlichen Kollegen, die ein Gehalt nach der Tarifgruppe 3 bezogen, während Gertrud Kü nur nach dem Tarif der Gruppe 2 bezahlt wurde.[696] Im Sachdepot wäre dieses Argument für die Leistungszulage entfallen. Durch die Intervention des Vertrauensrats bekam das Anliegen ein ganz anderes Gewicht als der übliche Bittbrief. Einen Monat später war Gertrud Kü wieder in einer Abteilung tätig, in der sie keine „nebensächlichen Arbeiten" mehr ausführen musste, so dass ihre Zulage nicht mehr gefährdet war.[697] Auch im Fall des Fräulein Kr hatte die Intervention des Vertrauensrats Erfolg. In ihrem Fall durfte sie an ihrem alten Arbeitsplatz verbleiben und der Abteilungsdirektor vor Ort wird wohl ermahnt worden sein. Denn der Vertrauensrat hatte ihn kritisiert, weil er sich Fräulein Kr gegenüber „nicht so benommen habe, wie er es sollte".[698]

In gewisser Weise holte die Dresdner Bank damit unfreiwillig eine Erfahrung nach, die die Darmstädter Bank vor und während des Ersten Weltkrieges sowie in der ersten Nachkriegszeit mit Fräulein vK gemacht hatte. So wie damals ein vertrauensvolles Verhältnis die Voraussetzung für ein funktionierendes Zusammenspiel zwischen dem Direktor der Personalabteilung Fritz Ehlerding und Fräulein vK in der „Frauenfrage" war, war es zwanzig Jahre später das vertrauensvolle Verhältnis zwischen dem Obmann Sillem und der Frauenwalterin Nay. Fräulein vK hörte sich die Beschwerden und Wünsche ihrer Kolleginnen an und war als Frau sowie durch ein gewisses Maß an Empathie in der Lage, das Vertrauen vieler weiblicher Angestellter zu gewinnen, obwohl sie Teil der Personalabteilung war und sich keineswegs vorbehaltlos auf die Seite der Frauen stellte. Annemarie Nay war nicht Teil der Personalabteilung, was es ihr einerseits erleichterte Vertrauen zu gewinnen. Andererseits war sie eine „Nazisse", was womöglich manche Frauen auch davon abgehalten haben könnte, überhaupt mit ihr

695 Protokollauszug der Vertrauensratssitzung v. 18.1.1938, in: HAC 500/E.4969.
696 Schreiben des Vertrauensrates der Dresdner Bank an die Personalabteilung v. 21.12.1935 und Schreiben der Personalabteilung der Dresdner Bank an Gertrud Kü v. 21.12.1935, in: ebd.
697 Das zeigt eine Aufstellung v. 1.9.1943, in: ebd.
698 Aktennotiz v. 5.5.1938, in: ebd.

in Kontakt zu treten. Denn man konnte nicht wissen, ob irgendetwas von dem, was man ihr anvertraute, nicht irgendwann bei der Gestapo landete und dann gegen einen verwendet wurde. Denn zur Deutschen Arbeitsfront gehörte auch das Amt „Information", ein Spitzeldienst, der nachweislich in der Dresdner Bank aktiv war. Ob Annemarie Nay Zuträgerin dieses Spitzeldienstes gewesen ist, lässt sich jedoch nicht nachweisen. Spitzeldienste für die DAF wären allerdings auch unklug gewesen, wenn sie ihre Aufgabe so ernstnahm, wie es aufgrund der überlieferten Einzelfälle den Anschein hat. Aber natürlich war sie nicht frei zu entscheiden, ob sie auch für das „Amt Information" als Zuträgerin arbeitete oder nicht.

Nach sieben Jahren im Vertrauensrat und als Betriebsfrauenwalterin entschied sich Annemarie Nay mit 39 Jahren, ihr altes Leben aufzugeben und ein völlig neues zu beginnen. Im Sommer 1942 heiratete sie ihren Kollegen Paul Fischer und entschied sich im Gegensatz zu den meisten anderen weiblichen Angestellten in ihrer Lage zu kündigen. Ihre „Heiratsbeihilfe" war mit 600 RM nach fast zwanzig Dienstjahren nicht einmal annähernd so hoch, wie die Heiratsbeihilfen, die den Frauen in den dreißiger Jahren gezahlt wurden. Das hatte aber nichts mit ihrer Person zu tun. Im Gegensatz zu den dreißiger Jahren war die Bank während des Krieges nicht mehr daran interessiert, dass die weiblichen Angestellten aus dem Dienst ausschieden, wenn sie heirateten. Damals bildete die Heiratsbeihilfe in Verbindung mit dem staatlichen Ehestandsdarlehen einen Anreiz zu heiraten und einen Arbeitsplatz freizumachen (s. Kap. 3.4.2.). In Anbetracht des Arbeitskräftemangels sollte während des Krieges auf keinen Fall durch die Heiratsbeihilfe ein Anreiz geschaffen werden zu kündigen. Deshalb wurde die Heiratsbeihilfe vom aktuellen Monatsgehalt und den Dienstjahren entkoppelt und die Frauen, die trotz Heirat im Dienst blieben, erhielten 300 RM Heiratsbeihilfe und Frauen, die nach der Heirat die Bank verließen, nur 600 RM.[699] Annemarie Nay wurde also nicht privilegiert behandelt. Das war auch schon bei ihrem Gehalt so gewesen. Sie war nie in die Tarifgruppe 4 befördert worden, nur die Leistungszulage war mit 40 RM höher als bei anderen weiblichen Angestellten ausgefallen. So gehörte sie mit einem Gehalt von zuletzt 298 RM (ohne Mehrarbeitspauschale) nicht zu den Spitzenverdienerinnen unter den weiblichen Angestellten der Dresdner Bank.[700] Von allen Aktivisten der frühen Jahre sorgten lediglich Jerome Sillem und Annemarie Nay nicht dafür, dass sie befördert wurden oder sich zumindest über einen gewaltigen Gehaltsanstieg freuen konnten.

699 Aufstellung v. 5.10.1942, in: HAC 500/E.2640.
700 Gehaltsübersicht o. D. (Oktober 1942), in: ebd.

Bei der Nachfolgerin von Annemarie Nay handelte es sich um die 1934 eingestellte Käte Vick. Ihr Vater war Gutsverwalter in Mecklenburg gewesen, aber bereits 1918 in französischer Kriegsgefangenschaft verstorben. Nach dem Krieg zog die Mutter nach Berlin, wo Käte Vick zunächst eine Privatschule und anschließend die Handelsschule besuchte. Nach der Schulzeit absolvierte sie erfolgreich eine Lehre als Versicherungskaufmann bei einer Feuerversicherungsgesellschaft. Die Versicherung übernahm sie nach der Lehrzeit zunächst auch erst, kündigte ihr aber nach acht Monaten wegen „Betriebseinschränkung" wieder. Im Jahr 1932 und in der ersten Hälfte 1933 war Käte Vick arbeitslos. Erst im August 1933 fand sie eine neue Beschäftigung, und zwar beim Ring- und Schutzverband geschädigter Auslandsdeutscher, Kolonialdeutscher und Verdrängter. Obwohl dieser Verband dem rechten politischen Spektrum zuzurechnen ist, muss die Bewerbung von Käte Vick dort nicht unbedingt schon in dieser Zeit auf eine nationalsozialistische Gesinnung hindeuten. Denn die Geschäftsstelle des Verbandes befand in demselben Haus, in dem ihre Mutter und sie lebten.[701] Allerdings scheint sich Käte Vick spätestens durch diese Tätigkeit dem Nationalsozialismus verschrieben zu haben.[702] Denn nachdem sie „wegen Arbeitsmangels" beim Ring- und Schutzverband gekündigt worden war, bewarb sie sich im April 1934 bei der Dresdner Bank und gab als Referenz die Nationalsozialistische Kriegsopferversorgung an. Wahrscheinlich sorgte diese Verbindung auch dafür, dass Käte Vick sofort eingestellt wurde. Denn nicht sie, sondern die NS-Kriegsopferversorgung reichte die Bewerbung bei der Bank ein.[703]

Trotz der Protektion durch eine NS-Organisation musste Käte Vick aber die Stenotypistinnenprüfung durchlaufen, in der sie scheiterte. Der Prüfer, der offenbar nicht wusste, wen er gerade geprüft hatte, vermerkte auf der Abschrift des Prüfungstextes, dass sie nur als Kartenlocherin Verwendung finden könne;[704] und tatsächlich reichte der lange Arm des NS-Staates noch nicht so weit, um zu verhindern, dass Käte Vick trotz ihrer kaufmännischen Ausbildung tatsächlich in der Powers-Abteilung eingesetzt wurde, nur einen befristeten Arbeitsvertrag erhielt und in die Tarifgruppe 1, 1.Berufsjahr eingestuft wurde.[705] Über ihre Tätigkeit, die Befristung und das Gehalt wird Käte Vick wenig erfreut gewesen sein.

701 Personalbogen (ausgefüllt am 25.4.1933), in: HAC 500/E.1147.

702 NSDAP-Mitglied konnte sie zu dieser Zeit wegen der Aufnahmesperre nicht mehr werden. Aber sie trat, abgesehen von der Deutschen Arbeitsfront, auch keiner anderen NS-Organisation bei.

703 Schreiben an Käte Vick v. 23.4.1933, in: ebd.

704 Abschrift des Prüfungstextes mit handschriftlicher Anmerkung des Prüfers o. D. (April 1934), in: ebd.

705 Schreiben an Käte Vick v. 27.4.1933, in: ebd.

Aber sie war im Vorjahr über Monate arbeitslos gewesen, so dass sie die Stelle auch unter diesen Bedingungen annahm. Daraufhin meldete die Dresdner Bank der NS-Kriegsopferversorgung, dass sie die „Kriegerwaise" Käte Vick „aushilfsweise" eingestellt hatte.[706]

Wie in den anderen Fällen der im Jahr 1934 eingestellten Frauen, wurde der Arbeitsvertrag vor Ablauf jeweils monatsweise, höchstens einmal um ein Vierteljahr verlängert, ohne dass die Angestellte wusste, ob sie irgendwann dauerhaft beschäftigt werden würde. Als die Bank im Sommer 1934 nach einer Anordnung des Präsidenten der Reichsanstalt für Arbeitsvermittlung und Arbeitslosenversicherung solche Arbeitskräfte unter 25 Jahren melden sollte, die sie bereit war im Austausch für arbeitslose ältere Bankangestellte zur Entlassung vorzusehen, empfahl der Büroleiter von Käte Vick in der Powers-Abteilung, sie gegebenenfalls für einen solchen Austausch vorzusehen. Denn, so schrieb er handschriftlich auf den von Käte Vick ausgefüllten Fragebogen, „Leistungen genügen nicht, verspricht nicht eine brauchbare Kraft zu werden."[707] Kein anderer der an Frauen des Samples ausgegebenen Fragebögen enthielt eine vergleichbar negative Beurteilung durch den unmittelbaren Vorgesetzten.

Einen Monat später war der erste Leistungsbericht über Käte Vick zu erstellen. Der Büroleiter urteilte nun etwas milder, indem er ihr eine durchschnittliche Leistung attestierte, die allerdings „durch eine gewisse Flüchtigkeit beeinträchtigt" wurde. Möglicherweise wollte er Käte Vick auch loswerden und zeigte sich mit ihren Leistungen an der Schreibmaschine zufriedener. Am Ende empfahl er sie als Maschinenschreiberin einzusetzen.[708] Daraufhin wurde sie in die Überweisungs-Abteilung versetzt und der Arbeitsvertrag mit Jahresbeginn 1935 entfristet.[709] Da eine Gehaltsaufbesserung mit der Versetzung nicht verbunden war, bat Käte Vick im April 1935 um eine Leistungszulage. In Anbetracht der letzten Bewertungen lehnte die Bank eine Leistungszulage ab, erkannte ihr aber ein Berufsjahr mehr an als bisher, was einer Gehaltssteigerung um 7 RM entsprach.[710]

Auch wenn die Personalakte seit der Einstellung keinerlei politische Protektion mehr erkennen lässt und die Behandlung von Käte Vick durch ihre Vorge-

706 Schreiben an die Nationalsozialistische Kriegsopferversorgung e.V. Schöneberg v. 30.4.1934, in: ebd.

707 Fragebogen betr. Anordnung des Präsidenten der Reichsanstalt für Arbeitsvermittlung und Arbeitslosenversicherung über die Verteilung von Arbeitskräften v. 28.8.1934 (ausgefüllt am 19.9.1934), handschriftliche Anmerkung des Büroleiters o. D., in: ebd.

708 Leistungsbericht v. 23.10.1934, in: ebd.

709 Schreiben an Käte Vick v. 20.12.1934, in: ebd.

710 Schreiben von Käte Vick v. 22.3.1935 (mit handschriftlichen Anmerkungen des Sachbearbeiters o. D.), in: ebd.

setzten auch nicht vermuten lässt, dass die Nationalsozialisten im Betrieb ihre schützende Hand über Käte Vick zu halten versucht hätten, muss sie trotzdem weiterhin beste Kontakte in Parteikreise gehabt haben. Denn im Jahr 1937 war sie als eine von zwei Angestellten der Dresdner Bank von der NS-Gemeinschaft „Kraft durch Freude" für eine zweieinhalbwöchige Madeira-Fahrt, im Volksmund „Bonzenfahrt" genannt, ausgewählt worden.[711] Gerade weil Käte Vick kein „Bonze", also ein hoher NS-Würdenträger, ja noch nicht einmal ein einfaches Parteimitglied war, scheint sie ausgewählt worden zu sein, um dem Eindruck von Selbstbedienung der DAF-Funktionäre etwas entgegensetzen zu können. Aber als ideologisch gefestigt dürfte Käte Vick unter den Parteigenossen und DAF-Funktionsträgern in der Bank bekannt gewesen sein.

Unklar ist allerdings, wie Käte Vick ihren Eigenanteil an der Madeira-Fahrt von 120 RM hatte aufbringen können. Denn der Betrag entsprach mehr als dem Nettogehalt für einen ganzen Monat. Insofern wundert es auch nicht, wenn Käte Vick unmittelbar nach ihrer Rückkehr um eine Gehaltserhöhung bat. Nach vier Jahren im Dienst der Bank wurde sie allerding immer noch nicht in eine höhere Tarifgruppe versetzt, sondern ihr lediglich eine Leistungszulage von 10 RM zugebilligt.[712]

Im November 1942 wurde Käte Vick zur Nachfolgerin von Annemarie Nay als Betriebsfrauenwalterin ernannt. Sie trat aber als solche gegenüber der Belegschaft nicht mehr so sichtbar aktiv auf wie ihre Vorgängerin. Das mag zum einen daran gelegen haben, dass sie gegenüber der Personalabteilung aufgrund ihrer Leistungen kein mit Annemarie Nay vergleichbares Standing besessen hat. Aber es wird auch eine Persönlichkeitsfrage gewesen sein. Annemarie Nay hatte sich gegenüber den ansonsten ausschließlich männlichen NS-Aktivisten in der Bank auch dadurch Respekt verschafft, dass sie durch ihr Engagement in der „Frauenfrage" der Partei zu einem höheren Ansehen innerhalb des weiblichen Teils der Belegschaft verschafft haben dürfte als die männlichen Parteigenossen. Die meisten in der Bank als Aktivisten bekannten Männer dürften dagegen durch ihr zum Teil rücksichtsloses Auftreten in Teilen der Belegschaft Angst und Schrecken ausgelöst und vermutlich nur bei sehr stark ideologisierten Belegschaftsmitgliedern auch Sympathie gewonnen haben. Soweit das aus der Perspektive der Personalakten beurteilt werden kann, hätte sich Käte Vick im Konfliktfall sicherlich nicht durchsetzen können – weder gegenüber dem Personalchef noch gegenüber

711 Mitteilung der NSDAP-Betriebszelle der Dresdner Bank an die Personalabteilung, o. D., in: ebd.

712 Schreiben von Käte Vick v. 13.11.1937 und Schreiben an Käte Vick v. 23.12.1937, in: ebd.

ihren männlichen „Arbeitskameraden“. Sie wurde auch nicht anstelle von Annemarie Nay nach deren Ausscheiden in den Vertrauensrat berufen.

Aber vielleicht war die zweite Kriegshälfte auch einfach nicht mehr die Zeit, um in ähnlicher Weise aktiv zu werden wie Annemarie Nay in der Vorkriegszeit. Die Deutsche Arbeitsfront behauptete zwar, dass durch die gestiegene Bedeutung der Frauenarbeit während des Krieges immer häufiger Frauenfragen an die Betriebsfrauenwalterinnen herangetragen würden.[713] Aber bei der Dresdner Bank konnte davon ausweislich der ausgewerteten Personalakten keine Rede sein. Außerdem hatte Käte Vick auch persönliche Sorgen. So war die Wohnung ihres zur Wehrmacht eingezogenen Verlobten im August 1943 durch einen Bombentreffer schwer beschädigt worden, weswegen sie mehrere Tage für die Aufräumarbeiten beurlaubt werden musste; und ein Dreivierteljahr später traf es ihre eigene Wohnung, die sie mit ihrem Ehemann Reinhold Jäger nach der Hochzeit Ende 1943 bezogen hatte.[714]

Soweit sich die Betätigung von Käte Vick (bzw. seit Ende 1943 Käte Jäger) nachweisen lässt, entsprach ihre Amtsauffassung eher dem traditionellen Rollenbild der Nationalsozialisten. Während sie durch Engagement in „Frauenfragen“ in keiner der ausgewerteten Akten in Erscheinung trat, engagierte sie sich für die in Berlin verbliebenen „Kriegerfrauen“. Dieses Engagement erfolgte nicht auf ihre eigene Initiative, sondern die noch in der Bank verbliebenen (ausschließlich männlichen) Vertrauensräte hatten eine solche Geste der Bank im Mai 1944 für erforderlich gehalten, vermutlich um den Durchhaltewillen der unter dem dauernden Fliegeralarm leidenden Angehörigen ihrer Angestellten zu stärken. Für diese Aufgabe kam aus ihrer Sicht natürlich nur „eine unserer Damen“ in Frage und es wurde beschlossen, dass sich Käte Jäger der Sache annehmen sollte.[715]

Zunächst hatte Käte Jäger versucht, jeweils in der Nähe wohnende „Arbeitskameraden“ für diese Aufgabe zu gewinnen. Als sie damit jedoch keinen Erfolg hatte, übernahm sie die Aufgabe selbst. Dafür wurde sie mehrere Nachmittage im August vom Dienst freigestellt. Sie besorgte sich die Adressen und stellte anhand eines Stadtplans die Route zusammen. Die Aktion erwies sich jedoch als ein Fehlschlag. An drei Nachmittagen hatte Käte Jäger 25 Adressen aufgesucht. In fünfzehn Fällen traf sie niemanden an. In einem Fall war die Adresse falsch und in zwei Fällen die Wohnung ausgebombt. In nur sieben Fällen traf Käte Jäger die Ehefrau eines eingezogenen Kollegen an, wobei eine Frau erkrankt war und des-

713 Schreiben der Deutschen Arbeitsfront, Gauverwaltung Berlin an den Betriebsführer der Dresdner Bank v. 11.1.1943, in: ebd. Vgl. auch Marrenbach, Fundament, S. 236.

714 Aktennotiz v. 8.9.1943 und v. 12.4.1944, in: HAC 500/E.1147.

715 Aktennotiz v. 23.5.1944, in: ebd.

halb keinen Besuch empfangen konnte. Der Personalchef fragte sich deswegen sicherlich nicht zu Unrecht, ob „die Sache ... überhaupt Sinne“ mache.[716]

Trotz der Bedenken startete Käte Jäger im Oktober 1944 einen zweiten Versuch. Auf Geheiß des Personalchefs ging sie diesmal von Abteilungsdirektor zu Abteilungsdirektor und ließ sich erklären, welche Besuche diese für prioritär hielten. Anschließend wollte die Personalabteilung die Adressen prüfen, um die Zahl der vergeblichen Besuche zu begrenzen.[717] Ob es dazu noch gekommen ist, war nicht zu ermitteln. Von der zusammenbrechenden Infrastruktur abgesehen war die Personalabteilung mittlerweile ausgelagert worden und die Beschäftigten dieser und vieler anderer Abteilungen hatten Berlin verlassen – wahrscheinlich waren auch noch weitere „Kriegerfrauen“ zu Verwandten oder Bekannten aufs Land gezogen. Die Organisation eines Besuchsprogramm dürfte deshalb eher schwieriger und die Erfolgsaussichten noch schlechter geworden sein, so dass anzunehmen ist, dass es keine weiteren Besuche von Käte Jäger bei „Kriegerfrauen“ gegeben hat. Obwohl sie kein Parteimitglied geworden war, wurde Käte Jäger 1945 aufgrund einer Entnazifizierungsanordnung entlassen. Im Gegensatz zu Annemarie Nay, die 1950 und zu Jahresbeginn 1951 noch einmal einen vergeblichen Versuch unternommen hatte, wieder von der Bank eingestellt zu werden,[718] suchte Käte Jäger nach der Entlassung den Kontakt zur Dresdner Bank oder eines ihrer Nachfolgeinstitute nicht mehr.

716 Aktennotiz v. 23.6.1944 und 23.8.1944, in: ebd.

717 Aktennotiz v. 25.10.1944, in: ebd.

718 Schreiben v. Annemarie Fischer v. 27.2.1951 sowie Schreiben an Annemarie Fischer v. 22.3.1951, in: HAC 500/E.2640. Annemarie Fischer (geb. Nay) hatte ihren Angaben zufolge seit 1945 in einem Betrieb zur Holzkohlefabrikation „schwere und schmutzige Arbeit“ verrichten müssen und war 1950 arbeitslos geworden. Ob ihre jedem Beschäftigten bekannte nationalsozialistische Vergangenheit für die Ablehnung der Wiedereinstellung verantwortlich war, ist nicht überliefert, aber wahrscheinlich.

5 Arbeitsplatzerfahrungen

5.1 Überstunden ohne Ende

Die Kriegshandlungen im Ersten Weltkrieg waren von Berlin aus gesehen weit entfernt. Es gab zwar bereits Kampfflugzeuge. Aber die operierten an der Front oder wenige Kilometer hinter den feindlichen Linien. An einen Luftkrieg, so weit von der Front entfernt, war noch nicht zu denken. Das Leben des Einzelnen war insofern in Berlin nicht unmittelbar gefährdet. Wie der Begriff der „Heimatfront" nahelegt, wirkte sich der Krieg trotzdem auf das Leben auch in Berlin aus. Das betraf nicht nur die Industrie, die auf kriegswichtige Güter umgestellt wurde, sondern auch die Importe aus Übersee blieben wegen der Seeblockade weitgehend aus. Da das Reich vor dem Krieg mehr Nahrungs- und Futtermittel importiert als exportiert hatte und weil viele männliche Arbeitskräfte auch aus der Landwirtschaft abgezogen wurden, litt die Mehrheit der Menschen in Deutschland spätestens in der zweiten Kriegshälfte an Unterernährung. Die bereits in der ersten Kriegshälfte eingeführte Rationierung vor allem von Nahrungsmitteln konnte die Situation nur zeitweise stabilisieren. Besonders im Hungerwinter 1916/17, auch „Steckrübenwinter" genannt, reichten die zur Verfügung stehenden Lebensmittel nicht mehr aus, um den Kalorienbedarf der Bevölkerung zu decken. Um zu überleben, waren die Einwohner vor allem der Großstädte gezwungen, sich durch „Hamsterfahrten" im ländlichen Umland mit „schwarz" gehandelten Nahrungsmitteln direkt von den Erzeugern zu versorgen. Das war aber nur möglich, wenn man über die finanziellen Mittel oder notfalls auch über Wertgegenstände verfügte, um die exorbitant hohen Schwarzmarktpreise auch bezahlen zu können.

Betrachtet man die Personalakten der weiblichen Angestellten hat man allerdings den Eindruck, dass das Leben fast genauso weiter ging wie vor dem Krieg – sieht man einmal von der Tatsache ab, dass die Dresdner Bank überhaupt erst während des Krieges begann, Frauen anzustellen. Die Sorgen der Frauen an der „Heimatfront" werden in den Akten in keiner Weise gespiegelt. Man kann aber wohl davon ausgehen, dass fast alle weiblichen Angestellten Väter, Brüder, Onkel oder Cousins an der Front hatten und ihre Sorgen um deren Wohlergehen groß waren. Bei den nach dem Krieg eingestellten Frauen ist aus den Bewerbungsbögen erkennbar, dass Vater oder Bruder im Krieg gefallen oder an den Kriegsfolgen gestorben waren. Aber der „Heldentod" eines nahen Verwandten ist in keiner Akte der während des Krieges in einer der Banken beschäftigten Frauen des Samples vermerkt.

Zu den Sorgen um die männlichen Verwandten an der Front und um das tägliche Brot kam eine enorme Arbeitsbelastung durch die ausgedünnten Belegschaf-

 | https://doi.org/10.1515/9783112248287-005

ten. Es gibt zwar gelegentlich Beschwerden wegen der Teuerungszulagen, aber man kann nur ahnen, dass sich dahinter die Not verbarg, zum Überleben die Schwarzmarktpreise aufbringen zu müssen. Auch Freistellungen für Hamsterfahrten sind nicht überliefert. Das hat zwei Gründe. Erstens war das „Hamstern" verboten, so dass kein Angestellter und keine Angestellte dafür einen Urlaubstag beantragt hätte; und zweitens waren alle Frauen, die in den Jahren 1915 bis 1919 bei den drei Banken beschäftigt waren, noch sehr jung. Lediglich bei der Darmstädter Bank waren einige Frauen schon im „mittleren" Alter. Das bedeutete, dass fast alle Frauen noch bei ihren Eltern wohnten. Die Väter waren, sofern sie nicht eingezogen worden waren, selbst noch berufstätig und zu betreuende Kleinkinder gab es im elterlichen Haushalt vermutlich keine mehr. So war es die Aufgabe der Mütter, sich um die Beschaffung der Nahrungsmittel zu kümmern, während Vater und Tochter für das Geld sorgen mussten, um Nahrung über die zu knappen Rationen hinaus wenigstens gelegentlich besorgen zu können. Allerdings gibt es auch keine Hinweise, dass die Banken etwa versucht hätten, auf illegalem Wege, aber von den Behörden geduldet, Nahrungsmittel für ihre Belegschaften zu beschaffen, wie es manche Unternehmen, etwa im Ruhrgebiet, taten. Aber die Beschäftigten im Bankbetrieb waren auch keine Schwer- oder Schwerstarbeiter wie die Kohlekumpels oder die Stahlkocher.

Überlange Arbeitstage bei Unterernährung blieben vermutlich bei vielen Frauen nicht ohne gesundheitliche Folgen. Um über die Auswirkungen der Kriegsbedingungen auf die Gesundheit der Beschäftigten, insbesondere der Frauen, gesicherte Aussagen zu machen, sind zu wenige Akten aus dieser Zeit überliefert. Der in der Personalakte ausführlich dokumentierte Fall von Alice Ba zeigt allerdings, unter welchen Druck während des Krieges gearbeitet werden musste, wie dieser Druck „nach unten" weitergegeben wurde und welche Folgen dies für die in der Hierarchie der Büros unten stehenden Frauen haben konnte.

Alice Ba war 1905 bei der Darmstädter Bank eingestellt worden und arbeitete als Stenotypistin in einer Depositenkasse. Sie kam aus einer bürgerlichen Familie, hatte aber keine Eltern mehr und lebte deshalb allein zur Untermiete. Schon vor dem Krieg hatte sie auf ihren Hausarzt einen „wenig widerstandsfähigen und erschöpften Eindruck" gemacht.[719] Mit dem Krieg sollte sich dieser Zustand, körperlich und psychisch noch einmal deutlich verschlechtern. Im zweiten Kriegsjahr musste sie sich einer schweren Unterleibsoperation unterziehen und verbrachte anschließend etwa zwei Monate in einem Sanatorium. Nachdem sie Anfang Oktober 1915 äußerlich gut erholt ihren Dienst wieder aufgenommen hatte, meldete sie sich schon nach wenigen Tagen persönlich bei der Personalabteilung und bat

719 Ärztlicher Bericht v. 3.6.1910, in: HAC 500/E.3541.

um ihre Versetzung. Offenbar war der Depositenkassenvorsteher, der seinerseits unter Druck stand, den gleichen Arbeitsanfall wie vor dem Krieg mit weniger Personal zu erledigen, verärgert, dass Alice Ba über Monate von Dienst ferngeblieben war.[720] Denn er hatte wahrscheinlich für die Zeit der Krankschreibung keinen Ersatz für sie bekommen. So bürdete er ihr nach ihrer Rückkehr so viel Arbeit auf, dass sie diese, so Alice Ba, nicht in der gebotenen Sorgfalt erledigen konnte. Sie beschwerte sich zunächst bei dem Vorsteher, war von ihm aber brüsk abgewiesen worden.

Auf den Vorwurf von Alice Ba durch den Prokuristen der Personalabteilung Ehlerding angesprochen bestritt der Vorsteher nicht, dass Alice Ba sofort nach ihrer Rückkehr „sehr viel" habe arbeiten müssen. Er begründete das damit, dass der Arbeitsanfall gerade zum Quartalswechsel Anfang Oktober sehr groß gewesen sei und Alice Ba nicht mehr Arbeit zugewiesen bekommen habe als die anderen Mitarbeiter seiner Kasse. Auch er hatte bemerkt, dass Alice Ba wegen der Arbeitsbelastung „unzufrieden" war. Er habe sie deshalb auch „zurechtgewiesen" und ihr erklärt, dass er „die höchsten Anforderungen an jeden stellen" müsse und es sei von Fräulein Ba, die trotz der Personalknappheit zwei Monate beurlaubt war, „nicht zuviel verlangt gewesen, wenn sie gleich tüchtig hätte einspringen müssen". Damit sei die Sache für ihn aber auch erledigt gewesen und er werde ihr die Beschwerde bei der Zentrale auch „nicht nachtragen".[721] Ehlerding gab sich mit den Erklärungen seines Kollegen zufrieden und bestellte Alice Ba ein, um ihr klarzumachen, dass sich der Vorsteher nicht falsch verhalten habe, worauf Alice Ba ihren Versetzungswunsch dennoch wiederholte. Aber Ehlerding sah keinen Grund für eine Versetzung und schloss eine solche „zum jetzigen Zeitpunkt" kategorisch aus.[722]

Eineinhalb Jahre später eskalierte der Konflikt erneut. Alice Ba war mittlerweile so wenig belastbar und arbeitete deshalb wohl so langsam, dass ihr direkter Vorgesetzter nicht mehr mit ihr sprach und ihr ihre Arbeiten durch einen Lehrling schriftlich übermitteln ließ. Als sie sich beim Kassenvorsteher über diese Respektlosigkeit beschwerte, wurde auch dieser „ausserordentlich grob" und warf ihr „Unverschämtheit" und „Frechheit" vor, woraufhin sie direkt zur Zentrale ging und sich wieder über die Behandlung durch den Depositenkassenvorsteher beschwerte. Außerdem erklärte sie, dass sie unter diesen Umständen nicht mehr in der Kasse arbeiten könne. Denn es sei nicht das erste Mal gewesen, dass der Vorsteher so „hart gegen sie vorgegangen" sei. Ehlerding bat zunächst die für die

720 Aktennotiz v. 4.10.1915, in: ebd.
721 Aktennotiz v. 27.10.1915, in: ebd.
722 Aktennotiz v. 3.11.1915, in: ebd.

Angelegenheiten der weiblichen Angestellten zuständige Sachbearbeiterin, Fräulein vK, hinzu und bestellte den Vorsteher der nahe gelegenen Kasse in die Zentrale ein.

Das Gespräch wurde „sehr lebhaft", wie sich Ehlerding in seiner Aktennotiz ausdrückte; und er stelle sich erneut hinter den Vorsteher und lehnte die Versetzung ab. Daraufhin sprach Fräulein vK mit Alice Ba unter vier Augen, um sie etwas zu beruhigen, und ebenso Ehlerding mit dem Kassenvorsteher. Dabei machte der Direktor dem Vorsteher klar, dass auch er sich als Vorgesetzter von Alice Ba nicht korrekt verhalten habe. Schließlich müsse „jeder seinen Teil dazu beitragen, dass ein Modus Vivendi vorhanden" sei. Besondere Sorge bereitete ihm allerdings, dass vielleicht die Kunden in der Kasse von solchen Konflikten etwas mitbekommen könnten. Der Vorsteher versprach daraufhin, dass Kraftausdrücke bei „Zurechtweisungen des Personals" ab sofort unterbleiben würden. Anschließend wurde das Gespräch zu viert „verhältnismässig sachlich", so Ehlerding in seiner Aktennotiz, fortgesetzt. Allerdings war Alice Ba mittlerweile so sehr unter Druck, dass sie am Ende sogar anerkannte, dass der Vorsteher „ihr sehr viel Wohlwollen entgegenbracht hätte und viel für sie getan habe".[723] Das bezog sich vermutlich darauf, dass sich der Vorsteher dafür eingesetzt hatte, dass Alice Ba und eine zweite Angestellte in seiner Kasse im Januar eine höhere Teuerungszulage erhalten hatten.[724] Offenbar hatte Alice Ba an diesem Punkt erkennen müssen, dass sie sich allein gegen das – modern gesprochen – Mobbing in der Kasse nicht zur Wehr setzen konnte.

Vier Wochen später erschien der Bruder von Alice Ba bei der Darmstädter Bank-Zentrale und wurde auch sofort zu Ehlerding vorgelassen. Er äußerte sich bestürzt über den Gesundheitszustand seiner Schwester, was er darauf zurückführte, dass sie „sehr viel, ja zu viel gearbeitet hätte; und dass sie entsprechend nicht vorwärtsgekommen sei". Deshalb hielt er es für geboten, dass die Bank seiner Schwester einen längeren Urlaub gewährte. Ehlerding entgegnete, dass der Bank „der Zustand seiner Schwester wohl bekannt" sei und dass ihre Vorgesetzten „auch darauf alle Rücksicht genommen hätten". Der Bruder ging darauf nach der Aktennotiz nicht weiter ein, obwohl er gewusst haben dürfte, dass diese Behauptung nicht der Wahrheit entsprach. Denn Ehlerding sagte ihm gleichzeitig

723 Aktennotiz v. 16.4.1917, in: ebd.

724 Die ursprünglich bewilligte Teuerungszulage von 100 Mark empfanden die beiden Frauen für unzureichend. Nachdem der Bruder von Alice Ba mit dem Vorsteher Kontakt aufgenommen hatte und sein Befremden über die geringe Zulage zum Ausdruck gebracht hatte, hatte dieser eine höhere Zulage gegenüber der Personalabteilung mit dem Ergebnis befürwortet, dass die Zulage der beiden Frauen um 100 Mark auf 200 Mark angehoben wurde. Aktennotiz v. 10.1.1917, in: ebd.

zu, dass er seine Schwester zum Vertrauensarzt schicken werde und ihr auch einen längeren Urlaub genehmigen würde, wenn der Arzt eine entsprechende Empfehlung aussprechen sollte.[725]

Zunächst stellte jedoch der behandelnde Arzt von Alice Ba ein Attest aus, das er der Bank übermitteln ließ. Dieses Attest zeigt die ganze Überforderung, mit der Alice Ba bei ihrer Arbeit konfrontiert war. Danach litt sie unter „starken Unterleibsblutungen, hochgradiger Blutarmut und allgemeiner Nervenschwäche". Trotz mehrerer Unterleibsoperationen in den letzten beiden Jahren hatten sich die Beschwerden nur wenig gebessert. Durch die Blutungen und die dabei auftretenden starken Schmerzen sei Alice Ba „sehr geschwächt", die Blutarmut habe noch zugenommen und die „nervösen Beschwerden" hätten sich „vermehrt". Er empfahl eine sechs- bis achtwöchige Kur, möglichst in dem gleichen Sanatorium, wo sie bereits vor zwei Jahren gewesen war. Denn ihr Zustand hatte sich damals deutlich gebessert. Seine weitere Prognose war positiv. So bestehe „die sichere Aussicht, dass sie ... wieder arbeitsfähig wird".[726]

Die folgende Untersuchung durch den Vertrauensarzt bestätigte die Diagnose und den Therapievorschlag seines Kollegen. Offensichtlich hatten die beiden Atteste auf Ehlerding Eindruck gemacht. Denn er genehmigte nicht nur den Wunsch von Alice Ba nach einem fünfwöchigen Sonderurlaub für den erneuten Sanatoriumsaufenthalt, sondern er befürwortete auch ihren Wunsch nach einem höheren Teuerungszuschlag, weil sie „beim besten Willen ... jetzt nicht mehr auskommen" könne.[727]

Tatsächlich scheint es in den folgenden Jahren keine Probleme zwischen Alice Ba und dem Depositenkassenvorsteher mehr gegeben zu haben. Offensichtlich hatte Ehlerding dem Vorsteher klarmachen können, dass er und seine Kollegen auf den Gesundheitszustand von Alice Ba Rücksicht zu nehmen hätten; und auch die materielle Lage der alleinstehenden Alice Ba scheint dem Vorsteher nicht gleichgültig gewesen zu sein. Auf jeden Fall beschwerten sich 1923 zwei männliche Angestellte ihrer Depositenkasse bei der Personalabteilung, dass sie bei ihren schwierigen Aufgaben „nicht genügend gefördert" würden und ihre Leistungszulage, insbesondere im Vergleich zu Alice Ba, nicht angemessen sei.[728] Inwieweit die Beschwerde zu einer Besserstellung der beiden Herren führte, ist hier nicht relevant. Relevant ist, dass Alice Ba auch in den Folgejahren vergleichsweise gut bezahlt wurde, und längere Ausfallzeiten gab es abgesehen von einer dreiwöchigen Krankschreibung wegen einer Stirnhöhlenvereiterung in den

725 Aktennotiz v. 15.5.1917, in: ebd.
726 Ärztliches Attest v. 23.5.1917, in: ebd.
727 Aktennotiz v. 23.7.1917, in: ebd.
728 Aktennotiz v. 23.2.1923, in: ebd.

zwanziger Jahren nicht. Bei einer vertrauensärztlichen Untersuchung wurde ihr im Jahr 1933 ein „guter Allgemeinzustand“ attestiert und auch das Nervensystem war „ohne krankhaften Befund“.[729] Auch materielle Sorgen dürfte Alice Ba in der zweiten Hälfte der zwanziger Jahre nicht mehr gehabt haben. Sie war in der Tarifgruppe 3 eingestuft und erhielt eine außertarifliche Zulage von 15 RM.[730]

Alice Ba war 1915 34 Jahre alt und damit zu diesem Zeitpunkt wohl eine der ältesten weiblichen Angestellten der Darmstädter Bank. Die meisten ihrer Kolleginnen waren erst während des Krieges im Alter von oftmals noch nicht einmal zwanzig Jahren eingestellt worden, so dass längere Ausfallzeiten bei ihnen vermutlich selten oder gar nicht vorkamen. Das gleiche galt auch für die Dresdner Bank, wo in Berlin ohnehin erst seit 1915 weibliche Angestellte nachweisbar sind. Bei Kriegsende war keine der Frauen des Samples, die bei der Dresdner Bank beschäftigt waren, älter als 25 Jahren. Aber auch junge Frauen, oftmals aus einem behüteten bürgerlichen Elternhaus, die ganz am Anfang eines Berufslebens standen, werden sich mit dem Arbeitstempo und den nicht immer respektvollen Umgangsformen der Vorgesetzten in den Büros der Banken, die womöglich grundsätzlich gegen die Beschäftigung von Frauen im Bankbetrieb eingestellt waren, schwergetan haben. Manche dieser während des Krieges eingestellten Frauen werden bis vor kurzer Zeit gar nicht damit gerechnet haben, einer Erwerbstätigkeit nachgehen zu müssen, sondern erwarten, dass sie wie ihre Mütter die ersten Jahre nach der Schulzeit zu Hause verbringen würden, bis sie (oder ihr Vater) einen Heiratsantrag von einem Mann mit ausreichendem Einkommen für ein standesgemäßes Leben erhalten würden. Viele dürften deshalb mit der Situation nur schwer klargekommen sein.

Im Bankbetrieb wirkte sich der Krieg aus Sicht der Belegschaften vor allem dadurch aus, dass immer mehr männliche Angestellte einberufen wurden und in den Büros fehlten, während gleichzeitig immer mehr Frauen in die Büros einrückten. Wie groß der Druck auf die Personalabteilungen der Banken war, die Lücken möglichst schnell zu schließen, zeigen die Bedingungen, unter denen Charlotte St2 im Jahr 1915 bei der Darmstädter Bank eingestellt worden war. Keine einzige der Frauen im Sample war 1914 eingestellt worden. Wahrscheinlich hatten die Banken gezögert, Frauen als Ersatz für die eingezogenen Männer einzustellen, weil sie ein schnelles Ende des Krieges erwarteten und glaubten, einige Monate mit weniger Beschäftigten über die Runden zu kommen.

729 Ärztliches Zeugnis betr. Versetzung in den Ruhestand v. 18.1.1933, in: ebd.

730 Erst mit dem Übergang zur Dresdner Bank änderte sich die Situation, indem Alice Ba in die Tarifgruppe 2 zurückversetzt wurde. Schreiben an Alice Ba v. 2.9.1932, in: ebd.

Das sollte sich 1915 ändern, als acht Frauen des Samples von den Banken eingestellt wurden. Dabei erfolgte die Einstellung nun sogar schon, bevor der männliche Angestellte, der zu ersetzen war, überhaupt seinen Einberufungsbefehl erhalten hatte. So wurde Charlotte St2 im Juli 1915 von der Darmstädter Bank eingestellt, wobei schon bei der Einstellung klar war, dass sie in der Rechtsabteilung für die Aktenführung des Berliner Stempelvereins eingesetzt werden würde, „um Ersatz zu haben, falls Herr Moser eingezogen wird". Wahrscheinlich wollte man die Zeit nutzen, damit Herr Moser seine Vertretung noch einarbeiten konnte. Besonders bemerkenswert ist dabei, dass Charlotte St2 ohne die obligatorische Gesundheitsprüfung und ohne Befragung früherer Arbeitgeber eingestellt wurde. Das war allerdings nur ausnahmsweise möglich, weil sie die Tochter des Angestellten Bruno St2 war und man sich auf dessen Zusicherung verließ, dass die Tochter gesund und für die avisierte Tätigkeit geeignet war.[731]

In ihrem Personalbogen hatte Charlotte St2 auf die Frage, weshalb sie ihre jetzige Stellung verlassen wolle, geantwortet, dass sie dort zehn Stunden täglich arbeiten müsse und ihr das „zu lange war".[732] Sehr schnell dürfte sie allerdings bemerkt haben, dass sie vom Regen in die Traufe gekommen war. Wieviele Überstunden die Frauen bei Dresdner Bank und Darmstädter Bank während des Krieges leisten mussten, ist in keiner der Personalakten überliefert. Aber einen Eindruck, wie lang ein Arbeitstag während des Krieges war, zeigt das Beispiel der Effekten-Abteilung der Darmstädter Bank. Im ersten Halbjahr 1916 waren dort so viele Überstunden abgeleistet worden, dass die Bank den Beschäftigten nicht nur die Überstunden, sondern auch die „Abendbrotspesen" vergütete. Denn die Arbeitstage zogen sich bis weit in den Abend hinein. Kam dann auch noch ein langer Nachhauseweg hinzu, blieb wochentags kaum Zeit zur Erholung. Die Vergütung für das Abendbrot lag, wahrscheinlich je nachdem, wieviele Überstunden abends geleistet wurden, zwischen 10 Mark und 80 Mark. Unter den insgesamt betroffenen 86 Angestellten waren mit 46 Personen mehr als die Hälfte Frauen.[733] Ähnlich sah es in der Couponkasse aus, wo von morgens 8.30 Uhr bis abends 21 Uhr ohne Mittagspause gearbeitet wurde; und auch hier waren von den 24 Betroffenen immerhin neun Frauen.[734]

Viele Frauen, auch die jüngeren, kamen unter diesen Bedingungen schnell an ihre körperliche Leistungsgrenze. Als die nicht zum Sample gehörende Ursula Ke einen Tag unentschuldigt nicht zum Dienst erschienen war, wurde abends ein Angestellter zur Wohnung der Eltern geschickt, um nachzusehen. Die Mutter er-

731 Aktennotiz v. 29.6.1915, in: HAC 500/E.8896.

732 Personalbogen (ausgefüllt am 10.7.1915), in: ebd.

733 Aufstellung v. 3.8.1916, in: HAC 500/E.3705.

734 Schreiben eines W. Schulze (Couponkasse) v. 17.8.1915, in: HAC 500/E.3513.

klärte, dass ihre Tochter auf ihrem gestrigen Heimweg von der Depositenkasse, in die sie kürzlich versetzt worden war, ohnmächtig geworden sei und der Arzt ihr zwei Tage Ruhe verordnet habe. Die Mutter erklärte weiter, dass der Fußweg von der Kasse nach Hause etwa zwei Stunden dauere.[735] Das sei für ihre Tochter nach dem langen Arbeitstag zu viel gewesen. Für das Fahrgeld reiche ihr Einkommen nicht. Deshalb müsse sie zu Fuß gehen. Diese Erklärung verband sie gleich noch mit der Bitte um eine Gehaltserhöhung, damit ihre Tochter künftig nicht mehr zu Fuß gehen müsse.[736]

Wenige Tage später meldete sich die Mutter bei der Depositenkasse und bat dort wegen des weiten Wegs um die Rückversetzung an den alten Arbeitsplatz. Daraufhin schaltete sich der mittlerweile zum Personalchef aufgestiegene Fritz Ehlerding persönlich ein und machte Mutter und Tochter klar, dass es allein Sache der Bank sei, wo die Angestellten eingesetzt würden. Immerhin billigte er der Tochter aber zu, auf die Mittagspause verzichten zu dürfen, um mittags durchzuarbeiten und nachmittags eine Stunde eher gehen zu können.[737] Damit gab sich Ursula Ke allerdings nicht zufrieden und schon wenige Tage später meldete sich der Kassenvorsteher und bat um die Versetzung von Ursula Ke, da diese „allem Anschein nach mit grosser Unlust“ arbeitete. Darauf ließ sich Ehlerding allerdings nicht ein, sondern forderte den Vorsteher auf, ihr „einmal gehörig den Standpunkt klarzumachen“.[738]

Tatsächlich hatten die Anstellungsverträge bei allen Großbanken in Berlin einen Passus enthalten, dass es Angelegenheit der Bank sei, die Angestellten dort einzusetzen, wo es die Bank für erforderlich hielt, solange es im Großraum Berlin war. Da es während des Krieges noch keine Tarifverträge gab, die die Arbeitsstunden begrenzten und klare Regelungen für nur ausnahmsweise zu leistende Überstunden enthielten, waren die Angestellten den Arbeitgebern weitgehend schutzlos ausgeliefert. Denn auch bei der Einhaltung der gesetzlichen Arbeitsschutzbestimmungen schauten die Behörden während des Krieges nicht so genau hin. Ein „Bummelstreik“ war insofern eine der wenigen Möglichkeiten Widerstand zu leisten. Wäre es nach dem Kassenvorsteher gegangen, wäre Ursula Ke mit ihrem „Dienst nach Vorschrift“ wohl auch durchgekommen. Aber der Personalchef konnte das nicht akzeptieren, damit solches Verhalten nicht Schule machte. Denn auch er wird verstanden haben, dass der Wunsch auf Versetzung

735 Die Wohnung der Familie war in Charlottenburg, in der Nähe der Kaiser-Wilhelm-Gedächtniskirche und die Depositenkasse lag im Zeitungsviertel, nicht weit von der Zentrale entfernt.

736 Aktennotiz v. 5.3.1919, in: HAC 500/E.636.

737 Aktennotiz v. 10.3.1919, in: ebd.

738 Aktennotiz v. 13.3.1919, in: ebd.

wegen des langen Arbeitsweges nicht unbegründet war. Mehr als der Verzicht auf die Mittagspause war unter Kriegsbedingungen im Interesse der Bank nicht möglich.

Der Waffenstillstand wird im November 1918 deshalb von vielen Angestellten mit Erleichterung und Hoffnung auf bessere Arbeitsbedingungen aufgenommen worden sein. Aber wenn sie gehofft haben sollten, dass die Verhältnisse der Vorkriegszeiten zurückkehren würden, sahen sie sich schnell getäuscht. Die Situation am Arbeitsplatz wird sich sogar eher noch weiter verschärft als entspannt haben. Die Zeit des Hungers war nicht vorbei, da die Seeblockade bis zur Unterzeichnung des Versailler Vertrages bestehen bleib. Nur das Sterben in den Schützengräben in Frankreich und Belgien hatte ein Ende; und im Winter 1918/19 strömten die Soldaten nach und nach in die Heimat zurück. Viele von ihnen werden froh gewesen sein, der Hölle des Krieges lebend entronnen zu sein, andere fühlten sich von der militärischen und politischen Führung verraten. Aber der Weg in das alte Leben war schwer. Denn es war fast nichts mehr so, wie es vor dem Krieg gewesen war. Außerdem waren die heimkehrenden Soldaten nun mit dem Hunger konfrontiert, der an der „Heimatfront" schon seit Jahren herrschte. Als sie ihren Dienst in ihrer Bank wieder aufnahmen, saßen plötzlich in fast allen Büros Frauen und schienen ihre, die Arbeit von Männern zu erledigen. Diese Frauen waren aus der Sicht der Arbeitgeber billiger als sie. Das wussten die Heimkehrer noch aus der Vorkriegszeit. Insofern dürfte sich das Arbeitsklima für die Frauen durch die zurückgekehrten männlichen Angestellten nicht verbessert haben. Aber auch darüber sagen die Personalakten nichts aus. Der Winter 1918/19 hinterließ dort keine Spuren.

Auch die Revolutionswochen, die in Berlin im Januar 1919 besonders gewalttätige Formen annahmen, fanden keinen Niederschlag in den Akten, wobei der sog. Spartakusaufstand nur wenige hundert Meter südlich des Bankenviertels mit den Zentralen von Darmstädter Bank, Nationalbank für Deutschland und Dresdner Bank tobte. Der Bankbetrieb scheint trotzdem weiter aufrechterhalten worden zu sein. Von dem Streik der Bankangestellten im April 1919 ist nur aus der Rückschau, aber auch da nur selten die Rede. Sollte es „schwarze Listen" von „Rädelsführern" aus den Belegschaften der drei Banken gegeben haben, ist davon in den Personalakten nichts vermerkt – allerdings ist auch nicht zu erwarten, dass Frauen unter den „Rädelsführern" waren. Denn fast alle Frauen waren mit dem Vorbehalt eingestellt worden, dass ihre Tätigkeit mit der Rückkehr der Männer aus dem Krieg enden würde. Die einen werden den Moment herbeigesehnt haben, so dass die Verhältnisse es endlich zuließen, dass sie ihre Berufstätigkeit wieder aufgeben konnten. Warum sollten sich diese Frauen politisch für eine Zukunft exponieren, von der sie hofften, dass es ohnehin nicht die Ihre sein würde? Die anderen, die bleiben wollten oder mussten, werden vor allem Angst um ihren

Arbeitsplatz gehabt haben. Außerdem werden die Revolutionäre sie kaum als Verbündete gesehen haben. Denn auch eine Räterepublik hätte höchstwahrscheinlich nichts dagegen unternommen, wenn die Banken mehr Frauen freiwillig oder durch die Demobilmachungsämter gezwungen gekündigt hätten. Außerdem wird manche Frau auch die Verrohung der Männer durch deren Kriegserfahrungen abgeschreckt oder zumindest eingeschüchtert haben.

Auch das ist aufgrund der Personalakten nicht zu verifizieren. Lediglich ein Fall scheint die These von der unpolitischen, eher konservativen Grundhaltung der weiblichen kaufmännischen Angestellten zu bestätigen. Am 8. April 1919, dem Tag, an dem die Belegschaftsversammlung der Darmstädter Bank den Streikbeschluss fasste, schrieb die 19-jährige Charlotte Go1 an die Direktion der Darmstädter Bank, dass sie der Bank „ihre Dienste während eines evtl. entstehenden Streiks zur Verfügung" stellen werde. Allerdings sollte man diese Streikbrechermentalität nicht verallgemeinern. Denkbar ist etwa, dass der Vater der Minderjährigen sie dazu veranlasst hatte, diesen Brief zu verfassen. Denn als „Kaufmann" dürfte er mit den Zielen der Revolution im Allgemeinen und mit dem Kampfmittel des Streiks im Besonderen kaum sympathisiert haben. Aber selbst wenn Charlotte Go1 den Brief aus eigenem Antrieb geschrieben haben sollte, ist es einerseits zwar möglich, dass sie den Streik aus weltanschaulicher Überzeugung abgelehnt hat. Aber es ist andererseits auch denkbar, dass sie in diesen Monaten der Unsicherheit nur auf ihr Gehalt nicht verzichten wollte. Denn Mitglied in einer Gewerkschaft (und damit unterstützungsberechtigt) war sie sicherlich nicht. Auf ein opportunistisches Motiv weist jedenfalls der Nachsatz hin. Dort heißt es: „Ich nehme an, dass meine Interessen in jeder Beziehung, ganz gleich zu wessen Gunsten der Streik ausläuft, gewahrt werden."[739] Eine Antwort auf ihr Schreiben bekam sie augenscheinlich nicht. Insofern ist unklar, ob sie am Folgetag an ihrem Arbeitsplatz, einer Depositenkasse in Kreuzberg, erschienen ist und hat arbeiten können. Ebenso unklar ist, ob sie mit ihrem Schreiben hatte sicherstellen können, ihr Aprilgehalt ohne Abzug zu beziehen.

Tatsächlich wird die Erwerbsarbeit für viele junge Frauen mit der Rückkehr der männlichen Angestellten aus dem Kriegsdienst ihr Ende gefunden haben. Denn wenn der Vater lebend zurückkehrte, war der Ernährer zurück, von dem erwartet wurde, dass er für den Unterhalt von Frau, Tochter und gegebenenfalls weiteren Kindern sorgen würde. Die jungen Frauen waren in keiner Weise auf die Arbeit in einem Bankbetrieb unter Kriegsbedingungen vorbereitet gewesen und waren wohl überwiegend mit der Situation am Arbeitsplatz überfordert. Die

739 Schreiben von Charlotte Go1 an die Direktion der Bank für Handel und Industrie (Darmstädter Bank) v. 8.4.1919, in: HAC 500/E.2197.

wenigsten werden deshalb ohne Not freiwillig unter den Bedingungen der ersten Nachkriegsmonate weitergearbeitet haben. Denn sie glaubten zu keinem Zeitpunkt, dass dieser Zustand von Dauer sein würde.

Leider ist keine Personalakte der Frauen überliefert, die den Dienst bei den drei Banken freiwillig quittiert hatten.[740] Lediglich in einem Fall ist zu vermuten, dass die Kündigung nach Kriegsende von Seiten der Angestellten erfolgte, weil sie kein Interesse an einer längeren Erwerbsarbeit hatte. Gertrud Boe war im Oktober 1917 nach Beendigung des Lyzeums mit 16 Jahren in den Dienst bei der Dresdner Bank eingetreten. Im Dezember 1918 endete ihre Beschäftigung, wobei unklar ist, ob sie, die Bank oder das Demobilmachungsamt für die Kündigung verantwortlich war.[741] Für die Kündigung durch Gertrud Boe bzw. ihren Vater spricht die Tatsache, dass der Vater Direktor einer Versicherungsgesellschaft war und die Familie demzufolge auf den Zusatzverdienst der Tochter nicht oder zumindest nicht mehr angewiesen war. Außerdem nahm sie zunächst keine neue Stellung an, sondern kehrte in den Haushalt der Eltern zurück. Im Januar 1920 bewarb sich Gertrud Boe bei der Darmstädter Bank und wurde auch eingestellt. Nur deshalb ist der Fall überliefert. Der Grund für die Bewerbung dürfte der zwischenzeitliche Tod des Vaters gewesen sein, der damit als Ernährer ausfiel und die Witwenrente wahrscheinlich nicht ausreichte, um den Lebensstandard der Familie zu halten.

Für die eigene Kündigung von Gertrud Boe im Jahr 1918 spricht ferner die Tatsache, dass sie nach ihrer Einstellung bei der Darmstädter Bank von Anfang an kein Interesse an der Arbeit zeigte. Bereits im September 1920 meldete der Vorsteher der Depositenkasse, in der sie eingesetzt war, dass ihr Ausscheiden „wünschenswert erscheint, da sie dauernd kränkelt und den Dienst oft versäumen muss“.[742] Sie war zu diesem Zeitpunkt bereits verlobt und wollte im Sommer 1920 heiraten. Sie wusste also, dass sie sehr bald wieder aus dem Dienst bei der Darmstädter Bank ausscheiden würde und deswegen hatte sie, wie der Vorsteher nach ihrem Ausscheiden bemerkte, „gar kein Interesse für die Bank gezeigt“. Der Vorsteher sprach sich sogar gegen eine Abfindung aus, die nach Ansicht der Personalabteilung das Dreifache der Weihnachtsgratifikation betragen sollte.[743]

740 Die Personalakten der Aushilfskräfte des Ersten Weltkrieges müssen schon in den zwanziger Jahren vernichtet worden sein. Denn die Dresdner Bank-Akte von Gertrud Boe existierte schon 1932 nicht mehr, als die Personalabteilungen von Danat Bank und Dresdner Bank zusammengelegt wurden.

741 Personalbogen (ausgefüllt o. D., Februar 1920), HAC 500/E.8960.

742 Schreiben des Depositenkassenvorsteher Pi an die Personalabteilung v. 29.9.1920, in: HAC 500/E.8960.

743 Aktennotiz v. 12.1.1921, in: ebd.

Denkbar ist in diesem Fall, dass es Gertrud Boe als unter der Würde einer „höheren Tochter“ ansah, sich von Vorgesetzten Briefe diktieren zu lassen und auf der Maschine abzuschreiben, die sie als unter ihrer sozialen Klasse stehend betrachtete und das auch den Depositenkassenvorsteher spüren ließ.

Für viele junge Frauen war die Arbeit als Bürokraft mit dem Ende des Krieges und mit der Demobilisierung des Heeres aber keineswegs vorbei. Ob sie die Mehrheit unter denjenigen jungen Frauen bildeten, die während des Krieges eingestellt worden waren, ist nicht bekannt. Die Mehrheit von diesen Frauen wird aber wohl trotz der Rückkehr der Männer von ihrem Arbeitgeber nicht gekündigt worden sein und auch eine Intervention des örtlichen Demobilmachungsausschusses zu ihren Lasten scheint es nicht allzu oft gegeben zu haben. Nur eine Angestellte des Samples, die 1895 geborene Charlotte Pe, war nachweislich durch eine Aufforderung des Demobilmachungsausschusses an ihren Arbeitgeber gekündigt worden. Sie war 1921 von der Nationalbank für Deutschland eingestellt worden, weil sie bereits während des Krieges, seit April 1917, von der Commerzbank, zunächst als „Hilfskraft“, beschäftigt worden war. Schnell hatte die Commerzbank festgestellt, dass sie mit Charlotte Pe eine Mitarbeiterin gewonnen hatte, die auch qualifiziertere als Hilfsarbeiten erledigen konnte; und so setzte die Bank sie zunächst als Korrespondentin in der Korrespondenz-Abteilung der Zentrale und später zur Führung eines Kontokorrents in einer Depositenkasse ein. Für die Commerzbank, die vor dem Krieg keine Frauen in ihren Büros beschäftigt hatte, dürfte Charlotte Pe eine der ersten Frauen gewesen sein, die sie gerne dauerhaft behalten hätte. Aber das verhinderte der Demobilmachungsausschuss von Großberlin, der ihr im Oktober 1920 die Aufenthaltsgenehmigung für Berlin entzog, so dass sie wieder in ihre sächsische Heimat zurückkehren musste.[744] Dort fand sie sofort wieder Arbeit als Bürokraft in einer Papierfabrik. Nachdem die Zuzugsbeschränkungen für Berlin aufgehoben worden waren, kehrte sie zurück und bewarb sich erfolgreich bei der Nationalbank für Deutschland.[745] Ähnlich wird es auch vielen anderen Frauen ergangen sein, die sich während des Krieges als gut qualifizierte Bürokräfte im Bankgewerbe erwiesen hatten, aber nicht in ihre Familie zurückkehren konnten oder wollten und trotzdem

744 Der Hintergrund war wahrscheinlich die Verordnung über die Freimachung von Arbeitsstellen während der Zeit der wirtschaftlichen Demobilmachung am 28.3.1919 (RGBl. 1919/1, S. 355 ff.). Danach konnten Arbeitgeber verpflichtet werden, „diejenigen bei ihnen beschäftigten Arbeitnehmer zu entlassen, welche … während des Krieges von einem anderen Ort zugezogen sind“ (§ 5, S. 356).

745 Handschriftlicher Lebenslauf v. 29.9.1921 sowie Abgangszeugnis der Commerz- und Privatbank v. 5.11.1920, in: HAC 500/E.6641.

1919 der Demobilmachung zum Opfer fielen. Sie werden sehr schnell wieder eine Anstellung in einem Bankbetrieb gefunden haben.

Wer aber geglaubt hatte, mit dem Kriegsende seien auch die Überstunden und der Hunger vorbei, sollte sich schnell getäuscht sehen. Die männlichen Angestellten waren zwar wieder an ihre Arbeitsplätze zurückgekehrt – sofern sie den Krieg überlebt hatten. Aber die Arbeit nahm inflationsbedingt so stark zu, dass die im Dienst verbliebenen Frauen nicht ausreichten, um die zusätzliche Arbeit zu bewältigen. Die Banken begannen deshalb seit 1920 damit, weitere Hilfskräfte einzustellen. Aber auch das reichte nicht. Der seit 1920 gültige Tarifvertrag sah eine Regelarbeitszeit von acht Stunden (samstags sechs Stunden) vor und forderte die Tarifpartner auf, Überstunden nach Möglichkeit zu vermeiden. Gesetzlich war eine Höchstarbeitszeit für Frauen von zehn Arbeitsstunden täglich möglich. Das scheint die Dresdner Bank in den Inflationsjahren aber nicht nur voll ausgenutzt zu haben, sondern sie beantragte im Jahr 1921 sogar die behördliche Genehmigung, die tägliche Arbeitszeit „im öffentlichen Interesse" auf zwölf und bis zu vierzehn Stunden verlängern zu dürfen. Der Betriebsrat wehrte sich heftig gegen dieses „Herabdrücken der Bankangestellten auf das Niveau von Arbeitssklaven".[746] Ob er damit Erfolg hatte, ist nicht überliefert, aber wahrscheinlich. Trotzdem belegen manche Personalakten, dass Überstunden trotz Tarifvertrag und völlig überfüllter Büros in den folgenden zwei Jahren teilweise bis in den späten Abend hinein geleistet werden mussten. Eine behördliche Ausnahmegenehmigung scheint es dafür allerdings nicht gegeben zu haben. Manche Bürochefs setzten sich vielmehr eigenmächtig über die gesetzlich festgelegte Höchstdauer eines Arbeitstages hinweg und veranlassten ihre Untergebenen so lange zu arbeiten, bis das Tagespensum vollständig erledigt war.

Ein solcher Gesetzesverstoß war natürlich riskant, weil er der Belegschaft nicht verborgen bleiben konnte. Außerdem mussten die Bankleitungen gegen solche Praktiken vorgehen, um nicht selbst belangt zu werden. Es ist ein Fall überliefert, in dem der Vorgesetzte die Stenotypistin Erna Hä viel länger beschäftigte, als es erlaubt war. Merkwürdigerweise erhielt aber nicht der Vorgesetzte, sondern Erna Hä als schwächstes Glied der Kette eine Abmahnung wegen überlanger Arbeitszeiten. So teilte ihr die Personalabteilung im Jahr 1922 mit, dass die Bank bestraft werden würde, wenn sie weibliche Arbeitnehmer mehr als zehn Stunden täglich arbeiten ließe und verbot ihr „ausdrücklich ... unzulässige Überarbeit".

746 Entschließung der Angestellten der Dresdner Bank Berlin, September 1921, zit. in: Thamm, Anspruch, S. 61.

Sollte sie sich nicht an diese Vorschrift halten, drohte die Bank ihr sogar mit der Entlassung.[747]

Nun ist es denkbar, dass Erna Hä nicht genötigt werden musste, Überstunden jenseits des gesetzlich zulässigen Rahmens zu leisten, weil sie nach der Tarifgruppe 1 bezahlt wurde und 1922 auch erst im zweiten Berufsjahr war, so dass sie vielleicht auf den Mehrverdienst durch die Überstunden angewiesen war. Aber ohne entsprechende Anweisungen ihres Bürochefs durfte eine Stenotypistin sicherlich nicht einfach länger bleiben, um durch Mehrarbeit ihr Gehalt aufzubessern. Deswegen dürfte der Bürochef ebenfalls, aber wohl nur mündlich, an die gesetzlichen Vorschriften erinnert worden sein. Die in der Personalakte abgeheftete Kopie des Schreibens an Erna Hä wird vor allem dazu gedient haben, gegen eine mögliche Anzeige wegen Verstoßes gegen das Arbeitsschutzgesetz gewappnet zu sein und die „Schuld" auf die untere Ebene abzuwälzen. Allerdings scheint es in der Folgezeit nicht zu einer Anzeige gekommen zu sein, so dass Erna Hä seitdem wohl tatsächlich innerhalb des gesetzlich zulässigen Rahmens Überstunden geleistet hat. Trotzdem wundert es nicht, dass der Vertrauensarzt der Dresdner Bank im Juni 1944 bei der 43-Jährigen „eine beginnende Versteifung des rechten Schultergelenks" diagnostizierte,[748] was Erna Hä schon im Jahr zuvor darauf zurückgeführt hatte, dass sie „immer in Büros beschäftigt war, in denen viel Überstunden gemacht werden mussten".[749]

Die Bankleitungen begründeten das „öffentliche Interesse", mit dem sie ihre Überstundenpraxis rechtfertigten, mit den Dienstleistungen der Banken für die Finanzbehörden. Der dadurch entstandene Mehraufwand allein hätte allerdings keine Überstunden in der 1921 beantragten Größenordnung eines zwölf- bis vierzehnstündigen Arbeitstages erfordert. Aber ein öffentliches Interesse war dennoch nicht von der Hand zu weisen. Denn die Erhöhung der Umlaufgeschwindigkeit des Geldes erforderte deutlich mehr Dienstleistungen je Konto oder Kunde als zuvor; und ein Zusammenbruch des Zahlungsverkehrs hätte unübersehbare Folgen für die Volkswirtschaft gehabt. Der gestiegene Arbeitsanfall betraf aber nicht nur die Beschäftigten an den Schaltern der Zentrale und vor allem der Depositenkassen, bei der Kassen-, der Giro- und der Scheck-Abteilung, sondern die (überwiegend) vermögenden Kunden schichteten weitaus häufiger ihr liquides Vermögen um als vor dem Krieg, was einen deutlichen Mehraufwand für die Börsen-, Devisen- und Effekten-Abteilungen bedeutete, zumal sich auch die Unterneh-

747 Schreiben der Personalabteilung der Dresdner Bank an Erna Hä o. D. (1922), in: HAC 500/E.1899.

748 Ärztlicher Fragebogen (ausgefüllt am 10.6.1944), in: ebd.

749 Schreiben von Erna Hä v. 12.7.1943, in: ebd.

menskunden wegen der Geldentwertung ständig neues Geld über ihre Kontokorrentkonten oder über den Kapitalmarkt besorgen mussten.[750]

Der Engpass für die Ausdehnung des Bankbetriebs war aber nicht so sehr der Arbeitsmarkt, sondern es waren die Räumlichkeiten. Während der Inflationsjahre waren die Banken zwar dazu übergegangen, zur Substanzsicherung Immobilien, insbesondere solche, in denen ihre Filialen in der Provinz oder ihre Depositenkassen in den Großstädten untergebracht waren, zu erwerben. Aber das schaffte in den wenigsten Fällen neue Büroflächen. Vor allem die Zentralen in Berlin ließen sich nicht so einfach erweitern und so waren die Büros schon bald hoffnungslos überbelegt, wodurch der Lärm der Maschinen, wahrscheinlich auch die Atemluft noch unerträglicher geworden war als zuvor schon; und das Ganze war weit länger zu ertragen als die acht Stunden, die der Tarifvertrag für die Beschäftigten vorsah. Im Jahr 1922 wurde deswegen ernsthaft diskutiert, bei den Banken Schichtarbeit, einschließlich einer Nachtschicht, einzuführen, um die räumlichen Kapazitäten besser ausnutzen zu können. Dazu kam es zwar nicht. Aber die Banken lehnten seit 1922 die Annahme neuer Kunden ab und vergraulten Altkunden mit geringen Umsätzen durch hohe Gebühren und Provisionen.[751]

In der bankhistorischen Literatur wurde und wird vor allem über den Substanzverlust diskutiert, den die Banken während der Inflationsjahre erlitten hatten, sowie über die Konzentrationsbewegung im Bankwesen dieser Jahre, die in der deutschen Wirtschaftsgeschichte einmalig ist. Die Folgen der Inflation auf die Gesundheit der Beschäftigten war und ist dagegen nur selten thematisiert worden.

Ein wahrscheinlich nicht untypischer Fall ist die nicht zum Sample gehörenden Ursula Ke. Dieser Fall wurde ausgewählt, weil er ungewöhnlich gut dokumentiert ist. Ursula Ke war im März 1918 18-jährig bei der Darmstädter Bank eingestellt worden. Zuvor war sie bei der Deutschen Bank schon ein Jahr lang beschäftigt gewesen, dort aber wahrscheinlich wegen der geforderten Überstunden im Februar 1918 wieder ausgeschieden. Sie scheint wohl eine Begrenzung der Arbeitszeit in ihrem (nicht überlieferten) Arbeitsvertrag durchgesetzt zu haben. Ihre Leistungen waren außerdem so gut, dass sie schon nach einem halben Jahr eine Gehaltserhöhung forderte. Die wurde ihr zwar nicht gewährt, aber der Vorsteher der Depositenkasse, in der sie eingesetzt war, intervenierte bei der Personalabteilung und befürwortete den Antrag, weil er auf jeden Fall verhindern wollte, dass Ursula Ke kündigte. Die Personalabteilung kam ihr deshalb insofern

750 Zu den Auswirkungen der Inflation auf den Bankbetrieb vgl. Lampe, Bankbetrieb, S. 189 ff.
751 Thamm, Anspruch, S. 62.

entgegen, als sie sich bereiterklärte, ihr eine besondere Weihnachtsgratifikation von 100 Mark auszuzahlen.[752]

Ein halbes Jahr später wurde Ursula Ke in andere Kasse in Charlottenburg versetzt. Dort arbeitete sie ununterbrochen an der Schreibmaschine in einem wahrscheinlich hoffnungslos überfüllten Büro und fühlte sich Anfang 1921 den Anforderungen nicht mehr gewachsen. Der Kassenvorsteher, der Ursula Ke als „gewandte und tüchtige Stenotypistin" beschrieb, bat deshalb um einen längeren Erholungsurlaub, da „deren Nerven sehr angespannt" seien.[753] Daraufhin wurde Ursula Ke zur vertrauensärztlichen Untersuchung bei Dr. Alice Profé geschickt. Die Ärztin diagnostizierte eine ständige Mattigkeit und Müdigkeit, gepaart mit großer innerer Unruhe. Gegenüber der Einstellungsuntersuchung im Jahr 1918 hatte Ursula Ke fünf Kilogramm abgenommen. Wegen der Blutarmut, des Gewichtsverlusts und der erheblichen Nervosität empfahl die Ärztin einen „längeren Erholungsurlaub ... zur Erhaltung der Arbeitskraft".[754]

Der Erholungsurlaub scheint keine nachhaltige Besserung bewirkt zu haben. Denn ein Jahr später meldete sich der Kassenvorsteher bei der Personalabteilung und berichtete, dass der Hausarzt Ursula Ke krankgeschrieben habe und dringend zu einem längeren Erholungsurlaub riet. Der Vorsteher hatte außerdem beobachtet, dass Ursula Ke immer dann krank werde, wenn um die Monatswende in der Kasse besonders viel zu tun war. Er bat deshalb darum, Ursula Ke erneut zur Vertrauensärztin zu schicken.[755]

Dr. Profé diagnostizierte weiterhin Blutarmut und gesteigerte Nervosität, die sich zu einer Herzneurose zu entwickeln begann, sowie eine weitere Gewichtsabnahme. Ursula Ke selbst führte ihren Zustand darauf zurück, dass „sie das Maschineschreiben nicht mehr vertrage". Auch die Ärztin vermutete, dass die Nervenerschöpfung die Folge einer „einseitigen starken Inanspruchnahme" sei. Zusammenfassend stellte sie fest, dass „die Klagen des Frl. K begründet" seien. Es habe auch „keinen Zweck, Frl. K bei einer Arbeit festzuhalten, die ihr z. Z. widerstrebt". Sie empfahl deshalb, „ihr eine andere Art der Arbeit – wenigstens für einige Zeit – zuzuweisen".[756]

Noch bevor Ursula Ke ihren Urlaub antrat, beschwerte sich ein neuer Kassenvorsteher bei der Personalabteilung über ihre Leistungen. Ursula Ke wurde da-

752 Aktennotiz v. 3.8.1918 und 5.8.1918, in: HAC 500/E.636.

753 Schreiben der Depositenkasse E (Schillstraße) an das Personalbüro der Darmstädter Bank v. 23.5.1921, in: ebd.

754 Vertrauensärztliches Gutachten v. 20.3.1921, in: ebd.

755 Schreiben der Depositenkasse E (Schillstraße) an das Personalbüro der Darmstädter Bank v. 29.4.1922, in: ebd.

756 Vertrauensärztliches Gutachten v. 6.5.1922, in: ebd.

raufhin in die Zentrale zitiert und von Fräulein vK mit den Vorwürfen konfrontiert. Dort verwahrte sich Ursula Ke gegen die Anwürfe in einer Weise, die Fräulein vK „sehr gut" gefiel. Zwei Tage später meldete sich Ursula Ke schriftlich bei Fräulein vK und berichtete, dass sie mit ihrem Vorgesetzten gesprochen habe und der an ein Missverständnis glaubte, das er zügig bei der Personalverwaltung richtigstellen wollte.[757]

Offenbar nahmen die Vorgesetzten auf den Gesundheitszustand von Ursula Ke weiterhin keinerlei Rücksicht. So musste sie zahlreiche Überstunden ableisten und blieb nicht selten bis 21 Uhr, manchmal sogar noch länger in der Kasse. Entweder war sie mit dieser Arbeitsbelastung überfordert oder sie setzte langsames Arbeiten als Protest gegen die Arbeitsbedingungen ein. Jedenfalls waren ihre Vorgesetzten nicht mit der Arbeitsleistung von Ursula Ke zufrieden. Sie beschwerten sich zwar nicht mehr, vermutlich weil sie wussten, dass eine erneute vertrauensärztliche Untersuchung Ursula Kes Überlastung nur bestätigen würde. Aber sie setzten ein anderes Druckmittel ein. So erhielt Ursula Ke nur den tarifvertraglich festgesetzten Teuerungszuschlag, während eine Kollegin, die, wie sich Ursula Ke ausdrückte, „früher immer unter ihr gestanden hat", eine übertarifliche Teuerungszulage erhielt.[758] Ihre Beschwerde gegen diese Schlechterstellung bewirkte aber ebenso wenig etwas wie die Gutachten der Vertrauensärztin.

In Anbetracht der Situation konnte keine gesundheitliche Verbesserung bei Ursula Ke eintreten. Das bestätigte eine vertrauensärztliche Nachuntersuchung im Januar 1923. Dr. Profé konnte zwar keine weitere Verschlechterung feststellen. Aber Ursula Ke war weiterhin „blutarm und nervenschwach". Als Therapie riet sie, „die Überstunden ... im Interesse der Erhaltung der Arbeitskraft ... einzuschränken, resp. eine zeitlang ganz wegfallen zu lassen".[759] Da das nicht geschah, vielleicht während der Hyperinflationsmonate aus betriebsorganischen Gründen auch nicht möglich war, zog Fräulein vK die Notbremse und holte Ursula Ke als Schreibkraft in ihr Büro in der Personalabteilung.[760]

Bei der Dresdner Bank war die Lage nicht besser. Nach nur zwei Jahren im Dienst und mit erst 22 Jahren war Alice Le im Sommer 1922 mit ihren Kräften am Ende. Die Bank hatte in dieser Zeit eine neue Abteilung für die Devisen-Korrespondenz eingerichtet und die fremdsprachig hochqualifizierte Alice Le war wochenlang bis zu zwölf und mehr Stunden in der Bank. Ihr Hausarzt diagnostizierte „Blutarmut und deren Folgen", die sich in „heftigen Kopfschmerzen, ... Appetitlosigkeit, innerer Unruhe und gelegentlich heftigem Brechreiz"

757 Aktennotiz v. 15.6.1922 und Schreiben von Ursula Ke v. 17.6.1922, in: ebd.

758 Aktennotiz v. 22.12.1922, in: ebd.

759 Vertrauensärztliches Gutachten v. 20.1.1923, in: ebd.

760 Aufstellung o. D. (März 1943), in: ebd.

äußerten. Er führte diesen Zustand auf „Überanstrengung im Dienst“ zurück und empfahl einen vierwöchigen Erholungsurlaub im Mittelgebirge. Auch der Bürochef von Alice Le bestätigte die Angaben über die Arbeitsbelastung und lobte den „regen Fleiß und die größte Sorgfalt“, mit der Alice Le ihre Aufgaben bisher erledigt hatte.[761] Ob ihr der Sonderurlaub gewährt wurde, ist nicht überliefert. Aber selbst wenn das der Fall gewesen sein sollte, reichte der Urlaub nicht für eine nachhaltige Verbesserung ihres Gesundheitszustandes. Denn im Folgejahr, dem Jahr der Hyperinflation, wurde die Arbeitsbelastung noch schlimmer. Im Juli 1923 zog Alice Le schließlich die aus ihrer Sicht wahrscheinlich einzig mögliche Konsequenz, um keinen dauerhaften Schaden an ihrer Gesundheit zu erleiden, und kündigte.[762]

Es war aber nicht nur die Gesundheit der Frauen in den Büros, die bei derart langen Arbeitstagen unter unzumutbaren räumlichen Verhältnissen Schaden nahm. Lange Arbeitszeiten und die deswegen nachlassende Konzentrationsfähigkeit waren auch häufige Fehlerquellen. Die in solchen Fällen fast immer folgende Zurechtweisung durch die Vorgesetzten, die ihrerseits unter einem erheblichen Druck standen, die anfallenden Arbeiten pünktlich und fehlerlos fertigstellen zu lassen, verschlimmerten die Situation für die Frauen in den Büros noch zusätzlich. So kam es im Januar 1920 in der Effektenabteilung der Darmstädter Bank zu Rechenfehlern in den Aufstellungen, die von einzelnen Arbeitsgruppen („Tischen“) erstellt wurden. Weil diese Fehler sich häuften, platzte dem Abteilungsdirektor Go der Kragen und er warf den Beschäftigten, insbesondere den „Tischältesten“ Interesselosigkeit vor. Einer der Tischältesten beschwerte sich daraufhin bei der Personalabteilung über diesen aus seiner Sicht ebenso ungeheuerlichen wie unberechtigten Vorwurf und erklärte, dass er als Tischältester unmöglich für alles, was an seinem Tisch geschah, verantwortlich gemacht werden könne, da er „bei der ungeheuren Arbeit tatsächlich nicht alles zu übersehen“ vermochte. Der Direktor der Personalabteilung versuchte den Tischältesten zu beruhigen, indem er auf die „augenblicklichen Verhältnisse“ verwies. Aber in der Sache stellte er sich nach einem Gespräch mit dem Abteilungsdirektor der Effektenabteilung hinter dessen Kritik.

Daraufhin erschien ein zweiter Tischältester und beschwerte sich, dass er nie ein Wort der Anerkennung erhalten habe, wodurch ihm die Arbeitsfreude verleidet worden sei. Er kündigte an, dass er sich eine solche Behandlung „auf die Dauer“ nicht gefallen lassen werde. In seiner Begleitung waren auch drei weibli-

---

761 Ärztliches Attest v. 12.7.1922 sowie Schreiben v. Alice Le v. 19.7.1922 (mit handschriftlicher Notiz ihres Bürochefs), in: HAC 500/E.4153.

762 Schreiben von Alice Le v. 11.8.1923, in: ebd.

che Tischälteste, darunter die zum Sample gehörende Gertrud Li, die bestätigten, dass es auch für sie unmöglich sei, alles an ihrem Tisch zu überblicken und sie deswegen auch nicht die Verantwortung für alles übernehmen könne.[763] Auch die Bank hatte nun wohl anerkennen müssen, dass sie ihre Angestellten überforderte und so bekam Gertrud Li, als sie die Rechenfehler an dem von ihr verwalteten Tisch aufgearbeitet hatte, eine Sonderprämie von 500 Mark.[764]

Ob sich Gertrud Li in diesem Fall bei der Personalabteilung über ihren Vorgesetzten beschwert hätte und die Vorwürfe auf diesem Wege der Personalabteilung zugetragen worden wären, wenn nicht zwei männliche Kollegen die Initiative ergriffen hätten, in ungewiss. Aber es gab auch Fälle, in denen sich weibliche Angestellte gegen die aus ihrer Sicht unmöglichen Arbeitsbedingungen wehrten. Disziplinarische Konsequenzen gegen die Vorgesetzten konnten sie nicht erwarten. Aber sie hatten immer noch die Möglichkeit ihre Versetzung zu beantragen, wodurch die Missstände an ihrem Arbeitsplatz auch offengelegt wurden.

Im Mai 1921 beschwerten sich zwei weibliche Angestellte einer Berliner Depositenkasse der Darmstädter Bank, dass sie zu viele Überstunden leisten müssten, während sich der Vorsteher und seine beiden Stellvertreter überlange Mittagspausen gönnten. Sie beantragten deshalb ihre Versetzung. Der Vorsteher der Kasse und seine beiden Stellvertreter wurden daraufhin in die Zentrale einbestellt und zu der Angelegenheit befragt. Sie bestritten, dass die beiden Frauen allzu viele Überstunden leisten müssten. Im Falle von Käte Le hätten sie der Dame des öfteren sogar während der Dienstzeit freigegeben, damit sie ihre kranke Mutter versorgen konnte, während sie dem nicht zum Sample gehörenden Fräulein We sogar unterstellten, die Überstundenliste, zu der sie als Sekretärin des Vorstehers offenbar Zugang hatte, gefälscht zu haben. Den Vorwurf der überlangen Mittagspause wiesen sie ebenfalls zurück. Dem Vorsteher sei von der Direktion der Depositenkasse genehmigt worden, wegen eines Magenleidens zum Mittagessen nach Hause gehen zu dürfen, weshalb er die Pausenzeit überziehen musste, und die beiden Stellvertreter behaupteten, ihre Mittagspause auf das „gerade noch ... erträgliche Mindestmaß“ zu beschränken. Einer der Stellvertreter war über die Unterstellung überlanger Mittagspausen so empört, dass er sogar eine Bestrafung der beiden Frauen forderte. Am Ende scheint es aber weder zu einer Versetzung noch zu einer Bestrafung der beiden Frauen gekommen zu sein.[765] Der Abteilungsdirektor der Personalabteilung nahm aber immerhin eine

763 Aktennotiz v. 30.1.1920, in: HAC 500/E.5835.

764 Aktennotiz v. 21.5.1920, in: ebd.

765 Eine Versetzung von Käte Le in die Zentrale erfolgte erst über ein Jahr später, so dass ein Zusammenhang mit der Beschwerde und der Reaktion der Vorgesetzten unwahrscheinlich erscheint. Aufstellung anlässlich des 25-jährigen Dienstjubiläums o. D. (1943), in: HAC 500/E.4501.

Besichtigung der Räumlichkeiten der Kasse vor und war entsetzt. Die Kasse mache, so hielt er in einer Aktennotiz fest, „sowohl nach außen hin einen sehr schlechten Eindruck wie auch für die Angestellten das Arbeiten in den sehr stark beengten oberen Räumen und auch besonders in den unter Tag liegenden Kellerräumen gesundheitlich nicht günstig ist“.[766]

Versetzungen von Angestellten, auch weiblichen Angestellten, waren in den Inflationsjahren häufig. Denn den schon länger bei der Bank beschäftigten und damit erfahreneren Frauen wurden verantwortungsvollere Arbeiten zugeteilt, wozu die neu eingestellten „Nullenschreiberinnen“ (noch) nicht in der Lage waren. Wie nicht nur das Beispiel von Käte Le und Fräulein We zeigt, war aber eine Versetzung auf Wunsch der Angestellten in der Regel nicht möglich. Für Versetzungen waren nur betriebsorganisatorische Gründe, nicht aber die Gesundheit oder das „Betriebsklima“ in den Büros ein hinreichender Grund. Es gibt aber einen Fall, bei dem keine Versetzung innerhalb des Berliner Bankbetriebs, sondern die Versetzung an einen ruhigen (Filial-)Standort beantragt wurde.

Charlotte St2 war als Arbeitsgruppenleiterin („Tischälteste“) in der Registratur der Darmstädter Bank während der Inflationsjahre mit der Enge im Büro und den ständig wechselnden Mitgliedern ihres „Tisches“ physisch und psychisch überfordert, so dass sie gegenüber dem Direktor der Personalabteilung Ehlerding den Wunsch äußerte, an einen ruhigeren Ort, nach Hirschberg in Schlesien, versetzt zu werden. Ehlerding, der Charlotte St2 offenbar sehr schätzte und sie auf jeden Fall für die Bank halten wollte, setzte gegenüber der Hirschberger Filialleitung durch, dass Charlotte St2 dorthin versetzt werden konnte, obwohl die Filialleitung deutlich signalisierte, dass sie keinen Personalbedarf hatte und niemand aus der Filiale bereit sei, im Austausch mit Charlotte St2 nach Berlin zu wechseln. Das Argument der Filialleitung, dass Charlotte St2 für Hirschberg zu teuer sei und dass deren Gehalt Neid unter den weiblichen Beschäftigten auslösen könnte, konterte Ehlerding, indem er Charlotte St2 unter der Bedingung die Versetzung genehmigte, dass sie beim Gehalt einige Abstriche hinnehmen müsse. Dazu war sie bereit, was ihr aber vermutlich deswegen nicht schwerfiel, weil Mieten und Lebenshaltungskosten in Hirschberg niedriger lagen als in Berlin. Sie wäre sicherlich auch gerne in Hirschberg geblieben, wo sie wohl mit einer Freundin zusammenwohnte. Aber in der Stabilisierungskrise wurde sie nach Berlin zurückbeordert, weil die Filialleitung darauf bestand, dass Charlotte St2 als erste gehen müsste, bevor einer einheimischen Angestellten gekündigt würde. Das war für Charlotte St2 offenbar ein nachvollziehbares Argument, so dass sie die Versetzung klaglos hinnahm. Denn allem Anschein

766 Aktennotiz v. 31.5.1921, in: ebd.

nach ging die Freundin mit nach Berlin, wo die beiden weiter zusammenleben konnten.

Mit dem Ende der Inflation endete zwar auch die Zeit der Überstunden, was im Einzelfall natürlich nicht ausschloss, dass auch später noch regelmäßig Überstunden geleistet werden sollten. Ein in dieser Hinsicht aberwitziger Fall ist die nicht zum Sample gehörende Julie Sch. Ihr Vorgesetzter, der anscheinend nicht wusste, dass es in der Dresdner Bank seit der Einführung der Tarifverträge noch nie außertariflich bezahlte weibliche Angestellte gegeben hatte, beantragte nach der Fusion von Dresdner Bank und Danat Bank, dass Julie Sch „von der tarifmäßigen Bezahlung in die außertarifliche versetzt wird". Was bis hierhin wie eine ungewöhnlich große Fürsorge eines Chefs gegenüber einer weiblichen Angestellten aussah, erwies sich aber als ein vergiftetes Geschenk. Denn es ging dabei gar nicht um ein höheres Gehalt, sondern um die Befreiung von den tarifvertraglichen Beschränkungen übermäßiger Überstunden. Denn, so fuhr der Vorgesetzte fort, es brauche damit „keine besondere Steigerung des Einkommens verbunden zu sein, sondern ich will nur damit erreichen, dass die Arbeitszeitbeschränkung, die in diesem Falle für mich unhaltbar ist, aufgehoben wird".[767]

5.2 Beamtenkredit

Die Angestellten von Danat Bank und Dresdner Bank erhielten ihre Gehälter nicht bar ausgezahlt, sondern jeder Angestellte hatten ein (Gehalts-)Konto, auf das monatlich das Gehalt überwiesen wurde. Lediglich die Wochenlöhner und Wochenlöhnerinnen erhielten ihren Lohn wöchentlich in einer Lohntüte ausgezahlt. Für die Gehaltskonten der Angestellten unterhielt die Dresdner Bank sogar eine eigene (Unter-)Abteilung, die Beamtenkonten-Abteilung. Daneben hatten die Angestellten der Dresdner Bank auch die Möglichkeit, ein Sparkonto (seitdem es Bankesparbücher gab)[768] und ein Wertpapierdepot zu eröffnen. Wahrscheinlich war die Kontoführung kostenlos und die Depotgebühren niedriger als für die Bankkunden. Denn die Bank hatte auf diese Weise einen Überblick der Vermögenslage ihrer Angestellten.

767 Schreiben von Direktor Schwarz v. 6.5.1932, in: HAC 500/E.7393.

768 Die Großbanken führten das „Banksparbuch" als Reaktion auf das Eindringen der Sparkassen in das „Bankgeschäft" in einer gemeinsamen Initiative im Jahr 1927 ein und bewarben das „Banksparen" offensiv erstmals beim Weltspartag Ende Oktober desselben Jahres. Vgl. Günter Ashauer, Betrachtung des ‚Privatkunden' in der Zeit vor 1959, in: Der Privatkunde (Bankhistorisches Archiv. Zeitschrift zur Banken- und Finanzgeschichte, Beiheft 16) Frankfurt/Main 1990, S. 18 ff.

Die Möglichkeit zur Kontoüberziehung gab es bei Gehaltskonten bis weit in die zweite Hälfte des 20. Jahrhunderts grundsätzlich nicht. Das war bei den Beamtenkonten sicherlich nicht anders. Ein Privatkunde konnte zwar einen Kredit beantragen. Aber das setzte die Bereitstellung von Sicherheiten voraus, die kaum eine weibliche Angestellte besessen haben dürfte. Die Möglichkeiten, Anschaffung von Privathaushalten durch Teilzahlungskredite zu finanzieren, wobei die Anschaffung zugleich als Sicherheit diente, waren zwar schon in den USA verbreitet. Aber in Deutschland wurden Anschaffungskredite mit großer Skepsis betrachtet. Banken und Sparkassen vergaben solche Kredite bis in die fünfziger Jahre hinein nicht.[769]

Wenn eine weibliche Angestellte überhaupt darüber nachgedacht haben sollte, bei ihrem Arbeitgeber einen Kredit zu beantragen, war der Grund eine Notlage – etwa wegen Sonderausgaben in Folge von Krankheit oder wegen der Unterstützungsverpflichtung gegenüber einem nahen Verwandten. Auch die Banken wussten, dass ihre „Beamten" in den unteren Gehaltsgruppen kaum in der Lage sein würden Ersparnisse zu bilden, die sie vor finanziellen Risiken dieser Art schützen konnten. Deshalb hatte die Dresdner Bank vor dem Krieg den Eugen Gutmann-Fonds geschaffen, der Angestellten eine Unterstützung versprach, wenn sie unverschuldet in Not geraten waren. Vor dem Krieg konnte keine Angestellte einen Unterstützungsantrag gestellt haben, weil es bei der Dresdner Bank, jedenfalls in Berlin, noch keine weiblichen Angestellten gab und nach dem Krieg scheint der Fonds keine Rolle mehr gespielt zu haben, wie das Beispiel von Alice Rö zeigt.

Im August 1923 hatte die Dresdner Bank die Witwe ihres kurz zuvor verstorbenen Angestellten Hans Rö eingestellt. Alice Rö hatte sich beworben – vermutlich bewerben müssen -, weil ihr Witwenrentenanspruch bei gerade einmal 66 Mark im Monat lag. Sie verfügte allerdings nur über Volksschulbildung und Berufserfahrung hatte sie nur für zwei Jahre als Kontoristin bei den Bergmann-Elektrizitätswerken gesammelt.[770] Ob sie dort 1919 wegen der Demobilmachungsverordnung ausscheiden musste oder ob sie freiwillig gegangen war, weil sie sich verheiratete, ist unklar. Jedenfalls bekam sie im Juli 1921 eine Tochter, die allerdings mit gerade einmal zwei Jahren in dem gleichen Monat verstarb, als Alice Rö ihre Arbeit bei der Dresdner Bank aufgenommen hatte. Alice Rö beantragte da-

769 Britta Stücker, Konsum auf Kredit in der Bundesrepublik, in: Jahrbuch für Wirtschaftsgeschichte 2007/2, S. 63 ff: Simon Gonser, Der Kapitalismus entdeckt das Volk, München 2014, S. 59 ff.

770 Personalbogen (ausgefüllt am 30.7.1923) in: HAC 500/E.5311.

raufhin eine Unterstützung durch den Eugen Gutmann-Fonds für die Bestattungskosten, blieb aber ohne Antwort.[771]

Es mag sein, dass der Eugen Gutmann-Fonds durch die Inflation *de facto* nicht mehr existierte und Alice Rö deswegen nicht geholfen werden konnte. Aber die harte Haltung gegenüber einer Frau, die innerhalb von wenigen Monaten Ehemann und Tochter verloren hatte, hielt an. Denn ein halbes Jahr nach ihrer Anstellung und wenige Wochen nach der Einführung der Rentenmark beantragte Alice Rö die Gewährung einer Haushaltszulage, da sie einen eigenen Haushalt führte, wie sie schrieb.[772] Dieser Antrag wurde aber abschlägig beschieden. Vermutlich fürchtete die Bank einen Präzedenzfall. Denn Alice Rö hatte ja keine eigene Familie mehr und war deshalb wieder bei ihren Eltern eingezogen. Mit einem Kredit zur Finanzierung der Beerdigungskosten, wenn es denn diese Möglichkeit gegeben hätte, wäre ihr allerdings auch nicht geholfen gewesen. Denn sie hätte bei ihrem Gehalt den Kredit kaum zurückzahlen können.

Vor der Bankenkrise verhielten sich die Banken bei der Kreditvergabe an ihre leitenden Angestellten keineswegs immer so restriktiv wie gegenüber ihren Tarifangestellten, den „Beamten“. Die leitenden Angestellten erhielten sowohl bei der Danat Bank als auch bei der Dresdner Bank problemlos Kredit, ja sie organisierten das sogar selbst. Allerdings ging es bei diesen Personen nicht um Notlagen, sondern der Kredit stellte eine Möglichkeit dar, den Substanzverlust von Einkommen und Vermögen während der Inflationsjahre aufzuhalten. Besonders gut dokumentiert sind die Kreditbedingungen für die A-Direktoren der Danat Bank. Die A-Direktoren rangierten in der Hierarchie der Bank nach den (persönlich haftenden) Geschäftsinhabern und bildeten somit die oberste Stufe der angestellten Manager. Seit 1923 war es ihnen gestattet, Kaufkraftverluste ihrer Gehälter durch die Bildung eines privaten Konsortiums zum An- und Verkauf von Effekten auszugleichen. Die durch das Konsortium erworbenen Effekten dienten dabei zugleich als Sicherheit. Geleitet wurde der Fonds von den beiden Börsenchefs der Danat Bank, die auch selbst Mitglied des Konsortiums waren. Nach dem Ende der Inflation wurde das Konsortium nicht aufgelöst, sondern die A-Direktoren nutzten es seitdem als Quelle für ein Zusatzeinkommen neben Gehalt und Tantieme.

Das ging auch einige Zeit gut. Aber nach dem „Schwarzen Freitag“ im Mai 1927 begannen die Effektenkurse zu fallen. Dabei handelte es sich nicht um ein zyklisches Auf und Ab, was man hätte aussitzen können, sondern der Abwärtstrend hielt an. Im Jahr 1930 war die Diskrepanz zwischen der Höhe des dem Konsortium eingeräumten Kredits („Konto nono“) und den Sicherheiten schließlich so

771 Schreiben von Alice Rö o. D. (Dezember 1923), in: ebd.
772 Schreiben v. Alice Rö v. 6.12.1923, in: ebd.

groß geworden, dass das Konsortium aufgelöst wurde. Jeder A-Direktor wurde daraufhin mit einem Anteil von etwa 82.000 RM belastet. Gleichzeitig wurde ihnen ein Effektenanteil im (Kurs-)Wert von aktuell ca. 42.000 RM zur Verfügung gestellt. Die Tilgung des zinsfreien Debetsaldos („Separatkonto II") sollte planmäßig innerhalb von vier Jahren erfolgen, indem sämtliche Einkünfte aus Aufsichtsratsstellen und Konsortialbeteiligungen zur Tilgung verwandt wurden. Rund ein halbes Jahr nach dieser Regelung war der Tilgungsplan aufgrund der Bankenkrise aber schon nicht mehr durchführbar. Deshalb wurden – meist nach der Fusion mit der Dresdner Bank – sowohl mit den aktiven als auch mit den ausgeschiedenen A-Direktoren individuelle Vergleiche geschlossen.[773]

Sehr wahrscheinlich hatten alle Großbanken ihren leitenden Angestellten solche Möglichkeiten zum Effektenerwerb auf Kredit eingeräumt. Bei der Dresdner Bank betrug die Verschuldung ihrer Angestellten gegenüber dem Institut nach der Fusion rund 11,5 Mio. RM. Dabei handelte es sich aber keineswegs nur um eine „Altlast" der Danat Bank. Auch die Dresdner Bank hatte eine solches Konsortium gebildet. Das „Konto Nono" hieß dort allerdings „Konto P".[774] Auch bei der Commerzbank gab es ein solches Konsortium, allerdings von einem etwas anderen Charakter. Dort hatten leitende Angestellte und Aufsichtsratsmitglieder ein Konsortium gebildet, das mittels eines Kredits der Commerzbank Commerzbankaktien mit Papiermark ankaufte und nach der Stabilisierung wegen der Unterbewertung der Aktien (in Goldmark) zum Zeitpunkt des Ankaufs einen erheblichen Buchgewinn erzielte. Auch hier wurde das Konsortium nicht aufgelöst, sondern später genutzt, um Commerzbankaktien anzukaufen und sie den Aktionären übernommener Banken im Wege des Aktientauschs anzubieten. Seit etwa 1929 diente das Konsortium schließlich der Kursregulierung der Commerzbankaktie, was in einem ähnlichen Desaster endete wie das „Konto Nono" und das „Konto-P" bei der Konkurrenz.[775] Auch die Deutsche Bank kaufte eigene Aktien zur Kursregulierung auf. Aber das tat sie nicht verdeckt durch ein Konsortium von Privatpersonen, sondern offen. Denn sie nutzte die angekauften Aktien zur Kapitalherabsetzung.[776]

In Anbetracht der kaum erfüllbaren Kreditbedingungen für einfache Angestellte ist vor der Bankenkrise nur in einem Fall der Frauen des Samples eine Kreditgewährung nachweisbar. Käte Ab hatte im Jahr 1931 auf ihrem Gehaltskonto

773 Ziegler, Dresdner Bank, S. 31 ff.

774 Vgl. ebd., S. 33.

775 Ziegler, Commerzbank, S. 116 ff. Eine Übersicht des Umfang der Rückkäufe eigener Aktien aller Großbanken in Reni Maltschew, Der Rückerwerb eigener Aktien in der Weltwirtschaftskrise 1929–1931, Berlin 2004, Tab. 1, S. 29.

776 Feldman, Deutsche Bank, S. 286.

ein Debetsaldo von knapp 300 RM. Wie es zu dieser Verschuldung kam, ist nicht überliefert. Nach ihren Angaben musste sie ihre Mutter unterstützen, mit der sie in einem Haushalt lebte. Diese Aussage ist aber nicht glaubwürdig, da ihr Vater Hermann Ab stellvertretender Direktor der Nationalbank für Deutschland gewesen war und bis zu seiner Versetzung in den Ruhestand im Jahr 1919 33 Jahre lang für die Bank gearbeitet hatte. Im Jahr 1920 war er verstorben, so dass seine Witwe, die Mutter von Käte Ab, Anspruch auf eine Witwenpension hatte und die wird in Anbetracht der Stellung von Hermann Ab auskömmlich gewesen sein.

Da eine Kontoüberziehung grundsätzlich ausgeschlossen war und für eine größere Anschaffung mangels Sicherheiten kein Kredit gewährt worden sein dürfte, ist eigentlich nur ein Hintergrund vorstellbar. Wahrscheinlich hatte Käte Ab ebenfalls Wertpapiere auf Kredit erworben und die Effekten als Sicherheit hinterlegt. Durch die Kursverluste reichte die Deckung nicht mehr aus und da Käte Ab nicht in der Lage war, weitere Sicherheiten beizubringen, mussten die Effekten verkauft werden. Der Erlös wurde auf dem Effektenkonto gutgeschrieben und die verbliebene Schuldsumme auf das Gehaltskonto gebucht, wodurch die Personalabteilung zum Handeln veranlasst wurde. Wenige Wochen vor der Bankenkrise forderte sie Käte Ab auf, „Vorschläge zu machen, in welcher Weise Sie obigen Betrag zu tilgen gedenken“.[777] Daraufhin sagte Käte Ab zu, dass sie von Juli 1931 an jeden Monat 10 RM auf ihr Konto einzahlen werde. Damit war die Bank einverstanden.[778] Auf diese Weise dürfte Käte Ab in zweieinhalb Jahren ihr Debetsaldo abgestottert haben. Bei den A-Direktoren konnte davon keine Rede sein. Bei ihnen ging die Bank auch nicht an das Gehalt, sondern forderte lediglich die Nebeneinkünfte aus Aufsichtsratsmandaten etc. ein. Bis zur Bankenkrise wird auf diese Weise nicht viel abgezahlt worden sein und danach war eine Bereinigung nur noch durch Vergleiche möglich, die mit erheblichen Abschreibungen zu Lasten der Bank verbunden waren.[779]

In den wenigen Fällen, in denen Informationen über ein Wertpapierdepot einer weiblichen Angestellten vorliegen, betrug der Kurswert der Effekten maximal einen niedrigen vierstelligen Betrag, entsprach also bestenfalls vier bis fünf Monatsgehältern. Wenn Käte Ab ebenfalls ein Wertpapierdepot besessen haben sollte, dürfte der Kurswert der Effekten zum Zeitpunkt der Anschaffung ange-

777 Schreiben an Käte Ab v. 28.5.1931, in: HAC 500/E.4613

778 Schreiben von Käte Ab v. 2.6.1931 (mit handschriftlicher Notiz von Prokurist Schmidt „Einverstanden 4.6.“), in: ebd.

779 Im Jahr 1935 stellte sogar eine Wirtschaftsprüfungsgesellschaft im Auftrag der Dresdner Bank einen Sonderbericht über die „Schuldenkonten von aktiven und ehemaligen leitenden Angestellten“ an. Sonderbericht der Revisions- und Treuhand-AG v. 28.6.1935, in: Bundesarchiv Berlin, R 3101, Akten des RWM, Akte 18568.

sichts der Unterdeckung von 300 RM in einer ähnlichen Größenordnung gelegen haben. Ob viele einfache Angestellte in den zwanziger Jahren von der Möglichkeit Gebrauch gemacht hatten, auf Kredit ein Wertpapierdepot aufzubauen, ist nicht bekannt. Die weiblichen Angestellten scheinen diese Möglichkeit nicht genutzt zu haben. Wenn sie ein Wertpapierdepot besaßen, handelte es sich entweder um eine Versorgungsmaßnahme des Vaters oder ein Erbteil oder sie hatten das Depot als eine Alternative zum Sparbuch gesehen, das sie bis 1927 nur von einer Sparkasse hätten bekommen können.

Nach den Skandalen um die Kreditvergabe der Großbanken an ihre leitenden Angestellten, einschließlich der Vorstands- und Aufsichtsratsmitglieder, mussten sich die Banken bei Kreditvergaben an Angestellte sehr restriktiv verhalten. Nach dem Kreditwesengesetz von 1934 durften Kredite an die „Geschäftsleiter ... , Mitglieder des Aufsichtsrats eines Kreditinstituts sowie alle bei einem Kreditinstitut tätigen Beamten und Angestellten nur auf Grund eines einstimmigen Beschlusses sämtlicher Geschäftsleiter und mit ausdrücklicher Zustimmung des Aufsichtsrats ... gewährt werden.“ Für Angestellte einer Bank galt das allerdings nur, wenn die Kreditsumme höher lag als das Jahreseinkommen der Person. Sobald der Kredit das Jahreseinkommen des Kreditnehmers überstieg und demzufolge auch die Zustimmung von Vorstand und Aufsichtsrat notwendig wurde, war der Kredit unter Angabe der Kredithöhe, der Laufzeit und des Zinssatzes „unverzüglich“ dem Reichskommissar für das Kreditwesen anzuzeigen.[780] Auch eine Höhe der Beleihungsgrenze für Kreditsicherheiten wurde festgelegt. Bei der Commerzbank waren es bei Aktien bis zu 60 Prozent und bei festverzinslichen Werten bis zu 75 Prozent des aktuellen Kurswerts. Dort ging man bei Kontokorrentkrediten sogar noch über die Bestimmung des Kreditwesengesetzes hinaus und gestattete Kreditlimits nur bis zur Höhe eines halben Jahresgehalts.[781]

All das tangierte die weiblichen Angestellten nicht. Auf ihren Gehaltskonten konnten sie bestenfalls einen Vorschuss auf die nächste Gehaltszahlung beantragen. Aber das hätte in einer finanziellen Notlage nicht geholfen. So blieb für diese Fälle wie schon zu Beginn des 20. Jahrhunderts mit dem Eugen Gutmann-Fonds nur eine Lösung: Erna Dö hatte im Jahr 1938 zwei schwere Kieferoperationen. Die Kosten beliefen sich auf zusammen 702 RM. Davon übernahm die Krankenkasse 180 RM. Für den Eigenanteil von 522 RM sah Erna Dö „im Augenblick keine Deckungsmöglichkeit“ und bat deshalb darum, „eine einmalige Unterstützung ... aus einem für derartige Notlagen zur Verfügung stehenden Fonds, um die Abtragung

780 Reichsgesetz über das Kreditwesen v. 5.12.1934, in RGBl. 1934/1, § 14, Abs. 1 und 7, S. 1206 f.
781 Ziegler, Commerzbank, S. 147.

der für mein Einkommen erheblichen Schuld zu erleichtern".[782] Die Bank überprüfte daraufhin nicht nur die Angaben, sondern auch ihren Kontostand und gewährte eine Beihilfe von 250 RM.[783]

Ähnlich verhielt sich die Dresdner Bank bei der 1919 eingestellten Charlotte Sch, die in den dreißiger Jahren in eine erhebliche finanzielle Bedrängnis geriet. Ihre Schwester war im Jahr 1933 an Lungentuberkulose erkrankt und verbrachte acht Monate in einer Lungenheilstätte. Die Schwester war selbständig und demzufolge unzureichend sozialversichert, so dass Charlotte Sch für die Kosten, die sich auf 1.380 RM beliefen, aufkommen musste. Bei ihrem Gehalt von rund 258 RM entsprach das mehr als fünf Monatsgehältern. Durch die Auflösung ihrer Ersparnisse war Charlotte Sch in der Lage 244 RM zu zahlen. Der Rest wurde ihr vom Fürsorgeverband erlassen. Im ersten Halbjahr 1935 schloss sich eine erneute Behandlung an, deren Kosten sich auf 469 RM beliefen. Diese Summe musste Charlotte Sch selbst aufbringen und stotterte sie seit Anfang 1937 mit monatlich 10 RM ab. Gegen Ende des Jahres bat sie ihren Arbeitgeber um Hilfe und beantragte eine Unterstützung. Zu diesen Zeitpunkt betrug die Schuldsumme immer noch 379 RM. Die Bank reagierte schnell und bewilligte ihr innerhalb von nur zwei Tagen eine Unterstützungszahlung in Höhe von brutto 250 RM (netto 210 RM).[784]

In beiden Fällen ist unklar, ob die Unterstützungen aus den laufenden Personaletat bestritten wurden oder ob es einen „Fonds" gab, wie Erna Dö mutmaßte. Bekannt ist, dass es einen Fonds gab, der für solche Zwecke gebildet worden war, aber nur zur Verfügung des Vertrauensrats stand. Wäre die Unterstützung aus dieser Quelle finanziert worden, hätte sich der Vertrauensrat sicherlich eingeschaltet und die Unterstützungswürdigkeit selbst geprüft. Da das aber nicht der Fall war, muss die Unterstützung von der Bank direkt, wahrscheinlich aus dem Personaletat gekommen sein. Relevant für dieses Kapitel ist jedoch die Tatsache, dass ein Kredit überhaupt nicht zur Diskussion stand. Die Frauen beantragten ihn nicht nur deshalb nicht, weil sie nicht gewusst hätten, wie sie den Kredit jemals zurückzahlen sollten, sondern sie verfügten über keine Sicherheiten außer ihrem Gehalt. Aber bei einer Kündigungsfrist von vier oder sechs Wochen war selbst das aus der Sicht des Kreditgebers keine Sicherheit, zumal eine Gehaltspfändung nur ab einem Monatseinkommen von 150 RM überhaupt zulässig war. Bei dem dieses Einkommen übersteigenden Teil des Gehalts durften auch nur

782 Schreiben von Erna Dö v. 28.11.1938, in: HAC 500/E.3201.

783 Schreiben an Erna Dö v. 29.11.1938, in: ebd.

784 Schreiben von Charlotte Sch v. 21.12.1937, Aktennotiz v. 23.12.1937 und Schreiben an Charlotte Sch v. 23.12.1937, in: HAC 500/E.8218.

zwei Drittel gepfändet werden. Bei einem Gehalt von 210 RM im Monat hätten also nur 40 RM gepfändet werden dürfen.

Angesichts derart hoher Hürden wundert es nicht, dass sich nur zwei genehmigte Kreditgesuche weiblicher Angestellter in den Akten des Samples finden ließen. Ein Kreditgesuch von Charlotte Mi wurde abgelehnt, worauf in Kap. 5.3 noch näher eingegangen werden wird. Das erste Kreditgesuch stammte von Charlotte Go1 aus dem Jahr 1935, die zu diesem Zeitpunkt bereits im achtzehnten Dienstjahr stand. Sie beabsichtigte zusammen mit ihrer Schwester ein Einfamilienhaus in Klein-Machnow errichten zu lassen. Die Kosten für Haus und Grundstück lagen bei 19.400 RM. Das Eigenkapital der beiden Frauen betrug 11.400 RM. Über die Reichsversicherungsanstalt für Angestellte (RfA) war ihnen ein Kredit über 8.000 RM zugesagt worden. Die Auszahlung konnte aber erst nach Fertigstellung des Hauses erfolgen. Deshalb benötigte Charlotte Go1 eine Zwischenfinanzierung.[785] Die Kredithöhe machte nach dem Kreditwesengesetz eine Genehmigung durch den Vorstand der Bank erforderlich. Nur drei Tage später war die Vorstandsvorlage erstellt und die Genehmigung von allen sechs Vorstandsmitglieder eingeholt, so dass noch am gleichen Tag die Abtretungsurkunde für die Auszahlung des RfA-Kredits an die Dresdner Bank ausgestellt und unterzeichnet werden konnte.[786] Über Laufzeit und Zinssatz des Kredits gibt die Akte leider keine Auskunft.

Etwas besser dokumentiert ist ein Kredit für Gertrud Ei. Sie hatte ein größeres Haus in Lichterfelde geerbt, das mit einer Hypothek über 11.000 RM belastet war. Im Jahr 1937 wollte sie dieses Haus verkaufen und ein kleines Siedlungshaus in Dahlem erwerben, das im Jahr 1938 durch eine Baugesellschaft errichtet werden sollte. Im Januar 1938 waren eine Anzahlung für die Baugesellschaft, die Ablösung der Hypothek auf dem zum Verkauf stehenden Grundstück sowie Grunderwerbssteuer und andere Nebenkosten fällig. Gertrud Ei erwartete einen Erlös aus dem Verkauf des geerbten Hauses von etwa 40.000 bis 42.000 RM, was abzüglich der Hypothek auf einen Nettoerlös von etwa 30.000 RM hinauslief. Diese Summe entsprach fast genau dem Grunderwerb und den Errichtungskosten für das Siedlungshaus. Nun zog sich der Verkauf des ererbten Hauses allerdings hin, so dass Gertrud Ei eine Überbrückungsfinanzierung über 18.000 RM benötigte. Als Sicherheit bot sie einen erststelligen Hypothekenbrief über 20.000 Goldmark an. Die Laufzeit des Kredits schätzte sie auf zwei Monate.[787]

Die Vorstandsvorlage wurde Anfang Januar 1938 fertiggestellt und der Kredit wenig später mit einer Laufzeit sechs Monaten bei einer Verzinsung von vier Pro-

785 Schreiben von Charlotte Go1 v. 21.9.1935, in: HAC 500/E.2197.

786 Abtretungsurkunde v. 24.9.1935 und Vorstandsvorlage v. 24.9.1935 (mit handschriftlichen Ergänzungen), in ebd.

787 Schreiben von Gertrud Ei v. 14.12.1943, in: HAC 500/E.3087.

zent p. a. von vier Vorstandsmitgliedern genehmigt.[788] Die Anzeige an den Reichskommissar für das Kreditwesen erfolgte wenige Tage später.[789] Tatsächlich konnte Gertrud Ei den Kredit nicht schon nach zwei Monaten, sondern erst nach gut vier Monaten zurückzahlen. Die Bank hatte es aber wohl versäumt, den Reichskommissar entsprechend zu unterrichten, der sich im August 1938 nach dem Kredit erkundigte.[790]

Über Vermögen in dieser Größenordnung dürften ansonsten nur sehr wenige weibliche Angestellte der Dresdner Bank verfügt haben. Es ist zwar möglich, dass Charlotte Go1 und ihre Schwester das Eigenkapital für ihr Haus von 11.400 RM allein durch Sparen in 18 Jahren zusammenbekommen hatten. Diese Summe entsprach etwa drei Jahresgehältern. Wahrscheinlicher erscheint aber eine kleine Erbschaft, die die beiden Schwestern als Eigenkapital einsetzten. Im Fall von Gertrud Ei ist der Fall eindeutiger. Sie hatte geerbt und konnte das Siedlungshaus erwerben, ohne sich zusätzlich verschulden zu müssen, während Charlotte Go1 und ihre Schwester den RfA-Kredit vermutlich noch über Jahre abzahlen mussten.

Es ist natürlich denkbar, dass auch noch einige andere Frauen im Sample geerbt hatten und die Erbschaft in ähnlicher Weise genutzt haben. Die Dresdner Bank war keine Hypothekenbank. Sie war nur deswegen als Kreditgeber angefragt worden, weil es sich um eine Zwischenfinanzierung handelte. Da Zwischenfinanzierungen bei Kauf oder Errichtung eines Hauses oder einer Wohnung nicht in jedem Fall benötigt werden, können es also durchaus noch deutlich mehr als diese zwei Fälle gewesen sein, in denen weibliche Angestellte des Samples dank einer Erbschaft eine gewisse Sicherheit für einen kleinbürgerlichen Lebensstil auch im Alter erreichen konnten. Aber allein durch das Einkommen war das kaum zu schaffen gewesen.

5.3 „Führung: nicht kameradschaftlich". Unangemessenes und übergriffiges Verhalten

Aus der Sicht der Arbeitgeber war es sicherlich eine richtige Entscheidung, spätestens während des Ersten Weltkriegs Frauen in ihren Büros einzusetzen. Sie waren billiger als Männer, verrichteten ohne Widerspruch diejenigen Arbeiten, die die männlichen Angestellten nur zu gerne an sie abgaben und hatten meist keine Ambitionen auf eine Karriere, in der sie mit Männern in Konkurrenz hätten

788 Gefolgschaftsmitglieder Kredit-Antrag Nr. 1 (Vorstandsvorlage mit handschriftlichen Ergänzungen) v. 6.1.1938, in: ebd.

789 Schreiben an den Reichskommissar für das Kreditwesen v. 13.1.1938, in: ebd.

790 Aktennotiz v. 11.8.1938, in: ebd.

treten müssen. Auch bei dem einzigen Streik während des Untersuchungszeitraums, im April 1919, gibt es keinen Hinweis, dass Frauen eine führende Rolle gespielt hätten. Einzig die Tatsache, dass viele Frauen unter Überforderung litten und Symptome einer Krankheit aufwiesen, die heute wohl als „Burn-out“ bezeichnet werden würde, bereitete der Personalabteilung Arbeit. Denn in diesen Fällen blieben die Frauen häufiger dem Dienst fern, ihre Leistungen ließen nach, was nicht selten dazu führte, dass der Vorgesetzte sie in eine andere Abteilung abschieben wollte, und in manchen Jahren musste ihnen auch ein längerer als der ihnen tariflich zustehende Urlaub für einen Sanatoriumsaufenthalt gewährt werden. Deswegen waren die Personalakten der Frauen auch weniger umfangreich als die der meisten Männer mit ähnlich vielen Dienstjahren.

Frauen taten fast immer, was von ihnen erwartet wurde und sie fügten sich, von wenigen Ausnahmen abgesehen, problemlos in die (männlich beherrschte) Bürodisziplin ein. Auch wenn die Vorgesetzten in den Leistungsberichten schon einmal kritische Anmerkungen machten, unter der Rubrik „Führung“ waren kritische Anmerkungen höchst selten. In der Regel stand dort nur, dass die „Führung“ der Angestellten „tadellos“ oder „zu Klagen keinen Anlass gab“ und in den dreißiger Jahren wurde dem Zeitgeist entsprechend auch gern das Adjektiv „kameradschaftlich“ benutzt. Manchmal waren es aber nicht die Frauen, deren „Führung“ zu „Klagen Anlass gab“, sondern einzelne Männer, mit denen sie zusammenarbeiteten, verhielten sich so, dass die Personalabteilung der Banken sich einschaltete oder eingeschaltet wurde.

Solche Fälle von unangepasstem oder übergriffigem Verhalten, entweder von Frauen oder von Männern Frauen gegenüber, werden im Folgenden behandelt werden. Dabei handelt es sich sowohl um Bagatellen als auch um schwerwiegendes Fehlverhalten. Gemeinsam haben diese Fälle, dass die betroffenen Personen mit disziplinarischen Maßnahmen der Bank bis hin zur Kündigung rechnen mussten.

Bei dem ersten Fall handelt es sich tatsächlich um eine Bagatelle. Im April 1920 erlaubte sich die zu diesem Zeitpunkt 20-jährige, bei der Darmstädter Bank (oder wie die Firma korrekt lautete: „Bank für Handel und Industrie“) beschäftigte Charlotte He mit einem Kunden einen Aprilscherz, indem sie einen Brief mit „Bank für Hottentotten und Indianer“ unterschrieb. Der Kunde hatte offenbar kein Verständnis für diesen Scherz, wollte sich weder als „Hottentotte“ noch als „Indianer“ abqualifizieren lassen und beschwerte sich. Auch die Bankleitung hatte kein Verständnis für diesen Scherz. Der Personalchef Fritz Ehlerding bestellte Charlotte He nach Eingang der Beschwerde ein und erklärte ihr, dass „dieser Vorfall“ ein solch schlechtes Licht auf die Darmstädter Bank werfe, dass er sie auffordern müsse, ihre Kündigung einzureichen. Daraufhin zeigte sich Charlotte He „bestürzt“ und fragte Ehlerding, ob es noch „eine andere Möglichkeit“ gäbe. Er empfahl ihr daraufhin sich an einen Direktor der Stadtzentrale zu wenden und darum zu bitten, „Gnade vor Recht ergehen zu lassen".[791] Dort erklärte sie, dass sie nur einen Spaß mit einem Kollegen machen wollte, und statt des richtigen, mit „Bank für Handel und Industrie" gezeichneten Briefes, den Scherzbrief abgeschickt habe. Es sei also keine Absicht, sondern ein Versehen gewesen. Ehlerding „rüffelte" Charlotte He noch einmal und erklärte, er werde sich die Sache durch den Kopf gehen lassen. Anschließend ließ er sie drei Tage schmoren, bis er ihr erklärte, dass er bereit sei, ihrer Bitte um Rücknahme der zwischenzeitlich erfolgten Kündigung zu entsprechen, „in der Erwartung, dass sie eine Lehre aus dem Vorfall ziehen werde".[792]

Auch der zweite Fall erwies sich im Nachhinein als „Sturm im Wasserglas", hätte aber auch schwerwiegende disziplinarische Konsequenzen haben können. Mitte September 1919 erhielt die Darmstädter Bank eine Zahlungsverbotsverfügung für das Gehalt ihrer Angestellten Charlotte Go1 wegen nicht gezahlter Einkommenssteuern in Höhe von 62,10 Mark. Dieser Betrag war bei den nächsten Gehaltszahlungen von der Bank einzubehalten und der Steuerbehörde zukommen zu lassen.[793] Daraufhin wurde Charlotte Go1 in die Zentrale einbestellt und befragt. Sie behauptete, dass sie zu hoch veranlagt worden sei und deswegen Widerspruch eingelegt habe. Der Sachbearbeiter der Personalabteilung machte ihr daraufhin klar, dass sie, unabhängig von ihrem Widerspruch die Steuerforderung zu begleichen habe. Sie versprach daraufhin den fälligen Betrag sofort einzuzahlen und die Quittung vor Monatsende vorzulegen. Der Sachbearbeiter wies daraufhin die Abteilung für die Beamtenkonten an, die Charlotte Go1 zustehende Teuerungszulage in Höhe von 40 Mark vorerst nicht auszuzahlen. Wenige Tage später hatte Charlotte Go1 allerdings die Quittung über die Einzahlung der fälligen Steuerforderung vorgelegt und die Zahlungsverbotsverfügung wurde aufgehoben.[794]

Der dritte Fall war weitaus schwerwiegender, stellt aber so etwas wie die Ausnahme von der Regel sehr disziplinierter und problemlos zu „führender" weiblicher Angestellter dar. Er ist im Sample einmalig: Charlotte Mi arbeitete in der Konsortialabteilung als Sekretärin des Direktors Dr. Hesselbarth. Sie kam aus einfachen Verhältnissen, hatte lediglich die Volksschule besucht und war 1919 mit 23 Jahren bei der Dresdner Bank eingestellt worden. Aktuell war sie hoch verschuldet. Nach ihrer Darstellung waren der Grund für ihre Schulden die Unter-

791 Zwei Aktennotizen v. 12.4.1920, in: HAC 500/E.1583.

792 Aktennotiz v. 15.4.1920, in: ebd.

793 Schreiben der Steuerdeputation des Magistrats der Stadt Berlin v. 16.9.1919, in: HAC 500/E.2197.

794 Aktennotiz v. 27.9.1919 und Schreiben an die Steuerdeputation des Magistrats der Stadt Berlin v. 2.10.1919, in: ebd.

stützungsverpflichtungen gegenüber zahlreichen kranken und arbeitslosen Familienmitgliedern, wofür ihr Gehalt einfach nicht ausreichte. Sie wusste offenbar, dass es für „Arbeitskameraden" in Not einen Fonds des Vertrauensrats gab, über den die DAF-Funktionäre im Vertrauensrat verfügen konnten. So wandte sie sich im September 1937 an das freigestellte Vertrauensratsmitglied, den DAF-Betriebsobmann Jerome Sillem, und bat darum, ihr mit einem „grösseren Darlehen" zu helfen.[795] Die Bank war bei Darlehen an ihre Angestellten seit der Bankenkrise äußerst zurückhaltend und ohne Sicherheiten – wie in diesem Fall – gewährte sie, abgesehen von einem Vorschuss auf das nächste Gehalt, ganz sicher keinen Kredit. Dort brauchte sie es gar nicht zu versuchen. Aber auch die Nationalsozialisten werden wenig Interesse daran gehabt haben, einer Person zu helfen, die nur unter größtem Druck in die Deutsche Arbeitsfront eingetreten war (s. Kap. 5.4.). Sillem übergab den Brief der Personalabteilung, beantwortete ihn aber nicht.

Weshalb Charlotte Mi so dringend ein Darlehen benötigte, zeigte sich nur wenig später. Im November 1937 erreichte die Personalabteilung das Schreiben einer Berliner Schuhfabrik. Darin war die Abtretungserklärung von Charlotte Mi enthalten. Das Unternehmen bat darum, eine offene Rechnung über 133,10 RM, wovon bereits 73,10 RM abbezahlt worden waren, durch eine Gehaltspfändung zu begleichen.[796] Tatsächlich behielt die Bank im Folgemonat die Restschuld von 60 RM des aktuell 342 RM betragenden Monatsgehalts ein, womit der Fall einstweilen erledigt war.

Allerdings war diese nicht die einzige unbezahlte Rechnung der Schuhfabrik. Um einer weiteren Verpflichtung nachkommen zu können, beantragte Charlotte Mi Anfang Januar 1938 erneut einen Kredit, diesmal über 500 RM, der natürlich abgelehnt wurde.[797] Sie hatte bei dem Schuhfabrikanten, der mit ihrem Chef befreundet war, Schuhe zu günstigen Preisen ab Werk bezogen und an Kolleginnen und Kollegen weiterverkauft. Während die erste Rechnung auf ihren Namen ausgestellt worden war, ging sie bei dem zweiten Einkauf anders vor. Denn sie konnte davon ausgehen, dass ihr keine Schuhe verkauft werden würden, solange noch ein Teilbetrag der ersten Rechnung nicht bezahlt war. Aber sie konnte Schuhe erwerben, indem sie als Lieferadresse die Dresdner Bank, z.Hd. Frl. Char-

795 Schreiben von Charlotte Mi an Jerome Sillem o. D. (September 1937), in: HAC 500/E.5874.
796 Gesetzlich zulässig war die Pfändung von zwei Dritteln des die Pfändungsgrenze von 150 RM übersteigenden Bruttogehalts. Das bedeutete, dass die Bank im nächsten Monat bei einem Bruttogehalt von 342,25 RM bis zu 128 RM hätte pfänden dürfen. Das reichte gerade, um die Schuld zu begleichen. Schreiben der Deutsche Familien-Bekleidungs-GmbH, Rechtsabteilung, an die Dresdner Bank v. 7.11.1937, in: HAC 500/E.5874.
797 Schreiben an Charlotte Mi v. 11.1.1938, in: ebd.

lotte Mi, angab. Auch diese Rechnung in Höhe von 180 RM bezahlte sie nicht. Lange Zeit geschah tatsächlich nichts. Der Fabrikant war davon ausgegangen, dass die Bank der Schuldner war und verschickte deswegen keine Mahnung. Nach über einem Jahr sprach er seinen Freund Bankdirektor Dr. Hesselbarth an und erinnerte an die offene Rechnung, woraufhin dieser seine Sekretärin zur Rede stellte.[798]

Anzeige erstattete die Bank zwar offenbar nicht. Aber natürlich sah sie das Verhalten von Charlotte Mi als geschäftsschädigend an und forderte sie auf, von sich aus zum 31. März 1939 zu kündigen.[799] Charlotte Mi bemühte sich zwar noch um eine Rücknahme der Kündigungsaufforderung, u. a. indem sie sich an den „Betriebsführer" Carl Lüer wandte. Aber die Bank ließ nicht mehr mit sich reden, so dass Charlotte Mi die Kündigung einreichte.[800] Eine Abfindung wurde ihr nicht gezahlt.[801]

Es waren allerdings nicht immer die Angestellten, die wegen unangemessenem Verhalten auffielen. Auch die Banken konnten sich gesetzwidrig verhalten. Wahrscheinlich wurden solche Fälle in der Regel in den Personalakten nicht erwähnt. Aber ein Fall ist dokumentiert. Im Dezember 1921 sprach die Mutter der in der Hauptkasse der Zentrale beschäftigten Erna St bei dem Leiter der Personalabteilung der Darmstädter Bank Ehlerding vor und beschwerte sich, dass ein Angestellter der Bank am Vortag ihre Tochter nach dem Dienst auf dem Nachhauseweg „beobachtet und verfolgt" hatte. Etwas später hatte ein anderer Angestellter der Bank in der Wohnung, in der sie mit ihrer Tochter lebte, eine „Haussuchung vorgenommen". Beide Männer waren der Tochter namentlich bekannt.

Der Hintergrund von Beschattung und Wohnungsdurchsuchung war der Diebstahl von 20.000 Mark in bar aus der Hauptkasse, wofür wohl nur ein Angestellter oder eine Angestellte der Bank in Frage kam. Offenbar war es das Ziel der „Haussuchung", das Geld bei dem Täter oder der Täterin aufzuspüren. Erna St scheint wohl die Hauptverdächtige gewesen zu sein. Aber als die Durchsuchung ihrer Wohnung nichts ergeben hatte, wurden auch die Wohnungen von zwei Büroboten durchsucht. Frau St war von diesem Übergriff so überrascht, dass sie den Mann gewähren ließ, der nach ergebnisloser Suche später wieder abzog. Nun fragte Frau St den Personalchef, welche Legitimation der Mann hatte, in ihre Wohnung einzudringen und sie zu durchsuchen.

Ehlerding war die Aktion, die höchstwahrscheinlich von dem für die Hauptkasse zuständigen Abteilungsdirektor, also einem seiner Kollegen, angeordnet

798 Aktennotiz v. 27.11.1938, in: ebd.
799 Schreiben an Charlotte Mi v. 8.9.1938, in: ebd.
800 Schreiben von Charlotte Mi v. 16.9.1938 und Schreiben an Charlotte Mi v. 17.9.1938, in: ebd.
801 Schreiben an Charlotte Mi v. 2.12.1938, in: ebd.

worden war, außerordentlich peinlich. Er versicherte der Mutter von Erna St, dass man „nur zu dieser Handlung geschritten" sei, „auch um alles zu tun, um die Unschuld ihrer Tochter festzustellen". Zu der Legitimation des Bankangestellten, eine fremde Wohnung zu durchsuchen, äußerte er sich nicht.[802] Denn die konnte es nicht gegeben haben. Aber Frau St war offenbar mit Ehlerdings Ehrenerklärung für ihre Tochter zufrieden. Weitere Folgen hatte der Diebstahl für Erna St ausweislich ihrer Personalakte nicht. Als sie im Jahr 1924 betriebsbedingt gekündigt wurde, erhielt Erna St ein makelloses Zeugnis.[803] Ein Zusammenhang zwischen der Entlassung und dem zu diesem Zeitpunkt zweieinhalb Jahre zurückliegenden Diebstahl kann ausgeschlossen werden. Erna St gehörte zu den zahlreichen Frauen, die im Zuge der Verringerung des durch die Inflation aufgeblähten Personalbestandes „abgebaut" wurden (s. Kap. 3.4.3.).

Die Zusammenarbeit von Männern und Frauen hatte sich aus Arbeitgebersicht bewährt. Es kam allerdings trotzdem gelegentlich vor, dass Frauen von Männern – modern gesprochen – gemobbt wurden. In den meisten Fällen werden die weiblichen Angestellten ein solches Verhalten hingenommen haben, so dass es der Personalabteilung nicht bekannt wurde und in den Akten keinen Niederschlag fand. Gelegentlich wurde aber beleidigendes Verhalten von Männern gegenüber Frauen doch der Personalabteilung zugetragen. Das betraf meist das Verhalten von Vorgesetzten, wie der bereits vorgestellte Fall aus der Telefon-Zentrale der Darmstädter Bank (s. Kap. 3.5.4.). Als dort im Jahr 1920 ein neuer Vorgesetzter als Nachfolger von Fräulein vK eingesetzt wurde, hatte dieser versucht, sich durch ein besonders autoritäres Auftreten Respekt zu verschaffen. Die dienstälteste Telefonistin beschwerte sich daraufhin bei der Personalabteilung, die den neuen Leiter der Telefon-Zentrale einbestellte und ihm klarmachte, dass er sich anders zu verhalten habe. Aber weitere Konsequenzen hatte der Vorfall nicht.

Seltener als Beleidigungen durch Vorgesetzte war vermutlich ein beleidigendes Verhalten unter Kollegen. So nahmen sich gelegentlich männliche Angestellte Vorrechte gegenüber ihren Kolleginnen heraus, die ihnen nicht zustanden. Auch hierfür gibt es im Sample ein Beispiel, wobei davon auszugehen ist, dass es sich hier nicht um einen Einzelfall handelte. Die verwitwete 45-jährige und schon seit 1916 bei der Dresdner Bank beschäftigte Charlotte La war im Juni 1944 vor Zeugen nicht nur beleidigt, sondern auch bedroht worden. Aber Charlotte La, die sich in der Situation nicht wehrte und wohl auch nicht wehren konnte, wandte sich an die Personalabteilung und schilderte folgenden Vorgang: Am Vortag hatte ein „Arbeitskamerad" sie in „grober Weise beleidigt und mit Tätlichkeit bedroht". Die

802 Aktennotiz v. 12.12.1921, in: HAC 500/E.8953.
803 Zeugnis v. 20.9.1924, in: ebd.

Scheck-Abteilung, in der Charlotte La beschäftigt war, hatte wegen der Bombenschäden innerhalb des Hauptgebäudes in neue Räumlichkeiten umziehen müssen. Charlotte La gehörte zu einer ersten Gruppe und hatte im neuen Büro einen Schreibtisch bezogen. Als die zweite Angestelltengruppe im Büro eintraf, räumte der „Arbeitskamerad" Heinrich Re den Schreibtisch von Charlotte La frei und nahm ihn mit seinen Sachen in Beschlag. Als Charlotte La dagegen protestierte, wurde Heinrich Re „in nie gehörter Art ausfallend". Als die übrigen „Arbeitskameraden" Heinrich Re zu beruhigen versuchten, brüllte er sie nieder und drohte Charlotte La, er würde ihr „‘eine kleben'", wenn sie „noch einen Ton sagte". Deshalb bat Charlotte La darum, dass sich der für die Scheck-Abteilung zuständige Direktor der Personalabteilung persönlich Heinrich Re vornahm, um ihm „zu sagen, wie man sich Frauen gegenüber zu benehmen hat". Denn andernfalls würde der „Arbeitskamerad" Re annehmen, dass sein Verhalten rechtens sei.[804]

Tatsächlich bestellte Direktor Rabel den Angestellten Heinrich Re ein und erklärte ihm, dass „seine Handlungsweise, von dem von Frau L. eingenommenen Arbeitsplatz Besitz zu ergreifen, nicht richtig war". Weitere Konsequenzen hatte der Übergriff für den „Arbeitskameraden" nicht. Vielmehr wurden beide, Heinrich Re und Charlotte La, von Rabel ermahnt, dass er „erwartete, dass sich unsere Gefolgschaftsmitglieder untereinander vertragen".[805]

Bei Charlotte La hatte sich „Arbeitskamerad" Re insofern verrechnet, als er kaum erwartet haben dürfte, dass seine „Kameradin" die Personalabteilung einschalten würde. Möglicherweise war es auch nicht das erste Mal, dass er gegenüber einer Frau seine Vorrangstellung als Mann einforderte, aber bisher dabei an eine Frau geraten war, die sich nicht wehrte. Denn Mobbing-Opfer waren und sind vor allem Personen, von denen erwartet wird, dass sie Beleidigungen widerstandslos hinnehmen. Insofern war die Beleidigung von Charlotte La durch ihren Kollegen Heinrich Re wahrscheinlich kein spontaner Wutausbruch, sondern ebenso kalkuliert wie im erwähnten Fall des Leiters der Telefon-Zentrale der Darmstädter Bank; und möglicherweise wurden beide Fälle auch deswegen bei der Personalabteilung angezeigt.

Was mit einer Frau geschah, der ihr ganzes Berufsleben lang von Männern demonstriert wurde, dass sie nichts taugte, zeigt der Fall von Gertrud Pa. Gertrud Pa war 1927 mit 26 Jahren von der Danat Bank eingestellt und in der Maschinen-Abteilung als Kartenlocherin eingesetzt worden. In dem obligatorischen Leis-

804 Schreiben von Charlotte La v. 7.6.1944, in: HAC 500/E.4781.
805 Aktennotiz v. 12.6.1944, in: ebd.

tungstest nach etwa zwei bis drei Wochen waren ihre Leistungen so schlecht, dass der Test zwei Wochen später wiederholt werden musste. Die Leistungen waren nun zwar besser, aber immer noch nicht ausreichend.[806] Daraufhin wurde Gertrud Pa in eine Depositenkasse und wenig später in eine zweite Depositenkasse als Stenotypistin versetzt. Daneben scheint sie als „Springer" immer wieder aushilfsweise in anderen Abteilungen eingesetzt worden zu sein. Damit begann ein Teufelskreis aus Versagen bzw. Versagensängsten und Missachtung durch die Vorgesetzten. Dreimal erlitt sie während der Arbeit einen Ohnmachtsanfall und wurde 1933 mit 32 Jahren erstmals wegen „eines nervösen Erschöpfungszustands und Schlaflosigkeit" in eine mehrwöchige Kur geschickt.[807]

Obwohl Gertrud Pa seit Jahresbeginn 1933 über etwa zwei Jahre in einer Depositenkasse beschäftigt war, waren ihre Leistungen immer noch weit unter dem Durchschnitt. So schrieb der Vorsteher in einem Leistungsbericht über sie: „Fräulein P. war bestrebt die ihr übertragenen Aufgaben zu unserer Zufriedenheit auszuführen. Ihre Leistungen waren, von gelegentlichen Flüchtigkeitsfehlern abgesehen, genügend. Die Fertigkeit im Stenographieren bedarf der Vervollkommnung."[808] Der Bericht war zur Unterrichtung des neuen Abteilungsdirektors anlässlich der Versetzung erstellt worden. In solchen Fällen waren die Leistungsbeurteilungen fast immer positiv gehalten. Im Sample gibt es deswegen kein Beispiel für ein derart negatives Urteil. Insofern wundert es auch nicht, wenn Gertrud Pa auch nach sechs Jahren noch in der Tarifgruppe 1 eingestuft blieb,[809] was bei den Kartenlocherinnen nicht ungewöhnlich war, bei den Stenotypistinnen aber sehr wohl.

Die zitierte Leistungsbeurteilung war vom Vorsteher der Depositenkasse verfasst worden, als Gertrud Pa in die Stadtzentrale versetzt worden war. Der Grund für diese Versetzung scheint aber nicht die unzureichende Leistung von Gertrud Pa, sondern ein Konflikt zwischen ihr und dem Innenleiter der Kasse, dem Prokuristen Kr gewesen zu sein, der seit Jahresende 1934 schwelte. Im Laufe des Jahres 1935 war der Konflikt so weit eskaliert, dass Gertrud Pa ihre Versetzung beantragt hatte.

In den Jahren zuvor wäre über das Versetzungsgesuch von der Personalabteilung entschieden und es am Ende wahrscheinlich abgelehnt worden. Es ist kein Fall bekannt, in dem der Betriebsrat, solange es ihn gab, bei einem solchen Kon-

---

806 Urteil Fräulein Gertrud Pa v. 18.5.1927, in: HAC 500/E.6465.

807 Aktennotiz v. 29.12.1932 und 14.1.1933 sowie ärztliches Attest des Kurarztes Dr. Dorsch v. 7.2.1933, in: ebd.

808 Leistungsbericht v. 26.7.1935, in: ebd.

809 Schreiben von Gertrud Pa v. 18.8.1933, in: ebd.

flikt beigezogen worden wäre oder sich eines solchen Einzelfalles angenommen hätte. Nach dem Erlass des Arbeitsordnungsgesetzes im Januar 1934 und der wenig später erfolgten Etablierung des Vertrauensrates änderte sich dies. Der Vertrauensrat besaß bei weitem nicht die Rechte des alten Betriebsrats, überhaupt durfte er sich nicht als Mitbestimmungsorgan der Belegschaftsmitglieder verstehen. Da seine Kompetenzen und damit auch seine Zuständigkeiten im Vergleich zum Betriebsrat der Weimarer Republik deutlich bescheidener waren, konzentrierten sich die Arbeitnehmervertreter als Berater des „Betriebsführers" unter anderem auf die Beschwerden einzelner Beschäftigter. Einen Ansatzpunkt hierfür bot ebenfalls das Arbeitsordnungsgesetz mit seinem Anspruch des Schutzes der „sozialen Ehre". Danach hatte sich „jeder Angehörige einer Betriebsgemeinschaft [...] durch sein Verhalten der Achtung würdig zu erweisen, die sich aus seiner Stellung in der Betriebsgemeinschaft ergibt". Als ein Verstoß gegen die „soziale Ehre" galt beispielsweise, wenn Aufsichtspersonen „unter Mißbrauch ihrer Machtstellung im Betriebe böswillig die Arbeitskraft der Angehörigen der Gefolgschaft ausnutzen oder ihre Ehre kränken".[810]

Zuständig für die Eröffnung eines Strafverfahrens war der Treuhänder der Arbeit. Durchgeführt wurde das Strafverfahren vor einem „Ehrengericht". Da die Bank keinerlei Interesse daran hatte, dass sich eine außenstehende Instanz in den Geschäftsbetrieb und die Arbeitsbeziehungen innerhalb des Bankbetriebes einmischte, war der „Betriebsführer" gezwungen, solche Verstöße gegen die „soziale Ehre" im Vertrauensrat zur Sprache zu bringen, wenn die Vertrauensmänner ihn dazu aufforderten. Denn nur durch die interne Klärung des Falles konnte er die Vertrauensmänner davon abhalten, den Treuhänder der Arbeit einzuschalten.

Auf welche Weise der Konflikt den Vertrauensmännern zugetragen wurde, ist nicht bekannt. Allerdings veranlasste der Vertrauensmann und DAF-Betriebsobmann Erwin Voth den Betriebsführer, den Fall in der Vertrauensratssitzung Ende Juli 1935 auf die Tagesordnung zu setzen. In der Sitzung wurde beschlossen, eine Untersuchung der Angelegenheit durch den für die Depositenkassen zuständigen Personalreferenten unter Beiziehung zweier Vertrauensmänner durchzuführen. „In dieser Untersuchung soll besonders durch den Vorsteher Hu sowie die übrigen Berufskameraden der Depka 89 in Gegenwart des Berufskameraden Kr und der Berufskameradin Pa geklärt werden, auf welche Art und Weise Kr nach den Ende 1934 erfolgten beleidigenden Äußerungen von ihm eine schikanierende Behandlung der Berufskameradin Pa erfolgt ist."[811]

810 Gesetz zur Ordnung der nationalen Arbeit v. 20. Januar 1934, §§ 35 und 36, RGBl. 1934/1, S. 50.
811 Auszug aus dem Protokoll der Vertrauensratssitzung v. 30.7.1935, in: HAC 500/E.6465.

In der nächsten Sitzung drei Wochen später war die Befragung durchgeführt und das Thema erneut auf der Tagesordnung. Die „Kränkung der Frauenehre“ durch die „Aufsichtsperson“, den Prokuristen Kr, unter Ausnutzung seiner „Machtstellung“ scheint dabei unstrittig gewesen zu sein. Offenbar hielt aber der Personalreferent die Behauptung der schikanösen Behandlung für nicht erwiesen. Aber die beigezogenen Vertrauensmänner bewerteten die Ergebnisse der Befragungen anders, woraufhin der Vertrauensrat einstimmig empfahl, dass dem Prokurist Kr seine Vollmachten entzogen, er an eine andere Kasse versetzt, dort aber nur als einfacher Angestellter in der Tarifgruppe 3 beschäftigt werden sollte.[812] Ob es dazu wirklich kam, ließ sich nicht ermitteln, da die Personalakte des Prokuristen Kr nicht überliefert ist. Der Vertrauensrat hatte zwar nur eine Beratungsfunktion, aber der „Betriebsführer“ hätte die Einschaltung des Treuhänders der Arbeit riskiert, wenn er sich nicht an die Empfehlung gehalten hätte. Deswegen ist zumindest die „Strafversetzung“ (vielleicht ohne die Abstufung zum „Beamten“) wahrscheinlich.

Die oben zitierte Beurteilung von Gertrud Pa durch den Vorsteher ihrer ehemaligen Kasse könnte natürlich durch die erwarteten negativen Folgen für den Prokuristen Kr und damit mittelbar auch für den Vorsteher Hu negativer ausgefallen sein als gerechtfertigt. Dagegen spricht allerdings die weitere Odyssee von Gertrud Pa in der Bank. Denn auch in der Stadtzentrale blieb sie nicht lange. Deren Direktor Va hatte die Personalabteilung Mitte Juli dringend darum gebeten, als Ersatz für eine in absehbarer Zeit wegen ihrer Eheschließung ausscheidende Stenotypistin möglichst kurzfristig eine „neue Dame“ zugewiesen zu bekommen, die „perfekt in Stenographie und Schreibmaschine“ sei.[813] Diese Qualifikation besaß Gertrud Pa aber nicht und deswegen wurde sie nach einiger Zeit erneut versetzt, diesmal wieder in eine Depositenkasse. Auch dort blieb sie nur zwei Jahre und wurde 1940 in eine andere Kasse abgeschoben. Der Leistungsbericht fiel bei diesem Wechsel nicht viel besser aus als 1935. Wieder war Fräulein Pa nur „bemüht, die ihr übertragenen Arbeiten zu unserer Zufriedenheit zu erledigen“; und brauchbar war sie für seine Kasse offenbar deswegen nicht, weil sie „ein Kontokorrent nicht selbständig führen“ konnte.[814]

Diese erneute Demütigung scheint Gertrud Pa gesundheitlich nicht verkraftet zu haben. Denn nur drei Monate nach ihrer Versetzung meldeten die beiden Vorsteher ihrer neuen Kasse der Personalabteilung, dass Gertrud Pa den fünften

812 Auszug aus dem Protokoll der Vertrauensratssitzung v. 19.8.1935; in einer ergänzenden Notiz bestätigte der Direktor der Personal-Abteilung am 23.8. die Durchführung der Maßnahme, in: ebd.

813 Schreiben der Stadtzentrale der Dresdner Bank an die Personalabteilung v. 12.7.1935, in: ebd.

814 Leistungsbericht o. D. (April 1940), in: ebd.

„Herzanfall" innerhalb weniger Wochen im Büro erlitten hatte. Bei dieser Meldung ging es ihnen aber nicht um die Gesundheit ihrer Mitarbeiterin, sondern sie versuchten die „Herzanfälle" zu nutzen, um Gertrud Pa so schnell wie möglich wieder loszuwerden. Sie schlugen der Personalabteilung deshalb vor, dass Gertrud Pa in die Zentrale versetzt werden sollte und der Kasse im Gegenzug „irgendeine weibliche Hilfskraft für das Kontokorrent" als Ersatz geschickt würde. Als Begründung für den Vorschlag führten sie an, dass „im Notfall" in der Kasse wertvolle Zeit vergehen würde, bis ärztliche Hilfe bei einem erneuten „Herzanfall" gerufen worden sei. In der Hauptbank würde Gertrud Pa dagegen sofort Hilfe bekommen. Davon abgesehen sei es ein „unmöglicher Zustand", dass „unser ganzer Betrieb durch die verhinderte Arbeitskraft" leide, so dass „wichtige Arbeiten liegen" blieben.[815]

Die Bitte der Vorsteher wurde nicht erhört. Ihre Motivation war zu durchsichtig und nur schwach durch die Sorge um die Gesundheit von Gertrud Pa kaschiert. Sie blieb deshalb in der Kasse. Zwischenzeitlich hatte allerdings der Vorsteher gewechselt und der neue Vorsteher scheint mehr Empathie für seine überforderte Mitarbeiterin entwickelt zu haben. Denn in seinem Leistungsbericht äußerte er sich im März 1942 zwar ebenfalls kritisch zu ihren Leistungen, was er aber ganz auf ihre (vermeintliche Herz-)Krankheit schob. Er attestierte ihr vielmehr Fleiß und Pflichtbewusstsein. Vor allem aber scheint er die Geduld aufgebracht zu haben, damit Gertrud Pa die selbständige Führung des Kontokorrents erlernen konnte. In der Arbeitsbeschreibung wurde nämlich nur dies als ihre Aufgabe angegeben.[816]

Es waren aber nicht nur Spannungen zwischen den Geschlechtern, die daraus resultierten, dass Frauen die Vorrechte der Männer nicht anerkannten oder den Eindruck erweckten, als würden sie sich gegen Herabsetzungen und Beleidigungen nicht wehren können, sondern es kam auch, aus heutiger Sicht kaum überraschend, zu sexueller Belästigung. Ein solches Verhalten war zwar zeitgenössisch sicherlich noch stärker tabuisiert als Beleidigungen oder die Androhung von Tätlichkeiten und wurde deswegen von den Frauen nicht angezeigt. Aber vollkommen ignorieren konnte die Bank sexuelle Übergriffe nicht. Es würde allerdings nicht überraschen, wenn sie übergriffiges oder „unangemessenes" Verhalten zu bagatellisieren und unter den Teppich zu kehren versuchte, zumal selbst die zeitgenössische Soziologie die sexuelle Spannung im Büro nicht nur als unproblematisch, sondern sogar als vorteilhaft gegenüber den früheren rein männlich besetzten Büros

---

815 Schreiben der Depositenkasse 78 der Dresdner Bank an die Personalabteilung v. 17.8.1940, in: ebd.

816 Leistungsbericht 13.4.1942, in: ebd.

ansah. Denn, so der Soziologe Hans Speier zu Beginn der dreißiger Jahre, „der Geschlechtsunterschied, welcher der rationalen Betriebsatmosphäre einen Einschlag des ‚Lebens' gab, minderte die Spannung zum Vorgesetzten: bestand sie kraft Organisation, so wurde sie oft auf erotische Weise kompensiert".

Diese aus der Sicht des 21. Jahrhunderts reichlich naiv anmutende Sichtweise unterschlägt allerdings nicht das Machtgefälle zwischen Männern und Frauen im Büro. Es interessiert Speier aber ausschließlich, um die vermeintlich unpolitische Haltung der weiblichen Angestellten zu erklären. Denn, so Speier, „der Kontakt mit Menschen höherer betrieblicher Geltung beeinflusste Haltung und Bewusstsein. Diese Menschen höherer Geltung waren in der Regel Männer".[817] Auf die Idee, dass einiger dieser „Menschen höherer Geltung" ihre Machtposition ausnutzen könnten, um von einer Angestellten zu verlangen, dass sie die „Spannung zum Vorgesetzten" auf „erotische Weise" unfreiwillig „kompensierte", kam er nicht.

Heute erscheint es fast schon nicht mehr als außergewöhnlich, wenn ein leitender Angestellter eines Unternehmens „wegen unangemessenem Verhalten" kündigt oder gekündigt wird, womit meist sexuelle Belästigung unterhalb der Schwelle zur strafrechtlichen Relevanz gemeint ist. Wenn solche Fälle früher kaum oder gar nicht bekannt wurden, heißt das nicht, dass sich männliche Vorgesetzte gegenüber ihren weiblichen Untergebenen grundsätzlich korrekter verhalten hätten. Es ist vielmehr davon auszugehen, dass die Dunkelziffer nicht angezeigter Fälle sexueller Übergriffe in der Zwischenkriegszeit noch ungleich höher war als heute. Damals konnte es kaum eine Frau wagen, gegen einen Vorgesetzten vorzugehen, wenn es keine Zeugen gab – und die gab und gibt es in der Regel nicht. Dabei ist es unerheblich, ob die Angestellte die Meldung aus Scham unterließ oder weil sie Angst vor den Konsequenzen hatte. In dem vergleichsweisen prüden ersten zwei Dritteln des 20. Jahrhunderts mit sehr autoritär strukturierten Hierarchien in allen gesellschaftlichen Bereichen spielten wahrscheinlich beide Motive eine Rolle und verstärkten sich gegenseitig.

Es gab aber auch damals Fälle von sexueller Belästigung, die bei den Personalabteilungen der Banken angezeigt wurden. Bei den Frauen des Samples war es ein Fall und ein weiterer Fall wurde durch Zufall in der Akte des männlichen Vorgesetzten entdeckt. Während in dem einen Fall ein Kollege des männlichen Täters die Personalabteilung unterrichtete, war es in dem anderen Fall tatsäch-

817 Hans Speier, Die Angestellten vor dem Nationalsozialismus, Göttingen 1977, S. 39. Das Buch war bereits unter dem Titel „Soziologie der deutschen Angestelltenschaft" für das Jahr 1933 vom Verlag angekündigt, dann aber wegen politischer Bedenken doch nicht publiziert worden.

lich die Betroffene selbst. Beide Fälle liegen zeitlich weit auseinander und es ist sicher davon auszugehen, dass es neben den sehr häufigen einvernehmlichen Beziehungen, die meist zur späteren Eheschließung führten, auch verbale oder tätliche Übergriffe von Vorgesetzten gegeben hat, die der Personalabteilung nicht angezeigt wurden.

Im März 1922 meldete sich die Sekretärin Erna vSt bei Direktor Boese von der Personalabteilung der Darmstädter Bank und bat darum, ab sofort nicht mehr als Sekretärin des Abteilungsdirektors Theodor St arbeiten zu müssen. Theodor St war 1877 geboren, hatte von 1892 bis 1894 eine Banklehre bei einem Karlsruher Privatbankhaus absolviert, und arbeitete seitdem bei mehreren Banken, zuletzt als Prokurist bei der Westfälischen Vereinsbank in Bielefeld, bevor er 1910 von der Darmstädter Bank als Korrespondenzchef der Filiale Düsseldorf eingestellt wurde. Noch vor dem Krieg war er nach London zur Abwicklung eines insolventen Unternehmens abgeordnet worden, und während des Krieges wurde er von der Darmstädter Bank als Sanierer in den Vorstand von zwei Industrieunternehmen delegiert. Seit 1921 war der unverheiratete Junggeselle der Direktion der Darmstädter Bank und später auch der Danat Bank direkt unterstellt, die ihn „zur Vornahme von industriellen Revisionen" zu verschiedenen Kunden im Reich entsandte.[818] Er besaß zwar ein Büro in der Zentrale in Berlin, hielt sich aber dort nicht allzu oft und nicht allzu lange auf, sondern arbeitete überwiegend vor Ort, im Frühjahr 1922 in Cottbus. Wenn er in Berlin war, teilte ihm die Direktion für diese Zeit eine Sekretärin zu. Eine „feste" Sekretärin hatte er nicht. Die ihm zugeteilte Sekretärin war während der neun Tage Anfang März, die Theodor St in Berlin zubrachte, Erna vSt.

Über Erna vSt ist so gut wie nichts bekannt. Ihre Personalakte ist nicht überliefert und deshalb gehört sie auch nicht zu den Mitgliedern des Samples. Seit wann sie in der Darmstädter Bank arbeitete und wie alt sie im Jahr 1922 war, war nicht zu recherchieren. Bekannt ist nur, dass sie verheiratet gewesen war. Aber sie war entweder geschieden oder ihr Mann war verstorben. Jedenfalls war sie alleinstehend. Kinder hatte sie wohl nicht. Die Vorwürfe, die sie gegen Theodor St erhob, waren aus der Sicht von Direktor Boese anscheinend so ungewöhnlich, dass er ein Protokoll aufsetzen und anschließend von Erna vSt unterschreiben ließ. Ob dies eine Maßnahme zur Einschüchterung war, lässt sich nicht sagen. Sollte das die Absicht der Protokollaufnahme gewesen sein, half es nicht. Erna vSt ließ sich nicht einschüchtern und unterschrieb das Protokoll.

Nach ihrer Aussage war Theodor St in den ersten Tagen ihrer gemeinsamen Arbeit außerordentlich freundlich zu ihr. Nach etwa drei Tagen begann er aller-

818 Aufstellung o. D. (1922), in: HAC 500/12571-2001.

dings „aufdringlich zu werden“. Er legte „auf durchaus anstößige Weise seine Hände“ auf sie und als sie protestierte, erwiderte er, dass sie sich „nicht so albern und übertrieben benehmen solle“. Denn in ihrem Fall „sei ein solches Benehmen ganz und gar unangebracht“. Ferner machte er „bei verschiedenen Gelegenheiten unpassende Bemerkungen und stellte indiskrete Fragen“. So fragte er beispielsweise, ob sie „nicht darunter litte, schon so lange von einem Mann getrennt zu sein“ oder er äußerte, dass „für manche Menschen das Sinnesleben ein Martyrium sei“. Sie habe, so erklärte Erna vSt, sehr unter der Situation gelitten und weigerte sich deshalb, weiterhin allein in einem Raum mit Theodor St zu arbeiten.[819]

Direktor Boese übermittelte Theodor St, der sich mittlerweile wieder in Cottbus befand, das Protokoll und forderte ihn auf Stellung zu nehmen. Theodor St widersprach den aufgezählten Tatsachen nicht, ließ die meisten, wie die Berührungen oder die „indiskreten Fragen“ einfach unerwähnt. Die Bemerkung mit dem Martyrium des Sinneslebens bestätigte er sogar, betritt aber, irgendwelche „Nebenabsichten“ mit der Bemerkung verbunden zu haben: „Ein erwachsener Mensch, ob Mann oder Frau, wird eine solche Bemerkung weder als etwas besonderes noch als ungehörig empfinden“, meinte er. Er ging auch nicht zum Gegenangriff über, sondern räumte ein, dass Erna vSt subjektiv diesen Eindruck gehabt haben mochte. Aber „objektiv“ sei die Darstellung „unzutreffend, falls sie mir ... im Entferntesten irgendwelche Absichten unterstellen soll“. Schließlich verwies er noch auf seinen untadeligen Leumund. Sein stärkstes Argument war jedoch die Tatsache, dass das Büro, in dem er und Erna vSt gemeinsam gearbeitet hatten, von einer belebten Treppe aus durch ein Fenster jederzeit einsehbar war. Außerdem würde er doch, so meinte er, nicht das Ergebnis der Arbeit langer Jahre aufs Spiel setzen, nur wegen einer „zufälligen Begegnung“ mit einer ihm „vorher völlig unbekannten Dame“. Abschließend erklärte er sich zu einer Gegenüberstellung mit Frau vSt bereit, um die Vorwürfe zu klären.[820]

Zu dieser Gegenüberstellung scheint es nicht gekommen zu sein. Jedenfalls ist nichts protokolliert. Es ist anzunehmen, dass Direktor Boese nichts weiter unternommen hat. Da Erna vSt dem Theodor St ohnehin nur für wenige Tage zugeteilt gewesen war, brauchte Boese nur dafür zu sorgen, dass sie Theodor St bei dessen nächstem Arbeitsaufenthalt in Berlin nicht erneut zugeteilt werden würde; und sollte er der Darstellung von Erna vSt eher geglaubt haben als den Ausreden von Theodor St, war er sich vielleicht sicher, dass dieser nun gewarnt war und deshalb künftig vorsichtiger agieren, vor allem die ihm zugeteilten Sek-

819 Protokoll der Aussage von Erna vSt v. 23.3.1922, in: ebd.
820 Schreiben v. Theodor St v. 29.3.1922, in: ebd.

retärinnen in Ruhe lassen würde. Was aus Erna vSt geworden ist, ist leider nicht überliefert. Theodor St heiratete fünf Jahre später und arbeitete nach der Fusion mit der Dresdner Bank als Direktor im Industriebüro, wo er für komplizierte Sanierungsfälle zuständig blieb. Seine Laufbahn endete allerdings 1935, als er mit 58 Jahren als „Nichtarier" in den Ruhestand versetzt wurde. Wenig später kapitalisierte er seinen Rentenanspruch und emigrierte nach London.

Der zweite Fall ereignete sich mehr als vierzehn Jahre später. Im Mai 1936 wurde der stellvertretende Vorsteher einer Depositenkasse in der nördlichen Berliner Innenstadt bei der Inspektion der Depositenkassen in der Zentrale der Dresdner Bank vorstellig und meldete einen Vorfall bei seiner Jubiläumsfeier gut eine Woche zuvor. Der Sachbearbeiter der Inspektion der Depositenkassen legte eine Aktennotiz an, fühlte sich für den Fall aber nicht zuständig und gab die Aktennotiz an die Personalabteilung weiter. Darin heißt es: Der stellvertretende Vorsteher Fra berichtete, dass „bei einer anlässlich des Jubiläums des Herrn Fra in einem Lokal veranstalteten Feier der Depka 28 der Vorsteher Fe Frl. Gertrud Fer mehrfach attackiert habe, indem er zärtlich zu werden versuchte. Bei dem ersten und zweiten Versuch habe er jeweils eine Ohrfeige bekommen, während beim dritten Versuch die Dame Herrn Fe einen Stoss vor die Brust gegeben habe, so dass Herr Fe hinstürzte. Die Frage ..., ob Herr Fe Alkohol in zu reichlicher Menge zu sich genommen habe, verneinte Herr Fra".

Daraufhin wurde der Vorsteher Alfred Fe von dem stellvertretenden Leiter der Personalabteilung Georg Butz in die Zentrale einbestellt und zu dem Vorgang befragt. Der Vorsteher gab an, „sich der Vorgänge bei der Jubiläumsfeier nicht mehr entsinnen zu können. Er wisse nur von seiner Frau, daß er um ½ 1 Uhr in seiner Wohnung eingetroffen sei; auf welchem Wege er dorthin gelangt sei, sei ihm völlig unbekannt, da man ihn auf irgendeine Weise betrunken gemacht habe. Wenn er auch von den obigen Vorgängen nichts mehr wissen wollte, so gab er doch an, sich in einem Zustand befunden zu haben, der die eigene Willensbestimmung ausschließe. Er fügte hinzu, daß sich im Laufe der letzten Jahre Zuckerkrankheit bei ihm eingestellt, daß er hiervon aber niemals jemandem Mitteilung gemacht habe. Er muß infolge seiner Erkrankung Alkoholgenuss vermeiden und sei dieserhalb des öfteren auch an dem bewußten Abend Anspielungen seitens anderer Gefolgschaftsmitglieder ausgesetzt gewesen. Auch an jenem Abend habe er seinen Krankheitszustand zu verbergen versucht und habe aus diesem Grunde mitgetrunken." Er verteidigte sich noch damit, dass seit dem Abend im Lokal über eine Arbeitswoche vergangen sei, ohne dass sich jemand aus der Kasse etwas „wegen der angeblichen Vorfälle“ habe anmerken lassen, so dass er jetzt „aufs höchste überrascht und bestürzt sei“.[821]

Butz muss eigentlich klargewesen sein, dass diese Erklärung völlig unglaubwürdig war – nicht nur wegen der angeblichen Zuckerkrankheit und ihrer Wirkung, sondern auch weil der Stellvertreter übermäßigen Alkoholgenuss verneint hatte. Wäre der Vorsteher so betrunken gewesen, wie er behauptete, wäre das spätestens bei dem ersten Übergriff auf Gertrud Fer und der folgenden Ohrfeige allen Anwesenden aufgefallen. Trotzdem wurde nicht weiter recherchiert. Auch Gertrud Fer wurde offenbar nicht befragt. Aber es ging hier auch überhaupt nicht um sie.[822] Konsequenzen hatte der Vorfall anscheinend nur, weil der Übergriff in aller Öffentlichkeit geschah und deshalb nicht unter den Teppich gekehrt werden konnte. Wäre es im Büro des Vorstehers zu einem solchen Übergriff gekommen, wäre er wohl erstens nicht bekannt geworden und zweitens hätte die Betroffene ohne Zeugen wohl kaum den Mut aufgebracht, sich bei der Inspektion der Depositenkassen oder der Personalabteilung zu melden oder sich auch nur dem stellvertretenden Kassenleiter anzuvertrauen.

Nach der Aussage des Angestellten Alfons Le aus Alfred Fes Depositenkasse, der Zeuge des Übergriffs gewesen war, war dies tatsächlich nicht der einzige Fall dieser Art. So scheint es in zwei weiteren Fällen zu Übergriffen auf weibliche Angestellte „unserer Depositenkassen“ gekommen zu sein, die „totgeschwiegen“ wurden.[823] Bei dieser Behauptung handelt es sich jedoch nicht um eine gegenüber der Personalabteilung gemachte Aussage, sondern sie findet sich in einem handschriftlich verfassten, persönlichen Brief des Zeugen Alfons Le an Pg. Erwin Voth, der den Brief an die Personalabteilung weitergereicht hatte. Obwohl die Personalabteilung somit Kenntnis dieses in gewisser Weise auch gegen sie gerichteten Vorwurfs hatte, kam es zu keiner Überprüfung der Behauptungen von Alfons Le. Für die beiden anderen Fälle sexueller Übergriffe gab es offenbar keine Zeugen und da sich auch die betroffenen Frauen nicht gemeldet hatten, gab es aus Sicht der Männer in der Personalabteilung offenbar keinen Grund der Sache nachzugehen.

Im Fall von Gertrud Fer ging das nicht. Da sich der Übergriff vor den Augen fast aller Beschäftigten der Depositenkasse ereignet hatte, war der Depositenkas-

821 Aktennotiz (ohne Nennung des Verfassers) v. 27.5.1936, in: HAC 500/E.2879. In der Personalakte von Alfred Fe (HAC 500/E.2950) findet sich eine Abschrift der Aktennotiz und ist dort von Georg Butz unterschieben.

822 Lediglich einer der anwesenden Bankangestellten ging überhaupt auf Gertrud Fe ein, indem er versicherte, dass „Frl. Fe ihm (Alfred Fe, D.Z.) keinen Anlass zu seinen Uebergriffen gegeben“ habe und dass „ihm die zwei Ohrfeigen eine Warnung hätten sein“ müssen. Schreiben von Alfons Le an Pg. Erwin Voth v. 6.6.1936, in: HAC 500/E.2950.

823 Ebd.

senvorsteher in seiner Stellung „unhaltbar geworden", wie sich Butz in seiner Aktennotiz ausdrückte. Damit war vermutlich gemeint, dass Vorsteher Alfred Fe jegliche Autorität gegenüber den Mitarbeitern der Kasse verloren hatte und deswegen als Vorgesetzter dort nicht mehr bleiben konnte. Im Ergebnis schickte Butz ihn zunächst in den Sommerurlaub, um Zeit zu gewinnen und eine neue Stelle zu suchen. Als sich der Vorsteher darüber empört zeigte, sagte ihm Butz sogar zu, dass er versuchen werde, ihn in eine andere Kasse als Vorsteher zu versetzen.[824] Keine drei Wochen später hatte Butz tatsächlich eine neue Verwendung für Alfred Fe gefunden. Ab sofort sollte er einen ausgeschiedenen stellvertretenden Vorsteher einer anderen Kasse ersetzen, wobei sichergestellt werden sollte, dass er dort keinerlei Zuständigkeit in Personalangelegenheiten bekommen sollte.[825] So sollte der Vorfall am Ende doch wieder unter den Teppich gekehrt werden.

Obwohl sich der Leiter der Personalabteilung und sein Stellvertreter mit ihrer Entscheidung nach allen Seiten hin abgesichert hatten, indem sie von zwei Vorstandsmitgliedern und dem Leiter der Inspektion der Depositenkassen ihre Zustimmung einholten, hatte die Angelegenheit doch noch ein Nachspiel. Denn parallel zu dieser offiziellen Untersuchung durch die Personalabteilung hatten sich auch die NS-Aktivisten in der Bank für die Angelegenheit interessiert. So hatte sich der bereits erwähnte Alfons Le an Erwin Voth gewandt. In seinem Schreiben stellte er den Ablauf der Ereignisse im Prinzip genauso dar wie der stellvertretender Depositenkassenvorsteher Fr gegenüber dem Sachbearbeiter der Inspektion der Depositenkassen. Allerdings reicherte Alfons Le seine Darstellung mit einer NS-spezifischen Note an. Denn er ergänzte seine Darstellung mit weiteren tatsächlichen oder angeblichen Verfehlungen des Vorstehers. So drangsalierte Alfred Fe angeblich die NSDAP-Mitglieder in der Kasse und besonders ihn als DAF-Amtswalter. Daraufhin habe er den Vorsteher darauf aufmerksam gemacht, dass solche Angriffe für ihn Konsequenzen haben könnten. Aber die Schikanen hätten nicht aufgehört. Auch mit seinem Stellvertreter Fr habe sich Alfred Fe so laut gestritten, dass die Kunden das mitbekommen hätten.

Bei dem vierseitigen, eng beschriebenen Brief handelt es sich um ein Musterbeispiel von politisch motivierter Denunziation gegen einen Vorgesetzten, den man loswerden wollte. Denn am Ende behauptete Alfons Le noch, dass Alfred Fe Logenbruder sei und leitete daraus dessen ganzes Fehlverhalten ab: „Dadurch ist mir vieles klarer geworden, seine auffällige Zuvorkommenheit gegenüber der jüdischen Kundschaft und andere Dinge ... zum Schaden der Bank. Ich kann es nur

---

824 Aktennotiz v. 27.5.1936, in: HAC 500/E.2879.

825 Schreiben an den Vorsteher der Depka 28 Georg Be v. 13.6.1936 sowie Aktennotiz (Gaebelein) v. 6.7.1936, in: HAC 500/E.2950.

nicht klipp und klar beweisen." Der Brief endete mit der dringenden Bitte an den „lieben Pg. Voth", er möge dafür sorgen, „dass dieser Mann nicht wieder als Vorgesetzter in Erscheinung tritt". Tatsächlich scheint Erwin Voth dem Wunsch seines Parteigenossen insofern entsprochen zu haben, als er den Vertrauensrat einschaltete. Außerdem empörten sich, nachdem bekannt geworden war, dass Alfred Fe ohne weitere Konsequenzen nur versetzt worden war, die Belegschaften beider Depositenkassen darüber, dass „jemand, der zu solchen Vorkommnissen Veranlassung gibt", nicht stärker gemaßregelt würde.[826]

Zunächst aber leitete die Personalabteilung eine Untersuchung der Logenmitgliedschaft ein und musste feststellen, dass Alfred Fe bereits 1930 aus der Loge ausgetreten war.[827] Damit war ihm demnach nicht beizukommen; und so blieb nur der sexuelle Übergriff auf Gertrud Fer und die Frage, wie darauf angemessen reagiert werden sollte. Das geschah in einer Vertrauensratssitzung Ende Juli 1936. Während der beigeladene Direktor der Personalabteilung Adolf Gaebelein die Versetzung verteidigte, gab das Vertrauensratsmitglied, der „Alte Kämpfer" Gustav Schlieper, zu bedenken, dass Alfred Fe in einer Depositenkasse als stellvertretender Vorsteher zu wenig „unter Kontrolle" sei und schlug vor, ihn in die Zentrale zu versetzen. Ob es ihm dabei wirklich um einen wirksamen Schutz der weiblichen Angestellten oder nicht vielmehr um die Maßregelung eines der NS-Bewegung fernstehenden Querulanten ging, ist mindestens fraglich.

Am Ende stellten sich die Mitglieder jedoch hinter die Versetzung und beauftragten den DAF-Betriebsobmann Sillem, Alfred Fe unmissverständlich klarzumachen, dass er bei einem weiteren kleinsten Vergehen zum Tarifangestellten zurückgestuft werden würde, wodurch er auch seiner Pensionsansprüche aus seinem Arbeitsvertrag verlustig ginge. Außerdem würde der Vorfall in der Personalakte dokumentiert werden. Damit seien wohl auch die Kritiker in den Belegschaften der beiden Depositenkassen zufriedengestellt, vermutete man schließlich noch.[828] Ob das für Gertrud Fer und die weiblichen Angestellten der neuen Depositenkasse von Alfred Fe auch zutraf, ist nicht dokumentiert und scheint auch niemanden interessiert zu haben. Annemarie Nay, die in dieser Sitzung anwesend gewesen sein muss, äußerte sich ausweislich des Protokolls der Sitzung nicht.

Tatsächlich scheint Alfred Fe in der Folgezeit nicht mehr auffällig geworden zu sein. Jedenfalls blieb er als Mitleiter in seiner neuen Depositenkasse, ja im Frühjahr 1939 wurde er sogar vertretungsweise als Kassenvorsteher in eine an-

---

826 Protokollauszug der Vertrauensratssitzung v. 29.7.1936, in: HAC 500/E.2950.
827 Aktennotiz (Gaebelein) v. 8.7.1936, in: ebd.
828 Protokollauszug der Vertrauensratssitzung v. 29.7.1936, in: ebd.

dere Kasse abgeordnet.[829] Aber nur ein halbes Jahr später verstarb Alfred Fe plötzlich im Alter von nur 49 Jahren.[830] Es ist zwar denkbar, dass es doch noch einmal zu einem wie auch immer gearteten Vorfall kam, der seine Karriere beendet hätte, so dass er seinem Leben ein Ende machte. Jedenfalls hatte er das gegenüber Gaebelein 1936 angedeutet, was diesem damals glaubhaft erschien.[831] Aber einen entsprechenden Hinweis enthält die Personalakte nicht.

Während demnach die Belästigung von Erna vSt durch Theodor St für Letzteren ganz ohne Folgen blieb und der Vorsteher Alfred Fe nur deswegen gemaßregelt wurde, weil er durch den Übergriff auf Gertrud Fe seine Autorität als Depositenkassenvorsteher eingebüßt hatte, aber trotzdem recht weich fiel, konnte das in den vermutlich sehr seltenen Fällen, in denen sich Frauen „unangemessen" verhielten, schwere Folgen haben. Bei einer Angestellten kleinbürgerlicher oder gar bürgerlicher Herkunft war es wohl fast ausgeschlossen, dass sie Sexualität im Beisein von Männern überhaupt thematisierte. Aber bei Frauen aus der Arbeiterklasse konnte das in Einzelfällen durchaus vorkommen – jedenfalls in ihren Kreisen. Auch dafür gibt es ein Beispiel im Sample.

Im Jahr 1932 stellte die Dresdner Bank die zu diesem Zeitpunkt 36-jährige verwitwete Charlotte Ri als Putzkraft ein. Da sie vier Kinder hatte und mit ihrem Monatslohn von 47,60 RM nicht über die Runden kam, ließ die Bank sie Überstunden ableisten und in der Registratur putzen. Einer der Prokuristen aus der Registratur meldete sich bei dem für die Reinigungskräfte zuständigen Hausinspektor und erklärte ihm, dass Frau Ri für die Arbeit ungeeignet sei. Als Begründung führte er an, dass sie „verschiedenen Angestellte der Büros gegenüber geäußert" habe, dass „sie an Kopfschmerzen leide, was darauf zurückzuführen sei, dass sie keinen Verkehr" habe. Das war für die braven „Beamten" der Dresdner Bank zu anstößig und sie verlangten, dass Frau Ri bei ihnen nicht mehr putzte. Die Aufforderung der Personalabteilung an den Prokuristen, er möge die Aussagen bitte schriftlich wiederholen, lehnte dieser ab und erklärte sich nur bereit, die Aussage mündlich zu wiederholen, wozu auch die (ausschließlich männlichen) Angestellten bereit seien. Daraufhin besprach sich der Direktor der Personalabteilung mit dem Hausinspektor und verständigte sich mit ihm darauf, dass die Überstunden für Frau Ri gestrichen würden und sie ab sofort nicht mehr in der Registratur putzen sollte.[832]

Zu einer Entlassung kam es demzufolge zwar nicht, aber die finanzielle Situation von Frau Ri war durch diese Maßregelung so prekär geworden, dass sie ihre

829 Schreiben an Alfred Fe v. 6.4.1939, in: ebd.
830 Aktennotiz v. 16.9.1939, in: ebd.
831 Aktennotiz (Gaebelein) v. 8.7.1936, in: ebd.
832 Aktennotiz v. 18.10.1934 und handschriftliche Ergänzung v. 24.10.1934, in: HAC 500/E.7287.

Miete nicht mehr bezahlen konnte, zumal sie im März und April 1935 vier Wochen lang im Krankenhaus lag und nicht arbeiten konnte. Da es für das Reinigungspersonal keine Lohnfortzahlung im Krankheitsfall gab, verdiente Charlotte Ri in diesen beiden Monaten nur 25 RM bzw. 20 RM. Im April 1935 meldete sich daraufhin der Hausbesitzer und unterrichtete den Hausinspektor, dass Frau Ri ihm mittlerweile 117,78 RM an rückständiger Miete schulde und sie zum Ende des Monats zwangsgeräumt werden würde. Unter Hinweis auf zahlreiche Konten und Depots, die er und Mitglieder seiner Familie bei der Dresdner Bank unterhielten, verlangte er, dass die Bank dafür sorgen möge, dass Frau Ri die Wohnung freiwillig räumte. Außerdem sollte die Bank von ihrem Lohn monatlich 10 RM einbehalten und auf sein (Haus-)Konto überweisen.[833]

Der Hausinspektor befragte daraufhin Charlotte Ri, die ihm erklärte, dass sie die Wohnung schon geräumt habe, aber nicht in der Lage sei, 10 RM im Monat zu erübrigen. Aber die Mietrückstände in Raten von drei Mark im Monat abzuzahlen, sei ihr möglich. Wenn sie wieder Überstunden leisten dürfe, könnten es auch fünf Mark im Monat werden. Das Gesprächsergebnis teilte die Bank daraufhin dem Vermieter mit und betonte, dass Frau Ri „mit Rücksicht auf ihr geringes Einkommen und ihre zahlreiche Familie“ nicht in der Lage sei, „auf die Mietrückstände monatlich 10 RM abzuzahlen“. Das Einbehalten von 10 RM oder auch nur 3 RM ihres Lohns sei gesetzlich nicht zulässig, so dass sich der Vermieter schon mit dem Wort von Frau Ri begnügen müsse, die monatlichen Raten zu leisten.[834] Tatsächlich ließ die Bank Charlotte Ri im Mai 1935 wieder mehr arbeiten, so dass sie 15,20 RM zusätzlich verdiente. Allerdings endete die Beschäftigung auch in diesem Monat.[835] Denn Charlotte Ri kündigte ihre Stelle, wobei sie aber keinen Grund angab. Ihr weiteres Schicksal und das ihrer Kinder lässt die Akte leider offen.

Wenn die „erotische“ Kompensation der „Spannung zum Vorgesetzten“ in eine einvernehmliche Beziehung mündete, nahm daran in der Bank niemand Anstoß. Problematisch wurde es allerdings dann, wenn es sich bei dem Vorgesetzten oder Kollegen um einen verheirateten Mann handelte. Auch dafür war im Sample ein Fall zu finden. Im Mai 1940 wandte sich die Ehefrau des Dresdner Bank-Angestellten Walter Do an den Direktor der Personalabteilung Adolf Gaebelein und berichtete ihm, dass ihr Mann, der nach Strausberg zur Wehrmacht eingezogen worden war, eines Nachts zu Hause aufgetaucht sei und versucht habe, sich, seine Ehefrau und seinen Sohn durch Gas zu vergiften. Sie hielt ihn davon ab und stellte ihn zur Rede. Daraufhin berichtete er, dass er eine Affäre mit seiner Kolle-

833 Schreiben von Georg Li an die Hausverwaltung der Dresdner Bank v. 25.4.1935, in: ebd.
834 Schreiben an Georg Li v. 3.5.1935 und 9.5.1935, in: ebd.
835 Arbeitsbescheinigung v. 17.6.1935, in: ebd.

gin, dem Samplemitglied Gertrud Sko begonnen habe und sich „nicht von ihr zu lösen vermöge". Am nächsten Tag sei sie bei dem Kompanieführer ihres Mannes gewesen und habe auch mit einem Freund ihres Mannes gesprochen. Nun bat sie Gaebelein, Gertrud Sko einzubestellen, damit sie in seiner Gegenwart mit ihr sprechen könne. Gaebelein lehnte das ab und entgegnete, dass die Bank in der Sache wenig tun könne. Ein Kündigungsgrund für Fräulein Sko sei die Affäre nicht, zumal Walter Do derzeit gar nicht in der Bank arbeitete. Er werde aber dafür sorgen, dass Walter Do oder Gertrud Sko in eine andere Abteilung versetzt würden, sobald Walter Do seinen Dienst wieder aufnahm.[836]

Das Gespräch zwischen Frau Do und Gertrud Sko scheint auch ohne Vermittlung der Bank zustande gekommen zu sein. Jedenfalls meldete sich Frau Do nur einige Tage später erneut bei Gaebelein und berichtete, dass sich die beiden Frauen ausgesprochen hätten und Fräulein Sko „nunmehr Verzicht leisten" wolle. Daraufhin unterrichtete Gaebelein den DAF-Betriebsobmann Sillem und vermerkte auf der Karteikarte für Einberufene von Walter Do, dass er und Fräulein Sko „nicht in die gleiche Abteilung kommen".[837] So weit sollte es aber nicht kommen. Denn drei Wochen später meldete sich Frau Do bei einem Kollegen aus der Kupon-Kasse und teilte ihm mit, dass ihr Mann verstorben sei. Nach seiner Darstellung des Gesprächs habe Frau Do auf Nachfrage eingeräumt, dass ihr Mann Suizid begangen hatte. Als Grund nannte sie die „Folgen eines Nervenzusammenbruchs, den er vor einiger Zeit erlitten hatte".[838] Damit kann nur der gerade einmal einen Monat zurückliegende erste Selbstmordversuch gemeint gewesen sein. Zwischenzeitlich dürfte ihm Gertrud Sko eröffnet haben, dass sie ihre Beziehung beenden wollte, womit er ganz im Gegensatz zu Gertrud Sko anscheinend nicht klargekommen ist. Nur ein Jahr später heiratete Gertrud Sko und wurde 1942 erstmals schwanger.[839]

Schwangerschaften waren bei Mitarbeiterinnen der Banken äußerst selten. Abgesehen von den Jahren des Zweiten Weltkriegs, als der Arbeitskräftemangel die Bank zwang, auch verheiratete Frauen, notfalls sogar mit Kind, zu beschäftigen, kamen Schwangerschaften nicht vor. Auch während des Krieges kündigten die Frauen in den meisten Fällen, sobald die Schwangerschaft festgestellt worden war. Es gibt allerdings einen Fall im Sample, als eine Angestellte unverheiratet schwanger wurde. Auch das geschah während des Krieges, so dass unklar ist, wie die Bank in den zwanziger und dreißiger Jahren in diesem Fall mit einer ihrer

836 Aktennotiz v. 10.5.1940, in: HAC 500/E.9570.
837 Aktennotiz v. 16.5.1940, in: ebd.
838 Aktennotiz v. 28.6.1940, in: HAC 500/E.3260.
839 Aktennotiz v. 20.5.1941 und Ärztlicher Fragebogen (ausgefüllt am 18.10.1944), in: HAC 500/E.9570.

Angestellten umgegangen wäre. In den vierziger Jahren war eine Schwangerschaft jedenfalls kein Kündigungsgrund, selbst wenn es sich um die (vermutlich) ungewollte und gesellschaftlich geächtete Schwangerschaft einer unverheirateten Frau handelte.

Gertrud Pa dürfte zu denjenigen Stenotypistinnen des Samples gehören, die den Anforderungen dieses Berufs am wenigsten gewachsen waren. Darauf deuten jedenfalls die häufigen Fehlzeiten wegen „nervöser Erschöpfung" hin. Bereits nach wenigen Jahren im Dienst der Bank äußerte sich diese Überforderung durch Ohnmachten, in die sie fiel, sich aber auch schnell wieder erholte. Die Vorgesetzten hielten diese Ohnmachten für Symptome einer Herzerkrankung. Aber die ärztlichen Befunde sprechen eine andere Sprache. Das Herz war zwar durch die „Nervosität" in Mitleidenschaft gezogen worden, was sich etwa durch einen hohen Blutdruck äußerte. Aber „herzkrank" war Gertrud Pa nicht.[840]

Im Sommer 1940 traten die Ohnmachten gehäuft auf, was von ihrem Vorgesetzten genutzt wurde, um sie, wie schon in vielen anderen Büros zuvor, wegen ihrer unzureichenden Arbeitsleistung loszuwerden. Aber diesmal war es anders. Die unverheiratete Gertrud Pa war schwanger, vermutlich im zweiten Monat. Seit Oktober 1940 war Gertrud Pa wegen Schwangerschaftsbeschwerden bis zur Entbindung Anfang März 1941 dienstunfähig. Auch nach der Geburt musste Gertrud Pa wegen einer (früher sogenannten) „Schwangerschaftsvergiftung" drei Wochen in einer Frauenklinik verbleiben.[841] In den Dienst kehrte sie vermutlich erst im Juni 1941 zurück.

Die Personalabteilung war verunsichert, wie in diesem Fall zu verfahren war, was darauf hindeutet, dass uneheliche Kinder der weiblichen Beschäftigten sehr selten waren. In einer Aktennotiz, die vermutlich zum Zeitpunkt der Entlassung von Gertrud Pa aus der Frauenklinik verfasst worden war, stellte der Sachbearbeiter zunächst fest, dass „das Angestelltenverhältnis nicht gelöst" werden sollte. Diese ausdrückliche Erwähnung deutet daraufhin, dass die Weiterbeschäftigung einer ledigen Mutter zumindest aus der Sicht des Sachbearbeiters nicht selbstverständlich war. Als zweites stellte sich die Frage, wie lange das Gehalt weitergezahlt werden würde. Die Verpflichtung zur Gehaltfortzahlung war am 1. März, also zwei Tage vor der Entbindung, abgelaufen. Aber die Bank erklärte sich bereit, das Krankengeld so weit aufzustocken, dass Gertrud Pa gegenüber ihrem bisherigen Nettogehalt keinen Verlust erleiden musste.[842]

840 Ärztlicher Fragebogen (ausgefüllt am 26.6.1941), in: HAC 500/E.6465.
841 Ebd.
842 Aktennotiz v. 25.3.1941, in: ebd.

Als Gertrud Pa zunächst mit der vollen, kriegsbedingt verlängerten Arbeitszeit in den Dienst zurückkehrte, zeigte sich aber schnell, dass sie damit erneut überfordert war. Leider wird das Kind in der Akte nicht weiter erwähnt, so dass unklar ist, wie es untergebracht war und wie es versorgt wurde, wenn die Mutter in der Bank arbeitete. Auf jeden Fall riet ihr der Hausarzt nach einem Jahr dringend, die Arbeitszeit zu reduzieren. Die Bank war dazu in Anbetracht der Personalnot auch bereit. Denn sie musste davon ausgehen, dass Gertrud Pa andernfalls kündigen würde. So genehmigte die Bank ab September 1942 eine verkürzte Arbeitszeit von sechs Stunden pro Tag von Montag bis Freitag und samstags von viereinhalb Stunden. Als Gehalt bezog sie ein Dreiviertel des „männlichen“ Gehalts der Tarifgruppe 3, in die sie auch schon zuvor eingestuft war, plus einer Leistungszulage von 10 RM. Das entsprach 201,45 RM im Monat (plus der geteilten Gratifikation zu Ostern und zu Weihnachten).[843]

Ein halbes Jahr später, nach der Niederlage bei Stalingrad, hatte sich die Personalsituation in der Bank so sehr verschlechtert, dass die Bank Gertrud Pa anfragte, ob sie wieder zur 46-Stundenwoche zurückkehren könne. Das lehnte sie nach Rücksprache mit ihrem Hausarzt jedoch ab. Allerdings scheint die Überforderung als alleinerziehende Mutter ihre Leistungen in der Bank weiter verschlechtert zu haben. Möglicherweise war ihr die Arbeit mittlerweile sogar egal. Denn eine Kündigung musste sie in der zweiten Kriegshälfte nicht fürchten. Wichtiger war es ihr, dass sie künftig nicht mehr als „Fräulein“ angesprochen wurde, sondern als „Frau“. Es gab zu dieser Zeit viele alleinstehende Frauen mit Kind, Kriegerwitwen zumeist, so dass es nach einem Umzug niemandem in der Nachbarschaft auffallen würde, dass ihr Kind unehelich war.

Von 1942 an wurde Gertrud Pa wieder von einer Depositenkasse zur anderen geschoben, was ihre Arbeitsmoral nicht gerade gehoben haben dürfte. Die Leistungsberichte waren entsprechend negativ. So hieß es nach einer erneuten Versetzung im Dezember 1943, dass ihre Leistungen „kaum befriedigend“ seien und dass es ihr „an Sorgfalt“ fehle. „Gutgemeinte Ratschläge oder Hinweise der Arbeitskameraden“ ignorierte sie und außerdem behinderten ihre häufigen Krankschreibungen den Fortgang der Arbeit in der Kasse. Besonders auffällig sind die Bemerkungen zur „Führung“. Auch wenn die Leistungen seit ihrer Anstellung immer als unterdurchschnittlich bewertet worden waren und die Vorgesetzten das auch mehr oder weniger deutlich zum Ausdruck brachten, klagte bis zur Geburt des Kindes niemand über ihre „Führung“. In fast allen Berichten wurde sie als „kameradschaftlich“ charakterisiert. Das war Ende 1943 nicht mehr der Fall.

---

843 Schreiben an Gertrud Pa v. 19.8.1942. Inwieweit darüber hinaus noch die Kinder- und ggf. eine Haushaltszulage gezahlt wurde, ist unklar, in: ebd.

Jetzt hieß es, dass ihr persönliches Verhalten zwar keinen Anlass zur Klage bot, aber sie „verhielt sich reserviert, ohne Kontakt mit den Arbeitskameraden".[844]

Gertrud Pa wurde bis Kriegsende weiterbeschäftigt und zunächst gehaltlos beurlaubt. Im September 1945 endete das Beschäftigungsverhältnis. Anscheinend hatte sie eine neue Arbeit gefunden. Welche Tätigkeiten sie nach der Dresdner Bank ausführte, ist unbekannt; ebenso die weitere Versorgung des Kleinkinds. Geheiratet hatte sie aber auch später nicht mehr. Denn sie nahm im Jahr 1967 noch einmal Kontakt auf und meldete Rentenansprüche an. Auch zu dieser Zeit, im Alter von 67 Jahren, führte sie noch ihren Mädchennamen.

5.4 Unterm Hakenkreuz. (Un-)Erfreuliche Begegnungen mit der Diktatur

In den Jahren der Weimarer Republik findet sich politisches oder gewerkschaftliches Engagement in den Personalakten nicht. Vordergründig könnte das als ein weiterer Beleg für die unpolitische Haltung der weiblichen Angestellten gewertet werden. Das wäre allerdings zu einfach. Denn in den Jahren der Weimarer Republik ging es den Arbeitgeber nichts an, ob und in welcher Gewerkschaft oder politischen Partei ein Angestellter Mitglied war. Der Tarifvertrag sah ausdrücklich vor, dass „jede Beschränkung des verfassungsmäßig den Arbeitnehmern eingeräumten Vereinigungsrechts ... unzulässig" war.[845] Es gibt keinen Hinweis, dass eine der Bankleitungen sich an dieses Gebot bis zur nationalsozialistischen Machtübernahme nicht gehalten hätte. Das galt seitdem natürlich nicht mehr. Einen Paragrafen „Vereinigungsfreiheit" gab es in den Tarifordnungen nicht.

Ab dem Jahr 1934 fragte die Bank die Bewerberinnen für eine Stelle deshalb sogar nach ihrem früheren politischen Engagement. Alle Frauen (und Männer) hatten folgende Erklärung zu unterschreiben:

> „Ich habe nie der Kommunistischen oder sozialdemokratischen Partei oder ihren Hilfs- oder Ersatzorganisationen angehört. Und mich im kommunistischen und nach dem 20. Juli 1933 im sozialdemokratischen Sinne betätigt. Ich unterhalte auch keine Beziehungen zu den Parteien, ihren Hilfs- oder Ersatzorganisationen und ihren Vertretern im Auslande."[846]

Die bereits vorher eingestellten Personen erhielten diesen Fragebogen nicht. Allerdings gaben manche Frauen im Fragebogen, der die Mitgliedschaft in der Deut-

844 Leistungsbericht o. D. (Dezember 1943), in: ebd.
845 Reichstarifvertrag, § 5, Abs. 1, S. 5.
846 Erklärung (ausgefüllt am 23.4.1934) in: HAC 500/E.5840.

schen Arbeitsfront überprüfen sollte, an, dass sie bisher Mitglied im Verband der weiblichen Handels- und Büroangestellten waren. Niemand bekannte sich zum sozialdemokratischen Allgemeinen Verband der Bankangestellten, was aber nicht notwendigerweise heißt, dass dort tatsächlich keine Frau des Samples Mitglied war. Denn der Bogen fragte nicht explizit nach früheren Mitgliedschaften. Solange sich eine Angestellte nicht politisch exponiert hatte, interessierte eine Mitgliedschaft im Allgemeinen Verband auch jetzt niemanden, solange man nur der Arbeitsfront beitrat.

Andererseits ist auffällig, dass in nur zwei Akten jeweils einmal eine Intervention des Betriebsrats erwähnt wird. In Anbetracht der Tatsache, dass es im Sample nur wenige Akten gibt, in denen keine Eingaben wegen des Gehalts, der Anerkennung von Dienstjahren, unangemessenen Verhaltens von Vorgesetzten o. ä. zu finden sind, kann man annehmen, dass die weiblichen Beschäftigten eher dem „Dienstweg" gefolgt sind und sich an ihre Vorgesetzten bzw. direkt an den ihnen wahrscheinlich persönlich bekannten Sachbearbeiter in der Personalabteilung, aber nicht an den Betriebsrat gewandt haben. Denn eine Intervention des Betriebsrats werden die Vorgesetzten nicht gerne gesehen haben, was bei dem meist sehr direkten Kontakt nicht ohne Risiko war. Inwieweit Frauen bei den ausschließlich männlichen Betriebsratsmitgliedern glaubten Gehör zu finden, die ihnen zudem in den meisten Fällen auch persönlich nicht bekannt gewesen sein dürften, ist ebenfalls zweifelhaft. Wären mehr Frauen Mitglieder des Allgemeinen Verbandes oder des Deutschen Bankbeamten-Vereins gewesen, wäre die Hemmschwelle sich an den Betriebsrat zu wenden sicherlich niedriger gewesen. Die Personalakten erwecken jedenfalls den Eindruck, dass die Frauen des Samples für sich keinen Vorteil darin sahen, die Möglichkeiten zu nutzen, die ihnen die Arbeitnehmermitbestimmung einräumte. Sie werden wohl gewusst haben, dass sie die hohen Gehaltssteigerungen der zweiten Hälfte der zwanziger Jahre wesentlich den Gewerkschaften zu verdanken hatten, aber zur Verbesserung ihrer Arbeitsplatzsituation schalteten sie den Betriebsrat nicht ein.

Unangepasstes, aber nicht politisch motiviert unangepasstes Verhalten von Frauen findet sich zwar gelegentlich in den Personalakten, hatte aber bis zur Machtübernahme der Nationalsozialisten in der Regel keine ernsthaften Konsequenzen. Der Fall von Charlotte He mit ihrem Scherzbrief hatte nur deswegen beinahe disziplinarische Konsequenzen, weil ein Kunde involviert war und die Streichung der Überstunden der Putzkraft Charlotte Ri erfolgte nur wegen eines Tabubruchs. Die Thematisierung der eigenen Sexualität erfüllte aus der Sicht kleinbürgerlicher Angestellter dieser Zeit fast schon den Straftatbestand der Erregung öffentlichen Ärgernisses, als dass es nur ein unangepasstes Verhalten war. Ganz sicher mehr als ein unangepasstes Verhalten waren die unbezahlten Rechnungen von Charlotte Mi. Deren Verhalten war hart an der Grenze zu einem Eigentumsdelikt und damit eines Straftatbestands.[847] Mit der Etablierung der nationalsozialistischen Diktatur sollte sich die Sanktionierungspraxis für unangepasstes Verhalten grundlegend ändern. Das galt besonders für solche Verhaltensweisen, die von den nationalsozialistischen Aktivisten in der Bank als politisch motiviert angesehen wurden.

Wie bereits erwähnt, gehörte die Verfolgung politischer Gegner unter den Angestellten der Dresdner Bank sowie von „Nichtariern" zu den vorrangigen Aufgaben, denen sich diese Leute verschrieben hatten. Politisch exponierte Gegner des NS-Regimes gab es unter den Frauen des Samples nicht und auch darüber hinaus ist kein Fall bekannt, in dem sich eine Angestellte offen gegen den Nationalsozialismus gestellt hätte und dafür sanktioniert wurde. Aber unangepasstes Verhalten, wahrscheinlich erklärbar durch die anfängliche Unterschätzung der Konsequenzen in einer Diktatur, gab es durchaus.

Der Unterschied zwischen den Freiräumen für unangepasstes Verhalten in der Weimarer Demokratie und der NS-Diktatur wird besonders am Beispiel der nicht zum Sample gehörenden Ursula Ke deutlich. Ursula Ke hatte schon während der Beschäftigung bei der Darmstädter Bank und auch später bei der Dresdner Bank das Gefühl ungerecht behandelt zu werden. Während der Inflationsjahre hatten ihre Vorgesetzten auf ihren schlechten Gesundheitszustand keinerlei Rücksicht genommen und während ihrer gesamten Beschäftigungszeit fühlte sie sich bei den außertariflichen Zulagen gegenüber ihren Kolleginnen benachteiligt (s. Kap. 5.1.). Aber im Gegensatz zu manchen anderen Frauen im Sample, die sich ebenfalls schlecht behandelt gefühlt haben könnten, nahm Ursula Ke diese vermeintlichen oder tatsächlichen Respektlosigkeiten und Benachteiligungen nicht einfach hin, sondern wehrte sich und fing sich so den Ruf einer Querulantin ein.

Nachdem sie Ende 1922 vergeblich versucht hatte, eine höhere Teuerungszulage als die tarifvertraglich vorgeschriebene zu erhalten, wehrte sie sich im April 1923 gegen das von ihr nicht autorisierte Einbehalten der „Ruhrspende" (zur Unterstützung des passiven Widerstandes im Ruhrgebiet gegen die Besetzung des Reviers durch französische und belgische Truppen) bei der Überweisung ihres Gehalts auf ihr „Beamtenkonto" durch den Arbeitgeber. Sie verlangte, dass ihr der Spendenbetrag rückerstattet würde. Sie begründete diesen Wunsch mit der „kolossalen" Erhöhung der Krankenkassenbeiträge. Wie der Sachbearbeiter der Personalabteilung feststellte, waren Ursula Ke im März 1923 bei ihrem Bruttogehalt in Höhe von knapp 275.000 Mark Steuern und Versicherungsbeiträge in Höhe von 57.260 Mark einbehalten worden. Das waren über zwanzig Prozent.

847 Dieser Fall und die anderen genannten Fälle sind ausführlich in Kap. 5.3. dokumentiert.

Auch der Sachbearbeiter empfand das als „sehr hoch".[848] Eine Rückerstattung des Spendenbetrages erhielt Ursula Ke nicht. Allerdings hätte ihr das auch wenig geholfen. Denn Ende April dürfte der Spendenbetrag schon kaum noch etwas wert gewesen sein. Die Inflation war längst in die Phase der Hyperinflation übergegangen.

Die Forderung auf Rückerstattung der Ruhrspende hatte, abgesehen von der Ablehnung der Forderung, keine negativen Konsequenzen für Ursula Ke. Schlimmstenfalls wird sich ihr Image als Querulantin dadurch verfestigt haben. Aber zumindest der Sachbearbeiter der Personalabteilung konnte wohl ihre Argumentation nachvollziehen. Nach der Machtübernahme der Nationalsozialisten im Reich und dem Aufstieg der NS-Betriebszelle zu einem Machtfaktor innerhalb des Bankbetriebes sah das anders aus. Nach der Übernahme durch die Dresdner Bank hatte Ursula Ke zunächst, wie die meisten anderen übernommenen weiblichen Angestellten der Danat Bank, ihre übertarifliche Leistungszulage verloren. Ihre Bereitschaft, auf einen weiteren Teil ihres Gehalts zu verzichten, dürfte deshalb ebenso gering gewesen sein wie 1923. Aber im Gegensatz zu vielen Kolleginnen blieb sie konsequent und weigerte sich in den Jahren 1933 und 1934, für das Winterhilfswerk zu spenden. Nun hatte sie es aber nicht mehr nur mit der Personalabteilung, sondern auch mit den NS-Aktivisten in der Bank zu tun, die sich sehr dafür interessierten, wer spendete und wer nicht.

Das Winterhilfswerk war eine von den Nationalsozialisten 1933 gekaperte und zu einer großen Spendensammelorganisation ausgebaute Stiftung unter der Kontrolle von Goebbels' Propagandaministerium. Die Spenden waren anfangs freiwillig, später wurden sie von vielen Unternehmen auch bei der Lohn- oder Gehaltszahlung einbehalten. Florian Tennstedt bewertet die politische Funktion der „freiwilligen" Spenden wie folgt: „Bei den Sammlungen des Winterhilfswerks konnte man auf einer niedrigen Schwelle dem Regime zustimmen, sofern man eine Spende verweigerte, ... konnte man Regimekritik zeigen".[849] Genau deswegen hatten die NS-Aktivisten in der Dresdner Bank ein besonderes Augenmerk auf die Spendenverweigerer, unabhängig davon, welches Motiv die Verweigerer tatsächlich hatten.

Zunächst kam Ursula Ke im Jahr 1933 noch mit der Begründung durch, für den Unterhalt ihrer Eltern, mit denen sie in einem Haushalt lebte, sorgen zu müssen.

848 Schreiben von Ursula Ke an die Geschäftsinhaber der Danat Bank v. 14.4.1923 (handschriftliche Anmerkungen o. D.), in: HAC 500/E.636.

849 Florian Tennstedt, Wohltat und Interesse. Das Winterhilfswerk des Deutschen Volkes. Die Weimarer Vorgeschichte und ihre Instrumentalisierung durch das NS-Regime, in: Geschichte und Gesellschaft 13/1987, S. 179. Vgl. auch Herwart Vorländer, NS-Volkswohlfahrt und Winterhilfswerk des Deutschen Volkes, in: Vierteljahrshefte für Zeitgeschichte 34/1986, S. 365 ff.

Im Folgejahr half ihr das nicht mehr. Denn nun schaltete sich die NS-Betriebszelle ein. Zunächst forderten die für die Abteilung von Ursula Ke zuständigen, ehrenamtlich tätigen Funktionäre der Deutschen Arbeitsfront die Personalabteilung auf, „Frl. Ke im Interesse der vom Winterhilfswerk unterstützten deutschen Volksgenossen in entsprechender Form auf das unkameradschaftliche ihres Verhaltens hinzuweisen". Das reichte dem (NS-)Betriebszellen-Obmann Erwin Voth, dem das Schreiben offenbar vorgelegt worden war, aber noch nicht aus und er ergänzte handschriftlich eine Mahnung an den Personalchef, „Frl. Ke daran zu erinnern, dass ihre Stellung in der Bank ihr auch gewisse Verpflichtungen auferlegt".[850] Das war eine offene Drohung und wurde wohl auch so an Ursula Ke weitergegeben.

Der Hintergrund für diese Eskalation des Konflikts war vermutlich die Weigerung von Ursula Ke der Deutschen Arbeitsfront beizutreten. Im Herbst 1934 hatte die Dresdner Bank Fragebögen zur Mitgliedschaft mit dem Ziel verschickt, als erste Großbank alle „Gefolgschaftsmitglieder" (einschließlich der „Oberbeamten" und Vorstandsmitglieder) in der Arbeitsfront zu organisieren. Verbunden war dieser Fragebogen mit der Einverständniserklärung, dass die Personalabteilung von Jahresbeginn 1935 an den Mitgliedsbeitrag bei der Auszahlung des Gehalts – wie 1923 bei der „Ruhrspende" – direkt einbehielt. Ursula Ke hatte in diesem Fragebogen treuherzig erklärt, dass sie kein Mitglied der Arbeitsfront sei und entsprechend auch die Einverständniserklärung nicht unterzeichnet.

Der Druck der Personalabteilung führte dann 1935 dazu, dass sie einen kleinen, eher symbolischen Betrag an das Winterhilfswerk spendete und mit vier Monaten „Verspätung" doch noch in die Deutsche Arbeitsfront eintrat sowie die Einverständniserklärung unterschrieb.[851] Im Herbst 1935 muss es einen weiteren Vorfall gegeben haben, der aber in der Personalakte nicht näher beschrieben ist. Jedenfalls beantragte der DAF-Betriebsobmann Voth im November die „Maßregelung" von Ursula Ke und forderte die Personalabteilung auf, sie in eine Depositenkasse strafzuversetzen, was auch umgehend zum 1. Dezember geschah. Doch damit nicht genug! Voth brachte den Fall auch im Vertrauensrat zur Sprache. Beschließen konnte der Vertrauensrat zwar nichts, aber er erklärte „einstimmig", dass er der „Ansicht" sei, „die Arbeitskameradin Ke von dem nächsten zulässigen Termin an nach Gruppe 2 des Tarifvertrages" zu besolden. Der „Betriebsführer", d. h. das für Personalfragen zuständige Vorstandsmitglied Hans Schippel, der die

850 Schreiben der Deutschen Arbeitsfront, Sektion 6, Block 275 der Dresdner Bank an die Personalabteilung v. 17.10.1934 (mit handschriftlichen Ergänzungen v. 25.10.1934), in: ebd.

851 Fragebogen betr. Beitragseinziehung zur Deutschen Arbeitsfront, korrigiert und unterschrieben von Ursula Ke 3.5.1935, in: ebd.

Sitzung leitete, erklärte sich daraufhin bereit, der Personalabteilung entsprechend Anweisung zu erteilen.[852]

Es war die Taktik des Vorstands der Dresdner Bank, der NS-Betriebszelle in solchen, die Interessen der Bank nicht tangierenden Fragen freie Hand zu lassen, um ihr bei allen aus Banksicht wichtigen Fragen klare Grenzen zu setzen. Die Selbstermächtigung der NS-Betriebszelle, die im Jahr 1933 zu schweren Konflikten innerhalb der Bank geführt hatte, war mit dem Erlass des Arbeitsordnungsgesetzes vom Januar 1934 beendet. Das Gesetz hatte außerdem mit dem Vertrauensrat ein Gremium geschaffen, das auf die Geschäftspolitik der Bank keinen Einfluss mehr ausüben konnte, aber als „Spielwiese" für die NS-Aktivisten herhalten konnte. Seitdem kümmerten sich die Vertrauensräte ganz wesentlich um Personalangelegenheiten, indem sie politisch missliebige Personen maßregeln ließen und „Nichtarier" verfolgten. Damit hatten sie zwar nicht immer, aber recht häufig Erfolg – wie im Fall von Ursula Ke.[853]

Die Folgen dieses Beschlusses waren für Ursula Ke verheerend. Sie hatte zuletzt in der Tarifgruppe 3 mit einem Tarifzuschlag von 15 RM ein Bruttogehalt von 331,65 RM bezogen. In der Tarifgruppe 2 verdiente sie ohne Tarifzuschlag, der auch gestrichen worden war, nur noch 245,15 RM. Nachdem Ursula Ke das Ergebnis der Vertrauensratssitzung und die Konsequenzen für sie mitgeteilt worden waren, wandte sie sich an Hans Schippel persönlich und bat um eine Rücknahme der Gehaltskürzung. Sie schilderte Schippel ihre verzweifelte Lage mit den zwei schwerkranken und mittellosen Eltern und erläuterte die Gründe für die als zu niedrig erachtete Spende an das Winterhilfswerk. Eine Antwort erhielt sie nicht. Schippel beauftragte lediglich die Personalabteilung Ursula Ke mitzuteilen, dass „wir keine Möglichkeit sehen, eine Änderung vorzunehmen".[854]

Der Konflikt mit Voth und die Folgen scheinen Ursula Ke gesundheitlich völlig aus der Bahn geworfen zu haben. Die Reaktion auf ihren Bittbrief an Schippel führte dazu, dass sie sich kurz vor Weihnachten 1935 krankmeldete, woraufhin die Bank sie nach der Jahreswende zum Vertrauensarzt schickte. Dem Arzt berichtete sie, dass sie „seit Mitte November durch dauernde furchtbare Aufregungen im Beruf mit den Nerven herunter gekommen" sei. Die Untersuchung bestätigte die Selbstbeschreibung, indem der Arzt Ursula Ke einen „hochgradigen nervösen Reizbarkeits- und Erschöpfungszustand" attestierte. Außerdem stellte er eine „starke Verschlechterung des Herzbefunds" fest. Er schrieb sie bis Ende

852 Protokollauszug der Vertrauensratssitzung v. 3.12.1935, in: ebd.

853 Zum „Klima der Denunziation" in der Dresdner Bank und der Rolle des Vertrauensrats vgl. ausführlich Ziegler, Nationalsozialisten im Betrieb, S. 143 ff.

854 Schreiben von Ursula Ke an Direktor Dr. Schippel v. 14.12.1934 sowie handschriftliche Notiz v. 23.12.1934, in: HAC 500/E.636.

Januar krank und empfahl für die nähere Zukunft einen längeren Kuraufenthalt „zur Behandlung der Herz- und Nervenkrankheiten“.[855]

Etwa eine Woche nach ihrer Rückkehr an ihren neuen Arbeitsplatz in einer Depositenkasse, im Februar 1936, beklagte sich der Kassenvorsteher bei der Inspektion der Depositenkassen über Ursula Ke. Sie könne seiner Meinung nach nur als eine halbe Arbeitskraft gerechnet werden, da sie dauernd krank und nicht in der Lage sei, „die ihr übertragenen Aufgaben ohne zeitweilige Unterbrechungen zu erledigen“. Dadurch sei auch ihm die Erledigung seiner Aufgaben nicht in der erforderlichen Zeit möglich. Er bat deswegen darum, „Fräulein Ke gegen eine jüngere, tüchtige Schreibmaschinenkraft auszutauschen“.[856]

Kurzfristig sah die Personalabteilung zwar keine Möglichkeit zur Versetzung, zumal Ursula Ke sechs Wochen später ihren Kuraufenthalt antreten sollte. Nach ihrer Rückkehr aus der Kur wurde sie aber Ende Mai direkt in eine andere Kasse versetzt. Das Zeugnis, das der Kassenvorsteher ihr nach ihrem Ausscheiden ausstellte, zeugte zwar von einem gewissen Verständnis für die Lage von Ursula Ke, indem er ihr bescheinigte, dass sie grundsätzlich eine gute Stenotypistin sei. Aber für die laufende Korrespondenz bewertete er ihre Leistungen als „kaum ausreichend“. Denn während des knappen halben Jahres, in dem Ursula Ke in seiner Kasse beschäftigt war, ruhte „die ganze Arbeitslast ... auf unserer eingearbeiteten Korrespondentin“.[857]

In der Folgezeit bat Ursula Ke die Personalabteilung mehrfach darum, ihr wenigstens den Tarifzuschlag wieder zu gewähren, was aber kurz und bündig abgelehnt wurde. Als auch der Vorsteher einer anderen Depositenkasse, in der Ursula Ke seit Ende Mai 1936 beschäftigt war, nach nur einem Monat darum bat, eine andere leistungsfähigere Kraft zugewiesen zu bekommen, wurde Ursula Ke Ende Juni 1936 nach nur einem Monat erneut in eine andere Depositenkasse versetzt. Es war die dritte Versetzung innerhalb eines guten halben Jahres. Aber auch dort scheint sie von Anfang an Probleme gehabt zu haben und beantragte deshalb im Oktober ihre Rückversetzung in die Zentrale. Der Direktor der Personalabteilung erklärte sich bereit, ihre Bitte dem Vertrauensrat vorzulegen, der das Gesuch aber in seiner Sitzung am 4. November 1936 ablehnte.[858]

Da sich der Gesundheitszustand von Ursula Ke gegen Ende des Jahres 1936 weiter verschlechterte, wurde ihr für Januar 1937 von der Rentenversicherung ein weiterer Kuraufenthalt bewilligt und auch die Dresdner Bank war unter Anrechnung der vierwöchigen Kur auf den Jahresurlaub bereit, Ursula Ke für diese

---

855 Ärztlicher Personalbogen, ausgefüllt am 17.1.1936, in: ebd.
856 Schreiben der Inspektion der Depositenkassen an die Personalabteilung v. 11.2.1936, in: ebd.
857 Beurteilung von Fräulein Ursula Ke durch den Vorsteher Is v. 23.5.1936, in: ebd.
858 Aktennotiz v. 4.11.1936, in: ebd.

Zeit zu beurlauben.[859] Während ihres Kuraufenthalts wandte sich Ursula Ke erneut an Vorstandsmitglied Schippel und wiederholte ihren Versetzungsantrag, der auch dieses Mal abgelehnt wurde.[860]

Nach ihrer Rückkehr aus der Kur musste sich Ursula Ke im März 1937 erneut beim Vertrauensarzt der Dresdner Bank vorstellen, der der Kur „kaum einen großen Erfolg" attestierte. Der Zustand habe sich seit der letzten Untersuchung im Januar 1937 nicht gebessert. Er empfahl deshalb, Ursula Ke nach Möglichkeit „nicht überwiegend mit Schreibmaschinenarbeiten zu beschäftigen", da andernfalls mit einer „längeren Berufsunfähigkeit gerechnet werden" müsse. Als sich Ursula Ke ein Vierteljahr später beim Vertrauensarzt zu einer Nachuntersuchung vorstellte, konnte der Arzt erneut keine Besserung feststellen und wiederholte seine Empfehlung, Ursula Ke „nicht vorwiegend mit Schreibmaschinenarbeiten zu beschäftigen".[861]

Erst Ende des Jahres 1937 scheint der Vertrauensrat an einer Aufrechterhaltung der Strafmaßnahmen gegen Ursula Ke nicht mehr interessiert gewesen zu sein, so dass ihrer Bitte nach einer Rückversetzung in die Zentrale endlich stattgegeben wurde. Im Dezember 1937 konnte sie die Depositenkasse verlassen und arbeitete seitdem in der Zentrale. Im Laufe des Jahres 1938 teilte ihr der Direktor der Personalabteilung Georg Butz mit, dass die „böse Angelegenheit" für die Bank nun „erledigt" sei, so eine spätere Darstellung von Ursula Ke.[862] Etwa zu derselben Zeit wurde ihr Gehalt durch eine außertarifliche Zulage von 30 RM aufgebessert.[863] So verdiente sie mit rund 288 RM zwar immer noch weniger als vor ihrer „Bestrafung". Aber während des Krieges konnte sie dank ihres mit der Änderung der Tarifstruktur von 1937 erworbenen Anspruchs auf den „männlichen" Tarif und einer seit 1941 gezahlten Mehrarbeitspauschale in Höhe von etwa 36 RM ihr altes Niveau wieder erreichen.[864]

In die Tarifgruppe 3 (seit 1937 Tarifgruppe 4) wurde sie aber nicht wieder versetzt. Ein letztes Gesuch wurde 1942 abgelehnt.[865] Von ihrer „nervlichen Zerrüttung" scheint sich Ursula Ke dank der verbesserten Arbeitsbedingungen und des höheren Gehalts zwischenzeitlich etwas erholt zu haben. Bis in das vorletzte Kriegsjahr hinein ist keine weitere vertrauensärztliche Untersuchung überliefert.

---

859 Schreiben an Ursula Ke v. 11.2.1937, in: ebd.

860 Schreiben an Ursula Ke v. 22.2.1937, in: ebd.

861 Ärztlicher Personalbogen (ausgefüllt am 15.3.1937 und am 11.6.1937), in: ebd.

862 Schreiben von Ursula Ke an Rechtsanwalt Gaebelein v. 13.3.1939, in: ebd.

863 Versetzungsmitteilung des Börsenbüros o. D. (Dezember 1937) und Schreiben an Ursula Ke v. 26.3.1938 (mit handschriftlicher Korrektur der Zulagenhöhe, o. D.), in: ebd.

864 Schreiben von Ursula Ke v. 14.10.1941 (mit handschriftlichen Berechnungen o. D.), in: ebd.

865 Schreiben an Ursula Ke v. 30.3.1942, in: ebd.

Allerdings trat sie im Jahr 1940 noch einmal eine durch die Rentenversicherung veranlasste Kur an. Der dieser Kur vorausgehende Bericht des Vertrauensarztes der Rentenversicherung liegt leider nicht vor. Gegen Ende des Krieges verschlechterte sich der Gesundheitszustand von Ursula Ke allerdings rapide. Nun war jedoch nicht mehr die „Nervosität" das vorrangige Problem, sondern die unzureichend behandelte Herzerkrankung.[866]

Ähnlich harte Konsequenzen hatte Charlotte Mi gerade noch abwenden können. Denn auch sie war zunächst nicht der Deutschen Arbeitsfront beigetreten und hatte einen Brief von Betriebsführer Schippel erhalten, der um Auskunft innerhalb von acht Tagen bat, ob Charlotte Mi es ablehnen würde, der Deutschen Arbeitsfront beizutreten. Da sie wohl ahnte oder ihr auch gedroht worden war, dass bei einer Weigerung die sofortige Kündigung folgen würde, trat sie umgehend ein und erklärte sehr umständlich, weshalb sie bislang nicht eingetreten war.[867] Folgen hatte die Episode, anders als im Fall von Ursula Ke, nicht. Ähnlich war die Situation bei Charlotte Tro, die ebenfalls erst im Juli 1935 in die Arbeitsfront eingetreten war.[868] Folgen hatte das für sie ebenfalls keine.

Die ungewöhnlich gut dokumentierte Geschichte der „Maßregelung" der Angestellten Ursula Ke durch Arbeitsfront und Vertrauensrat war, was die weiblichen Beschäftigten und die persönlichen Konsequenzen betrifft, sicherlich ein Einzelfall. „Maßregelungen" männlicher Angestellter, vor allem ausgemachter politischer Gegner, waren dagegen häufiger. Da die Personalabteilung in diesem Fall als ein williges Werkzeug nationalsozialistischer Eiferer fungierte und sich dessen wohl auch bewusst war, sind alle Maßnahmen Schritt für Schritt und weitgehend lückenlos in der Personalakte dokumentiert. Allerdings sollte die Tatsache, dass es hier um einen Konflikt zwischen einer Angestellten und der NS-Betriebszelle bzw. der Deutschen Arbeitsfront ging, nicht als ein Akt politischer Widerständigkeit der betroffenen Angestellten interpretiert werden. Die Weigerung, in die Arbeitsfront einzutreten, ist allein auf den damit verbundenen Mitgliedsbeitrag zurückzuführen. Dasselbe gilt für die Weigerung für das Winterhilfswerk zu spenden. Auch dies ist allein durch die Selbsteinschätzung von Ursula Ke über ihre wirtschaftliche Lage zu erklären. Denn ein ganz ähnliches Verhalten zeigte sie schon, als sie zu Jahresbeginn 1923 ihre „Ruhrspende" zurückverlangte. Es war demnach eher eine Charakter- als eine politische Frage, nicht zu spenden und nicht in die Deutsche Arbeitsfront einzutreten.

866 Ärztlicher Personalbogen (ausgefüllt am 4.9.1944), in: ebd.
867 Schreiben von Dr. Schippel an Charlotte Mi v.10.7.1935 und Schreiben von Charlotte Mi v. 13.7.1935 sowie 28.8.1935, in: HAC 500/E.5874.
868 Schreiben von Dr. Schippel an Charlotte Tro v. 10.7.1935 und Fragebogen betr. Beitragseinziehung (ausgefüllt am 22.10.1935), in: HAC 500/E.8476.

Das zeigt auch ein Schreiben der Mutter von Ursula Ke an den DAF-Betriebsobmann Erwin Voth im Zuge der zweiten (Straf-)Versetzung der Tochter in eine Depositenkasse. Dieser Brief wurde sicherlich nicht ohne Wissen und Billigung von Ursula Ke verfasst. Voth hatte sich nämlich einige Monate zuvor dem Wunsch von Ursula Ke nach einem persönlichen Gespräch verweigert, so dass diese davon ausgehen musste, dass Voth auch einen von ihr verfassten Brief nicht zur Kenntnis nehmen würde. Die Mutter hielt sich in diesem Schreiben gar nicht mit einer Bitte um Rücknahme der Bestrafung auf, sondern das Schreiben enthielt fast ausschließlich Denunziationen von Bankmitarbeitern, vor allem von Kolleginnen ihrer Tochter.[869] Was die Mutter damit bezweckte, wird aus dem Brief nicht klar. Denkbar ist, dass es ihr um das von Voth konstatierte „unkameradschaftliche Verhalten" ihrer Tochter ging. Indem die Mutter den schlechten Leumund der Tochter auf die Gehässigkeit der Kollegen schob, könnte sie versucht haben die Tochter zu entlasten. Allerdings dürfte Voth das Arbeitsklima in den Büros herzlich egal gewesen sein. Ihm ging es allein um den Beitritt zur Deutschen Arbeitsfront und das finanzielle Engagement im Sinne seiner „Bewegung". Für eine Verweigerungshaltung konnte man aber kaum dritte Personen verantwortlich machen. Wahrscheinlicher ist es deshalb, dass die Mutter Voth weitere Möglichkeiten aufzeigen wollte, sich als nationalsozialistischer Scharfmacher zu profilieren und ihm deshalb Angestellte der Dresdner Bank „ans Messer" lieferte. Aber selbst für einen primitiven und bösartigen Charakter wie Voth war das vermutlich zu leicht zu durchschauen, so dass es auch auf diesen Brief keine Antwort gab.

Wenn Ursula Ke nach Beendigung der Strafaktion nicht mehr in ihre alte Tarifgruppe eingestuft wurde, hatte das sehr wahrscheinlich mit der „bösen Angelegenheit" von 1934 und 1935 nichts mehr zu tun. Ihre Leistungen waren weiterhin schlecht, so dass sie einige Jahre später zweimal, allerdings innerhalb der Zentrale, versetzt wurde und die Direktoren der abgebenden Abteilung ihr wohl keine Träne nachweinten. Nachdem sie zunächst seit Dezember 1937 im Börsenbüro beschäftigt wurde, wurde Ursula Ke 1940 in die Registermark-Abteilung und ein Jahr später in das Auslands-Sekretariat versetzt. In der Beurteilung nach dem Ausscheiden aus dem Börsenbüro bescheinigte ihr Börsenchef Hans Rinn, dass ihre „Arbeitswilligkeit sehr zu wünschen übrig ließ" und sie es „immer wieder verstand, sich unbequeme Arbeit vom Halse zu halten". Deshalb musste ihre Arbeit ständig kontrolliert werden.[870] Sofern die Kritik zutraf, belegt auch sie, dass

869 Schreiben von Frau J. Ke an Erwin Voth v. 9.5.1936, in: ebd.
870 Leistungsbeurteilung von Ursula Ke v. 20.5.1940, in: ebd.

die vermeintliche Widerständigkeit von Ursula Ke eine Charakter- und keine politische Frage war.

Die Versetzung in die Registermark-Abteilung sah Ursula Ke erneut als eine Zurücksetzung an und in völliger Fehleinschätzung ihrer Leistungen bat sie Personalchef Gaebelein in einem persönlichen Schreiben künftig als Direktionssekretärin arbeiten zu dürfen. Denn nur so könne sie wohl den Aufstieg in die Tarifgruppe 4 schaffen. Gaebelein machte ihr daraufhin klar, dass diese Aufgabe für sie nicht geeignet sei. Aber wenn sie sich in der Registermark-Abteilung bewähre, könne man auch über eine Versetzung in die Tarifgruppe 4 nachdenken.[871] Aber auch dort scheint sich Ursula Ke nicht „bewährt" zu haben, wie die erneute Versetzung vermuten lässt; und auch im Auslandssekretariat war der Büroleiter nicht zufrieden und attestierte ihr einen „schwierigen Charakter", der zu „unerfreulichen Vorkommnissen geführt" habe.[872]

Man musste aber noch nicht einmal ein unangepasstes Verhalten an den Tag legen, um in das Visier der Betriebszelle zu geraten. Manchmal reichte es auch, einfach nur eine Frau zu sein, um den Eifer von Betriebsobmann Voth anzustacheln, die Personalpolitik nach nationalsozialistischen Grundsätzen umzukrempeln. Manchmal biss er dabei zwar auf Granit, aber wenn eine seiner Maßnahmen auch betriebswirtschaftlich sinnvoll erschien, kamen er und seine Kameraden damit auch durch. Eines der ersten Opfer von Erwin Voth war Gertrud He, die 1930 18-jährig als Stenotypistin eingestellt, aber wenig später im Zuge des Personalabbaus während der Bankenkrise wieder entlassen worden war. Als sie 1934 erneut aushilfsweise eingestellt wurde, musste sie sich vor der Wiedereinstellung bereit erklären, die 1932 gezahlte Abfindung in Höhe von knapp 700 RM zurückzuzahlen, indem ihr 10 RM pro Monat von ihrem Bruttogehalt in Höhe von 115 RM abgezogen wurden.

Nur wenige Monate nach ihrer Wiedereinstellung wurde sie von der NS-Betriebszelle aufgefordert, sich „freiwillig" für das Landjahr[873] zu melden. Da sie während ihrer mehrmonatigen Dienstzeit als Landarbeiterin nur ein Taschengeld bekam, beantragte sie die Aussetzung der Rückzahlungsverpflichtung bis zum Wiederbeginn ihres Dienstes, was aber abgelehnt wurde.[874] Auch nach ihrer Rückkehr aus dem Landjahr änderte sich an ihrer finanziellen Situation nichts. Ihr Gesuch auf eine Höhergruppierung wurde 1935 ebenfalls abgelehnt, wofür allerdings nicht die Nationalsozialisten in der Bank, sondern die braven

871 Aktennotiz v. 22.5.1940, in: ebd.

872 Leistungsbeurteilung von Ursula Ke v. 25.9.1943, in: ebd.

873 Vgl. zum Landjahr Kap. 2.2.

874 Schreiben von Gertrud He v. 23.7.1934 u. 1.9.1934, Aktennotiz o. D. (Februar 1935), Schreiben an Gertrud He v. 1.3.1935, in: HAC 500/E7791.

„Bankbeamten“ in der Personalabteilung verantwortlich waren, die auch schon auf der Rückzahlung der Abfindung bestanden hatten und ihr trotz des Landjahres, das, wie jeder wusste, nicht freiwillig war, keinen Millimeter entgegenkamen. Der Umgang mit Gertrud He kann wohl nicht anders bewertet werden, als dass hier die Ideologen der NS-Betriebszelle und die Pfennigfuchser in der Personalabteilung der Dresdner Bank, sicherlich aus unterschiedlichen Motiven, Hand in Hand arbeiteten und so die wirtschaftliche Grundlage einer jungen Frau vernichteten, die gerade im Begriff gewesen war, sich von ihrem Elternhaus zu lösen und sich eine selbständige Existenz aufzubauen. Da kann es kaum verwundern, dass sie gut zwei Jahre später heiratete und aus den Diensten der Bank ausschied.[875]

Zu der Strategie der NS-Aktivisten unter Erwin Voth, den Konformitätsdruck unter den Angestellten der Bank zu steigern, gehörte es auch, sich „menschlich“ zu zeigen, wenn es um eindeutig nicht politisch motiviertes Verhalten ging, bei dem durch die Vorgesetzten disziplinarische Maßnahmen angekündigt wurden. So verteidigte er zwei Stenotypistinnen, die von ihrem Chef gemaßregelt werden sollten, weil sie während der Arbeitszeit zehn Minuten „auf dem Gang geschwatzt“ hatten. So erklärte er gegenüber der Personalabteilung, dass „die Mädels selten pünktlich raus“ kämen und „oft der Arbeit wegen einen Teil ihrer Tischzeit dran“ gäben.[876]

Ein solches geheucheltes Verständnis für die weiblichen Angestellten war wahrscheinlich leicht zu durchschauen und es ist davon auszugehen, dass Voth in der Belegschaft außerordentlich unbeliebt war. Außerdem waren seine Erfolge bei der Umerziehung einer in weiten Teilen entweder unpolitischen oder an Politik wenig interessierten Belegschaft zu überzeugten oder wenigstens äußerlich überzeugten Nationalsozialisten bei den weiblichen Angestellten recht überschaubar. Selbst nach der Machtübernahme traten nur wenige Frauen einer NS-Organisation bei, wie eine Fragebogenaktion der Bank aus den Jahren 1935 und 1937 zeigt; und wieviele dieser wenigen Frauen aus Überzeugung oder aus Opportunismus beitraten, lässt sich ebenfalls nicht abschätzen.

Eine der wenigen Frauen des Samples, die der NSDAP beigetreten waren, ist Gertrud St3. Bei ihr ist ein opportunistisches Motiv zwar denkbar, aber unwahrscheinlich. Sie hatte im Januar 1921 geheiratet und war kurz zuvor aus dem Dienst bei der Darmstädter Bank ausgeschieden. Mit ihren Leistungen waren ihre Vorgesetzten nicht zufrieden gewesen, so dass die Bank sie sehr wahrscheinlich 1924 entlassen hatte, wenn sie dort noch beschäftigt gewesen wäre.

---

875 Aktennotiz v. 23.5.1938, in: ebd.
876 Aktennotiz v. 4.11.1935, in: HAC 500/E.4385.

1923 bekam sie eine Tochter. Nachdem allerdings der Ehemann 1925 verstorben war, bewarb sie sich erneut bei der Darmstädter Bank bzw. nun bei der Danat Bank und wurde auch eingestellt.[877] Seitdem scheint die Bank mit den Leistungen von Gertrud St3 zufrieden gewesen zu sein, zumal sie über gute Französischkenntnisse verfügte, die die Bank jetzt auch nutzte. In Anbetracht der Vorgeschichte und als alleinerziehende Mutter mit einer zehnjährigen Tochter ist es denkbar, dass sie sich gegen eine neuerliche Entlassung absichern wollte, indem sie 1933 dem Reichsluftschutzbund und 1934 der NS-Volkswohlfahrt und der NS-Frauenschaft beitrat. Wie aktiv ihre Mitgliedschaft war, wird aus ihrer Akte leider nicht ersichtlich.

Nach Aufhebung der Aufnahmesperre trat sie 1937 sogar noch in die NSDAP ein,[878] wobei sie zu diesem Zeitpunkt wegen der Lage am Arbeitsmarkt für Bürokräfte allerdings schon nicht mehr fürchten musste, ein zweites Mal entlassen zu werden. Einen materiellen Vorteil hatte sie durch ihre Parteimitgliedschaft auch nicht gehabt. Denn sie wurde zu keinem Zeitpunkt von der Tarifgruppe 2 in die Tarifgruppe 3 (bzw. seit 1937 Tarifgruppe 4) befördert. Sie erhielt lediglich die Haushalts- und die Kinderzulage von jeweils 20,60 RM,[879] die jeder Frau in ihrer Lage zustanden. Das wiederum spricht für keine aktive Rolle in einer der NS-Organisationen. Denn in anderen Fällen sollte sich ein Engagement für die Partei durchaus auszahlen. Auch dafür gibt es unter den Frauen des Samples Beispiele.

Erna Vö war 1927 von der Dresdner Bank als Putzkraft eingestellt worden. Sie war verheiratet und hatte eine Tochter. 1931 trat sie in die NSDAP ein und war deswegen den Aktivisten der NS-Betriebszelle wahrscheinlich gut bekannt. Da Putzkräfte nur stundenweise beschäftigt waren und in der Regel nur zwanzig Wochenstunden arbeiteten, war die Beförderung zur Tagesfrau im Jahr 1936 für sie ein regelrechter Karrieresprung. Als Tagesfrau war sie zwar immer noch eine Wochenlöhnerin, aber sie durfte nun neun Stunden täglich zu einem Stundenlohn von 0,49 RM arbeiten. Das ergab einen Wochenlohn von (je nachdem, ob sie auch samstags arbeitete) von 22 RM bis 25 RM. Ob für diese Beförderung die Parteigenossen verantwortlich waren, ist zwar nicht überliefert, aber sehr wahrscheinlich. Denn schon zuvor hatte Erwin Voth dafür gesorgt, dass sie als Putzkraft Überstunden leisten durfte, obwohl es dafür in der Bank zu dieser Zeit gar keinen Bedarf gab; und als sie 1938 versetzt werden sollte, schaltete sie umgehend den Vertrauensrat ein. Anneliese Nay konnte ihr allerdings erklären, dass es sich

877 Personalbogen (ausgefüllt o. D., Oktober 1926), in: HAC 500/E.8960.
878 Fragebogen (ausgefüllt am 18.8.1938), in: ebd.
879 Bescheinigung v. 16.9.1942, in: ebd.

bei der Versetzung zurück in den Putzdient nicht um eine Schlechterstellung handelte, sondern dass sie dort künftig mehr verdienen würde als zuvor.[880]

Protektion durch einen leitenden Angestellten der Bank ist auch schon in den zwanziger Jahren nachweisbar; und wahrscheinlich hat es das zu allen Zeiten und in fast allen Unternehmen gegeben. Aber in der Zeit des Nationalsozialismus hatte auch die Protektion durch einflussreiche Parteigenossen und politische Mandatsträger noch einmal eine ganz andere Dimension angenommen. Einen besonders dreisten Fall von Protektion im NS-Staat stellt die Einstellung von Charlotte Pi dar. Sie war zum Zeitpunkt ihrer Bewerbung 19 Jahre alt und hatte das Lyzeum und die höhere Handelsschule besucht, aber noch keine Berufserfahrung gesammelt. Die Handelsschule hatte sie im März 1932 abgeschlossen und war seit einem Jahr auf der Suche nach einer Arbeitsstelle.[881] Ihr Vater Hans Pi, dessen Beruf sie später im Personalbogen als Verkehrsdirektor a.D. und Schriftsteller angab, kannte den 1933 als politisches Zugeständnis an die Regierung Hitler bzw. an den Reichswirtschaftsminister Alfred Hugenberg in den Vorstand der Dresdner Bank berufenen Reinhold Quaatz – vermutlich aus der gemeinsamen Zeit in der Eisenbahndirektion in Köln, wo Quaatz während des Krieges als Regierungsdirektor tätig gewesen war.

Quaatz hatte Hans Pi bereits eine Stelle im Reichsarbeitsministerium vermittelt und nun „gestattete" sich Hans Pi wenige Tage nach der Berufung Quaatz', „Ihre gütige Vermittlung auch wegen meiner Tochter in Anspruch zu nehmen", da es außerordentlich schwer sei, einen „geeigneten Arbeitsplatz für sie zu finden". In seiner Antwort berichtete Quaatz, dass er seit der Übernahme seines „neuen Postens" eine so „grosse Zahl von Gesuchen" bekomme, dass er „jedem Einzelnen nicht sofort helfen" könne. Er versprach aber sich für Charlotte Pi zu bemühen. Daraufhin schrieb Hans Pi noch einmal an Quaatz und pries seine Tochter als „bescheiden" und „fleißig" an, so dass sie sich „sicher rasch einarbeiten" könne.[882] tatsächlich gab Quaatz die Korrespondenz an die Personalabteilung weiter, was diese wohl nur so verstehen konnte, dass es Quaatz' Erwartung war, Charlotte Pi trotz des noch laufenden Personalabbaus einzustellen. Daraufhin schrieb die Personalabteilung an Hans Pi und bestätigte Quaatz' Empfehlung. Allerdings sei es derzeit (Mai 1933) unmöglich, neue Kräfte einzustellen, weil bei Neueinstellungen zunächst die kürzlich im Zuge der Fusion entlassenen Ange-

---

880 Schreiben der Hausverwaltung (Unterschrift unleserlich) v. 25.1.1938 und 29.10.1938, Aktennotiz v. 19.11.1938, in: HAC 500/E.2623.

881 Personalbogen (ausgefüllt Ende Juni 1933), in: HAC 500/E.6371.

882 Schreiben von Hans Pi an Geheimrat Dr. Quaatz v. 8.4.1933, Schreiben von Quaatz an Hans Pi v. 10.4.1933 und Schreiben von Hans Pi an Quaatz v. 15.4.1933, in: ebd.

stellten berücksichtigt werden müssten.[883] Die im Juli einsetzende Entlassung der „nichtarischen“ Angestellten änderten dann aber schon bald die Lage und Ende Juni forderte die Dresdner Bank Charlotte Pi auf, in der Personalabteilung vorzusprechen. Wenige Tage später wurde sie eingestellt.[884]

Das Beispiel zeigt aber auch, wie gefährlich es sein konnte, sich auf die Protektion des „falschen Pferdes“ zu verlassen. Denn Quaatz‘ Karriere als Vorstandsmitglied der Dresdner Bank war nur von kurzer Dauer. Als „Halbjude“ war er selbst auf Protektion angewiesen, um nach dem Erlass des Berufsbeamtengesetzes im Amt zu bleiben. Diese Protektion gab es aber schon bald nicht mehr. Denn als Vertrauensmann Hugenbergs und DNVP-Reichstagsabgeordneter war Quaatz nach Hugenbergs Demission als Reichswirtschaftsminister im Juni 1933 für die Dresdner Bank nicht mehr nützlich. Im November 1933 wurde er auf Grundlage des Berufsbeamtengesetzes als Vorstandsmitglied der Dresdner Bank entlassen.[885]

Damit entfiel auch der Protektor von Charlotte Pi. Hätte sie sich in ihrer Stellung bewährt, hätte Quaatz‘ Schicksal wahrscheinlich keinerlei Auswirkungen für sie gehabt. Aber Charlotte Pi hatte sich nicht bewährt, ja womöglich fühlte sie sich auch unangreifbar. Als sie sich im Oktober 1935 krankmeldete, erstellte die Personalabteilung eine Aufstellung ihrer Fehltage und errechnete 129 Werktage (ohne die aktuelle Krankschreibung) in den zweieinviertel Jahren ihrer Beschäftigung. Offenbar setzten sich auch ihre Vorgesetzten nicht für sie ein und so teilte die Bank Charlotte Pi im Oktober 1935 mit, dass man „Ihren Posten nicht länger unbesetzt lassen“ könne und sah sich deshalb „zu unserem Bedauern gezwungen“, ihre Stellung zum 30. November 1935 zu kündigen.[886]

Betrachtet man die bisher vorgestellten Fälle von Maßregelung der einen und Protektion der anderen, fällt auf, dass sie alle in den ersten drei Jahren der NS-Herrschaft auftraten, den Jahren, in denen Erwin Voth zunächst als NS-Betriebszellenobmann und später als DAF-Betriebsobmann der ranghöchste Nationalsozialist in der Dresdner Bank war. Es ist zwar nicht bekannt, weshalb er alle Funktionen zum Jahresende 1935 hatte aufgeben müssen. Aber es ist nicht ganz abwegig, dass die Nationalsozialisten in der Bank erkannt hatten, dass man

---

883 Schreiben an Hans Pi o. D. (Mai 1933), in: ebd.

884 Schreiben an Charlotte Pi v. 30.6.1933, in: ebd.

885 Zu Quaatz‘ kurzer Karriere in der Dresdner Bank vgl. Ziegler, „Entjudung“, in: Bähr, Dresdner Bank S. 85 ff.

886 Aufstellung o. D. (Anfang Oktober 1935) mit einer handschriftlichen Notiz über ein Gespräch mit dem Vorgesetzten von Charlotte Pi v. 9.10.1935 sowie Schreiben an Charlotte Pi o. D. (Oktober 1935) mit einer handschriftlichen Anmerkung, dass der Vorgesetzte mündlich unterrichtet worden war, v. 31.10.1935, in: HAC 500/E.6371.

mit Einschüchterung und statuierten Exempeln nicht die Sympathie der indifferenten Mehrheit der Bankbelegschaft gewinnen konnte. Die Ergebnisse der Vertrauensratswahlen 1934 und 1935 wurden in der Dresdner Bank, wie überall im Land, nicht veröffentlicht. Es war auch keine demokratische Wahl, weil nur eine Liste zur Abstimmung stand, wobei alle Kandidaten von der NS-Betriebszelle handverlesen waren. Aber die Wahlberechtigten hatten die Möglichkeit, einzelne Kandidaten oder die ganze Liste zu streichen. Wie viele der Kandidaten und wer von wie vielen Wählern gestrichen wurde, durfte nicht an die Öffentlichkeit. Aber die Funktionäre der NSBO und später der Arbeitsfront waren sicherlich durch den Betriebsführer als Wahlleiter an die Ergebnisse gekommen. Da die Wählerinnen und Wähler hier mit einem vergleichsweise geringen Risiko ihren Unmut über die Amtsführung einiger Vertrauensräte zu Ausdruck bringen konnten, ist es nicht ganz unwahrscheinlich, dass sich Voth zumindest bei der zweiten Vertrauensratswahl im Frühjahr 1935 mit einem schlechten Wahlergebnis konfrontiert sah. Er war deshalb womöglich für die Nationalsozialisten zu einer Belastung geworden und könnte zum Rückzug gedrängt worden sein. Allerdings durfte der Rückzug nicht allzu nah am Wahltermin liegen, damit nicht der Verdacht aufkommen konnte, dass einer der Kandidaten vielleicht durchgefallen war. Es ist außerdem in der Literatur schön häufiger gemutmaßt worden, dass die Vertrauensratswahlen 1936 nicht wegen der Reichstagswahl abgesagt worden waren, wie die offizielle Begründung lautete, sondern weil man aufgrund der Erfahrungen mit der Wahl 1935 für 1936 noch unerfreulichere Ergebnisse befürchtete.[887]

Aufschlussreich ist außerdem die Nachfolgeregelung. Der neue DAF-Betriebsobmann und damit die wichtigste Person im Vertrauensrat nach dem „Betriebsführer", Jerome Sillem, trat nicht als Scharfmacher in Erscheinung. Er war eher der Typus des „Kümmerers", der sich in Verbindung mit dem weiblichen „Vertrauensmann" Anneliese Nay (s. Kap. 4.) ernsthafter um die Sorgen und Nöte auch der weiblichen Angestellten kümmerte. Neben dem „Scharfmacher" Voth und dem „Kümmerer" Sillem gab es noch die „graue Eminenz" unter den Nationalsozialisten, das langjährige Betriebsratsmitglied des Deutschnationalen Handlungsgehilfenverbands, Hans Oberberg. Dieser Mann war schwer auszurechnen. Mal gab er den „Scharfmacher" und mal verhielt er sich so, wie man es von einem nationalsozialistischen Eiferer eigentlich nicht erwartete. Bekannt ist beispielsweise, dass Oberberg nicht einschritt, als der frühere sozialdemokrati-

887 Deutschland-Berichte der Sozialdemokratischen Partei Deutschlands (Sopade) v. Januar 1936 (Jg. 3), Reprint Frankfurt/Main 1980, S. 81; vgl. auch die Berichte v. April 1936, ebd., S. 486–495; Frese Betriebspolitik, S. 191 f.; Schneider, Hakenkreuz, S. 512 f.

sche Betriebsratsvorsitzende nach seiner Entlassung einen Kredit von der Dresdner Bank erhielt, um sich eine neue Existenz aufzubauen. Im Gegenteil, der nazifizierte und von Oberberg dominierte Betriebsrat des Jahres 1933/34 scheint diese Entscheidung begrüßt zu haben, was nicht allen Parteigenossen in der Bank gefiel.[888]

Merkwürdig tolerant verhielt sich Oberberg auch bei der Einstellung von Charlotte Na. Sie war höchstwahrscheinlich eine Sozialdemokratin, „arisch", aber nicht getauft und hatte vor ihrer Bewerbung bei dem sozialistischen Gesamtverband der Arbeitnehmer der öffentlichen Betriebe und des Personen- und Warenverkehrs gearbeitet. Als die Gewerkschaften nach dem 2. Mai 1933 alle ihre Angestellten hatten entlassen müssen, bewarb sie sich bei der Dresdner Bank und sollte nach der Vorstellung der Personalabteilung auch eingestellt werden. Denn sie hatte kurz zuvor einen Preis bei einem Stenografinnen-Wettbewerb gewonnen, war also eine außergewöhnliche qualifizierte Kraft. Oberberg bestand zwar auf einem persönlichen Gespräch mit Charlotte Na, hatte aber anschließend keine Bedenken gegen ihre Einstellung.[889] Erklärbar ist dieses Verhalten nicht. Eine einfache Erklärung wäre es, ihm zu unterstellen, dass er sich von der Bank hatte kaufen lassen. Denn wie kein anderer Nationalsozialist stieg er in der Bank auf. Als „Oberbeamter" konnte er aber nicht mehr die Interessen der einfachen Angestellten vertreten; oder anders gesagt, zog er eine Bankkarriere einem Ehrenamt in der Deutschen Arbeitsfront vor.

Neben dem unangepassten Verhalten von Ursula Ke und Charlotte Mi konnte man allerdings auch ohne eigenes Zutun in die Verfolgungsmaschinerie des NS-Staates gelangen. Auch für eine unverschuldete Begegnung mit der Gestapo gibt es zwei Beispiele unter den Frauen des Samples. Am 30. August 1934 vermerkte die Dresdner Bank, dass Erna Hä seit dem 29. August unentschuldigt dem Dienst ferngeblieben war. Eine Nachfrage bei ihrer Mutter ergab, dass diese Erna Hä bereits bei der Polizei als vermisst gemeldet hatte. Am 31. August meldete sich ein Kommissar der Gestapo und teilte der Bank mit, dass Erna Hä aufgrund eines bedauerlichen Missverständnisses am 29. August verhaftet worden sei. Sie werde gerade noch zur „Klärung der Umstände", die zu der Verhaftung geführt hatten, verhört und dann entlassen werden. Er bat darum, keine Konsequenzen aus der Verhaftung zu ziehen, insbesondere Erna Hä nicht zu entlassen. Er werde zeitnah einen Beamten zur Bank abordnen, der die Sache aufklären würde.[890]

888 Ziegler, Nationalsozialisten im Betrieb, S. 140.
889 Schreiben von Hans Oberberg v. 4.7.1933, in: HAC 500/E.5685.
890 Aktennotiz v. 30.8.1934 und 31.8.1934, in: HAC 500/E.1899.

Der Beamte kam aber nicht. Erna Hä, die am nächsten Arbeitstag ihren Dienst wieder aufgenommen hatte, wusste auch nicht, weshalb sie verhaftet worden war. Deshalb fragte die Bank bei der Gestapo nach. Denn die Dresdner Bank sei, so die Begründung, als reichseigenes Institut verpflichtet, darauf zu achten, dass ihre Angestellten „in polizeilicher Beziehung einwandfrei" seien.[891] Es geschah aber wieder nichts. Deshalb fragte die Bank am 2. November und dann noch einmal am 5. Dezember nach. Erst am 12. Dezember erhielt sie schließlich die erbetene Auskunft. Danach war Erna Hä mit einer anderen, einer polizeilich gesuchten Person verwechselt und irrtümlich verhaftet worden. Nach der Feststellung der Personalien habe man sie aber wieder auf freien Fuß gesetzt. Weshalb die Gestapo zwei Tage benötigte, um die Personalien von Erna Hä festzustellen, erklärte der Beamte nicht. Immerhin erklärte er aber, dass „irgendwelche Verdachtsgründe gegen Frl. Hä, sei es in strafrechtlicher, sei es in allgemein politischer Hinsicht" nicht vorlägen. Insbesondere sei „der Geheimen Staatspolizei nichts bekannt, was dem Verbleiben von Frl. Hä in ihrem bisherigen Anstellungsverhältnis bei Ihnen entgegenstünde". Gleichzeitig wurde die Bank allerdings auch darauf hingewiesen, dass eine Weitergabe der Umstände der Verhaftung „an Unberufene unzulässig" sei.[892] Damit war der Fall erledigt. Konsequenzen hatte die Bekanntschaft von Erna Hä mit dem Gestapo-Gefängnis nach ihrer Haftentlassung nicht.

Bei dem zweiten Fall handelte es sich sogar um ein NSDAP-Mitglied. Im August 1944 hatte Charlotte Bö2 ihre Stellung bei der Dresdner Bank gekündigt und dies mit einer „dringenden ärztlichen Empfehlung" begründet, die sie mit dem Attest ihres behandelnden Arztes belegte.[893] Außerdem beantragte sie trotz Urlaubssperre einen zweiwöchigen Urlaub. Daraufhin schickte die Dresdner Bank Charlotte Bö2 zum Vertrauensarzt, der einen „körperlichen und nervösen Erschöpfungszustand" diagnostizierte und „auch unter den gegenwärtigen Bestimmungen" eine Beurlaubung für zwei Wochen befürwortete.[894] Nur wenige Tage nach der Untersuchung trat Charlotte Bö2 ihren Urlaub an. Auf dem Weg nach Bad Gastein wurde sie von der Gestapo aufgehalten und musste ihre Urlaubsbescheinigung vorlegen. Die Bank hatte ihr allerdings keine Bescheinigung ausgestellt und so telegrafierte sie nach Berlin und bat um die Nachsendung der Bescheinigung.[895] Ob sie zwischenzeitlich in Gewahrsam genommen wurde, wird

891 Schreiben an die Geheime Staatspolizei-Stelle Berlin v. 2.9.1934, in: ebd.

892 Schreiben des Geheimen Staatspolizeiamtes Berlin Prinz-Albrecht Straße 8 v. 12.12.1934, in: ebd.

893 Schreiben von Charlotte Bö2 v. 15.8.1944, in: HAC 500/E.3761

894 Ärztlicher Fragebogen (ausgefüllt am 31.8.1944), in: ebd.

895 Telegramm v. 6.9.1944, in: ebd.

aus dem Telegramm nicht ersichtlich. Hier endet auch die Akte, da Charlotte Bö2 unmittelbar nach ihrer Rückkehr aus Bad Gastein die Bank verließ.

5.5 Unter Bomben. Die Mobilisierung für den „Endsieg“

Ein Jahr vor Kriegsbeginn hatte sich der Wind am Arbeitsmarkt komplett gedreht. Die Banken hatten sich in der Mitte der dreißiger Jahre nur langsam von der Krise erholt, so dass die Belegschaften auch nur langsam wieder wuchsen. Mit dem Beginn der Expansion des „Dritten Reichs“ in Mitteleuropa änderte sich das. Das Geschäft belebte sich spürbar und die Belegschaften wuchsen schneller, wobei jeder fünfte neu eingestellte Angestellte eine Frau war. Gleichzeitig heirateten wegen der scheinbar glänzenden Zukunftsaussichten mehr Frauen als früher und verließen die Bank. Nicht unwichtig für diesen Trend war es außerdem, dass diejenigen Frauen, die Mitte der dreißiger Jahre im heiratsfähigen Alter waren, nicht mehr mit einem demografischen Geschlechterungleichgewicht durch die Kriegstoten konfrontiert waren. Nun rächte sich, dass sich die Dresdner Bank bei der Verdrängung von Frauen vom Arbeitsmarkt in den Jahren zuvor so vorbildlich beteiligt hatte. Denn qualifizierten Ersatz für diejenigen Frauen zu finden, die den Dienst bei der Bank nach ihrer Eheschließung verlassen hatten, war schwierig geworden.

Mit Kriegsbeginn verschärfte sich das Problem noch. Ende 1939 waren bei der Dresdner Bank 2.347 Personen einberufen oder dienstverpflichtet worden. Das waren schon zu diesem Zeitpunkt mehr als achtzehn Prozent der Gesamtbelegschaft. Dabei handelte es sich zwar überwiegend um Männer, aber keineswegs nur. Mitte November 1940 waren schon fast viertausend Beschäftigte einberufen. Durch die Einstellung von „Hilfskräften“, wobei es sich dabei wie schon im Ersten Weltkrieg überwiegend um Frauen handelte, sowie von reaktivierten Ruheständlern war dieser Aderlass nicht zu kompensieren – quantitativ nicht, aber auch qualitativ nicht.

Von den Frauen des Samples war mit Charlotte Bae nur eine Betriebsrentnerin reaktiviert worden, wobei sie von der Bank noch nicht einmal kontaktiert worden war, sondern sich auf eigene Initiative gemeldet hatte; und das hatte auch einen guten Grund. Die im Jahr 1922 in den Dienst bei der Dresdner Bank eingetretene Charlotte Bae war nach einem missglückten Suizidversuch wegen eines Bruchs der Wirbelsäule und anderer schwerwiegender Verletzungen im Jahr 1938 als berufsunfähig in den Ruhestand versetzt worden (s. Kap. 3.4.6.). Im September 1940 fühlte sie sich aber so weit wieder hergestellt, dass sie um eine

Wiedereinstellung in der Bank nachsuchte.[896] Die Bank war zunächst skeptisch. Vor einer Entscheidung schickte sie Charlotte Bae deshalb zu ihrem Vertrauensarzt. Der attestierte ihr, dass die Brüche zwar recht gut verheilt seien und andere körperliche Erkrankungen nicht festgestellt werden konnten. Aber sie ging aufgrund der „erheblichen körperlichen Behinderung nach Bruch der Wirbelsäule" weiter am Stock, so dass der Vertrauensarzt sie für eine sitzende Tätigkeit nur als „bedingt geeignet" betrachtete.[897] Für die Bank dürfte auch die Ursache für diese Behinderung, also das Stigma der „Nerven", mit dem der Suizidversuch erklärt worden war, von Belang gewesen sein.[898] Sie lehnte das Gesuch folglich trotz der angespannten Personalsituation ab. Sie konnte sich wohl ausrechnen, dass Charlotte Bae nicht sehr belastbar sein würde, aber ein Gehalt bezog, das in Anbetracht ihrer Dienstjahre für die Verhältnisse weiblicher Angestellter ausgesprochen hoch war. Statt der Wiedereinstellung empfahl ihr die Bank, beim Arbeitsamt vorzusprechen und dort nach einer Halbtagsbeschäftigung zu fragen.[899]

Eine Woche später meldete sich Charlotte Bae erneut bei der Personalabteilung der Dresdner Bank. Wahrscheinlich war der Bank vom Arbeitsamt oder einer anderen Stelle mitgeteilt worden, dass die Möglichkeit bestand, unter diesen besonderen Umständen auch unter Tarif zu bezahlen, wenn die Arbeitnehmerin damit einverstanden war. Unter dieser Voraussetzung erklärte sich die Bank bereit, Charlotte Bae „versuchsweise" wieder anzustellen.[900] Zu diesem Zweck ließ sie sich vom Treuhänder der Arbeit für das Wirtschaftsgebiet Brandenburg schriftlich bestätigen, Charlotte Bae für sechs Monate außerhalb der Tarifordnung zu einem Gehalt von 200 RM im Monat beschäftigen zu dürfen. Danach müsse sie allerdings, so die Behörde, nach Tarif bezahlt werden – es sei denn, die Bank beantragte eine Verlängerung dieser Ausnahmeregelung. Auch das Arbeitsamt stimmte der Wiedereinstellung auf dieser Basis zu.[901]

Das war eine für beide Seiten günstige Vereinbarung. Denn die Versicherungsrente konnte Charlotte Bae unter diesen Umständen weiter beziehen,[902] so dass ihr Gesamteinkommen die alte Höhe wieder erreichte, während die Bank das finanzielle Risiko in Grenzen hielt, falls sich Charlotte Bae ihrer Aufgabe doch nicht gewachsen

896 Schreiben von Charlotte Bae v. 17.9.1940, in: HAC 500/E.4439.

897 Ärztlicher Fragebogen (ausgefüllt am 10.10.1940), in: ebd.

898 In einer Aufstellung der bisherigen Leistungen an Charlotte Bae v. 25.9.1940 findet sich folgende Notiz: „krank seit 28.6.1937 - Nerven -", in: ebd.

899 Aktennotiz v. 19.10.1940, in: ebd.

900 Schreiben an Charlotte Bae v. 28.10.1940, in: ebd.

901 Schreiben des Arbeitsamts Berlin, Abteilung für weibliche Angestellte, an die Dresdner Bank v. 28.10.1940 und Schreiben an den Reichstreuhänder der Arbeit für das Wirtschaftsgebiet Brandenburg v. 11.11.1940, in: ebd.

902 Aktennotiz über ein Gespräch mit Charlotte Bae v. 19.11.1940, in: ebd.

erweisen sollte. Dennoch war ein solches Entgegenkommen der Dresdner Bank wohl nur in der Notlage des Krieges mit zahlreichen Einberufungen männlicher Angestellter denkbar.

Einen Verlängerungsantrag für die Abweichung von der Tarifordnung stellte die Bank tatsächlich nicht. Offenbar waren die Vorgesetzten mit der Arbeitsleistung zufrieden, so dass Charlotte Bae ab Juli 1941 wieder ihr altes Bruttogehalt von etwa 260 RM im Monat bezog.[903] Im Dezember 1942 erkrankte sie erneut und blieb ein Vierteljahr krankgeschrieben. Diese neuerliche Erkrankung führte dazu, dass Charlotte Bae nach ihrer Genesung nur noch sechs statt acht Stunden pro Tag arbeitete.[904] Während des Krieges gab es in Anbetracht des Arbeitskräftemangels solche Teilzeitarbeitsmodelle, wie auch andere Beispiele noch zeigen werden. Vor dem Krieg ist kein solcher Fall bekannt. Allerdings hätte auch das entsprechend gekürzte Gehalt in den meisten Fällen nicht ausgereicht, um davon leben zu können. Welche Auswirkungen die Arbeitszeitverkürzung bei Charlotte Bae auf das Gehalt hatte, ist leider nicht überliefert.

Es ist wohl davon auszugehen, dass die Bank nur wenige der vor allem in den Jahren 1932 und 1933 in den Ruhestand geschickten weiblichen Angestellten zu reaktivieren versucht hat. Vielversprechender war es, weibliche Angestellte nach ihrer Eheschließung nicht mehr dazu zu veranlassen zu kündigen. Zu diesem Zweck musste die Bank zunächst die finanziellen Anreize beseitigen, die es für manche weibliche Angestellte hatten attraktiv erscheinen lassen, mit der Konsequenz des Arbeitsplatzverlusts zu heiraten. So hatte die Bank die Berechnung der „Heiratsbeihilfe“ schon vor dem Krieg umgestellt. Die Beihilfe wurde wahrscheinlich seit 1938 nicht mehr individuell nach Dienstjahren und letztem Gehalt berechnete, sondern nur noch als Pauschale von 600 RM gezahlt. Der erste Fall dieser Art im Sample war Gertrud He1, die sich im April 1938 wiederverheiratete. Sie hatte zuletzt vier Jahre bei der Dresdner Bank gearbeitet, so dass die Pauschale bei einem Bruttogehalt von zuletzt knapp 200 RM in etwa dem Betrag entsprach, der ihr nach der alten Regelung der Heiratsbeihilfe zustand.[905] Da sie kein Angebot erhielt, ihre Tätigkeit fortzusetzen, ist es auch möglich, dass es sich hier um eine zufällige Übereinstimmung und noch nicht um die pauschalierte Heiratsbeihilfe gehandelt hat. Außerdem hätte das Arbeitsamt einer Weiterbeschäftigung zustimmen müssen und diese Zustimmung wäre womöglich im April 1938 noch nicht erteilt worden.

903 Schreiben an Direktor Stry, den Vorgesetzten von Charlotte Bae in der Effekten-Abteilung, v. 2.5.1941, in: ebd.

904 Aufstellung v. 8.3.1943 mit handschriftlicher Ergänzung v. 14.3.1943, in: ebd.

905 Schreiben an Gertrud He1 v. 4.4.1938, in: HAC 500/E.1598.

Wann der ersten Angestellten angeboten worden ist, trotz ihrer Eheschließung im Dienst zu bleiben, ist durch das Sample nicht zu ermitteln gewesen. Denn zwischen April 1938 und Mai 1939 heiratete keine Frau des Samples. Dennoch kann es als gesichert angenommen werden, dass die Arbeitsverwaltung schon Monate vor Kriegsausbruch die Weiterbeschäftigung von Frauen genehmigt und damit die „Doppelverdienerkampagne" einstweilen *ad acta* gelegt hatte. Als sich Gertrude vD im Mai 1939 wieder verheiratete, bat sie selbst darum, nicht kündigen zu müssen und verwies dabei auf eine andere Angestellte, die trotz kürzlich erfolgter Eheschließung weiter im Dienst der Dresdner Bank bleiben durfte. Dem Wunsch von Gertrude vD wurde entsprochen. Allerdings entschied sie sich schließlich doch noch für die Kündigung.[906]

Während des Krieges heirateten sechs Frauen des Samples, davon schied nur eine aus und erhielt die Heiratsbeihilfe von 600 RM. Fünf Frauen blieben im Dienst und erhielten trotzdem eine Beihilfe. Die Heiratsbeihilfe von 300 RM war jetzt wohl eher als Prämie für die Entscheidung zu bleiben gedacht. Allerdings blieben nur zwei dieser fünf Frauen bis zum Ende des Krieges im Dienst. Gertrud Wo kündigte Ende 1944, da sie schwanger war. Sie hatte bereits im Vorjahr eine Fehlgeburt erlitten und wollte sich nun schonen.[907] Unter normalen Umständen hätte sie sich allerdings auch krankschreiben lassen können. Denn der Mutterschutz war im Jahr 1942 für erwerbstätige Frauen erheblich verbessert worden. Der Schutzfrist wurde zeitlich erweitert, eine Begrenzung des Arbeitstages auf acht Stunden eingeführt und ein Kündigungsverbot während der Schwangerschaft erlassen.[908] Möglicherweise war aber auch die Erwerbstätigkeit für Gertrud Wo gar nicht das Problem. Vielleicht wollte sie nur dem Bombenkrieg in Berlin und dem damit verbundenen Risiko für sich und ihr Kind entgehen. Das konnte sie natürlich nicht als Begründung angeben. Wie sinnvoll das war, zeigt auch der zweite Fall. Denn Charlotte La kam auf dem Nachhauseweg von der Arbeit bei Woltersdorf durch einen Tieffliegerangriff ums Leben.[909]

Im dritten Fall spielte der Luftkrieg bei der Entscheidung noch keine Rolle. Gertrud Ol war seit 1930 bei der Dresdner Bank beschäftigt. Im Jahr 1941 heiratete sie 28-jährig und hieß seitdem Gertrud Sch3. Die Eheschließung scheint sehr plötzlich erfolgt zu sein. Denn der Ehemann war nach Posen dienstverpflichtet worden. Gertrud Sch3 stellte deshalb bei der Dresdner Bank den Antrag, nach

906 Schreiben von Gertrude vD v. 13.5.1939, Schreiben an Gertrude vD v. 16.5.1939 und Schreiben von Gertrude vD v. 31.5.1939, in: HAC 500/E.1846.

907 Schreiben von Gertrud Wo v. 18.11.1944, in: HAC 500/E.9570.

908 Gesetz zum Schutze der erwerbstätigen Mutter v. 17.5.1942, RGBl. 1942/1, S. 321 ff.

909 Aktennotiz v. 7.10.1944, in: HAC 500/E.4781.

Posen an die Ostbank für Handel und Gewerbe[910] versetzt zu werden, was natürlich nur als Frau Sch3 und nicht als Fräulein Ol Aussicht auf Erfolg hatte. Tatsächlich wurde sie an die Ostbank versetzt.[911] Aber leider endet die Akte auch mit der Versetzung. Sie scheint vor Kriegsende nicht zur Dresdner Bank zurückgekehrt zu sein. Ihr weiteres Schicksal ist deshalb unbekannt.

Ebenso wie sich die Bank mindestens seit Kriegsbeginn darum bemühte, die weiblichen Angestellten im Betrieb zu halten, auch wenn sie heirateten, bemühte sie sich auch darum, Frauen wieder einzustellen, die in den letzten Jahren wegen ihrer Eheschließung gekündigt hatten. Die Bank wusste wohl ganz genau, dass diese Kündigungen nicht in allen Fällen freiwillig erfolgt waren, sondern nur um als „Doppelverdienerin" nicht gekündigt zu werden und dadurch den Anspruch auf die Heiratsbeihilfe zu verlieren. Wie der Kontakt zu diesen Frauen zustande kam, ist nicht immer überliefert. Teilweise hatten sich die Frauen auf ein Zeitungsinserat der Dresdner Bank gemeldet, teilweise hatte die Bank sie aber auch direkt kontaktiert. Letzteres war bei denjenigen Frauen der Fall, die eine Wiedereinstellung ablehnten.

Sechs Frauen wurden kontaktiert und lehnten die Wiedereinstellung ab. Drei Frauen begründeten ihre Ablehnung nicht. Sie waren aber entweder nur sehr kurze Zeit beschäftigt oder in der Tarifgruppe 2 eingestuft gewesen, so dass es wahrscheinlich ist, dass sie in Anbetracht der finanziellen Absicherung von Kriegerfrauen im Zweiten Weltkrieg keine Notwendigkeit sahen, wieder für ein unattraktiv niedriges Gehalt einer Erwerbsarbeit nachzugehen. Denn die Ehemänner aller drei Frauen waren im Jahr 1940, dem Zeitpunkt der Anfrage, eingezogen worden. Zwei weitere Frauen, deren Ehemänner ebenfalls eingezogen waren, begründeten ihre Ablehnung damit, dass sie zwischenzeitlich ein Kind bekommen hatten und in einem Fall konnte die Personalabteilung die Adresse nicht ermitteln, da die ehemalige Angestellte durch ihre Heirat den Allerweltsnamen Krause angenommen hatte.

Bei den Frauen, die in den Dienst bei der Dresdner Bank zurückkehrten, ist es nur in einem Fall sicher, dass die Bank die ehemalige Angestellte Alice Vi bereits vor Kriegsausbruch kontaktiert hatte, als ihr Mann im August 1939 den Ein-

910 Die Dresdner Bank hatte zunächst 1939 eine Filiale in Posen errichtet, die aber 1940 auf die Bank für Handel und Gewerbe übergeleitet wurde, deren Aktienkapital die Dresdner Bank zwischenzeitlich erworben hatte. Gleichzeitig wurde die Bank in Ostbank AG umbenannt. Den Vorstand bildeten die beiden Filialleiter der Posener Dresdner Bank-Filiale und dem Aufsichtsrat saßen ein Vorstandsmitglied und ein Generalbevollmächtigter der Dresdner Bank vor. Vgl. hierzu Harald Wixforth, Die Expansion der Dresdner Bank in Europa, München 2006, S. 505 ff.

911 Schreiben der Dresdner Bank an die Ostbank AG Posen v. 16.10.1941, in: HAC 500/E. 8378.

berufungsbefehl für eine zweimonatige Wehrübung erhalten hatte.[912] In diesem Fall wusste die Personalabteilung um die Einberufung des Ehemannes, da Erich Vi ebenfalls bei der Dresdner Bank angestellt war. Daraufhin kontaktierte die Bank ihre ehemalige Angestellte Alice Vi. Möglicherweise hatte Erich Vi aber auch die Bank informiert, dass seine Frau gerne wieder bei der Dresdner Bank arbeiten würde. Jedenfalls nahm die Mutter eines erst wenige Monate alten Säuglings das Angebot an. Die Beschäftigung war nur für die zwei Monate der Wehrübung geplant. Als die Wehrübung jedoch in einen Krieg mündete und der Ehemann nach zwei Monaten nicht demobilisiert wurde, blieb Alice Vi bis 1944, als sie wegen der Tuberkuloseerkrankung der mittlerweile fünfjährigen Tochter kündigte.[913] Wie sehr die Bank schon bei Kriegsbeginn unter Druck stand, einberufene Angestellte durch qualifizierte Mitarbeiterinnen zu ersetzen, zeigt die Tatsache, dass sie entgegen ihrer früheren Praxis die 1935 an Alice Vi ausgezahlte Heiratsbeihilfe weder ganz noch teilweise zurückforderte, als sich eine längere Beschäftigung als für die zwei Monate der Wehrübung ihres Mannes abzeichnete.

Auch Erna Mi trat bei Kriegsbeginn wieder in den Dienst bei der Dresdner Bank ein, nachdem sie erst im Vorjahr wegen ihrer Eheschließung ausgeschieden war und eine Heiratsbeihilfe in Höhe von 600 RM erhalten hatte.[914] Als ihr Ehemann den Einberufungsbefehl erhalten hatte, bewarb sie sich erneut bei der Dresdner Bank und wurde im September 1939 zu den gleichen Bedingungen wie vor ihrem Ausscheiden eingestellt.[915] Die Heiratsbeihilfe musste sie weder ganz noch teilweise zurückzahlen. Sie wurde allerdings nicht an ihrem alten Arbeitsplatz beschäftigt, sondern dem Auslands-Sekretariat zugewiesen. Ihr Bürochef war mit ihren Leistungen nicht zufrieden und bat nach einem Vierteljahr um ihre Versetzung, um an ihrer Stelle eine „willige, schnell aufnehmende, korrekt und sauber schreibende Stenotypistin“ zugewiesen zu bekommen.[916] Erna Mi

912 Schreiben an Alice Vi v. 3.8.1939, in: HAC 500/E.8464.

913 Schreiben von Alice Vi v. 9.1.1944, in: ebd.

914 Erna Mi wurde etwas später als Gertrud Sch3 eingestellt. Das spricht nicht gegen die Bewerbung beider Frauen auf dieselbe Anzeige. Denn über das Ausscheiden von Erna Mi waren ihre Vorgesetzten seinerzeit vermutlich nicht böse, da sie den Anforderungen nur bedingt gewachsen war. Sie hatte einen Mittelschulabschluss, aber keine Handelsschule besucht. Deshalb hat die Bank womöglich länger als im Fall von Gertrud Sch3 mit der Wiedereinstellung gezögert. Erst mit Kriegsausbruch stellte sich diese Frage wegen der absehbaren Zunahme der Einberufungen nicht mehr. Schreiben an Gertrud Sch3 v. 20.7.1939, in: HAC 500/E.7791 und an Erna Mi v. 1.9.1939, in: HAC 500/E.5948.

915 Schreiben an Erna Mi v. 1.9.1939, in: ebd.

916 Schreiben des Auslands-Sekretariats an die Personalabteilung v. 10.1.1940, in: ebd.

wurde daraufhin in die Überweisungs-Abteilung versetzt, wo es keine Klagen mehr über ihre Arbeitsleistung gab.[917] Dort blieb sie bis Kriegsende.

Bei den sechs im Jahr 1940 wiedereingestellten Angestellten handelte es sich erstens um die ursprünglich 1919 bei der Darmstädter Bank eingestellte Gertrud Re. Sie war als junge Frau häufig krank gewesen und hatte ihre Stellung 1922 gekündigt.[918] Ein halbes Jahr später bewarb sie sich bei einem Privatbankhaus und arbeitete seitdem ununterbrochen bei verschiedenen Arbeitgebern, überwiegend bei Privatbankhäusern. Im Jahr 1935 heiratete sie den Diplomingenieur Rudolf Knö und gab ihre Berufstätigkeit auf. Im Juni 1940 bewarb sie sich auf ein Inserat der Dresdner Bank.[919] Die Bank bot Gertrud Knö daraufhin an, in der Tarifgruppe 3 in das 13. Berufsjahr eingestuft zu werden, was diese allerdings ablehnte. Sie hatte zuletzt beim Reichswehrministerium als Sekretärin gearbeitet und brutto etwa 275 RM verdient. Nach den angebotenen Bedingungen hätte sie bei der Dresdner Bank aber nur 234,55 RM verdient. Außerdem war Gertrud Knö anfangs nur bereit die Bewerbung aufrechtzuerhalten, wenn die Bank ihr eine Teilzeitbeschäftigung von Dreivierteln der normalen Arbeitszeit zusagte. Denn sie hatte noch den Haushalt für sich und ihren Mann zu versorgen.[920]

Die Bank war zwar grundsätzlich bereit, ihr diese Möglichkeit einzuräumen, besserte ihr Angebot aber insofern auf, als sie Gertrud Knö in das 15. Berufsjahr einstufte, wenn sie bereit war, Vollzeit, d. h. 46 Stunden in der Woche, zu arbeiten. Damit erreichte ihr Bruttogehalt nun immerhin 245,60 RM. Ihrem Wunsch nach einer besseren Vereinbarkeit von Beruf und Familie kam die Bank aber immerhin insofern entgegen, als sie Gertrud Knö zusagte, für sie die nach einer Anordnung des Berliner Oberbürgermeisters eingeführte „Kaufbescheinigung für Berufstätige“ zu besorgen. Gegen Vorlage dieser Bescheinigung war es möglich, bei namentlich genannten Einzelhandelsgeschäften Lebensmittel für zwei Personen vorzubestellen und zurücklegen zu lassen,[921] so dass das lange Schlangestehen beim Einkauf entfiel. Dieses Zugeständnis erwies sich jedoch als nicht ausreichend. Die Doppelbelastung war schon nach kurzer Zeit für Gertrud Knö zu hoch, so dass sie ihre Stellung nach einem Monat aus „gesundheitlichen Gründen“ wieder kündigte.[922]

917 Leistungsbeurteilung v. 2.9.1940, in: ebd.

918 Schreiben von Gertrud Re v. 30.5.1922, in: HAC 500/E.372.

919 Personalbogen (ausgefüllt am 4.7.1940), in: ebd.

920 Einstellungs-Prüfbogen, undatiert mit zahlreichen handschriftlichen Ergänzungen (Juli 1940), in: ebd.

921 Schreiben an Gertrud Knö v. 18.7.1940 sowie Kaufbescheinigung v. 9.8.1940, in: ebd.

922 Schreiben von Gertrud Knö v. 30.8.1940 mit handschriftlichen Bemerkungen des Sachbearbeiters, in: ebd.

Gertrud Ri hatte sich auf dasselbe Inserat beworben und wurde ebenfalls im Juli 1940 eingestellt. Sie hatte bereits ein Kind und kündigte im April 1941 ihre Stellung wieder, nachdem sie im März ein zweites Kind bekommen hatte. Ähnlich verhielt es sich bei Charlotte Kö. Sie hatten von 1927 bis 1939 zunächst bei der Danat Bank als Kartenlocherin und später bei der Dresdner Bank als Stenotypistin gearbeitet. Nachdem sie im Juli 1939 geheiratet und bei der Dresdner Bank gekündigt hatte, wurde sie durch den Arbeitgeber ihres Mannes eingestellt. Als ihr Mann wenig später ebenso wie viele seiner Kollegen zum Heeresdienst eingezogen wurde, musste das Unternehmen seinen Betrieb einstellen, woraufhin sich Charlotte Kö bei ihrem alten Arbeitgeber, der Dresdner Bank bewarb und im Juni 1940 eingestellt wurde.[923] Sie blieb allerdings nicht lange. Nach nur einem Jahr wurde sie durch die Gesellschaft für Luftfahrtbedarf dienstverpflichtet.[924]

Bei der vierten und fünften ehemaligen Angestellten, die sich auf das Inserat der Dresdner Bank vom Juni 1940 bewarben, handelte es sich offenbar um Frauen, die keineswegs ein Leben als Hausfrau und Mutter angestrebt hatten. Gertrud Fri war 1917 bei der Dresdner Bank eingestellt worden, hatte aber schon 1919 wieder kündigen müssen, weil sie sich verheiraten wollte. Anschließend suchte sie sofort eine neue Beschäftigung und wurde nach einer Zwischenstation 1921 von der Commerzbank eingestellt.[925] Anders als die anderen Großbanken scheint die Commerzbank in der Zeit des Personalmangels während der Inflation im Ausnahmefall auch verheiratete Frauen eingestellt zu haben. Allerdings wurde Gertrud Fri Ende 1923 vermutlich als eine der ersten Frauen im Zuge des Personalabbaus nach der Inflation von der Commerzbank wieder entlassen. Ausschlaggebend war vermutlich auch hier der Familienstand und das Stigma der „Doppelverdienerin". Denn Gertrud Fri war eine qualifizierte Kraft und gehörte somit nicht zu den „Nullenschreiberinnen", die als erste überzählig waren und deswegen frühzeitig entlassen werden konnten. Der Fall von Gertrud Fri zeigt außerdem, dass das Ausscheiden der Frauen aus dem Dienst bei den Großbanken nach der Eheschließung keineswegs immer freiwillig erfolgt war. Denn die kinderlose Gertrud Fri war bis zum Tod ihres Ehemannes im Jahr 1940 immer erwerbstätig gewesen. Als sich durch die Änderung ihres Familienstandes die Möglichkeit eröffnete, wieder bei einer Großbank arbeiten zu können, bewarb sie sich auf das Inserat, das auch im Völkischen Beobachter erschienen war, bei der Dresdner Bank.[926] Gertrud Fri blieb allerdings nur wenige Monate und wurde

923 Aktennotiz v. 8.4.1940 sowie Schreiben an das Arbeitsamt Berlin v. 15.5.1940, in: HAC 500/E.154.

924 Verpflichtungsbescheid v. 27.5.1041, in: ebd.

925 Personalbogen (ausgefüllt am 20.6.1940) in: HAC 500/E.2562.

926 Bewerbungsschreiben o. D. (Juni 1940), in: ebd.

im November von der Deutschen Umsiedlungs-Treuhand[927] dienstverpflichtet. Die Dienstverpflichtung war zwar befristet, so dass Gertrud Fri nicht kündigen musste. Sie kehrte aber während des Krieges nicht mehr in den Dienst bei der Dresdner Bank zurück und wurde 1946 auch formal gekündigt.[928]

Auch die 1922 mit 18 Jahren bei der Dresdner Bank eingestellte Käthe Fa hatte keine Veranlassung gesehen, ihre Berufstätigkeit mit der Eheschließung aufzugeben. Sie war in der ersten großen Entlassungswelle im Frühjahr 1924 wieder gekündigt worden, fand aber anschließend sofort eine neue Stellung als Stenotypistin. Im Jahr 1926 heiratete sie den Angestellten der Dresdner Bank Kurt Ne, gab aber ihre Stelle zunächst nicht auf. Offenbar hatte ihr neuer Arbeitgeber kein Problem mit dem „Doppelverdienertum" seiner Angestellten. Erst im Jahr 1928 kündigte sie dort ihre Stellung und bekam einige Zeit später eine Tochter.[929] Als ihr Mann im Jahr 1940 zur Wehrmacht eingezogen wurde, bewarb sie sich bei der Dresdner Bank, allerdings nur für eine Halbtagstätigkeit. Die Bank erklärte sich dazu „bis Kriegsende" unter der Voraussetzung der Genehmigung des Arbeitsamtes bereit und kam ihrer Gehaltsforderung von monatlich 100 RM weit entgegen. In der Tarifgruppe 2 hätte ihr bei sechs Berufsjahren ein Gehalt von 133 RM bei 46 Wochenstunden zugestanden. Tatsächlich bewilligt wurde ein Gehalt in der Tarifgruppe 2 mit fünfzehn Berufsjahren, das 189 RM betrug. Für 23 Arbeitsstunden erhielt sie 95 RM.[930] Das ergab zuzüglich des 13. Monatsgehaltes auf das Jahr gerechnet mehr als die geforderten 1.200 RM. Trotz dieses Entgegenkommens blieb Käthe Ne aber nur zwei Monate und bewarb sie anschließend bei der UFA. Ob sie dort mehr verdiente oder ob sie dort bessere Arbeitsbedingungen vorzufinden hoffte, ist nicht überliefert.

Die sechste im Juli 1940 wiedereingestellte Angestellte hatte sich womöglich nicht freiwillig beworben und hätte auch gerne ihre Stellung vor Kriegsende wie-

927 Die Aufgabe der Ende 1939 gegründeten Deutschen Umsiedlungstreuhand GmbH war es, die Siedler in die annektierten und zur späteren Annexion vorgesehenen besetzten Gebiete, vor allem „volksdeutsche" Umsiedler u. a. aus Südtirol und später auch aus Bessarabien und Weißrussland in vermögensrechtlichen und wirtschaftlichen Angelegenheiten zu „betreuen". Außerdem verwaltete die Gesellschaft die beschlagnahmten Vermögen in den Ansiedlungsgebieten im ehemaligen Polen, sofern dies nicht durch die Haupttreuhandstelle Ost geschah, im ehemaligen Jugoslawien sowie in Elsass-Lothringen und Luxemburg. Die Deutsche Umsiedlungstreuhand stand in einer engen Geschäftsbeziehung mit der Dresdner Bank. Johannes Bähr, Dresdner Bank, S. 538; Wixforth, Expansion, S. 575 f.

928 Aktennotiz v. 28.11.1940, Schreiben an Gertrud Fri v. 29.5.1941 und Schreiben der Deutschen Umsiedlungstreuhand GmbH v. 7.7.1941, in: HAC 500/E.2562.

929 Personalbogen (ausgefüllt am 19.6.1940), in: HAC 500/E.5678.

930 Einstellungsprüfung betr. Käthe Ne, geb. Fa v. 6.7.1940 sowie Schreiben an Käthe Ne v. 10.7.1940, in: ebd.

der aufgegeben. Aber das war nicht möglich. Charlotte Sei hatte 1928 einen Dresdner Bank-Angestellten geheiratet, der allerdings schon 1933 verstarb. Seitdem lebte sie von der Witwenrente. Ob sie vom zuständigen Arbeitsamt als Unterstützungsempfängerin angehalten wurde, eine Erwerbsarbeit anzunehmen, wird aus der Akte nicht ersichtlich, ist aber wahrscheinlich. Jedenfalls bewarb sie sich 1940 bei ihrem ehemaligen Arbeitgeber und wurde auch eingestellt. Sie war kinderlos und trotzdem kam ihr die Bank insofern entgegen, als sie samstags gehaltlos beurlaubt wurde, um ihre Haushaltsarbeiten zu erledigen. Wegen des Arbeitskräftemangels wurde dieses Zugeständnis allerdings 1942 wieder zurückgenommen. Daraufhin beantragte Charlotte Sei täglich eine Stunde weniger arbeiten zu müssen, was ihr bei einer entsprechenden Gehaltskürzung auch bewilligt wurde.[931] Nachdem sie aber zweimal ausgebombt worden war, war sie mit den Nerven am Ende und beantragte aus gesundheitlichen Gründen die Entlassung aus dem Dienst, was seit der Einführung der Meldepflicht im Januar 1943 nicht mehr so einfach möglich war. Die Bank schickte die 45-jährige daraufhin zum Vertrauensarzt, der sie allerdings als weiterhin voll arbeitsfähig ansah. Er schrieb in seinem Gutachten wörtlich, dass es „im 5. Kriegsjahr nicht angezeigt" sei, „einen mittelgut ernährten Menschen in gutem Kräftezustand ohne krankhafte Organbefunde aus dem Dienstverhältnis zu entlassen, nur weil er bei Angriffen nervös ist und leicht weinen muss."[932] So blieb sie bis zur Besetzung der Stadt durch die Rote Armee in Berlin und musste in der Zwischenzeit noch viele Bombennächte ertragen. 1945 wurde sie wegen „Arbeitsmangel" entlassen.[933]

Die erstmals im Krieg eingestellten Frauen sind nicht durch das Sample erfasst, da nur Frauen in das Sample aufgenommen wurden, deren Personalakte bis 1935 angelegt worden war. Um aber auch diese Gruppe weiblicher Angestellter berücksichtigen zu können, soll an dieser Stelle das Beispiel der erstmals 1940 eingestellten Erna We vorgestellt werden. Natürlich kann dieser Fall keine Repräsentativität für sich beanspruchen. Er zeigt aber, wie sehr die Bank mit ihren Anforderungen herunterging, um während des Krieges überhaupt Hilfskräfte gewinnen zu können. Die 45-jährige Erna We hatte seit der Beendigung ihrer Volksschulzeit im Jahr 1909 ungefähr sechzig verschiedene Stellungen als Kindergärtnerin, Arbeiterin, Anlegerin, Bogenfängerin, Kartenlocherin usw. innegehabt, als sie sich bei der Dresdner Bank bewarb. Wie in Kap. 3.2. ausgeführt, hatte die Bank vor dem Zweiten Weltkrieg Frauen dieses Alters gar nicht eingestellt. Bei jüngeren Frauen war die Zahl der früheren Stellungen und der Aufwand, Aus-

931 Schreiben v. Charlotte Sei v. 12.8.1942 und Schreiben an Charlotte Sei v. 24.8.1942, in: HAC 500/E.7910.

932 Vertrauensärztliches Gutachten v. 28.5.1944, in: ebd.

933 Abgangszeugnis v. 25.7.1949, in: ebd.

künfte ehemaliger Arbeitgeber über die Bewerberin einzuholen, überschaubar. Das war bei Erna We anders. Trotzdem versuchte sich die Dresdner Bank ein Bild über die Bewertungen durch die früheren Arbeitgeber zu verschaffen und schrieb zunächst zwölf Unternehmen an. Darunter waren die AEG und die Osram GmbH, bei denen Erna We vor zwanzig und mehr Jahren für jeweils knapp zwei Jahre gearbeitet hatte. Die Rückmeldungen waren demzufolge wenig erhellend. Meist antwortete das angeschriebene Unternehmen, dass man über Erna We wegen der verstrichenen Zeit nicht mehr sagen könne, als dass man mit den „Leistungen zufrieden" gewesen sei.[934] Eine Übersicht der eingegangenen Antworten stellt deshalb resignierend fest, dass die Auskünfte zwar „unvollständig" seien. Aber von weiteren Recherchen wollte man absehen, weil „Frl. W. nur bis zum Kriegsende eingestellt" werden sollte, so dass man ihr das Angebot machte, sie für ein Gehalt von 156 RM (Tarifgruppe 2 – neu, 9. Berufsjahr) einzustellen.[935]

Da sie für Büroarbeiten aufgrund ihrer Vorbildung ungeeignet war, wurde Erna We in der Expedition einer Depositenkasse eingesetzt. Aber auch für die dort anfallenden einfachen Arbeiten erwies sie sich als teilweise überfordert. Bereits in der ersten Leistungsbeurteilung nach einem halben Jahr attestierte ihr der Kassenvorsteher zwar Fleiß und guten Willen. Aber Erna We brachte nach seiner Beobachtung nicht die Aufmerksamkeit auf, die für die Arbeit vonnöten war. Auch zu Beginn des zweiten Jahres waren die Leistungen nicht besser. Der Vorsteher räumte zwar erneut ein, dass Erna We bemüht sei, sich in das für sie „völlig neue Gebiet einzuarbeiten". Aber ihre „leichte Vergesslichkeit" habe immer wieder zu Fehlern beim Postversand geführt. Im dritten Jahr war Erna We häufig krank, wodurch ihre Leistungen „stark geschmälert worden" waren und im vierten Jahr hatten „gewisse Mängel nicht immer ausgemerzt werden" können.[936] Im Mai 1943 diagnostizierte ihr Hausarzt einen „maximalen nervlichen und körperlichen Erschöpfungszustand" und empfahl eine längere Erholung.[937] Weitere Beurteilungen sind nicht überliefert. Wahrscheinlich wurde Erna We dienstverpflichtet und musste an eine Behörde abgeordnet werden. Anfang Februar 1945 kam sie bei einem Bombenangriff auf Berlin ums Leben.[938]

Fasst man die vier Bewertungen von Erna We durch ihren Vorgesetzten zusammen, waren sie zwar alle sehr kritisch, aber immer so gehalten, dass die Per-

934 Vertrauliche Auskünfte erhielt die Dresdner Bank von der Osram GmbH, der Buchdruckerei Seydel & Cie., der Druckereien Dr. Hans Muschke und Rotophot AG sowie der Hollerith Maschinen GmbH, in: HAC 500/E.2903.

935 Aktennotiz v. 2.7.1940 und Schreiben an Erna We v. 28.6.1940, in: ebd.

936 Die Leistungsbeurteilung datieren v. 25.1.1941, 3.7.1941, 9.7.1942 und 16.2.1943

937 Ärztliches Attest v. 13.5.1943, in: ebd.

938 Traueranzeige v. 17.3.1945, in: ebd.

sonalabteilung nicht auf die Idee kommen musste, Erna We zu versetzen oder gar zu entlassen. Man muss hier den Eindruck haben, dass für den Vorsteher eine Erna We mit ihren Unzulänglichkeiten immer noch besser war als ein unbesetzter Arbeitsplatz in der Expedition. Wahrscheinlich war eine solche Problemlage angesichts der Situation am Arbeitsmerkt absehbar gewesen und Erna We auch kein Einzelfall. Insofern erscheint es folgerichtig, wenn die Dresdner Bank ihre Vorbehalte gegen verheiratete Frauen für eine Zeit zurückstellte und weiblichen Angestellten trotz Eheschließung die Weiterbeschäftigung anbot und sich darüber hinaus um die Wiedereinstellung ehemaliger bewährter weiblicher Kräfte bemühte, die bei ihrer Eheschließung ausgeschieden waren. Das heißt nicht, dass die Arbeitsverwaltung (und der Dresdner Bank-Vorstand) ihre geschlechterideologischen Einstellungen überwunden hatten, denn die Einstellung von verheirateten Frauen war – wie schon im Ersten Weltkrieg die Einstellung von Frauen überhaupt – als eine auf die Kriegsjahre beschränkte Ausnahme geplant worden. In den Arbeitsverträgen war grundsätzlich davon die Rede, dass die Beschäftigung auf die Kriegszeit befristet sei.

Ob die Dresdner Bank allerdings tatsächlich bei einem siegreichen Ausgang des Krieges zu den Vorkriegsverhältnissen, was die Rolle und Bedeutung von Frauen betrifft, zurückgekehrt wäre, ist mindestens nicht sicher. Denn der Frauenanteil an den Beschäftigten war während des Krieges von etwa 16 Prozent auf rund 43 Prozent im Oktober 1944 hochgeschnellt. Natürlich hätten viele Frauen bei Kriegsende freiwillig ihre Erwerbstätigkeit aufgegeben oder wären vielleicht auch im Zuge der Demobilisierung entlassen worden. Aber die bewährten Kräfte hätte man ziemlich sicher behalten. Denn es ist davon auszugehen, dass im Zweiten Weltkrieg anteilig noch weit mehr männliche Angestellte gefallen waren als im Ersten Weltkrieg,[939] so dass die Lücken gar nicht durch demobilisierte Soldaten hätten aufgefüllt werden können, die gerissen worden wären, wenn die Bank alle Frauen entlassen hätte, deren Arbeitsvertrag eine auf das Kriegsende lautende Befristung enthalten hatte. Angesichts des Männermangels sah sich die Dresdner Bank außerdem genötigt, erstmals auch Frauen mit Procura auszustatten. Es waren im Oktober 1944 zwar nur drei Frauen gegenüber 575 Männern. Aber entscheidend ist in diesem Zusammenhang, dass die Dresdner Bank ihre bisherigen Prinzipien, was die Aufstiegsblockade für Frauen betraf, erstmals verletzt hatte. Ob sich die Büchse der Pandora nach dem Krieg wieder hätte schließen lassen, ist zwar möglich, aber eben nicht sicher. Denn gegen eine

939 Zu den gefallenen Angestellten der Dresdner Bank in den Jahren 1939 bis 1944 vgl. Bähr, Dresdner Bank, Tab. V/23, S. 251. Vergleichbare Zahlen für den Ersten Weltkrieg sind nicht überliefert.

Rückkehr zum Status Quo Ante sprach auch noch eine andere Entwicklung: Die Bank wusste, dass sie auf mittlere Sicht wegen der Kriegsverluste mehr Nachwuchs für die Führungspositionen brauchen würde und stellte deswegen verstärkt Lehrlinge ein. Aber bei den jungen Männern zwischen sechszehn und achtzehn Jahren musste die Bank annehmen, dass sie nach der Ausbildung sofort einberufen werden würden, wenn sich der Krieg in die Länge ziehen sollte. Deshalb sah sich die Bank gezwungen, wieder weibliche Lehrlinge einzustellen, und zwar in einer Größenordnung wie bisher noch nie. So lag der Anteil der jungen Frauen an den 914 Lehrlingen des Oktobers 1944 bei 39 Prozent.[940] Ob man nach einem gewonnenen Krieg ohne diese ausgebildeten Bankkaufleute hätte auskommen können, scheint wohl ausgeschlossen; und zu Stenotypistinnen degradieren lassen, wie ihre Vorgängerinnen in den zwanziger Jahren, hätten sich die weiblichen „Bankkaufmänner" in Anbetracht des zu erwartenden Männermangels womöglich ebenfalls nicht. Aber das bleibt natürlich Spekulation. Denn der Krieg wurde nicht nur nicht gewonnen, sondern die Berliner Großbanken mussten für längere Zeit ihren Betrieb in Berlin bis auf einige Abwicklungsarbeiten einstellen, so dass fast alle Frauen des Samples, soweit sie im Mai 1945 noch im aktiven Dienst standen, „wegen Arbeitsmangel" entlassen wurden.

Es waren aber nicht nur die privaten Banken, die durch qualifizierte weibliche Bürokräfte die Lücken füllen wollten, die die Einberufungen von männlichen Angestellten gerissen hatten, sondern auch der öffentliche Dienst. Im Unterschied zu den privaten Unternehmen mussten sich die „staatspolitisch wichtigen" Behörden allerdings nicht über den Arbeitsmarkt versorgen, sondern konnten Beschäftigte anderer Behörden oder von privaten Unternehmen einberufen. Die Grundlage dafür bildete die Verordnung zur Sicherstellung des Kräftebedarfs für Aufgaben von besonderer staatspolitischer Bedeutung vom Februar 1939, wonach die Arbeitsverwaltung Unternehmen die Abgabe von Arbeitskräften auferlegen durfte.[941] Auf dieser gesetzlichen Grundlage wurden im September 1939 mehrere weibliche Angestellte der Dresdner Bank zum Dienst bei der Reichsbank einberufen, darunter auch das Samplemitglied Gertrud Ar. Sie trat Mitte September ihren Dienst in der Reichsbanknebenstelle Wilmersdorf an, um dort zur Wehrmacht eingezogene Beamte zu ersetzen. Ihr wurde garantiert, dass sie für den Fall, dass das Gehalt bei der Reichsbank niedriger ausfallen sollte als ihr Gehalt bei der Dresdner Bank, die Differenz von der Dresdner Bank erstattet bekäme. Auch die Arbeitgeberbeiträge der freiwilligen Rentenzusatzversicherung des privaten

940 Alle Zahlenangaben aus Bähr, Dresdner Bank, S. 242 f.

941 Verordnung zur Sicherstellung des Kräftebedarf für Aufgaben von besonderer staatspolitischer Bedeutung v. 13.2.1939, RGBl. 1939/1, S. 206 f.

Bankgewerbes zahlte die Dresdner Bank weiterhin. Nach der erfolgreichen Beendigung des „Polenfeldzuges" wurden die einberufenen Mitarbeiterinnen zwar zum größten Teil demobilisiert. Aber auf Gertrud Ar wollte der Leiter den Reichsbanknebenstelle nicht verzichten, weil sie mittlerweile gut eingearbeitet sei und „flott" arbeitete. Einen Ersatz lehnte er ab. Denn das müsste schon ein Mann sein, da „Fräulein Ar das schwierige Girohauptbuch führte", das offenbar unter normalen Umständen nicht in die Verantwortung einer Frau gegeben wurde; und bei einem Mann musste aber immer mit der militärischen Einberufung gerechnet werden, meinte der Nebenstellenleiter.

Tatsächlich kehrte Gertrud Ar zunächst nicht zur Dresdner Bank zurück. Ihr 25-jähriges Dienstjubiläum feierte sie im Dezember 1940 noch bei der Reichsbank. Im Folgejahr erkrankte sie jedoch und es wurde durch die Lungenfürsorge eine Verschattung im linken Lungenunterfeld festgestellt, woraufhin sie zwei Monate zur Kur geschickt wurde. Die „Einberufung" wurde wohl beendet, aber sie kehrte dennoch nicht an ihren alten Arbeitsplatz zurück. Sie hatte sich zwar während der Kur erholt, blieb aber weiterhin krankgeschrieben. Eine Nachuntersuchung beim Vertrauensarzt der Dresdner Bank ergab im September 1941, dass Gertrud Ar nicht dienstfähig war und selbst die Prognose über eine mittelfristige Wiederherstellung der Dienstfähigkeit war negativ.[942] Deshalb stellte die Dresdner Bank einen Ruhegeldantrag bei der Reichsversicherungsanstalt für Angestellte.[943] Zwei Monate später, wenige Tage vor ihrem 50. Geburtstag, verstarb Gertrud Ar in Berlin.

Neben zwei weiteren weiblichen Angestellten des Samples, die 1939 nach der Verordnung zur Sicherstellung des Kräftebedarfs für Aufgaben von besonderer staatspolitischer Bedeutung einberufen wurden, wurden auch Betriebsrentnerinnen durch das Arbeitsamt reaktiviert. Dabei handelte es sich um die im Zuge der Fusion 1932 mit 51 Jahren in den vorzeitigen Ruhestand versetzte Gertrud Be. Sie war zu diesem Zeitpunkt vermutlich eine der ältesten Angestellten der Danat Bank im aktiven Dienst gewesen und wurde von der Dresdner Bank nur deswegen in den Ruhestand versetzt, weil eine betriebsbedingte Kündigung aufgrund der Vereinbarung mit dem Betriebsrat über den Personalabbau nach der Fusion nicht möglich war. Der Antrag auf Berufsunfähigkeit scheiterte deshalb auch, was wohl niemanden überraschen konnte. Die Bank hatte die Rente in Höhe von 2.080 RM im Jahr allein zu tragen. Allerdings konnte sie dafür den Abbaufonds nutzen, den ihr die Reichsregierung im Zuge der Fusion zur Verfügung gestellt

942 Ärztlicher Fragebogen (ausgefüllt am 12.9.1941), in: HAC 500/ E.4476.

943 Schreiben der Dresdner Bank an den Beamtenversicherungsverein des Deutschen Bank- und Bankiergewerbes v. 27.9.1941, in: HAC 500/ E.4476.

hatte.[944] Arbeits- bzw. versicherungsrechtlich war Gertrud Be damit keine Rentnerin, sondern eine Arbeitslose ohne Anspruch auf Arbeitslosenunterstützung. Auch ein zweiter Versuch, Gertrud Be als berufsunfähig zu erklären, scheiterte, als der Vertrauensarzt der Dresdner Bank die mittlerweile 57-jährige im September 1938 für noch 70 Prozent berufsfähig befand und eine „wesentliche Verschlechterung" auch nicht erwartete.[945]

Im November 1940, also etwa ein Jahr vor Erreichen der Altersgrenze, wurde die Rente von Gertrud Be neu festgesetzt. Denn in einem Jahr würde die Reichsversicherungsanstalt für Angestellte die Rentenzahlung übernehmen. Sie sollte allerdings zusammen mit der Zusatzrente des Bankbeamtenversicherungsvereins nur noch 140 RM im Monat betragen und lag damit um gut 33 RM niedriger als die im Jahr 1932 zugesprochene (Betriebs-)Rente. Weshalb die Bank diesen Betrag nicht aufstockte, ist aus der Akte nicht ersichtlich. Denn die Mittel aus dem Abbaufonds durften auch nach Erreichen der Altersgrenze noch eingesetzt werden. Ob sie das bei ihren Altersrentnerinnen grundsätzlich nicht tat oder ob hier Sonderbedingungen vorlagen, war nicht zu klären, weil zu wenige Frauen während des Untersuchungszeitraums die Altersgrenze erreicht hatten und es insofern keine Vergleichsfälle gibt. Um diese fast zwanzigprozentige Rentenkürzung etwas abzumildern, gewährte die Bank Gertrud Be allerdings eine „Übergangsbeihilfe" von 10 RM monatlich, wobei sie aber offenließ, wie lange die Beihilfe gezahlt werden würde.[946]

Wenige Monate bevor Gertrud Be das 60. Lebensjahr erreichte, erhielt die Dresdner Bank von der Heeresstandortverwaltung Berlin die Mitteilung, dass Gertrud Be bei einer militärischen Einrichtung beschäftigt war. Der Hintergrund der Wiederaufnahme der Beschäftigung wird zwar in der Personalakte nicht erläutert. Aber sehr wahrscheinlich war Gertrud Be ein Jahr vor Erreichen der Altersgrenze von 60 Jahren von der Reichsversicherungsanstalt für Angestellte aufgefordert worden, sich bei dem für sie zuständigen Arbeitsamt in der Liste der Arbeitsuchenden registrieren zu lassen. Denn nach dem Angestelltenversicherungsgesetz hatte sie nach Vollendung des 60. Lebensjahres als Arbeitslose ohne eingetretene Berufsunfähigkeit nur dann einen Anspruch auf Ruhegeld, wenn sie mindestens zwölf Monate ohne Unterbrechung arbeitslos gemeldet gewesen war. Die Meldekarte als Nachweis der Registrierung hätte sie nach einem Jahr Arbeitslosigkeit bei der Dresdner Bank abgeben sollen, damit diese den Nachweis einer zwölfmonatigen Arbeitslosigkeit an den Rentenversicherungsträger weiterleiten

944 Ärztliches Zeugnis betr. Versetzung in den Ruhestand v. 27.4.1932 und Schreiben an Gertrud Be v. 27.4.1932, in: HAC 500/E.4346.

945 Ärztliches Zeugnis betr. Versetzung in den Ruhestand v. 23.9.1938, in: ebd.

946 Schreiben an Gertrud Be v. 23.4.1940, in: ebd.

konnte. In Anbetracht der Arbeitsmarktlage registrierte sie das Arbeitsamt aber gar nicht als arbeitsuchend, sondern vermittelte sie als Bürokraft an die Heeresverwaltung in Berlin. Dort bezog sie ein Gehalt von 224,20 RM pro Monat.

Solange Gertrud Be noch die Betriebsrente bezog, stellte sich für die Dresdner Bank die Frage, inwieweit sie das Gehalt auf die Betriebsrente anrechnen sollte. Tatsächlich erklärte sie sich bereit, bis zum Jahresende 1940 kein „Nebeneinkommen" auf die Rente anzurechnen. Lediglich die Übergangsbeihilfe entfiel sofort. Erst mit Beginn des neuen Jahres sollte geprüft werden, ob und in welcher Höhe das Nebeneinkommen auf die (Betriebs-)Rentenbezüge angerechnet werden würden, sofern Getrud Be weiterhin einer Beschäftigung nachgehen sollte.[947]

Die Berechnungsgrundlage für den Anrechnungsverzicht war ein Vergleich ihres letzten Gehalts bei der Danat Bank mit dem „voraussichtlichen Einkommen" des Jahres 1940, d. h. der Summe des von der Heeresverwaltung für die sechseinhalb Monate Beschäftigung zu erwartenden neuen Gehalts plus der für 1940 zustehenden Betriebsrente. Das letzte Jahresgehalt hatte 1931 bei 3.707 RM (245 RM plus 40 RM Tarifzuschlag pro Monat) gelegen, während Gertrud Be im Jahr 1940 ein Gehalt von 1.562 RM von der Heeresverwaltung zu erwarten hatte. Mit der Betriebsrente in Höhe von 2.033,50 RM betrug ihr Jahreseinkommen somit 3.595 RM. Folglich lag das Jahreseinkommen 1940 unter dem fiktiven Jahreseinkommen bei der Danat Bank, so dass keine Anrechnung auf die Rente erfolgte.[948] Im Jahr 1941 hätte sich eine neue Situation ergeben, wenn Gertrud Be weiterhin ein „Nebeneinkommen" bezogen hätte. Aber dieser Fall scheint nicht eingetreten zu sein. Seitdem Gertrud Be keine Betriebsrentnerin mehr war und ihre Rente von den Versicherungsträgern bezog, war auch die Entscheidung über die Anrechnung des „Nebeneinkommens" in deren Zuständigkeit übergegangen. Möglicherweise hatte Gertrud Be aber auch ihre Erwerbstätigkeit angesichts der Überschreitung der Altersgrenze im Jahr 1941 wieder aufgegeben. Informationen dazu enthält ihre Akte nicht.

Gertrud Be war „Arierin". Ihre Erwerbstätigkeit hatte sie wahrscheinlich nicht freiwillig aufgenommen, aber es handelte sich immerhin um eine Arbeit, die sie bereits früher in ähnlicher Weise ausgeübt hatte und die auch nicht schlechter bezahlt wurde als vergleichbare Arbeit freiwillig erwerbstätiger Frauen. Bei der „Nichtarierin" Alice Ba ging die Arbeitsverwaltung anders vor. Sie war fast genauso alt und im gleichen Jahr in den Dienst bei der Darmstädter Bank eingetreten wie Gertrud Be. Wie sie war auch Alice Ba im Dezember 1932, d. h. vor der Machtübernahme der Nationalsozialisten, von der Dresdner Bank in

947 Schreiben an Gertrud Be v. 2.7.1940, in: ebd.
948 Berechnung o. D. (Juni 1940), in: ebd.

den Vorruhestand versetzt worden. Mit ihren 52 Jahren war sie 1932 noch nicht berufsunfähig, so dass die Dresdner Bank ihre (Betriebs-)Rente aus den Mitteln des Abbaufonds bestreiten musste. Nur wenig später als Gertrud Be wurde auch Alice Ba im Jahr 1938 noch einmal auf Berufsunfähigkeit hin untersucht. Aber der Vertrauensarzt bescheinigte ihr noch eine sechzigprozentige Berufsfähigkeit. Eine wesentliche Verschlechterung erwartete er auch hier nicht.[949]

Im Juli 1940, ein Jahr vor dem Erreichen ihres 60. Lebensjahres, meldete sich die Dresdner Bank bei Alice Ba und forderte sie auf, sich bei ihrem zuständigen Arbeitsamt in die Liste der Arbeitsuchenden einzutragen. Das Arbeitsamt weigerte sich allerdings der mittlerweile als Alice Sara Ba geführten Betriebsrentnerin die Meldekarte auszustellen, sondern teilte ihr mit, dass „genug Arbeit (für sie) da sei". Zwei Tage später musste sie sich in einer Fabrik als Arbeiterin melden. Allerdings wurde sie nach kurzer Zeit wieder entlassen, weil sie nicht in der Lage war, die ihr zugewiesene Arbeit auszuführen. Als sie sich anschließend wieder beim Arbeitsamt meldete, wurde ihr die Meldekarte weiterhin verweigert. Als Begründung führte der Bearbeiter an, dass nur Fabrikarbeit für sie in Frage käme. Wenn sie aber keine Fabrikarbeit ausführen könne, sei sie auch nicht arbeitsuchend.

Das rief die Dresdner Bank auf den Plan. Denn wenn Alice Ba weder als arbeitsuchend registriert war noch einer Erwerbsarbeit nachging, würde die Rentenversicherung bei Erreichen des 60. Lebensjahres keine Rentenzahlung für Alice Ba aufnehmen. In diesem Fall stimmten die Interessen der Dresdner Bank und ihrer ehemaligen „nichtarischen" Angestellten überein. Die Bank schickte Alice Ba deshalb erneut zu ihrem Vertrauensarzt, der nun plötzlich eine Berufsfähigkeit von nur noch vierzig bis fünfundvierzig Prozent diagnostizierte.[950] Nun wurde Alice Ba tatsächlich neun Monate vor Erreichen des 60. Lebensjahres als berufsunfähig in den Ruhestand versetzt und erhielt eine Rente von 140 RM.[951]

Alle diese Fälle zeigen, dass es das vorrangige Interesse aller bisher betrachteten weiblichen Angestellten während des Krieges gewesen war, Leben und Gesundheit zu schützen. Weibliches „Heldentum" ist bei keiner dieser Frauen zu erkennen. Als der Luftkrieg im Laufe des Jahres 1943 auch Berlin mit einer nie erwarteten Heftigkeit erreichte, musste die Dresdner Bank fürchten, dass auch die Hauptbank in der Behrenstraße im Zentrum der Stadt getroffen werden könnte. Deshalb organisierte sie Luftschutzwachen, die das Gebäude vor allem an Sonn- und Feiertagen sowie in den Nachtstunden, wenn es, abgesehen von der

949 Ärztliches Zeugnis betr. Versetzung in den Ruhestand v. 23.11.1938, in: HAC 500/E.3541.
950 Aktennotiz v. 22.7.1940, in: ebd.
951 Schreiben an Alice Sara Ba v. 4.10.1940, in: ebd.

Nachtwache, menschenleer war, bei Angriffen vor Bränden schützen sollten. Ergänzt wurden die Luftschutzwachen durch Kurse, um die Angestellten auf die Situationen vorzubereiten, die auf sie im Falle von Bombentreffern zukommen konnten. Um diesen zusätzlichen Dienst und die damit verbundenen Gefahren für das eigene Leben auf möglichst viele Schultern zu verteilen, war der Luftschutzdienst nicht freiwillig, sondern grundsätzlich für alle Angestellten verpflichtend, was aber eine Befreiung im Einzelfall nicht ausschloss.

Tatsächlich stellten die meisten Frauen des Samples einen solchen Antrag auf Befreiung vom Luftschutzdienst, und zwar fast ausschließlich aus gesundheitlichen Gründen. Es wurden die aberwitzigsten Gründe vorgebracht, um vor allem nicht nachts in der Dresdner Bank Wache halten zu müssen. Nachdem der Antrag eingegangen war, mussten sich die Antragstellerinnen, die gesundheitliche Gründe vorgebracht hatten, beim Vertrauensarzt vorstellen, der zwar in vielen Fällen immerhin eine Befreiung von den Nachtwachen empfahl. Aber in anderen Fällen machte er kein Hehl daraus, dass die Gründe vorgeschoben waren, um sich vor dem Dienst zu drücken, darunter waren auch Nationalsozialistinnen wie Erna Bo.[952] Nur eine Angestellte führte keine gesundheitlichen Gründe an. Als sie im Jahr 1943 die Mitteilung erhielt, dass sie sich zu einem Kursus für Laienhelferinnen im Luftschutz anmelden sollte, bat sie darum, von dem Kursus befreit zu werden, da sie als Laienhelferin auch zum Nachtdienst in der Bank herangezogen werden würde. Als Begründung führte sie an, dass sie allein in einem kleinen Haus in Dahlem wohnte und ihr Viertel in letzter Zeit mehrmals bei Nachtangriffen mit Brandbomben übersät worden war. Deshalb könne sie ihr Haus in der Nacht nicht allein lassen.[953] Mit dieser Begründung musste sie nicht zum Vertrauensarzt und kam mit dem Antrag auf Befreiung vom Dienst als Laienhelferin im Luftschutz in der Bank auch durch. Wie viele Frauen sich freiwillig meldeten, um sich zu Laienhelferin ausbilden zu lassen, ist nicht bekannt. Die Tatsache, dass in den Akten kein Hinweis darauf zu finden ist, heißt allerdings auch nicht unbedingt, dass sich tatsächlich keine Angestellte im Sample freiwillig über das unumgängliche Maß hinaus für den Luftschutz in der Bank engagierte. In den zwei Nächten im November 1943, als die Hauptbank tatsächlich schwer getroffen worden war, war aber wohl keine der Angestellten des Samples im Dienst. Denn das wäre wahrscheinlich in der Personalakte vermerkt.

---

952 Erna Bo führte an, dass sie unter Kreislaufproblemen litt und dass ihr bei Fliegeralarm übel werde. Den Vertrauensarzt beeindruckte das wenig. Er notierte, dass „aerztlicherseits kein Grund für Befreiung vom Luftschutzdienst" vorliege. Ärztlicher Fragebogen (ausgefüllt am 6.7.1943), in: HAC 500/E.3623.

953 Schreiben von Gertrud Ei v. 16.4.1943, in: HAC 500/E.3087.

Tatsächlich findet sich im Sample nur ein Fall von Selbstmobilisierung, und zwar zu einer Zeit, als das Leben in Berlin durch Fliegerangriffe noch nicht gefährdet schien. Ende November 1939 meldete sich die Stenotypistin in der Filialabteilung Charlotte Kle freiwillig für einen Einsatz in Lodz. Der Personalchef der Dresdner Bank Adolf Gaebelein, der sie offenbar gut kannte, führte ein persönliches Gespräch mit ihr und warnte sie. Denn „Lodsch" sei zwar „heute politisch deutsch, doch in seinem Charakter noch nicht deutsch". Dadurch könnten sich „besonders für eine Frau Schwierigkeiten bieten". Charlotte Kle ließ sich dadurch aber nicht abschrecken, betonte lediglich, dass der Einsatz in „Lodsch" nicht von Dauer sein sollte. Gaebelein sagte ihr das zu und versicherte, dass sie durch ihre Abordnung keine Nachteile erleiden werde.[954]

Im April 1940 erinnerte Charlotte Kle den Personalchef an sein Versprechen, der ihre Rückkehr auch umgehend in die Wege leitete.[955] Allerdings kehrte sie doch nicht zurück, wobei die Gründe unklar sind. Denkbar ist eine in Aussicht gestellte Beförderung zur Direktionssekretärin, was mit einem deutlich höheren Gehalt verbunden war. Im November 1941 verdiente Charlotte Kle in der Filiale im jetzt Litzmannstadt genannten Lodz in der Tarifgruppe 4, 11. Berufsjahr (Ortsklasse2) sowie einer Leistungszulage für die Abordnung nach Litzmannstadt in Höhe von 50 RM monatlich insgesamt 313 RM.[956] Wäre sie in Berlin geblieben, wäre sie wahrscheinlich in der Tarifgruppe 3, 7. Berufsjahr (Ortsklasse Berlin) eingestuft gewesen, was einem Gehalt von 223 RM entsprochen hätte. Als Leistungszuschlag hätte sie außerdem wahrscheinlich 30 RM erhalten, die ihr kurz vor Kriegsausbruch zugesagt worden war. Denkbar ist aber auch eine Liebesbeziehung zu ihrem späteren Ehemann, dem Wehrmachtssoldaten Heinz Go2, der vermutlich in Lodz stationiert war.[957]

Als die Filiale Litzmannstadt um die Jahreswende von 1944 nach 1945 nach Chemnitz verlagert wurde, landete Charlotte Go2 zunächst mit einem Zug in Berlin und wurde dringend aufgefordert nach Chemnitz weiterzureisen.[958] Ob sie dort jemals angekommen ist, muss offenbleiben. Auf jeden Fall hat sie den Krieg überlebt, wie ihr Abgangszeugnis vom Oktober 1948 zeigt.[959] Allerdings ist sie

954 Aktennotiz v. 28.11.1939, in: HAC 500/E.10018.

955 Aktennotiz v. 9.4.1940, in: ebd.

956 Schreiben der Direktion der Filiale Litzmannstadt an die Personalabteilung Berlin v. 15.11.1941, in: ebd.

957 Die Hochzeit fand während eines Fronturlaubs von Heinz Go am 29.5.1943 statt. Schreiben der Direktion der Filiale Litzmannstadt an die Personalabteilung Berlin v. 25.5.1943, in: ebd.

958 Aktennotiz v. 23.1.1945, in: ebd.

959 Abgangszeugnis v. 26.10.1948, in: ebd.

nach Kriegsende nicht mehr bei der Dresdner Bank oder eines der Nachfolgeinstitute beschäftigt gewesen.

Wer dringend Arbeitskräfte sucht, aber nur bedingt fündig wird, wird vorhandene qualifizierte Arbeitskräfte kaum entlassen oder in den Vorruhestand schicken, sondern sie zu halten versuchen, selbst wenn das mit zusätzlichen Kosten bei geringerer Arbeitsleistung verbunden sein sollte. Die Dresdner Bank war deshalb während des Krieges nicht mehr an der Versetzung in den (Vor-)Ruhestand älterer und weniger leistungsfähiger weiblicher Angestellter interessiert. Das zeigt der Fall von Charlotte St2, der so nur wenige Jahre zuvor undenkbar gewesen wäre. Bei Charlotte St2 war es nämlich deren Schwester, die die Bank dazu veranlasste, einen Antrag bei der Rentenversicherung zu stellen.

Charlotte St2 war 1915 bei der Darmstädter Bank eingestellt worden und von Anfang an kränklich. Sie fehlte dennoch selten und erwarb sich dadurch und durch ihre weit überdurchschnittlichen Leistungen den Respekt des Personalchefs Fritz Ehlerding. Während der Inflationsjahre war Charlotte St2 dem Stress aber nicht mehr gewachsen und Ehlerding setzte alle Hebel in Bewegung, um sie in eine ruhige Filiale nach Hirschberg in Schlesien zu versetzen.[960] Dort wohnte wohl eine Freundin, mit der sie zusammenzog.

Während des Personalabbaus im Zuge der Stabilisierungskrise 1924 war Charlotte St2 in Hirschberg überzählig und wurde nach Berlin zurückbeordert.[961] Offenbar kam die Hirschberger Freundin mit und die beiden wohnten nun in Berlin zusammen. Charlotte St2 litt in den dreißiger Jahren zwar unter Gallenproblemen, scheint aber ansonsten nicht ernsthaft krank gewesen zu sein und fehlte weiterhin fast nie. Auch bei der Dresdner Bank scheint sie sich nach der Fusion schnell einen guten Ruf erarbeitet zu haben. Aber 1933 erkrankte die Freundin an Multipler Sklerose und verstarb im Sommer 1940.[962] Dadurch wurde Charlotte St2 völlig aus der Bahn geworfen. Ein vierwöchiger Erholungsurlaub bei ihren Eltern im Harz im Herbst 1940 besserte ihre Situation nicht. Sie kehrte anschließend nur kurz an ihren Arbeitsplatz zurück und wurde nach Weihnachten erneut krankgeschrieben. Ein Kollege besuchte sie zu Hause und berichtete der Personalabteilung, dass er den Eindruck hatte, dass die Erkrankung „mehr seelischer Natur" sei. Seit dem Tod ihrer Freundin finde sie sich „offenbar allein im Leben nicht

960 Schreiben der Darmstädter Bank Berlin an den Vorstand der Niederlassung in Hirschberg v. 20.1.1921, Schreiben der Filiale Hirschberg an die Personalabteilung in Berlin v. 28.1.1921, Aktennotiz v. 3.2.1921 und Schreiben der Darmstädter Bank Berlin an den Vorstand der Niederlassung in Hirschberg v. 9.2.1921, in: HAC 500/E.8896.

961 Schreiben der Danat Bank Berlin an den Vorstand der Niederlassung in Hirschberg v. 13.2.1924 und Aktennotiz v. 29.2.1924, in: ebd.

962 Ärztlicher Personalbogen (ausgefüllt am 24.10.1940), in: ebd.

mehr zurecht". Charlotte St2 hatte ihm versichert, dass sie gerne wieder arbeiten würde, aber dazu nicht in der Lage sei, woran ihr Kollege keinen Zweifel hatte.[963] Wenig später meldete sich Charlotte St2 bei dem Direktor der Personalabteilung, Georg Butz, der sie noch einmal für sechs Wochen beurlaubte, damit sie zu ihren Eltern in den Harz fahren konnte. Nach ihrer Rückkehr nahm sie den Dienst wieder auf, brach aber im Büro zusammen. Daraufhin schickte Butz sie zum Vertrauensarzt, der sie für mindestens sechs Monate dienstunfähig erklärte. Außerdem empfahl der Vertrauensarzt der Schwester von Charlotte St2, einen Facharzt für Nervenheilkunde zur Behandlung der schweren Depression zu Rate zu ziehen.[964]

Spätestens nach dieser Diagnose hätte die Bank zu anderen Zeiten bei der Reichsversicherungsanstalt für Angestellte einen Antrag auf Berufsunfähigkeitsrente gestellt. Aber nicht während des Krieges! Charlotte St2 blieb bis Mai 1941 krankgeschrieben und trat dann eine Kur in einer Nervenheilanstalt an. Nach sieben Wochen entschied die Schwester Käthe St2, dass Charlotte St2 dort nicht mehr bleiben könne und begründete dies gegenüber der Dresdner Bank damit, dass die Familie die Kosten nicht mehr aufbringen könne, die Verpflegung schlecht sei, so dass es Charlotte St2 körperlich derzeit schlechter gehe als vor Antritt der Kur und vor allem, dass sich ihr Zustand nicht verbessert habe. Schließlich hielt sie es für unwahrscheinlich, dass Charlotte St2 jemals wieder arbeitsfähig werden würde und bat deshalb um Informationen, wie man die „Pensionierung" wegen Berufsunfähigkeit einleiten könne.[965]

Der Vertrauensarzt hatte etwa zu derselben Zeit einen Bericht der Klinik bekommen, wonach sich der Zustand von Charlotte St2 deutlich gebessert haben sollte. Deshalb hielt er einen Antrag bei der Rentenversicherung für die 47-jährige Angestellte für unangebracht.[966] Nachdem ihm die Bank aber das Schreiben der Schwester von Charlotte St2 vorgelegt hatte, befürwortete er eine erneute vertrauensärztliche Untersuchung, deren Ergebnis die Befürchtungen der Schwester bestätigte. Daher entschied die Bank, Charlotte St2 zum 1.1.1942 in den Ruhestand zu versetzen und stellte einen entsprechenden Antrag bei der Reichsversicherungsanstalt für Angestellte und dem Bankbeamtenversicherungsverein.[967] Die Höhe der monatlichen Rente betrug nach 26 Dienstjahren 170 RM bei einem Gehalt von zuletzt 283,55 RM.[968]

963 Aktennotiz v. 22.1.1941, in: ebd.
964 Ärztlicher Personalbogen (ausgefüllt am 14.3.1941) sowie Attest v. 20.3.1941, in: ebd.
965 Schreiben von Käthe St2 v. 18.7.1941, in: ebd.
966 Aktennotiz v. 22.7.1941, in: ebd.
967 Schreiben an den Beamtenversicherungsverein v. 11.8.1941, in: ebd.
968 Schreiben an Charlotte St2 v. 20.9.1941 und 1.12.1941, in: ebd.

Durch die Einstellungen von verheirateten Frauen wurde die Dresdner Bank vor ein neues, bisher sorgsam vermiedenes Problem gestellt. Von verheirateten Frauen erwarteten die Gesellschaft und mindestens so sehr auch das NS-Regime, dass sie Kinder bekamen. Wenn eine junge Mutter aber 46 Stunden oder mehr in der Woche arbeitete, musste für eine Kinderbetreuung gesorgt werden. Da die Bank erst kurz vor dem Krieg überhaupt verheiratete Frauen beschäftigte, finden sich unter den Frauen des Samples nur wenige Frauen mit Kindern und in keinem Fall sagt die Personalakte etwas darüber aus, wie die Kinder während der Arbeitszeit versorgt wurden.

Deshalb macht es an dieser Stelle Sinn, den Fall der nicht zum Sample gehörenden Elsa Ri in die Analyse einzubeziehen, weil er einen Einblick gibt, wie während des Krieges Familie und Beruf aufeinander abgestimmt wurden – oder eben auch nicht: Elsa Ri war 1928 20-jährig in den Dienst bei der Dresdner Bank eingetreten und wurde als Kartenlocherin beschäftigt. Ihr Gehalt war entsprechend niedrig. Sie wurde in die Tarifgruppe 1 eingestuft und bis zu ihrer Kündigung wegen Eheschließung 1934 nicht befördert.

Im Sommer 1940 meldete sie sich auf eine Anzeige der Dresdner Bank, die daraufhin die erforderliche Genehmigung des Arbeitsamtes für eine Beschäftigung bis längstens Kriegsende einholte. Die Bank bot ihr an, sie zwar weiterhin nach der niedrigsten Tarifgruppe für Büroangestellte (seit 1937: Tarifgruppe 2) einzustufen. Sie erkannte aber die Zeit der Stellungslosigkeit als Berufsjahre an, so dass sie nach der Tarifgruppe 2, 13. Berufsjahr bezahlt wurde. Das entsprach 183 RM brutto und war rund 50 RM mehr als ihr zugestanden hätte, wenn sie nach ihren tatsächlichen Berufsjahren eingestuft worden wäre.[969]

Die Unterbringung ihres Kindes war ein besonderes Problem, da in der Powers-Abteilung im Zweischichtbetrieb gearbeitet wurde. Für Elsa Ri bedeutete das, dass sie im wöchentlichen Wechsel von 8.30 Uhr bis 16 Uhr bzw. von 14.30 Uhr bis 22 Uhr (montags bis freitags) sowie samstags von 8.30 Uhr bis 15 Uhr bzw. von 13.30 Uhr bis 20 Uhr arbeitete. Darauf hatte sich die Kindertagesstätte einzustellen, wie eine entsprechende Bescheinigung der Dresdner Bank zeigt. Über die Kindertagesstätte ist leider nichts weiter bekannt, außer dass sie von der Nationalsozialistischen Volkswohlfahrt (NSV) betrieben wurde.[970] Eine eigene Kinderkrippe scheint die Dresdner Bank nicht eröffnet zu haben.

Allerdings währte auch diese Beschäftigung nicht lange. Denn Elsa Ri war zum Zeitpunkt der (Wieder-)Einstellung bereits schwanger, was sie aber noch

969 Schreiben an das Arbeitsamt Berlin v. 26.6.1940 und Schreiben an Elsa Ri v. 28.6.1940, in: HAC 500/E.7015.

970 Bescheinigung v. 15.7.1940, in: ebd.

nicht wissen konnte. Sie fehlte deswegen öfter und von Ende Januar 1941 an dauerhaft (und damit etwas früher, als die zu dieser Zeit noch gültige gesetzliche Schutzfrist von sechs Wochen begann) bis zur Entbindung am 28. März. Gegen Ende der Schutzfrist für Wöchnerinnen, am 30. April 1941, kündigte Elsa Ri ihre Stelle und begründete das damit, dass sie das neugeborene Kind „selbst nähre" und deswegen ihre Arbeit nicht wieder aufnehmen könne. Außerdem werde sie in absehbarer Zeit Berlin mit ihren beiden Kindern verlassen.[971] Die Arbeitsverwaltung erhob keinen Einspruch.

Stillzeiten, Kinderunterbringung und Betreuung waren jedoch nicht die einzigen Probleme, die die Bank zu Zugeständnissen an ihre weiblichen Beschäftigten zwangen. Die im September 1939 wieder eingestellte Erna Mi kam nach ihren eigenen Angaben als „Hausfrau" ihren häuslichen Verpflichtungen wegen der langen Arbeitszeiten nicht nach. Ein besonderes Problem war die Lebensmittelversorgung. Denn wegen der Verdunkelungsvorschriften führten die Geschäfte verkürzte Ladenöffnungszeiten ein, was im Winter bei einer Arbeitswoche von zweiundfünfzig Stunden und mehr bedeutete, dass die weiblichen Angestellten ins Büro gingen, wenn die Geschäfte noch geschlossen waren und zurückkehrten, wenn die knappen Lebensmittel schon ausverkauft oder die Geschäfte sogar schon wieder geschlossen waren. So mussten sie ihre Mittagspause für den Einkauf opfern oder die Kinder zum Einkaufen schicken, wenn diese alt genug waren.[972] Eine gewisse Erleichterung bedeutete deshalb die an die verheirateten weiblichen Angestellten der Dresdner Bank ausgegebene „Kaufbescheinigung für Berufstätige", mit der es möglich war, Lebensmittel vorzubestellen und zurücklegen zu lassen. Bei Erna Mi ging die Bank sogar noch weiter und gestattete ihr an zwei Tagen in der Woche, bei einer anteiligen Gehaltskürzung mittags schon den Dienst zu beenden, um ihren Haushalt zu besorgen.[973] Mit der weiteren Verknappung der Arbeitskräfte nach der Niederlage von Stalingrad wurde die Arbeitszeitverkürzung allerdings zurückgenommen und Erna Mi musste wieder 46 Stunden arbeiten.[974] Das war aber immer noch weniger als die Dienstzeiten ihrer ledigen Kolleginnen, die fast alle mindestens eine Stunde pro Tag mehr arbeiteten. Aber sie kündigte trotz der Verlängerung der Wochenarbeitszeit dennoch nicht.

Es waren aber nicht nur die verheirateten Frauen und Mütter, die sich die Arbeitsmarktlage zunutze machten, um die Bank zu Zugeständnissen zu zwingen,

971 Schreiben von Elsa Ri v. 30.4.1941 mit handschriftlichen Anmerkungen des Sachbearbeiters, in: ebd.

972 Zu dem Problem der Lebensmittelbeschaffung erwerbstätiger Frauen vgl. Ingrid Schupetta, Frauen- und Ausländererwerbstätigkeit in Deutschland von 1939 bis 1945, Köln 1983, S. 185.

973 Schreiben an Erna Mi v. 26.6.1940, in: HAC 500/E.5948.

974 Schreiben an Erna Mi v. 20.2.1943, in: ebd.

zu denen ihr Arbeitgeber vor dem Krieg niemals bereit gewesen wäre. So lebten weit mehr Frauen des Samples, sofern sie 1939 noch im aktiven Dienst waren, weiterhin bei ihren Eltern als in einem ehelichen Haushalt oder allein zur Untermiete. Die Eltern der meisten weiblichen Angestellten des Samples waren bereits alt und brauchten Unterstützung, wobei es nicht mehr so sehr um finanzielle Unterstützung ging, wie in den zwanziger und frühen dreißiger Jahren, sondern um Unterstützung bei der Bewältigung des Alltags und das kostete Zeit.[975] Charlotte Bö2 lebte seit dem Tod ihrer Mutter mit dem Vater in einem Haushalt. Als im Oktober 1943 die „Anordnung über Arbeitszeitverkürzung für Frauen, Schwerbeschädigte und minderleistungsfähige Personen“ des Reichsarbeitsministerium erlassen worden war, nach der verheirateten Frauen einmal im Monat das Recht auf einen unbezahlten Haushaltstag eingeräumt wurde, stellte Charlotte Bö2, „obwohl unverheiratet“, einen Antrag auf einen freien Samstag im Monat. Sie begründete diesen Antrag wie folgt: „Meine Mutter ist im Jahr 1937 verstorben und ich führe meinem 68-jährigen Vater, der als Inhaber eines Gewerbebetriebes durch kriegswichtige Aufträge voll in Anspruch genommen ist, allein den gesamten Haushalt, da wir seit zwei Jahren keine Hausgehilfin mehr bekommen können.“[976]

Ob der Antrag genehmigt wurde, ist unklar. Sicher ist nur, dass sie mit oder ohne Haushaltstag der Doppelbelastung ein knappes Jahr später nicht mehr gewachsen war. Im August 1944 kündigte sie ihre Stellung und begründete dies mit einer „dringenden ärztlichen Empfehlung“, die sie mit dem Attest ihres behandelnden Arztes belegte. Gleichzeitig war sie sich sicher, dass „die arbeitsamtliche Zustimmung nicht verweigert“ werden könne,[977] womit sie auch Recht behalten sollte.

Auch Erna Fe beantragte im Dezember 1944 einen Haushaltstag. Sie führte eine völlig andere Begründung für ihr Anliegen an: Das Wohnhaus, in dem sie lebte, war bei einem Bombenangriff vollkommen zerstört worden. Ihr gesamtes Mobiliar und fast ihre gesamte Wäsche und Garderobe waren verbrannt. Seitdem lebte sie in einem spärlich möblierten Zimmer in einer Fünfzimmerwohnung, in

---

975 Man ging zeitgenössisch davon aus, dass eine Angestellte im Haushalt ihrer Eltern nach der Arbeit täglich noch bis zu zwei Stunden Arbeiten im Haushalt verrichtete. Außerdem wurde der Waschtag häufig auf den Sonntag verlegt, wenn die Mutter das allein nicht mehr bewältigen konnte. Ute Frevert, Vom Klavier zur Schreibmaschine: weiblicher Arbeitsmarkt und Rollenzuweisungen am Beispiel der weiblichen Angestellten in der Weimarer Republik, in: Annette Kuhn u. Gerhard Schneider (Hg.), Frauenrechte und die gesellschaftliche Arbeit der Frauen im Wandel, Düsseldorf 1984, S. 95.

976 Schreiben von Charlotte Bö2 an die Personalabteilung der Dresdner Bank v. 13.11.1943, in: HAC 500/E.3761.

977 Schreiben von Charlotte Bö2 v. 15.8.1944, in: ebd.

die auch andere Ausgebombte eingewiesen worden waren. Durch den „Fliegerschaden" hatte sie nur noch so wenig Wäsche, dass sie sie häufig waschen musste. In eine Wäscherei konnte sie ihre Wäsche nicht geben, da diese zu lange brauchte, bis Erna Fe ihre Wäsche wieder abholen konnte.[978] Sie musste also selbst waschen und benötigte dafür mehr Zeit, als es ihr ihre langen Arbeitstage gestatteten. Ob sie mit dieser Begründung einen Haushaltstag eingeräumt bekam, wird in der Akte zwar nicht erwähnt, ist aber angesichts der Kriegslage Ende 1944 eher unwahrscheinlich.

Zu diesem Zeitpunkt hatte die Bank schon mehrere Abteilungen in Orte verlagert, die als nicht luftkriegsgefährdet betrachtet wurden, was auch daran lag, dass die Hauptbank durch zwei Bombenangriffe im November 1943 teilweise zerstört und die oberen Stockwerke sowie einige Nebengebäude nicht mehr benutzbar waren.[979] Die verheirateten männlichen Angestellten konnten ihre Familien allem Anschein nach nicht in die Verlagerungsorte mitnehmen, weil der Wohnungsmarkt in den meist kleineren Orten mehrere Dutzend Familien nicht aufnehmen konnte. Da die verheirateten Männer den Haushalt in Berlin für die Familie behalten mussten, aber durch die Verlagerung für sie zusätzliche Kosten entstanden, wurde ihnen ein Trennungsgeld sowie sechs Heimkehr-Urlaubstage im Jahr zugestanden, von denen nur drei auf den Jahresurlaub angerechnet wurden. Auch die Fahrtkosten wurden von der Bank übernommen. Frauen hatten keinen Anspruch auf Trennungsgeld und Heimkehr-Urlaubstage, da sie nach dem Verständnis der Bank *per se* keinen eigenen Haushalt führten – egal wie ihre Lebenssituation in Berlin war.

Das ließen sich die beiden Frauen des Samples, die mit ihren Abteilungen „verlagert" worden waren, nicht gefallen. Käthe St wohnte mit zwei Schwestern in Berlin zusammen, von denen eine erwerbsunfähig war. Als sie Ende August 1943 nach Dresden verlagert wurde, beantragte sie ebenfalls Trennungsgeld und argumentierte, dass sie wegen der Erwerbslosigkeit ihrer Schwester „den gleichen Anteil der Kosten" des Berliner Haushalts zu tragen hatte wie bei ihrer „Anwesenheit in Berlin".[980] Tatsächlich wurden ihr im April 1944 mitgeteilt, dass ihr ein Trennungsgeld von 7,20 RM pro Tag zustand und dass ihr das Trennungsgeld sogar rückwirkend für die Zeit seit dem 30.9.1943 nachgezahlt würde.[981] Später beantragte Käthe St eine Familienheimfahrt, die ihr aber nicht genehmigt wurde, weil nur solche Personen einen Anspruch auf Familienheimfahrten hatten, die „mit Verwandten aufsteigender oder absteigender Linie am ständigen

978 Schreiben von Erna Fe v. 8.12.1944, in: HAC 500/E.2989.

979 Bähr, Dresdner Bank, S. 248.

980 Schreiben von Käthe St v. 18.2.1944, in: HAC 500/E.8964.

981 Schreiben an Käthe St v. 14.3.1944, in: ebd.

Wohnort in einem gemeinsamen Haushalt wohnen",[982] also Eltern oder Kinder, nicht aber Geschwister.

Anders war die Situation bei der mit der Personalabteilung nach Spremberg verlagerten Gehaltsrechnerin Charlotte Go1, die mit ihrer verwitweten, mittellosen Mutter in einem Haushalt lebte. Sie hatte bereits einige Jahre zuvor erfolgreich die Haushaltszulage für sich mit dem Argument der eigenen Haushaltsführung durchgesetzt. Nun verlangte sie auch bei den Heimfahrten wie ein verheirateter Mann behandelt zu werden und die Urlaubsheimfahrten bewilligt zu bekommen.[983] Auch mit diesem Gesuch hatte sie Erfolg. Ihre erste Heimfahrt trat sie Anfang Oktober 1944 an. Die Kosten der Rückfahrkarte in Höhe von 11,70 RM wurden ihr von der Bank erstattet.[984] Abgesehen von der Tatsache, dass die Mutter eine Verwandte in „aufsteigende Linie" war, dürfte auch noch ein zweiter Unterschied zu Käthe St zum Tragen gekommen sein. Wie schon im Falle der Haushaltszulage ist es bei Charlotte Go1 denkbar, dass sie ihre Insider-Kenntnisse als Angestellte in der Personalabteilung nutzte, indem sie die Möglichkeiten für eine Gleichstellung mit den männlichen Angestellten erkannte und bei ihrem Gesuch auf wohlwollende Vorgesetzte traf.

Das einzige Zugeständnis, das nicht individuell erkämpft werden musste, von dem allerdings fast nur Kriegerfrauen profitierten, war ein Sonderurlaub für wichtige Familienangelegenheiten. So ermöglichte die Bank Erna Mi während der Zeit des dreiwöchigen Wehrmachtsurlaubs ihres Ehemannes von der Arbeit freigestellt zu werden. Nach der Tarifordnung für 1943 war der ihr zustehende Erholungsurlaub zwar von 18 Werktagen auf 14 Werktage gekürzt worden. Aber da der Wehrmachtsurlaub des Ehemannes vier Tage länger war als der Urlaubsanspruch von Erna Mi, erhielt sie eine Urlaubsverlängerung von vier Tagen. Auf das anteilige Gehalt für die vier Tage Sonderurlaub musste sie allerdings verzichten.[985] Auch Charlotte Ni erhielt im Juli 1944 gehaltlosen Sonderurlaub von bis zu vier Wochen, um ihren im Sterben liegenden Bruder im Lazarett in Posen zu besuchen.[986]

Anfang April 1945 arbeiteten nur noch 1.464 Angestellte (gegenüber 4.726 Angestellten zu Jahresbeginn 1938) bei der Dresdner Bank in Berlin und davon nur noch gut die Hälfte in der Hauptbank. Nachdem im September 1942 auch die Angestellten der Jahrgänge bis zurück nach 1897, also Männer, die wahrscheinlich

982 Aktennotiz v. 28.4.1944 (mit handschriftlicher Notiz v. gleichen Datum), in: ebd.

983 Schreiben von Charlotte Go1 an den Abteilungsdirektor Born der Personalabteilung v. 29.6.1944, in: HAC 500/E.2197.

984 Schreiben an Charlotte Go1 v. 2.8.1944, in: ebd.

985 Aktennotiz v. 25.10.1943, in: HAC 500/E.5948.

986 Aktennotiz v. 22.7.1944, in: HAC 500/E.6799

auch schon im Ersten Weltkrieg gekämpft hatten, zur Wehrmacht eingezogen und wenig später in einer „Auskämmaktion" durch die Schließung von Depositenkassen und der Überprüfung von Unabkömmlichstellungen von (meist) Oberbeamten und Prokuristen, die bisher wegen ihrer Bedeutung für die Kriegswirtschaft von der Einberufung ausgenommen waren, die Reihen der männlichen Angestellten noch weiter ausgedünnt worden waren, waren zuletzt auch noch 259 Angestellte zum Volkssturm eingezogen worden, so dass von den 888 Beschäftigten in der Hauptbank wahrscheinlich mehr als die Hälfte Frauen waren.[987]

Viele dieser Frauen lebten allerdings schon nicht mehr in der Stadt, weil sie ausgebombt und in das Umland verzogen waren. Dort waren sie vor Fliegerangriffen allerdings auch nicht sicher, wie der bereits erwähnte Fall von Charlotte La zeigt, die auf dem Nachhauseweg nach Woltersdorf, etwa dreißig Kilometer von der Hauptbank entfernt, in der Straßenbahn von einem Tiefflieger überrascht und getötet worden war. Der Zusammenbruch der Infrastruktur machte es den Frauen im Umland aber auch sehr schwer, in den letzten Kriegsmonaten überhaupt zur Arbeit zu kommen.

Die Bank bemühte sich zwar, wenigstens die zusätzlichen Kosten einzudämmen. Charlotte Sch erlitt im November 1943 in ihrer Wohnung, in der sie zusammen mit ihrer ebenfalls unverheirateten Schwester lebte, einen Totalschaden. Sie überlebte und zog aus Berlin in das fast fünfzig Kilometer von der Hauptbank entfernte Werder an der Havel (westlich von Potsdam). Wegen der hohen Fahrtkosten erhielt sie eine Siedlerkarte, mit der sie zwischen dem Bahnhof Friedrichstraße und Werder (Havel) zum halben Preis fahren durfte.[988] Aber die Strapazen vor und nach den langen Arbeitstagen konnte die Bank den Frauen nicht abnehmen. An eine Arbeitszeitverkürzung wegen der weiten Wege war in Anbetracht des Arbeitskräftemangels in der Hauptbank nicht zu denken.

Nachdem die nicht zum Sample gehörende Dr. Ursula Sch in Berlin zweimal einen Totalschaden an den Wohnungen erlitt, in denen sie mit ihren Eltern lebte, zog sie in die dreißig Kilometer von der Hauptbank entfernte Kolonie Neufahrland nördlich von Potsdam. Die Verbindung zum Bahnhof Potsdam wurde in der Endphase des Krieges nur noch selten bedient. An den Sonn- und Feiertagen existierte gar keine Verbindung mehr. Deshalb musste sie an Sonn- und Feiertagen vom Luftschutzdienst in der Bank befreit werden.[989]

---

987 Alle Zahlenangaben bei Bähr, Dresdner Bank, S. 250.

988 Schreiben v. Charlotte Sch o. D. und Aktennotiz v. 6.3.1944, in: HAC 500/E. 8218.

989 Aktennotiz v. 23.5.1944, in: HAC 500/E.2927.

6 Zwischenfazit zu Teil 1

Es waren die beiden Weltkriege und der damit verbundene Mangel an männlichen Arbeitskräften, die für die beiden wichtigsten Veränderungen bei der Beschäftigung weiblicher Angestellter gesorgt hatten. Im Ersten Weltkrieg sorgte der Arbeitskräftemangel und die dadurch bedingte Beschleunigung der Mechanisierung der Büroarbeit dafür, dass überhaupt Frauen in die Büros der Großbanken in Berlin einrückten. Bis dahin hatte nur die Darmstädter Bank Frauen in größerer Zahl in ihren Büros beschäftigt. Putzkräfte, Tagesfrauen und Kantinenhilfen wird es zwar überall auch schon früher gegeben haben. Aber diese Frauen führten Tätigkeiten aus, die von den Männern in der Bank als so minderwertig betrachtetet wurden, dass man sie Frauen aus der Arbeiterklasse überlassen konnte, und außerdem passten deren Tätigkeiten in das zeitgenössische Geschlechterbild der putzenden und kochenden, überhaupt der dienenden Frau, die die meisten „Oberbeamten" zu Hause selbst als Dienstmädchen beschäftigten. Die einfachen Bankangestellten werden sich kaum ein Dienstmädchen geleistet haben. Aber bei denen erledigte das Kochen und Putzen die Ehefrau (oder Mutter), bestenfalls stundenweise unterstützt durch eine Waschfrau. Man könnte auch sagen, dass neben der geschlechtsspezifischen Zuweisung von Tätigkeiten als „weiblich" auch die Klassengrenze dafür sorgte, dass diese Frauenerwerbstätigkeit für die männlichen Angestellten kein Problem darstellte.

Möglich ist, dass neben der Darmstädter Bank auch die Disconto-Gesellschaft und die Nationalbank für Deutschland vor dem Krieg vereinzelt Frauen als Bürokräfte eingestellt hatten. Aber Deutsche Bank, Dresdner Bank und Commerzbank dürften in den Büros ihrer Berliner Zentralen und Depositenkassen ausschließlich Männer beschäftigt haben. Während des Krieges, aber mindestens genauso sehr während der Inflationsjahre nach dem Krieg war der Arbeitsanfall so groß, dass er trotz der forcierten Mechanisierung nur durch sehr lange Arbeitszeiten zu bewältigen war. Die Arbeit brachte deswegen auch schon junge Frauen an die physische und psychische Belastungsgrenze. Insofern kann es kaum überraschen, wenn viele Frauen im Zuge der Demobilisierung der Soldaten freiwillig ihre Erwerbstätigkeit aufgaben, sobald der „Ernährer" gesund aus dem Felde zurückgekehrt war. Übrig blieben und während der Inflationsjahre neu eingestellt wurden deshalb überwiegend Frauen, die auf den Zuverdienst angewiesen waren. Sie entstammten zwar größtenteils dem kleinbürgerlichen Milieu und verfügten über eine höhere „Mädchenbildung" mit Lyzeum und Handelsschule. Aber während der Inflation wurden auch junge Frauen aus Arbeiterhaushalten mit Volksschulbildung eingestellt, die allerdings größtenteils nach der Stabilisierung wieder entlassen wurden. Vollständig zurückdrehen ließ sich die Zeit in den zwanziger Jah-

 | https://doi.org/10.1515/9783112248287-006

ren allerdings nicht. Frauen blieben ein fester Bestandteil der Büros in den Großbankzentralen und Depositenkassen, auch wenn ihr Anteil an den Gesamtbeschäftigten bis zum Vorabend des Zweiten Weltkriegs nicht mehr die Größenordnung der Inflationsjahre erreicht haben dürfte.

Der Zweite Weltkrieg sorgte eine Generation später dafür, dass das „Doppelverdienerverbot", d. h. die ausschließliche Beschäftigung von ledigen Frauen, aufgeweicht wurde, indem die Dresdner Bank wegen des Mangels an Arbeitskräften vereinzelt auch verheiratete Frauen einstellte. Dabei handelte es sich aber ausschließlich um Frauen, deren Männer zum Kriegsdienst eingezogen worden waren. Wie nachhaltig diese Entwicklung gewesen ist, lässt sich nicht nur anhand der Quellen nicht beurteilen, die über die weitere Erwerbsbiografie nichts sagen, selbst wenn die Angestellte später wieder bei einer Bank aus der Dresdner Bank-Gruppe beschäftigt war. In diesen Fällen wurde eine neue Akte angelegt, die entweder nicht überliefert oder an das Historische Archiv der Commerzbank noch nicht übergeben ist. In der alten Akte finden sich allerdings Wiedereinstellungsgesuche, wenn es die denn gegeben hat, so dass man wenigstens eine Ahnung davon hat, wie viele Angestellte des Samples sich um die Wiederanstellung, meist bei der (Berliner) Bank für Handel und Industrie beworben haben.

Viele weibliche Angestellte der Dresdner Bank werden bei der Bank für Handel und Industrie jedoch nicht angeheuert haben. Für die einfachen Bankangestellten beiderlei Geschlechts stellte das Jahr 1945 eine radikale Zäsur dar, weil die meisten von ihnen zunächst gehaltlos beurlaubt, aber noch nicht entlassen wurden, um für den Fall der Wiederzulassung privater Banken in Berlin auf den bewährten Beschäftigtenstamm zurückgreifen zu können. Als diese Hoffnung im Herbst 1945 und im Frühjahr 1946 schwand, wurden die beurlaubten Angestellten entlassen, sofern diese sich zwischenzeitlich nicht schon einen anderen Arbeitsplatz gesucht hatten. Für die meisten einfachen Angestellten der drei Großbanken kam die Gründung der Berliner Banken im Jahr 1949, deren Firmen – Disconto Bank, Bank für Handel und Industrie und Berliner Commerzbank – klar erkennen ließen, zu welcher Filialgruppe der ehemaligen Großbanken sie gehörten, einfach zu spät. Die meisten ehemaligen Angestellten der Dresdner Bank werden in der Zwischenzeit eine neue Stellung gefunden und wenig Interesse an einer Rückkehr gehabt haben. Ob die Nachfolgebanken verheiratete Frauen (wieder) eingestellt hatten, ist nicht das Thema dieser Studie. Das gleiche gilt für die Frage, ob zu Beginn der fünfziger Jahre schon bescheidene Aufstiegskanäle für Frauen geöffnet worden waren. Nach der Logik der Personalpolitik der Großbanken in der Zwischenkriegszeit, für die auch Anfang der fünfziger Jahre noch dieselben Personen verantwortlich waren wie vor dem Krieg, erscheint beides aber unwahrscheinlich zu sein. Denn Arbeitskräftemangel herrschte zunächst nicht, so dass es wahrscheinlicher ist, dass die Vorbehalte gegen verheiratete Frauen und mehr noch gegen Frauen in „männlichen“, d. h. Führungspositionen noch mindestens bis in die „Wirtschaftswunderjahre“ ab der zweiten Hälfte der fünfziger Jahre bestehen blieben und sich die Beschäftigung von Frauen im Bankwesen in den fünfziger Jahren strukturell nicht von derjenigen der zweiten Hälfte der zwanziger Jahre unterschieden haben dürfte. Aber um diese Frage zu beantworten, bedarf es weiterer Forschung, wobei die Verfügbarkeit von Personalakten aus dieser Zeit allerdings eine Voraussetzung darstellt.

Dabei hatte es während des Ersten Weltkrieges und in der ersten Nachkriegszeit tatsächlich Anzeichen dafür gegeben, dass Frauen auch zu verantwortungsvolleren Tätigkeiten herangezogen werden könnten als Stenogramme aufzunehmen und abzuschreiben, Lochkarten zu stanzen, Rechenmaschinen zu bedienen oder Telefonverbindungen herzustellen – allerdings nur bei der Darmstädter Bank. Dort war bereits vor dem Krieg mit Fräulein vK eine Frau zur Leiterin der Telefonzentrale ernannt worden, die während des Krieges wegen der großen Zahl neu eingestellter Frauen als Sachbearbeiterin in der Personalabteilung die Zuständigkeit für die Angelegenheiten der weiblichen Angestellten übertragen bekam. Ob es sich dabei um eine grundsätzliche personalpolitische Entscheidung des Vorstands gehandelt hatte, konnte nicht geklärt werden. Wahrscheinlicher scheint es zu sein, dass diese Entscheidungen von dem Leiter der Personalabteilung Boese getroffen und lediglich vom Vorstand nicht blockiert wurden. Denn Boese, der auch schon die besonderen organisatorischen Fähigkeiten von Fritz Ehlerding erkannt hatte, scheint durch die Tätigkeit von Fräulein vK in der Telefonzentrale begriffen zu haben, dass sich die jungen Frauen gegenüber einer weiblichen Vorgesetzten eher öffneten als gegenüber einem Mann. Es dürfte deshalb auch wohlüberlegt gewesen sein, dass Boese Fräulein vK ausgerechnet Fritz Ehlerding an die Seite stellte, der offenbar kein Problem damit hatte, mit einer Frau „auf Augenhöhe“ zusammenzuarbeiten. Insbesondere wenn es um Erkrankungen ging, die neben der Krankschreibung eine längere Beurlaubung etwa für eine Kur oder einen Aufenthalt in einem Sanatorium erforderten, hatte die Personalabteilung zu entscheiden, wobei Fräulein vK vermutlich das Gespräch mit der Antragstellerin führte und anschließend zusammen mit Ehlerding entschied. Auch bei Konflikten mit dem Büroleiter oder unter den Kolleginnen war eine weibliche Ansprechpartnerin, manchmal auch in Verbindung mit Ehlerding persönlich oder einem männlichen Sachbearbeiter, für das Betriebsklima von Nutzen. Wahrscheinlich hatten die Sachbearbeiter der Abteilung schon manche für sie, aber besonders für die Frauen unangenehme Situation erlebt und waren nun froh, dass sie diese Gespräche nicht führen mussten. Die Zusammenarbeit insbesondere zwischen Ehlerding und Fräulein vK scheint vertrauensvoll und von gegenseitigem Respekt geprägt gewesen zu sein. Allerdings sollte man die Situation auch nicht idealisieren. Fräulein vK scheint sehr genau gewusst zu haben, dass sie sich nicht zur Anwältin der Frauen machen lassen durfte und dass sie erst recht die Geschlechterhierarchie in den Büros nicht in Frage stellen konnte, unabhängig davon, ob sie das überhaupt gewollt hätte. Auf dieser Grundlage scheint das Arrangement aber gut funktioniert zu haben.

Fräulein vK blieb allerdings ein Einzelfall. Käthe Lövinsohn erwähnt sie ausdrücklich in ihrer Dissertation über die Frauenarbeit in Bankbetrieben aus dem Jahr 1925. Für sie war Fräulein vK ein Beispiel dafür, dass Frauen verantwortliche Tätigkeiten übernehmen können. Sie nennt zwar keinen Namen, sondern nur eine „Vertrauensdame in der Personaldirektion, die das Referat der weiblichen Angestellten vollständig unter sich hat". Sie nennt auch die Darmstädter Bank nicht. Sie spricht nur von einem „großen Berliner Institut", wo „seit über zwanzig Jahren Damen beschäftigt" seien. Damit kann nur Fräulein vK bei der Darmstädter Bank gemeint gewesen sein. Da Käthe Lövinson selbst nicht bei der Darmstädter Bank beschäftigt gewesen war, scheint Fräulein vK und ihre Tätigkeit über die Darmstädter Bank hinaus bekannt gewesen zu sein und vielleicht auch manche aufstiegsorientierte junge Frau ermutigt zu haben, sich für den Dienst bei der Darmstädter Bank zu bewerben.[990]

Auch die Bestellung von Dr. Alice Profé zur Vertrauensärztin könnte auf die Initiative des mittlerweile zum Abteilungsdirektor und Leiter der Personalabteilung beförderten Fritz Ehlerding zurückgegangen sein. Dr. Profé hatte sich als eine der ersten Ärztinnen 1909 in Charlottenburg mit einer Praxis niedergelassen und seit Jahresbeginn 1921 hatte sie alle vertrauensärztlichen Untersuchungen bei den weiblichen Angestellten des Samples für die Darmstädter Bank durchgeführt. Obwohl sie in der liberalen Frauenbewegung engagiert war, hütete auch sie sich als Anwältin der Frauen aufzutreten, wie ihre Ablehnung der Aufnahme einer chronisch kranken Angestellten in die Pensionskasse der Darmstädter Bank belegt.[991] Soweit man das aufgrund der wenigen vertrauensärztlichen Gutachten beurteilen kann, unterschieden sich ihre Stellungnahmen nicht von denen ihrer männlichen Kollegen. Aber den Frauen war es sicherlich angenehmer von einer Ärztin untersucht zu werden als von einem Arzt; und das könnte für Ehlerding den Ausschlag gegeben zu haben. Denn er selbst leitete eine bei ihm vorsprechende, an einer „Frauensache" leidende Angestellte gleich an Fräulein vK weiter, was für ein Maß an Empathie spricht, wie es im Untersuchungszeitraum nur sehr wenige Vorgesetzte zeigten.

Dass es eher die Initiative eines einzelnen Vorgesetzten und nicht eine grundsätzliche personalpolitische Entscheidung der Bankleitung gewesen ist, wenn

990 Lövinson, Frauenarbeit, S. 32.
991 Untersuchung von Frl. Gertrud Kno v. 21.2.1921 u. 27.9.1921, in: HAC 500/E.462.

einer Frau in dieser Zeit eine größere Verantwortung übertragen worden war, zeigt auch das Beispiel der Nationalbank für Deutschland. Dort war Eva Sa, vermutlich als eine von sehr wenigen Frauen überhaupt, auf die persönliche Initiative des Chefsyndikus der Bank eingestellt worden, der sie bei einem Kunden kennengelernt und abgeworben hatte. Dabei hatte er von vornherein nicht die Absicht, Eva Sa mit Schreibmaschinenarbeiten zu beschäftigen, sondern er setzte sie als Sachbearbeiterin für Steuerangelegenheiten in der Konsortial-Abteilung ein. Er förderte sie weiter, indem er ihr ermöglichte, sich im Aktienrecht fortzubilden, bis sie 1917 auf Initiative von Vorstandsmitglied Hjalmar Schacht zur wahrscheinlich ersten Prokuristin einer Berliner Großbank befördert wurde. Auch in der Darmstädter Bank scheint es während des Krieges mit Käthe Bä kurzzeitig eine Prokuristin in der Funktion einer stellvertretenden Depositenkassenleiterin gegeben zu haben. Allerdings kündigte sie ihre Stellung schon vor Kriegsende, so dass diese frühe Praxis der Beförderung von Frauen und vor allem die Reaktion der einfachen männlichen Angestellten in der Depositenkasse nicht näher ausgeleuchtet werden kann. Aber auch in den frühen zwanziger Jahren scheint es bei der Darmstädter Bank Prokuristinnen gegeben zu haben. Lövinson erwähnt sie und Eva Sa nannte sie rückblickend abschätzig „Inflationsprokuristinnen“.

Wie sehr gerade diese Vorreiterrolle der Darmstädter Bank unter den Zeitgenossen bekannt war und wie sehr die männlichen Angestellten diesen Angriff auf ihre privilegierte Stellung ernstnahmen, beweist der Begriff der „Weiberbank“, der für die Darmstädter Bank unter Männern während der Inflationsjahre wohl verbreitet war.[992] Nachhaltig war die Vorreiterrolle für eine andere Personalpolitik allerdings selbst bei der Darmstädter Bank nicht. Weshalb sich die Darmstädter Bank nach der Fusion mit der Nationalbank für Deutschland der Praxis der anderen Großbanken am Ende der Inflationsjahre wieder annäherte, ließ sich nicht ermitteln. Denkbar ist, dass die zeitliche Nähe von Fusion und Abbruch aller Experimente kein Zufall war. Denn der Personalchef Fritz Ehlerding war mit der Fusion zum stellvertretenden Direktor der Bank aufgestiegen, so dass Fräulein vK einen neuen Personalchef bekam. Insofern könnte es nicht zufällig gewesen sein, dass Fräulein vK etwa ein Jahr nach der Fusion letztmalig in einer Personalakte auftaucht und danach nicht mehr. Es ist natürlich möglich, dass sie 1923 geheiratet hat und deswegen ausgeschieden ist. Aber die Tatsache, dass für sie keine Frau weder in der Leitung der Telefonzentrale noch in der Personalabteilung als Nachfolgerin berufen wurde, deutet auf einen grundsätzlichen Sinneswandel hin. Auch die Tatsache, dass etwa zur gleichen Zeit Dr. Profé mit keinem

992 Lövinson, Frauenarbeit, S. 33.

Gutachten mehr als Vertrauensärztin in den Akten erscheint, bestätigt die Vermutung, dass der neue Leiter der Personalabteilung Ehlerdings Experimente beendet hatte. Lediglich Eva Sa blieb weiterhin als Prokuristin in der Danat Bank beschäftigt. Der Begriff der „Inflationsprokuristinnen" lässt außerdem vermuten, dass auch diese Frauen ihrer Positionen in der Stabilisierungskrise mit dem Personalabbau 1924/25 verlustig gegangen sind.

Bei der Dresdner Bank ist eine vergleichbare Experimentierfreude nach dem Krieg nicht erkennbar. Es gab keine Frau, die aufgrund ihrer Tätigkeit Anspruch auf einen individuellen Arbeitsvertrag, also jenseits der Tarifgruppen der Tarifverträge, gehabt hätte, weder als Prokuristin noch als „Vertrauensdame" für die weiblichen Angestellten in der Personalabteilung, und auch keines der vertrauensärztlichen Gutachten wurde von einer Ärztin verfasst. Insofern ist es auch nicht verwunderlich, dass Eva Sa sofort nach der Fusion mit der Danat Bank in den vorzeitigen Ruhestand versetzt wurde. Aus der Sicht der Dresdner Bank war es vermutlich ein untragbarer Zustand, dass man männliche Prokuristen „auf Wartegeld" setzen oder in den vorzeitigen Ruhestand schicken musste, während gleichzeitig noch eine Frau als Prokuristin tätig war, mochte sie auch noch so qualifiziert sein. Wie sehr die Geringschätzung einer weiblichen Prokuristin in weiten Teilen der Dresdner Bank, einschließlich des Direktors der Personalabteilung, verbreitet war, zeigt die Tatsache, dass das letzte vom alten Vorstand der Dresdner Bank verbliebene Mitglied, der – nach heutigem Sprachgebrauch – Personalvorstand Walther Frisch, persönlich bei dem von der alten Dresdner Bank übernommenen und ihm seit vielen Jahren bekannten Direktor der Personalabteilung des fusionierten Instituts intervenierte und sich in einem geharnischten Schreiben über die Armseligkeit der Eva Sa zugesprochenen Betriebsrente beschwerte.[993] Zwei Monate nach der Machtübernahme der Nationalsozialisten wollte er ein solch schäbiges Verhalten selbst gegenüber einer Jüdin nicht durchgehen lassen. Frisch blieb allerdings nicht mehr lange bei der Dresdner Bank und nahm wenige Monate später das Angebot der Teilhaberschaft bei der „jüdischen" Privatbank Gebr. Arnhold an.[994] Bei seinem Nachfolger als Personalvorstand, Hans Schippel, ist eine solche Intervention zugunsten einer jüdischen Angestellten ebenso wenig denkbar wie bei dem fest zeitgleich mit Schippel berufenen neuen Leiter der Personalabteilung, Adolf Gaebelein.

---

993 „Wiederholt hatte ich mit Ihnen besprochen, dass Sie bei bestimmten Pensionierungen (es folgen Namen, D.Z.) ... Rücksprache mit mir nehmen würden. Zu meiner größten Überraschung höre ich nun von Fräulein Sa, dass ihr ihre Pensionsbezüge mitgeteilt worden sind, ohne dass mit mir irgendeine Besprechung stattgefunden hat. ..." Schreiben von Walther Frisch an Direktor Siemens v. 30.5.1932, in: HAC 500/12559-2001.

994 Bähr, Dresdner Bank, S. 603.

Die Unterschiede zwischen der Darmstädter Bank bzw. der Danat Bank und der Dresdner Bank im Umgang mit ihren weiblichen Angestellten sind aber auch ansonsten deutlich. Das beginnt mit den außertariflichen Zulagen. Es ist sicherlich nicht allzu spekulativ, wenn man schätzt, dass eine Bankangestellte der Danat Bank zwischen 1924 und 1931 trotz Tarifvertrag im Schnitt 10 RM mehr im Monat verdient hat als eine Angestellte der Dresdner Bank in der gleichen Tarifgruppe, mit der gleichen Anzahl an Dienstjahren und mit einer vergleichbaren Tätigkeit. Der Unterschied ist zwar nicht ganz so groß wie der Unterschied zwischen den tariflichen Gehältern bei Männern und Frauen. Aber 10 RM sind bei einem Gehalt von brutto zwischen 150 RM und 200 RM, also der Spanne, in der die meisten weiblichen Angestellten nach den ersten beiden und bis etwa zum zehnten Berufsjahr angesiedelt waren, keine Kleinigkeit.

Davon abgesehen war die Danat Bank viel eher bereit, Frauen in die höchste, die Tarifgruppe 3 zu befördern. Das zeigt das Beispiel von Charlotte Bö3. Sie stellte im Jahr 1927 den Antrag von der Tarifgruppe 2 in die Tarifgruppe 3 befördert zu werden und begründete dies damit, dass sie bereits elfeinhalb Jahre bei der Bank beschäftigt war und die ihr „auferlegten Arbeiten stets gewissenhaft ausgeführt" habe. Außerdem glaubte sie, dass sie sich in dieser Zeit die „volle Zufriedenheit" ihrer Vorgesetzten erworben hatte. Der Antrag wurde genehmigt,[995] was bei der Dresdner Bank angesichts dieser Begründung völlig undenkbar gewesen wäre. Die Dresdner Bank verhielt sich bei der Einstufung weiblicher Angestellter in die Tarifgruppe 3 sehr restriktiv und gestattete ein entsprechendes Gesuch nur dann, wenn die Angestellte besondere, ein hohes Maß an Verantwortung erfordernde Aufgaben übertragen bekommen hatte. Eine lange Dienstzeit und die „volle Zufriedenheit" der Vorgesetzten reichten bei ihr nicht aus.

Auch beim Personalabbau scheint es Unterschiede zwischen Danat Bank und Dresdner Bank gegeben zu haben. Denn wie die in Kap. 3.4.3. vorgestellten Fälle nahelegen, war die Danat Bank umsichtiger, ja sogar rücksichtsvoller mit ihren Mitarbeiterinnen umgegangen und hatte nicht ausschließlich auf die Personalkosten (im Verhältnis zur Arbeitsleistung) geblickt, sondern auch die soziale Situation ihrer Beschäftigten berücksichtigt. Für eine generalisierende, über die belegten Einzelfälle hingehende Aussage ist die Zahl der 1924/25 „abgebauten" Frauen im Sample allerdings zu klein.

Ein Fall aus den frühen dreißiger Jahren, als die Danat Bank noch nicht unter staatlicher Kuratel stand, deutet in eine ähnliche Richtung. Die seit 1920 bei der Darmstädter Bank beschäftigte Erna Thae war zu Beginn der dreißiger Jahre an

995 Schreiben von Charlotte Bö3 v. 3.1.1927 und Schreiben an Charlotte Bö3 v. 7.1.1927, in: HAC 500/E.3705.

Nierensteinen erkrankt und erholte sich nur langsam von der Operation. Deswegen bekam sie eine vierwöchige Kur verschrieben. Während des Kuraufenthaltes verstarb ihre Mutter, mit der Erna Thae in einem Haushalt lebte. Sie brach daraufhin die Kur ab und war anschließend längere Zeit immer noch nicht wieder arbeitsfähig. Die Krankschreibung überstieg nun aber die tarifvertraglich festgeschriebene Zeit der Lohnfortzahlung. Wegen der besonderen Umstände zahlte die Danat Bank aber trotzdem weiter den vollen Lohn aus, womit die Dresdner Bank nach der Fusion nicht einverstanden war. Zähneknirschend genehmigte sie deshalb nachträglich „ausnahmsweise" diese Praxis und ermahnte den Vorgesetzten von Erna Thae sich künftig an die tariflichen Bestimmungen zu halten.[996]

Die Gehaltskürzungen der Danat Bank-Angestellten nach der Fusion mit der Dresdner Bank lagen zwar grundsätzlich nicht in der Verantwortung des übernehmenden Instituts. Denn die Dresdner Bank unterlag seit der Übernahme der Aktienmehrheit durch das Reich im Sommer 1931 den Gehaltskürzungsvorschriften für den öffentlichen Dienst. Allerdings nutzte die Bank diese Tatsache, um die Gehälter vieler Frauen weit stärker zu kürzen, als sie dazu gesetzlich verpflichtet war. Das Ziel war es offenkundig, die Gehälter durch die Streichung von Leistungszulagen und eine neue Tarifgruppeneinordnung auf das vor der Fusion im Durchschnitt deutlich niedrigere Niveau der Angestellten der Dresdner Bank zu drücken. Das zeigt das Beispiel von Charlotte To. Sie war 1909 von der Darmstädter Bank eingestellt worden und arbeitete seitdem durchgehend in einer Depositenkasse in Moabit. Im Laufe der zwanziger Jahre wurde sie in die Tarifgruppe 3 befördert und erhielt eine Leistungszulage von 15 RM. Nach der Fusion wurde sie, „um ihre Bezüge den bestehenden Verhältnissen anzugleichen", in die Tarifgruppe 2 zurückgestuft. Lediglich die Leistungszulage wurde ihr weiterhin zugestanden.[997] Der Einkommensverlust dürfte dennoch etwa 50 RM betragen haben, was einen überdurchschnittlichen Gehaltsverlust, selbst unter den von der Danat Bank übernommenen weiblichen Angestellten bedeutet haben dürfte.

Deshalb intervenierte der Depositenkassenvorsteher, der vermutlich schon jahrelang mit Charlotte To zusammengearbeitet hatte. Er protestierte nicht gegen die Zurückstufung. Denn er wusste wahrscheinlich, dass dagegen nichts auszurichten war. Aber wegen der besonderen Leistungen von Charlotte To im Depositenkassenbetrieb bat er im April 1933 um eine Erhöhung der Leistungszulage.[998] Zu diesem Zeitpunkt war der Personalabbau zwar noch nicht ganz abgeschlossen. Aber es bestand wohl kein Risiko mehr, dass er selbst oder Charlotte To noch be-

996 Schreiben v. 3.10.1932 und 5.10.1932, in: HAC/ E.5553.
997 Schreiben an Charlotte To v. 6.9.1932, in: HAC 500/E.8844.
998 Schreiben des Vorstehers der Depositenkasse 64 v. 7.4.1933, in: ebd.

triebsbedingt gekündigt werden konnten. Tatsächlich erhöhte die Dresdner Bank nach der Intervention die Leistungszulage auf den für diese Zeit ungewöhnlich hohen Betrag von 40 RM, womit der Einkommensverlust von Charlotte To auf die Hälfte reduziert worden war.[999]

In Anbetracht der Behandlung der anderen, in den Kapiteln 3.4.3. und 3.4.5. behandelten weiblichen Angestellten der Danat Bank, die 1932 von der Dresdner Bank übernommen worden waren, ist wohl davon auszugehen, dass allein die Intervention des Kassenvorstehers der alten Danat Bank dafür gesorgt hat, dass der Einkommensverlust bei Charlotte To durch die Erhöhung der Zulage nicht ganz so drastisch ausfiel wie von der Dresdner Bank ursprünglich vorgesehen. Dabei wäre das eigentlich eine Angelegenheit für den Betriebsrat gewesen. Aber Unterstützung für Beschäftigte in individuellen Fragen wurde entweder nicht angeboten, nicht nachgefragt oder beides.

Möglicherweise hatte der Streik von 1919 und die anschließend erfolgreich verbreitete Legende der kommunistischen Unterwanderung des (sozialistischen) Allgemeinen Verbandes der Bankangestellten in den Augen vieler Beschäftigter tatsächlich mehr Schaden angerichtet als Nutzen. Anstatt eine Verbindung zwischen dem Streik und den ein Jahr später erfolgten ersten Verhandlungen um einen Tarifvertrag zu ziehen, der zweifellos ein großer Segen für die Beschäftigten gewesen war, verfing die Diskreditierung des Allgemeinen Verbandes als Fremdkörper in der (später sogenannten) „Betriebsgemeinschaft".

Hinzu kam eine – in Ute Freverts Worten – „zurückhaltende Frauenpolitik" der sozialistischen Angestelltengewerkschaften. Was damit gemeint ist, lässt sich auch am Beispiel der Bankangestelltengewerkschaften und bei Dresdner Bank und Danat Bank zeigen: Immer wenn die Angestelltengewerkschaften seit dem Jahr 1920 in die Verhandlungen um einen Tarifvertrag mit den Arbeitgebern eintraten, waren sie, einschließlich der sozialistischen Angestelltenverbände, erstaunlich schnell bereit, der Forderung der Arbeitgeber nach einem Abschlag auf den männlichen Tariflohn für Frauen nachzugeben.[1000] Dabei hatte sich der Allgemeine Verband die Gleichbehandlung von Frauen auf die Fahnen geschrieben und damit auch um Frauen als Mitglieder geworben. Die gewerkschaftliche Praxis entsprach diesem selbst gestellten Anspruch aber in keiner Weise. So kamen sogar die Verbandsleistungen bei Arbeitslosigkeit ausschließlich den männlichen Bankangestellten zugute.[1001] Die Regelungen für den Personalabbau 1932 mit den vergleichsweise großzügigen Abfindungen und Betriebsrenten (im Falle der Ver-

---

999 Schreiben an Charlotte To o. D., in: ebd.

1000 Zu den sozialistischen Angestelltengewerkschaften allgemein, ohne speziellen Bezug zum Allgemeinen Verband vgl. Frevert, Weiblichkeit, S. 521.

1001 Thamm, Anspruch, S. 74.

setzung in den Vorruhestand) hätten den Gewerkschaften und vor allem dem sozialdemokratischen Betriebsratsvorsitzenden Adolf Wendt aus der Sicht der Arbeitnehmer beiderlei Geschlechts unbedingt auf der Habenseite angerechnet werden müssen. Aber bei den Verhandlungen über die Kriterien für die Auswahl derjenigen Beschäftigten, die bleiben durften und die „abzubauen“ waren, vertrat die gewerkschaftliche Seite nur aus Sicht der männlichen Angestellten deren Interessen, so dass am Ende mehr Frauen „abgebaut“ wurden, als es ihrem Anteil an der Gesamtbelegschaft entsprochen hätte.

Was für den sozialistischen Allgemeinen Verband galt, galt natürlich in noch stärkerem Maß für die nichtsozialistischen Verbände. So hatte sich der bürgerlich nationale Deutschen Bankbeamten-Verein bis 1919 geweigert überhaupt Frauen aufzunehmen. Die dünkelhafte Abgrenzung gegenüber den – in den Augen seiner Mitglieder – Minderqualifizierten, mögen es nun Bürohilfskräfte (Kassenboten, Pförtner, Fahrer etc.) oder Frauen mit ihren „flinken Fingern“ gewesen sein, wird sich mit der Revolution kaum in Luft aufgelöst haben. In den Revolutionsjahren folgte man lediglich dem Zeitgeist, aber ohne innere Überzeugung der meisten Mitglieder. So begründete das Organ des Bankbeamten-Vereins, die Bankbeamten-Zeitung, noch 1919, dass „unser Verein ... nicht alles aufnimmt, was in den Räumlichkeiten der Bank irgendwie tätig ist. ... < Wir sind > eine Standesorganisation der Bankbeamten, d. h. der kaufmännisch tätigen Bankbeamten.“[1002]

Insofern konnte es auch niemanden wundern, dass sowohl die Bürohilfskräfte als auch die (nichtsozialistischen) Frauen ihre eigenen Verbände gegründet hatten. Aber während der Reichsverband der Bankkassenboten und technischen Bankangestellten Deutschlands zusammen mit dem Bankbeamten-Verein und dem Allgemeinen Verband an den Tarifverhandlungen mit dem Reichsverband der Bankleitungen teilnehmen durfte, wurde der Kaufmännischen Verband für weibliche Angestellte (ab 1919 Verband der weiblichen Handels- und Büroangestellten) nicht beteiligt.

Während der nationalsozialistischen Herrschaft gab es keine Gewerkschaften mehr. Seit dem Frühjahr 1933 musste sich der Vorstand der Dresdner Bank bei den großen Linien der Personalpolitik nicht mehr durch Arbeitnehmervertreter hineinreden lassen. Tarifverhandlungen waren ebenfalls Vergangenheit. Vielmehr waren die Gehälter auf dem Krisenniveau der Jahre 1931/32 eingefroren worden. Die Ende der dreißiger Jahre gewährten Gehaltssteigerungen waren in Anbetracht der Hochkonjunktur nicht nur überfällig gewesen, sondern auch allein der, aus Arbeitergebersicht, prekären Arbeitsmarktlage geschuldet. Einzig die Jagd nach qualifiziertem Büropersonal hatte es nämlich erfordert, durch An-

1002 Bankbeamten-Zeitung XXIV. Jg. 1919, S. 115, zit. in Rudl, Angestellte, S. 196.

reize diejenigen Angestellten im Unternehmen zu halten, die nur schwer zu ersetzen gewesen wären. Davon profitierten auch die weiblichen Angestellten. Der Vertrauensrat oder die Deutsche Arbeitsfront hatten darauf keinen Einfluss ausgeübt – ausüben dürfen, selbst wenn es einzelne Funktionäre gewollt haben sollten.

Die durch das Arbeitsordnungsgesetz von 1934 endgültig abgeschaffte Arbeitnehmermitbestimmung wurde zunächst durch Schikanen gegen tatsächliche und vermeintliche politische Gegner und gegen „Nichtarier" kompensiert. Der Erfolg dieser Maßnahmen ließ allerdings ab etwa 1935 ein Vakuum entstehen, das durch „Kraft durch Freude"-Angebote u.ä. kaum gefüllt werden konnte. Die Legitimation des Vertrauensrates war und blieb die Achillesferse der Deutschen Arbeitsfront in den Betrieben. Die „Betriebsgemeinschaft" erwies sich mit der Zeit immer mehr als Fiktion. Die Interessenkonflikte waren nicht verschwunden oder gar durch Moderation aufgelöst worden. Sie wurden durch die allgegenwärtige Drohung mit repressiven Maßnahmen nur unterdrückt. Durch das Engagement der DAF-Betriebsfrauenwalterin Annemarie Nay konnte dieses Vakuum wenigstens ein Stück weit, und in diesem Fall im Interesse der weiblichen Beschäftigten, gefüllt werden. Denn Nay verstand ihre Rolle als die einer „Kümmerin", die sich in Einzelfällen nicht nur für Belange weiblicher Angestellter einsetzte, sondern diese auch oftmals gegenüber der Personalabteilung durchsetzen konnte. Wahrscheinlich hat sie durch ihre Aktivitäten mehr für das Ansehen der Nationalsozialisten in der Dresdner Bank geleistet als die „alten Kämpfer" vom Schlage eines Erwin Voth, der im Übrigen während seiner Zeit als DAF-Betriebsobmann kein Hehl daraus machte, dass er die Aufgabe einer Betriebsfrauenwalterin nur darin sah, „Damenkränzchen" zu organisieren und die Sammlungen für das Winterhilfswerk zu unterstützen.

Von der Institutionalisierung einer Interessenvertretung durch die Betriebsfrauenwalterin kann dennoch keine Rede sein. Da das Aufgabenspektrum nirgends klar definiert worden war, hing alles von der Person der Betriebsfrauenwalterin ab. Das zeigt das Beispiel der Dresdner Bank sehr deutlich. Denn Annemarie Nay kündigte, als sie 1942 heiratete. Ihre Nachfolgerin Käthe Vick besaß kein vergleichbares Interesse an den Aufgaben ihres Amtes, wie es Nay interpretiert hatte. Allerdings scheint sie sich auch das Standing gegenüber dem Vertrauensrat und der Personalverwaltung einer Annemarie Nay nicht erarbeitet zu haben. Die einzige Aktivität, die aus ihrer (zugegeben kurzen) Amtszeit überliefert ist, war der vergebliche zweimalige Betreuungsversuch von Ehefrauen Dresdner Bank-Angestellter, die in der letzten Kriegsphase an der Front für „Führer und Vaterland" kämpften; und dies tat sie auch noch auf Geheiß des wieder rein männlich besetzten Vertrauensrates. Das entsprach allerdings auch eher dem Geist des Arbeitsordnungsgesetzes als die Interpretation von Annemarie Nay.

Was die großen Linien der Personalpolitik der hier betrachteten Großbanken während der Weimarer Republik und des „Dritten Reichs" betrifft, sind die Unterschiede, abgesehen von der Verdrängung der „nichtarischen" Angestellten seit 1933, nicht allzu groß. Das „Doppelverdienerverbot" findet sich in beiden Systemen, nur dass der Nationalsozialismus konsequenter und härter durchgriff. Berufliche Aufstiegsmöglichkeiten waren den Frauen in beiden Systemen verwehrt. Das gleiche gilt für den Grundsatz gleicher Bezahlung für gleiche Arbeit oder den Schutz von Frauen vor sexuellen Übergriffen. Diese Fälle wurden entweder unter den Teppich gekehrt oder wenn es zu einer Sanktionierung kam, dann erfolgte die Maßnahme nicht zum Schutz der Frau, sondern zur Sicherung der Arbeitsdisziplin. Auf der anderen Seite lassen sich aber auch Forderungen der weiblichen Angestellten auf Gleichberechtigung kaum nachweisen. Ob sie die Ideologie der gottgegebenen Geschlechterordnung selbst geglaubt hatten oder ob sie sie hinterfragten und nur nicht aufmuckten, um keinen Ärger zu bekommen, bleibt eine offene Frage. Sie ist anhand der Quellengattung Personalakten nicht zu beantworten.

Als die wichtigsten Gründe für die diskriminierende Personalpolitik der Unternehmen in der Zwischenkriegszeit[1003] wird erstens die schlechtere Ausbildung von Frauen und Mädchen angeführt. Es ist sicher richtig, dass der Anteil der Abiturientinnen und erst recht der Anteil der Studentinnen an allen Personen eines Geburtsjahrgangs in den zwanziger und dreißiger Jahren deutlich niedriger lag als der Anteil der Abiturienten und Studenten. Das kann als Erklärung dafür angeführt werden, weshalb unter den „Oberbeamten", insbesondere unter den Syndizi keine Frauen zu finden sind. Aber von einer vollständigen Akademisierung des Managements der Großbanken kann in den zwanziger und dreißiger Jahren noch keine Rede sein. Selbst in den Vorständen spielten die Bankkaufleute ohne Hochschulstudium immer noch eine bedeutende Rolle und unter den Prokuristen waren die Hochschulabsolventen eine kleine Minderheit.

Die Frauen, die in den Banken als Stenotypistinnen arbeiteten, brachten mit ihrem Lyzeumsabschluss und der Handelsschule mehrheitlich alle Voraussetzungen mit, um in den Banken Tätigkeiten mit mehr Eigenverantwortung und Führungskompetenz auszuführen als das Aufnehmen und Übertragen von Stenogrammen. Das galt vor allem für diejenigen, die seit 1922 eine Banklehre absolviert hatten. Deren männliche Kollegen, die zehn oder fünfzehn Jahre später die Karriere-Schallmauer zum Prokuristen oder Depositenkassenvorsteher durchbrachen,

1003 Vgl. zu den hier angeführten Gründen Frevert, Weiblichkeit, S. 507 ff.

waren nicht besser ausgebildet worden als ihre Kolleginnen, denen weiterhin von Männern in den Stenoblock diktiert wurde oder die als Buchhalterinnen Rechenoperationen durchführten, die ihnen von ihren Vorgesetzten aufgegeben worden waren. Dieses Argument erklärt die unterschiedlichen Karrierewege und, damit verbunden, auch die schlechtere Bezahlung der weiblichen Bankangestellten bei Danat Bank und Dresdner Bank in keiner Weise.[1004]

Ein zweiter, zeitgenössisch vorgebrachter Grund war die fremdbestimmte, mechanische Repetiertätigkeit, die Frauen ausübten. Stenotypistinnen, Sekretärinnen und Telefonistinnen führten Tätigkeiten aus, bei denen sie nicht eigenverantwortlich, sondern immer auf Anweisung ihrer so gut wie ausnahmslos männlichen Vorgesetzten arbeiteten. Das ist sicher richtig und schlug sich auch in den Beschreibungen der Tätigkeitsfelder der Tarifgruppen nieder, wie sie in den Tarifverträgen festgelegt worden waren. Aber die Frauen hatten keine Chance, auf eine andere, verantwortlichere Position versetzt zu werden. Das zarte Pflänzchen der Hoffnung auf bessere Karrierechancen für junge Frauen mit Banklehre war in den späten zwanziger Jahren endgültig zertreten worden, als es keine „Vertrauensdame“ in gehobener Position und (fast) keine Prokuristinnen mehr gab und auch keine Aussicht bestand, dass sich daran etwas ändern würde. Im Übrigen kann dieses Argument auch nicht erklären, weshalb Frauen in der gleichen Tarifgruppe weniger verdienten als Männer.

Ein drittes und für viele männliche Zeitgenossen vermutlich das wichtigste Argument für das niedrigere Gehalt von Frauen war dessen Charakter. Zeitgenössisch wurde argumentiert, dass Männer ganze Familien zu versorgen hatten („Familienlohn“), während Frauen nur für sich selbst sorgen mussten („Individuallohn“) oder als „Doppelverdienerin“ lediglich einen Zuverdienst zum Gehalt ihres Ehemannes leisteten. Dieses Argument dürfte seinerzeit manchen Zweifler überzeugt haben. Aber eigentlich hätte es nicht für ledige Männer gelten dürfen, die auch schon besser bezahlt wurden als ihre ebenfalls ledigen Kolleginnen. Doch auch dafür gab es ein für viele Zeitgenossen plausibles Argument: Selbst wenn männliche Angestellte noch unverheiratet waren, war absehbar, dass sie heiraten und eine Familie gründen würden. Dafür brauchten sie Ersparnisse und die sollten sie während ihrer Zeit als ledige Angestellte aufbauen können. Aus heutiger Sicht waren diese Argumente jedoch nicht mehr als eine vermeintlich rational unterlegte, tatsächlich aber geschlechterpolitisch motivierte Diskriminierung. Abgesehen davon, dass die meisten Männer die Geschlechterrollen als „na-

1004 Das gilt allerdings nicht nur für den hier betrachteten Fall oder für das Bankgewerbe allgemein, sondern ganz grundsätzlich für die Arbeitsverhältnisse von Frauen in der Zwischenkriegszeit. Vgl. hierzu allgemein Stefan Bajohr, Die Hälfte der Fabrik. Geschichte der Frauenarbeit in Deutschland 1914 bis 1945, 2. verb. Aufl., Marburg 1984, S. 80.

türlich“ und somit unveränderbar ansahen, hatten viele der Frauen des Samples Verwandte von ihrem Gehalt mit zu unterhalten und hätten deswegen nach der vorgeschobenen Versorgungslogik eigentlich den verheirateten männlichen Angestellten gleichgestellt werden müssen. Das geschah, von seltenen Ausnahmen und auch nur bei der Danat Bank abgesehen, aber nicht.

Als vierte Begründung für die Schlechterstellung von Frauen wird der niedrige Organisationsgrad weiblicher Angestellter und das Desinteresse der tariffähigen Gewerkschaften an einer Gleichstellung der weiblichen Angestellten ins Feld geführt. Zeitgenössisch ging man davon aus, dass die meisten weiblichen Bankangestellten ihren Beruf nur als eine Übergangsstation in die Ehe und zur Mutterschaft betrachteten, so dass es sich aus ihrer Sicht nicht lohnte, sich für ihre Interessen als Arbeitnehmerinnen zu engagieren und sich dadurch Ärger mit ihren Vorgesetzten einzuhandeln. Die ausgewerteten Personalakten bestätigen dieses Bild. Denn obwohl die Frauen alles andere als zufrieden mit den Bedingungen, insbesondere mit Gehältern und Arbeitszeiten waren, versuchten sie über das traditionelle Instrument des Bittbriefes das Ziel einer Besserstellung zu erreichen. Dagegen kam es so gut wie nie zur Einschaltung einer Gewerkschaft oder des Betriebsrates – auch nicht, wenn der Bittbrief abschlägig beschieden worden war. Allerdings hatte sich der Betriebsrat der Dresdner Bank in dem einen dokumentierten Fall, bei dem er um Hilfe angerufen worden war, auf die Seite der weiblichen Angestellten geschlagen und deren Interesse auch gegenüber der Personalabteilung durchsetzen können. Dennoch deutet die Tatsache, dass es nur diesen einen Fall gab, daraufhin, dass es sich hier um die Ausnahme handelte, die die Regel bestätigt.

Ob der gewerkschaftliche Organisationgrad der Frauen des Samples niedriger lag als derjenige der Männer, war nicht ermitteln. Denn ob und in welcher Gewerkschaft ein Angestellter oder eine Angestellte organisiert war, ging den Arbeitgeber während der Weimarer Republik nichts an. In der NS-Zeit wurde zwar danach gefragt und die Antworten deuten auf einen sehr niedrigen Organisationsgrad hin. Aber dabei ist zu berücksichtigen, dass ehemals gewerkschaftlich organisierte Arbeitnehmer kaum ehrlich geantwortet haben dürften. Denn sie wussten nicht, ob ihnen aus der früheren Mitgliedschaft in einer Gewerkschaft aktuell vielleicht Schwierigkeiten erwachsen würden.

Es ist insofern möglich, dass bei einer stärker auf die Interessen von weiblichen Angestellten konzentrierten gewerkschaftlichen Verhandlungsführung die Differenz zwischen dem männlichen und dem weiblichen Gehalt weiter eingeebnet oder gar ganz beseitigt worden wäre. Aber die anderen, Frauen in den Banken diskriminierenden Faktoren, vor allem der blockierte Karriereaufstieg, wären davon unberührt geblieben. In diesem Zusammenhang sei daran erinnert, dass sich auch der sozialistische Allgemeine Verband zu Beginn der zwanziger Jahre gegen die Einstellung weiblicher Banklehrlinge gewandt hatte.

Letztlich waren und blieben die Frauen in der Dresdner Bank in den zwanziger und dreißiger Jahren mit ihren Sorgen und Problemen auf sich allein gestellt. Weder die Arbeitnehmermitbestimmung der Weimarer Republik noch die „Betriebsgemeinschaft“ der NS-Zeit änderten daran etwas. So war es aber auch viel leichter, die Frauen dort zu halten, wo sie aus der Sicht fast aller männlichen Kollegen und Vorgesetzten hingehörten, nämlich nach ganz unten in der Hierarchie der Büros. Dabei war es fast gleichgültig, welche politische Überzeugung die Männer hatten. Die Respektlosigkeiten gegenüber Kolleginnen und die beiden dokumentierten sexuellen Übergriffe waren sicherlich keine Besonderheit dieser Jahre. Aber das hierarchische Gefälle machte es den Männern leichter, weil sie sich im Recht fühlten und sehr wahrscheinlich kein oder kaum ein Unrechtsbewusstsein entwickelten.

Die Feministin Elsa Herrmann, die als eine der wenigen Frauen in Deutschland in der Zeit des Kaiserreichs ein Jurastudium aufgenommen hatte und als eine der ersten Frauen überhaupt in diesem Fach einen Doktortitel erwarb (1920), schrieb im Jahr 1929 zur Situation weiblicher Angestellter:

> „So stark ist man in dem Glauben an die Souveränität des Mannes verstrickt, dass gar nicht erst der Versuch gemacht wird, die Leistung der Frau objektiv zu würdigen. Deshalb erhalten zum Beispiel Privatsekretärinnen, die ihrem Vorgesetzten durch Umsicht die Führung seiner Geschäfte erleichtern, [...] in ihren Zeugnissen meist eine eingehende Würdigung ihrer stenographischen und schreibmaschinellen Kenntnisse, [...] während ihrer eigentlichen geistigen und organisatorischen Kenntnisse kaum oder gar nicht gedacht wird. In den Ausnahmefällen, in denen man der Frau tatsächlich die gleiche Beschäftigung überträgt wie dem Manne, bringt man die mindere Schätzung ihres Tuns durch geringere Entlohnung ihrer Arbeitsleistung zum Ausdruck. [...] Wie will man es motivieren, das von 749 Tarifverträgen für Angestellte 615 einen Abschlag für weibliches Personal zwischen 4 und 20%, im Durchschnitt von 10% vorsehen, obgleich man von diesen Frauen die gleichen Leistungen wie von ihren männlichen Kollegen verlangt? [...] Kein Mensch wird ernstlich heute noch behaupten wollen, daß das Leben der einzeln stehenden Frau billiger zu stehen komme als dem einzeln stehenden Manne, ebenso wie niemand daran glaubt, dass nur der Mann arbeitet und Geld verdient, um sein Leben zu erhalten und seinen finanziellen Verpflichtungen nachzukommen, und die Frau aus Zeitvertreib ihm nur ein bißchen Konkurrenz macht. Auch die altmodischsten Köpfe haben sich ja im Laufe der Zeit davon überzeugen können, daß die berufstätige Frau zum mindestens für ihre eigene Existenz und den Unterhalt der von ihr abhängigen Personen aufkommt. [...] Auch die sogenannten Doppelverdiener stehen nicht im Beruf, um anderen aus Bosheit gutbesoldete Posten wegzuschnappen. Deshalb muss es sogar als unsozial bezeichnet werden, wenn Firmen Ehefrauen grundsätzlich nicht einstellen. [...] Tarifverträge sind fast ausschließlich von Männern abgeschlossen worden –

> werden es in der Hauptsache heute noch -, die für das Zustandekommen der die Frauen schädigenden Bestimmungen verantwortlich sind."[1005]

Die von Elsa Herrmann dargestellten Verhältnisse decken sich fast ohne Einschränkung mit den Befunden, die die Analyse der 152 Personalakten der Sample-Frauen in Teil 1 ergeben hat. Einzig Herrmanns Bewertung der Zeugnisse von „Privatsekretärinnen" erscheint etwas zu undifferenziert. Denn die überlieferten Zeugnisse der sieben Direktionssekretärinnen fallen ambivalenter aus als von Herrmann angenommen. Was die Wertungen der Befunde betrifft, so war Elsa Herrmann ebenso wie Käthe Lövinson ihren Zeitgenossen (und sicher auch den meisten Zeitgenossinnen) um Jahrzehnte voraus. Was Hermann aber nicht ahnte, im Jahr 1929 nicht ahnen konnte, war, dass in wenigen Jahren alles noch schlimmer werden würde. Das galt besonders für die „Nichtarierinnen", aber nicht nur unter den weiblichen Angestellten, sondern für alle berufstätigen Frauen, einschließlich ihr selbst. Als Jüdin und Leiterin einer (Sexual-)Beratungsstelle für Frauen in Berlin gehörte sie nach der Machtübernahme der Nationalsozialisten wohl zu den am meisten gefährdeten Frauen in der Reichshauptstadt. Deshalb entschloss sie sich frühzeitig in die Tschechoslowakei zu emigrieren. Nach dem Einmarsch der Wehrmacht in Prag 1939 floh sie weiter nach England, wo sie den Krieg überlebte.

1005 Elsa Herrmann, So ist die neue Frau, Hellerau 1929, S. 126 ff.

Teil 2: **Die „nichtarischen“ weiblichen Angestellten im Nationalsozialismus**

7 Die Verdrängung der „Nichtarierinnen“

7.1 Das Sample

Die Zusammenstellung von Sample 2 ist wesentlich weniger problematisch als bei Sample 1. Vor allem ist für die folgende Untersuchung ein hohes Maß an Repräsentativität des Samples gegenüber der Grundgesamtheit aller „Nichtarierinnen“ im Dienst der Dresdner Bank gewährleistet. Denn im Folgenden geht es nicht um den gesamten Untersuchungszeitraum, sondern den Ausgangspunkt der Untersuchung stellt das Jahr 1933 dar, genauer gesagt der Beginn des zweiten Quartals des Jahres 1933. Das bedeutet, dass die Größe der Grundgesamtheit recht exakt angegeben werden kann. Während die Zahl aller jemals zwischen 1914 und 1945 bei der Dresdner Bank angelegter Personalakten nicht geschätzt werden kann, müssen am Ende des ersten Quartals 1933 etwa 11.500 Personalakten aktiv Beschäftigter existiert haben, davon etwa 4.550 in Berlin und davon wiederum 430 von weiblichen Angestellten und 260 von Wochenlöhnerinnen.

Für die hohe Repräsentativität verantwortlich sind aber vor allem die beiden großen Blindstellen des Sample 1, die bei der folgenden Untersuchung keine Rolle spielen. Denn weder diejenigen Frauen, die während der Inflationsjahre als Bürohilfskräfte eingestellt und in der Stabilisierungskrise wieder entlassen wurden noch die Wochenlöhnerinnen sind für die folgende Untersuchung relevant. Obwohl die Wochenlöhnerinnen mehr als ein Drittel aller bei der Dresdner Bank beschäftigten Frauen stellten, gibt es keinen Hinweis darauf, dass eine von ihnen als „nichtarisch“ diskriminiert worden wäre. Insofern scheint es keine jüdischen Wochenlöhnerinnen gegeben zu haben oder wenn es sie gegeben haben sollte, fielen sie nicht unter das Gesetz zur Wiederherstellung des Berufsbeamtentums. Darauf deutet auch die Tatsache hin, dass sich in ihren Akten kein Abstammungsfragebogen findet.

Nach Auswertung aller überlieferten Akten der Personalabteilung habe ich die Zahl der „nichtarischen“ Angestellten der Dresdner Bank im ersten Quartal 1933 in einer früheren Veröffentlichung auf etwa 540 Personen oder knapp fünf Prozent aller Beschäftigter geschätzt. Obwohl der Anteil der in den Filialen beschäftigten Personen etwa sechzig Prozent betragen hatte, war ich weiter davon ausgegangen, dass sich wegen des höheren Anteils von „Nichtariern“ an den Berliner Angestellten die „Nichtarier“ in der Dresdner Bank etwa jeweils zur Hälfte auf Berlin und die Filialen verteilt hatten.[1006] Demnach dürften etwa 270 Berliner Angestellte als „Nichtarier“ unter das Berufsbeamtengesetz gefallen sein. Geht

1006 Ziegler, Dresdner Bank, S. 23.

 | https://doi.org/10.1515/9783112248287-007

man weiter davon aus, dass der Anteil der weiblichen Beschäftigten an allen Beschäftigten der Dresdner Bank in Berlin etwa 16 Prozent betragen hat, ist es mehr als wahrscheinlich, dass die überlieferten Personalakten von 35 weiblichen, als „Nichtarierinnen“ unter die Bestimmungen des Berufsbeamtengesetzes fallenden Angestellten fast die gesamte, für die folgende Untersuchung relevante Gruppe erfasst.

In Sample 2 nicht berücksichtigt und nicht unmittelbar vom Berufsbeamtengesetz betroffen sind diejenigen weiblichen Angestellten, die bereits im ersten Quartal 1933 in den Ruhestand versetzt waren. Auch ihre Akten wurden, obwohl nicht Bestandteil des Samples, für die folgende Untersuchung herangezogen. Ihre absolute Zahl ist nicht bekannt. Allerdings kann die Zahl der Ruheständlerinnen zu Jahresbeginn 1933 nicht hoch gewesen sein, weil zu diesem Zeitpunkt kaum eine weibliche Angestellte das Renteneintrittsalter von 60 Jahren erreicht haben konnte. Es kann sich insofern nur um Arbeitsunfähigkeitsrenten sowie um Frühverrentungen im Zuge des Personalabbaus während und nach der Bankenkrise gehandelt haben. Es wurden aber immerhin die Personalakten von fünf „nichtarischen“ Betriebsrentnerinnen ermittelt. Realistischerweise kann man davon ausgehen, dass auch in diesem Fall die Zahl der ermittelten Personen nah an der Zahl aller „nichtarischen“ Betriebsrentnerinnen des Jahres 1933 liegt.

Etwas anders verhält es sich bei der Zahl der Witwen ehemaliger männlicher „nichtarischer“ Angestellter, die Anspruch auf Witwenrente hatten. Auch sie werden im Folgenden berücksichtigt werden, obwohl sie nicht Teil des Samples sind. Ihre absolute Zahl ist bekannt. Im Jahr 1933 hatten 556 Ehefrauen ehemaliger, mittlerweile verstorbener Angestellter Anspruch auf Witwenrente. Geht man von einem Anteil von fünf Prozent „nichtarischer“ Angestellter auch in den früheren Jahrzehnten aus, als die „rassische“ Abstammung die Personalabteilung nicht interessierte und deshalb auch nicht erhoben wurde, wären von den 556 Witwen zwischen 25 und 30 Witwen Ehefrauen „nichtarischer“ Angestellter gewesen. Bei einer gleichmäßigen Verteilung auf Berlin und die Filialen dürfte es zehn bis fünfzehn Ehefrauen verstorbener „nichtarischer“ Berliner Angestellter gegeben haben. Ermittelt wurden immerhin sechs Personalakten. Insofern ist auch für diese Gruppe von nur mittelbar durch das Berufsbeamtengesetz betroffener Frauen die Repräsentativität der ermittelten Fälle wahrscheinlich.

7.2 Die Abstammungsprüfung

Die Säuberungswelle gegen politische Gegner des Nationalsozialismus und gegen Juden begann schon wenige Wochen nach der Machtübernahme der Nationalsozialisten. Neben Künstlern und Intellektuellen waren die kommunalen Beamten als erste betroffen. Zum Teil gegen den ausdrücklichen Willen des preußischen Innenministers Göring und des Reichsinnenministers Frick wurden Spitzenbeamte in Kreisen, Städten und Gemeinden (einschließlich der Sparkassen) in den ersten Wochen von örtlichen NSDAP-Aktivisten hemmungslos aus ihren Stellungen verdrängt und durch „alte Kämpfer" ersetzt.[1007]

Auch die Großbanken bekamen den Druck von Partei und SA zu spüren. Denn in allen drei Banken gab es jüdische Vorstandsmitglieder; und in allen drei Großbanken waren NS-Betriebszellen aktiv, die seit März 1933 einen erheblichen Zulauf zu verzeichnen hatten. Die Reaktionen der Großbanken auf die Forderungen der Aktivisten aus den Betriebszellen waren aber in den ersten Wochen zunächst noch zurückhaltend. Bei der Dresdner Bank wurden zum 1. April 1933 sogar noch zwei Lehrlinge und eine junge Stenotypistin jüdischen Glaubens neu eingestellt,[1008] und auch für das ausgeschiedene Vorstandsmitglied Wilhelm Kleemann wurde mit Reinhold Quaatz ein „Halbjude" neu in den Vorstand berufen.[1009]

Im zweiten Quartal des Jahres änderte sich die Situation jedoch grundlegend. Was wie eine Maßnahme zur Beendigung eigenmächtiger Übergriffe gegen politisch missliebige Staatsbeamte aussah, erwies sich personalpolitisch als die Fortsetzung der Säuberungsmaßnahmen mit anderen Mitteln. Das Gesetz zur Wiederherstellung des Berufsbeamtentums vom 4. April 1933[1010] ermächtigte die Regierung, Gegner des Nationalsozialismus und sogenannte „Nichtarier" aus dem öffentlichen Dienst zu entfernen. Im Paragrafen 3, dem später sogenannten „Arierparagraphen", wurde bestimmt, dass auch „Beamte, die nicht arischer Abstammung sind, in den Ruhestand zu versetzen" seien. Wer als „nicht arisch" zu gelten hatte, wurde wenige Tage später definiert: „Als nicht arisch gilt, wer von nicht arischen, insbesondere jüdischen Eltern oder Großeltern abstammt. Es genügt, wenn ein Elternteil oder ein Großelternteil nicht arisch ist."[1011] Etwas abgeschwächt wurde diese Bestimmung lediglich dadurch, dass diejenigen, „die be-

1007 Vgl. Hans Mommsen, Beamtentum im Dritten Reich, Stuttgart 1966, S. 31; Sigrun Mühl-Benninghaus, Das Beamtentum in der NS-Diktatur bis zum Ausbruch des Zweiten Weltkrieges, Düsseldorf 1996, S. 11 ff.; Klaus-Dieter Gössel, Beamtentum im Nationalsozialismus, in: Martin Friedenberger u. a. (Hg.), Die Reichsfinanzverwaltung im Nationalsozialismus, Bremen 2002, S. 98 f.

1008 Es handelte sich dabei um den 20-jährigen Berthold He (HAC 500/E.1776) sowie um den 17-jährigen Kurt Si (HAC 500/E.7642) sowie um die 19-jährige Leonie St (HAC 500/E.8971). Alle drei wurden im Juli 1933 ohne Abfindung entlassen.

1009 Vgl. hierzu Ziegler, „Entjudung", in: Bähr, Dresdner Bank, S. 87.

1010 RGBl. 1933/1, S. 175 ff.

1011 Erste Verordnung zur Durchführung des Gesetzes zur Wiederherstellung des Berufsbeamtentums v. 11.4.1933, RGBl. 1933/1, S. 195.

reits seit dem 1. August 1914 Beamte gewesen sind oder die im Weltkrieg für das Deutsche Reich oder für seine Verbündeten gekämpft haben oder deren Väter oder Söhne im Weltkrieg gefallen sind”, von der Zwangspensionierung ausgenommen wurden.

Der Geltungsbereich des Berufsbeamtengesetzes ging aber insofern über den öffentlichen Dienst hinaus, als Anfang Mai in einer Durchführungsverordnung auch „Angestellte und Arbeiter [...] von Körperschaften des öffentlichen Rechts sowie diesen gleichgestellten Einrichtungen und Unternehmungen” den öffentlich Bediensteten gleichgestellt wurden.[1012] Damit fiel nach dem Willen des Reichswirtschaftsministerium auch die Dresdner Bank unter die Bestimmungen des Berufsbeamtengesetzes, während Deutsche Bank und Commerzbank, wie in Kap. 2.3. bereits ausgeführt, davon ausgenommen waren.

Die Rechtslage war im Fall der Dresdner Bank demnach schon im Juni 1933 eindeutig. Der Vorstand der Dresdner Bank hatte sich zwar Ende Mai gegenüber dem Arbeitsausschuss des Aufsichtsrats in einer schriftlichen Erklärung gegen die Anwendung des Berufsbeamtengesetzes gewandt, indem er u. a. argumentierte, dass es „angesichts der starken Auslandsbeziehungen und der ausgebreiteten jüdischen Kundschaft der Bank einer Selbstzerstörung < gleichkäme >, wenn die Dresdner Bank als einzige der Großbanken ihre jüdischen Angestellten, in deren Stammbaum bis zu den Großeltern jüdisches Blut nachgewiesen wird, entlassen wollte“. Außerdem sei es „nicht sofort möglich, die betroffenen eingearbeiteten und wertvollen Kräfte“ zu ersetzen.[1013]

Das Reichsfinanz- und das Reichswirtschaftsministerium ließen sich durch diese Argumentation aber nicht beeindrucken und bestanden auf einer strikten Anwendung der gesetzlichen Vorschriften. Das betraf auch die Ausnahmebestimmungen des Gesetzes, so dass bei den „nichtarischen“ Belegschaftsmitgliedern zwischen „geschützt“ und „nicht geschützt“ unterschieden werden musste. „Geschützt“ waren alle diejenigen „Nichtarier“, die unter die erwähnten Ausnahmebestimmungen des Berufsbeamtengesetzes fielen. Während die „geschützten Nichtarier“ von den Folgen des Gesetzes zunächst verschont blieben, wurde allen „nicht geschützten Nichtariern“ unter Einhaltung der gesetzlichen Kündigungsfrist von in den meisten Fällen vier Wochen zum 31.7.1933 gekündigt. Da die Bank die Mehrheit der betroffenen Personen aber so kurzfristig nicht ersetzen konnte, konnte sie eine befristete Weiterbeschäftigung der „nicht geschützten Nichtarier“ beim Reichswirtschaftsministerium beantragen. Eine dauernde Weiterbeschäfti-

1012 Zweite Verordnung zur Durchführung des Gesetzes zur Wiederherstellung des Berufsbeamtentums v. 4.5.1933 (§ 1), RGBl. 1933/1, S. 233.

1013 Protokoll der Arbeitsausschuss-Sitzung v. 20.5.1933, in: HAC 500/7408-2002.

gung war zwar möglich, praktisch wurde sie aber nur in einem bekannten Fall genehmigt.

Nach einer kurzen Vorbereitungszeit begann die Dresdner Bank im Juni 1933 damit, die gesetzlichen Vorgaben des Berufsbeamtengesetzes und seiner Zweiten Durchführungsverordnung umzusetzen. Zunächst wurde die gesamte Belegschaft auf ihre „arische Abstammung“ hin überprüft. Zu diesem Zweck mussten alle Angestellten einen Fragebogen ausfüllen[1014] und erklären, ob sie „arischer Abstammung" waren oder nicht. Für die Beantwortung hatten die Angestellten nur wenige Tage Zeit. Der Aufwand, mit dem die Personal-Abteilungen der Zentrale und der Filialen durch die Bearbeitung der Fragebögen konfrontiert wurden, war angesichts von etwa 11.000 Angestellten gewaltig. Eine Überprüfung der Herkunftsangaben erfolgte deshalb in der Regel nicht. Lediglich in Zweifelsfällen mussten die Betroffenen durch die Beibringung von Geburtsurkunden oder Taufscheinen ihre „arische Abstammung“ nachweisen.

Der Versuch, durch falsche Angaben die Entlassung zu verhindern, war nur bei denjenigen „Nichtariern“ erfolgversprechend, die einer christlichen Konfession angehörten. Denn im Personalbogen war bei der Einstellung auch die Konfession abgefragt worden. Wer seinerzeit „mosaisch“ oder (seltener) „jüdisch“ angegeben hatte, brauchte über eine falsche Abgabe seiner „rassischen“ Herkunft gar nicht nachzudenken. Denn die Angaben im Abstammungsfragebogen wird die Bank in jedem Einzelfall mit der Angabe im Personalbogen abgeglichen haben. Anders ist das, wenn die Person einer christlichen Religionsgemeinschaft angehört hatte. Vor allem wenn bereits die Eltern getauft waren und sich ein jüdisches Großelternteil vor der Eheschließung hatte taufen lassen, war es möglich, dass Enkelin oder Enkel davon keine Kenntnis hatte – jedenfalls konnte man das in dem Falle behaupten, wenn man die „rein arische“ Abstammung nicht nachweisen konnte. Da eine Überprüfung aber in der Regel nicht erfolgte, war das Risiko überschaubar. Deshalb ist es auch denkbar, dass sich unter den „rein arischen“ Angestellten auch solche christlicher Konfession mit einem oder zwei jüdischen Großelternteilen befunden haben, die unentdeckt blieben.

1014 Eine entsprechende Weisung an die Personalabteilung konnte zwar nicht ermittelt werden. Da aber alle erhaltenen Personalakten, einschließlich der Akten der „arischen“ Angestellten, den ausgefüllten Fragebogen enthielten, ist von einer flächendeckenden Erfassung auszugehen. Obwohl der Fragebogen im Gegensatz zum Beamtenvorbild keine Fragen zur politischen Vergangenheit des Mitarbeiters enthielt und auch die Frage nach der „Abstammung“ keine detaillierte Auskunft erforderte, ging die Dresdner Bank dennoch über die Vorschrift hinaus, die die Dritte Durchführungsverordnung (RGBl. I 1933, zu § 7, S. 248) für Beamte vorsah. Denn für Beamte galt, dass nur diejenigen einen Fragebogen auszufüllen hatten, „von denen angenommen werden kann, daß sie unter § 2 bis § 4 fallen (d. h. „Nichtarier“ waren, D.Z.) und bei denen nicht unzweifelhaft eine Ausnahme des § 3 Abs. 2 (Frontkämpfer, D.Z.) vorliegt.“

Solche Fälle von bewusst oder im guten Glauben gemachten unrichtigen Angaben sind tatsächlich dokumentiert: „Durch einen Zufall“, so heißt es in der Personalakte der 1916 von der Darmstädter Bank eingestellten Irmgard Gr, sei im Februar 1935 „entdeckt“ worden, dass die Erklärung der „arischen“ Abstammung „unrichtig“ war. Die Bank forderte die Geburtsurkunde an und stellte daraufhin fest, dass die Mutter von Irmgard Gr zwar Nichtjüdin und in zweiter Ehe mit einem Nichtjuden verheiratet war. Irmgard Gr entstammte aber der ersten Ehe der Mutter mit Alfred Gr, der jüdischen Glaubens war und dessen Namen Irmgard Gr trotz der Wiederverheiratung der Mutter weiter trug. Die Bank verzichtete zwar auf eine Untersuchung, „ob Fräulein G. bei der Abgabe ihrer Erklärung gutgläubig war oder nicht“. Irmgard Gr wurde aber sofort beurlaubt und zum 30.6.1935 gekündigt.[1015]

In der Aktennotiz, in der das Ergebnis der Überprüfung festgehalten worden war, wurde zwar angeführt, dass die Bank nach Rücksprache mit den Betriebszellenobleuten Oberberg und Voth wegen der Dienstzeit von fast zwanzig Jahren kein Verfahren wegen böswilliger Täuschung eingeleitet hatte. Die Begründung ist aber wenig glaubwürdig. Wie der nach dem Krieg an zahlreichen Entnazifizierungsverfahren beteiligte Betriebsrat der Dresdner Bank bestätigte,[1016] war es das Interesse der Bank gewesen, strafrechtlich relevante Fälle intern zu halten und insbesondere die Gestapo aus dem Haus herauszuhalten. Dafür musste man allerdings Voth und Oberberg ins Boot holen. Denn Voth hatte durch den Spitzeldienst der Deutschen Arbeitsfront („Amt Information“) beste Beziehungen zur Gestapo. Nur wenn auch er an einer internen Regelung beteiligt wurde und dem Verfahren zustimmte, konnte die Bank ihr Ziel erreichen. Weshalb der Obmann Voth, der ansonsten jeden Anlass nutzte, um die „nichtarischen“ Angestellten zu drangsalieren, auf eine Anzeige bei der Gestapo verzichtete, ist auf den ersten Blick erstaunlich. Wahrscheinlich hat es eine Verabredung zwischen ihm, dem Direktor der Personalabteilung und Irmgard Gr gegeben, wonach sich Irmgard Gr damit einverstanden erklärte, auf die Abfindung, die ihr als „nicht geschützte Nichtarierin“ bei einer Entlassung aus dem Dienst bei der Dresdner Bank zugestanden

1015 Schreiben an Irmgard Gr v. 5.2.1935, in: HAC 500/E.2130.

1016 Im Entnazifizierungsverfahren des Personalchefs Adolf Gaebelein bezeichnete der Betriebsratsvorsitzende Adolf Wendt Gaebelein zwar einerseits als einen „kalten und herzlosen“ Karrieristen, bescheinigte ihm aber andererseits, dass er den Anweisungen des Vorstands gefolgt sei, sich bei „Anzeigen von Parteianhängern gegen Andersgesinnte in einer für die Bedrohten anständigen und glimpflichen Form“ verhalten habe, um „die Bedrohten vor Bestrafung zu schützen“. Aktennotiz des Betriebsratsvorsitzenden Wendt zur Verwendung der Ermittlungsstabes der Entnazifizierungskommission des Bezirksamts Steglitz (datiert 16.11.1948), in: HAC 500/50079-2000.

hätte und die die Bank nach neunzehn Dienstjahren auf etwa 4.200 RM schätzte, zu verzichten und sich stattdessen mit einer Abfindung von 1.000 RM (brutto) zufrieden zu geben. Im Gegenzug verzichtete die Bank auf eine Anzeige. Besonders zynisch an dieser Vereinbarung ist schließlich noch, dass die Bank die Tatsache, dass Irmgard Gr überhaupt eine Abfindung erhielt, als eine „soziale Rücksicht" bezeichnete.[1017]

Ein zweiter Fall von „unrichtigen" Angaben im Fragebogen deutet daraufhin, dass die Bögen immerhin stichprobenartig bei Verdacht untersucht wurden. Die stellungslose evangelische Stenotypistin Lieselotte Fe hatte eigentlich mittelbar von der „Entjudung" der Dresdner Bank profitiert. Denn sie wurde als Ersatz für die zahlreichen „nichtarischen" Berufskolleginnen, die im Juli und August 1933 ausscheiden mussten, kurzfristig neu eingestellt. Der Sachbearbeiter der Personal-Abteilung vermerkte auf ihrem Abstammungsfragebogen, der natürlich auch von den neu eingestellten Angestellten ausgefüllt werden musste, dass die Großmutter mütterlicherseits eine „geborene Löwenthal?" war.[1018]

Wahrscheinlich war der Sachbearbeiter durch eigene Recherchen im Hause auf diese Spur gekommen. Denn Lieselotte Fe hatte ihre Großmutter, die Witwe eines ehemaligen Direktors, als Referenz angegeben. Aus der Personalakte des Großvaters konnte der Geburtsname der Ehefrau ermittelt werden. Der jüdisch klingende Name war für den eifrigen Sachbearbeiter wahrscheinlich ausreichend, Lieselotte Fe aufzufordern, die „arische Abstammung" durch die Beibringung des Taufscheines ihrer Urgroßmutter nachzuweisen. Nachdem ihr dies bis Mitte Februar 1934 nicht gelungen war, wurde die Kündigung fristgerecht zum Quartalsende ausgesprochen. Lieselotte Fe erkannte die Kündigung zwar zunächst nicht an, weil ihr „nur durch eine nicht erwiesene Vermutung [...] jede Existenzmöglichkeit für die Zukunft genommen" werde.[1019] Das nützte aber nichts. Die Beweispflicht für ihre „rein arische" Abstammung lag bei ihr. Immerhin ermöglichte die Bank Lieselotte Fe von sich aus zu kündigen, so dass der Grund für das Ausscheiden auf dem Abgangszeugnis nicht ersichtlich wurde. Auch bei einer Anfrage der Commerzbank, bei der sich Lieselotte Fe nach der Kündigung beworben hatte, wurde auf die mögliche „nichtarische Abstammung" nicht eingegangen.[1020]

Welchen Aufwand eine Angestellte treiben musste, um einen lückenlosen Nachweis ihrer „rein arischen" Abstammung zu erbringen, zeigt das Beispiel der

1017 Aktennotiz v. 12.2.1935, in: ebd.

1018 Abstammungsfragebogen (ausgefüllt am 15.7.1933), handschriftlicher Vermerk (undatiert). HAC 500/E.3011.

1019 Schreiben von Lieselotte Fe v. 12.2.1934, in: ebd.

1020 Schreiben an die Commerz- und Privatbank v. 18.7.1934, in: ebd.

1928 von der Dresdner Bank eingestellten Gertrude vD. „Verdächtig“ war sie trotz ihrer Konfessionsangabe im Personalbogen als „katholisch“, weil sie den Abstammungsfragebogen versehentlich vergessen hatte zu unterschreiben. Außerdem stammte Gertrude vD aus Wien, wo es bekanntlich die größte jüdische Gemeinde in einer Großstadt im deutschsprachigen Raum gab, und dann war der Vater auch noch ein bekannter Modedesigner, also ein Künstler. Das bewertete ein besonders gewissenhafter Sachbearbeiter offenbar als eine ausreichende Zahl von Indizien, um eine Abstammungsüberprüfung einzuleiten. Jedenfalls reichte der Bank in diesem Fall die Selbstauskunft als „arisch“ im Abstammungsfragebogen nicht aus. So wurde Gertrude vD fast ein halbes Jahr nach der Abgabe ihres Abstammungsfragebogens mitgeteilt, dass die Bank „verpflichtet“ sei, „die uns gemachten Angaben zu überprüfen“. Zu diesem Zweck wurde ihr ein „amtlicher Fragebogen“ übergeben, den sie ausfüllen und „baldigst“ mit den geforderten „Original-Urkunden“ unterschrieben einreichen sollte.[1021]

Für Gertrude vD hing von dem Nachweis ihrer „rein arischen“ Abstammung aber wohl noch mehr ab als ihre Stellung bei der Dresdner Bank. Denn sie war geschieden und hatten einen schwerstbehinderten Sohn, der in einer Einrichtung der Stadt Berlin untergebracht war. Die Kosten der Unterbringung trug der Fürsorgeverband des Bezirks Schöneberg, da der Verdienst von Gertrude vD nicht ausreichte und sich der Vater des Kindes dauerhaft im Ausland aufhielt und für die deutschen Behörden nicht greifbar war. Ihre Andeutung, dass für sie „einiges“ von der Anerkennung „abhängt“, deutet darauf hin, dass in dem Fall, dass der Sohn von einer „nichtarischen“ Mutter abstammte, die Unterbringung oder mindestens die Finanzierung der Unterbringung aus öffentlichen Mitteln nicht mehr gewährleistet war.

Der Fragebogen, der offenbar ansonsten nur von Beamten im öffentlichen Dienst auszufüllen war, fragte nach den Eltern und Großeltern und deren Konfession. Das bedeutete für Gertrude vD, dass sie, um die „arische“ Abstammung der Großeltern nachweisen zu können, auch die Konfession der Urgroßeltern ermitteln und durch deren Tauf- oder Trauscheine nachweisen musste. Das war in ihrem Fall besonders schwierig, weil sie manche der Urkunden aus Österreich beschaffen musste. Sie reichte deswegen eine Woche später nur ihren Taufschein und den Trauschein ihrer Eltern ein und kündigte an, dass die Beschaffung der diversen Geburtsurkunden und Trauscheine noch einige Zeit in Anspruch nehmen werde. Eine Spitze gegen das Verfahren konnte sie sich allerdings nicht verkneifen. So versicherte sie, dass sie nichts unversucht lassen werde, die geforder-

1021 Schreiben an Gertrude vD v. 2.11.1933, in: HAC 500/E.1846.

ten Dokumente, „trotz der vielen Mühe und den im Verhältnis zu meinen geringen Einnahmen sicher nicht unerheblichen Kosten“, beizubringen.[1022]

Tatsächlich gelang es Gertrude vD, innerhalb von vier Wochen insgesamt fünfzehn Dokumente ausstellen zu lassen, darunter alle vier Trauscheine ihrer Urgroßeltern. Nachdem sie alle Dokumente im Original geprüft hatte, bescheinigte ihr die Bank noch vor Jahresende 1933, dass die Untersuchung nun abgeschlossen sei und reichte ihr die Dokumente zurück.[1023] Gertrude vD konnte deswegen im Dienst bei der Dresdner Bank verbleiben und schied erst aus, als sie sich im Jahr 1938 ein zweites Mal verheiratete.

Die ganze Absurdität der Abstammungsüberprüfung muss auch den nationalsozialistischen Parteigenossen aufgefallen sein. Zu welchen ideologischen „Verrenkungen“ sie führen konnte, zeigt der Fall der unehelich geborenen Sekretärin Hermine Sch. Sie gehört nicht zum Sample, weil von ihr keine Personalakte überliefert ist. Denn sie war eine Angestellte der Filiale in München. Ihre Abstammungsprüfung hätte allerdings genauso auch in Berlin durchgeführt werden müssen und stellt insofern eine wichtige Variante der Prüfungen dar.

Hermine Sch war eine der wenigen weiblichen Mitglieder der Münchner NS-Betriebszelle gewesen, die bereits vor der Machtübernahme der Nationalsozialisten dort eingetreten waren. Anlässlich ihrer „Abstammungsüberprüfung“ hatte ihr ihre Mutter eröffnet, dass ihr leiblicher Vater Jude gewesen war. Als Mitglied der NS-Betriebszelle, in der sie sich bereits in der von den Nationalsozialisten so bezeichneten „Kampfzeit“ engagiert hatte, fühlte sie sich berechtigt, von den Bestimmungen des Berufsbeamtengesetzes ausgenommen zu werden. Von ihren „Arbeitskameraden“ in der Betriebszelle wurde sie in dieser Überzeugung unterstützt. In einem Schreiben des Betriebszellenobmanns der Münchner Filiale an das Reichswirtschaftsministerium, das über Ausnahmen vom Berufsbeamtengesetz bei der Dresdner Bank zu entscheiden hatte, hieß es: „Zu der Zeit, als die Mutter von Frl. Sch. von dem Juden verführt wurde, war das deutsche Volk und insbesondere dessen weiblicher Teil noch nicht in dem Maße über die jüdische Gefahr aufgeklärt wie heute“. Die Verhältnisse, „unter denen die Verführung erfolgte“, könnten heute nicht mehr aufgeklärt werden. Denkbar seien aber „Heiratsversprechen, jüdische Überredungskunst, vielleicht auch momentane hysterische Störungen“.[1024] Das Ministerium scheint diese Argumentation tatsächlich überzeugt zu haben. Jedenfalls genehmigte es eine befristete Weiterbeschäftigung und bestand lediglich auf der Streichung der NSBO-Mitgliedschaft. Dennoch ist es

1022 Schreiben von Gertrude vD v. 9.11.1933, in: ebd.

1023 Schreiben von Gertrude vD v. 9.12.1933 u. Schreiben an Gertrude vD v. 13.12.1933, in: ebd.

1024 Schreiben der NSBO Dresdner Bank München v. 1.7.1933, in: BA Berlin, R 3101 Akten d. RWM Nr. 8728.

äußerst unwahrscheinlich, dass die Frau als „nicht geschützte Nichtarierin“ in einem dauerhaften Beschäftigungsverhältnis bei der Bank bleiben konnte. Belegen lässt sich das wegen der fehlenden Personalakte allerdings nicht.

Durch eine weitere Verordnung wurde im September 1933 darüber hinaus festgelegt, dass Unternehmen, deren Gesellschaftskapital sich mit mehr als der Hälfte im Eigentum von Körperschaften des öffentlichen Rechts befanden, keine Arbeiter und Angestellten einstellen durften, die mit einer Person „nichtarischer Abstammung“ verheiratet waren.[1025] Damit waren auch Nichtjuden in „Mischehen“ von dem Gesetz erfasst. Nichtjüdische Angestellte in „Mischehe“ mussten danach zwar nicht entlassen werden. Aber für die betroffenen Bankangestellten bedeutete diese Regelung eine schwerwiegende Beeinträchtigung ihrer Freizügigkeit. Denn eine neue Anstellung bei einer Großbank oder im öffentlichen Bankensektor war damit so gut wie ausgeschlossen. Ausnahmen waren nach dem Gesetz nicht zulässig.

Es konnten zwei in „Mischehe“ lebende nichtjüdische Angestellte ermittelt werden. Dabei handelte es sich um die Tarifangestellten Georg Ei und Benedikt Bäu. Beide hatten in einem Abstammungsfragebogen Anfang 1939 Auskunft über die „rassische“ Abstammung ihrer Ehefrauen Auskunft geben müssen,[1026] wurden aber nicht gekündigt und arbeiteten bis Kriegsende bei der Dresdner Bank in Berlin. Benedikt Bäu war allerdings diversen Schikanen seitens der Kollegenschaft ausgesetzt, weil er sich nicht scheiden ließ.[1027] Indem er zu seiner Frau Jenny hielt, rettete er ihr aber vermutlich das Leben. Die Frau von Georg Ei war nicht in vergleichbarer Weise gefährdet, weil sie 1939 bereits als „Mischling“ anerkannt war und das Reichsbürgerrecht besaß.

7.3 Die Anerkennung als „geschützte Nichtarierin“

Die 35 „nichtarischen“ Frauen, die am 1. April 1933 bei der Dresdner Bank in Berlin beschäftigt waren und deren Personalakten überliefert sind, hatten Ende Juni 1933 alle mit nur einer Ausnahme ihre Kündigung zum 31.7. erhalten. Tatsächlich wurden viele von ihnen im Juli und August entlassen. Aber es gab auch Ausnah-

---

1025 Zweite Verordnung zur Änderung und Ergänzung der Zweiten Verordnung zur Durchführung des Gesetzes zur Wiederherstellung des Berufsbeamtentums v. 28.9.1933, RGBl. 1933/1, S. 678.

1026 Fragebogen zur rassischen Herkunft der Ehefrau, ausgefüllt am 6.1.1939 (Georg Ei, HAC 500/E.3178) und ausgefüllt am 9.1.1939 (Benedikt Bäu, HAC 500/E.4360).

1027 Schreiben v. Benedikt Bäu v. 23.12.1953, in: HAC 500/E.4360 sowie Schreiben des Betriebsratsvorsitzenden Adolf Wendt an Benedikt Bäu, o. D. (Februar 1947), in: HAC 500/ 50080-2001.

men. Zum einen kannte das Berufsbeamtengesetz Ausnahmen. Dabei handelte es sich, wie bereits kurz erwähnt, um „Nichtarier“, die bestimmte Merkmale aufwiesen. Nach dem Berufsbeamtengesetz galt das für zwei Gruppen: die erste Gruppe waren diejenigen Beamten, die „im Weltkrieg an der Front für das Deutsche Reich oder für seine Verbündeten gekämpft“ hatten („Frontkämpferprivileg“); die zweite Gruppe waren diejenigen Beamten, die bereits vor dem 1. August 1914 im Dienst gewesen waren.[1028]

Frauen konnten keine Frontkämpfer gewesen sein; und andere Tätigkeiten in Zusammenhang mit den Kriegsanstrengungen zählten nicht – etwa die Verleihung der Rote-Kreuz-Medaille für den Dienst als Hilfsschwester in einem Lazarett. Die einzige Möglichkeit, nach der Frontkämpferklausel von den Bestimmungen des Gesetzes ausgenommen zu werden, besaßen Frauen und jüngere Männer, die im Weltkrieg noch nicht das wehrfähige Alter erreicht hatten, wenn „deren Väter oder Söhne im Weltkrieg gefallen“ waren. Solche Fälle waren aber auch unter den jüngeren Männern sehr selten, so dass es nicht verwunderlich ist, wenn von den 35 „nichtarischen“ weiblichen Angestellten nur eine aufgrund des Frontkämpferprivilegs „geschützt“ war. Sie war auch die Einzige unter den 35 Frauen, die nicht sofort die Kündigung erhielt. Denn der Abstammungsbogen fragte auch danach, ob man Frontkämpfer gewesen und ob Vater oder Sohn im Krieg gefallen war. Hatte ein „nichtarischer“ Angestellter oder eine Angestellte diese Ausnahmebestimmung geltend gemacht, erfolgte keine Kündigung, sondern die betreffende Person wurde aufgefordert, den entsprechenden Nachweis zu erbringen. Denn die Definitionen dessen, was unter „gekämpft“ bzw. „gefallen“ zu verstehen war, waren eng gefasst. Nach der Dritten Durchführungsverordnung zum Berufsbeamtengesetz musste der Tod in einem unmittelbaren Zusammenhang mit einer „Schlacht, einem Gefecht, einem Stellungskampf oder einer Belagerung“ erfolgt sein,[1029] was durch eine vom Zentralnachweiseamt für Kriegerverluste und Kriegergräber ausgestellte „Todesbescheinigung“ in jedem Einzelfall nachgewiesen werden musste.

Die Anerkennung der Ausnahmebestimmung aufgrund des Frontkämpferprivilegs war im Falle von Charlotte Blo vergleichsweise unkompliziert. Sie gehörte zur ersten Generation weiblicher Lehrlinge, hatte ihre Lehre bei der Danat Bank 1922 begonnen und gehört auch zum Sample 1 (s. Kap. 3.3.5.). Nach ihrer Lehrzeit war sie von der Danat Bank übernommen worden. In ihrem Abstammungsfragebogen hatte sie angegeben, dass ihr Vater im Krieg gefallen war. Wie in den

1028 Gesetz zur Wiederherstellung des Berufsbeamtentums v. 7.4.1933, § 3, Abs. 2, S. 175.
1029 Dritte Verordnung zur Durchführung des Gesetzes zur Wiederherstellung des Berufsbeamtentums v. 6.5.1933, RGBl. 1933/1, Zu § 3, Abs. 3, S. 247.

Fällen männlicher Frontkämpfer unter den Angestellten forderte die Bank Charlotte Blo daraufhin auf, die Todesbescheinigung einzureichen, „aus der hervorgeht, dass ihr Herr Vater im Weltkriege gefallen ist".[1030]

Nachdem Charlotte Blo die Todesbescheinigung beschafft und eingereicht hatte, bestätigte die Bank ihr, dass „Ihr Herr Vater in Cappy im Feldlazarett 63 an den im Gefecht erhaltenen Wunden am 13. April 1918 verstorben ist".[1031] Damit war Charlotte Blo als „geschützte Nichtarierin" anerkannt. Darauf verließ sie sich allerdings nicht. Ein halbes Jahr später erkundigte sie sich nach der Höhe der Heiratsbeihilfe, die ihr nach knapp neun Dienstjahren (plus der zweieinhalbjährigen Lehrzeit) zustand. Als sie wenig später im März 1934 heiratete, erhielt sie 1.274 RM als Heiratsbeihilfe.[1032] Dabei wurde sie nicht schlechter gestellt als ihre nichtjüdischen Kolleginnen. Wie bei allen anderen Frauen errechnete sich die Beihilfe nach folgendem Schlüssel: Ihr letztes Monatsgehalt betrug in der Tarifgruppe 2, 9. Berufsjahr, 195,80 RM. Von diesem Betrag wurde ein Viertel abgezogen. Das ergab 146,85 RM. Dieser Betrag wurde bei einer Dienstzeit von acht Jahren und acht Monaten mit dem Faktor 8,66 multipliziert. Lediglich die Lehrzeit wurde ihr nicht als Dienstzeit angerechnet. Aber auch das war ein übliches Verfahren bei der Berechnung der Heiratsbeihilfen. Ihr weiterer Lebensweg ist zwar nicht dokumentiert. Aber es ist durchaus denkbar, dass sie die Heiratsbeihilfe nicht zur Gründung eines eigenen (Familien-)Haushalts verwendete, sondern die Auswanderung für sich und ihren Ehemann (mit-)finanzierte.

Die Ausnahmebestimmung, wonach Beamte, die vor dem 1. August 1914 in den öffentlichen Dienst eingetreten waren, von den Bestimmungen des Berufsbeamtengesetzes ausgenommen waren, war zunächst noch nicht auf die Angestellten der dem öffentlichen Dienst gleichgestellten Unternehmen ausgedehnt worden. Das hatte der Gesetzgeber erst am 7. Juli 1933 nachgeholt.[1033] Drei Tage später nahm die Dresdner Bank die Kündigung bei fünf Frauen wieder zurück, die nachweisen konnten, dass sie unter die Ausnahmebestimmungen des Berufsbeamtengesetzes fielen. Dabei handelte es sich um diejenigen Frauen, die bereits vor 1914 bei der Dresdner Bank, der Darmstädter Bank oder der Nationalbank für Deutschland eingestellt und seitdem ohne Unterbrechung beschäftigt worden

1030 Schreiben an Charlotte Blo v. 11.7.1933, in: HAC 500/E.3813.

1031 Schreiben an Charlotte Blo v. 18.7.1933, in: ebd.

1032 Schreiben v. Charlotte Blo v. 12.2.1934 und Schreiben an Charlotte Blo v. 3.4.1934, in: ebd.

1033 Verordnung zur Änderung und Ergänzung der Zweiten Verordnung zur Durchführung des Gesetzes zur Wiederherstellung des Berufsbeamtentums v. 7.7.1933, RGBl. 1933/1, Ziffer IV, S. 459.

waren.[1034] Bei ihnen war die Richtigkeit der Angabe aus der jeweiligen Personalakte ohne großen Aufwand zu ermitteln gewesen.

Fast alle von den Kündigungen betroffenen Frauen versuchten die Bank davon zu überzeugen, dass in ihrem Fall eine Ausnahme gemacht werden sollte und argumentierten vor allem mit ihrer sozialen Lage. Solche Versuche waren aber völlig aussichtslos. In zwei Fällen argumentierten die Frauen mit Todesfällen, um die Anerkennung als „geschützt" durch das Frontkämpferprivileg zu erreichen. In dem einen Fall war allerdings nicht der Vater „gefallen", während bei dem zweiten Fall der Zusammenhang mit einer Verwundung im „Gefecht" nur schwer zu erbringen war. Dennoch übergab die Bank die Fälle zur Prüfung an das Reichswirtschaftsministerium, das schließlich entschied.

Bei dem ersten Fall handelte es sich um Gerty St1, die während des Krieges als Hilfsschwester in einem Lazarett gearbeitet hatte. In dem zweiten Fall argumentierte Lore Ha, dass ihr Vater, Träger des Eisernen Kreuzes 1. Klasse und des Verwundetenabzeichens, an den Kriegsfolgen verstorben war. Außerdem wies sie darauf hin, dass ihr Vater Baltikumkämpfer und am Kapp-Putsch beteiligt war. Nach ihren Angaben war er 1926 an einer Herzerkrankung verstorben, die er sich im Krieg zugezogen hatte.[1035] Beide Anträge wurden zwar durch die Ministerien geprüft, wobei die Kündigung während dieser Prüfungsphase ausgesetzt war. Am Ende erhielten beide Frauen im Oktober 1933 einen abschlägigen Bescheid. Sie behielten also ihren Status als „nicht geschützte Nichtarier" und konnten nur hoffen, dass es ihren Chefs gelang, mit dem Argument der Unabkömmlichkeit ihre Entlassung hinauszuschieben.

Neben den beiden Ausnahmebestimmungen des Berufsbeamtengesetzes schien es zunächst noch eine weitere Möglichkeit zu geben, die Kündigung als „Nichtarier" nach dem Berufsbeamtengesetz aufheben zu lassen. Denn vier jüdische Beschäftigte der Dresdner Bank in Berlin waren ausländische Staatsbürger. Zwei von ihnen waren weibliche Angestellte, eine Ungarin und eine Tschechoslowakin, und zwei waren männlich, ein Rumäne und ein Tschechoslowake. Die Bankleitung wollte anscheinend zunächst alle vier Ausländer behalten. Aber dagegen erhob der (nazifizierte) Betriebsrat Einspruch. Deshalb wandte sich die Personalabteilung an das Reichswirtschaftsministerium und fragte dort nach, wie die Bank in diesen Fällen verfahren sollte. Im Falle der Ungarin Else Kle hatte sie bereits eine vom

1034 Wer bei diesen drei Banken beschäftigt gewesen war, wurde ohne Probleme als „geschützt" anerkannt. Wer allerdings aus einer anderen übernommenen Bank stammte, bekam Probleme. Bei keiner der Frauen war das der Fall. Aber es sind Fälle männlicher Angestellter nachweisbar, bei denen die Anerkennung versagt wurde.

1035 Abstammungsfragebogen (ausgefüllt am 25.6.1933) sowie Schreiben von Lore Ha v. 30.6.1933, in: HAC 500/959.

Innenministerium veranlasste Warnung des Gewerbeaufsichtsamts erhalten, wonach der Bank empfohlen wurde, „Frl. Kle weiter zu beschäftigen, da sonst Gegenmaßnahmen der Ungarischen Regierung zu erwarten seien". Ob solche Maßnahmen auch im Falle des Rumänen und der beiden Tschechoslowaken zu befürchten seien, wollte die Bank bei der Entscheidung berücksichtigt sehen.[1036]

Wegen der Unsicherheit über die Rechtmäßigkeit bzw. über die politische Opportunität der Entlassung „nichtarischer" Ausländer wurde die Kündigung von Else Kle und der tschechoslowakischen Staatsbürgerin Karoline K-L zunächst bis zum 31.10.1933 ausgesetzt. Karoline K-L wartete aber nicht die Entscheidung des deutschen Wirtschaftsministeriums ab, sondern wandte sich an ihren ehemaligen Vorgesetzten, das stellvertretende Vorstandsmitglied der Dresdner Bank Ludwig Bloch. Bloch war bereits nach der Fusion mit der Danat Bank ausgeschieden und forderte nun ihren direkten Vorgesetzten auf, sich für Karoline K-L einzusetzen.[1037] Allerdings dürfte Blochs Wort in der Bank nicht mehr allzu viel Gewicht gehabt haben. Denn auch er war ein „Nichtarier". Sein Nachfolger übergab das Schreiben deshalb kommentarlos an die Personalabteilung, die Bloch ebenfalls nicht antwortete.

Anfang Oktober lag die Antwort des Wirtschaftsministeriums vor, das keine Bedenken hatte, alle vier ausländischen „Nichtarier" zu entlassen. Daraufhin teilte die Bank den beiden Frauen mit, dass ihre „Bemühungen zur Erlangung einer Beschäftigungsgenehmigung erfolglos" geblieben seien und eine weitere Verlängerung des Beschäftigungsverhältnisses über den 31.10.1933 hinaus nicht möglich sei.[1038]

Während Else Kle nichts weiter unternahm, wandte sich Karoline K-L an das tschechoslowakische Generalkonsulat in Berlin und bat um Hilfe. Der Generalkonsul wandte sich daraufhin an die Dresdner Bank und argumentierte, dass sich „der sog. Arierparagraph ... auf Karoline K-L als tschechoslowakische Staatsbürgerin ... nicht beziehen" könne, und „dass ein Aufrechtbleiben ihres Dienstverhältnisses für die Gegenseitigkeit zwischen dem Deutschen Reiche sowie der Cechoslowakischen Republik ... massgebend bleibt".[1039] Die Bank antwortete darauf nach Rücksprache mit dem Reichswirtschaftsministerium lapidar, dass „das Dienstverhältnis mit Fräulein Karoline K-L nicht wegen ihrer cechoslowakischen Staatsangehörigkeit, sondern aufgrund des Gesetzes zur Wiederherstellung des

1036 Schreiben an das Reichswirtschaftsministerium v. 14.8.1933, in: HAC 500/E.480.

1037 Schreiben von Ludwig Bloch an Direktor Zapf v. 9.7.1933, in: HAC 500/E.869.

1038 Gleichlautende Schreiben an Else Kle und Caroline K-L v. 4.10.1933, in: HAC 500/E.480 und HAC 500/E.869.

1039 Schreiben des Generalkonsuls der Tschechoslowakischen Republik (Unterschrift unleserlich) v. 24.10.1934, in: HAC 500/E.869.

Berufsbeamtentums (nichtarische Abstammung) von uns aufgekündigt worden ist".[1040] Auch die beiden männlichen Angestellten, der tschechoslowakische Staatsbürger Dr. Heinrich Au und der rumänische Staatsbürger Paul Go wurden zum 31.10.1933 entlassen. Sie hatten das gleiche Schreiben wie Karoline K-L und Else Kle erhalten, in dem die Bank ihnen mitteilte, dass ihre „Bemühungen" um eine Weiterbeschäftigung erfolglos waren.[1041] Während Paul Go nach Palästina auswanderte und Else Kle später deportiert und ermordet wurde, war das weitere Schicksal von Dr. Heinrich Au und Karoline K-L nicht zu ermitteln.

Interessant ist ein Vergleich der Verteilung zwischen „geschützten" und „nicht geschützten Nichtariern" bei Männern und Frauen. In der Gesamtbelegschaft betrug das Verhältnis zwei „geschützte" zu drei „nicht geschützten Nichtariern".[1042] Geht man davon aus, dass etwa 540 „nichtarische" Angestellte beiderlei Geschlechts im Frühjahr 1933 bei der Dresdner Bank beschäftigt waren, waren 215 Personen „geschützt" und 325 Personen „nicht geschützt". Betrachtet man nur die weiblichen Angestellten, ergibt sich ein ganz anderes Bild. Von den 35 Frauen des Samples 2 waren nur sechs „geschützt", aber 29 „nicht geschützt".

Der Grund für diesen Unterschied ist vor allem, aber nicht ausschließlich das Frontkämpferprivileg. Von den insgesamt 67 als „geschützte Nichtarier" anerkannten Angestellten beiderlei Geschlechts, deren Personalakten überliefert sind, waren vierzig aufgrund der langen Dienstzeit und 27 als „Frontkämpfer" anerkannt. Unter der Voraussetzung, dass die ausgewerteten repräsentativ für die Gesamtheit der Personalakten der Angestellten jüdischer Herkunft sind, kann somit von einem Anteil der „Frontkämpfer" unter den „geschützten Nichtariern" von etwa vierzig Prozent ausgegangen werden. Betrachtet man nur die männlichen Angestellten machten die „Frontkämpfer" sogar einen Anteil von knapp 43 Prozent aus, während es bei den Frauen nur eine von sechs „geschützten Nichtarierinnen" war.

1040 Schreiben an das Generalkonsulat der Tschechoslowakischen Republik v. 7.12.1933, in: ebd. Die Genehmigung des Ministeriums datiert v. 23.11.1933, in: ebd.

1041 Die Schreiben finden sich in: HAC 500/E.3523 sowie HAC 500/E.2225.

1042 Nach einer Aufstellung vom August 1933 betrug die Zahl der „geschützten Nichtarier" 214 Personen. Da zu diesem Zeitpunkt „geschützte Nichtarier" noch nicht entlassen worden waren, dürfte dieser Wert nahe am Ausgangswert im Juni 1933 liegen, als die Kündigungen ausgesprochen wurden. Bei einer geschätzten Gesamtzahl von rund 540 Angestellten jüdischer Herkunft und gesichert etwa 215 „geschützten Nichtariern" ist von 325 „nicht geschützten Nichtariern" auszugehen. Das entspricht einem Anteil der „geschützten Nichtarier" von knapp 40%. Eine gewisse Unsicherheit besteht lediglich darin, dass nicht bekannt ist, ob es Unterschiede in der Verteilung zwischen Berlin und den Filialen gegeben hat, wovon bei dieser Berechnung aber nicht ausgegangen ist. Vgl. hierzu Ziegler, Dresdner Bank, S. 46.

Die Gruppe der „geschützten Nichtarier" besaß ein sehr spezifisches Profil, das sich vom Durchschnitt der Gesamtheit der Angestellten jüdischer Herkunft deutlich unterschied. Wegen des besonderen Charakters der Ausnahmebestimmungen gehörte fast kein Angestellter unter 35 Jahren dazu. Während die Geburtsjahrgänge von 1890 bis 1896 unter den „Frontkämpfern" sehr stark vertreten waren, wurden die älteren Jahrgänge in erster Linie aufgrund der langen Dienstzeit „geschützt". Vor 1890 waren aber nur sehr wenige weibliche Angestellte des Samples 1 (elf von 152) und des Samples 2 (sechs von 35) geboren worden, was dadurch erklärt werden kann, dass vor dem Ersten Weltkrieg nur wenige Frauen und während des Krieges fast ausschließlich junge Frauen unter 25 Jahren eingestellt worden waren (s. Kap. 3.2.).

Auch die „Oberbeamten" (einschließlich der Prokuristen) waren stark überrepräsentiert. Über die Hälfte der identifizierten „geschützten Nichtarier" zählten zu dieser Gruppe – gegenüber einem Anteil der „Oberbeamten" von etwa fünfzehn Prozent an der Gesamtbelegschaft und etwa einem Viertel unter den Angestellten jüdischer Herkunft in Berlin. Dieses Ergebnis ist insofern nicht verwunderlich, als in der Dresdner Bank die „Oberbeamten" überwiegend aus dem eigenen Haus rekrutiert wurden. Vor allem die meist noch etwas jüngeren Prokuristen, die aufgrund ihres Alters 1914 noch nicht bei der Dresdner Bank oder einer ihrer Rechtsvorgänger beschäftigt gewesen sein konnten, gehörten überwiegend zu den Jahrgängen, die vor ihrer Anstellung bei einer der Banken als junge Männer während des Krieges einberufen worden waren. Da es unter den „Oberbeamten", ja selbst unter den Prokuristen in der Dresdner Bank keine Frauen gab, musste sich auch das hierarchische Gefüge mittelbar in der geringen Zahl „geschützter Nichtarierinnen" niederschlagen.

7.4 Die Entlassung der „nicht geschützten Nichtarierinnen"

In den ersten zwei Monaten nach den Ende Juni 1933 ergangenen Kündigungen der „Nichtarier" wurden von den insgesamt 98 „nicht geschützten Nichtariern" beiderlei Geschlechts, deren Personalakten überliefert sind, 52, also mehr als die Hälfte in den ersten zwei Monaten entlassen; darunter elf der 29 durch die Ausnahmebestimmungen des Berufsbeamtengesetzes nicht „geschützten" weiblichen Angestellten aus Berlin. Rechnet man dieses Verhältnis auf alle etwa 540 „Nichtarier" hoch, dürften innerhalb von zwei Monaten etwa 160 bis 165 Angestellte in Berlin und den Filialen entlassen worden sein. Auch wenn es sich bei den „nicht geschützten Nichtariern" in erster Linie um junge Angestellte der unteren Tarifgruppen handelte, dürfte dieser Aderlass nicht ohne Folgen für die Funktionsfähigkeit der Bank gewesen sein. Die Bank hatte deshalb ein sehr vitales Interesse daran, den „Entjudungs“-Prozess zu drosseln und insbesondere die kurzfristige Entlassung qualifizierter Arbeitskräfte zu verhindern.

So ist wohl auch eine Initiative des Betriebsführers Hans Schippel zu erklären, der beim Reichswirtschaftsminister pauschal die Genehmigung für die Beschäftigung von einem Prozent jüdischer Mitarbeiter an der Gesamtbelegschaft beantragt hatte.[1043] Die implizite Begründung war wohl, dass dann der Beschäftigungsanteil der Juden in der Dresdner Bank in etwa ihrem Anteil an der Gesamtbevölkerung entsprochen hätte. Wenn diesem Antrag gefolgt worden wäre, wäre die Bank in der Lage gewesen, jene rund 20% aller ihrer jüdischen Angestellten auszuwählen, die nur schwer ersetzbar waren. Die „Entjudung" hätte dann nach strikt betrieblichen und nicht nach ausschließlich politisch-ideologischen Gesichtspunkten vollzogen werden können.

Zu einer solchen Genehmigung des Reichswirtschaftsministeriums kam es nicht. Doch der Gesetzgeber hatte, vermutlich in Kenntnis der sich vom öffentlichen Dienst gravierend unterscheidenden Situation des Bankgewerbes, immerhin die Möglichkeit eingeräumt, dass Wirtschaftsunternehmen, die unter das Berufsbeamtengesetz fielen, von Kündigungen absehen konnten, wenn „zwingende Gründe" vorlagen und die Innen- und Wirtschaftsminister diesen Ausnahmen zustimmten.[1044] In mehreren Fällen hatte die Dresdner Bank entsprechende Ausnahmeanträge gestellt, und in der Regel wurden diese Anträge befristet bis zunächst zum Ende des dritten Quartals 1933 auch genehmigt. In der Folgezeit wurden dann quartalsweise weitere Verlängerungsanträge gestellt. Die Zahl der genehmigten Ausnahmen nahm jedoch immer weiter ab.

Bis zum Jahresende 1933 waren von den „nicht geschützten nichtarischen“ Angestellten der Dresdner Bank, deren Personalakten hatten ermittelt werden können, knapp 75 Prozent nach den Bestimmungen des Berufsbeamtengesetzes entlassen oder (in Ausnahmefällen) in den Ruhestand versetzt worden. Auf die Gesamtzahl von 540 Angestellten umgerechnet, bedeutet dieser Wert unter Berücksichtigung erster Versetzungen in den Ruhestand von „geschützten Nichtariern“, dass zu Jahresbeginn 1934 nur noch etwas mehr als jeder zweite Angestellte jüdischer Herkunft (200 „geschützte Nichtarier“ und 80 „nicht geschützte Nichtarier“) in der Bank verblieben war.[1045] Unter den 35 Berliner „Nichtarierinnen“ waren es noch dreizehn, davon alle sechs „geschützten“ und nur noch sieben „nicht geschützte Nichtarierinnen“.

1043 Kopper, Marktwirtschaft, S. 222.

1044 Zweite Verordnung zur Durchführung des Gesetzes zur Wiederherstellung des Berufsbeamtentums v. 4.5.1933, RGBl. 1933/1, § 3 Abs. 2, S. 233.

1045 Vgl. hierzu. Ziegler, Dresdner Bank, S. 53 f.

Während der ersten Hälfte des Jahres 1934 setzte sich der „Entjudungs"-Prozess bei der Dresdner Bank weiter fort, weil von Quartalsende zu Quartalsende Verlängerungen von Ausnahmeregelungen durch das Reichswirtschaftsministerium nicht mehr genehmigt wurden. Bis zur Jahresmitte 1934 waren fast alle durch das Berufsbeamtengesetz „nicht geschützten" Angestellten jüdischer Herkunft entlassen worden. Anträge über diesen Zeitpunkt hinaus hatte die Bank bereits zu Jahresbeginn als aussichtslos angesehen.[1046] Insofern legten die Ministerien die Ausnahmeregelungen bei der Dresdner Bank restriktiver aus als der Gesetzgeber im Fall des öffentlichen Dienstes. Denn für anhängige, aber noch nicht abgeschlossene Abbauverfahren im öffentlichen Dienst wurde die Frist zunächst auf den 30.9.1934 und später sogar bis zum „Inkrafttreten des neuen deutschen Beamtengesetzes" verlängert.[1047]

Als einzige „nicht geschützte Nichtarier" der Berliner Zentrale, die über den 30.6.1934 hinaus bei der Dresdner Bank beschäftigt wurden, konnten mit Käte Ab, Lore Ha und Gertrud (Gerty) St drei Angestellte ermittelt werden. Dass es sich dabei ausschließlich um weibliche Angestellte handelte, scheint ein Zufall gewesen zu sein. Bei Käte Ab hatte sich das schließlich vergebliche Anerkennungsverfahren nach dem Frontkämpferprivileg so lange hingezogen, dass ihre Kündigung erst zum 31.7.1934 wirksam wurde. Bei Lore Ha dauerte die Prüfung bei weitem nicht so lange. Aber ihr Vorgesetzter setzte eine Aussetzung der Kündigung wegen der Unabkömmlichkeit der Angestellten durch, so dass sie erst zum 30.9.1934 ausscheiden musste. Lediglich bei der Sekretärin Gerty St1 konnte die Bank eine noch längere Beschäftigung bis zum 30.6.1935 erreichen. Eine Rolle spielte dabei zwar auch, dass Gerty St1 während des Krieges als Hilfsschwester in einem Lazarett gearbeitet hatte, weil die Prüfung ihres Antrages auf Anwendung des Frontkämpferprivileg einige Zeit in Anspruch nahm. Aber das einzigartig lange Aussetzen der Kündigung kann so nicht erklärt werden. Entscheidend war der Einsatz ihrer Chefs, des Dezernenten für Auslandsrechtssachen Joachim Ent-

---

1046 In einem internen Vermerk des Personalbüros hieß es zu Beginn des Jahres 1934, dass mit einer Fristverlängerung für die ausnahmsweise Beschäftigung „nicht geschützter Nichtarier" über den 30.6.1934 hinaus „wegen der grundsätzlichen Haltung der Ministerien [...] keinesfalls zu rechnen ist." Man riet deswegen von einer Antragstellung ganz ab (Aktennotiz v. 16.2.1934, in: HAC 500/E.4767). In zwei Fällen, in denen es dennoch versucht worden war, antwortete das Wirtschaftsministerium erwartungsgemäß, dass „nach der [...] Stellungnahme des Herrn Reichsministers des Inneren eine Beibehaltung der Angestellten [...] in ihrem Geschäftsbetriebe über den 30.6.1934 [...] hinaus nicht in Frage" kommt. Bescheid des Reichswirtschaftsministeriums v. 19.5.1934, in: ebd. sowie Bescheid v. 4.5.1934, in: HAC 500/E.4613.

1047 Viertes Gesetz zur Änderung des Gesetzes zur Wiederherstellung des Berufsbeamtentums v. 22.3.1934, RGBl. 1934/1, zu § 7, S. 203; Sechstes Gesetz zur Änderung des Gesetzes zur Wiederherstellung des Berufsbeamtentums v 26.9.1934, ebenda, S. 845.

zian und des neuen Chefsyndikus Ernst Leese. Beide argumentierten im Jahr 1934 erfolgreich, dass Gerty St1 derzeit nicht ersetzt werden könne,[1048] nachdem sie bereits vorher vom Betriebszellen-Obmann Erwin Voth als „zuverlässig im nationalen Sinne“ charakterisiert worden war.[1049] Die Genehmigung für eine dauerhafte Beschäftigung wurde aber auch im Fall von Gerty St1 am Ende nicht erreicht.

Wie der Fall von Gerty St1 zeigt, hing die Aussetzung der Entlassung ganz wesentlich vom Engagement der Vorgesetzten ab. Behauptete der Vorgesetzte gegenüber der Personalabteilung, dass seine Mitarbeiterin nur schwer oder gar nicht zu ersetzen sei, übernahm die Personalabteilung die Argumentation und stellte einen Antrag auf Dauerbeschäftigung oder wenigstens auf eine Verlängerung der Beschäftigungszeit beim Reichswirtschaftsministerium. Engagierte sich der Vorgesetzte nicht, wurde die Kündigung in der Regel zum 31.7. oder 31.8.1933 wirksam.

Dem Fall von Gerty St1 am nächsten kam die Korrespondentin einer Depositenkasse Lore Ha. Sie war die Tochter des 1926 verstorbenen Angestellten der Dresdner Bank Julius Ha. Sie wurde 1928 als Vollwaise bei der Dresdner Bank als Lehrling eingestellt und nach ihrer Lehrzeit mit der Einstufung in die Tarifgruppe 2 übernommen. Sie war konfessionell evangelisch, hatte aber zwei jüdische Großeltern väterlicherseits, galt deswegen als „Nichtarierin“ und sollte zum 31.7.1933 entlassen werden. Allerdings versuchte sie, wie oben bereits ausgeführt, durch die Anwendung des Frontkämpferprivilegs die Anerkennung als „geschützt“ für sich zu erreichen und legte Widerspruch ein.[1050] Inwieweit diese Angaben stimmten, wurde offenbar nicht überprüft. Denn die Todesumstände entsprachen nicht den eng gefassten Regeln der Dritten Durchführungsverordnung zum Berufsbeamtengesetz. Danach musste der Tod, wie oben an anderer Stelle bereits ausgeführt, in einem unmittelbaren Zusammenhang mit einem Gefecht erfolgt sein, was durch eine „Todesbescheinigung“ beim Zentralnachweiseamt für Kriegerver-

1048 „Fräulein St. war im Jahr 1932 die einzige Dame, die aufgrund ihrer perfekten englischen Sprachkenntnisse der Reichsbank für die Stillhalteverhandlungen seitens der Danat-Bank zur Verfügung gestellt wurde. Daneben hat sich Fräulein St. in andere zum Arbeitsbereich des Rechtsunterzeichneten (Entzian, D.Z.) gehörende neuere Rechtsmaterien, wie Devisenrecht, Osthilfe, Erbhofrecht, Gemeindeumschuldungsgesetz usw. so gut eingearbeitet, dass sie selbständig die erforderlichen Handakten und Sachregister über die neuen Gesetze führen und die dauernd notwendigen Ergänzungen und Erweiterungen ohne Anleitung vornehmen kann.“ Schreiben des Juristischen Büros v. 19.6.1934, in: HAC 500/E.4831.

1049 Schreiben an das Polizeipräsidium Berlin v. 11.8.1933, in: BA Berlin, R 3101 Akten des RWM, Akte 872.

1050 Abstammungsfragebogen (ausgefüllt am 25.6.1933) sowie Schreiben von Lore Ha v. 30.6.1933, in: HAC 500/959.

luste und Kriegergräber nachgewiesen werden musste. Ein solcher Nachweis war nicht zu erbringen, wenn der Tod erst Jahre nach Ende des Krieges eingetreten war.

Außerdem hatte die Bank auf Veranlassung ihres Depositenkassenvorstehers beim Reichswirtschaftsministerium um eine Genehmigung zur Dauerbeschäftigung für Lore Ha nachgesucht. Als sowohl der Antrag auf Anerkennung des Frontkämpferprivilegs als auch die Unabkömmlichkeitsargumentation der Bank keinen Erfolg hatte, wurde ihre Dienstzeit immerhin um ein ganzes Jahr bis zum 30.9.1934 verlängert.[1051] Als „Mischling 1. Grades" (nach der Definition des Reichsbürgergesetzes von 1935) war Lore Ha anschließend zwar zunächst arbeitslos, fand aber immer wieder Arbeit und überlebte den Krieg. Im Jahr 1950 wurde die mittlerweile verheiratete Lore Je wieder von der Dresdner Bank (Altbank) in Berlin eingestellt und arbeitete dort in der Personalabteilung.[1052]

Die dritte über die Jahresmitte 1934 hinaus verlängerte Angestellte war Käte Ab. Auch sie hatte versucht, mit Hilfe des Frontkämpferprivilegs die Anerkennung als „geschützte Nichtarierin" zu erreichen. Denn ihr Bruder war im Weltkrieg gefallen. Sie hatte aber ihren Antrag mit einem Hinweis auf ihre nationalsozialistische Gesinnung ergänzt, die ihr auch ein Zellen-Obmann zu bestätigen bereit wäre.[1053] Zunächst äußerte sich das Wirtschaftsministerium „wohlwollend", wollte aber die Stellungnahme des Innenministeriums abwarten. Die Prüfung zog sich wegen der zwei einbezogenen Ministerien sehr lange hin, so dass die Kündigung von Käte Ab bis Juni 1934 ausgesetzt wurde. Schließlich entschied aber das Innenministerium, dass eine Weiterbeschäftigung von Käte Ab „nicht in Frage" käme.[1054] Entlassen wurde sie zum 31.7.1934 mit einer Abfindung von 2.200 RM. Ihr Vorgesetzter scheint sich nicht sonderlich für sie eingesetzt zu haben. In der Akte ist kein entsprechendes Schreiben überliefert.[1055]

In allen anderen Fällen hatten die Gesuche bestenfalls eine um wenige Monate aufschiebende Wirkung. Meist scheint die Bank jedoch die weiblichen Angestellten für ersetzbar gehalten haben. Selbst wenn die Initiative von Vorstandsmitglied Schippel, „Nichtarier" in einer Größenordnung von bis zu einem Prozent

1051 Schreiben von Lore Ha an das Reichswirtschaftsministerium (Abschrift) v. 8.7.1933 und Schreiben an den Depositenkassenvorsteher Go v. 12.10.1933, in: HAC 500/E.959.

1052 Personalbogen (ausgefüllt o. D., 1950), in: ebd.

1053 Schreiben an das Reichswirtschaftsministerium v. 25.6.1933, in: HAC 500/E.4613.

1054 Aktennotiz v. 27.4.1934 sowie Schreiben des Reichswirtschaftsministeriums v. 19.5.1934, in: ebd.

1055 Bemerkenswert ist in diesem Falle, dass nicht die Dresdner Bank den Verlängerungsantrag gestellt hatte, sondern Käte Ab selbst (Aktennotiz v. 27.4.1934, in: ebd.). Dass die Ministerien überhaupt erwogen hatten, den Antrag zu genehmigen, ist wohl nur auf die Intervention der NS-Betriebszelle zurückzuführen.

aller Beschäftigten, d. h. etwa jeden fünften, weiter beschäftigen zu dürfen, erfolgreich gewesen wäre, wäre die Kündigung unter den 29 weiblichen „nicht geschützten Nichtariern“ wohl nur bei zwei Angestellten, nämlich von Gerty St1 und Lore Ha, zurückgenommen worden.

Während man bei der Frage der Aussetzung der Kündigungen noch eine gewisse Logik, nämlich die Logik der Ersetzbarkeit, erkennen kann, kann davon bei der Festsetzung der Abfindungen für die „nicht geschützten Nichtarier“ keine Rede sein. Die Bank erweckte gegenüber ihren Angestellten zwar den Eindruck, als würden die Abfindungen nach vorher festgelegten Richtlinien, d. h. streng nach dem letzten Gehalt und der Anzahl der Dienstjahre, berechnet werden. Das Verfahren zur Festsetzung der Abfindungen erfolgte aber vollkommen intransparent, d. h. die Betroffenen erfuhren nicht, wie ihre Abfindung errechnet worden war; und das hatte einen ganz einfachen Grund: In der Praxis wies das „Berechnungs“-Verfahren ein erhebliches Maß an Willkür auf.

Das lässt sich sehr gut am Beispiel der Ende September 1933 entlassenen Ellen Mi aufzeigen: Im Jahr 1936 wandte sich ein Rechtsanwalt im Auftrag von Ellen Mi an das Vorstandsmitglied der Dresdner Bank, Karl Rasche, und beschwerte sich über die Höhe der Abfindung, die Ellen Mi 1933 erhalten hatte.[1056] Der Betrag hatte nach 15 Dienstjahren und einer Einstufung in die Tarifgruppe 3 bei 3.500 RM gelegen. Schon die Einkommensverluste nach der Fusion von Danat Bank und Dresdner Bank waren bei Ellen Mi selbst für die damaligen Verhältnisse ungewöhnlich hoch gewesen. Im Jahr 1930 hatte Ellen Mi noch 5.756 RM verdient und im Jahr 1933 waren es nur noch 4.116 RM. Das entsprach einer Gehaltskürzung um fast dreißig Prozent. Aber selbst auf der Grundlage des letzten Gehalts hätte die Abfindung, so der Rechtsanwalt, viel höher als 3.500 RM ausfallen müssen.

Rasche erkundigte sich daraufhin nach den Kriterien für die Festsetzung der Abfindungen für „Nichtarier“, die nach dem Berufsbeamtengesetz 1933 oder 1934 entlassen worden waren. Daraufhin erläuterte die Personalabteilung in einer nur für Rasche bestimmten Aktennotiz die Festsetzung der Abfindungen im Allgemeinen und begründete die Höhe der Abfindung für Ellen Mi im Besonderen:

> „Hinsichtlich der Regelungen der Abfindungen für die zur Entlassung kommenden Nichtarier haben mit dem Reichswirtschaftsministerium mündliche und telefonische Besprechungen stattgefunden. Nach einem Schreiben des Reichswirtschaftsministers vom 20.7.1933 werden gegen die Bewilligungen von bescheidenen Abfindungen Bedenken nicht geltend gemacht, sofern die Abfindungen in angemessenem Umfang unter den Sätzen blei-

1056 Schreiben von Dr. Gerhard Danziger an Dr. Rasche v. 18.12.1936, in: HAC 500/E.5959.

ben, wie sie bei der Fusion der Dresdner Bank mit der Darmstädter und Nationalbank gewährt worden sind. [...]

Dementsprechend wurden die Abfindungen für Nichtarier nach den Abbaurichtlinien (für jedes Dienstjahr ein Monatsgehalt) mit einem Abschlag von 25 Prozent berechnet.

Die Abfindung für Frl. Mi betrug auf Grund ihrer Dienstzeit von 14 Jahren und neun Monaten

	5.060 RM.
./. Kurzung um 25 %	1.265 RM
	3.795 RM
abgerundet auf	3.500 RM
./. Lohnsteuer	350 RM
	3.150 RM

Dieser Betrag gelangte am 15.9.1933 zur Auszahlung.

Es bestand s.Zt. wohl die Möglichkeit, die Abfindung für Frl. Mi um 295 RM höher festzusetzen, jedoch entsprach die vorgenommene weitere Kürzung den damaligen Gepflogenheiten."[1057]

Die folgende Antwort an den Rechtsanwalt war demzufolge nur die „halbe Wahrheit". Denn die Festsetzung sei, wie Personalchef Gaebelein dem Rechtsanwalt persönlich mitteilte, „gemäß den mit Genehmigung unserer Aufsichtsinstanzen aufgestellten Richtlinien" erfolgt.[1058] Wie diese Richtlinien ausgesehen hatten, teilte Gaebelein ihm nicht mit.

Ganz anders verfuhr die Bank bei Gerty St1. Sie hatte zuletzt ein Monatseinkommen von 316,65 RM bezogen. Sie war zwar erst 1931 von der Danat Bank eingestellt worden, aber ihr wurden 1935 dennoch sechs Dienstjahre angerechnet. Damit auch das dreizehnte Monatsgehalt berücksichtigt werden konnte, wurde nicht etwa das Monatsgehalt mit den sechs Dienstjahren multipliziert, sondern das halbe Jahresgehalt als Berechnungsgrundlage genommen. Der Unterschied betrug 1.899,90 RM gegenüber 2.058,25 RM. Von den 2.058,25 RM wurden entsprechend den Richtlinien für „nicht geschützte Nichtarier" 25 Prozent abgezogen. Die verbleibenden 1.543,70 RM gelangten dann ohne „Abrunden" (nur abzüglich der Lohnsteuer) zur Auszahlung.[1059]

Genauso ging die Bank bei Lore Ha vor. Ihr Monatseinkommen hatte in der Tarifgruppe 2, 6. Berufsjahr, 127,85 RM betragen. Auch in ihrem Fall wurde das Monatseinkommen nicht mit den sechs Berufsjahren multipliziert, sondern das

1057 Aktennotiz v. 2.1.1937, in: ebd.
1058 Schreiben an Dr. Gerhard Danziger v. 7.1.1937, in: ebd.
1059 Aufstellung o. D. (Februar 1935), in: HAC 500/E. 4831.

halbe Jahresgehalt für die weitere Berechnung herangezogen. Von den so errechneten 831 RM wurde entsprechend den besonderen Richtlinien für die „nicht geschützten Nichtarier“ 25 Prozent abgezogen, so dass ein Bruttobetrag von 623,25 RM zuerkannt wurde, ohne dass die Bank auch hier „abgerundet“ hatte.[1060]

Lore Ha und Gerty St1 waren aber die Ausnahmen, die die Regel einer weitgehend willkürlichen Festsetzung der Abfindungen bestätigen. Dafür seien an dieser Stelle neben Ellen Mi drei weitere Fälle dokumentiert:

- Die Buchhalterin einer Depositenkasse Helene Wo war von der Nationalbank für Deutschland zunächst 1918 eingestellt, aber während der Demobilisierung 1919 wieder entlassen und zwei Monate später wieder eingestellt worden. Ihr letztes Gehalt lag bei 245,65 RM. Bei einer Dienstzeit von 15 Jahren und einem Monat betrug die rechnerische Abfindungssumme 4.006,15 RM. Abzüglich der 25 Prozent auf diese Summe hätte ihr nach den mit dem Reichswirtschaftsministerium abgestimmten Richtlinien eine Abfindung von 3.004,65 RM zugestanden. Tatsächlich wurde der Betrag auf brutto 2.500 RM abgerundet.[1061] Das entspricht einem Verlust gegenüber dem Anspruch von knapp 18 Prozent.
- Die Stenotypistin Fanny He war seit 1926 ununterbrochen bei der Dresdner Bank beschäftigt gewesen. Ihr letztes Monatsgehalt betrug ebenfalls 245,65 RM. Mit sieben Dienstjahren hätte ihr abzüglich der 25 Prozent eine Abfindungssumme von 1.289,66 zugestanden. Zur Auszahlung kamen aber nur 1.000 RM (abzüglich Lohnsteuer). Das entspricht einem Verlust gegenüber dem Anspruch von 22,5 Prozent.[1062]
- Die Stenotypistin Erna Bu war 1923 von der Danat Bank eingestellt worden. Ihr letztes Monatsgehalt hatte bei 232,30 RM gelegen. Zum Zeitpunkt ihrer Entlassung, im August 1933, betrug ihre Dienstzeit zehn Jahre und sieben Monate. Daraus errechnete sich abzüglich der 25 Prozent eine Abfindungssumme von 1.997,55 RM. Zugestanden wurde ihr aber nur der Betrag auf 1.500 RM. Das entspricht einem Verlust gegenüber dem Anspruch von 25 Prozent.[1063]

Der Grund für diese ausgesprochen schäbige Behandlung der meisten „nicht geschützten Nichtarier“ ist aber nicht in einer radikal antisemitischen Gesinnung zu sehen, obwohl die natürlich bei einzelnen Personen nicht ausgeschlossen werden kann, sondern rein betriebswirtschaftlich. Durch die Entlassung zahlreicher Angestellter jüdischer Herkunft befürchteten Bank und Reichsfinanzministerium

1060 Aufstellung o. D. (April 1934), in: HAC 500/E.959.
1061 Aufstellung o. D. (Juli 1933), in: HAC 500/E.3555.
1062 Schreiben an Fanny Ach, geb. He, v. 30.11.1953, in: HAC 500/E.1793.
1063 Aufstellung o. D. (August 1933), in: HAC 500/E.3543.

bereits im Jahr 1933, dass die 20 Mio. RM des 1932 aus Steuermitteln errichteten „Abbaufonds“ nicht ausreichen würden, um die Kosten sowohl des fusionsbedingten als auch des rassistisch motivierten „Abbaus“ zu decken.[1064] Deshalb war jede Möglichkeit zur Entlastung des „Abbaufonds“ willkommen.

Eine solche Entlastungsmöglichkeit stellte eine weitere Bestimmung der Zweiten Durchführungsverordnung zum Berufsbeamtengesetz dar, wonach „Arbeitseinkommen aus Dienst-, Werk- und Geschäftsbesorgungsverträgen“ auf die Abfindungen und Pensionen von „nicht geschützten Nichtariern“ anzurechnen waren. Kapitaleinkommen fielen nicht unter die Anrechnungspflicht. Später wurde diese Bestimmung dahingehend präzisiert, dass anrechnungsfähige Arbeitseinkommen mindestens 50 RM im Monat betragen mussten.[1065]

Viele „nicht geschützte Nichtarier“ suchten nach ihrer Entlassung eine neue Stelle. Allerdings wurden wohl die wenigsten fündig. Denn in den Abgangszeugnissen war vermerkt, dass die „Auflösung des Dienstverhältnisses aufgrund der gesetzlichen Bestimmungen (§ 3 der 2. Verordnung zur Durchführung des Gesetzes zur Wiederherstellung des Berufsbeamtentums vom 4. Mai 1933)“ erfolgt sei. Damit war jedem potenziellen Arbeitgeber klar, dass er es hier mit einer „nichtarischen“ Bewerberin zu tun hatte. Bei den meisten Arbeitgebern dürfte das ein Grund gewesen sein, diese Bewerbung nicht zu berücksichtigen. Gerty St1 bat deshalb die Personalabteilung, aus ihrem Abgangszeugnis den Hinweis auf das Berufsbeamtengesetz fortzulassen und ihr ein neues Zeugnis ohne diesen Hinweis auszustellen, was auch geschah.[1066] Vorteilhaft dürfte der Hinweis auf das Berufsbeamtengesetz nur bei „jüdischen“ Betrieben, von denen es aber immer weniger gab, und bei jüdischen Organisationen gewesen sein. Eine konfessionelle Christin hätten solche Arbeitgeber aber wahrscheinlich auch mit dem Hinweis auf das Berufsbeamtengesetz nicht eingestellt.

Tatsächlich ist zwar bei einigen entlassenen Angestellten bekannt, dass sie trotz monatelanger Suche keine neue Stelle gefunden hatten. Aber bei der Mehrheit ist nicht überliefert, ob sie überhaupt gesucht oder ob sie nicht vielleicht ihre Abfindung genutzt hatten, um ihre Auswanderung zu finanzieren. Sichere Infor-

---

1064 Im August 1933 teilte die Dresdner Bank dem Reichswirtschaftsministerium mit, dass von den 20 Mio. RM des „Abbaufonds“ bereits 5,6 Mio. RM verausgabt und Zahlungszusagen an Wartegeldempfänger und „Abbaupensionäre“ in Höhe von 15,875 Mio. RM gemacht worden waren. Daraus errechnete sich eine Unterdeckung des Fonds in Höhe von knapp 1,5 Mio. RM. Schreiben v. 16.8.1933, in: BA Berlin, R 3101, Akten des RWM Nr. 18567.

1065 Zweite Verordnung zur Durchführung des Gesetzes zur Wiederherstellung des Berufsbeamtentums v. 4.5.1933 (§ 1), RGBl. 1933/1, S. 234 sowie Dritte Verordnung zur Änderung und Ergänzung der Zweiten Verordnung zur Durchführung des Gesetzes zur Wiederherstellung des Berufsbeamtentums v. 7.5.1934, RGBl. 1934/1, S. 373.

1066 Schreiben von Gerty St1 v. 26.6.1935 und Abgangszeugnis v. 29.6.1935, in: HAC 500/E.4831.

mationen über das weitere Schicksal nach der Entlassung bei der Dresdner Bank konnten nur für 17 der 29 „nicht geschützten Nichtarierinnen" des Samples ermittelt werden.

Gesichert ist eine erfolgreiche Auswanderung bei sechs der 29 „nicht geschützten Nichtarierinnen" des Samples. Zwei wanderten in die USA aus, zwei nach Großbritannien und ebenfalls zwei in die Niederlande. Während es bei Minna Wi unklar ist, wie sie während der Besatzung der Niederlande überlebt hat, waren die Niederlande für Hedwig Im nur eine Zwischenstation. Sie konnte noch rechtzeitig vor Kriegsbeginn in die USA fliehen. Leider ist außer bei Hedwig Im der Zeitpunkt der Auswanderung unbekannt. Allerdings waren fast alle zum Zeitpunkt ihrer Entlassung noch recht jung, zwischen 23 und 29 Jahren alt. Da alle entlassenen weiblichen Angestellten zumindest über englische Sprachkenntnisse verfügten, ist anzunehmen, dass Frauen in diesem Alter sich noch vorstellen konnten, im englischsprachigen Ausland ein neues Leben beginnen zu können und deshalb frühzeitig ausgewandert waren. Vielleicht wanderten sie auch nicht allein, sondern mit einem Partner aus. Denn alle hatten nach dem Krieg einen neuen Familiennamen und dieser Name war ein deutscher. Nur Hedwig Im war bei ihrer Entlassung bereits 35 Jahre alt. Sie war Ende der fünfziger Jahre, als sie sich wegen ihrer Rentenansprüche bei der Dresdner Bank meldete, nicht verheiratet.[1067]

Für eine kleine Gruppe von Personen, die das Berufsbeamtengesetz noch als „Nichtarier" definiert hatte, stellten die Bestimmungen des Reichsbürgergesetzes allerdings eine entscheidende Verbesserung ihrer Rechtsstellung dar. Denn diejenigen, die 1933 wegen eines jüdischen Großelternteils als „Nichtarier" eingestuft, aber wegen ihres „Frontkämpfer"-Status als „geschützte Nichtarier" nicht entlassen worden waren, konnten aufgrund der neuen „Rassedefinition" des Reichsbürgergesetzes rein rechtlich jetzt in der Bank verbleiben.

Während nach der Durchführungsverordnung zum Reichsbürgergesetz lediglich „jüdische Beamte" in den Ruhestand zu versetzen waren, wurden als „Juden" neben den „Volljuden" auch solche „staatsangehörige jüdische Mischlinge" definiert, die von „zwei volljüdischen Großeltern abstammen" (§ 3). Im Umkehrschluss bedeutete dies, dass diejenigen, die nur einen „volljüdischen" Großelternteil besaßen und zum Zeitpunkt des Erlasses des Reichsbürgergesetzes nicht der jüdischen Religionsgemeinschaft angehörten, nicht als „Juden" im Sinne des Gesetzes galten und demzufolge nicht unter die Zwangspensionierungsvorschrift fielen.[1068]

1067 Schreiben von Hedwig Im v. 12.6.1958, in: HAC 500/E.1093.

1068 Zur Vorgeschichte des Reichsbürgergesetzes und der Ersten Verordnung vgl. Jeremy Noakes, Wohin gehören die ‚Judenmischlinge'? Zur Entstehung der ersten Durchführungsverordnung zu den Nürnberger Gesetzen, in: Ursula Büttner u. a. (Hg.), Das Unrechtsregime: Internatio-

Die konfessionell christlichen „nicht geschützten Nichtarier“ konnten zunächst hoffen, dass ihnen das Reichsbürgergesetz insoweit Vorteile brachte, als die Möglichkeit bestand, dass sie durch die Anerkennung als „Mischling“ wieder eingestellt werden würden. Denn soweit die Fälle dokumentiert sind, hatte keiner der entlassenen konfessionell christlichen „Nichtarier“ in der Zwischenzeit eine neue Arbeitsstelle gefunden.[1069] Tatsächlich sind zwei Fälle weiblicher Angestellter bekannt, die, als sie nach dem Reichsbürgergesetz als „Mischlinge“ anerkannt waren, um eine Wiedereinstellung bei der Dresdner Bank nachfragten.

Als erste versuchte Gerty St1, die erst im Sommer 1935 als „nicht geschützte Nichtarierin“ entlassen worden war, die Wiedereinstellung zu erreichen. Dank der Anerkennung als „Mischling 2. Grades“ hatte sie es zu Jahresbeginn 1936 geschafft, in die Deutsche Arbeitsfront aufgenommen zu werden. Dadurch erhoffte sie sich nun wohl, eine Gleichbehandlung mit den „arischen“ Beschäftigten erreichen zu können. Denn die Deutsche Arbeitsfront hatte, so Gerty St1 in ihrem Schreiben, „gegen die Wiedereinstellung keine Bedenken“. Geprüft wurde die Angabe jedoch nicht. Denn unabhängig von ihrer Mitgliedschaft in der Deutschen Arbeitsfront wurde der Antrag abgelehnt. Zur Begründung führte die Bank an, dass „nach den Bestimmungen des Gesetzes zur Wiederherstellung des Berufsbeamtentums ... eine Beschäftigungsmöglichkeit bei uns nicht besteht“.[1070]

Möglicherweise hatte Gerty St1 den Antrag etwas zu früh gestellt. Denn nach einem Erlass des Reichswirtschaftsministeriums vom Oktober 1936 wurden „Mischlinge“ in ihrer wirtschaftlichen Betätigung den „deutschblütigen Personen“ gleichgestellt und sollten keinen besonderen Beschränkungen mehr unterworfen werden.[1071] Ihren Antrag hatte Gerty St1 aber bereits im März 1936 gestellt. Aber auch Erna Tae wurde nicht wieder eingestellt. Sie war eine „geschützte Nichtarie-

nale Forschung über den Nationalsozialismus. Fs. Jochmann, Hamburg 1986, Bd. 2, S. 69–89; Beate Meyer, „Jüdische Mischlinge“. Rassenpolitik und Verfolgungserfahrung 1933–1945, Hamburg 1999, S. 96; Cornelia Essner, Die „Nürnberger Gesetze" oder Die Verwaltung des Rassenwahns 1933–1945, Paderborn 2002, Kap. III, S. 113–173.

1069 Nachdem die Bank dem „geschützte Nichtarier“ Albert Le im Mai 1937 angekündigt hatte, ihn zum Ende des Jahres in den Ruhestand zu versetzen, erklärte dieser die Aussichtslosigkeit, eine neue Stellung zu finden, damit, dass die wenigen jüdischen Unternehmer nur noch konfessionell jüdische Personen und eine „arische Firma“ grundsätzlich keine „Nichtarier“ mehr einstellten. Schreiben von Albert Le v. 12.5.1937, in: HAC 500/E.4151.

1070 Schreiben von Gerty St1 v. 4.3.1936 und Schreiben an Gerty St1. v. 14.3.1936, in: HAC 500/E.4831.

1071 Dieser Erlass ging auf eine Besprechung von Vertretern des Reichswirtschafts- mit Vertretern des Reichsinnenministeriums und des „Stellvertreter des Führers“ zurück, die eine „Vereinheitlichung aller judenpolitischen Maßnahmen“ mit dem Ziel sicherstellen sollten, die Juden zur Auswanderung zu veranlassen. Vgl. hierzu Meyer, „Mischlinge“, S. 205 f.

rin“, die seit Juli 1937 (früh-)pensioniert war. Obwohl sie in ihrem Personalbogen im Jahr 1905 als Konfession „mosaisch“ angegeben hatte, hatte sie es geschafft, als „Mischling 1. Grades“ und damit als Reichsbürgerin anerkannt zu werden. Sie erwartete deswegen wohl, auch hinsichtlich ihrer „wirtschaftlichen Betätigung“ in ihre alten Rechte wieder eingesetzt worden zu sein und bewarb sich nach Kriegsausbruch im September 1939 bei der Dresdner Bank.[1072]

Erna Tae hatte bereits im Ersten Weltkrieg miterlebt, wie sich die Einberufungen männlicher Angestellter auf die Betriebsorganisation ausgewirkt hatten und dass damals dringend Frauen benötigt wurden, um die Lücken zu schließen. In ihrer Einschätzung, dass das bei dem neuen Krieg genauso sein würde, lag sie auch richtig. Dennoch wurde ihr Antrag abgelehnt. Eine Begründung teilte die Bank Erna Tae allerdings nicht mit. Sie lehnte das Gesuch nur knapp in einem Dreizeiler ab: vermögen wir „von ihrem Anerbieten keinen Gebrauch zu machen“.[1073]

Anders erging es denjenigen „Mischlingen“, die als „geschützte Nichtarier“ bis zum Erlass der Nürnberger Gesetze nicht entlassen worden waren. Sie wurden in Ausnahmefällen auch später nicht gekündigt, sondern blieben bis Kriegsende Angestellte der Dresdner Bank. Allerdings scheinen darunter keine weibliche Angestellte gewesen zu sein. Eine gesetzliche Bestimmung, die die Beschäftigung von „Mischlingen“ grundsätzlich ausgeschlossen hätte, gab es also nicht. Wahrscheinlich wurde die Bank auch in dieser Hinsicht der öffentlichen Verwaltung und nicht privaten Wirtschaftsbetrieben gleichgestellt. Denn für die öffentliche Verwaltung galt weiterhin, dass „Mischlinge 1. Grades“ nur in begründeten Ausnahmefällen in der öffentlichen Verwaltung weiter beschäftigt werden durften. „Mischlinge 2. Grades“ durften zwar in der Regel im Dienst verbleiben, aber eine Neueinstellung war auch bei ihnen nicht zulässig.[1074] Damit wäre zwar eine Weiterbeschäftigung von Erna Tae denkbar gewesen, nicht aber ihre Neueinstellung.

Gegen eine solche Begründung spricht allerdings, dass die Dresdner Bank zu Kriegsbeginn bereits vollständig reprivatisiert war, so dass das Berufsbeamtengesetz eigentlich nicht mehr anwendbar gewesen wäre. Aber eine Unsicherheit blieb und deshalb beauftragte der Vorstand der Dresdner Bank die Hausjuristen, die Frage zu prüfen, inwieweit die Vorschriften des Berufsbeamtengesetzes und seiner Durchführungsverordnungen noch Anwendung finden mussten, nachdem die Bank sich nicht mehr überwiegend im Eigentum von Körperschaften des öf-

1072 Schreiben von Erna Tae v. 5.9.1939, in: HAC 500/E.8816.
1073 Schreiben an Erna Tae v. 7.9.1939, in: ebd.
1074 Mühl-Benninghaus, Beamtentum, S. 53 f.; Meyer, „Mischlinge“, S. 204.

fentlichen Rechtes befand. Der Chefsyndikus Ernst Leese, der das Gutachten selbst verfasst oder zumindest verantwortet hatte, bestätigte einerseits, dass das Berufsbeamtengesetz für die Bank rechtlich nicht mehr bindend war. Andererseits musste sich „der Wegfall der Bestimmungen des Berufsbeamtengesetzes [...] praktisch nicht auswirken", weil die entsprechenden Regelungen bereits Eingang in die Betriebsordnung gefunden hatten. Denn für die Reprivatisierung und den damit verbundenen Fortfall der Genehmigungsvorbehalte des Reichswirtschaftsministeriums hatten die NS-Aktivisten in der Bank, die mittlerweile fast alle ehrenamtliche Funktionärsposten der Deutschen Arbeitsfront übernommen hatten, frühzeitig vorgesorgt. In der Betriebsordnung war festgelegt worden, dass das Eingehen „eines Arbeitsverhältnisses zur Dresdner Bank [...] die Zugehörigkeit zur Deutschen Arbeitsfront voraussetzt". Da aber fast alle „Nichtarier" nicht Mitglied der Deutschen Arbeitsfront werden konnten, blieben sie auch ohne die gesetzliche Grundlage des Berufsbeamtengesetzes ausgeschlossen.[1075]

Gerty St1 war aber, wie erwähnt, zu Jahresbeginn 1936 als „Mischling 2. Grades" in die Deutsche Arbeitsfront aufgenommen worden, so dass für sie nach der Reprivatisierung auch diese Hürde einer Wiedereinstellung weggefallen wäre. Aber als sie ihren Antrag stellte, galt das Berufsbeamtengesetz für die Dresdner Bank noch, so dass die Bank Gerty St1 nicht einstellen konnte, selbst wenn sie das gewollt hätte. Erna Tae war dagegen als „Mischling 1. Grades" nicht in die Deutsche Arbeitsfront aufgenommen worden, so dass für sie im September 1939 nicht mehr das Berufsbeamtengesetz die Hürde darstellte, sondern die Betriebsordnung der Dresdner Bank. Davon abgesehen wird die Bank auch nur wenig Interesse an der Wiedereinstellung einer 55-jährigen ehemaligen Angestellten gehabt haben, die auch als „Mischling" nach der Tarifordnung hätte besoldet werden müssen, zumal sie in fünf Jahren ihr Rentenalter erreicht hätte und die Bank den Betriebsrentenanteil dann nicht aus dem „Abbaufonds" hätte bestreiten können.

Wovon die weiblichen „Mischlinge" nach der Entlassung lebten, lässt sich nur erahnen. So schrieb Käte Ab nach dem Krieg, dass sie sich „bisher kümmerlich mit Heimarbeit ernährt" habe.[1076] Irmgard Gr hatte zwar eine Stelle als Buchhalterin bei einem Steuerberater gefunden, war aber bei einem Bombenangriff

1075 Gutachten „betr. Reprivatisierung" v. 9.10.1937, S. 1 (HAC 500/50337-2001). Leese bezog sich dabei auf die Betriebsordnung für die Dresdner Bank, Berlin. In die Fassung vom 15. Mai 1934 wurde der Paragraf, der die Zugehörigkeit zur Deutschen Arbeitsfront festschrieb, nachträglich eingefügt (§ 6, S. 4). In der Fassung vom 1. Juli 1938 findet sich der Text fast wortgleich als § 9, S. 5. Beide Betriebsordnungen finden sich in HAC-500/121056. Eine zu diesem Zeitpunkt mögliche Neufassung der Betriebsordnung in der „Nichtarier"-Frage wurde von Leese in seinem Gutachten nicht in Erwägung gezogen.

1076 Schreiben von Käte Ab v. 14.4.1946, in: HAC 500/E.4613.

1944 so schwer verletzt worden, dass sie seitdem kaum arbeitsfähig war.[1077] Lore Ha hatte bis 1940 drei Stellungen als Stenotypistin inne, war aber zwischendurch immer wieder über Monate arbeitslos gewesen. Im Jahr 1938 heiratete sie und nach der Geburt des ersten Kindes gab sie 1940 ihre Stellung auf. 1950 wurde sie von der (Berliner) Bank für Handel und Industrie wieder eingestellt und arbeitete dort bis zum Erreichen des Renteneintrittsalters.[1078] Auch drei weitere „Mischlinge“ hatten nach ihrer Entlassung geheiratet. In ihren Fällen ist aber weder das Datum der Eheschließung bekannt noch, ob sie nach der Eheschließung einer Erwerbsarbeit nachgegangen waren.

Vier „nicht geschützte Nichtarierinnen“ wurden während des Krieges deportiert und ermordet. Im Fall der 1933 36-jährigen Erna Bu mag der Grund für den Verbleib in Deutschland die Fürsorge für die Eltern gewesen sein, mit denen sie in einem Haushalt lebte. Ihre Schwester, die 1933 ebenfalls im Haushalt der Eltern wohnte, überlebte dagegen den Krieg in Italien. Else Kle heiratete im Frühjahr 1937 einen ihrer ehemaligen Kollegen, den Prokuristen Arthur Ha, nachdem dieser als einer der letzten „Volljuden“ von der Bank mit 53 Jahren in den (Vor-)Ruhestand geschickt worden war. Seine kurz nach der Eheschließung festgesetzte Betriebsrente betrug 350 RM im Monat (plus einer befristeten Übergangsbeihilfe von 25 RM). Das Paar glaubte vermutlich, mit dieser finanziellen Absicherung ein bescheidenes, aber auskömmliches Leben in Deutschland führen zu können. Denn Arthur Ha kapitalisierte seinen Rentenanspruch nicht, der womöglich noch ausgereicht hätte, die Auswanderung für beide zu finanzieren. Gut ein Jahr später musste das Paar aber feststellen, dass die finanzielle Absicherung ein Trugschluss war. Denn im Oktober 1938 wurde die Betriebsrente von 375 RM auf 300 RM (einschließlich der 25 RM Übergangsbeihilfe) gekürzt. Seit Juli 1939 entfiel die Übergangshilfe, so dass die zwei Personen nur noch 275 RM zum Leben hatten. Im Januar oder Februar 1943 wurde das Paar schließlich deportiert und später, zu einem unbekannten Zeitpunkt, ermordet.[1079]

Es ist davon auszugehen, dass unter den zwölf „nicht geschützten Nichtarierinnen“, deren Schicksal nicht bekannt ist, noch weitere Personen, womöglich sogar in der Mehrheit, deportiert und ermordet wurden. Denn das weitere Schicksal von Else Kle (verehelichte Ha) war nur zu rekonstruieren, weil ihr Ehemann (Betriebs-)Rentenempfänger der Dresdner Bank war und deshalb der institutionelle Kontakt zu seinem ehemaligen Arbeitgeber nach dem Ausscheiden aus dem aktiven Dienst weiter bestand – somit in seiner Personalakte dokumentiert

1077 Schreiben von Irmgard Gr v. 20.9.1958, in: HAC 500/E.2130.
1078 Personalbogen (ausgefüllt 1.6.1950); Aktennotiz v. 1.8.1967, in: HAC 500/E.959.
1079 Aktennotiz v. 12.4.1937 sowie v. 6.2.1943, in: HAC 500/E.1818.

ist. Bei den entlassenen Angestellten endete dagegen die Verbindung zur Dresdner Bank mit der Auszahlung der Abfindung. Nur wenn sie nach dem Krieg einen Wiedergutmachungsantrag wegen der entgangenen Versicherungsrente oder auf „Schaden im beruflichen Fortkommen“ stellten, der sich jeweils gegen die Bundesrepublik Deutschland als entschädigungspflichtiger Rechtsnachfolgerin des Deutschen Reichs richtete,[1080] nahmen sie entweder aus Deutschland oder über einen Anwalt aus ihrem Fluchtland Kontakt zur Dresdner Bank auf, um sich die Beschäftigungszeiten sowie die Höhe der Jahresverdienste und der Abfindung bestätigen zu lassen. Es ist anzunehmen, dass die meisten Überlebenden wegen ihrer vermutlich prekären finanziellen Situation im Fluchtland die Gelegenheit auf einen Wiedergutmachungsantrag genutzt hatten, sofern sie Mitte oder Ende der fünfziger Jahre noch lebten. Deshalb ist davon auszugehen, dass sie auch einen Antrag gestellt hatten. Keine Kontaktaufnahme kann deshalb als ein (allerdings unsicheres) Indiz dafür gewertet werden, dass sie in der Emigration verstorben oder nicht ausgewandert und deshalb ermordet worden bzw. durch Suizid aus dem Leben geschieden waren.

Von den insgesamt 98 namentlich identifizierten „nicht geschützten Nichtariern“ schieden bis auf den Nürnberger Filialdirektor Berthold Spiegel[1081] alle bis Ende 1935 aus dem Dienst bei der Dresdner Bank aus. Bis auf eine weibliche und zwei männliche Angestellte, die in den Ruhestand geschickt wurden, wurden alle „nicht geschützten Nichtarier“ entlassen. Die weibliche Angestellte Julie Sch, die als einzige „nicht geschützte Nichtarierin“ in den Ruhestand versetzt worden war, wird in Kap. 8. noch ausführlich behandelt werden.

Alle anderen waren mit einer Abfindung entlassen worden, die nach den oben ausgeführten Regeln festgesetzt worden waren. Die Abfindungen dürften, sofern keine weiteren Ersparnisse vorhanden waren, nur in den ersten Jahren nach der Entlassung für die Auswanderung in einen der Nachbarstaaten, nach Palästina oder in die USA ausgereicht haben. Allerdings verschärften die meisten

1080 Zu den Wiedergutmachungsansprüchen der Dresdner Bank-Beschäftigten, die aufgrund der Bestimmungen des Berufsbeamtengesetzes entlassen worden waren, vgl. Dieter Ziegler, Die Entschädigung jüdischer Betriebsrentner und Angestellter, in: Ralf Ahrens, Dresdner Bank, S. 287 ff.

1081 Spiegel ist der einzig bekannte Fall eines „nicht geschützten Nichtariers“, bei dem das Reichswirtschaftsministerium eine unbefristete Beschäftigungserlaubnis erteilte. Wegen des selbst für die Zeitverhältnisse besonders radikal antisemitischen Klimas in der Stadt der Reichsparteitage und des Gauleiters und „Stürmer“-Herausgebers Julius Streicher wurde Spiegel 1935 nach Mönchengladbach versetzt. Aber auch dort war er bei „maßgeblichen Kreisen“ der Stadt nicht willkommen, so dass die Bank ihn 1938 mit 44 Jahren und nach 23 Dienstjahren in den Ruhestand versetzte. Schreiben an Spiegel v. 3.10.1933 und 26.8.1935, Aktennotiz v. 24.10.1935 und 19.2.1937, in: HAC 500/E.7729.

Fluchtländer der ersten Jahre nach der nationalsozialistischen Machtübernahme ab Mitte der dreißiger Jahre ihre Einwanderungsbestimmungen. Lediglich Großbritannien und die USA lockerten angesichts der Verschärfung der Judenverfolgung in Deutschland 1938 die Bestimmungen ein wenig und wurden für etwa ein Jahr bis zum Kriegsausbruch zu den mit Abstand wichtigsten Aufnahmestaaten. Den fast völligen Ausfall der meisten anderen früheren Auswanderungsländer konnten diese beiden allerdings nicht ausgleichen, zumal 1938 auch die Fluchtbewegung aus Österreich einsetzte.[1082]

Abgesehen von wenigen Ausnahmen, war eine Emigration spätestens seit 1936 nur noch möglich, wenn der Flüchtling über ein ausreichendes Startkapital in der Landeswährung oder dort anerkannten Devisen verfügte, auch „Vorzeigegeld" oder „Landungsdepot" genannt. Im Falle Palästinas wurde die Einwanderung seit 1936/37 fast nur noch mit „Kapitalistenzertifikat" zugelassen – so genannt, weil es denjenigen ausgestellt wurde, die das „Vorzeigegeld" von 1000 Palästina-Pfund vorweisen konnten. In Anbetracht der konfiskatorischen deutschen Devisen- und Abgabebestimmungen (Reichsfluchtsteuer,[1083] „Sühneleistung"[1084] und Dego-Abgabe[1085]) ist unschwer zu erklären, weshalb die Einwanderung aus Deutschland nach Palästina seit 1937 fast zum Erliegen kam: Selbst sehr

1082 Vgl. hierzu die Überblicksdarstellung von Juliane Wetzel, Auswanderung aus Deutschland, in: Wolfgang Benz (Hg.), Die Juden in Deutschland 1933–1945. Leben unter nationalsozialistischer Herrschaft, München 1993 (3. Auflage), S. 412 ff.

1083 Die Reichsfluchtsteuer war bereits in der Bankenkrise zur Bekämpfung der Kapitalflucht eingeführt worden. Die Nationalsozialisten funktionierten die Kapitalfluchtsteuer jedoch zu einer Auswanderungs-(Sonder-)Steuer um. Vgl. hierzu ausführlich Ralf Banken, Hitlers Steuerstaat. Die Steuerpolitik im Dritten Reich, Berlin 2018, S. 487 ff.

1084 Aufgrund einer Anordnung vom Dezember 1938 mussten „Juden deutscher Staatsangehörigkeit in ihrer Gesamtheit" eine als „Sühneleistung" bezeichnete Abgabe in Höhe von einer Milliarde Reichsmark an das Deutsche Reich leisten. Innerhalb eines knappen Jahres musste jeder Jude, dessen Vermögen eine bestimmte (niedrige) Untergrenze nicht unterschritt, 20 Prozent davon in vier Quartalsraten abführen. Im Oktober 1939 wurde die Auflage auf 25 Prozent des Vermögens erhöht. Verordnung über eine Sühneleistung der Juden deutscher Staatsangehörigkeit v. 12.11.1938, RGBl. 1938/1, S. 1579 sowie Durchführungsverordnung zur Verordnung über eine Sühneleistung der Juden v. 21.11.1938, ebd., S. 1638 ff. Vgl. hierzu auch Banken, Steuerstaat, S. 526 ff.

1085 Die Abgabe wurde fällig, wenn ein Auswanderer bei der Reichsbanktochter Deutsche Golddiskontbank (Dego) Reichsmark in Devisen umtauschen wollte. Die Mitnahme von Reichsmark ins Ausland war verboten und die Dego hatte ein Monopol auf den Devisenumtausch, so dass die Abgabe nicht umgangen werden konnte. Durch die Abgabe verschlechterte sich der Kurs im Laufe der Zeit gewaltig: Allein zwischen Dezember 1933 und Anfang 1935 sank er von 77,5 Prozent des Reichsmarkwertes auf etwa 50 Prozent. Mitte 1938 lag er bereits nur noch bei 12, seit September 1939 lediglich bei 4 Prozent. Avraham Barkai, Vom Boykott zur „Entjudung". Der wirtschaftliche Existenzkampf der Juden im „Dritten Reich", Frankfurt/Main 1987, S. 112.

wohlhabende Personen verfügten kaum über ein Reichsmarkvermögen, das sie in die Lage versetzen konnte, auf legalem Wege Devisen in dieser Größenordnung zu beschaffen; und einfache Bankangestellte erst recht nicht.

Insofern dürfte die Höhe der Abfindung, die die Dresdner Bank ihren „nicht geschützten Nichtariern“ ausgezahlt hatte, ein Faktor bei der Entscheidung gewesen sein auszuwandern oder abzuwarten. Wie bereits erwähnt war von den 29 „nicht geschützten Nichtarierinnen“ eine pensioniert und 28 Frauen abgefunden worden. Von diesen 28 ist in 27 Fällen die Höhe der Abfindung bekannt. Sie verteilte sich wie folgt:

Höhe der Abfindung	Anzahl	Dienstjahre
Keine Abfindung	2	unter 1
100 RM bis 500 RM	2	1 – 5
501 RM bis 1.000 RM	6	1 – 6 (19)
1.001 RM bis 1.500 RM	7	7–14
1.501 RM bis 2.000 RM	2	(2 – 4)
2.001 RM bis 2.500 RM	2	13 – 14
2.501 RM bis 3.000 RM	2	15 – 16
3.001 RM bis 3.500 RM	3	13 – 15
über 3.500 RM	1	19

Unabhängig von der absoluten Höhe der Abfindungen zeigt die Tabelle eine – von Ausnahmen abgesehen – erkennbare Verbindung zwischen der Anzahl der Dienstjahre und der Höhe der Abfindungen. Bei den beiden Frauen, die keine Abfindung erhalten hatten, handelte es sich erstens um Lieselotte Fe, die erst nach dem Erlass des Berufsbeamtengesetzes eingestellt, aber wegen einer unrichtigen Angabe in ihrem Abstammungsbogen wieder entlassen worden war (s. Kap 8.2.). Die zweite Angestellte war die erst im April 1933 mit 19 Jahren eingestellte Leonie St. In Kenntnis der weiteren Entwicklung erscheint es zunächst erstaunlich, dass die Dresdner Bank noch im März 1933 die Bewerbung einer Jüdin berücksichtigte. Aber erstens hatte zu diesem Zeitpunkt wohl kaum jemand im Vorstand und auch nicht die Direktoren in der Personalabteilung die antisemitische Hetze der NS-Aktivisten in der Bank als eine Gefahr für ihre personalpolitische Handlungsautonomie angesehen. Darauf deutet auch die Tatsache hin, dass zur gleichen Zeit noch zwei männliche Lehrlinge jüdischer Konfession eingestellt wurden. Zweitens war Leonie St eine für ihr Alter ungewöhnlich qualifizierte Kraft. Sie hatte nach dem Abitur den Sonderkurs für Abiturientinnen an der Höheren Handelsschule besucht und konnte nicht nur Englisch, Französisch und Spanisch korrespondieren, sondern sie stenografierte auch in diesen Sprachen.[1086] Die Gelegenheit, eine solche Kraft einzustellen, die man in der Tarifgruppe 1, 1. Berufsjahr, besolden konnte – also für 105 RM brutto -, konnte sich die Bank offenbar nicht entgehen lassen. Freiwillig wird man sie deshalb zum 31.7. auch nicht gekündigt haben.

Erklärungsbedürftig ist erstens die Angestellte, die nach 19 Dienstjahren nur 1.000 RM als Abfindung erhalten hatte. Dabei handelte es sich um Irmgard Gr, die sich mit dieser niedrigen Abfindung zufriedengeben musste, damit die Bank im Gegenzug auf eine Anzeige wegen ihrer unrichtigen Angabe im Abstammungsfragebogen verzichtete (s. Kap. 7.2.). Zweitens sind die beiden Fälle erklärungsbedürftig, die nach vier bzw. nur zwei Dienstjahren eine Abfindung von 1.543 RM bzw. von 1.800 RM erhalten hatten. Dabei handelte es sich zum einen um Gerty St1, deren Sonderstellung bereits ausführlich dargelegt worden ist. Ihr hatte die Bank trotz der nur vier Dienstjahre sechs Jahre angerechnet. Zusammen mit ihrem für diese Zeit sehr hohen Monatsgehalt erklärt sich diese im Vergleich hohe Abfindung – zumal die Bank bei ihr auf das „Abrunden" verzichtete. Sehr wahrscheinlich hatten auch bei der Festsetzung der Abfindung die beiden Syndici Entzian und Leese, die bereits die Aussetzung der Kündigung bis Mitte 1935 beim Reichswirtschaftsministerium durchgesetzt hatten, Einfluss auf die Entscheidung genommen. Zum anderen handelte es sich um Hedwig Im. Sie war als Privatsekretärin des ehemaligen Staatssekretärs im Reichsfinanzministerium Carl Bergmann zur Danat Bank gekommen, als dieser im Juli 1931 zum Treuhänder des Reiches bei der Danat Bank ernannt worden war. Als er 1932 in den Vorstand der Dresdner Bank eintrat, wurde Hedwig Im übernommen.[1087] Wahrscheinlich hatte man mit Bergmann vereinbart, dass seiner Sekretärin die sieben Jahre in seinen Diensten als Dienstjahre bei der Danat Bank bzw. bei der Dresdner Bank anerkannt wurden. Somit dürfte sie rechnerisch mit neun Dienstjahren aus der Bank ausgeschieden sein, womit sich unter Berücksichtigung ihres Gehalts als Vorstandssekretärin die Abfindungssumme erklärt. Ein besonderes Entgegenkommen bei der Errechnung der Abfindung liegt in diesem Fall wohl nicht vor.

Die höchste Abfindung erhielt die seit 1915 bei der Darmstädter Bank und nach genau 19 Dienstjahren 1934 entlassene Frieda Al mit 4.150 RM.[1088] Auch bei

---

1086 In ihrem Lebenslauf gab Leonie St an, in deutscher Sprache 180 Silben pro Minute, in Englisch und Französisch jeweils 120 Silben und in Spanisch 80 bis 100 Silben pro Minute stenografieren zu können. Dieser Absatz wurde vom Sachbearbeiter in der Personalabteilung doppelt angestrichen. Handschriftlicher Lebenslauf v. 8.3.1933, in: HAC 500/E.8971.

1087 Personalbogen (ausgefüllt o. D., März 1932) sowie Abgangszeugnis v. 11.9.1934, in: HAC 500/E.1093.

1088 Schreiben an Frieda Al v.24.3.1934, in; HAC 500/E.3513.

ihr hatten sich die Vorgesetzten mit besonderem Nachdruck für sie eingesetzt und die Personalabteilung aufgefordert, beim Reichswirtschaftsministerium eine Dauergenehmigung für die Weiterbeschäftigung zu beantragen. Als Begründung führten sie an, dass Frieda Al vor allem für die englisch- und französischsprachige Korrespondenz in der Konsortial-Abteilung zuständig und aufgrund ihrer Spezialkenntnisse der „sehr komplizierten und aufreibenden“ Arbeitsabläufe unentbehrlich sei.[1089] Da die Bank jedoch kürzlich die Aufforderung des Reichswirtschaftsministeriums erhalten hatte, keine derartigen Anträge mehr zu stellen, empfahl der Sachbearbeiter in der Personalabteilung Frieda Al, selbst eine Eingabe beim Reichswirtschaftsministerium zu stellen und übergab ihr auch die Stellungnahme ihres Vorgesetzten über ihre Unabkömmlichkeit, damit sie sie ihrem Antrag beifügen konnte. Der Antrag wurde allerdings abgelehnt und Frieda Al Ende März 1934 entlassen.[1090] Eine Berechnung der Abfindungssumme enthält die Akte leider nicht. Aber ihr Abfindungsbetrag ist um so viel höher als die Abfindungen ihrer Kolleginnen, die nur einige Dienstjahre weniger aufzuweisen hatten, dass zu vermuten ist, dass auch bei Frieda Al nicht nennenswert „abgerundet“ wurde.

7.5 Die Versetzung in den Ruhestand

Während der ersten zweieinhalb Jahre nach dem Erlass des Berufsbeamtengesetzes und seiner drei Durchführungsverordnungen blieben die nach dem Gesetz „geschützten“ Angestellten jüdischer Herkunft in ihren Stellungen und mit ihren Bezügen weitgehend unbehelligt. Allerdings wurden sie auch nicht mehr befördert. Einige Angestellte konnten auch versetzt werden, wenn sie besonders exponierte Stellungen innehatten. So konnte es vorkommen, dass beispielsweise ein Kassierer bei Kundenbeschwerden aus dem Kundenkontakt zurückgezogen wurde und ihm eine andere weniger exponierte, mitunter auch schlechter bezahlte Aufgabe zugewiesen wurde. Obwohl keine der sechs „geschützten Nichtarierinnen“ eine exponierte Stellung innehatte, konnte „Mobbing“ am Arbeitsplatz durch einzelne Kollegen oder Kolleginnen zu dem gleichen Ergebnis führen. Konsequenzen hatte das für die Kolleginnen und Kollegen in keinem Fall, jedenfalls sind keine überliefert. Außerdem versuchten der (nazifizierte) Betriebsrat und später auch die DAF-Funktionäre und die NS-Aktivisten im Vertrauensrat

1089 Schreiben der Konsortial-Abteilung (Unterschriften unleserlich) v. 8.1.1934, in: ebd.
1090 Schreiben an die Konsortial-Abteilung v. 20.1.1934, Schreiben an Frieda Al v. 25.1.1934, Schreiben von Frieda Al an das Reichswirtschaftsministerium (Abschrift) v. 25.1.1934 und Schreiben v. Frieda Al v. 15.3.1934, in: ebd.

Maßnahmen durchzusetzen, um auch die letzten jüdischen Beschäftigten aus der Bank zu vertreiben.

Bis zum Erlass der „Nürnberger Gesetze“ waren formal nur die „nicht geschützten nichtarischen“ Belegschaftsmitglieder von den in Kap. 7.4. genannten Maßnahmen betroffen. Eine Veränderung der Rechtsstellung auch der „geschützten Nichtarier“ trat mit dem Erlass des Reichsbürgergesetzes im September 1935 bzw. mit dem Erlass der Ersten Durchführungsverordnung zu diesem Gesetz zwei Monate später ein. Danach mussten „jüdische Beamte", die aufgrund der Ausnahmebestimmungen des Berufsbeamtengesetzes bisher geschützt waren, „mit Ablauf des 31.12.1935 in den Ruhestand versetzt" werden.[1091] Obwohl die Bestimmung nicht ausdrücklich auf die Angestellten und Arbeiter in Unternehmen ausgedehnt wurde, die sich im Eigentum von Körperschaften des öffentlichen Rechts befanden, hatten nun die NS-Aktivisten ein Instrument in der Hand, um den Druck auf die verbliebenen Angestellten jüdischer Herkunft zu erhöhen.

Wegen der unsicheren Rechtslage war die Bank zwar an einem gewissen Einvernehmen mit den Betroffenen interessiert, andererseits einigte man sich aber im Laufe des Jahres 1936 mit den beiden anderen Großbanken, die „Entjudung“ der Großbanken bis zum 31.1.1937 abzuschließen.[1092] Für die Dresdner Bank bedeutete das, auch die bislang „geschützten Nichtarier" aus dem aktiven Dienst zu entfernen. Eine unmittelbare Einflussnahme der Partei oder der Deutschen Arbeitsfront auf diese Entscheidung ist in den Akten nicht nachweisbar. Die Personal-Abteilung der Dresdner Bank hatte allerdings bereits unmittelbar nach dem Erlass des Reichsbürgergesetzes im Oktober 1935 auf Veranlassung der Arbeitsfront eine Namensliste aller bei der Dresdner Bank noch beschäftigten „Nichtarier“ erstellt. Sehr wahrscheinlich diente diese Liste der Vorbereitung einer erneuten rassistisch motivierten Säuberung des Bankwesens, der nun aber ausnahmslos alle „Nichtarier“ zum Opfer fallen sollten. Nach dieser Liste waren zu Beginn des dritten Quartals 1935 bei der Dresdner Bank noch 75 Angestellte jüdischer Herkunft beiderlei Geschlechts in Berlin beschäftigt. Hinzu kamen noch dreizehn bereits gekündigte Angestellte.[1093]

1091 Reichsbürgergesetz v. 15.9.1935, RGBl. 1935/1, S. 1146; Erste Verordnung zum Reichsbürgergesetz v. 14.11.1935, § 4 Abs. 1, ebd., S. 1333.

1092 Schreiben von Hans Schippel an das Reichswirtschaftsministerium, Dr. Koehler, v. 11.3.1937, in: RGVA, Fond 1458, Findbuch 1, Akte 550. Wann genau diese Übereinkunft getroffen wurde, geht aus dem Schreiben nicht hervor.

1093 Offizielle Aufstellung der Juden der Dresdner Bank per 1.10.1935 der Personalabteilung für das Amt Information der DAF, SS-Sturmbannführer Pg. Schmidt Berlin, in: Bundesarchiv Berlin, NS 5 IV – 89.

Von wenigen Ausnahmen abgesehen, mussten alle verbliebenen „nichtarischen" Angestellten während der kommenden Monate die Bank verlassen. Obwohl Betriebsführer Schippel in einem Schreiben an den zuständigen Beamten im Reichswirtschaftsministerium ausführte, dass nicht daran gedacht sei, „nichtarischen Frontkämpfern nach dem Vorbild des Reiches bei Pensionierung volles Gehalt bis zum vollendeten 65. Lebensjahr < zu > bezahlen, [...] < weil es sich > bei unserer Gefolgschaft nicht um lebenslänglich angestellte Beamte, sondern um Angestellte < handelt >, deren Dienstverhältnis unter Einhaltung einer bedingten Kündigungsfrist jederzeit lösbar ist", wurden die meisten „geschützten Nichtarier" nicht entlassen, sondern in den vorzeitigen Ruhestand geschickt.

Wie Schippel weiter ausführte, hatte die Bank mittlerweile durchaus anerkannt, dass „es für nichtarische Angestellte schwer ist, anderweitig Stellung zu finden". Deshalb sei man nun dazu übergegangen, „Pensionen bis zu einem Alter von 43 Jahren herab < zu bewilligen >, wenn der betreffende Nichtarier eine Mindestdienstzeit von 20 Jahren in unserem Institut oder bei unseren Rechtsvorgängern aufzuweisen hatte". Schippel betonte dabei ausdrücklich, dass die Höhe der Pensionen in derselben Weise festgesetzt würden wie bei nichtjüdischen Angestellten.[1094]

Der Grund für dieses Schreiben war vermutlich die bevorstehende Reprivatisierung der Dresdner Bank. Denn noch standen Abfindungen und Betriebsrenten für Tarifangestellte – und damit für alle weiblichen Angestellten – unter dem Vorbehalt der Genehmigung durch das Reichswirtschaftsministerium. Bereits während der Brüning-Ära waren die Gehalts- und Pensionskürzungsvorschriften des öffentlichen Dienstes auf Unternehmen ausgedehnt worden, „deren Gesellschaftskapital sich mit mehr als der Hälfte im Eigentum von Körperschaften des öffentlichen Rechts" befand.[1095] Entsprechend waren auch in der Dresdner Bank in den Jahren 1931 und 1932 Kürzungen von Gehältern und Pensionen unter ausdrücklicher Bezugnahme auf die Regelungen für öffentlich Bedienstete vorgenommen worden (s. Kap. 2.1.). Insofern konnte es kaum verwundern, wenn auch die Abfindungen und Pensionsleistungen für die entlassenen bzw. in den Ruhestand ver-

1094 Schreiben von Hans Schippel an das Reichswirtschaftsministerium, Dr. Koehler, v. 11.3.1937, in: RGVA, Fond 1458, Findbuch 1, Akte 550.

1095 Zweite Verordnung des Reichspräsidenten zur Sicherung von Wirtschaft und Finanzen v. 5.6.1931, 2. Teil, Kap. 1, § 8, Abs. 1, RGBl. 1931/1, S. 283; gleichlautend: Dritte Verordnung des Reichspräsidenten zur Sicherung von Wirtschaft und Finanzen und zur Bekämpfung politischer Ausschreitungen v. 6.10.1931, Dritter Teil, Kap. 5, § 15, ebd., S. 548; und Vierte Verordnung des Reichspräsidenten zur Sicherung von Wirtschaft und Finanzen und zum Schutz des inneren Friedens v. 8.12.1931, 7. Teil, Kap. 6, § 9, ebd., S. 740.

setzten „Nichtarier“ auf derselben Rechtsgrundlage der Genehmigungspflicht durch das Reichswirtschaftsministerium unterworfen wurden.

Inwieweit dieser Genehmigungsvorbehalt auch noch nach der Reprivatisierung gelten sollte, war zu Jahresbeginn 1937 offenbar noch unklar. Wie ein später erstelltes Rechtsgutachten von Chefsyndikus Leese feststellte, konnte der Einfluss des Reichswirtschaftsministeriums auf Regelungen für die „Oberbeamten“ nur durch das Ministerium selbst aufgehoben werden, weil die „Subventionsverordnung“ für die Dresdner Bank weiterhin gültig war. Denn die „Subventionen“, zu denen auch der 20 Mio. RM-Abbaufonds gehörte, mussten nicht zurückgezahlt werden. Auf die Festsetzung von Abfindungen und Betriebsrenten für Tarifangestellte durfte das Ministerium nach der Reprivatisierung aber nicht mehr Einfluss nehmen.[1096] Denn die Grundlage hierfür hatte die Gehaltskürzungsverordnung vom Juni 1931 (s. Kap. 2.1.) gebildet, die sich nur auf Unternehmen bezogen hatte, deren Gesellschaftskapital sich überwiegend im Eigentum von Körperschaften des öffentlichen Rechts befand.[1097]

Die Dresdner Bank hatte bereits vor der Vereinbarung der Großbanken über die endgültige „Entjudung“ ihrer Belegschaften damit begonnen, auch bislang „geschützte Nichtarier” aus ihren Stellungen zu verdrängen. Charlotte Blo, die als einzige Frau nach dem Frontkämpferprivileg „geschützt“ war, hatte die Bank vermutlich – gemessen an den Umständen – freiwillig bereits 1934 mit einer Heiratsbeihilfe verlassen. Allen anderen „geschützten Nichtarierinnen“, die alle seit mehr als zwanzig Jahren bei der Bank beschäftigt waren, bot die Bank die Versetzung in den Vorruhestand an. Wer aber vor der Vereinbarung unter den Großbanken nicht freiwillig einer solchen Ruhestandsregelung zugestimmt hatte, wurde Ende des Jahres 1936 mit Wirkung von Jahresmitte 1937 unter sofortiger Beurlaubung zwangsweise in den Ruhestand geschickt. Über den 1. Januar 1938 hinaus wurden noch insgesamt zwölf „Nichtarier“ in der Berliner Zentrale beschäftigt, von denen zehn namentlich bekannt sind. Unter ihnen waren aber keine nach dem Reichsbürgergesetz so bezeichneten „Juden“ und keine weiblichen Angestellten.[1098] Bei den zehn männlichen Beschäftigten lagen Sonderbedin-

---

1096 Wegen der verlorenen Zuschüsse des Reiches im Rahmen der Sanierung des fusionierten Instituts 1932 hatte die Reichsregierung die Möglichkeit, den Zeitpunkt frei zu bestimmen, wann die Dresdner Bank nicht mehr als „subventioniertes“ Unternehmen galt und die „Subventionsverordnung“ von September 1932 (Verordnung des Reichspräsidenten zur Belebung der Wirtschaft v. 4.9.1932, RGBl.1932/1, S. 425 ff.) nicht mehr auf die Dresdner Bank angewendet werden sollte. Die Betriebsrentenfestsetzungen für leitende Angestellte blieben damit auch weiterhin der Genehmigungspflicht des RWM unterworfen.

1097 Gutachten „betr. Reprivatisierung“ v. 9.10.1937, S. 1, in: HAC 500/50337-2001.

1098 Schreiben an Emil Meyer v. 12.4.1937, in: HAC 500/ E.1640.

gungen wie eine schwere Kriegsbehinderung vor, die es im Eigeninteresse der Bank geboten erscheinen ließen, sie weiter zu beschäftigen.[1099] Auf keine der Frauen traf eine dieser Bedingungen zu.

Die erste „geschützte Nichtarierin", die in den Ruhestand geschickt wurde, war Erna Ro. Sie war 1908 bei der Darmstädter Bank eingetreten und hatte es bis zur Sekretärin des A-Direktors der Danat Bank Ernst Sander gebracht. Auch nach der Fusion, als Sander zum stellvertretenden Vorstandsmitglied der Dresdner Bank ernannt worden war, blieb Erna Ro seine Sekretärin. Entsprechend hoch war ihr Gehalt mit 341,65 RM (Tarifgruppe 3, 15 Berufsjahr, d. h. „männlicher" Tarif, zuzüglich 25 RM Leistungszuschlag).[1100] Vermutlich hatte die Dresdner Bank schon 1932 erwogen, die Möglichkeit der Fusion zu nutzen und Erna Ro in den Ruhestand zu versetzen, weil ihre Rente aus dem „Abbaufonds" hätte bezahlt werden können und man so eine vergleichsweise teure Angestellte von der Gehaltsliste bekommen hätte. Aber wahrscheinlich widersetzte sich Sander.

Sander war ebenfalls Jude und konnte seine jüdische Sekretärin Erna Ro 1934 nicht mehr schützen. Wie kein anderer leitender Angestellter der Dresdner Bank war Sander in die Schusslinie der NS-Betriebszelle geraten, der es sogar gelang, Hitlers Wirtschaftsberater Wilhelm Keppler gegen Sander in Stellung zu bringen. Auf Kepplers Druck hin wurde Sander von der Bank im Frühjahr 1934 mit sofortiger Wirkung beurlaubt und schied zum 31.12.1934 aus.[1101] Diese Schwäche nutzte die Bank im Juli 1934 aus und teilte dem beurlaubten und aktuell in Marienbad weilenden Sander mit, dass man es „nach wie vor für richtig halte, wenn Fräulein R. geht".[1102] Kurze Zeit später wurde auch die 48-jährige Erna Ro beurlaubt. Ihre Versetzung in den Ruhestand erfolgte drei Monate nach Sander zum 31.3.1935.[1103]

Sander hatte sich entschieden, auf das Ruhegehalt zu verzichten und sich stattdessen abfinden zulassen, weil er seine Auswanderung in die USA vorbereitete. Da Sander einer der ersten „geschützten Nichtarier" war, die nicht freiwillig die Bank verließen, verhandelte die Bank mit ihm über die Modalitäten. Dabei handelte er mit 50.000 RM die höchste Abfindungssumme heraus, die ein Angestellter jüdischer Herkunft ausweislich der überlieferten Personalakten in den dreißiger Jahren bei der Dresdner Bank erhalten sollte. Dieses Bemühen um ein gutes Einvernehmen kam auch Erna Ro zugute. Sie erhielt mit 200 RM im Monat ebenfalls eine vergleichsweise hohe Betriebsrente, jedenfalls erhielt keine der

1099 Vgl. hierzu Ziegler, Dresdner Bank, S. 64 ff.

1100 Aufstellung v. 22.8.1934, in: HAC 500/E.6844.

1101 Zu den Umständen von Sanders Ausscheiden aus der Dresdner Bank vgl. Ziegler, Dresdner Bank, S. 33 ff.

1102 Schreiben an Ernst Sander, z.Zt. Marienbad v. 21.7.1934, in: in: HAC 500/E.6844.

1103 Schreiben an Erna Ro v. 11.9.1934, in: ebd.

weiblichen Angestellten jüdischer Herkunft ein höheres Ruhegehalt. Verhandelt wurde mit ihr zwar nicht. Aber ihre Rente errechnete sich nach den Richtlinien der „Abbaupensionäre“ mit einem geringen Abschlag von 10 RM.[1104]

Auch Betty Le wurde bereits im Jahr 1935 in den Vorruhestand geschickt. Ihr Fall lag ganz ähnlich wie der von Erna Ro. Denn auch sie war die Sekretärin eines „nichtarischen“ leitenden Angestellten und sollte ebenfalls nicht länger beschäftigt werden als ihr Chef. Aber noch deutlicher als bei Erna Ro belegt dieser Fall, wie sehr das Schicksal einer weiblichen Angestellten jüdischer Herkunft von dem Schicksal ihres Vorgesetzten abhing und wie wenig ihr Schutzstatus nach dem Berufsbeamtengesetz ihr tatsächlich nützte.

Betty Le war im Jahr 1913 von der Darmstädter Bank eingestellt worden. Während des Krieges wurde sie sogar zur Prokuristin ernannt, allerdings nicht entsprechend besoldet. Sie arbeitete im Filialbüro, das wegen der Expansion der Danat Bank in den zwanziger Jahren rapide gewachsen sein muss, weshalb ihr die Procura im Gegensatz zu anderen weiblichen Prokuristen in der Stabilisierungskrise 1924/25 nicht entzogen worden war. Allerdings war sie – vermutlich nach der Einführung des Tarifsystems – als Tarifbeamtin (in der Tarifgruppe 3) eingestuft worden. Im Zuge der Fusion mit der Dresdner Bank verlor sie schließlich auch ihre Procura und arbeitete seitdem als Sekretärin des Abteilungsdirektors im Industriebüro Theodor St.[1105]

Direktor St war im Industriebüro für die Abwicklung der in den zwanziger Jahren der Danat Bank sicherungsübereigneten Kunstwerke zuständig. Solche Geschäfte waren im Bankgeschäft eigentlich nicht üblich gewesen. Aber der Geschäftsinhaber der Danat Bank, Jakob Goldschmidt, hatte sehr großzügig Kredite an Kunsthändler und Sammler vergeben und als Kreditsicherheiten Kunstwerke akzeptiert. Zahlreiche dieser Kunsthändler und Sammler konnten während und nach der Bankenkrise ihre Kredite nicht mehr bedienen, so dass sich für die Bank die Frage der Verwertung der sicherungsübereigneten Kunstwerke stellte. Expertise für den Kunstmarkt waren in der Dresdner Bank nicht vorhanden, da ihr solche Kreditgeschäfte bisher fremd waren. Deshalb überließ man die Abwicklung dem schon in der Danat Bank dafür zuständigen Direktor Theodor St.[1106]

Ende Juni 1933 hatten beide, Theodor St und Betty Le die Kündigung erhalten. St konnte deshalb den Antrag auf Unabkömmlichkeit für seine Sekretärin nicht stellen. Diese Aufgabe übernahm – und zwar für Theodor St und Betty Le – das

1104 Aufstellung v. 22.8.1934, in: ebd.

1105 Abgangszeugnis für Betty Le (Entwurf) v. 3.12.1935, in: HAC 500/E.4152.

1106 Zur Rolle von Theodors St bei der Abwicklung der Kunstengagements seit 1932 vgl. ausführlich Lynn Rother, Kunst durch Kredit. Die Berliner Museen und ihre Erwerbungen von der Dresdner Bank 1935, Berlin 2017, S. 223 ff.

nichtjüdische stellvertretende Vorstandsmitglied, der ebenfalls von der Danat Bank übernommene Gustav Nollstadt, der in der Geschäftsleitung der Dresdner Bank seit der Fusion für das Industriebüro zuständig und damit der Vorgesetzte des Abteilungsdirektors St war. Nollstadt argumentierte in beiden Fällen mit der Unabkömmlichkeit wegen der Abwicklung der Kunstengagements.[1107]

Anfang Juli zeigte sich allerdings, dass die Intervention im Falle von Betty Le unnötig war. Denn sie war vor 1914 in den Dienst bei der Darmstädter Bank eingetreten und damit als „Nichtarierin" geschützt.[1108] Anders war die Sachlage bei Theodor St. Er war zwar bereits 1910 in den Dienst der Darmstädter Bank eingetreten, weswegen er zunächst auch als „geschützt" betrachtet wurde. Aber während des Krieges hatte er im Auftrag der Bank den Vorstandsvorsitz bei einer Industrieaktiengesellschaft übernommen, die bei der Darmstädter Bank hoch verschuldet war. Auch wenn die Berufung im Auftrag der Bank erfolgt war, hatte St das Beschäftigungsverhältnis bei der Darmstädter Bank unterbrochen und fiel deswegen nicht unter die Ausnahmebestimmung für „Nichtarier" im Berufsbeamtengesetz.

Für Betty Le hing nun viel davon ab, wie lange das Industriebüro zur Abwicklung der Kunstengagements brauchte und die Verschiebung der Pensionierung von Direktor St vom Reichswirtschaftsministerium noch genehmigt werden würde. Theoretisch hätte sie nicht gleichzeitig mit Theodor Ste den aktiven Dienst bei der Dresdner Bank verlassen müssen, weil ihre Beschäftigung als „geschützte Nichtarierin" nicht vom Wohlwollen des Reichswirtschaftsministerium abhing. Aber allen Beteiligten dürfte klargewesen sein, dass die Bank die Gelegenheit nutzen würde, eine vergleichsweise hoch bezahlte „Nichtarierin" loszuwerden, wenn die Pension aus dem „Abbaufonds", also aus Steuermitteln, bestritten werden würde.

Als sich zu Jahresbeginn 1934 abzeichnete, dass bald eine Lösung für die sicherungsübereigneten Kunstwerke gefunden werden würde,[1109] sollte der 57-jährige Direktor St zum 1. April 1934 in den Vorruhestand versetzt werden. Es gelang Nollstadt allerdings, die Genehmigungen für weitere Verlängerungen quartalsweise beim Reichswirtschaftsministerium zu erwirken.[1110] Aber über das Jahresende 1934 hinaus war das nicht mehr möglich. Deshalb wurde auch seiner Sekretärin, der zu diesem Zeitpunkt 43-jährigen Betty Le im Dezember 1934 mit-

1107 Für Theodor St: Aktennotiz ohne Datum (Juni 1933), in: HAC 500/12571-2001 und für Betty Le: Aktennotiz ohne Datum (Juni 1933), in: HAC 500/E.4152.

1108 Schreiben an Betty Le v. 10.7.1933, in: HAC 500/E.4152 sowie Schreiben an Theodor St v. 10.7.1933, in: HAC 500/12571-2001.

1109 Schreiben von Gustav Nollstadt v. 4.2.1934, in: HAC 500/12571-2001.

1110 Schreiben der Personalabteilung an Direktor Nollstadt v. 13.12.1934, in: ebd.

geteilt, dass sie zum 1.7.1935 in den (Vor-)Ruhestand versetzt werden würde.[1111] Letztlich wurde aber auch ihre Dienstzeit verlängert, weil das Reichswirtschaftsministerium der Bank gestattet hatte, die notwenigen Restarbeiten durch Theodor St auf Honorarbasis, d. h. durch das Aufstocken seiner Betriebsrente auf das letzte Monatsgehalt, durchführen zu lassen.[1112] Dafür stand ihm mit Betty Le auch seine langjährige Sekretärin bis Ende Juni 1935 zur Verfügung. Danach wurde Theodor St auch noch weiter beschäftigt und auch die bereits pensionierte Betty Le durfte ihren Chef auf der gleichen Vertragsbasis wie bei St noch bis Mitte November 1935 als Sekretärin unterstützen.

Es stellte sich für Betty Le nun die Frage der Höhe ihrer Betriebsrente. Als „Richtlinienpensionärin", d. h. nach den Richtlinien für den Personalabbau während und nach der Fusion, hätte ihr bei 22 Dienstjahren und einem zuletzt bezogenen Gehalt nach Tarifgruppe 3 („männlicher" Tarif) eine Betriebsrente in Höhe von etwa 225 RM im Monat zugestanden. Tatsächlich sollte sie zunächst aber nur 175 RM erhalten. Aufgrund einer Intervention, deren Urheber aus der Akte nicht hervorgeht, bei dem es sich aber wohl um Nollstadt gehandelt haben dürfte, wurde die Betriebsrente schließlich auf 200 RM festgesetzt.[1113]

Möglicherweise zog hier das Argument der Gleichbehandlung mit der nur ein Vierteljahr früher pensionierten „geschützten Nichtarierin" Erna Ro. Diesem Argument konnte sich die Personalabteilung offenbar nicht verschließen. Denn beide Frauen waren in der gleichen Tarifgruppe und hatten über zwanzig Dienstjahre geleistet. Betty Le kam zwar auf etwas weniger Dienstjahre, hatte dafür aber zuletzt ein etwas höheres Gehalt bezogen. Auf jeden Fall zeigt der Versuch der Bank, das „Abrunden" der nach den „Richtlinien" errechneten Summe bei Betty Le höher ausfallen zu lassen, wie schnell das Bedürfnis erodiert war, sich im Einvernehmen von den „geschützten Nichtariern" zu trennen. Die Behauptung Schippels aus dem Jahr 1937, dass die Bank die „nichtarischen" Beschäftigten bei ihrer Versetzung in den Ruhestand nicht schlechter behandelte als die Nichtjuden, entsprach demzufolge schon 1935 nicht der Wahrheit.

Die übrigen drei „geschützten Nichtarierinnen", von denen mit Gertrud Ro und Erna Tae zwei auch im Sample des Teils 1 vertreten sind, wurden erst nach der Vereinbarung der Großbanken über ihre koordinierte „Entjudung" in den Ruhestand geschickt. Sie erhielten im Dezember 1936 die entsprechende Mitteilung, wurden sofort beurlaubt und traten zum 1.7.1937 in den (Vor-)Ruhestand.

1111 Schreiben an Betty Le v. 3.1.1935, in: HAC 500/E.4152.

1112 Schreiben der Personalabteilung an Direktor Nollstadt v. 14.12.1934, in: HAC 500/12571-2001.

1113 Berechnung v. 11.1.1935 und Schreiben an Betty Le v. 28.12.1934 (Entwurf) sowie v. 3.1.1935, in: HAC 500/E.4152.

Gertrud Ro war 1911 bei der Darmstädter Bank eingestellt worden. Sie stieg dort in die Tarifgruppe 3 auf und wurde nach der Fusion nicht wieder abgestuft. 1933 verdiente sie im „männlichen" Tarif mit einer Leistungszulage von 15 RM insgesamt gut 330 RM. Auch sie war zunächst Ende Juni 1933 gekündigt worden. Aber wegen ihrer Beschäftigung seit 1911 wurde die Kündigung Anfang Juli wieder zurückgenommen.[1114] Im Jahr 1936 erhielt sie anlässlich ihres 25-jährigen Dienstjubiläums sogar eine Sonderzahlung von 950 RM.[1115] Bis zum Dezember 1936 lässt die Akte nicht erkennen, dass Gertrud Ro als „Nichtarierin" in ihrer Beschäftigung als Bankangestellte in irgendeiner Weise diskriminiert worden war. Als ihr im Dezember 1936 mitgeteilt wurde, dass sie im Sommer 1937 in den (Vor-)Ruhestand versetzt werden würde, schien sie diese Nachricht trotz ihres Alters von gerade einmal 43 Jahre nicht überrascht zu haben. Jedenfalls versuchte sie nicht, die Pensionierung hinauszuschieben. Allerdings bat sie darum, bei der Festsetzung der Betriebsrente auf ihre wirtschaftliche Lage Rücksicht zu nehmen. Denn sie lebte mit ihrer erwerbsunfähigen Schwester in einem Haushalt und musste von ihrem Gehalt sich und ihre Schwester unterhalten.

Eine Berechnung der Rentenhöhe nach „Richtlinie" enthält diese Akte leider nicht. Aber bei 26 Dienstjahren und einem letzten Gehalt von gut 330 RM hätten ihr als „Richtlinienpension" 198 RM im Monat zugestanden. Tatsächlich wurde ihr nur ein Ruhegehalt in Höhe von 140 RM zugestanden.[1116] Insofern war nicht nur die (Früh-)Pensionierung, sondern ebenso die Festsetzung einer unangemessen niedrigen Rente ausschließlich durch ihre „nichtarische" Abstammung zu erklären.

Da die Festsetzung des Ruhegelds bereits 1936 erfolgt war, ist auch der Fall von Gertrud Ro ein Beleg dafür, dass Schippel im Frühjahr 1937 gegenüber dem Reichswirtschaftsministerium die Unwahrheit gesagt hatte. Dafür kann es eigentlich nur eine Erklärung geben. Dr. Koehler war als zuständiger Sachbearbeiter für die „Nichtarierfrage" bei der Dresdner Bank sicherlich nicht um das weitere Schicksal der Angestellten jüdischer Herkunft besorgt. Wahrscheinlich wollte sich Schippel nur Handlungsspielraum verschaffen, um sich von denjenigen „Nichtariern" in gutem Einvernehmen trennen zu können, bei denen dies im Interesse der Bank oder – wie vermutlich im Fall Sander – im Interesse einzelner Vorstandskollegen war. Außerdem kannte Sander als Mitglied der Geschäftsleitung die Richtlinien und konnte sich selbst ausrechnen, wie hoch seine „Richtlinienpension" ausfallen müsste. Einfache Tarifangestellte werden dieses Wissen nicht gehabt

1114 Schreiben an Gertrud Ro v. 10.7.1933, in: HAC 500/E.4837.
1115 Aufstellung o. D. (September 1936), in: ebd.
1116 Schreiben an Gertrud Ro v. 6.1.1937, in: ebd.

haben. Wie mit den „geschützten Nichtariern", d.h. auch mit den Frauen umgegangen wurde, ging das Reichswirtschaftsministerium nicht nur nichts mehr an, sondern es wird den Beamten dort auch gleichgültig gewesen sein.

Die scheinbar ruhigen ersten Jahre der „geschützten" Existenz von Gertrud Ro als jüdischer Angestellter der Dresdner Bank sollten allerdings nicht verallgemeinert werden. Denn Ella Sa musste schon direkt nach ihrer Anerkennung als „geschützt" ganz andere Erfahrungen machen. Sie war 1910 bei der Dresdner Bank eingestellt worden und hatte Ende Juni 1933 wie fast alle „Nichtarier" die Kündigung erhalten. Sie widersprach der Kündigung und argumentierte, dass sie in der Volkswirtschaftlichen Abteilung die wissenschaftliche Bibliothek betreut hatte, nachdem sie von ihrer Vorgängerin „in die Materie eingeweiht" worden war. Es gäbe in der Bank außer ihr keine andere Kraft, die mit „bibliothekarischen Aufgaben vertraut" sei. Deshalb sei sie nicht zu ersetzen. Dieser Argumentation, die ohnehin nur eine ausschiebende Wirkung gehabt hätte, hatte es aber wegen der Aufhebung der Kündigung am 10. Juli nicht bedurft, da sie seit 1914 ununterbrochen bei demselben Arbeitgeber beschäftigt war.[1117]

Damit war zwar die Kündigung vom Tisch, nicht aber die Diskriminierung als Jüdin. Aus Gründen, die leider nicht in der Akte vermerkt sind, wurde Ella Sa wenig später aus der Bibliothek in die Stillhalte-Abteilung versetzt. Natürlich sind betriebsorganisatorische Gründe nicht ausgeschlossen. Wahrscheinlicher ist aber ihre „rassische" Herkunft in Verbindung mit der Privilegierung als „geschützte Nichtarierin". Denn die Ausnahmebestimmungen des Berufsbeamtengesetzes waren unter den „alten Kämpfern" der NS-Bewegung nicht auf Zustimmung gestoßen, obwohl es „ihre" Regierung war, die diese Ausnahmebestimmungen zu verantworten hatte. Das Frontkämpferprivileg war keineswegs ein nationalsozialistisches Anliegen gewesen, sondern nur deswegen in das Gesetz aufgenommen worden, weil Reichspräsident Hindenburg in einem Schreiben an Hitler Anfang April darum gebeten hatte.[1118] Als Mitglied der Obersten Heeresleitung während des Weltkriegs hatte Hindenburg schon in den ersten Wochen der nationalsozialistisch geführten Regierung zahlreiche Eingaben ehemaliger Frontsoldaten erhalten, die sich wegen ihres Einsatzes für „Volk und Vaterland" gegen ihre Diskriminierung als Juden wehrten. Hitler gestand dem Reichspräsidenten diesen Wunsch zu und ließ den Gesetzentwurf entsprechend umarbeiten. Nachdem Hindenburg

1117 Schreiben an Ella Sa v. 29.6.1933 und v. 10.7.1933 sowie Schreiben von Ella Sa v. 4.7.1933, in: HAC 500/E.7765.

1118 Schreiben von Hindenburg an Hitler v. 4.4.1933 und Schreiben von Hitler an Hindenburg v. 5.4.1933, abgedruckt in: Walther Hubatsch, Hindenburg und der Staat. Aus den Papieren des Generalfeldmarschalls und Reichspräsidenten von 1878 bis 1934, Göttingen 1966, Dokumente 109 und 110, S. 375 ff.

1934 verstorben war, gab es niemanden von Bedeutung mehr, der das Frontkämpferprivileg hätte verteidigen können. Damit erklärt sich auch die oben erwähnte Aufhebung im Jahr 1935.

Eigentlich hätten die Ausnahmebestimmungen des Berufsbeamtengesetzes für einen überzeugten Antisemiten kein Problem darstellen dürfen. Denn in der nationalsozialistischen Bewegung war man überzeugt, dass es den Juden während des Krieges immer gelungen war, einen Posten in sicherer Entfernung hinter der Front zu bekommen. Deshalb musste ein „nichtarischer" Frontkämpfer den Nachweis erbringen, dass er „bei der kämpfenden Truppe an einer Schlacht, einem Gefecht, einem Stellungskampf oder an einer Belagerung teilgenommen" hatte (s. Kap. 7.3.). So hoffte man die Zahl der Ausnahmen gering zu halten.

Die lange Dienstzeit musste der Gesetzgeber als Ausnahme anerkennen, da als Grund für die Notwendigkeit einer „Wiederherstellung des Berufsbeamtentums" angeführt worden war, dass zunächst die (Personal-)Notlage des Krieges und später die „korrupte Systemzeit" dafür verantwortlich waren, dass Beamte nicht mehr nach Qualifikation und Leistung, sondern nach Parteibuch oder anderen sachfremden Kriterien eingestellt bzw. befördert wurden. Demzufolge war es nach dieser Logik im Umkehrschluss folgerichtig, dass alle Beamten des Kaiserreichs in Friedenszeiten noch nach Qualifikation und Leistung eingestellt worden waren. In ihrem Fall konnte deswegen nicht davon gesprochen werden, dass ihre Einstellung nicht nach den Kriterien des alten, wiederherzustellenden Berufsbeamtentums erfolgt war. Als sich aber zeigte, dass weit mehr Beamte unter die Ausnahmebestimmungen fielen als erwartet, schuf das Unzufriedenheit bei denjenigen, die davon überzeugt waren, dass es allein ihre politische Überzeugung gewesen sei, weshalb sie in der Weimarer Republik beruflich nicht das erreicht, was sie sich vorgestellt hatten.

Möglicherweise sah sich die Bank nach der Privilegierung von Ella Sa als „geschützte Nichtarierin" verpflichtet, sie ab sofort mit Aufgaben zu versehen, bei denen sie leichter zu ersetzen sein würde als in der Bibliothek. Jedenfalls bescheinigte ihr ihr Vorgesetzter in seinem Leistungsbericht zwei Jahre nach ihrer Versetzung in die Stillhalte-Abteilung, dass er in seiner Abteilung ihre in den zwanziger Jahren erworbenen bibliothekarischen Fähigkeiten nicht nutzen konnte. Er hatte eine versierte Stenotypistin angefordert, die Ella Sa aber nicht sei. Diese Behauptung ist insofern nicht abwegig, als Ella Sa seit 1921 in der Volkswirtschaftlichen Abteilung wahrscheinlich kaum einmal Stenogramme aufgenommen und Stenogramme auf der Schreibmaschine übertragen hatte. Es war deshalb von vornherein nicht zu erwarten, dass sie genauso „flott" arbeiten würde wie ihre jüngeren Kolleginnen. Deshalb beschäftigte ihr Vorgesetzter sie zunächst „mit der Sekretariatspost". Das funktionierte allerdings nicht. Denn, so der Leistungsbericht, Ella Sa „scheiterte an dem Widerstand der die Post ansagenden Herren". Als Grund vermutete er „die nichtarische Eigenschaft von Fräulein Sa".

Allerdings ging der Bürochef nicht gegen das Mobbing der männlichen Kollegen vor, sondern gab Ella Sa eine andere Aufgabe, indem er ihr die Funktion einer Registermark-Korrespondentin übertrug und in ein anderes Büro versetzte. Dort zeigten sich aber schon bald die gleichen Probleme und wieder ging der Vorgesetzte nicht gegen das Mobbing vor. Schließlich separierte er Ella Sa von allen anderen Kolleginnen und Kollegen seiner Abteilung und ließ sie in einem eigenen Büro in der Stillhalte-Abteilung Rembourssicherungsbriefe bearbeiten. Dadurch hatte sie nur mit einem Kollegen zu tun, der die Briefe zur Kontrolle entgegennahm.

Empört zeigt sich der Chef, als Ella Sa diese neue Aufgabe „nicht als Schutzmaßnahme erkannte", sondern „als Benachteiligung" empfand und deswegen bei ihm vorstellig wurde.[1119] Offenbar waren nicht nur einzelne fanatische Antisemiten unter ihren männlichen Kollegen gegen Ella Sa vorgegangen, sondern diesen war es auch gelungen, den Neid der anderen und vor allem der weiblichen Angestellten anzustacheln, die sämtlich nach den Tarifgruppen 1 oder 2 besoldet wurden, während Ella Sa als einzige und mit Abstand älteste weibliche Angestellte in der Abteilung in die Tarifgruppe 3 eingestuft war. Wahrscheinlich wurde den jüngeren Kolleginnen diese Besserstellung von Ella Sa als typisch „jüdische" Kumpanei mit dem alten Management der „Systemzeit" verkauft.

So sollte es auch nicht lange dauern, bis sich der Vertrauensrat mit Ella Sa beschäftigte und der Personalabteilung nahelegte, sie in die Tarifgruppe 2 zurückzustufen. Mit Schreiben von Ende Dezember 1935 teilte die Personalabteilung Ella Sa deshalb mit, dass sie von Juli 1936 an nur noch nach der Tarifgruppe 2 besoldet werden würde.[1120] Der Einkommensverlust war beträchtlich. Denn statt 316,65 RM betrug das Gehalt in der Tarifgruppe 2 nur noch 258,10 RM.[1121] Das war eine Kürzung um 58,55 RM oder knapp zwanzig Prozent.

Ella Sa war aber keine Frau, die demütig jede Zurücksetzung hinnahm, um ihren Arbeitsplatz als Angestellte bei der Dresdner Bank nicht zu gefährden, sondern sie wehrte sich. Besondere Sorge bereitete ihr die mögliche Auswirkung auf die spätere Betriebsrente. Denn sie muss gewusst haben, dass sich die Bank in der Zwischenzeit mit zahlreichen „geschützten Nichtariern" auf deren Versetzung in den vorläufigen Ruhestand geeinigt hatte. Wahrscheinlich vermutete sie, dass es entsprechende Pläne auch für sie gäbe und die Bank zuvor noch die Berech-

1119 Schreiben eines leitenden Angestellten der Stillhalte-Abteilung (Unterschrift unleserlich) v. 25.9.1935, in: HAC 500/E.7765.

1120 Schreiben an Ella Sa v. 31.12.1935, in: ebd.

1121 Aktennotiz v. 28.7.1936, in: ebd.

nungsgrundlage für die Betriebsrente zu Ungunsten von Ella Sa verändern wollte. Sie bestritt deshalb nicht, dass die Tätigkeit, die sie ausführte, auch von einer weniger qualifizierten, nach der Tarifgruppe 2 besoldeten Kraft erledigt werden konnte. Aber es habe nicht in ihrer Verantwortung gelegen, dass ihr eine solche Arbeit zugewiesen worden war. Anstatt sie abzustufen, müsste sich ihr Arbeitgeber vielmehr bemühen, ihr eine solche Tätigkeit zuzuweisen, die der Qualifikation einer nach der Tarifgruppe 3 besoldeten Angestellten entsprach.[1122]

Dieser Argumentation konnte sich die Leitung der Personalabteilung offenbar nicht verschließen und fragte deshalb noch einmal bei dem Vorgesetzten von Ella Sa nach. Dieser war aber offenbar fest entschlossen, Ella Sa loszuwerden, so dass er noch einmal bestätigte, dass „wir ihre Leistungen trotz weitgehender Rücksichtnahme auf ihr höheres Alter als nicht ausreichend charakterisieren, da sie hinter denjenigen der anderen Damen der Gruppe 2 und auch der Gruppe 1 erheblich zurückbleiben."[1123] Nun war es nicht ungewöhnlich, dass ein Bürochef oder manchmal auch ein Abteilungsdirektor eine wenig leistungsfähige, meist ältere Angestellte loswerden wollte. Solche Beispiele konnten auch unter den nichtjüdischen Frauen des Samples in Teil 1 ausgemacht werden (Kap. 3.4.5.). Was aber hier anders war, war die Tatsache, dass sich der Vertrauensrat einschaltete, aber nicht zugunsten der betroffenen Angestellten, sondern um ihre diskriminierende Behandlung durchzusetzen. Damit entsprach die Zurückstufung von Ella Sa auch dem Willen des Personalvorstands Hans Schippel, der als „Betriebsführer" dem Vertrauensrat vorstand. Selbst wenn die Leitung der Personalabteilung das Manöver der Leitung der Stillhalte-Abteilung durchschaut und missbilligt haben sollte, wofür es allerdings keinen Hinweis gibt, blieb ihr nichts anderes übrig als dem Votum des Vertrauensrats zu folgen.

Auch Ella Sa scheint diese Zusammenhänge durchschaut zu haben, vielleicht wurde ihr aber auch ein Hinweis gegeben. Jedenfalls wandte sie sich im Mai 1936 direkt an das nationalsozialistische Vorstandsmitglied Emil Meyer und legte die Karten offen auf den Tisch: „In der genannten Abteilung hatte ich verschiedene Posten inne. Leider wurde mir hier als Jüdin das Arbeiten sehr erschwert. ... Diese Umstände haben wohl schliesslich zu der erwähnten Gehaltsreduzierung geführt. Sie werden es sicher verstehen, sehr geehrter Herr Direktor, dass ich diese Umgruppierung ... als Kränkung und Bestrafung verstehen muss."[1124] Eine Antwort scheint sie nicht erhalten zu haben. Jedenfalls ist keine überliefert. Deshalb wandte sie sich im Juni 1936 noch einmal an die Personalabteilung und wies auf

1122 Schreiben von Ella Sa v. 11.1.1936, in: ebd.

1123 Schreiben der Leitung der Stillhalte-Abteilung (Unterschriften unleserlich) v. 18.1.1936, in: ebd.

1124 Schreiben an Ella Sa an Direktor Dr. Meyer v. 6.5.1936, in: ebd.

die Konsequenzen für die Berechnung der Rentenhöhe bei einer möglicherweise anstehenden Pensionierung hin. Sie bat deshalb darum, dass wenigstens für diesen Fall das Gehalt der Tarifgruppe 3 als Grundlage für die Berechnung genommen würde.[1125] Eine Zusage konnte sie selbstverständlich nicht erwarten. Das wird ihr auch klar gewesen sein. Aber so hatte sie schon einmal ihre Erwartung formuliert.

Immerhin kam ihr die Bank an anderer Stelle entgegen. Durch die Gehaltsabsenkung müsste Ella Sa ihre Krankenkasse wechseln, weil sie wieder versicherungspflichtig wurde. Aktuell war sie privat versichert und die Versicherungsgesellschaft würde sie auch als „Nichtarierin" behalten. Wenn sie aber nun die private Krankenversicherung verließe, weil sie sich pflichtversichern müsste, würde sie als „Nichtarierin" später nicht wieder aufgenommen werden. Im Falle der Pensionierung wäre das aber erforderlich, um sich weiter durch ihren jüdischen Hausarzt behandeln zu lassen, der, wie alle „nichtarischen" Ärzte, keine Kassenzulassung mehr besaß. Die Bank gewährte ihr deswegen einen Zuschlag von 20 RM, so dass sie statt 258,10 RM nun 278,10 RM verdiente. Damit war sie weiterhin von der Versicherungspflicht befreit und konnte bei ihrer privaten Versicherung bleiben.[1126]

Wie Ella Sa erwartet hatte, dauerte es erneut nicht lange, bis die Bank an sie herantrat und ihr mitteilte, dass sie in den Vorruhestand versetzt werden würde. Anfang Dezember 1936 stellte ein Sachbearbeiter der Personalabteilung eine Berechnung der Höhe der Betriebsrente (einschließlich der Versicherungsrenten) an. Zugrunde gelegt wurde das aktuelle Gehalt der Tarifgruppe 2, allerdings unter Berücksichtigung des Zuschlags von 20 RM. Danach stand ihr ab Juli 1937 nach 27 Dienstjahren eine Rente von 171,50 RM zu, während es auf Grundlage des bis Juni 1936 bezogenen Gehalts nach Tarifgruppe 3 195,20 RM gewesen wäre. Die Dresdner Bank setzte daraufhin ein Ruhegehalt (einschließlich der später noch zu gewährenden Versicherungsrenten) für die 46-jährige in Höhe von 150 RM fest. In den Ohren von Ella Sa musste der Schlusssatz des Schreibens zynisch klingen, auch wenn er vermutlich so nicht gemeint war, sondern als Standardsatz am Ende aller derartiger Schreiben zu finden ist. So endete die Mitteilung über ihre Versetzung in den Ruhestand mit einem „aufrichtigen Dank ... für die treuen Dienste, die sie unserem Institut in langen Jahren geleistet haben."[1127]

Trotz dieser eindeutigen Schlechterstellung gegenüber den üblichen Regeln für sogenannte „Richtlinienpensionäre" konnten sich Ella Sa und Gertrud Ro die-

1125 Schreiben von Ella Sa v. 19.6.1936, in: ebd.

1126 Handschriftliche Notiz, ohne Autor und Datum (Juli 1936); Aktennotiz v. 28. Juli 1936 (mit einer handschriftlichen Genehmigung von Emil Meyer); Schreiben an Ella Sa v. 31.7.1936, in: ebd.

1127 Aufstellung v. 11.12.1936 sowie Schreiben an Ella Sa v. 6.1.1937, in: ebd.

sem Angebot nicht verweigern. Denn die Betriebsrenten waren freiwillig und jederzeit widerruflich. In den Schreiben, mit denen ihnen die Entlassung aus dem aktiven Dienst mitgeteilt wurde, hatte die Bank sogar ausdrücklich darauf hingewiesen, dass die Betriebsrente auch ohne Begründung gekürzt werden konnte. Das bedeutete, dass die Angestellten nur einen Rechtsanspruch auf die Versicherungsrenten besaßen, die aber erst nach Erreichen der Altersgrenze oder im Fall der Berufsunfähigkeit gezahlt wurden. Die Alternative zur Betriebsrente war deshalb für alle „geschützten Nichtarier" die Entlassung mit einer Abfindung. Für keine der Frauen scheint das im Jahr 1936 eine erstrebenswerte Alternative gewesen zu sein, unabhängig davon wie weit sich das zugestandene Ruhegehalt von der nach der „Abbaurichtlinie" von 1932 errechneten Rente entfernt hatte.

Lediglich Erna Tae nahm diese Schlechterstellung nicht hin. Sie hatte 1917 ihren Anspruch auf die Führung des Familiennamens ihres gefallenen Verlobten zusammen mit dem Anrecht, als „Frau" angesprochen zu werden, beim Innenministerium durchgesetzt, wie in Kap. 3.4.1 ausführlich dargelegt. Sie glaubte deshalb offenbar, mit guten Argumenten wiederum auf Verständnis für ihre besondere Situation stoßen zu können. Als sie, wie alle anderen „Nichtarier", im Juni 1933 den Erhalt des Kündigungsschreibens quittieren müssen, vermerkte sie gleich auf der Quittung, dass sie – da bereits 1905 von der Darmstädter Bank eingestellt – unter die Ausnahmebestimmungen des Berufsbeamtengesetzes fiele. Wenig später legte sie zusätzlich auch formal Widerspruch gegen die Kündigung ein und wandte sich an das Reichswirtschaftsministerium.[1128] Die Ausnahmebestimmung des Beschäftigungsbeginns vor 1914 trafen zu diesem Zeitpunkt allerdings noch nicht auf sie zu, was sie aber offenbar nicht wusste. Denn die Ausweitung der Ausnahmebestimmung auf Angestellte in den dem öffentlichen Dienst gleichgestellten Unternehmen erfolgte erst wenige Tage später. Daraufhin wurde die Kündigung auch zurückgenommen.[1129]

Zu diesem Zeitpunkt hatte Erna Tae schon allerhand Demütigungen hinter sich. In der Danat Bank hatte sie seit 1926 ein Gehalt nach Tarifgruppe 3 („männlicher" Tarif) erhalten. Denn sie war als Effektenkassiererin und zeitweise auch als Tresorverwalterin beschäftigt – beides Arbeitsbereiche, die eigentlich Männern vorbehalten waren. Im Jahr 1930 betrug ihr Bruttogehalt knapp 310 RM. Nach der Bankenkrise wurde sie noch in der Verantwortung der Danat Bank in die Tarifgruppe 2 zurückgestuft. Um den Einkommensverlust abzufedern, erhielt sei eine Leistungszulage von 40 RM. Im Unterschied zum Tarifgehalt war die Zulage aber

1128 Schreiben an Erna Tae v. 28.6.1933, Empfangsquittung v. 28.6.1933, Schreiben von Erna Tae an die Personalabteilung v. 1.7.1933 sowie Schreiben von Erna Tae an das Reichswirtschaftsministerium (Abschrift) v. 30.6.1933, in: HAC 500/E.8816.

1129 Schreiben an Erna Tae v. 10.7.1933, in: ebd.

freiwillig und konnte jederzeit widerrufen werden. Nach der Fusion entfiel deshalb auch die Leistungszulage.[1130] Der Einkommensverlust betrug etwa 52 RM (oder 18 Prozent) und lag damit über dem Durchschnitt. Aber dieser Einkommensverlust hatte nichts damit zu tun, dass sie als Konfession im Personalbogen 1905 „mosaisch" angegeben hatte. Relevant wurde diese Angabe aber nach ihrer Pensionierung, worauf in Kap. 8 noch zurückzukommen sein wird.

Zunächst wurde Erna Tae im Dezember 1936 mitgeteilt, dass die Bank „beschlossen" hatte, sie Mitte des kommenden Jahres in den Ruhestand zu versetzen. Damit stellte sich für die 52-jährige, nach Ansicht des Vertrauensarztes der Dresdner Bank noch zu sechzig Prozent arbeitsfähigen Erna Tae[1131] die Frage nach der Höhe der Betriebsrente. Nach einer Berechnung der Personalabteilung hätte ihr als „Richtlinienpensionärin" ein Betrag von knapp 175 RM zugestanden. Sie erhielt aber nur 160 RM. Wieder wehrte sie sich, weil sie nicht einsah, dass die Rentenhöhe nach dem letzten Gehalt festgesetzt wurde und nicht die Jahre berücksichtigt wurden, in denen sie nach der Tarifgruppe 3 bezahlt worden war.[1132] Aber natürlich nützte das nichts. Weitere negative Konsequenzen hatte der Widerspruch allerdings auch nicht.

1130 Schreiben an Erna Tae v. 11.11.1932, in: ebd.

1131 Ärztliches Zeugnis betr. Versetzung in den Ruhestand v. 14.1.1937, in: ebd.

1132 Aufstellung o. D. (Dezember 1936), Schreiben an Erna Tae v. 7.1.1937 sowie Schreiben von Erna Tae v. 7.1.1937, in: ebd.

8 „Nichtarische“ Betriebsrentnerinnen: das letzte Kapitel

Mitte des Jahres 1937 waren alle weiblichen Angestellten jüdischer Herkunft aus dem aktiven Dienst ausgeschieden. Als Betriebsrentnerinnen blieben die fünf, in Kap. 7.5. behandelten „geschützten Nichtarierinnen“ aber institutionell mit der Dresdner Bank verbunden. Das galt in gleicher Weise auch für die Angestellten, die bereits vor der Machtübernahme der Nationalsozialisten in den Ruhestand geschickt worden waren. Fünf „Nichtarierinnen“ unter ihnen sind namentlich bekannt, wobei es sich bei dreien um sogenannte „Abbaupensionäre“ handelte, also um weibliche Angestellte, die im Zuge der Fusion von Dresdner Bank und Danat Bank in den Vorruhestand versetzt worden waren. Alle fünf waren Jüdinnen und seit Ende der dreißiger Jahre von den gleichen Maßnahmen betroffen wie die fünf „geschützten Nichtarierinnen“. Auch Julie Sch, die als einzige „nicht geschützte Nichtarierin“ nicht mit einer Abfindung entlassen, sondern ebenfalls in den Ruhestand versetzt worden war, wird in diesem Kapitel berücksichtigt werden.

Neben diesen elf Betriebsrentnerinnen werden aber auch sechs Witwen „nichtarischer“ Angestellter von Dresdner Bank, Darmstädter Bank und Nationalbank für Deutschland in die Untersuchung einbezogen. Denn auch sie waren Rentenempfängerinnen und dürften von den gleichen Maßnahmen betroffen gewesen wie die ehemaligen angestellten Frauen, sofern sie „Jüdinnen“ oder „Mischlinge“ waren. Interessant ist in diesem Fall auch der Vergleich zu den nichtjüdischen Witwen „nichtarischer“ Angestellter. Wie bereits einleitend in Kap. 7.1. erwähnt, lässt sich die Gesamtzahl der Betroffenen nicht schätzen. Deshalb lässt sich über die Repräsentativität der ermittelten sechs Fälle keine gesicherte Aussage treffen.

Alle elf namentlich bekannten Betriebsrentnerinnen des Jahres 1937 waren Jüdinnen nach dem Reichsbürgergesetz und damit Staatsangehörige minderen Rechts. Keine der in den Jahren zwischen 1935 und 1937 in den Ruhestand versetzten „nichtarischen“ Frauen war älter als 53 Jahre und keine bezog auch schon eine Versicherungsrente, d. h. keine von ihnen besaß einen Rechtsanspruch auf ihre Rente, sondern sie waren vollständig vom Wohlwollen (oder Übelwollen) der Dresdner Bank abhängig. Die meisten waren zwar vom Vertrauensarzt der Dresdner Bank auf ihre Berufsfähigkeit untersucht worden. Aber ein Antrag auf Berufsunfähigkeit konnte aufgrund des Attestes nicht gestellt werden. Etwas anders war das bei den im Durchschnitt älteren Betriebsrentnerinnen, die bis zum Erlass des Berufsbeamtengesetzes in den Ruhestand versetzt worden waren. Zwei der fünf Frauen hatten bereits das Renteneintrittsalter von 60 Jahren erreicht und eine er-

 | https://doi.org/10.1515/9783112248287-008

hielt eine Berufsunfähigkeitsrente. Während Eva Sa kurz vor der Bewilligung der Versicherungsrente nach Italien emigrierte, erhielten Gertrud Ma, die im Jahr 1925 in den Ruhestand versetzt worden war, seit 1932 ihre Altersrente und Margarete Swa seit 1929 eine Berufsunfähigkeitsrente, jeweils um einen freiwilligen und jederzeit widerruflichen Zuschuss ergänzt.

Die Konsequenz der versicherungsrechtlich prekären Situation zeigte sich bereits im September 1938, als alle Renten und Rentenzuschüsse jüdischer Betriebsrentner gekürzt wurden. In dem Schreiben, das die Betroffenen erhielten, hieß es lapidar, dass sich die Bank „aus Anlass einer Überprüfung unserer Pensionen und Pensionszuschüsse zu einer Neuregelung Ihrer Pension dahingehend entschlossen“ habe, die Höhe der Pension neu festzusetzen. Nach dem Krieg rechtfertigte die Bank die Kürzung damit, dass sie „auf Druck“ des „nationalsozialistischen Vertrauensrats [...] aus politischen (rassischen) Gründen“ erfolgt sei.[1133] Hinzu kam auch noch die Abschaffung des „Gnadenvierteljahrs“, in dem den Ehefrauen der verstorbenen Betriebsrentner noch drei Monate lang die volle Mannesrente oder der Zuschuss zur Versichertenrente in voller Höhe gezahlt wurde, damit sie die Beerdigungskosten ihrer Ehemänner aufbringen konnten. Bis zum September 1938 wurde diese Versorgungsleistung allen Witwen zugestanden. Seitdem wurde den Witwen jüdischer Betriebsrentner diese soziale Leistung aufgrund einer Anweisung des „Betriebsführers“ Vorstandsmitglied Carl Lüer nicht mehr gewährt.[1134] Diese weitere Leistungskürzung betraf zwar nur wenige Fälle, weil nur wenige Betriebsrentner bis zum Einsetzen der Deportationen eines natürlichen Todes gestorben waren. Aber auch sie war keineswegs „verordnet“ worden, sondern ging auf die Initiative des „Betriebsführers“, des Nachfolgers von Hans Schippel, Carl Lüer zurück.

Es mag zwar richtig sein, dass die Initiative für diese Leistungskürzungen der jüdischen Betriebsrentner vom Vertrauensrat ausgegangen war und es ist auch richtig, dass der Vertrauensrat mehrheitlich von Aktivisten der ehemaligen NS-Betriebszelle besetzt war. Aber wie hätte der Vertrauensrat „Druck“ ausüben und

1133 Bei dem Schreiben handelte es sich um ein gedrucktes Formular, das in zwei Versionen verschickt wurde. Diese zwei Versionen unterschieden sich nur dadurch, dass in dem einen Fall die „Pension“ und in dem anderen Fall der „Pensionszuschuss“ neu festgesetzt wurde. Die Höhe der „Pension“ bzw. des „Pensionszuschusses“ wurde maschinenschriftlich in das Formular eingetragen.

1134 Für ein Vierteljahr nach dem Ableben ihres Ehemannes erhielten die Witwen der Betriebsrentner noch die volle Mannesrente ausbezahlt, bevor nur noch die Witwenrente gezahlt wurde. Diese Regelung wurde für jüdische Hinterbliebene im November 1938 aufgehoben, und auch nichtjüdischen Witwen jüdischer Betriebsrentner stand das „Gnadenvierteljahr“ zumindest während des Krieges nicht mehr zu. Aktennotiz v. 15.11.1938, 15.5.1940, 26.1.1944, in: HAC 500/50337-2001.

gegen den Willen der Geschäftsleitung die Kürzung durchsetzen können? Der Vertrauensrat war ein Beratungsgremium für den „Betriebsführer“, im Falle der Bankzentrale also des für die Personalangelegenheiten zuständigen Vorstandsmitglieds. Beschlüsse fasste er nicht. Er konnte nur Empfehlungen aussprechen, über die noch nicht einmal abgestimmt werden durfte. Empfehlungen dieser Tragweite wurden aber nur umgesetzt, wenn sich der Vorstand der Bank mit der Empfehlung einverstanden erklärt hatte. Andernfalls wäre die Initiative des Vertrauensrats ins Leere gelaufen. Insofern lag es nicht im Ermessen des Vertrauensrats, wie hoch die Betriebsrenten bemessen wurden, sondern die Verantwortung für die Kürzungen lag beim Vorstand der Dresdner Bank. Selbst mittelbar über das Reichswirtschaftsministerium konnten die nationalsozialistischen Vertrauensratsmitglieder die Bank nicht (mehr) unter „Druck“ setzen. Denn die Dresdner Bank war zu diesem Zeitpunkt vollständig reprivatisiert, so dass die Höhe der Ruhegehälter von Tarifangestellten nicht mehr der Genehmigungspflicht des Ministeriums unterlag.

Die Umfänge der Kürzungen lassen keinerlei Regel erkennen, sondern erfolgten offenbar vollkommen willkürlich. Erkennbar ist lediglich der Grundsatz, dass vergleichsweise hohe Betriebsrenten stärker gekürzt wurden als niedrigere. So wurden die Betriebsrenten, die unter 200 RM lagen, um jeweils 10 RM gekürzt, während die beiden Rentenbezieherinnen mit 200 RM monatlich eine Kürzung von 25 RM bzw. sogar 40 RM hinnehmen mussten. Die beiden Bezieherinnen der Rentenzuschüsse waren bereits im Vorjahr von Kürzungen betroffen gewesen. Im Oktober 1937 mussten alle Betriebsrentner und damit erstmals auch die vor Juni 1933 in den Ruhestand versetzten ehemaligen Angestellten einen Abstammungsfragebogen ausfüllen.[1135] Auf dieser Grundlage konnte die Bank entscheiden, in welchen Fällen, nämlich ausschließlich bei „Juden“ nach dem Reichsbürgergesetz, sie den Zuschuss kürzen konnte. So wurde der Zuschuss für Gertrud Ma von 115 RM auf 100 RM und derjenige von Margarete Swa von 100 RM auf 50 RM gekürzt. Beide mussten dann bei der allgemeinen Kürzung für alle Jüdinnen und Juden im Jahr 1938 eine weitere Kürzung auf jeweils 35 RM hinnehmen.

Besonders bemerkenswert ist es in diesem Zusammenhang, wie die Bank mit den Witwenrenten ehemaliger jüdischer Angestellter umging. Auch diese Renten wurden im September 1938 gekürzt. Dabei machte es keinen Unterschied, ob es sich bei der Rentenempfängerin um eine Jüdin oder um eine Nichtjüdin handelte, wenn der Ehemann Jude war. Vielleicht noch drastischer als in anderen Fällen zeigt sich bei der Nichtjüdin Paula Ab, wie sehr die Bank ihre Haltung gegenüber ihren ehemaligen jüdischen Angestellten und deren Angehörigen zwischen 1933

1135 Abstammungserklärung (ausgefüllt am 31.10.1937), in: HAC 500/E.8816.

und 1938 verändert hatte. Paula Ab war die Ehefrau des 1919 in den Ruhestand versetzten und 1920 verstorbenen stellvertretenden Direktors der Nationalbank für Deutschland Hermann Ab. Im Folgejahr war die zu diesem Zeitpunkt 23-jährige Tochter Käte Ab bei der Nationalbank eingestellt worden. Die Familie war evangelisch. Hermann Ab war jüdischer Herkunft und Paula Ab „arisch“, so dass Käte Ab 1933 wegen der beiden jüdischen Großeltern väterlicherseits als „nichtarisch“ die Kündigung erhielt (s. Kap. 7.4.). Zuvor, nach der Fusion der Danat Bank mit der Dresdner Bank und der Ausweitung der Bestimmungen der „Subventionsverordnung“ mit ihren Gehaltskürzungsvorschriften auf die Dresdner Bank, war die Witwenrente von Paula Ab von 200 RM auf 162 RM gekürzt worden.[1136] Nachdem die Tochter im Juni 1933 als „nicht geschützte Nichtarierin“ zunächst zum 31.8. gekündigt worden war, wandte sich die Mutter an die Bank und bat um eine Rücknahme der Kürzung ihrer Witwenrente aus dem Vorjahr. Tatsächlich erhöhte die Bank die Witwenrente daraufhin wieder auf 200 RM.[1137] Das war ein einmaliger Vorgang und er zeigt, wie unwohl sich die zuständigen Mitarbeiter der Bank mit der Behandlung der jüdischen Beschäftigten nach dem Erlass des Berufsbeamtengesetzes fühlten.

Bis zum September 1938 hatte die Witwenrente von Paula Ab unbeanstandet 200 RM betragen. Ihren Abstammungsbogen hatte Paula Ab nicht ganz korrekt ausgefüllt, weil sie vergessen hatte, auch die Abstammung ihres verstorbenen Ehemannes einzutragen – was auch umgehend moniert wurde.[1138] Trotzdem wurde sie von der ersten Rentenkürzung nach der Auswertung der Abstammungsfragebögen Ende 1937 nicht betroffen. Zu diesem Zeitpunkt war anscheinend noch ausschlaggebend, dass sie selbst keine „Jüdin“ nach dem Reichsbürgergesetz war. Im Folgejahr war das dann nicht mehr der Fall. Während die Renten der als „Mischlinge“ nach dem Reichsbürgergesetz anerkannten „nichtarischen“ ehemaligen Angestellten nicht angetastet wurden, war die Witwenrente der „arischen“ Paula Ab von der Rentenkürzung dieses Mal nicht ausgenommen. Entscheidend war offenbar nun die Abstammung derjenigen Person, die den Rentenanspruch begründete; und das war Hermann Ab. Deshalb wurde die Witwenrente auf 175 RM gekürzt. Diesmal nützte auch ein Bittbrief nicht viel, in dem Paula Ab wieder auf ihre nach dem Berufsbeamtengesetz entlassene Tochter ver-

1136 Schreiben an Paula Ab v. 6.7.1932, in: HAC 500/E.4711.

1137 Schreiben von Paula Ab v. 3.8.1933 und Schreiben an Paula Ab v. 9.8.1933, in: ebd.

1138 Schreiben an Paula Ab v. 4.11.1937, Abstammungserklärung v. 1.11.1937 (mit handschriftlichen Ergänzungen o. D.) in: ebd.

wies. Das interessierte jetzt nicht mehr. Die Bank war nur bereit die Kürzung um drei Monaten aufzuschieben.[1139] Aber mit Jahresbeginn 1939 wurde sie wirksam.

Alle zehn von der Kürzung betroffenen Betriebsrentnerinnen versuchten wie Paula Ab durch die Darlegung ihrer sozialen und gelegentlich auch ihrer gesundheitlichen Lage die Bank dazu zu veranlassen, die Kürzung zurückzunehmen. Aber in allen Fällen waren diese Versuche erfolglos. Lediglich Erna Tae legte Widerspruch gegen die Kürzung ein. Ihre Betriebsrente war von 160 RM auf 150 RM gekürzt worden.[1140] Auch sie hatte 1937 ein zweites Mal den Abstammungsfragebogen ausfüllen und unterschreiben müssen, den sie im Juni 1933 schon einmal, damals noch im aktiven Dienst, vorgelegt bekommen hatte.[1141] Dass sie der Abstammung nach ein „Mischling ersten Grades" war, stand außer Frage. Der Vater war Jude und stammte von einem jüdischen Elternpaar ab, während die Mutter evangelisch war und von zwei evangelischen Eltern abstammte. Damit war Erna Tae aber noch kein „Mischling" im Sinne des Reichsbürgergesetzes und seiner Durchführungsverordnungen. Denn in ihrem Personalbogen hatte sie bei ihrer Einstellung 1905 als Konfession „mosaisch" angegeben. In ihrem Widerspruch gegen die Rentenkürzung behauptete sie dennoch, „Mischling 1. Grades" zu sein und das vorläufige Reichsbürgerrecht zu besitzen. Auf die Angabe „mosaisch" angesprochen, antwortete sie, dass sie die Angabe nur deswegen gemacht habe, weil sie nicht getauft worden sei und der Begriff „Dissident" in der damaligen Zeit „sozialdemokratisch" geklungen hätte. Sie ergänzte ihre Angaben schließlich noch durch eine eidesstattliche Erklärung, dass sie „niemals der jüdischen Religion oder der jüdischen Gemeinde" angehört und „niemals mosaischen Religionsunterricht gehabt" habe.[1142]

Damit wurde die Angelegenheit für den Sachbearbeiter der Personalabteilung zu kompliziert und er holte im Juristischen Büro eine Rechtsauskunft ein. Wie der Hausjurist dem Sachbearbeiter mitteilte, stammte die Konfessionsangabe aus dem Jahr 1905. Entscheidend sei aber der 15. September 1935. Nur wenn Erna Tae auch an diesem Tag, dem Tag des Erlasses des Reichsbürgergesetzes, noch der jüdischen Glaubensgemeinschaft angehört hätte, wäre sie als „Jüdin" zu betrachten, „selbst wenn die Angaben über die arische Rassezugehörigkeit deren Mutter und deren Großeltern zuträfen. Frau T. müsste gegebenenfalls den Nachweis ihres Austritts aus der jüdischen Glaubensgemeinschaft erbringen."[1143]

1139 Schreiben an Paula Ab v. 20.9.1938, Schreiben von Paula AB v. 1.10.1938 und Schreiben an Paula AB v. 12.10.1938, in: ebd.

1140 Schreiben an Erna Tae v. 20.9.1938, in: HAC 500/E.8816.

1141 Abstammungserklärung (ausgefüllt am 31.10.1937), in: ebd.

1142 Schreiben von Erna Tae v. 23.9.1938 und 11.10.1938, in: ebd.

1143 Aktennotiz v. 6.10.1938, in: ebd.

Eine eidesstattliche Erklärung reichte als Nachweis auf jeden Fall nicht aus. Deshalb forderte die Bank Erna Tae auf, ihren Tauf- oder Konfirmationsschein einzureichen.[1144] Aber sie war offenbar nicht getauft worden. Deshalb brachte sie zwei Bescheinigungen der Jüdischen Gemeinde in Berlin bei, in denen bestätigt wurde, dass Erna Tae in deren Mitgliederkartei nicht aufzufinden sei und dass sie nie zu einer Gemeindesteuer oder zu anderen Abgaben herangezogen worden war.[1145] Zusammen mit dem Nachweis der „arischen Zugehörigkeit" der beiden Großeltern mütterlicherseits reichten der Bank diese beiden Bescheinigungen aus, um Erna Tae „als Mischling ersten Grades und als Reichsbürgerin nach den Nürnberger Gesetzen" anzusehen und machte die Pensionskürzung rückgängig.[1146] Ihre Hartnäckigkeit hatte sich also erneut ausgezahlt.

Damit war sie aber auch die einzige. Bei einigen der Betriebsrentnerinnen scheint diese Ruhegehaltskürzung ein Anstoß gewesen zu sein, doch noch über eine Auswanderung nachzudenken. Besonders gravierend war die Ruhegehaltskürzung für diejenigen Frauen, die nach ihrer Versetzung in den Ruhestand eine neue Anstellung gefunden hatten, die es ihnen ermöglichte, die Lücke zwischen dem alten Gehalt und der Betriebsrente ganz oder wenigstens zum größten Teil aufzufüllen. Aber Ende 1938 war auch schon absehbar, dass diese Möglichkeit des Zuerwerbs eines Tages enden würde. Das war etwa bei Gertrud Ro der Fall, die Mitte 1937 in den Vorruhestand versetzt worden war und seitdem ein Ruhegehalt von 140 RM im Monat bezog. Ihr war es zunächst gelungen, eine neue Stellung zu finden, bei der sie 200 RM Gehalt bezog und damit die Lücke zwischen ihrem alten Gehalt in Höhe von 330 RM bei der Dresdner Bank und ihrer Betriebsrente schließen konnte. Über den neuen Arbeitgeber ist zwar nichts weiter bekannt. Aber vermutlich befand sich das Unternehmen in „jüdischem" Besitz. Denn bereits vor der Kürzung der Betriebsrente von Gertrud Ro hatte der Eigentümer sein Geschäft einschränken und dann im Januar 1939 – vermutlich in Folge der Verordnung über den Einsatz des jüdischen Vermögens vom 3. Dezember 1938[1147] – ganz schließen müssen. Für Gertrud Ro bedeutete das, dass sie zunächst ab Mai 1938 nur noch halbtags arbeitete und entsprechend das Gehalt nur noch 100 RM betrug und dass sie ab Ende Januar 1939 arbeitslos war.[1148] Seitdem waren sie und

1144 Schreiben an Erna Tae v. 12.10.1938, in: ebd.

1145 Bescheinigungen der Jüdischen Gemeinde Berlin v. 9.10.1938, in: ebd.

1146 Aktennotiz v. 7.11.1938, in: ebd.

1147 RGBl. 1938/1. S. 1709. Die Verordnung bestimmte u. a., dass „Inhabern eines jüdischen Gewerbebetriebes" aufgegeben werden konnte, den Betrieb „binnen einer bestimmten Frist zu veräußern oder abzuwickeln."

1148 Schreiben von Gertrud Ro v. 13.7.1937, v. 2.5.1938 und v. 31.1.1939, in: ebd.

ihre Schwester allein auf die Rente angewiesen, die im Oktober 1938 auf 130 RM gekürzt worden war.[1149]

In dieser Situation entschlossen sich Gertrud Ro und ihre Schwester doch noch auszuwandern. Dazu benötigten sie Geld. Denn Ersparnisse hatten sie in der Vergangenheit kaum bilden können. Deshalb bat Gertrud Ro im April 1939 darum, ihren Rentenanspruch zu kapitalisieren. In dem Schreiben legte sie auch ihre Auswanderungspläne offen – vermutlich in der Hoffnung, dass die Bank bei der Bemessung des Abfindungsbetrags großzügig mit ihr umging.[1150] Dabei hätte sie es besser wissen müssen. Denn schon bei der Rentenkürzung für alle Betriebsrentner im Herbst 1938 interessierte die Bank die soziale Lage ihrer jüdischen Betriebsrentner nicht. Die folgende Mitteilung muss dennoch ein Schock gewesen sein, sofern Gertrud Ro die Praxis der Kapitalisierung von Betriebsrenten bekannt gewesen war. So wurden nur drei (statt der früher üblichen fünf) Jahresrenten für die Berechnung und die gekürzte Pensionshöhe vom Oktober 1938 zugrunde gelegt. Das hätte einen Betrag von 4.680 RM ergeben. Aber selbst diesen Betrag gestand die Bank ihr nicht zu. Bewilligt wurden nur 3.000 RM.[1151]

Damit gelang es der Schwester tatsächlich noch Deutschland zu verlassen. Aber als Gertrud Ro nachkommen wollte, befand sich das Reich bereits im Krieg und der Fluchtweg war verschlossen. Sie musste im Land bleiben und hatte nun kein Einkommen mehr. Sie fand eine stundenweise Beschäftigung und verdiente etwa 70 RM im Monat, löste ihre Wohnung auf und stockte ihr Erwerbseinkommen aus dem Erlös des Verkaufs der Möbel auf. Anfang 1941 war allerdings auch dieses Geld verbraucht und Gertrud Ro wandte sich an die Dresdner Bank, schilderte ihre verzweifelte Lage und bat um Unterstützung – wohlwissend, dass sie im Frühjahr 1939 auf jegliche Ansprüche gegen ihren ehemaligen Arbeitgeber verzichtet hatte. Die Bank antwortete kühl, dass man sich „ausserstande“ sähe, „über die ... gezahlte Abfindungssumme hinaus einen weiteren Betrag zur Verfügung zu stellen“.[1152] Natürlich konnten die Mitarbeiter der Personalabteilung nicht ahnen, wie das weitere Schicksal von Gertrud Ro aussehen würde. Aber selbst wenn sie es geahnt haben sollten, würde das ihre Haltung wohl nicht geändert haben.

Mit dem Ablehnungsschreiben der Bank endet die Akte zunächst. Allerdings stellte ein Anwalt im Jahr 1961 im Auftrag der Erben von Gertrud Ro einen Antrag auf Entschädigung für Schaden am Leben beim Entschädigungsamt (West-)Berlin

1149 Schreiben an Gertrud Ro v. 20.9.1938, in: ebd.

1150 Schreiben von Gertrud Ro v. 15.4.1939, in: ebd.

1151 Aufstellung v. 14.4.1939, in: ebd. Der Abzug erklärt sich wahrscheinlich durch die bereits bezogenen Monatsrenten, die mit dem Kapitalisierungsanspruch aufgerechnet wurden.

1152 Schreiben von Gertrud Ro v. 19.3.1941 und Schreiben an Gertrud Ro v. 21.3.1941, in: ebd.

und fragte deshalb nach den Jahren der Beschäftigung bei der Dresdner Bank und ihren Rechtsvorgängern sowie nach der Höhe des letzten Verdienstes und der Betriebsrente. Aus diesem Schreiben geht hervor, dass Gertrud Ro noch in Berlin geheiratet hatte, vermutlich 1942 in ein Vernichtungslager deportiert und zu einem unbekannten Zeitpunkt dort ermordet worden („umgekommen“) war.[1153]

Wie dicht Auswanderung und Deportation beieinander lagen, zeigt auch das Beispiel von Julie Sch. Sie war 1917 bei der Dresdner Bank eingestellt worden und gehörte insofern zu den „nicht geschützten Nichtariern“. Sie hatte Ende Juni 1933 zunächst ihre Kündigung erhalten. Allerdings gelang es der Bank mit der Argumentation der Unabkömmlichkeit der Korrespondentin in der Auslandsabteilung die Entlassung bis zum 31. März 1934 auszusetzen. Als einzige „nicht geschützte Nichtarierin“ wurde sie schließlich nicht abgefunden. Vielmehr erhielt sie eine Betriebsrente in Höhe von 125 RM, obwohl sie noch keine zwanzig Dienstjahre erreicht hatte.[1154] Anschließend gelang es Julie Sch, eine Anstellung auf Stundenbasis bei der Hauptstelle für jüdische Wanderfürsorge zu bekommen und arbeitete dort zunächst so viel, dass keine Anrechnung auf ihre Betriebsrente erfolgte. Wie oben in Kap. 7.4. erwähnt, lag diese Freigrenze bei 50 RM. So konnte sie ihre recht knapp bemessene Rente wenigstens etwas aufbessern. Wie sie selbst sagte, war eine Auswanderung keine Option, obwohl sie ausweislich ihres Abgangszeugnisses im Englischen und im Französischen in Wort und Schrift „perfekt“ war.[1155] Im Jahr 1934 hätte die Abfindung sehr wahrscheinlich für die Auswanderung ausgereicht. Weshalb sie sich nicht abfinden ließ, ist vermutlich mit Rücksichtnahme auf ihre 80-jährige Mutter zu erklären, mit der sie in Berlin in einem Haushalt lebte. Jedenfalls führte Julie Sch dies in einem Schreiben gegenüber der Dresdner Bank als Grund an: „Mit Rücksicht darauf, dass ich für meine alte Mutter zu sorgen habe, ist mir nicht die Möglichkeit gegeben, mir im Auslande eine neue Existenz zu schaffen.“[1156]

Weshalb sich Julie Sch im Frühjahr 1941 doch noch entschied, in die USA auszuwandern, lässt sich dagegen nicht zweifelsfrei klären. Die Kürzung der Betriebsrente auf nur noch 115 RM wird vermutlich nicht den Ausschlag gegeben haben. Denn diese war schon im Oktober 1938 erfolgt.[1157] Denkbar ist höchstens ein Zusammenspiel mit der Einschränkung oder gar dem Wegfall der Nebenverdienstmöglichkeit. Wahrscheinlicher ist aber, dass die Mutter Anfang 1941 ver-

---

1153 Schreiben von RA Wolfgang Börner, München v. 22.9.1961, in: ebd.
1154 Schreiben an Julie Sch v. 28.2.1934, in: HAC 500/E.7393.
1155 Abgangszeugnis v. 11.5.1934, in: ebd.
1156 Schreiben von Julie Sch v. 20.2.1934, in: ebd.
1157 Schreiben an Julie Sch v. 20.9.1938, in: ebd.

storben war und sich Julie Sch nun endlich um ihr eigenes Leben kümmern konnte. Jedenfalls stellte sie Ende Mai 1941 einen Antrag, ihre Betriebsrente zu kapitalisieren. Die Bank sagte ihr daraufhin im Juni einen Betrag von 2.000 RM zu.[1158] Es ist kaum vorstellbar, dass dieser Betrag in Anbetracht der konfiskatorischen Steuern und Abgaben („Sühneleistung", Dego-Abgabe und Reichsfluchtsteuer) ausgereicht haben sollte, so dass Julie Sch im Sommer 1941 die Auswanderung noch hätte finanzieren können. Aber selbst wenn ihre finanziellen Mittel ausgereicht hätten, ist es zweifelhaft, ob sie wegen des Ende Oktober 1941 verhängten Auswanderungsverbots für Juden überhaupt noch ausreisen durfte. Es ist deshalb sehr wahrscheinlich, dass sie Deutschland nicht Richtung Westen verlassen hat und stattdessen Monate später „nach dem Osten evakuiert" wurde, wie es im Jargon der Zeit hieß.

Ähnlich erging es Ella Sa, die ebenfalls nach ihrer Pensionierung eine Nebentätigkeit suchte. Sie arbeitete seitdem als stundenweise bezahlte Stenotypistin bei der Reichsvereinigung der Juden in Deutschland, der im September 1933 als Reichsvertretung der deutschen Juden gegründeten Dachorganisation verschiedener jüdischer Verbände. Da Nebentätigkeiten von Frührentnern genehmigungspflichtig waren, ist in der Akte auch die Höhe der Nebenverdienste dokumentiert. Sie lagen zwischen 80 RM und 128 RM. Mehr konnte Ella Sa nicht verdienen, da der Gesamtbetrag ansonsten ihr altes Gehalt übertroffen hätte. Hätte man das früher bezogene Gehalt nach der Tarifgruppe 3 zugrunde gelegt, hätte sie bei der Reichsvereinigung auch mehr arbeiten können. Aber auch dieser Wunsch wurde ihr verwehrt.[1159]

Stattdessen kürzte die Bank im September 1938 ohne Begründung ihre Betriebsrente von 150 RM auf 140 RM.[1160] Im Gegensatz zu den meisten anderen von dieser Kürzungswelle betroffenen „nichtarischen" Betriebsrentner hatte Ella Sa allerdings immer noch ihr Nebeneinkommen, das 1940 sogar in eine Festanstellung bei der Reichsvereinigung mündete. Ihr monatlicher Verdienst lag nun bei 110 RM, zusammen mit ihrer Rente verfügte sie demnach über 250 RM.[1161]

Lange Zeit mag Ella Sa gedacht haben, dass sie mit ihrem kleinen Einkommen und der Rente in Deutschland überleben könne, so dass sie die Möglichkeiten zur Auswanderung nicht genutzt hat, die sich ihr als Mitarbeiterin der Reichsvereinigung geboten haben dürften. Denn es war eine der Hauptaufgaben der Reichsver-

---

1158 Schreiben von Julie Sch v. 27.5.1941 und Schreiben an Julie Sch v. 4.6.1941, in: ebd.

1159 Schreiben von Ella Sa v. 22.12.1937; Aufstellung (Berechnung der Obergrenze der Nebenverdienste) v. 4.1.1938; Aufstellung der Nebenverdienste v.4.1.1938; Schreiben an Ella Sa v. 12.1.1938, in: HAC 500/E.7765

1160 Schreiben an Ella Sa v. 20.9.1938, in: ebd.

1161 Bescheinigung der Reichsvereinigung der Juden in Deutschland v. 26.1.1940, in: ebd.

einigung, die Auswanderung von Juden aus Deutschland vorzubereiten.[1162] Ende 1941 scheint sie allerdings erkannt zu haben, dass ihr Leben in Deutschland in Gefahr war. Denn die ersten ehemaligen Kolleginnen waren zu diesem Zeitpunkt schon in die Gettos im ehemaligen Polen und ins Baltikum deportiert worden. Sie entschied sich deshalb im Dezember 1941, ihren Betriebsrentenanspruch zu kapitalisieren. Denn Rentenzahlungen ins Ausland verweigerte die Bank und sehr wahrscheinlich hatte Ella Sa auch nicht ausreichend Mittel gespart, um die Auswanderung zu finanzieren. Die Bank stimmte der Kapitalisierung auch zu, war aber lediglich bereit, den Rentenanspruch mit 500 RM, also nur etwas mehr als drei Monatsrenten, abzugelten. In ihrer Not ließ sich Ella Sa auf dieses weitere ausbeuterische Manöver der Dresdner Bank ein.[1163] Zu einer Auswanderung wird es aber nicht mehr gekommen sein. Denn es gab nach dem im Oktober 1941 verhängten Auswanderungsverbot für Juden legal keine Möglichkeit mehr Deutschland zu verlassen.

Mit der Rentenkapitalisierung war die Verbindung zwischen Ella Sa und der Dresdner Bank gekappt. Hier endet deshalb auch die Personalakte. Es findet sich lediglich ein Schreiben, in dem die Bank angefragt wird, ob ein Fräulein Ella Sa bei ihr eine Pension bezieht und in welcher Höhe. Der Brief verfügt über keinen Absender. Eine handschriftliche Notiz deutet allerdings daraufhin, dass es sich um einen Generalkonsul handelte.[1164] Ein Antwortschreiben ist ebenfalls nicht überliefert. Aber für welches Land auch immer Ella Sa Ende 1941 noch die Einwanderung beantragt hatte, ohne ein eigenes Einkommen wird sie niemand mehr aufgenommen haben. Die Akte sagt zwar darüber nichts weiter aus. Aber sehr wahrscheinlich wurde Ella Sa einige Monate später deportiert.

Nach Kriegsausbruch verschlechterte sich die Lage der Juden in Deutschland weiter. Dabei war der Namenszusatz „Sara“ für die Jüdinnen und die damit verbundene Stigmatisierung noch das geringste Problem. Viele Jüdinnen konnten nicht mehr in ihren Wohnungen bleiben, sondern mussten in sehr beengten Verhältnissen in „Judenhäusern“ leben. Ferner wurde ihre finanzielle Handlungsautonomie durch sogenannte beschränkt verfügbare Sicherungskonten einge-

---

1162 Beate Meyer, Der Traum von einer autonomen jüdischen Verwaltung - Die Reichsvereinigung der Juden in Deutschland. Auswanderer und Zurückbleibende in den Jahren 1938/39 bis 1941, in: dies. u. a. (Hg.), "Wer bleibt, opfert seine Jahre, vielleicht sein Leben": deutsche Juden 1938 – 1941, Göttingen 2010, S. 24.

1163 Schreiben von Ella Sa v. 7.1.1942, in: ebd.

1164 Schreiben ohne Absender mit unleserlicher Unterschrift und handschriftlichem Vermerk des Sachbearbeiters der Personalabteilung v. 7.1.1942, in: ebd.

schränkt.[1165] Seit dem Sommer 1939 verfügten die Oberfinanzpräsidenten nach und nach Sicherungsanordnungen gegen alle deutschen und staatenlosen Juden. Die als „Juden" identifizierten Bankkunden hatten alle sich in ihrem Besitz befindlichen Zahlungsmittel auf ein bei einer Devisenbank einzurichtendes Sicherungskonto einzuzahlen. Ausgenommen von dieser Verpflichtung waren lediglich solche Personen, die nur über ein Guthaben von 200 Reichsmark oder weniger verfügten. Die Sicherungskonten waren nicht vollständig gesperrt. Vielmehr durfte zur Sicherung des Lebensunterhalts des Kontoinhabers monatlich ein von der zuständigen Devisenstelle festgelegter Freibetrag abgehoben werden. Darüberhinausgehende Zahlungen aus dem Sicherungskonto etwa für Arzt- oder Handwerkerrechnungen bedurften der vorherigen Genehmigung durch die zuständige Devisenstelle.[1166]

Mit den Sicherungskonten verfügten die Finanzverwaltungen über ein wirksames Instrument, um wenig später die Guthaben der deportierten Juden einziehen zu können. Denn nach der 11. Verordnung zum Reichsbürgergesetz verlor ein Jude mit „gewöhnlichem Aufenthalt" im Ausland die deutsche Staatsangehörigkeit. In diesem Fall fiel das Vermögen an das Reich.[1167] Diese Verordnung betraf zunächst einmal alle ausgewanderten 250.000 bis 280.000 deutschen Juden, die, sofern noch nicht geschehen, mit einem Schlag ausgebürgert wurden und deren Restvermögen, soweit es sich im Reichsgebiet befand, eingezogen wurde.[1168] Betroffen waren aber auch die Vermögen der aus dem Reichsgebiet nach Polen oder in das Baltikum deportierten Juden, die damit aus Sicht der Nationalsozialisten ihren „gewöhnlichen Aufenthalt" ebenfalls im Ausland hatten, d. h. im Moment des Übertritts eines „Abgeschobenen" über die Reichsgrenze trat der Vermögensverfall ein.[1169] Da im Herbst 1941 die Deportationen begannen, bestand offenbar Handlungsbedarf wegen der Frage, wer bzw. welche Behörde sich das zurückgelassene Vermögen aneignen durfte.

1165 Runderlass d. RWM Nr. 108/39 v. 16.8.1939, in: Joseph Walk, Das Sonderrecht für die Juden im NS-Staat, Heidelberg 1996², S. 300.

1166 Hannah Ahlheim, Deklassierung jüdischer Kunden - Die Commerzbank und die 'beschränkt verfügbaren Sicherungskonten' 1935–1945, in: Jahrbuch für Antisemitismusforschung 15/2006, S. 85 ff.

1167 Elfte Verordnung zum Reichsbürgergesetz v. 25.11.1941, RGBl. 1941/1, S. 722 ff.; RMdI, Runderlass v. 3.12.1941, in: Walk, Sonderrecht, S. 358 (IV/279). Vgl. auch Barkai, Boykott, S. 193.

1168 Vgl. Michael Hepp (Hg.), Die Ausbürgerung deutscher Staatsangehöriger 1933–1945 nach den im Reichsanzeiger veröffentlichten Listen, Bd. 1, München 1985, S. XIV; Essner, „Nürnberger Gesetze", S. 308.

1169 ArchBdB, Rundschreiben der Wirtschaftsgruppe Privates Bankgewerbe, Jg. 1941, Nr. 180 v. 4.12.1941.

Von der 11. Verordnung zum Reichsbürgergesetz waren fast alle Betriebsrentner der Dresdner Bank betroffen. Denn von den fünf „geschützten Nichtarierinnen“ und der einen „nicht geschützten Nichtarierin“, die in den Jahren 1934 bis 1937 in den Ruhestand versetzt worden waren, überlebte nur Erna Tae den Krieg, weil sie im Jahr 1938 doch noch die Anerkennung als „Mischling“ nach dem Reichsbürgergesetz erstritten hatte. Alle anderen waren höchstwahrscheinlich deportiert und ermordet worden. Etwas anders war die Situation bei den älteren, bis einschließlich 1932 in den Ruhestand versetzten Betriebsrentnerinnen. Von den fünf Frauen wurden zwei deportiert und ermordet, während zwei rechtzeitig nach Italien bzw. Schweden ausgewandert waren.

Eva Sa war bereits 1936 nach Italien ausgewandert und hatte den Krieg dort überlebt. Das Ruhegehalt in Höhe von 290 RM war offenbar bis September 1938 auf ein Sperrmarkkonto in Deutschland eingezahlt worden. Danach wurde die Zahlung ohne Abfindung eingestellt.[1170] Sehr wahrscheinlich hatte Eva Sa deswegen auswandern können, weil sie als Prokuristin der Danat Bank ein weitaus höheres Gehalt bezogen hatte als alle anderen Frauen der beiden Stichproben. Ihren Verdienst hatte sie offenbar genutzt und ein nicht unbeträchtliches Vermögen gebildet, das in Wertpapieren bei der Danat Bank angelegt war. Sie war deshalb nicht auf die Kapitalisierung ihres Rentenanspruchs angewiesen und konnte so 1936 das Land verlassen.

Auch Käte Bo gelang die Flucht, allerdings deutlich später. Sie hatte sich erst Ende 1938 zur Auswanderung nach Schweden entschlossen, wo sie offenbar Freunde hatte. Zunächst bekam sie jedoch keine Aufenthalts- und Arbeitserlaubnis und fragte bei der Dresdner Bank an, ob ihre Pension nicht nach Schweden überwiesen werden könnte. Denn sie würde die Aufenthaltserlaubnis vermutlich nur bekommen, so mutmaßten ihre schwedischen Freunde, wenn sie garantieren konnte, dass sie dem schwedischen Staat nicht „zur Last“ fiel. Die Bank lehnte das Ansinnen ab und begründete das damit, dass sie für die Auszahlung der Pension in Devisen niemals die Genehmigung der zuständigen Devisenstelle bekommen würde. Immerhin bot ihr die Bank aber im Januar 1939 an, ihren Betriebsrentenanspruch zu kapitalisieren. Als Abfindungsbetrag nannte die Bank 1.778 RM (brutto).[1171] Tatsächlich gelang Käte Bo nur einen Monat später die Auswanderung nach Schweden,[1172] was wohl nur dadurch möglich war, dass ihre Freunde sich verpflichteten, für den Lebensunterhalt von Käte Bo aufzukommen.

1170 Aktennotiz v. 13.11.1936, Schreiben des Auswärtigen Amts der Bundesrepublik Deutschland v. 6.9.1951 (Unterschrift unleserlich), in: HAC 500/12559-2001.

1171 Schreiben von Käte Bo v. 7.1.1939 und Schreiben an Käte Bo v. 10.1.1939, in: HAC 500/12590-2001.

1172 Schreiben der Dresdner Bank (Altbank) an die Hamburger Kreditbank v. 8.9.1954, in: ebd.

Eine weitere, ursprünglich in der Filiale Breslau beschäftigte Betriebsrentnerin überlebte in Deutschland. Gertrud Ma war 1872 geboren und 1925 in den Ruhestand versetzt worden. Das Renteneintrittsalter hatte sie demnach schon 1932 erreicht. Ihre Versicherungsrente betrug 115 RM, die durch einen Bankzuschuss von zunächst 75 RM und ab Oktober 1938 nur noch von 35 RM ergänzt wurde. Obwohl sie nicht in der Lage war, ihre „arische Abstammung" mit Dokumenten zu belegen, hatte sie als „Mischling" das Reichsbürgerrecht erhalten, das sie offenbar vor der Deportation schützte.[1173] Aber sicher sein konnte sich Gertrud Ma natürlich nicht. Von 1941 an wurde den Betriebsrentnern ihr Ruhegehalt nicht mehr auf ihr Konto bei der Dresdner Bank überwiesen, sondern mit einer Postanweisung bar zugesandt.[1174] Um in ihrer Nachbarschaft unentdeckt zu bleiben oder, wie ein Sachbearbeiter in der Bank sich ausdrückte, keine „Unannehmlichkeiten für sie" entstehen zu lassen, hatte Gertrud Ma die Bank im November 1942 gebeten, bei den Postanweisungen mit ihrem Rentenzuschuss auf den Zusatz „Sara" zu verzichten. Da die Abstammung aber nicht zweifelsfrei geklärt war, lehnte die Bank das Ansinnen ab. Daraufhin verzichtete Gertrud Ma auf den Zuschuss und lebte seitdem allein von der Versicherungsrente.[1175]

Während die Personalabteilung der Dresdner Bank von der Deportation von Gertrud Ro, Julie Sch und Ella Sa keine Kenntnis erhielt, musste den Sachbearbeitern in der Personalabteilung bei den anderen Fällen klargewesen sein, was mit ihnen geschehen war. Ende Dezember 1941 teilte der Älteste der Juden in Litzmannstadt (Lodz) der Dresdner Bank mit, dass mit Erna Sara Ro, Margarete Sara Swa und Alice Sara Ba drei Betriebsrentnerinnen dorthin „evakuiert" worden waren. Gleichzeitig forderte er die Bank auf, die Rentenzahlungen ab sofort an die Gettoverwaltung bei der Städtischen Sparkasse Litzmannstadt zu überweisen.[1176] Da sich das Deportationsziel innerhalb der Grenzen des „Großdeutschen Reichs" befand, schickte die Bank das Geld zunächst an die angegebene Adresse in Litzmannstadt oder überwies den Rentenzuschuss entweder auf das bei ihr geführte beschränkt verfügbare Sicherungskonto oder auf ein anderes Konto, das ihr von der Empfängerin genannt worden war.

Im Februar 1942 forderte die Abteilung „Vermögensverwertung" beim Oberfinanzpräsidenten Berlin die Dresdner Bank unter dem Betreff „Einziehung von

1173 Aktennotiz v. 26.5.1939 und v. 17.11.1942, in: HAC 500/E.4164.

1174 Schreiben an Betty Sara Le v. 13.8.1941, in: HAC 500/E.4152.

1175 Aktennotiz v. 26.5.1939 u. 2.11.1942, in: HAC 500/E.4164.

1176 Schreiben des Ältesten der Juden in Litzmannstadt v. 29.12.1941, in: HAC 500/E.8122. Die drei Frauen gehörten damit zu den gut 4.000 Berliner Juden, die im Oktober und November 1941 nach Lodz deportiert wurden. Statistik und Deportation der jüdischen Bevölkerung aus dem Deutschen Reich (https://www.statistik-des-holocaust.de/list_ger_ber.html, zuletzt abgerufen 3.1.2025).

Vermögenswerten“ auf, die Betriebsrente von Alice Ba auf ein Konto bei der Oberfinanzkasse einzuzahlen.[1177] Gleichzeitig erhielt die Bank aber die Mitteilung von der Gettoverwaltung, dass Alice Ba mittlerweile „verstorben“ sei.[1178] Die Bank überwies daraufhin das Guthaben des Sicherungskonto in Höhe von 2.411 RM an die Oberfinanzkasse Berlin und stellte die Rentenzahlung ein.[1179]

Seitdem stellte die Bank die Zahlung der Renten aber nicht erst bei der Meldung über den Tod des Deportierten, sondern unmittelbar nach der Deportation ein, da nach der 11. Verordnung zum Reichsbürgergesetz der Vermögensverfall in jedem Fall eintrat und nicht erst der Tod der deportierten Person abgewartet werden musste. Mit der Einstellung der Rentenzahlungen waren die Finanzbehörden jedoch ganz und gar nicht einverstanden. Die Bank begründete die Einstellung der Rentenzahlungen in einer Stellungnahme des Juristischen Büros mit ihrem Recht auf den jederzeitigen Widerruf der freiwilligen Rentenleistung: „Nach Treu und Glauben kann uns nicht zugemutet werden, einen nur widerruflich zugesagten Pensionszuschuss weiterhin zu gewähren, wenn der Pensionär aus in seiner Person liegenden Gründen evakuiert oder der deutschen Staatsangehörigkeit für verlustig erklärt oder sein Vermögen eingezogen oder für verfallen erklärt worden ist“.[1180]

Allerdings hatte es die Bank bisher versäumt, einen schriftlichen Widerruf gegenüber dem Deportationsopfer auszusprechen. Dadurch hatte sich auch nach Ansicht des Berliner Juristischen Büros die Rechtslage erheblich zu Ungunsten der Bank verändert. Deshalb entwickelte die Bank um die Jahresmitte 1942 ein Standardformular mit Handlungsanweisungen, das auch an alle Filialen verschickt wurde. Die Anweisung dazu lautete wie folgt: „Mit Bezug auf Ihren jüdischen Pensionsempfänger [...] bitten wir Sie, dem Genannten gegenüber unter Verwendung des anliegenden Vordrucks den Pensionswiderruf auszusprechen und diesen als gewöhnlichen Brief an die letzte Ihnen bekannte Anschrift zu adressieren.- Es ist damit zu rechnen, dass die Briefe als unzustellbar an Sie zurückgelangen. Alsdann wollen Sie die Schreiben nebst den mit Unzustellbarkeitsvermerk versehenen Umschlägen zwecks sorgfältiger Aufbewahrung zu ihren Akten nehmen.” Auf dem Durchschlag der Mitteilung der Zahlungseinstellung wurde dann tatsächlich in der Regel folgender Text, in Berlin handschriftlich durch den Mitarbeiter Werner der Personal-Abteilung, vermerkt: „Brief ist unzustellbar zu-

1177 Schreiben des Oberfinanzpräsidenten Berlin-Brandenburg v. 6.2.1942, in: HAC 500/E.3541.

1178 Aktennotiz v. 20.2.1942, in: ebd.

1179 Schreiben an den Oberfinanzpräsidenten Berlin-Brandenburg v. 20.2.1942, in: ebd.

1180 Schreiben an die Filialdirektion der Dresdner Bank Stuttgart v. 11.9.1942, in: HAC 500/E.7797.

rückgekommen und befindet sich im Briefumschlag unter dem Aktendeckel.“[1181] Die Aufbewahrung erfolgte so „sorgfältig“, dass sich die Briefe bis heute an der angegeben Stelle befinden. Mit dieser neuen Praxis konnte sich die Bank nach langen juristischen Auseinandersetzungen schließlich durchsetzen. Der Widerruf der Rentenzahlungen mit der Deportation war offenbar rechtmäßig.

Größere Schwierigkeiten hatte die Bank in den Fällen, in denen der Rentenanspruch nicht jederzeit widerrufbar, sondern durch einen Pensionsvertrag rechtlich verbindlich geregelt worden war. Das betraf zwar keine Tarifangestellten und damit auch keine der Betriebsrentnerinnen, aber einige der Witwen ehemaliger „Oberbeamter“ wie etwa Käthe Op. Die Witwe des 1930 verstorbenen ehemaligen Direktors der Danat-Bank Max Op war „Jüdin“ im Sinne des Reichsbürgergesetzes und im Februar 1942 deportiert worden.

Nach der Mitteilung über die Deportation von Käthe Op hatte die Bank umgehend ihre Rentenzahlungen eingestellt. Im September 1942 meldete sich das Finanzamt Berlin-Wilmersdorf-Nord und fragte nach dem Grund für die Einstellung der Zahlungen. Nachdem die Bank erklärt hatte, dass die Zahlung erst eingestellt worden war, nachdem Käthe Op „unbekannt verzogen“ sei, schaltete sich die Vermögensverwertungsstelle beim Oberfinanzpräsidenten Berlin-Brandenburg ein und erklärte, dass das Vermögen von Käthe Op nach der 11. Verordnung zum Reichsbürgergesetz dem Reich verfallen sei und die Bank die Rentenzahlungen nun an die Finanzkasse wieder aufzunehmen habe.[1182] Daraufhin änderte die Bank ihre Argumentation und erklärte nun, dass sich „aus der Rechtsnatur eines Witwenrentenanspruchs < ergibt >, dass dieser mit dem Vermögensverfall gegenstandslos geworden ist“. Dieser Auffassung widersprach die Behörde und verwies darauf, dass „Ruhegehaltsansprüche aus einem privatrechtlichen Dienstverhältnis zu dem, dem Reich verfallenen Vermögen“ gehörten.[1183]

Dieser Argumentation konnte sich die Bank nicht verschließen, verlangte aber im Gegenzug eine Lebensbescheinigung von Käthe Op, die die Behörde natürlich verweigerte und dies damit begründete, dass „die Besorgung der gewünschten Lebensbescheinigung [...] eine erhebliche Verwaltungsbelastung bedeuten“ würde, die „in der jetzigen Zeit unbedingt vermieden werden muss“. Mit dieser Erklärung war die Bank nicht einverstanden und verweigerte weiterhin die Zahlung. Daraufhin ließ die Behörde die Angelegenheit von der Schiedsstelle

1181 Schreiben v. 19.10.1942 (handschriftlicher Vermerk v. 26.10.1942), in: HAC 500/E.871.

1182 Aktennotiz v. 15.9.1942, in: HAC 500/E.4840.

1183 Schreiben an den Oberfinanzpräsidenten Berlin-Brandenburg v. 27.11.1942 und Schreiben des Oberfinanzpräsidenten Berlin-Brandenburg v. 5.1.1943, in: ebd.

beim Reichsverwaltungsgericht klären.[1184] Der Zynismus dieses Verfahrens ist kaum zu überbieten. Denn mit an Sicherheit grenzender Wahrscheinlichkeit war Käthe Op zu diesem Zeitpunkt längst nicht mehr am Leben. Die Tatsache aber, dass die Dresdner Bank auf der Lebensbescheinigung bestand, beweist, dass die damit befassten Mitarbeiter der Personalabteilung und ihre Vorgesetzten durchaus eine Ahnung davon hatte, was „im Osten“ vorging.

Die Entscheidung des Gerichts „In Sachen der Dresdner Bank [...] gegen die Käthe Sara Op, zuletzt Riga, jetzt unbekannten Aufenthalts, Antragsgegnerin, am Verfahren auch beteiligt der Oberfinanzpräsident Berlin-Brandenburg,“ erging am 16. Juni 1944. Darin wurden zwar die vermögensrechtlichen Ansprüche gegen die Bank auf Witwenrente mit Wirkung vom Januar 1942 für erloschen erklärt. Gleichzeitig gab das Gericht der Bank aber auf, eine „Ausgleichszahlung“ in Höhe von 58.000 RM an das Reich zu leisten.[1185] Die Grundlage für diesen Beschluss bildete die Verordnung über die Nachprüfung von Judengeschäften vom 10. Juni 1940, wonach sichergestellt werden sollte, dass der Vorteil für einen Schuldner, der sich aus der Entrechtung der Juden ergab, dem Reich zukommen und nicht dem Schuldner belassen bleiben sollte.[1186]

Es kann natürlich nicht bestritten werden, dass die Dresdner Bank mittelbar von der Deportation ihrer Betriebsrentner profitierte, solange die Einstellung der Zahlungen rechtens war. Allerdings ging es bei diesem Verfahren nicht darum, ob jemand von der Deportation profitiert hatte, sondern nur wer, die Bank oder das Reich; und die Finanzverwaltung sah allein das Reich als berechtigt an. Wegen der grundsätzlichen Bedeutung dieser Frage gab sich die Bank aber immer noch nicht geschlagen und bestritt die Zuständigkeit des Gerichts und die Anwendbarkeit der genannten Verordnung. Die alleinige Berechtigung des Reiches, von der Deportation der Betriebsrentner zu profitieren, konnte die Bank nicht in Frage stellen. Deshalb musste sie argumentieren, dass sie sich gar nicht bereichert hatte. Der Chefsyndikus Ernst Leese konnte dafür allerdings nur ein sehr schwaches Argument vorbringen. So verwies er darauf, dass das Gericht bei dem Vorwurf der Bereicherung nicht berücksichtigt habe, „dass die Ausmerzung der Juden aus der deutschen Wirtschaft durch deren vorzeitige Pensionierung für

---

1184 Schreiben des Oberfinanzpräsidenten Berlin-Brandenburg v. 28.6.1943 und Schreiben an den Oberfinanzpräsidenten Berlin-Brandenburg v.14.7.1943, in: ebd.

1185 Entscheidung der Schiedsstelle beim Reichswirtschaftsgericht v. 16.6.1944, in: ebd.

1186 Verordnung über die Nachprüfung von Judengeschäften v. 10.6.1940, RGBl. 1940/1, S. 891 f. sowie die Durchführungsverordnung zu der genannten Verordnung v. 14.11.1940, in der die Errichtung einer Schiedsstelle beim Reichswirtschaftsgericht verfügt wurde (ebd., S. 1520).

die Banken der Höhe der Pensionen entsprechende zusätzliche Lasten zur Folge hatte“.[1187]

Leider ist nicht überliefert, ob dem Gericht bekannt war, dass die Dresdner Bank diese vermeintlichen „Lasten“ aus dem „Abbaufonds“ finanzieren konnte, der der Bank vom Reich zur Verfügung gestellt worden war. Aber anscheinend war das nicht der Fall. Denn die Bank beharrte auf ihrer Rechtsposition und war lediglich bereit, die geforderte Summe beim Zentralfinanzamt zu hinterlegen und stellte gleichzeitig einen Rückzahlungsantrag. Sie begründete diesen Antrag damit, dass Käthe Op zwar am 25. Januar 1942 nach Riga deportiert worden sei, aber nie der Beweis angetreten wurde, dass sie dort auch angekommen war. Eine Anfrage beim zuständigen Gebietskommissar bestätigte diese Zweifel. Dieser hatte der Handels- und Kreditbank in Riga, die dort im Auftrag der Dresdner Bank tätig geworden war, erklärt, dass „Auskünfte über im Ghetto lebende Juden nicht gegeben werden können. [...] Alle aus dem Reich hierher gebrachten Juden gelten – auch wenn sie noch am Leben sein sollten – als ‚verschollen‘“.[1188]

Die Bank beantragte deshalb, „den durch die Evakuierung in das Ausland eingetretenen bürgerlichen Tod der Witwe Käthe O.“ festzustellen: Denn die „Evakuierung < erfolgte > im schwersten russischen Winter, und es kann deshalb fraglich erscheinen, ob die O., die damals im 62. Lebensjahre stand, die Strapazen der Reise und des späteren Aufenthalts im russischen Raum überstanden“ hat. Unter diesen Umständen erklärte sich die Bank gegenüber dem Oberfinanzpräsidenten lediglich bereit, die Rente bis zu dem zu ermittelnden Todesdatum nachzuzahlen und für den Fall, dass Käthe O. tatsächlich noch lebte, die Rentenzahlungen wieder aufzunehmen. Außerdem erklärte sie, dass von ihr nicht verlangt werden könne, „das nach dem 25. Januar 1942 erfolgte Ableben der Jüdin nachzuweisen“, sondern dies könne allein „durch die Reichsbehörde < erfolgen >, durch die die evakuierten Juden betreut werden“.[1189]

Dieser Vorschlag wurde vom Oberfinanzpräsidenten erwartungsgemäß abgelehnt. Daraufhin wandte sich die Bank an das Reichsfinanz- und an das Reichswirtschaftsministerium und wiederholte ihren Vorschlag. Als auch das Wirtschaftsministerium kein Entgegenkommen signalisierte, beschwerte sich Ernst Leese über „die Ungerechtigkeit, die darin liegt, dass die Schiedsstelle nicht die Ausgleichung des Vorteils von uns verlange, der sich aus der Aberkennung ihrer (von Käthe O., D.Z) Ansprüche ergebe, sondern darüber hinaus einen Aus-

1187 Schreiben des Juristischen Büros an die Filialdirektion der Dresdner Bank Stuttgart v. 25.2.1944, in: in: HAC 500/E.7797.

1188 Schreiben an die Handels- und Kreditbank v. 7.3.1944 und Schreiben der Handels- und Kreditbank v. 14.3.1944, in: HAC 500/E.4840.

1189 Schreiben an den Oberfinanzpräsidenten Berlin-Brandenburg v. 29.7.1944, in: ebd.

gleich für diejenigen Ansprüche, die der Käthe Sara O. vermutlich zugestanden haben würden, wenn sie nicht evakuiert, sondern die Möglichkeit gehabt hätte, unter [...] Friedensbedingungen weiterzuleben“.[1190]

Die Bank entschied sich wenig später, die nächste Instanz anzurufen, woraufhin die Zahlung der Abfindung bis zum 30.6.1945 gestundet wurde. Im Herbst 1944 sah sich das Reichsfinanzministerium aber offenbar nicht in der Lage, die Angelegenheit trotz mehrerer Aufforderungen seitens der Dresdner Bank weiter zu bearbeiten. Der Vorgang endete dann mit einer letzten Zahlungsaufforderung an die Bank am 6. März 1945,[1191] als die Weltöffentlichkeit das Ausmaß des Massenmords an den europäischen Juden zu ahnen begann. In den letzten Wochen des NS-Regimes verlief das Verfahren offenbar im Sande. Ein Abschluss wurde von beiden Seiten nach Kriegsende mit Sicherheit nicht mehr angestrebt.

Von den sechs identifizierten Witwen jüdischer Angestellter waren drei Jüdinnen und drei nichtjüdisch („arisch“). Bei der Festsetzung der Renten spielte die „Abstammung“ der Frauen erstaunlicherweise keine Rolle. So wurde der nach dem Frontkämpferprivileg „geschützte Nichtarier“ Hugo Fre zwar schon 1934 in den Ruhestand versetzt. Aber der 64-jährige Depositenkassenvorsteher hatte fast die Altersgrenze erreicht und wurde ausschließlich aus Altersgründen pensioniert. Deshalb kam ihm die Bank bei der Festsetzung des Ruhegehalts weit entgegen. Obwohl er erst 1918 bei der Nationalbank für Deutschland eingestellt worden war und demzufolge nur sechzehn Dienstjahre vorweisen konnte, erhielt er eine weitaus höhere Rente als ihm nach den Richtlinien für Abbaupensionäre zugestanden hätte. Sein Gehalt hatte zuletzt 500 RM monatlich betragen und 1933 hatte er außerdem eine Gratifikation von 1.700 RM erhalten. Die Gratifikation war kein Bestandteil des Gehalts, das bei der Berechnung der Betriebsrente berücksichtigt wurde. Deshalb hätte ihm nach sechzehn Dienstjahren nur eine Rente von 216,65 RM zugestanden. Tatsächlich erhielt er 350 RM.[1192]

Als er ein halbes Jahr später die Altersgrenze erreicht hatte und die Versicherungsrente einen Teil der Pensionszahlung übernahm, wurde der Gesamtbetrag auf 332 RM abgesenkt. Daraufhin meldete sich Hugo Fre bei der Bank und bat darum, die Kürzung zurückzunehmen. Denn sein ältester Sohn war als Beamter der Reichsbank nach dem Berufsbeamtengesetz ohne Abfindung entlassen worden. Da der Sohn keine Perspektive für sich im Bankwesen sah, wollte er nun eine Handwerkerlehre beginnen und musste deswegen vom Vater unterstützt

1190 Schreiben an das Reichswirtschaftsministerium v. 22.9.1944 sowie Aktennotiz v. 8.11.1944, in: ebd.

1191 Schreiben an das Zentralfinanzamt Berlin v. 6.3.1945, in: ebd.

1192 Schreiben an Hugo Fre v. 9.9.1933, in: HAC 500/E.2780.

werden. Außerdem war die Tochter als Gymnastiklehrerin schon länger arbeitslos und hatte als Jüdin wenig Aussicht auf eine neue Anstellung.[1193]

Im Gegensatz zu fast allen anderen Fällen, in denen Angestellte, darunter alle Frauen, aufgrund ihrer finanziellen Notlage um die Rücknahme von verordneten Rentenkürzungen baten und abgewiesen wurden, nahm die Bank zwar in diesem Fall die Kürzung ebenfalls nicht zurück, gewährte aber einen auf ein Jahr befristeten Rentenzuschuss von 50 RM, so dass der Gesamtbetrag nun sogar höher lag als vor der Kürzung.[1194] Auch als Hugo Fre im Frühjahr 1941 eines natürlichen Todes gestorben war, verhielt sich die Bank bei der Festsetzung der Witwenrente gegenüber Flora Fre vergleichsweise großzügig. Offenbar ignorierte die Bank sogar, dass auch Flora Fre Jüdin war und gewährte ihr eine Witwenrente von insgesamt 129 RM, davon 60 RM als Zuschuss zur Versicherungsrente;[1195] d. h. die Familie Fre war von der flächendeckenden Rentenkürzung im Oktober 1938 nicht betroffen gewesen.

Während sich die Gründe für den vergleichsweise rücksichtsvollen Umgang mit der Familie Fre nicht einmal erahnen lassen, liegen die Gründe in einem zweiten Fall auf der Hand. Die Ausgangsbedingungen waren ähnlich wie bei der Familie Fre. Der Prokurist Hermann Ra war ebenfalls ein nach dem Frontkämpferprivileg „geschützter Nichtarier". Er wurde allerdings später, im Jahr 1937 als einer der letzten jüdischen Angestellten im Alter von fünfzig Jahren in den Ruhestand versetzt. Sein Gehalt hatte zuletzt 723 RM monatlich betragen, wobei er zusätzlich eine Gratifikation in Höhe von 3.200 RM erhalten hatte. Sein Jahresgehalt hatte demzufolge 1935 11.876 RM betragen. Nach dreißig Dienstjahren hätte ihm eine Rente von 482 RM zugestanden. Tatsächlich wurde das Ruhegehalt für ihn als Juden aber auf gerade einmal 400 RM festgesetzt.[1196] Zusammen mit der bis 1939 gezahlten Kinderzulage für den 1921 geborenen Sohn von 25 RM im Monat hätte das Ruhegehalt im Jahr demnach 5.100 RM betragen.

Das wollte sich die Ehefrau, die Nichtjüdin Auguste Ra, nicht gefallen lassen und sprach zunächst in der Personalabteilung vor. Anschließend wurde sie sogar von dem für Personalangelegenheiten zuständigen Vorstandsmitglied Hans Schippel empfangen. Denn Auguste Ra war während des Krieges eine enge Vertraute des Vorstandsmitglieds der Nationalbank für Deutschland Hjalmar Schacht gewesen (s. Kap. 3.5.4.) und die Bank fürchtete nun, dass sie sich im Falle einer Weigerung der Bank, ihr bzw. ihrem Mann bei der Festsetzung des Ruhegehalts entgegenzukommen, an den jetzigen Reichsbankpräsidenten und Reichswirtschaftsminister

1193 Schreiben v. Hugo Fre v. 14.12.1933, in: ebd.
1194 Schreiben an Hugo Fre v. 15.2.1934, in: ebd.
1195 Schreiben an Flora Fre v. 18.4.1941, in: ebd.
1196 Aufstellung v. 3.9.1936, in: HAC 500/E.6679.

Hjalmar Schacht wenden würde.[1197] Das sollte offenbar unbedingt vermieden werden. Deshalb empfahl die Personalabteilung dem Vorstand, die Rente mit Blick auf die Verdienste von Auguste Ra, die bei ihrem Ausscheiden aus dem Dienst bei der Rechtsvorgängerin 1920 keine Abfindung erhalten hatte, das Ruhegehalt von Hermann Ra auf 425 RM zu erhöhen. Die Angelegenheit wurde offenbar für so wichtig gehalten, dass sich der Vorstand tatsächlich damit befasste und die vorgeschlagene Erhöhung des Ruhegehalts genehmigte.[1198]

Beide Fälle, der Umgang mit den Familie Ra und Fre, zeigen, dass die Handlungsspielräume der Bank bei der Festsetzung der Betriebsrenten bzw. Rentenzuschüsse weitaus größer waren, als es die Bank gegenüber ihren ehemaligen Angestellten darstellte und als sie es nach dem Krieg im Rahmen der Wiedergutmachungsansprüche der Überlebenden oder der Erben behauptete. Das Leben von Flora Fre und Hermann Ra rettete die Bank allerdings nicht. Im Juni 1942 wurde Flora Fre deportiert. Danach verliert sich ihre Spur. Hermann Ra wurde trotz des gemeinsamen, zu diesem Zeitpunkt 22-jährigen Sohnes Hans Ra im Februar 1944 in ein Lager für Zwangsarbeiter verbracht, wo er vermutlich bei Aufräumarbeiten in bombengeschädigten Stadtteilen Berlins eingesetzt wurde.[1199] Mit der Einweisung in das Lager wurde das Vermögen von Hermann Ra beschlagnahmt, woraufhin die Bank die Pensionszahlungen einstellte. Später wurde Hermann Ra nach Theresienstadt deportiert. Das war möglich geworden, weil seine „arische“ Frau Auguste zuvor verstorben und er deshalb nicht mehr durch seine „Mischehe“ geschützt war. In Theresienstadt verstarb Hermann Ra im Oktober 1944.[1200] Immerhin überlebte aber der Sohn von Hermann und Auguste Ra, Hans Ra als „Mischling 1. Grades“ den Krieg und den vier Kindern von Flora und Hugo Fre war rechtzeitig die Flucht aus Deutschland gelungen. Sie überlebten den Krieg in den USA bzw. in Schweden.[1201]

Neben Käthe Op und Flora Fre wurde noch eine weitere Witwenrentenempfängerinnen deportiert und ermordet. Aber bei Lisbeth Grü zeigte sich die Dresdner Bank von einer ganz anderen Seite als bei der Familie Fre. Der Prokurist Edmund Grü war als „nicht geschützter Nichtarier“ zum 1. April 1934 im Alter von 56 Jahren in den Ruhestand versetzt worden. Er war zwar 1896 bei der Bres-

1197 Aktennotiz v. 24.11.1936, in: ebd.

1198 Protokollauszug v. 4.12.1936, in: ebd.

1199 Zum Arbeitseinsatz von „Mischlingen“ und „jüdisch Versippten“ vgl. Meyer, „Mischlinge“, S. 237 f.

1200 Schreiben von Hans Ra v. 19.2.1944; Schreiben an Hermann Ra v. 8.3.1944; Mitteilung des Anwalts des Sohnes Hans Ra v. 28.10.1953, in: HAC 500/E.8816.

1201 Schreiben von RA Kurt Landsberger v. 3.3.1958, in: HAC 500/E.2780.

lauer Discontobank eingestellt worden und wurde nach der Fusion seines Arbeitgebers mit der Darmstädter Bank im Jahr 1902 übernommen. Da er aber zwischenzeitlich, von Mitte 1919 bis Ende 1920, im Auftrag der Darmstädter Bank in den Vorstand einer Brauereigesellschaft eingetreten war und somit seine Dienstzeit unterbrochen hatte, galt er nach den Ausnahmebestimmungen des Berufsbeamtengesetzes als „nicht geschützt". Zunächst sollte Edmund Grü im Juli 1933 entlassen werden, wobei ihm in diesem Fall eine Abfindung in Höhe von 11.760 RM zugestanden hätte. Die Bank entschied sich aber schließlich für die Versetzung in den Ruhestand und setzte die Höhe der Rente auf 325 RM fest. Angesichts seines letzten Gehalts von 700 RM und einer Gratifikation von 3.360 RM im Jahr 1933 erscheint dieser Betrag gerade auch im Vergleich mit Hugo Fre als zu niedrig. Das erklärt sich dadurch, dass ihm die Dienstjahre vor der Abordnung größtenteils nicht angerechnet wurden.[1202] Nur zwei Jahre später, im März 1936 verstarb Edmund Grü. Seine Witwe Lisbeth war ebenfalls Jüdin. Kinder hatte das Paar keine. Lisbeth Grü erhielt eine Witwenrente in Höhe von 168 RM, davon zahlte die ehemalige Hauspensionskasse der Danat Bank 83 RM, so dass sich der Zuschuss der Bank auf 85 RM belief.[1203]

Im Herbst 1937 entschied sich Lisbeth Grü nach Palästina auszuwandern und sprach deshalb bei dem Leiter der Personalabteilung Adolf Gaebelein vor. Dieser stellte ihr in Aussicht, den fünffachen Betrag einer Jahresrente, abzüglich der bereits ausbezahlten Beträge, zur Verfügung stellen zu können. Eine etwas später aufgestellte Rechnung ergab, dass ihr nach diesen Grundsätzen eine Abfindung von 6.323 RM zustehen würde, wenn sie Mitte 1938 das Land verließe.[1204]

Ein halbes Jahr lang geschah daraufhin nichts. Im Juni 1938 sprach Lisbeth Grü erneut bei Gaebelein vor. Sie berichtete, dass sie ihre geplante Auswanderung nach Palästina nicht realisieren könne, weil ihr die finanziellen Mittel fehlten. Sie habe Ersparnisse in Höhe von etwa 11.000 RM. Zusammen mit der in Aussicht gestellten Abfindung in Höhe von 6.000 RM käme sie nur auf etwa 17.000 RM. Für die Auswanderung benötige sie aber etwa 25.000 RM. Gaebelein schloss zwar eine Erhöhung der Abfindung nicht aus, wenn sie den Nachweis erbrächte, dass sie die Auswanderung nur so finanzieren könne. Aber eine Abfindung in der benötigten, mindestens doppelten Höhe bezeichnete er als „unmöglich". Lisbeth

---

1202 Schreiben an das Reichswirtschaftsministerium, Dr. Koehler, v. 8.12.1933 und 16.12.1933, in: HAC 500/E.3416. Nach einer Berechnung eines Sachbearbeiters der Personalabteilung hätte die Pension bei voller Anrechnung der Dienstjahre bei 472,50 RM gelegen. Aufstellung o. D. (Dezember 1933), in: ebd.

1203 Schreiben an Lisbeth Grü v. 5.5.1936, in: ebd.

1204 Aktennotiz v. 10.11.1937, Aufstellung o. D. (Dezember 1937) in: ebd.

Grü wollte sich daraufhin wieder melden.[1205] Das geschah aber nicht. Stattdessen kürzte die Bank nur wenige Wochen später ihren Bankzuschuss auf 67 RM/Monat. Damit dürften sich ihre Hoffnungen, nach Palästina auswandern zu können, endgültig zerschlagen haben. Im November 1941 wurde Lisbeth Grü mit einem der ersten Transporte nach Riga deportiert und zu einem unbekannten Zeitpunkt ermordet.[1206]

Welche Auswirkungen die Beendigung einer „Mischehe“ für den jüdischen Ehepartner haben konnte, war bereits am Beispiel von Hugo Fre gezeigt worden. In seinem Fall war seine „arische“ Ehefrau gestorben und er damit trotz seines „halbjüdischen“ Sohnes deportiert worden. Das gleiche Schicksal hatte auch der Tarifangestellte Paul Fri, der im Jahr 1929 nach 33 Dienstjahren mit 55 Jahren von der Dresdner Bank in den Ruhestand versetzt worden war. Sein Ruhegehalt betrug 350 RM. Kurze Zeit später heiratete er. Allerdings stand Frauen, die einen bereits in den Ruhestand versetzten Angestellten der Dresdner Bank heirateten, im Falle des Ablebens ihres Gatten keine Witwenpension zu. Nachdem Paul Fri im Oktober 1937 in dem an alle Betriebsrentner verteilten Abstammungsfragebogen hatte angeben müssen, dass er, obwohl konfessionell evangelisch, nach den Bestimmungen des Reichsbürgergesetzes „Jude“ war, wurde ihm ein Jahr später der Rentenzuschuss der Bank gekürzt.[1207] Im April 1942 ließ sich seine nichtjüdische Frau Ida von ihm scheiden, womit die „Mischehe“ aufgelöst war.[1208] Paul Fri musste zunächst die gemeinsame Wohnung verlassen und in ein „Judenhaus“ ziehen. Da er durch die „Mischehe“ nicht mehr geschützt war, wurde er wenige Wochen nach der Scheidung deportiert und später ermordet.

Im Scheidungsprozess hatte Ida Fri einen Unterhaltsanspruch gegen ihren Mann in Höhe von 90 RM im Monat zugesprochen bekommen, den sie nach der Deportation versuchte, von der Dresdner Bank einzuklagen.[1209] Sie machte dabei geltend, dass sie wegen einer schweren Erkrankung arbeitsunfähig sei und von der Versicherung keine Witwenrente erhalte, weswegen sie auf den Unterhalt angewiesen sei. Die Bank teilte ihr daraufhin mit, dass sie die Zahlung des Renten-

1205 Aktennotiz v. 18.6.1938, in: ebd.

1206 Schreiben des Oberfinanzpräsidenten Berlin v. 11.2.1942 und Schreiben des Entschädigungsamtes Berlin v. 19.3.1963, in: ebd.

1207 Schreiben an Paul Fri v. 19.2.1937, Abstammungsfragebogen (ausgefüllt am 31.10.1937) und Schreiben an Paul Fri v. 20.9.1938, in: HAC 500/E.2466.

1208 Die Quote der geschiedenen „Mischehen“ war wegen des Drucks, der auf die nichtjüdischen Ehepartner seitens des NS-Regimes ausgeübt wurde, sehr hoch. Es ist deshalb davon auszugehen, dass die Scheidungen in sehr vielen Fällen nicht wegen einer Zerrüttung der Ehe beantragt wurden, sondern weil der jüdische Partner den nichtjüdischen vor dem anhaltenden Verfolgungsdruck bewahren wollte. Vgl. hierzu Meyer, „Mischlinge“, S. 29 ff.

1209 Schreiben der RA Dr. Kluth und Wetzel o. D. (Oktober 1942), in: HAC 500/E.2466.

zuschusses mit der „Evakuierung“ ihres geschiedenen Mannes eingestellt und gleichzeitig von ihrem Recht auf Widerruf Gebrauch gemacht habe. Deshalb müsse sie „das Ansinnen der Frau Ida Fri ablehnen“.[1210] Anscheinend hielten ihre Rechtsanwälte diese Erklärung für gerichtsfest, so dass es wohl nicht zu einem Verfahren vor Gericht kam.

Nicht besser erging es einer dritten „arischen“ Witwe eines verstorbenen jüdischen Ruhegeldempfängers der Dresdner Bank. Der Tarifangestellte Otto Ste war 1911 von der Nationalbank für Deutschland eingestellt worden. Er war verheiratet und hatte eine Tochter. Obwohl er „geschützter Nichtarier“ war, wurde er 1936 mit 51 Jahren in den Ruhestand versetzt. Sein Ruhegehalt betrug 200 RM.[1211] Nachdem seine erste Frau zwischenzeitlich verstorben war, hatte er kurze Zeit vor der Pensionierung erneut geheiratet, so dass seine zweite Frau im Falle seines Ablebens einen Witwenrentenanspruch besaß. Die Pensionierung erfolgte wahrscheinlich, weil der Vertrauensarzt der Bank Otto Ste für über fünfzig Prozent berufsunfähig erklärt hatte. Die Bank stellte daraufhin einen Antrag auf Berufsunfähigkeitsrente, der auch wenig später bewilligt wurde.[1212]

Nachdem Otto Ste im Oktober 1940 verstorben war, meldete sich seine Frau Irma bei der Bank und bat um einen Bankzuschuss für ihre Witwenrente. Obwohl sie Nichtjüdin war, verweigerte die Bank die Zahlung und machte von ihrem Widerrufsrecht Gebrauch. Sie begründete diesen ungewöhnlichen Schritt damit, dass Irma Ste erst 30 Jahre alt sei, womit wohl gemeint war, dass sie noch selbst für ihren Lebensunterhalt sorgen konnte. Um die Zeit zu überbrücken, bis sie eine Arbeitsstelle gefunden hatte, gewährte ihr die Bank lediglich eine einmalige „Zuwendung“ über 200 RM brutto.[1213]

Neben den beiden nichtjüdischen Witwen überlebte nur die Ärztin Dr. Alice See den Krieg. Ihr Ehemann Bernhard See war 1929 im aktiven Dienst verstorben. Sie hatte für sich und ihre beiden, 1921 und 1924 geborenen, Kinder eine Witwenrente von 322 RM bezogen, davon 96 RM als Zuschuss der Bank.[1214] Nach dem Ableben ihres Mannes hatte Dr. Alice See eine Arztpraxis eröffnet.[1215] Sie musste allerdings spätestens 1936 erkennen, dass sie als jüdische Ärztin in Deutschland keine Zukunft hatte und wanderte mit ihren Kindern nach Großbritannien aus.

1210 Aktennotiz v. 1.10.1942, in: ebd.

1211 Schreiben an Otto Ste v. 19.9.1935, in: HAC 500/E.8870.

1212 Schreiben an den Bankbeamtenversicherungsverein v. 25.10.1935, in: ebd.

1213 Aktennotiz v. 31.10.1940 sowie Schreiben an Irma Ste v. 31.10.1940, in: ebd.

1214 Schreiben an RA Falkenstein, Amsterdam v. 16.12.1952, in: HAC 500/12558-2001.

1215 Fragebogen zu Nebenverdiensten von Pensionären und Wartegeldempfängern (ausgefüllt am 6.3.1935), in: ebd.

9 Zwischenfazit zu Teil 2

Der Umgang der Dresdner Bank mit ihren nach dem „Arierparagrafen“ des Berufsbeamtengesetzes stigmatisierten Angestellten zeigt sehr deutlich die Erosion der Kaufmannsmoral, die man bei vielen deutschen Unternehmen während des Dritten Reichs beobachten kann. So kann es keinen Zweifel geben, dass die verordnete „Entjudung“ im Frühjahr 1933 nicht im Interesse der Bank gelegen hatte. Der Anteil der „Nichtarier“ unter den „Oberbeamten“ war überdurchschnittlich hoch und die Bank hatte erst ein Jahr zuvor durch die Versetzung älterer „Oberbeamter“ in den Ruhestand ihr Management deutlich ausgedünnt. Wenn nun ein weiterer Aderlass erfolgte, der nicht einer betriebsorganisatorischen, sondern einer rein politisch-ideologischen Logik folgte, musste das das Zusammenwachsen der beiden, erst ein Jahr zuvor fusionierten Institute und die wirtschaftliche Erholung der Dresdner Bank gefährden. Das konnte nicht im Interesse der Geschäftsleitung sein.

Andererseits eröffnete die Verdrängung der „nichtarischen“ Angestellten für jüngere Nachwuchskräfte Aufstiegskanäle, die nach der mit dem Personalabbau verbundenen „Verjüngungskur“ des Managements für Jahre verschlossen schienen. Das mag zwar die fehlende Solidarität vieler bisher politisch indifferenter Kollegen mit den vom Berufsbeamtengesetz betroffenen Personen erklären. Aber entscheidenden Einfluss auf das Verhalten insbesondere der Personalabteilung hatte das ebenso wenig wie die antisemitische Hetze der NS-Aktivisten in der Bank. Vielmehr muss davon ausgegangen werden, dass viele Vorgesetzte die Entlassung ihrer Mitarbeiter, mit denen sie persönlich tagtäglich in Kontakt standen, nicht gutgeheißen haben – insbesondere dann nicht, wenn sie gute Arbeit leisteten und teamfähig waren. Das schließt gar nicht aus, dass sie grundsätzlich den Kulturantisemitismus des Bürgertums geteilt haben konnten und vielleicht sogar der Meinung waren, dass es zu viele Juden im Bankwesen und dort zu viele Juden in Führungspositionen gab.

Das galt zwar grundsätzlich für männliche und weibliche Angestellte. Aber erstens waren die weiblichen Angestellten, von wenigen Ausnahmen abgesehen, leichter zu ersetzen als die Mehrheit der männlichen Angestellten. Zweitens standen die Frauen fast ausnahmslos in der Hierarchie der Bank weit unten und ihre direkten Vorgesetzten, meist Bürochefs im Range eines Prokuristen, hatten selten so viel Einfluss, dass sie irgendetwas bewirken konnten. Das erklärt sicherlich, weshalb die Mehrheit der „nicht geschützten Nichtarierinnen“ Ende Juli oder Ende August 1933 entlassen wurden. In keinem dieser Fälle hatte es ausweislich der Personalakte eine Intervention des Bürochefs oder eines anderen Vorgesetzten gegeben.

 | https://doi.org/10.1515/9783112248287-009

In einigen Fällen war das anders. Im Fall des Einsatzes der beiden Syndizi Entzian und Leese für Entzians Sekretärin war die außergewöhnliche Leistungsfähigkeit von Gerty St1 zweifellos ein Motiv. Aber der Nachdruck, mit dem Entzian und Leese vorgingen, auch als die Personalabteilung von der Aussichtslosigkeit eines weiteren Verlängerungsantrages über das Jahresende 1934 hinaus überzeugt war, deutet auch auf eine persönliche Bindung, vielleicht sogar auf Empathie für die Betroffene hin. Das Gleiche dürfte auf das stellvertretende Vorstandsmitglied Gustav Nollstadt zutreffen, der sich vor allem für einen Kollegen Theodor St und damit mittelbar auch für dessen Sekretärin Betty Le einsetzte. Auch Lore Ha, für die sich ihr Depositenkassenvorsteher Go besonders nachdrücklich einsetzte, hatte Glück. Obwohl ein Depositenkassenvorsteher nicht über die Einflussmöglichkeiten eines Syndikus oder eines stellvertretenden Vorstandsmitgliedes verfügte, erreichte er es, dass die Kündigung von Lore Ha im Herbst 1933 für ein ganzes Jahr ausgesetzt wurde. In ihrem Fall mag aber auch ihr verstorbener Vater eine Rolle gespielt haben. Denn Julius Ha war bis zu seinem Tod im Jahr 1926 ebenfalls Depositenkassenvorsteher der Dresdner Bank gewesen. Es ist insofern denkbar, dass sich der Vorsteher der Kasse von Lore Ha und Julius Ha als Kollegen gekannt hatten. Vorsteher Go könnte sich aus alter Verbundenheit verantwortlich für die Vollwaise seines Kollegen gefühlt haben.

Auffällig ist bei denjenigen weiblichen Angestellten, deren Kündigung aufgrund einer Intervention ihrer Vorgesetzten ausgesetzt wurde, dass es sich überwiegend um konfessionelle Christinnen handelte. Das kann Zufall sein. Aber in ihren Fällen war den Kollegen und Vorgesetzten wahrscheinlich bis zum Juni 1933 gar nicht bekannt, dass ein Elternteil jüdischer Abstammung war, so dass das Unverständnis für die Entlassung größer und verbreiteter gewesen sein könnte als bei konfessionellen Jüdinnen. Wichtiger war allerdings, und das kann man auch bei den männlichen Angestellten sehen, dass, je funktional näher der oder die von der Entlassung bedrohte Angestellte einem Vorgesetzten war, desto wahrscheinlicher war eine Intervention. Da die meisten weiblichen Angestellten in einem Pool von Stenotypistinnen arbeiteten und einem Bürochef unterstanden, der vielleicht noch nicht einmal die Stellung eines Prokuristen innehatte, waren ihre Chancen, Unterstützung bei ihrem Wunsch zu bekommen, wenigstens so lange beschäftigt zu bleiben, bis sie sich neu hatten orientieren können, deutlich geringer als bei der persönlichen Sekretärin eines Syndikus oder eines stellvertretenden Vorstandsmitglieds.

Auffällig ist ferner, dass es sich bei den konfessionell jüdischen weiblichen Angestellten, deren Kündigung ausgesetzt worden war, um solche Vorgesetzte handelte, die selbst Juden waren. Da diese Vorgesetzten ebenfalls vom Berufsbeamtengesetz betroffen waren, konnten sie zwar nichts für ihre Sekretärinnen tun, aber sie konnten ihre eigenen Vorgesetzten bitten, nicht nur etwas für sie selbst zu unternehmen, sondern auch für die Sekretärin. Im Falle von Theodor St und seiner Sekretärin Betty Le war das auch erfolgreich. Bei Ernst Sander und seiner Sekretärin Gertrud Ro, die schon 1932 „abgebaut" werden sollte, war das nur während der Bankenkrise erfolgreich, als Sander noch unangefochten Mitglied der Geschäftsleitung war. 1934 war seine Position aber wegen der persönlichen Intervention von Hitlers Wirtschaftsberater Wilhelm Keppler so geschwächt und der Druck auf ihn so groß, dass sich niemand für Sander und damit auch für seine Sekretärin exponieren wollte. Bei dem bereits vor der Machtübernahme der Nationalsozialisten in den Ruhestand versetzten Ludwig Bloch und seiner ehemaligen Sekretärin Karoline K-L scheiterte der Versuch komplett, da Blochs Nachfolger offenbar kein Interesse hatte, sich von Bloch etwas sagen zu lassen und/oder für Karoline K-L etwas zu unternehmen.

Die Personalabteilung war im Juni 1933 von der Rigidität, mit der das Berufsbeamtengesetz auf die Bank angewandt wurde, sichtlich überrascht und verunsichert. Wahrscheinlich hat es einige Wochen gedauert, bis alle diejenigen Führungskräfte, die mit Personalangelegenheiten befasst waren, begriffen hatten, dass es die nationalsozialistische Reichsregierung wirklich ernst meinte. Die Kündigungen aller derjenigen Angestellten, die, wie Käte Ab oder Gerty St1, Widerspruch gegen ihre Kategorisierung als „nicht geschützte Nichtarierinnen" einlegten, wurden ausgesetzt, ohne dass die Plausibilität des Widerspruchs geprüft wurde. Außerdem wurde jede Bitte eines Vorgesetzten an das Reichswirtschaftsministerium weitergegeben, wenn der Vorgesetzte seine Mitarbeiterin für unabkömmlich hielt. Am Ende reagierte das Ministerium auf die Flut von Anträgen auf Ausnahmen für männliche und weibliche Angestellte sogar ausgesprochen ungehalten.

Sicherlich steckte hinter den zahlreichen Eingaben auch Verunsicherung der Verantwortlichen in der Bank. Denn anfangs mag es allen in der Personalverwaltung mit der „Entjudung" Befassten so erschienen sein, dass die Regierung unmöglich diese durch das Berufsbeamtengesetz ausgelöste Beeinträchtigung von Wirtschaft und Verwaltung durchhalten würde. Dass zu dieser Zeit auch Empathie oder Mitleid mit wenigstens einigen Betroffenen im Spiel war, zeigt der Umgang mit der Witwenrentenbezieherin Paula Ab, deren Tochter nach dem Berufsbeamtengesetz gekündigt worden war. Denn Paula Ab ist der einzige überlieferte Fall, in dem die durch die „Subventionsverordnung" im Jahr 1932 gekürzten Renten wieder erhöht wurden. Hierfür kann es nur ein Motiv gegeben haben, nämlich ein Verständnis für die Notlage, in die die Bank Paula Ab und ihre Tochter Käte Ab durch die Kürzung der Witwenrente der Mutter und die Entlassung der Tochter gestürzt hatte. Es ist wohl nicht übertrieben spekulativ anzunehmen, dass die Leitung der Personalabteilung die Auswirkung des Gesetzes für diese Familie eines ehemaligen und zudem noch konfessionell evangelischen Kollegen mindestens für überzogen erachtete.

Dass es sich hier allerdings um einen Einzelfall handelte, zeigt die ausgesprochen hartherzige Festlegung der meisten Abfinden von „nicht geschützten Nichtarierinnen". Aber wieder wurden einzelne Personen ausgenommen, die entweder einflussreiche Fürsprecher hatten wie Gerty St1 oder bei denen es besondere Loyalitäten zu beachten gab wie bei Lore Ha. In allen anderen Fällen verhielt sich die Bank weitaus restriktiver, entgegen ihrer eigenen Aussage auch restriktiver als es das Reichswirtschaftsministerium vorgeschrieben hatte. Denn die mit dem Ministerium vereinbarte Berechnungsgrundlage ließ der Bank einen erheblichen Ermessensspielraum bei der Festsetzung der Abfindung. Danach war für jedes Dienstjahr ein Monatsgehalt minus 25 Prozent zu gewähren. Der so errechnete Betrag war zusätzlich abzurunden, um die „Nichtarierinnen" nicht mit den Frauen gleichzustellen, die im Zuge der Fusion „abgebaut" worden waren. Wie hoch die Bank das Abrunden bemessen würde, war ihr überlassen, womit der Willkür bei der Festlegung der Abfindung fast keine Grenzen gesetzt waren. So wurde in dem einen Fall nur ein geringfügiger – man könnte sagen Alibi-Betrag abgezogen, in zwei Fällen wurde sogar überhaupt nicht abgerundet und in einem anderen Fall erfolgte eine zusätzliche Kürzung um zwanzig Prozent. Interessanterweise wurde Käte Ab bei der Festsetzung der Abfindung nicht bessergestellt als die Mehrheit der Kolleginnen. Sie erhielt eine Abfindung von 2.200 RM bei dreizehn Dienstjahren und einem Monatsgehalt von 245,15 RM. Mit „abgerundeten" 200 RM befand sie sich im Mittelfeld der nach Gutdünken festgelegten Abfindungen. Aber zwischen der Anhebung der Witwenrente für ihre Mutter, die zweifellos ein großes und vermutlich einmaliges Entgegenkommen gewesen war, und der endgültigen Entlassung von Käte Ab mit der „abgerundeten" Abfindung lag auch ein ganzes Jahr. Auffällig ist in ihrem Fall allerdings auch, dass sich zwar ein Zellenobmann der NSBO für Käte Ab einsetzte, aber keiner der Vorgesetzten.

Mitte bis Ende der dreißiger Jahre dürfte die Zahl der von der Dresdner Bank zu versorgenden, nicht mehr im aktiven Dienst stehenden Personen mit 2.718 Betriebsrentnern (einschließlich versorgungsberechtigter Witwen) so hoch gewesen sein wie nie zuvor. Auch im Verhältnis zur Gesamtbelegschaft dürfte in den späten dreißiger Jahren ein bis dahin einmaliger Höchststand erreicht gewesen sein. Bei knapp 12.200 Beschäftigten lag er bei mehr als 22 Prozent.[1216] Die Zahl der Betriebsrentner der Dresdner Bank war Mitte bis Ende der dreißiger Jahre deshalb so hoch, weil es sich nicht nur um Personen handelte, die das normale Renteneintrittsalter von 65 Jahren bei Männern und 60 Jahren bei Frauen erreicht hatten

1216 Alle Zahlen sind bezogen auf 1937. Schreiben v. 23.3.1938, in: HAC 500/E.3396.

oder die in jüngeren Jahren berufsunfähig geworden waren. Seit der Bankenkrise von 1931 waren die Dresdner Bank und die mit ihr wenig später fusionierte Danat Bank zunehmend dazu übergegangen, Personal durch die Versetzung in den vorzeitigen Ruhestand abzubauen. Im zweiten Quartal des Jahres 1933 war dann der Tiefpunkt der Beschäftigung mit weniger als 11.000 Personen erreicht (s. Kap. 1).

Dank eines von der Reichsregierung bereitgestellten „Abbau-Fonds" in Höhe von 20 Mio. RM wurden nach Möglichkeit keine Kündigungen ausgesprochen, sondern alle Angestellten über fünfzig Jahre und mit mindestens fünfzehn Dienstjahren konnten von der Bank in den Vorruhestand geschickt werden. Von dieser, gemessen an den Umständen und für diese Zeit ausgesprochen sozial verträglichen Regelung profitierten aber fast ausschließlich die männlichen Angestellten. Denn nur sehr wenige Frauen hatten im Frühjahr 1932 das Alter von 50 Jahren bereits erreicht und selbst auf fünfzehn Dienstjahre kamen nur wenige Frauen, weil das bedeutete, dass sie spätestens 1916 in den Dienst bei der Dresdner Bank oder ihrer Rechtsvorgänger hätten eintreten müssen. Aber erst zu dieser Zeit begannen die Großbanken – mit Ausnahme der Darmstädter Bank – Frauen überhaupt in nennenswerter Zahl einzustellen. Von diesen Frauen verließen viele auch den Dienst wieder, wenn die familiären Verhältnisse das nach Kriegsende zuließen. Auf die Frauen, die nach dem Krieg eingestellt wurden, konnten die Kriterien für die Versetzung in den Ruhestand deshalb nicht zutreffen. Sie wurden stattdessen entlassen.

Im zweiten Quartal 1933 war das Ende von Entlassungen und Frühpensionierungen von Dresdner Bank-Angestellten immer noch nicht erreicht. Im Unterschied zu den Jahren der akuten Krise führte die „Entjudung" aber nicht zu einem weiteren Personalabbau, weil gleichzeitig zahlreiche nichtjüdische „Wartegeldempfänger" wieder in den aktiven Dienst übernommen wurden. Weibliche „Wartegeldempfänger" gab es allerdings nur sehr wenige, so dass für die entlassenen „Nichtarierinnen" nichtjüdische Frauen – allerdings unter für sie sehr ungünstigen Vertragsbedingungen – neu eingestellt wurden.

Von der ersten „Entjudungswelle", die durch eine gesetzliche Vorschrift ausgelöst worden war, waren etwa zwei Drittel aller „Nichtarier" unter den Angestellten der Dresdner Bank betroffen, wobei der Anteil der entlassenen Frauen deutlich höher lag als der Anteil der Männer. 29 der 35 identifizierten „nichtarischen" Frauen der Berliner Zentrale und der Depositenkassen wurden zwischen Juli 1933 und Juni 1935 mit einer Abfindung entlassen. Hierfür waren die gleichen Gründe verantwortlich, die auch schon für die überdurchschnittlich hohe Entlassungsquote von Frauen während des Personalabbaus 1931/32 verantwortlich waren: nur sehr wenige Frauen erfüllten die Kriterien, die die Bank für die Versetzung in den vorzeitigen Ruhestand festgelegt hatte.

Erst die zweite, nach dem Erlass des Reichsbürgergesetzes einsetzende „Entjudungswelle“, von der abgesehen von wenigen Ausnahmen das restliche Drittel der „Nichtarier“ betroffen war, führte dann noch einmal zu einer großen Zahl von Frühpensionierungen. Denn diejenigen, die während der ersten Entlassungswelle aufgrund von gesetzlichen Ausnahmebestimmungen verschont geblieben waren, hatten in der Regel auch die Kriterien für die vorzeitige Versetzung in den Ruhestand erfüllt. Das erklärt auch den geringen Frauenanteil unter den „nichtarischen“ Betriebsrentnern.

Wegen dieser besonderen Umstände von Personalabbau nach der Bankenkrise und „Entjudung“ nach der Machtübernahme der Nationalsozialisten dürfte die Zahl der jüdischen Betriebsrentner der Dresdner Bank nicht nur absolut höher gelegen haben als während der zwanziger Jahre, sondern ihr Anteil an der Gesamtzahl der Betriebsrentner der Dresdner Bank dürfte sogar noch deutlich höher gelegen haben als der ohnehin schon relativ hohe Anteil der Beschäftigten jüdischer Herkunft an der Gesamtbelegschaft, der vor dem Erlass des Berufsbeamtengesetzes rund fünf Prozent betragen haben dürfte. Exakt quantifizieren lässt sich die Zahl der rassistisch diskriminierten Betriebsrentner aber nicht. Eine von mir an anderer Stelle ausführlich begründete Schätzung geht von 250 bis 300 Personen (versorgungsberechtigte ehemalige jüdische Angestellte einschließlich der Witwen verstorbener ehemaliger jüdischer Angestellter) aus. Bei einer Gesamtzahl von etwa 2.700 Betriebsrentnern der Dresdner Bank, dürfte damit der Anteil rassistisch diskriminierter Personen bei etwa zehn Prozent gelegen haben.[1217]

Unter Berücksichtigung der betroffenen Familienangehörigen betrug die Gesamtzahl der von den diskriminierenden Maßnahmen der Dresdner Bank betroffenen Personen somit mindestens 350 Personen. Von diesen mindestens 350 betroffenen Personen war der größere Teil weiblich. In den Genuss einer Betriebsrente kamen zwar nur wenige Frauen, weil Frauen schon in den zwanziger Jahren aus dem Dienst bei der Dresdner Bank und auch der Danat Bank ausscheiden mussten, wenn sie heirateten. Die Fluktuation unter den weiblichen Angestellten war deshalb sehr hoch und das Durchschnittsalter vergleichsweise niedrig. Folglich kamen nur unverheiratete Frauen in den Genuss von Versorgungsleistungen ihres Arbeitgebers.

Ganz anders war die Situation bei den männlichen Angestellten. Die meisten von ihnen waren verheiratet, so dass von dem Einkommensverlust bei der Versetzung eines männlichen Angestellten in den Ruhestand meist auch eine Frau – nämlich die Ehefrau – betroffen war. Der Altersunterschied zwischen den Ehe-

1217 Ziegler, Dresdner Bank, S. 456.

partnern war im Durchschnitt sehr viel größer als heute. Unterschiede von zehn Jahren und mehr waren im deutschen Bürgertum und im Kleinbürgertum des 19. und frühen 20. Jahrhunderts durchaus nicht ungewöhnlich. In Anbetracht der durchschnittlich längeren Lebenserwartung von Frauen ist es deshalb nicht verwunderlich, dass ein Großteil der Empfänger von Versorgungsleistungen der Dresdner Bank weiblich war: neben den Ehefrauen männlicher Betriebsrentner waren es die zahlreichen Witwen verstorbener ehemaliger Angestellter. Im Gegensatz dazu konnte es Witwer verstorbener weiblicher Angestellter allein wegen des „Doppelverdiener"-Verbots grundsätzlich nicht geben. Es ist deshalb wohl kaum übertrieben anzunehmen, dass mindestens sechzig Prozent der rassistisch diskriminierten Betriebsrentnerinnen und Betriebsrentner sowie ihrer Angehörigen weiblich waren.

Die Renten der Betriebsrentnerinnen verringerten sich zwar seit 1931 deutlich. Doch dies war eine Folge der Brüningschen Deflationspolitik, betraf alle Beamten und Angestellten im öffentlichen Dienst und wurde auf die Dresdner Bank als „subventioniertes" Unternehmen übertragen. Auch nach der Machtübernahme der Nationalsozialisten setzte sich diese Politik zunächst noch fort und betraf die jüdischen Betriebsrentnerinnen noch nicht in besonderer Weise. Von den insgesamt drei Rentenempfängerinnen, die in den dreißiger Jahren auswandern sollten, realisierten zwei ihr Vorhaben im Jahr 1936 – also, bevor sich die Bank für die „rassische" Herkunft ihrer Betriebsrentner zu interessieren begann.

Das änderte sich in der zweiten Jahreshälfte 1937, d. h. wenige Wochen nachdem die letzten „nichtarischen" weiblichen Angestellten in den Ruhestand versetzt worden waren. Im September 1937 mussten alle Betriebsrentnerinnen und Betriebsrentner den Abstammungsfragebogen ausfüllen, der den Angestellten der Dresdner Bank bereits im Juni 1933 vorgelegt worden war. Die Folgen waren dramatisch. Zunächst wurden die Kapitalisierungssätze für die Rentenansprüche solcher Leistungsempfänger herabgesetzt, die sich noch zur Auswanderung entschlossen hatten. So erhielten die Betriebsrentner nur noch drei statt bisher fünf Jahresrenten als Abfindung, von denen auch noch diejenigen monatlichen Bezüge abgezogen wurden, die die Rentenempfänger seit ihrer Versetzung in den Ruhestand schon erhalten hatten.

Allerdings hatte sich diese Maßnahme auf die Betriebsrentnerinnen des Samples zunächst noch nicht ausgewirkt. Die meisten jüdischen Empfängerinnen von Versorgungsleistungen der Dresdner Bank werden zu diesem Zeitpunkt noch gedacht haben, dass ihr Ruhegehalt ein bescheidenes Auskommen im nationalsozialistischen Deutschland sicherstellte, zumal es ihnen erlaubt war, die Lücke zwischen dem Ruhegehalt und dem alten Einkommen durch „Nebentätigkeiten" auszugleichen, was manchen von ihnen auch gelang.

Im Herbst 1938 ging die Dresdner Bank erstmals massiv gegen alle ihre jüdischen Empfänger von Versorgungsleistungen vor. Mit Wirkung von Oktober 1938, spätestens jedoch ab Januar 1939, wurden die Zahlungen an die jüdischen Rentnerinnen und Rentner zum Teil drastisch herabgesetzt. Eine zwingende gesetzliche Vorschrift lag diesen Maßnahmen nicht zugrunde, und auch eine Regel, nach welcher die Kürzungen vorgenommen wurden, ist nicht erkennbar. Wie schon die Festsetzung der Abfindungen für die „nicht geschützten Nichtarier" besaß auch die Rentenkürzung vom September 1938 einen in jeder Weise willkürlichen Charakter. Hinzu kam, dass sich die Möglichkeiten für eine „Nebentätigkeit" deutlich verschlechterten. Konfessionell jüdische ehemalige Dresdner Bank-Angestellte hatten nur bei Unternehmen in jüdischem Eigentum oder bei jüdischen Organisationen als Bürokräfte Arbeit gefunden. Aber immer mehr „jüdische" Unternehmen hatten im Laufe des Jahres 1938 ihren Betrieb einstellen müssen und von 1939 an waren jüdische Unternehmer aus dem deutschen Wirtschaftsleben vollständig verdrängt, so dass sich auch die Nebenverdienstmöglichkeiten für jüdische Bürokräfte auf jüdische Organisationen verengten.

Insofern verschlechterten sich seit 1938 auch die Bedingungen, unter denen Betriebsrentnerinnen der Dresdner Bank noch auswandern konnten. Denn die gekürzten Betriebsrenten in Verbindung mit den herabgesetzten Kapitalisierungssätzen der Rentenansprüche verringerten die verfügbaren Ersparnisse fühlbar, die benötigt wurde, um die Reisekosten aufzubringen, die bei der Auswanderung fälligen, Ende der dreißiger Jahre noch einmal deutlich gesteigerten Steuern und Abgaben zu entrichten und durch das sogenannte „Vorzeigegeld" den Beweis zu erbringen, dass man nicht in die Sozialsysteme der Fluchtländer einzuwandern beabsichtigte. Denn an die Wiederaufnahme einer Erwerbstätigkeit war bei der Qualifikation einer Stenotypistin angesichts der meist prekären Arbeitsmarktlage im Fluchtland kaum zu denken.

Spätestens Ende 1938 werden alle jüdischen Rentenempfängerinnen erkannt haben, dass ihr Sicherheitsgefühl trügerisch war. Denn nur einen Monat nach den willkürlichen Kürzungen der Ruhegehälter wurde ihnen in der Reichspogromnacht demonstriert, dass auch ihre körperliche Unversehrtheit in diesem Staat nicht mehr gewährleistet war. Wie viele Frauen daraus den Schluss zogen auszuwandern, ist nicht bekannt. In mehreren Fällen weiblicher Betriebsrentnerinnen und Empfängerinnen von Witwenrente ist der Versuch, in dieser Zeit noch auszuwandern, belegt. In diesen Fällen scheiterte der Auswanderungswunsch mit einer Ausnahme an dem Fehlen der dafür notwendigen finanziellen Mittel. Andere Frauen werden es zu diesem Zeitpunkt in Anbetracht ihrer finanziellen Lage gar nicht erst versucht haben Deutschland zu verlassen.

Dafür war die Dresdner Bank sicherlich nicht allein und noch nicht einmal in erster Linie verantwortlich. Aber sie trug ihren Teil dazu bei, dass von den zwölf namentlich bekannten, nach dem Reichsbürgergesetz als „jüdisch“ kategorisierten Betriebsrentnerinnen des Jahres 1937 neun Frauen wenig später deportiert und ermordet wurden. Die eine Rentnerin, der in dieser Zeit noch die Flucht gelungen war und die ebenfalls erfolglos bei der Dresdner Bank um Hilfe gebeten hatte, war nur gerettet worden, weil sie in Schweden Freunde hatten, die ihr vermutlich durch Bürgschaftsübernahmen die Auswanderung ermöglichten. Zwei Frauen hatten es in letzter Minute und mit sehr viel Glück geschafft, als „Mischlinge“ anerkannt zu werden. Nur deswegen dürften sie der Deportation und Ermordung entgangen sein. Allerdings konnten sie sich trotzdem zu keinem Zeitpunkt sicher sein, wie der Verzicht von Gertrud Ma auf ihren Rentenzuschuss beweist, womit sie eine Postanweisung mit dem Namenszusatz „Sara“ vermied.

Selbst vor 1937 setzte die Auswanderung die Verfügbarkeit eines Vermögens voraus, das vermutlich die wenigsten weiblichen Angestellten der Dresdner Bank in den Jahren zuvor angesammelt haben konnten. Bei den beiden Frauen, der ehemaligen Angestellten Eva Sa und der Witwenrentenbezieherin Alice See, lagen einzigartige Sonderbedingungen vor, die vermutlich erklären, weshalb gerade diese beiden Frauen sich hatten in Sicherheit bringen können. Eva Sa war die vermutlich einzige Frau gewesen, die seit dem Ersten Weltkrieg und bis zur Bankenkrise nicht nur als Prokuristin gearbeitet hatte, sondern auch ein Gehalt wie ein männlicher Prokurist bezogen hatte. In dieser Zeit hatte sie nachweislich ein Wertpapierdepot aufbauen können, das ihr finanziell die Möglichkeit eröffnete, nach Italien auszuwandern, ja sie konnte sogar darauf verzichten, einen Antrag auf die Kapitalisierung ihres Rentenanspruchs zu stellen, um 1936 möglichst schnell das Land verlassen zu können. Alice See war die Witwe eines „Oberbeamten“ und bezog deshalb eine überdurchschnittlich hohe Witwenrente. Allerdings hatte sie auch noch zwei Kinder zu versorgen. Sie war Ärztin und hatte spätestens nach dem Tod ihres Mannes eine eigene Praxis in Berlin eröffnet. Sie verfügte deshalb weiter über ein hohes, vermutlich sogar deutlich höheres Einkommen als eine Bankangestellte. Auch sie wird über ein ausreichendes Vermögen verfügt haben, um die Auswanderung für sich und ihre beiden Kinder ermöglichen zu können.

Wie viele der „nicht geschützten Nichtarierinnen“ hatten auswandern können, ist nicht zu schätzen, weil die Überlieferungslücken zu groß sind. Aber es waren anteilig sicherlich deutlich mehr als bei den Bezieherinnen von Versorgungsleistungen. Denn ihre wirtschaftliche Existenz war bereits 1933 oder spätestens 1934 prekär, da sie kaum eine neue Arbeitsstelle gefunden haben dürften, in der sie auch nur ein annähernd gleiches Gehalt wie im Dienst bei einer Großbank bezogen hatten. Die überlieferten Fälle einer erfolgreichen Auswanderung deuten außerdem daraufhin, dass die betroffenen Frauen, die in der Regel auch deutlich jünger waren als die Empfängerinnen von Versorgungsleistungen, ihren Heiratswunsch während der Krisenjahre aufgeschoben hatten. Nach der Entlassung brauchten sie diesen Wunsch nicht mehr aufzuschieben und heirateten. Mit ihrer Abfindung und – im Falle eines jüdischen Partners – der Abfindung des Ehemannes bestand in der Frühzeit der nationalsozialistischen Herrschaft die Chance, auch mit eher bescheidenen finanziellen Mitteln die Auswanderung zu realisieren. Nutzten die Frauen ihre Abfindung nicht für die Auswanderung, sondern hofften darauf dank einer neuen Stellung in Deutschland Arbeit zu finden, verengten sich auch für sie die Möglichkeiten, die Auswanderung noch zu realisieren. Deswegen werden auch mehr nach dem Reichsbürgergesetz als „Volljuden" klassifizierte „nicht geschützte Nichtarierinnen" der Dresdner Bank deportiert worden sein als die in den Personalakten dokumentierten Fälle.

Die Mitarbeiter der Dresdner Bank-Personalabteilung wussten sehr genau, was mit ihren Betriebsrentnerinnen seit 1941 geschah. Nur selten wurde das Schicksal dieser ehemaligen Kollegen und Kolleginnen offen angesprochen. Aber in der aberwitzigen Auseinandersetzung um den Widerruf der Pensionszahlungen für die deportierten Betriebsrentner mit den Finanzbehörden ließ sich das nicht vermeiden. Alle an diesen Auseinandersetzungen Beteiligten, die Beamten in den Behörden genauso wie die damit befassten Dresdner Bank-Mitarbeiter in Personalabteilung und Juristischem Büro, wussten, dass die Empfänger der Versorgungsleistungen höchstwahrscheinlich nicht mehr lebten. Deshalb forderte die Bank die Lebensbescheinigungen und deshalb verweigerten die Behörden die Übermittlung von Lebensbescheinigungen. Einmal, im Herbst 1944, rutschte nach seitenlangen Ausführungen, in denen in fürchterlichstem Juristendeutsch um den heißen Brei herumgeredet wurde, die Wahrheit aus dem Chefsyndikus Ernst Leese heraus: „Dass sie (die im Januar 1941 nach Riga deportierte Witwenrentenempfängerin Käthe Op, D.Z.) heute noch am Leben ist, glaubt auch der Sachbearbeiter im Reichswirtschaftsministerium selber nicht."[1218]

Derselbe Ernst Leese, der hier um den Profit aus der Deportation und Ermordung der Witwe eines seiner ehemaligen Kollegen mit den Finanzbehörden feilschte, hatte sich zehn Jahre vorher mit einer einzigartigen Vehemenz für die Privilegierung einer seiner „nichtarischen" Mitarbeiterinnen eingesetzt. Was er über den Text dachte, den er da schrieb, und ob er sein Verhalten von 1933 auch 1944 noch für richtig hielt, wissen wir nicht. Aber er funktionierte, auch und gerade als das Ende des Regimes schon absehbar war, und machte aus einem Menschheitsverbrechen einen bürokratischen Vorgang.

1218 Aktennotiz v. 8.11.1944, in: HAC 500/E.4840.

10 Die Bankangestellte und die „Neue Frau“

Es war, wie in der Einleitung erläutert, nicht die Absicht der vorangegangenen Auswertung der Personalakten von knapp 200 Angestellten der Dresdner Bank und ihrer Rechtsvorgängerinnen zu prüfen, ob es die „Neue Frau“ wirklich als eine substanzielle Minderheit unter den jungen Frauen und Mädchen während der zwanziger Jahre gegeben hat. Dafür ist die Quelle, aus der die beiden der Analyse zugrundeliegenden Stichproben gebildet wurden, auch ungeeignet. Denn was die Angestellten in ihrer Freizeit unternommen hatten (oder auch nicht) und wie ihre Lebensplanung vor und während ihrer Beschäftigung als Büroangestellte aussah, ging den Arbeitgeber nichts an. Vor allem die Darmstädter Bank war zwar bemüht, bei Neueinstellungen neben vertraulichen Bewertungen durch frühere Arbeitgeber auch „Hausauskünfte“, also Leumundszeugnisse von Nachbarn der Familie oder der Vermieterin – wenn die Bewerberin nicht mehr bei ihren Eltern wohnte -, einzuziehen. Aber sobald die Frauen eingestellt waren, mussten sie sich im Dienst schon sehr unangemessen verhalten, damit sich die Personalabteilung interessierte.

Solches, von den männlichen Angestellten der Bank als unangemessen angesehenes Verhalten von Frauen in der Bank wurde aber nur sehr selten aktenkundig; und bei den Leistungsbeurteilungen war die „Führung“ fast immer „tadellos“ oder „gab zu Klagen keinen Anlass“. Das schließt natürlich nicht aus, dass sich die Frauen aus dem bürgerlichen oder kleinbürgerlichen Milieu während der Arbeitszeit angepasst und den Erwartungen der Vorgesetzten entsprechend verhielten, aber sich nach Dienstschluss und am Wochenende völlig anders verhielten als ihre Mütter fünfundzwanzig Jahre zuvor. Diese Arbeit fragt lediglich nach den Voraussetzungen und Risiken, die junge Frauen eingingen, wenn sie nicht mit spätestens Mitte zwanzig aus der Obhut ihrer Eltern in die Obhut eines Ehemannes wechselten.

Die Selbstbestimmung als Frau setzte und setzt eine gewisse finanzielle Unabhängigkeit, mit Mitte zwanzig, aber mindestens ebenso mit Mitte fünfzig voraus. Denn nicht von ungefähr waren die *Role Models* für die „Neuen Frau“ reiche Vermögenserbinnen wie Clärenore Stinnes, Künstlerinnen wie Marlene Dietrich oder Schriftstellerinnen wie Vicki Baum, die sich entweder um ihre finanzielle Absicherung keine Gedanken machen mussten oder bei denen die Inszenierung als „Neue Frau“ gewissermaßen zum beruflichen Geschäftsmodell gehörte. Nicht von ungefähr fußen die meisten geschichtswissenschaftlichen Untersuchungen über die „Neue Frau“ der zwanziger Jahre auf zeitgenössischer (belletristischer) Literatur und den einschlägigen Mode- und anderen Magazinen. Inwieweit der Lebensentwurf der „Neuen Frau“ tatsächlich die Lebenswege von vielen Frauen im Alter

 | https://doi.org/10.1515/9783112248287-010

von achtzehn bis dreißig Jahren beeinflusst hat, wird entweder nicht thematisiert oder basiert auf Mutmaßungen, die mit zeitgenössischen soziologischen Untersuchungen unterfüttert werden.

Unter den knapp zweihundert weiblichen Angestellten der Dresdner Bank (und ihrer Rechtsvorgängerinnen) der beiden Stichproben waren fünf Frauen, bei denen mit einiger Sicherheit angenommen werden kann, dass sie versucht hatten, durch beruflichen Erfolg auch eine materielle Grundlage zu schaffen, um aktuell, aber auch im Alter als alleinstehende Frau, ein Auskommen zu haben. Aber selbst wenn sie mit Ende zwanzig oder Anfang dreißig noch nicht an ihr Alter gedacht haben sollten, scheinen sie auf jeden Fall nicht bereit gewesen zu sein, ihre berufliche Laufbahn abzubrechen, um ein Leben als Hausfrau und Mutter zu führen und materiell von einem Ehemann abhängig zu werden.

Dabei handelte es sich um Gerty St1, die schon mit Anfang zwanzig ihre Familie in Bochum verließ, um eine ihrer Qualifikation entsprechende Arbeit aufzunehmen. Dafür war sie bereit, alle ein bis zwei Jahre, nämlich nach Hamburg, Rüdesheim, Koblenz, Mainz und Wiesbaden, umzuziehen. Sie musste aber offenbar immer wieder feststellen, dass sie überwiegend als Stenotypistin beschäftigt wurde. Das entsprach jedoch nicht ihrem Anspruch. Deshalb wechselte sie häufig die Arbeitsstelle, bis sie in Münster mit Ende zwanzig endlich eine Stelle angeboten bekommen hatte, die – wahrscheinlich auch finanziell – ihren Ansprüchen genügte. Dort wäre sie vermutlich auch weiterhin als Chefsekretärin des Vorstandsvorsitzenden eines großen Zementwerks tätig geblieben, wenn das Unternehmen in der Weltwirtschaftskrise nicht von der Insolvenz bedroht gewesen wäre. Gerty St1 nutzte deswegen ein Angebot der Danat Bank und zog ein weiteres Mal um, diesmal nach Berlin. Dort wurde sie von Anfang an als Sekretärin eines Direktors im Juristischen Büro eingesetzt, der sie wohl mehr als Assistentin und weniger als Schreibkraft betrachtete. Ob ihr Verdienst dort demjenigen Gehalt entsprach, das sie in Münster bezogen hatte, ist wahrscheinlich, aber nicht sicher. In der Situation der Jahreswende 1930/31 war die Danat Bank-Zentrale vermutlich die beste Option, selbst wenn Gerty St1 beim Gehalt Abstriche hätte machen müssen. Für die Verhältnisse von weiblichen Angestellten im Bankgewerbe verdiente sie bei der Danat Bank anfangs nicht nur sehr gut, sondern sie verdiente mit knapp 500 RM (brutto) das Maximum dessen, was für eine Frau im Untersuchungszeitraum möglich war, solange es die Großbanken ablehnten, Frauen in eine Stellung zu befördern, die einen außertariflichen Arbeitsvertrag mit Tantiemeanspruch voraussetzte.

Die folgenden Gehaltskürzungen trafen Gerty St1 überdurchschnittlich hart und erst recht galt das für die Entlassung nach dem Berufsbeamtengesetz als „nicht geschützte Nichtarierin“. Aber diese Entwicklung war in den zwanziger Jahren nicht absehbar gewesen. Aus der Perspektive des Jahreswechsel 1930/31, als sie sich für die Danat Bank entschied, war für sie zwar kein weiterer Karriereaufstieg absehbar, aber ihr (vermutliches) Ziel, ein dauerhaft selbstbestimmtes Leben als berufstätige Frau, war zum Greifen nah. Allerdings bleibt festzuhalten, dass sie es als Mann vermutlich mindestens bis zum Prokuristen gebracht hätte. Diese Perspektive war ihr als Frau verwehrt – in der Danat Bank und später in der Dresdner Bank erst recht.

Auch Charlotte Ho1 scheint eine klare Vorstellung von ihrer beruflichen Zukunft gehabt zu haben und war offensichtlich bereit, ihr Privatleben ihrer beruflichen Karriere unterzuordnen. Als junge Frau hatte sie in Bielefeld, dem Wohnort ihrer Eltern, von 1927 bis 1929 eine Banklehre absolviert. Anschließend wurde sie von der Dresdner Bank Bielefeld übernommen. Aber die Stellung als Stenotypistin in einer mittelgroßen Provinzfiliale reichte ihr nicht. Da in der Dresdner Bank-Filiale Bielefeld für die in der Tarifgruppe 3 (neuer Tarif) eingestufte Angestellte kein Fortkommen möglich war, qualifizierte sie sich neben ihrer beruflichen Tätigkeit weiter, indem sie ihre Fremdsprachenkenntnisse in Englisch und Italienisch verbesserte. Ihren Urlaub verbrachte sie viermal in Italien und einmal in England, um sich auf die Dolmetscherprüfung vorzubereiten, die sie 1939 und 1940 auch für beiden Sprachen bestand. Das machte aber nur Sinn, wenn sie sich gleichzeitig auf die Suche nach einer Arbeitsstelle machte, bei der sie ihre Fremdsprachenkenntnisse auch nutzen konnte. Die naheliegendste Alternative zu der Filiale Bielefeld war die Zentrale der Dresdner Bank in Berlin, wo die mittlerweile 31-jährige hoffte, in der Auslandsabteilung entsprechend ihrer Qualifikation eingesetzt zu werden.

Neben der Unterforderung in Bielefeld gab Charlotte Ho1 in ihrer Bewerbung zwar auch familiäre Gründe vor. Aber ob die Berliner Verwandten tatsächlich ausschlaggebend gewesen sind, darf in Anbetracht der Vorgeschichte bezweifelt werden. Immerhin ermöglichten ihr die Verwandten aber, nicht als Untermieterin auf ein möbliertes Zimmer angewiesen zu sein. Denn für eine eigene Wohnung reichte ihr Gehalt von etwa 250 RM (Tarifgruppe 3 – neuer Tarif -, 12. Berufsjahr plus 25 RM Tarifzuschlag) vermutlich nicht. Allerdings musste Charlotte Ho1 schnell feststellen, dass ihre Sprachkenntnisse auch in der Zentrale der Bank nicht so wertgeschätzt wurden, wie sie sich das vorgestellt hatte. Denn als selbständige Korrespondentin wurde sie nicht eingesetzt. In diesem Fall wäre sie in die Tarifgruppe 4 versetzt worden, was aber nicht geschah. Zu dolmetschen gab es in der Bank ohnehin nichts; und da sie in den beiden Sprachen nicht stenografieren konnte, wurde sie wahrscheinlich nur als Maschinenschreiberin für die italienische Korrespondenz herangezogen, weil sie die vorgeschriebenen Texte orthografisch und grammatikalisch richtig abschreiben konnte; und wie viel italienischsprachige Korrespondenz täglich zu erledigen war, steht dabei noch auf einem anderen Blatt.

Jedenfalls bemühte sich Charlotte Ho1 schon nach wenigen Monaten um eine Stelle, bei der sie ihre Fremdsprachenkenntnisse, insbesondere ihre Fähigkeiten als Dolmetscherin, besser einsetzen konnte als in einem Bankbetrieb. Sie wurde auch fündig und kündigte, um in der Verbindungsstelle der Deutschen Arbeitsfront mit der italienischen Schwesterorganisation zu arbeiten. Über ihren weiteren Lebensweg ist nichts bekannt Aber auch diese Tätigkeit wird nicht von langer Dauer gewesen sein. Denn die Absetzung Mussolinis im Juli 1943, spätestens jedoch der Waffenstillstand zwischen Italien und den Westalliierten im September des gleichen Jahres werden nicht ohne Auswirkungen auf ihren Arbeitsplatz oder zumindest auf ihren Tätigkeitsbereich gewesen sein; und bei Kriegsende, spätestens mit der Auflösung der Deutschen Arbeitsfront nach dem Kontrollratsgesetz No. 2 vom Oktober 1946 wird sie genauso in die Arbeitslosigkeit entlassen worden sein wie ihre ehemaligen Kolleginnen bei der Dresdner Bank. Aber auch diese Entwicklung war Mitte der dreißiger Jahre nicht absehbar gewesen, als Charlotte Ho1 den Beschluss fasste Dolmetscherin zu werden.

Gertrudis Ti hatte nach ihrem Abitur zunächst acht Semester Betriebswirtschaft studiert. Da ihre Eltern nach kurzer Zeit nicht mehr in der Lage waren das Studium zu finanzieren, hatte sie ihr Studium zunächst nicht abgebrochen, sondern ihren Lebensunterhalt durch eine Stelle als Vorstandssekretärin bei einer Versicherungsgesellschaft verdient. Aber nach acht Semestern hatte sie feststellen müssen, dass eine Vollzeitstelle und ein Studium nicht miteinander zu vereinbaren waren. Sie brach das Studium ab und wurde wenig später auch noch arbeitslos. Sie bewarb sich bei der Dresdner Bank und wurde dort im Dezember 1933 eingestellt, obwohl die Bank aktuell niemanden neu einstellte. Aber da Gertrudis Ti mit einer ihrer Qualifikation in keiner Weise entsprechenden Bezahlung einverstanden war, einverstanden sein musste, ließ sich die Bank die Gelegenheit, eine hoch qualifizierte Kraft zu einem Dumpinglohn beschäftigen zu können, nicht entgehen. Als es die Bank im Folgejahr nicht nötig zu haben schien, der Bitte um eine Versetzung in die Tarifgruppe 2 zu entsprechen, zog Gertrudis Ti die Konsequenz und suchte sich eine neue Stellung. In ihrem Kündigungsschreiben wies sie ausdrücklich darauf hin, dass sie ausschließlich wegen des niedrigen Gehalts bei der Dresdner Bank die Stellung wechselte. Zu diesem Zeitpunkt war Gertrudis Ti aber erst 23 Jahre alt. Es ist also nicht ausgeschlossen, dass sie auch nach dem Stellungswechsel noch heiratete und ihren Traum von einer kleinen Karriere begrub.

Auch die persönliche Sekretärin des kurzzeitigen Treuhänders des Reiches bei der Danat Bank und späteren Vorstandsmitglieds der Dresdner Bank Carl Bergmann, Hedwig Im, hatte ihre berufliche Laufbahn über Ehe und Familie gestellt. Als sie bei der Danat Bank eingestellt wurde, war sie bereits 34 Jahre alt und hatte eine für Frauen dieses Alters beeindruckende Karriere hinter sich. 1923 wurde sie die Sekretärin von Rudolf Gleimius, des Leiters der Devisenbeschaffungsstelle der Reichsbank. Dort lernte sie den Staatssekretär im Reichsfinanzministerium Carl Bergmann kennen, der nach seinem Ausscheiden aus dem Amt in diversen Funktionen als Berater der Reichsregierung in den zahlreichen Reparationsverhandlungen mit den alliierten Gläubigern fungierte. Nach dem Abschluss des Dawes-Plans agierte Bergmann als – modern gesprochen – Unternehmensberater und wurde in einige wichtige Aufsichtsräte kooptiert. Bergmann war in gewisser Weise der Prototyp eines *Big Linker* im Netzwerk von Staat, Banken und Industrie. In dieser Zeit engagierte er Hedwig Im als persönliche Sekretärin.

Die Übernahme der Funktion des Treuhänders des Reiches bei der Danat Bank war eine dieser Aufgaben. Als Bergmann im März 1932 in den Vorstand der Dresdner Bank eintrat, konnte er diese neue Funktion nicht mehr neben anderen Aufgaben ausfüllen und löste sein privates Büro auf. Hedwig Im wurde zusammen mit Bergmann von der Dresdner Bank eingestellt und blieb ihm als Sekretärin zugeteilt. Als Jüdin gab sie sich nach der Entlassung bei der Dresdner Bank als „nicht geschützte Nichtarierin“ keiner Illusionen über ihre Zukunft im Dritten Reich hin und wanderte bereits im Januar 1934 zunächst in die Niederlande und später in die USA aus. Unter allen „nicht geschützten Nichtarierinnen“, die nachweislich in den dreißiger Jahren auswanderten, war sie die Einzige, die nicht heiratete und deswegen wahrscheinlich allein die Auswanderung gewagt hatte. Sie sprach allerdings neben Englisch, Spanisch und Französisch auch Niederländisch und hatte vermutlich durch ihre berufliche Tätigkeit in der Devisenbeschaffungsstelle zahlreiche Kontakte in den Dollar- und Guldenraum aufgebaut, auf die sie womöglich in den dreißiger Jahren zurückgreifen konnte.

Während sich Gerty St1 und Hedwig Im frühzeitig für eine berufliche Karriere entschieden und dabei auch Erfolg hatten, waren Gertrudis Ti und Charlotte Ho1 noch nicht weit gekommen, als sie bei der Dresdner Bank kündigten. Im Gegenteil, sie hatten viel Zeit in ihre Fortbildung investiert, hatten aber keine ihrer Qualifikation entsprechende Arbeitsstelle gefunden. Sie waren aber weiterhin fest entschlossen, den eingeschlagenen Weg weiterzugehen. Ganz anders war die Situation bei Erna Tae. Sie verstand sich mit ziemlicher Sicherheit nicht als „Neue Frau“, sondern als Witwe in einem sehr traditionellen Sinne. Obwohl sie nie verheiratet war, hatte sie viel Wert darauf gelegt, von der Gesellschaft als Witwe anerkannt zu werden. Nachdem sie das erreicht hatte, wird eine Heirat für sie nicht mehr in Frage gekommen sein. Sie war also gezwungen, allein zurechtzukommen. Das war ihr aus freien Stücken gewählter Lebensweg und es gelang ihr auch recht gut. Ende der zwanziger Jahre hatte sie mit 310 RM ein überdurchschnittliches Gehalt bezogen, womit sie ein bescheidenes, aber auskömmliches Leben mit einer eigenen Wohnung führen konnte, zumal sie keine Angehörigen zu unterstützen hatte. Allerdings wirkten sich die Gehaltskürzungen während

Bankenkrise und Fusion, ähnlich wie bei Gerty St1, auch bei ihr verheerend aus. Als sie mit 53 Jahren als „Nichtarierin“ in den vorzeitigen Ruhestand versetzt wurde, erhielt sie zunächst ein mit ihren 32 Dienstjahren auskömmliches Ruhegehalt. Als das Ruhegehalt allerdings wenig später gekürzt werden sollte, wehrte sie sich und das erfolgreich. Denn mit der gleichen Energie, mit der sie während des Ersten Weltkriegs ihre Namensänderung durchgesetzt hatte, erkämpfte sie sich nun den Status als „Mischling“ nach dem Reichsbürgergesetz von 1935. Das bewahrte sie nicht nur vor der Kürzung ihres Ruhegehalts, sondern sollte ihr wenig später sogar das Leben retten. Denn keine der anerkannten „Mischlinge“ unter den ehemaligen Angestellten der Dresdner Bank des Samples in Teil 2 wurde deportiert, während alle „Jüdinnen“, soweit bekannt, ermordet wurden, sofern sie nicht rechtzeitig hatten auswandern können.

Auch bei weiteren beruflich erfolgreichen Frauen ist es vorstellbar, dass sie in den zwanziger Jahren Vorstellungen von ihrer Zukunft entwickelt hatten, die nicht dem traditionellen Rollenbild einer Frau entsprachen. Allerdings waren viele von ihnen, zum Teil schon frühzeitig, in die NSDAP, die NSBO oder eine andere rechtsradikale Organisation eingetreten. Es ist insofern unwahrscheinlich, dass sie sich spätestens zu Beginn der dreißiger Jahre noch offen gegen Ehe und Familie ausgesprochen hatten. Allerdings begann ihre Karriere erst zu dieser Zeit und das nicht zuletzt wegen ihrer Nähe zum Nationalsozialismus. Bei Erna Bo, Käthe St und auch bei der nicht zu einer der Stichproben gehörenden Annemarie Nay kann deshalb wohl davon ausgegangen werden, dass eine opportunistische Haltung ihnen berufliche Möglichkeiten eröffnete, die sie ganz unabhängig von ihrer geschlechterideologischen Einstellung nutzten – auch um den Preis der Ehelosigkeit.

Annemarie Nay ist aber auch ein Beispiel dafür, dass viele Frauen ihre Lebensentwürfe als selbständige, alleinstehende Frau eines Tages über Bord warfen. Bei Annemarie Nay war es sicherlich nicht die Aussichtslosigkeit gewesen, den in jungen Jahren geträumten Lebensentwurf zu verwirklichen. Diesen Traum wird sie vermutlich nie gehabt haben. Weshalb sie sich mit 40 Jahren noch entschlossen hatte zu heiraten und ihre Partei- und Bankkarriere aufzugeben, bleibt im Dunkeln.

Bei denjenigen Frauen, die nach dem Abitur den Plan hatten zu studieren, diesen Plan aber hatten aufgeben oder das bereits begonnene Studium sogar hatten abbrechen müssen, kann vermutet werden, dass sie nach dem Abitur nicht von einem Leben als Hausfrau und Mutter geträumt hatten. Schon mit dem Eintritt in den Dienst bei einer Bank könnten sie diesen Traum allerdings *ad acta* gelegen haben. Sollte das zunächst nicht der Fall gewesen sein, werden sie aber bald die Aussichtslosigkeit erkannt haben, als Angestellte einer Großbank eine berufliche Karriere starten zu können, die ihnen ein selbstbestimmtes Leben ermöglichte – und daraus ihre Schlüsse gezogen haben.

Wenn bei dieser Darstellung besonders auf den Eheverzicht abgehoben wurde, ist das, wie das Beispiel von Erna Tae zeigt, noch kein hinreichender Beleg für einen Lebensentwurf, wie ihn die „Neuen Frauen" in den Medien vermeintlich oder tatsächlich vorlebten bzw. aus der Sicht der dreißiger Jahre vorgelebt hatten. Aber der Verzicht auf die Eheschließung war bei einer Bankangestellten im Gegensatz zu Clärenore Stinnes oder Vicki Baum die Voraussetzung für ein selbstbestimmtes Leben. Denn für eine Bankangestellte war die „Karriere" vorbei, sobald sie heiratete. Das „Doppelverdienertum" wurde nicht nur im Dritten Reich bekämpft, sondern – zumindest bei den Großbanken – auch schon in den zwanziger Jahren. Mit anderen Worten: Beruf und Familie waren für die Frauen nicht nur schwer zu vereinbaren, sondern sie schlossen sich gegenseitig aus. Wenn also eine Bankangestellte heiratete, hatte sie entweder nie den Traum von einem selbstbestimmten Leben geträumt oder sie begrub ihn spätestens mit dem Tag, an dem sie ihre Kündigung einreichte – einreichen musste.

Aus den Personalakten geht nicht hervor, ob eine Angestellte vor ihrer Eheschließung ernsthaft daran gedacht hatte, als berufstätige Frau ein selbstbestimmtes Leben zu führen. Bei allen oben erörterten Fällen ist das nur aufgrund des Lebenslaufs zu vermuten. Als gesichert kann das am Beispiel von Christa Jaab angenommen werden, die allerdings kein Mitglied einer der beiden Stichproben ist. Für sie ist auch keine Personalakte überliefert. Bekannt ist, dass sie seit den zwanziger Jahren als Stenotypistin bei der Dresdner Bank beschäftigt war und in ihrer Freizeit Romane schrieb. In ihrem ersten Roman, den sie unter dem Pseudonym Christa Anita Brück im Jahr 1930 veröffentlichte, prangerte sie unter dem sprechenden Titel „Schicksale hinter Schreibmaschinen" die Ausbeutung von Stenotypistinnen durch den Arbeitgeber und die Geringschätzung durch die männlichen Kollegen an. Da Christa Jaab selbst jahrelang als Angestellte in einem Bankbetrieb gearbeitet hatte, ist wohl davon auszugehen, dass sie für ihre Romanfiguren reale Personen aus ihrer Kollegenschaft als Vorbilder benutzt hatte.

Die Ich-Erzählerin, ein Fräulein Brückner, ist eine „höhere Tochter" aus einer Offiziersfamilie. Nach dem Tod ihrer Eltern steht sie weitgehend mittellos da und muss ihren Lebensunterhalt als Stenotypistin selbst verdienen. Damit wird sie aus ihrer bürgerlichen Welt quasi herauskatapultiert und sieht sich mit der harten Realität der Arbeitswelt konfrontiert. In Teil 1 waren mehrere Frauen aus „guter Familie" behandelt worden, die einen ähnlich plötzlichen, oft wahrscheinlich sogar als traumatisch empfundenen Start in das Berufsleben hatten erdulden müssen. Außerdem litt Fräulein Brückner genauso unter Überarbeitung, was auf die Dauer zu einer nervlichen Zerrüttung führte, wie etwa jede zweite Frau über vierzig im Sample des Teils 1. Bei diesen Frauen war durch den Vertrauensarzt der Danat Bank bzw. der Dresdner Bank die damalige „Modekrankheit“ Neurasthenie[1219] diagnostiziert wurde.

Während „Schicksale hinter der Schreibmaschine“ in erster Linie die Verhältnisse anprangerte, gibt der zweite, 1932 veröffentlichte und wieder mit einem sprechenden Titel versehene Roman einen Einblick in die Zukunftshoffnungen von Christa Jaab selbst. Denn die Protagonistin des Romans Thea Iken ist ein „Ein Mädchen mit Procura“. Sie ist aber nicht nur eine Prokuristin, sondern auch Assistentin und Vertraute des Inhabers eines kleinen Bankgeschäftes in Berlin. Eine solche Stellung ist zwar in der Realität unwahrscheinlich, aber in einem Privatbankhaus auch nicht völlig ausgeschlossen. In der Bankenkrise geht das Bankhaus unter und der Inhaber wird ermordet. Nachdem Thea Iken vom Mordverdacht freigesprochen ist, heuert sie kurz vor der Fusion mit der Danat Bank bei der Dresdner Bank an und arbeitet dort – wie Christa Jaab vermutlich selbst auch[1220] – in der Direktion der Depositenkassen. Da sie „ihren Kollegen an Wissen und Können weit überlegen“ ist, gelingt es ihr schon nach wenigen Wochen, auch dank eines selbstbewussten Auftretens, erneut eine Vertrauensstellung bei einem als besonders schwierig geltenden Abteilungsdirektor zu erhalten. Der Preis ist allerdings hoch. Als sie ihr altes Büro verlässt, um sich bei ihrem neuen Chef vorzustellen, hört sie hinter sich, wie ein Sturm der Entrüstung unter ihren männlichen Kollegen losbricht, von denen die meisten selbst gehofft hatten, die Stellung zu bekommen. Jaab (alias Brück) kommentiert die Szene wie folgt: „Der Weg der tüchtigen Frau ist immer der gleiche. Er führt über Feindschaft, Befremden, Misstrauen und Neid zu tragischer Isoliertheit“. Aber aus Ikens und damit wohl auch aus Jaabs Sicht ist es das Ergebnis wert. Denn indem Iken die Chance nutzt, „die man bisher in keiner Großbank einer Frau geboten hat“, steht sie am Beginn einer „großen Karriere“.[1221]

Der Plot dieses Romans ist so wirklichkeitsfern, wie ein „und wenn sie nicht gestorben sind, leben sie noch heute ...“. Die Dresdner Bank hätte schon vor der Bankenkrise keiner Frau eine Stelle angeboten, an der auch Männer interessiert

1219 Ihr „Entdecker“ war der US-amerikanische Arzt George Miller Beard. Seine Forschungen wurden auch in Deutschland intensiv rezipiert. So bezeichnete der deutsche Pionier einer modernen Neurologie, Wilhelm Erb, die Neurasthenie 1882 „als Modeneurose unserer Tage, die ‚Nervenkrankheit‘ par excellence“. Zit. in: Ärzteblatt.de v. Januar 2020 (https://www.aerzteblatt.de/archiv/211841/Neurasthenie-Leiden-an-Kultur-und-Zivilisation, abgerufen am 22.1.2025).

1220 Das ist deswegen wahrscheinlich, weil ihr späterer Ehemann Günther Ladisch zu dieser Zeit eine Leitungsfunktion in der Direktion der Depositenkassen innehatte.

1221 Alle Zitate aus Christa Anita Brück, Ein Mädchen mit Procura, Neuausgabe Hamburg 2023, S. 231 ff.

waren und in der Krise erst recht nicht. Eine „große" (= gleich männliche) Karriere hatte es nicht nur aus der Rückschau nicht gegeben, sondern auch aus der Perspektive des Jahres 1932 war eine solche Vorstellung völlig unrealistisch. Auch die erfolgreichsten Frauen in den beiden Stichproben, die nach der Fusion bei der Dresdner Bank beschäftigt waren, hatten keine – gemessen an den Möglichkeiten männlicher Angestellter – erfolgreiche Karriere durchlaufen. Auch wenn Hedwig Im und Gerty St1 nicht wegen ihrer „rassischen" Herkunft hätten entlassen werden müssen, wären sie nicht weitergekommen als eine nach der Tarifgruppe 3 (bzw. seit 1937 Tarifgruppe 4) besoldete Angestellte, die nach fünfzehn Dienstjahren im „männlichen" Tarif 317,24 RM verdient hätte. Selbst mit einer Leistungszulage wären sie kaum über 350 RM brutto im Monat gekommen. Davon konnte eine alleinstehende Frau einen kleinbürgerlichen Lebensstil finanzieren. Aber eine „große Karriere" war das nicht!

Selbst eine solche, aus männlicher Sicht, bescheidene Laufbahn erreichten nur die wenigsten Frauen. Diejenigen weiblichen Angestellten, die bis 1937 nach der Tarifgruppe 3 und danach nach der Tarifgruppe 4 besoldet wurden, waren, außer in den späten zwanziger Jahren bei der Danat Bank, deutlich in der Minderheit. Die Mehrheit der Frauen arbeitete als Stenotypistin, d. h. diese Frauen kamen über die Tarifgruppe 2 (bzw. seit 1937 Tarifgruppe 3) nicht hinaus. Abgesehen davon, dass die Stenotypistinnen, von Ausnahmen abgesehen, tagein und tagaus Diktate stenografierten und anschließend auf der Maschine abschrieben – und das möglichst fehlerfrei -, verdienten sie nach 15 Dienstjahren und der Tarifgruppe 3 („männlicher" Tarif) gerade einmal 258 RM. Auch damit ließ sich ein kleinbürgerlicher Lebensstil aufrechterhalten. Aber Ersparnisse ließen sich damit kaum bilden, was für viele „nichtarische" Angestellte ab Mitte der dreißiger Jahre zum Problem werden sollte. Auch nach der neuesten Mode konnte sich eine Stenotypistin nicht kleiden, außer wenn sie in jungen Jahren noch bei ihren Eltern wohnte und kein „Kostgeld" abgeben musste.

Noch schlechter erging es den Telefonistinnen und Kartenlocherinnen. Sie wurden nach der Tarifgruppe 1 bezahlt; und wenn sie zufriedenstellende Leistungen zeigten, konnten sie nach einer ganzen Reihe von Jahren in die Tarifgruppe 2 aufsteigen. Gelang das nicht und wenn die Angestellte dann noch Eltern oder Geschwister unterstützen musste, befanden sich diese Frauen mit einem Gehalt unter 200 RM an der Grenze zu einer proletaroiden Existenz.

Ganz unten in der Betriebshierarchie waren die Wochenlöhnerinnen angesiedelt. Sie arbeiteten als Küchenmädchen, Kantinenhilfen, Putzkräfte oder Tagesfrauen – und sie waren viele. Zeitweise machten sie etwa vierzig Prozent aller im Betrieb der Dresdner Bank in Berlin beschäftigten Frauen aus. Leider ließ sich das in den Stichproben aufgrund der fehlenden und lückenhaften Personalakten nicht adäquat abbilden. Aber eines ist sicher: bei ihnen war das „Doppelverdienertum“ kein Stein des Anstoßes. Denn niemand erwartete, ja niemand konnte erwarten, dass diese Frauen keiner Erwerbstätigkeit nachgingen. Deren Familien waren auf den Zuverdienst angewiesen. Andererseits wurde ihnen auch kein Angestelltenstatus zuerkannt mit den damit verbundenen sozialen Vergünstigungen. Vergleicht man die Wochenlöhnerinnen mit den angestellten Frauen zeigt sich deutlich die Klassengrenze in der deutschen Gesellschaft der Zwischenkriegszeit.

Die Grenze zwischen den sozialen Klassen der Arbeiter und des (Klein-)Bürgertums war zwar nicht völlig undurchlässig. Aber weibliche Angestellte der Dresdner Bank, die aus dem Arbeitermilieu stammten, gab es nur wenige. Das mag kurzzeitig während der Inflationsjahre anders gewesen sein. Aber diese Frauen wurden mehrheitlich auch schnell wieder entlassen. Nur sehr wenige Töchter aus einem Arbeiterhaushalts lassen sich Ende der zwanziger Jahre noch in den Stichproben finden. Diejenigen, die vom Personalabbau 1924/25 verschont geblieben waren, konnten hoffen, einen Bankangestellten heiraten zu können. Aus ihrer Sicht dürfte das ein ähnlich großer sozialer Aufstieg gewesen sein wie die „große Karriere“ aus der Sicht der Beamtentochter Christa Jaab.

Nun kann eine Schriftstellerin einen Roman mit dem Ausblick auf eine „großen Karriere“ für eine Frau enden lassen. Solange die Leserschaft diese Alternative zu dem üblichen Happy End von Heirat, Kinder, Eheglück hinnimmt, wird sich dieses ungewöhnliche Happyend nicht negativ in den Verkaufszahlen niederschlagen. So wie das eine Happy End von der Leserschaft nur im ersten Moment geglaubt wird, weil sich das gut anfühlt, wird keine Leserin, die selbst in einem Büro arbeitete, das alternative Happy End nach dem kurzen Moment des Wohlgefühls als realistischer angesehen haben als Heirat, Kinder, Eheglück.

Auch Christa Jaab glaubte schon wenige Monate nach Erscheinen von „Ein Mädchen mit Procura“ nicht mehr an ihre Botschaft. Keine zwei Jahre nach dem Erscheinen des Romans hatte sie die Konsequenz gezogen und sich von ihren Wolkenkuckucksheimen verabschiedet, wobei die nationalsozialistische Machtübernahme und die Bücherverbrennung sicherlich nachgeholfen hatten, da auch ihr Erstlingsroman als „Asphaltliteratur“ den Flammen zum Opfer fiel.[1222] In ihrem dritten Roman „Der Richter von Memel“ wird der Traum von einem selbstbestimmten Leben der weiblichen Hauptperson eher zu einem Albtraum. Den Hintergrund bildete jetzt nicht mehr der Arbeitsalltag junger Frauen im Büro, sondern der „Volkstumskampf“ an der Ostgrenze des Deutschen Reiches; und die weibliche Hauptfigur, eine unverheiratete Journalistin, muss erkennen, dass sie

1222 Doris Hermanns, Verboten und verbrannt - Autorinnen und die Bücherverbrennungen: Christa Anita Brück, in: Bücherfrauen-Blog Mai 2020 (https://blog.buecherfrauen.de/verboten-und-verbrannt-autorinnen-und-die-buecherverbrennungen-christa-anita-brueck/, abgerufen am 22.1.2025).

mit der Ablehnung eines Heiratsantrags jegliche Chance auf ein glückliches Leben verspielt hatte.

Mit Mitte dreißig drohte Christa Jaab gewissermaßen die „tragische Isoliertheit" einer Thea Iken. Aber im Gegensatz zu 1932 war 1934 dieses Opfer ein zu hoher Preis für die „große Karriere", zumal es diese „große Karriere" im richtigen Leben nicht gab. Die Parallelität des Wechsels bei den Aussagen zu Karriere und Familie in ihren beiden Romanen und der Richtungsänderung in Jaabs eigenem Lebensweg ist schon auffällig. Denn Jaab hatte, während sie „Der Richter von Memel" verfasste, ihren Traum von der eigenen Bankkarriere aufgegeben und sich entschlossen zu heiraten. Denn es würde sich nicht mehr allzu oft die Gelegenheit bieten, einen geeigneten Ehemann, eine „gute Partie" zu finden.

Ihr Ehemann war eine „gute Partie". Er war, wie im Roman, ein Jurist, aber nicht im Staatsdienst, sondern bei der Dresdner Bank, und er besaß Karriereaussichten, von denen Christa Jaab vielleicht träumen konnte, die sie aber bei Lichte betrachtet niemals selbst erreichen würde. Kurz nach der Hochzeit wurde Günther Ladisch zunächst die Leitung der Filiale Karlsruhe übertragen. Dort blieb die Familie allerdings nicht lange. Nach der Wiederangliederung der Saar 1935 baute er die Filiale in Saarbrücken auf, bis er 1937 zum Direktor einer der bedeutendsten Filialen der Dresdner Bank, der Filiale in Frankfurt, ernannt wurde. Nach dem Krieg wurde sein weiterer Aufstieg wegen seiner Mitgliedschaft in der NSDAP nur kurz unterbrochen, setzte sich danach in den Nachfolgebanken der Dresdner Bank fort und endete in der Wirtschaftswunderzeit im Vorstand der Commerzbank.

Eheschließungen weiblicher Angestellter mit Kollegen aus der Dresdner Bank waren keine Seltenheit. Die Personalakten der Frauen vermerkten häufig bei der Berechnung der Heiratsbeihilfe, wenn der Ehepartner einer der Angestellten aus dem Hause war. Aber einen Partner, der bereits die ersten Schritte zu einer „großen Karriere" erfolgreich absolviert hatte, hatte keine der Frauen in den beiden Stichproben geheiratet. Allerdings waren diese Frauen zum Zeitpunkt der Eheschließung in der Regel auch fünf bis zehn Jahre jünger, als aus Christa Jaab Christa Ladisch wurde. Die Mehrheit derjenigen Frauen der Stichproben, die wegen ihrer Eheschließung aus dem Dienst bei der Dresdner Bank ausschieden, waren zwischen 24 Jahren und 31 Jahren alt, wobei zu berücksichtigen ist, dass manche dieser Frauen in den Jahren 1931 bis 1934 die Eheschließung wegen einer drohenden Arbeitslosigkeit ihres Partners aufgeschoben hatten, um nicht ohne Not auf den eigenen Verdienst verzichten zu müssen. Bei Günther Ladisch war Arbeitslosigkeit 1933 nicht zu befürchten.

Es ist wohl nicht übertrieben spekulativ anzunehmen, dass diejenigen Frauen, die vor dem Erreichen des 30. Lebensjahres eine Ehe eingingen, nie ernsthaft für sich in Betracht gezogen hatten, ein anderes Leben zu führen, denn als

Hausfrau und Mutter und deren Ehemann über ein Einkommen verfügen sollte, das ausreichte, um einen (klein-)bürgerlichen Lebensstil zu finanzieren. Ein Buchhalter oder erst recht ein Prokurist bei der Dresdner Bank entsprach genau dieser Erwartung. Auch bei den Frauen, die nicht heirateten, kann nicht in jedem Fall davon ausgegangen werden, dass Ehe und Familie für sie keine Option gewesen waren. Rein statistisch musste es in der Generation der zwischen 1896 und 1910 geborenen Frauen im Jahr 1945 zahlreiche Alleinstehende gegeben haben, die wegen der ausgedünnten Geburtsjahrgänge potenzieller Ehepartner hatten ledig bleiben müssen. Abgesehen von den Geschiedenen, Witwen und den wenigen Frauen, die während des Zweiten Weltkriegs geheiratet und nicht gekündigt hatten, gehörten fast alle der 1945 entlassenen Frauen des Samples in Teil 1 dieser Generation an und waren demnach zu diesem Zeitpunkt in einem Alter, in dem eine Eheschließung sehr unwahrscheinlich geworden war.[1223]

Wie viele der unverheiratet gebliebenen Frauen der Stichprobe in Teil 1 anfangs eine Zukunft als Hausfrau und Mutter über eine selbständige Existenz als berufstätige Frau gestellt hatten und wie viele der mit der Eheschließung ausgeschiedenen Angestellten sich vielleicht spät, aber nicht zu spät entschieden hatten, wie Christa Jaab, die eigenen beruflichen Ambitionen zugunsten des Hafens der Ehe aufzugeben, lässt sich nicht beantworten. Aber es kann nicht ernsthaft bezweifelt wurden, dass diejenigen, die in den Hafen der Ehe einmünden sollten, zusammen mit den unfreiwillig ehelosen Frauen die Mehrheit bildeten. Nur welches die Gründe für den Heiratswunsch waren, ist damit nicht gesagt. Sicher wird es viele junge Frauen gegeben haben, die vom ersten Tag ihrer Erwerbstätigkeit an Ausschau nach dem Mann gehalten hatten, der sie von dem Joch der Büroarbeit befreit – und sei es auch nur, weil es die Eltern und das private Umfeld so erwarteten.

Aber war es wirklich eine Frage der konservativen, autoritär-patriarchalen Grundierung der Gesellschaften in der Weimarer Republik und des Dritten Reichs? Das darf gleichwohl bezweifelt werden. Denn seit Mitte der zwanziger Jahre mussten die jungen Frauen erkennen, dass ein beruflicher Aufstieg selbst in der Danat Bank immer unwahrscheinlicher wurde. Die Frauen in der Telefonzentrale der Darmstädter Bank mussten mitansehen, wie ihre Vorgesetzte durch einen Mann ersetzt wurde, der trotz seines unangemessenen Verhaltens gegen-

1223 Dabei ist allerdings zu berücksichtigen, dass im Sample des Teils 1 nur Frauen vertreten sind, die bis 1935 neu eingestellt worden waren. Es wird deshalb unter den nach 1935 eingestellten und 1945 entlassenen Frauen immer noch viele gegeben haben, die nach dem Krieg geheiratet hatten. Allerdings hatten auch sie das Problem, dass die Geburtsjahrgänge der für sie als Heiratspartner in Frage kommenden Männer mindestens ebenso ausgedünnt waren wie bei ihrer Vorgängergeneration.

über den Telefonistinnen die Rückendeckung der Geschäftsleitung besaß. Wenig später schied auch die Sachbearbeiterin für die Angelegenheiten der Frauen in der Personalabteilung der Darmstädter Bank aus und wurde nicht wieder durch eine Frau ersetzt. Selbst die seit 1922 bei allen Großbanken bestehende Möglichkeit, als Frau eine Banklehre zu absolvieren, war keine Garantie, um am Ende nicht doch als (anfangs etwas besser bezahlte) Stenotypistin arbeiten zu müssen. Die Ausbildung entsprach zwar derjenigen der männlichen Lehrlinge. Aber anschließend starteten die meisten jungen Männer eine Bankkarriere, bei der der Posten eines Buchhalters noch der bescheidenste Karriereschritt war, während es für eine gelernte Bankangestellte das Äußerste war, was sie erreichen konnte. Auf eine Laufbahn als Prokuristin oder Depositenkassenvorsteherin brauchte sie nicht zu hoffen. Im Gegenteil, die wenigen Frauen, die bei der Darmstädter Bank und bei der Nationalbank für Deutschland während des Krieges oder während der Jahre der Nachkriegsinflation zur Prokuristin befördert worden waren, wurden spätestens während der Stabilisierungskrise 1924/25 wieder zu Tarifangestellten degradiert. Eine „große Karriere" wie sie Thea Iken in „Ein Mädchen mit Procura" vor sich hatte, war vielleicht in den ersten Nachkriegsjahren und auch nur bei der Darmstädter Bank nicht völlig unrealistisch. Danach und bei der Dresdner Bank war noch nicht einmal eine „kleine Karriere" im Bereich des Möglichen.

Dabei erhielten die jungen Frauen tagtäglich Anschauungsunterricht, wie das Leben als Bankangestellte mit 45 oder 50 Jahren aussehen würde. Manche der in Frührente geschickten Frauen dieses Alters waren zuvor oft krankheitsbedingt vom Dienst ferngeblieben, arbeiteten mit der Zeit langsamer und kamen deswegen unter Druck. Manche wurden auf einen „ruhigeren Posten" versetzt, wo ihnen nicht nur das Gehalt gekürzt, sondern auch der letzte Rest ihrer Würde genommen wurde. Den meisten jungen Frauen werden diese älteren Kolleginnen als alte, ausgebrannte, vielleicht auch wunderliche Jungfern erschienen sein. Aber wenn sie einen Moment nachdachten, konnten sie nicht ausschließen, in diesen Frauen ihre eigene Zukunft zu sehen. Selbstbestimmt war da gar nichts mehr.

Wie solche Frauen von den Jüngeren wahrgenommen wurden, beschreibt Irmgard Keun in ihrem Roman „Gilgi – eine von uns", dem zu Beginn der dreißiger Jahre erfolgreichsten, im Milieu der Büroangestellten angesiedelten Roman und der wie Christa Jaabs (alias Christa Anita Brücks) „Schicksale hinter Schreibmaschinen" von den Nazis als „Asphaltliteratur" abqualifiziert und im Mai 1933 der Bücherverbrennung anheimgegeben wurde. Keun beschreibt darin eine Szene, wie die 21-jährige Stenotypistin Gilgi eine ältere Konkurrentin bei der Bewerbung um eine Stelle ausgestochen hatte und anschließend mit dieser Frau in der Straßenbahn sitzt. Dabei sinniert sie über die Gründe, weswegen diese Frau gegen sie keine Chance hatte:

> „Gilgi schielt ihre Nachbarin an: der dunkle Mantel hat kahle Stellen – vielleicht hätte man, vielleicht sollte man ... Quatsch! Die hat ja die gleiche Chance gehabt. So? Hat sie? Mit dem krunkeligen alten Gesicht, der latschigen Haltung, mit den matten, blicklosen Augen und den häßlichen Kleidern??? Wer nimmt die denn noch?“[1224]

... und Paula Schlier ergänzt:

> „Die Mädchen arbeiteten in furchtbarer Eile, ihre Gesichter waren rot und aufgeregt, die Frisuren unordentlich, manche von ihnen waren dem Weinen nahe. Der Beruf zermürbte rasch, und sie ahnten, was ihr Schicksal war, sobald sie ein wenig älter und häßlicher wurden: kein Chef würde sie mehr einstellen. Sie würden wie ein abgenützter Gegenstand weggeworfen werden, und ihr Alter würde ein einziges Elend sein.“[1225]

Nein, es wäre zu einfach, wenn man, wie in der Einleitung zitiert, den Frauen der zwanziger Jahre Blindheit gegenüber der sich ändernden Wirklichkeit unterstellt. Die Heirat mit einem Buchhalter oder Prokuristen oder einem Mann in vergleichbarer Stellung aus einer anderen Branche war eine rationale, auf keinen Fall naive Entscheidung. Die Alternative war mit einer hohen Wahrscheinlichkeit Alterselend, wobei das „Alter“ schon lange vor dem Erreichen des 60. Lebensjahres begann. Das hatte nichts mit der NS-Herrschaft und dem Zweiten Weltkrieg zu tun. Sie verschlechterten nur die Perspektiven, zunächst für die „Nichtarierinnen“ und später für alle Frauen. Denn die Möglichkeit während des Krieges auch als verheiratete Frauen eine Beschäftigung als Bürokraft aufnehmen zu dürften, war kein Anlauf für eine „Neue Frau“ der vierziger Jahre. Es war Arbeit bis zur physischen und – wegen der Sorge um die männlichen Verwandten im Felde und wegen des Luftkriegs – auch bis zur psychischen Erschöpfung. Bis es zu einem neuen Anlauf kommen konnte, sollte es noch eine ganze Generation dauern. Dann allerdings war das selbstbestimmte Leben als berufstätige Frau keine Angelegenheit einer kleinen Avantgarde mehr, sondern eine Option für sehr viele Frauen. Beruf und Familie schlossen sich im letzten Viertel des 20. Jahrhunderts zwar nicht mehr als, aber ihre Vereinbarkeit blieb auch im ersten Viertel des 21. Jahrhunderts noch ein ungelöstes Problem.

1224 Irmgard Keun, Gilgi – eine von uns, Neuausgabe Berlin 2018, S. 84.
1225 Schlier, Petras Aufzeichnungen, S. 68.

Quellen- und Literaturverzeichnis

Literatur

150 Jahre Schlesischer Bankverein, in: Bank und Geschichte. Historische Rundschau (hrsg. v. d. Historischen Gesellschaft der Deutschen Bank), Nr. 11 (2006), S. 1

Ahlheim, Hannah: Deklassierung jüdischer Kunden - Die Commerzbank und die ‚beschränkt verfügbaren Sicherungskonten' 1935–1945, in: Jahrbuch für Antisemitismusforschung 15/2006, S. 85–112

Ahrens, Ralf: Der Exempelkandidat – Die Dresdner Bank und der Nürnberger Prozess gegen Karl Rasche, in: Vierteljahrshefte für Zeitgeschichte 52/2004, S. 637–670

Ahrens, Ralf: Die Dresdner Bank 1945–1957, München 2007

Ashauer, Günter: Betrachtung des ‚Privatkunden' in der Zeit vor 1959, in: Der Privatkunde (Bankhistorisches Archiv. Zeitschrift zur Banken- und Finanzgeschichte, Beiheft 16) Frankfurt/ Main 1990, S. 11–21

Bähr, Johannes: „Bankenrationalisierung" und die Großbankenfrage. Der Konflikt um die Ordnung des deutschen Kreditgewerbes in Zweiten Weltkrieg, in: Harald Wixforth (Hg.), Finanzinstitutionen in Mitteleuropa während des Nationalsozialismus, Stuttgart 2001, S. 71–95

Bähr, Johannes: Der Goldhandel der Dresdner Bank im Zweiten Weltkrieg, Leipzig 1999

Bähr, Johannes: Die Dresdner Bank in der Wirtschaft des Dritten Reiches, München 2006

Bähr, Johannes: Staatliche Schlichtung in der Weimarer Republik. Tarifpolitik, Korporatismus und industrieller Konflikt zwischen Inflation und Deflation 1919–1932, Berlin 1989

Bähr, Johannes/Rudolph, Bernd: 1931 Finanzkrisen 2008, München 2011

Bajohr, Stefan: Die Hälfte der Fabrik. Geschichte der Frauenarbeit in Deutschland 1914 bis 1945, 2. verb. Aufl., Marburg 1984

Banken, Ralf: Edelmetallmangel und Großraubwirtschaft. Die Entwicklung des deutschen Edelmetallsektors im „Dritten Reich" 1933–1945, Berlin 2009

Banken, Ralf: Hitlers Steuerstaat. Die Steuerpolitik im Dritten Reich, Berlin 2018

Bargholz, Christina: „Tastschreiben" oder „Tippen"? Angestelltenarbeitsplätze unter Rationalisierungsdruck, in: B. Lauterbach (Hg.): Großstadtmenschen. Die Welt der Angestellten, Frankfurt am Main 1995, S. 194–227

Barkai, Avraham: Vom Boykott zur „Entjudung". Der wirtschaftliche Existenzkampf der Juden im „Dritten Reich", Frankfurt/Main 1987

Bessel, Richard: „Eine nicht allzu große Beunruhigung des Arbeitsmarktes". Frauenarbeit und Demobilmachung in Deutschland nach dem Ersten Weltkrieg, in: Geschichte und Gesellschaft 9/ 1983, S. 211–229

Born, Karl Erich: Die Deutsche Bankenkrise 1931. Finanzen und Politik, München 1967

Martin Broszat, Der Staat Hitlers. Grundlegung und Entwicklung seiner inneren Verfassung, München 1969

Brück, Christa Anita (Christa Jaab): Ein Mädchen mit Procura (Neuausgabe), Hamburg 2023

Buchheim, Christoph: Deutsche Finanzmetropole von internationalem Rang, in: H. Pohl (Hg.), Geschichte des Finanzplatzes Berlin, Frankfurt/Main 2002, S. 103–156

Burhop, Carsten: The historiography of the 1931 crisis in Germany, in: Jahrbuch für Wirtschaftsgeschichte 2011/2, S. 9–27

 | https://doi.org/10.1515/9783112248287-011

Cameron, Rondo: Die Gründung der Darmstädter Bank, in: Tradition. Zeitschrift für Firmengeschichte 2/1957, S. 104–124
Cauer, Paul: Das höhere Schulwesen, in: S. Körte u. a. (Hg.), Deutschland unter Kaiser Wilhelm II, 2. Bd., 9. Buch, Berlin 1914, S. 34–50
Deuß, Hanns: Das eingängige maschinelle Arbeitssystem im Bankbetrieb, Diss. Köln 1927
Dickhaus, Monika: Kredite für den Holocaust? Die Deutsche Bank und J.A. Topf & Söhne, Erfurt 1933–1945, in: Aleida Assmann u. a. (Hg.), Firma Topf & Söhne – Hersteller der Öfen für Auschwitz, Frankfurt 2002, S. 95–122
Diedrichs, Johann: Die Verwendung maschineller Hilfsmittel im Bankbetrieb, Berlin 1923
Dogramaci, Burcu: Mode-Körper. Zur Inszenierung von Weiblichkeit in Modegrafik und -fotografie der Weimarer Republik, in: K. Cowan u. Sicks, K. M. (Hg.), Leibhaftige Moderne, Bielefeld 2005, S. 119–135
Edwards, Jeremy Edward/Fischer, Klaus: Banks, Finance and Investment in Germany, Cambridge 1994
Engelke, Sylvia/ Maltschew, Reni: Weltwirtschaftskrise, Aktienskandale und Reaktionen des Gesetzgebers durch Notverordnungen im Jahr 1931, in: Walter Bayer u. Mathias Habersack (Hg.), Aktienrecht im Wandel, Tübingen 2007, S. 570–618
Essner, Cornelia: Die „Nürnberger Gesetze" oder Die Verwaltung des Rassenwahns 1933–1945, Paderborn 2002
Falter, Jürgen: Die „Märzgefallenen" von 1933, in: Geschichte und Gesellschaft 24/1998, S. 595–616
Feldman, Gerald D.: Die Deutsche Bank vom Ersten Weltkrieg bis zur Weltwirtschaftskrise, in: L. Gall u.a., Deutsche Bank, S. 137–314
Fohlin, Caroline: Universal Banking in Pre-World War I Imperial Germany: Model or Myth?, in: Explorations in Economic History 36 (1999), S. 305–343
Fohlin, Caroline: The Balancing Act of German Universal Banks and English Deposit Banks, 1880–1913, in: Business History 43 (2001), S. 1–24
Frese, Matthias: Betriebspolitik im „Dritten Reich". Deutsche Arbeitsfront, Unternehmer und Staatsbürokratie in der westdeutschen Großindustrie 1933–1939, Paderborn 1991
Frevert, Ute: Traditionale Weiblichkeit und moderne Interessenorganisation. Frauen im Angestelltenberuf 1918–1933, in: Geschichte und Gesellschaft 7/1981, S. 507–533
Frevert, Ute: Vom Klavier zur Schreibmaschine: weiblicher Arbeitsmarkt und Rollenzuweisungen am Beispiel der weiblichen Angestellten in der Weimarer Republik, in: Annette Kuhn u. Gerhard Schneider (Hg.), Frauenrechte und die gesellschaftliche Arbeit der Frauen im Wandel, Düsseldorf 1984, S. 82–112
Friedländer, Saul: Das Dritte Reich und die Juden, Bd. 1, München 1998
Fünfzig Jahre Elektronische Datenverarbeitung in der Deutschen Bank, in: Bank und Geschichte. Historische Rundschau (hrsg. v. d. Historischen Gesellschaft der Deutschen Bank), Nr. 9, 2005, S. 1–4
Gall, Lothar: Die Deutsche Bank von ihrer Gründung bis zum Ersten Weltkrieg, in: L. Gall u. a., Die Deutsche Bank 1870–1995, München 1995, S. 1–135
Gössel, Dieter: Beamtentum im Nationalsozialismus, in: Martin Friedenberger u.a. (Hg.), Die Reichsfinanzverwaltung im Nationalsozialismus, Bremen 2002, S. 95–142
Gonser, Simon: Der Kapitalismus entdeckt das Volk, München 2014
Hefermehl, Wolfgang: Das jüdische Unternehmen, in: Deutsche Justiz 100, 1938, S. 988–991
Hepp, Michael (Hg.), Die Ausbürgerung deutscher Staatsangehöriger 1933–1945 nach den im Reichsanzeiger veröffentlichten Listen, Bd. 1, München 1985
Herr, Laura/Yi Liu: Den Kopf oben behalten. Der Bankier Eugen Gutmann (1840–1925), Frankfurt / Main 2023

Herrmann, Elsa: So ist die neue Frau, Hellerau 1929
Hess, Christel: Konkurrenzkampf, Unterordnung, Flirt. Weibliche und männliche Angestellte, in: Burkhart Lauterbach (Hg.), Großstadtmenschen. Die Welt der Angestellten, Frankfurt/Main 1995, S. 330–345
Hoffmann, Ute: Die wundervolle Schreibmaschine, in: dies. (Hg.), Geldwelt, Bd. 1, München 1985, S. 131–184
Holtfrerich, Carl-Ludwig: Die Deutsche Bank 1945–1957, in: L. Gall u. a., Die Deutsche Bank 1870–1995, München 1995, S. 408–578
Holtfrerich, Carl-Ludwig: Die deutsche Inflation 1914–1923, Berlin 1980
Horstmann, Theo: Die Alliierten und die deutschen Großbanken, Bonn 1991
Hubatsch, Walther: Hindenburg und der Staat. Aus den Papieren des Generalfeldmarschalls und Reichspräsidenten von 1878 bis 1934, Göttingen 1966
Huber, Brigitte: „Auslese“ oder Wie man Angestellte(r) wird, in: B. Lauterbach (Hg.), Großstadtmenschen. Die Welt der Angestellten, Frankfurt/Main 1995, S. 250–261
Humann, Detlev: „Arbeitsschlacht“ – Arbeitsbeschaffung und Propaganda in der NS-Zeit 1933–1933. Göttingen 2011
Humann, Detlev: Die Arbeitsschlacht als Krisenüberwindung, in: Marc Buggeln u. Michael Wildt (Hg.), Arbeit im Nationalsozialismus, München 2014, S. 71–86
James, Harold: Die Deutsche Bank und die Diktatur 1933–1945, in: L. Gall u. a., Die Deutsche Bank 1870 bis 1995, München 1995, S. 315–408
James, Harold: Strukturwandel in Kriegs- und Krisenzeiten, in: Hans Pohl (Hg.), Geschichte des Finanzplatzes Berlin, Frankfurt/Main 2002, S. 157–214
Janberg, Hans: Die Bankangestellten, Wiesbaden 1958
Kasten, Anneliese/Heinrich, Hans: Die kommende Angestelltengeneration. Eine sozialstatistische Untersuchung des Gewerkschaftsbundes der Angestellten über Herkunft, Arbeitsverhältnisse und Berufsausbildung der Lehrlinge in Angestelltenberufen, Berlin 1933
Kessemeier, Gesa: Sportlich, sachlich, männlich. Das Bild der ‚Neuen Frau‘ in den Zwanziger Jahren. Zur Konstruktion geschlechtsspezifischer Körperbilder in der Mode der Jahre 1920 bis 1929, Dortmund 2000
Keun, Irmgard: Gilgi – eine von uns (Neuausgabe), Berlin 2018
Kobrak, Christopher: Die Deutsche Bank und die USA. Geschäfte und Politik von 1870 bis heute, München 2008
König, Mario: Angestellte unterwegs – vom Berufsstand zur modernen Gewerkschaft 1890 bis 1990, Köln 1991
Kopper, Christopher: Zwischen Marktwirtschaft und Dirigismus. Bankenpolitik im Dritten Reich, Bonn 1995
Kracauer, Siegfried: Die Angestellten. Aus dem neuesten Deutschland, Frankfurt/Main 1971
Kramer, Nicole: Haushalt, Betrieb, Ehrenamt, in: Michael Wildt u. Marc Buggeln (Hg.), Arbeit im Nationalsozialismus, München 2014, S. 33–51
Krause, Detlef: Die Commerz- und Disconto-Bank 1870–1920/23: Bankgeschichte als Systemgeschichte, Stuttgart 2004
Krause, Detlef: Technik in der Commerzbank, in: ders. u. a., Banken im Umbruch, Frankfurt 2010, S. 64–187
Krause, Detlef: Zur Geschichte der Mitteldeutschen Creditbank, in: Bankhistorisches Archiv 17 (1991), S. 17–41
Kundrus, Birthe: Kriegerfrauen. Familienpolitik und Geschlechterpolitik im Zweiten Weltkrieg, Hamburg 1995

Kurzrock, Hans: Einhundet Jahre Commerzbank, Frankfurt/Main 1970
Lampe, Wilfried:, Der Bankbetrieb in Krieg und Inflation. Deutsche Großbanken in den Jahren 1914 bis 1923, Stuttgart 2012
Lansburgh, Alfred: Die Finanzierung des Kreditbedarfs der Mittel- und Kleinindustrie, in: Bernhard Harms (Hg.), Kapital und Kapitalismus, Berlin 1931, S. 134–147
Liedtke, Falk: Der Konflikt um den Kredit. Organisationsprobleme im Kundenkreditgeschäft Berliner Großbanken vor dem Hintergrund von Bankenkonzentration und Bankenkrise (1924–1939), Stuttgart 2023
Liefmann, Robert: Interessengemeinschaften, in: Handwörterbuch der Staatswissenschaften, Bd. 5, Jena 1923, 4. Auflage
Lövinson, Käthe: Frauenarbeit in Bankbetrieben, Diss. Universität Würzburg 1925
Lorentz, Ellen: Aufbruch oder Rückschritt? Arbeit, Alltag und Organisation weiblicher Angestellter in der Kaiserzeit und Weimarer Republik, Bielefeld 1988
Lüsebrink, Karin: Büro via Fabrik. Entstehung und Allokationsprinzipien weiblicher Büroarbeit 1850 bis 1933, Berlin 1993
Maltschew, Reni: Der Rückerwerb eigener Aktien in der Weltwirtschaftskrise 1929–1931, Berlin 2004
Marrenbach, Otto: Fundament des Sieges. Die Gesamtarbeit in der Deutschen Arbeitsfront von 1933 bis 1940, Berlin 1941
Meuthen, Josef: Die Maschinenarbeit in deutschen Bankbetrieben. Eine Übersicht über den heutigen Stand, Berlin 1926
Meyen, Hans G.: 120 Jahre Dresdner Bank, Frankfurt 1992
Meyer, Beate: Der Traum von einer autonomen jüdischen Verwaltung - Die Reichsvereinigung der Juden in Deutschland. Auswanderer und Zurückbleibende in den Jahren 1938/39 bis 1941, in: dies. u.a. (Hg.), "Wer bleibt, opfert seine Jahre, vielleicht sein Leben": deutsche Juden 1938 – 1941, Göttingen 2010, S. 21–38
Meyer, Beate: „Jüdische Mischlinge“. Rassenpolitik und Verfolgungserfahrung 1933–1945, Hamburg 1999
Mommsen, Hans: Beamtentum im Dritten Reich, Stuttgart 1966
Mühl-Benninghaus, Sigrun: Das Beamtentum in der NS-Diktatur bis zum Ausbruch des Zweiten Weltkrieges, Düsseldorf 1996
Nienhaus, Ursula: Berufsstand weiblich. Die ersten weiblichen Angestellten, Berlin 1982
Nienhaus, Ursula: Von Töchtern und Schwestern. Zur vergessenen Geschichte der weiblichen Angestellten im Deutschen Kaiserreich, in: Jürgen Kocka (Hg.), Angestellte im europäischen Vergleich, Göttingen 1981, S. 309–330
Noakes, Jeremy: Wohin gehören die ‚Judenmischlinge‘? Zur Entstehung der ersten Durchführungsverordnung zu den Nürnberger Gesetzen, in: Ursula Büttner u. a. (Hg.), Das Unrechtsregime: Internationale Forschung über den Nationalsozialismus. Fs. Jochmann, Hamburg 1986, Bd. 2, S. 69–89
Nützenadel, Alexander: Zwischen Staat und Markt 1914–1989, in: ders. u. a., Deutsche Bank. Die globale Hausbank, Berlin 2020, S. 234–527
Obst, Georg: Der Bankberuf, Stuttgart 1921
Palyi, Melchior/Quittner, Paul (Hg.): Handwörterbuch des Bankwesens, Berlin, Heidelberg 1933
Pierenkemper, Toni: Der Sparkassenangestellte im gesellschaftlichen Entwicklungsprozeß, in: Zeitschrift für bayerische Sparkassengeschichte 6 (1992), S. 175–197
Pfister, Gertrud: „Macht die Schleppe kürzer und ihr macht die Schwingen länger“ - Alice Profé [1867–1946], in: Ulrike Henkel u. a., Hg., Für eine andere Bewegungskultur, Pfaffenweiler 1997, S. 49–76

Pohl, Heinrich: Marokko und Mannesmann: Ein völkerrechtlicher Rückblick, in: Zeitschrift für Politik 5/ 1912, S. 558–577
Pohl, Manfred: Konzentration im deutschen Bankwesen (1848–1980), Frankfurt/Main 1982
Pollems, Sebastian T.: Der Bankplatz Berlin zur Nachkriegszeit, Berlin 2006
Quante, Peter: Lohnpolitik und Lohnentwicklung im Kriege, in: Zeitschrift des Preußischen Statistischen Landesamtes 59/1919, S. 323–384
Riesser, Jakob: Die deutschen Großbanken und ihre Konzentration, Jena 1912
Rother, Lynn: Kunst durch Kredit. Die Berliner Museen und ihre Erwerbungen von der Dresdner Bank 1935, Berlin 2017
Rudl, Franz Gerhard: Die Angestellten im Bankgewerbe 1870 bis 1933, Diss. Univ. Mannheim 1975
Sachse, Carola: Der Hausarbeitstag. Gerechtigkeit und Gleichberechtigung in Ost und West, Göttingen 2002
Sattler, Friederike: Der Neuanfang (1945 bis 1958), in: S. Paul, F. Sattler u. D. Ziegler, Hundertfünfzig Jahre Commerzbank, München 2020, S. 219–414
Schlier, Paula: Petras Aufzeichnungen oder Konzept einer Jugend nach dem Diktat der Zeit (Neuausgabe), Salzburg 2018
Schneider, Michael: Unterm Hakenkreuz. Arbeiter und Arbeiterbewegung 1933 bis 1939, Bonn 1999
Schulz, Günther: Die weiblichen Angestellten vom 19. Jahrhundert bis 1945, in: Hans Pohl (Hg.), Die Frau in der deutschen Wirtschaft, Wiesbaden 1985, S. 197–215
Schumann, Silke: „Die Frau aus dem Erwerbsleben wieder herausnehmen“. NS-Propaganda und Arbeitsmarktpolitik in Sachsen 1933–1939, Dresden 2000
Schupetta, Ingrid: Frauen- und Ausländererwerbstätigkeit in Deutschland von 1939 bis 1945, Köln 1983
Seidenzahl, Fritz: Hundert Jahre Deutsche Bank, Frankfurt/Main 1970
Somcutean, Cristina: Mass Weddings, Baby Boom and Full Employment? Nazi Germany's 1933 Marriage Loan and its Efficacy in Theory and Practice, in: Jahrbuch für Wirtschaftsgeschichte 63/ 2022, S. 267–301
Speier, Hans: Die Angestellten vor dem Nationalsozialismus, Göttingen 1977
Steinberg, Jonathan: Die Deutsche Bank und ihre Goldtransaktionen während des Zweiten Weltkrieges, München 1999
Stillich, Oskar: Soziale Strukturveränderungen im Bankwesen, Berlin 1916
Stücker, Britta: Konsum auf Kredit in der Bundesrepublik, in: Jahrbuch für Wirtschaftsgeschichte 2007/2, S. 63–88
Sykora, Katharina: Die neue Frau. Ein Alltagsmythos der Zwanziger Jahre, in: dies. (Hg.), Die neue Frau, Marburg 1993, S. 9–24
Tennstedt, Florian: Wohltat und Interesse. Das Winterhilfswerk des Deutschen Volkes. Die Weimarer Vorgeschichte und ihre Instrumentalisierung durch das NS-Regime, in: Geschichte und Gesellschaft 13/1987, S. 157–180
Terrahe, Jürgen: Bank und Technik, in: Die Bank – Dienstleister im Wandel. 125 Jahre Commerzbank, Frankfurt 1995, S. 83–103
Terberger, Eva/Wettberg, Stefanie: Der Aktienrückkauf und die Bankenkrise von 1931, University of Heidelberg, Department of Economics, Discussion Paper Series No. 418 (März 2005)
Thamm, Imke: Der Anspruch auf das Glück der Tüchtigen. Beruf, Organisation und Selbstverständnis der Bankangestellten in der Weimarer Republik, Stuttgart 2006
Treffeisen, Jürgen/Rehm, Clemens: Perspektiven der Personalaktenbewertung. Zwischen Samplebildung und Totalüberlieferung. Erfahrungen aus Baden-Württemberg, in: Katharina Tiemann (Hg.), Archivischer Umgang mit Personalakten, Münster 2004, S. 34–49

Verein Aktives Museum (Hg.), Vor die Tür gesetzt. Im Nationalsozialismus verfolgte Berliner Stadtverordnete und Magistratsmitglieder 1933–1945, Berlin 2006

Vorländer, Herwart: NS-Volkswohlfahrt und Winterhilfswerk des Deutschen Volkes, in: Vierteljahrshefte für Zeitgeschichte 34/1986, S. 341–380

Wagner, Wolf-Rüdiger: Die Beschleunigung der Schrift: Geschichte der Stenografie im 19. und frühen 20. Jahrhundert, Bielefeld 2024

Walb, Ernst: Übersetzung und Konkurrenz im deutschen Kreditapparat, in: Untersuchungen des Bankwesens 1933, 1. Teil, 1. Band, Berlin 1933, S. 113–195

Walk, Joseph: Das Sonderrecht der Juden im NS-Staat, Heidelberg 1981

Weber, Hans: Der Bankplatz Berlin, Köln 1957

Weg eines Systems - 50 Jahre Adrema 1913–1963. Vom Adressieren zur Datentechnik (hrsg. v. Adrema Werke GmbH Berlin), Frankfurt/Main 1963

Weihe, Thomas: Die Personalpolitik der Personalgroßbanken 1919–1945, Stuttgart 2006

Westermann, Max: Die Entwicklung der Löhne im Bankgewerbe unter dem Einfluss der Tarifbewegung, Diss. Uni Hamburg 1924

Wetzel, Juliane: Auswanderung aus Deutschland, in: Wolfgang Benz (Hg.), Die Juden in Deutschland 1933–1945. Leben unter nationalsozialistischer Herrschaft, München 1993 (3. Auflage), S. 413–498

Wixforth, Harald: Bank für Sachsen oder Bank für das Reich? Zur Geschichte der Dresdner Bank von 1872 bis 1914, in: Simone Lässig und Karl Heinrich Pohl (Hg.), Sachsen im Kaiserreich. Politik, Wirtschaft und Gesellschaft im Umbruch, Dresden 1997, S. 309–342

Wixforth, Harald: Die Expansion der Dresdner Bank in Europa, München 2006

Ziegler, Dieter: Das deutsche Modell bankorientierter Finanzsysteme (1848–1957), in: Kölner Zeitschrift für Soziologie und Sozialpsychologie, Sonderheft 45: Finanzmarkt-Kapitalismus. Analysen, Wiesbaden 2005, S. 276–293

Ziegler, Dieter: Der Ordnungsrahmen, in: Johannes Bähr, Die Dresdner Bank in der Wirtschaft des Dritten Reiches, München 2006, S. 43–74

Ziegler, Dieter: Die Commerzbank 1870 bis 1945, in: S. Paul, F. Sattler u. D. Ziegler, Hundertfünfzig Jahre Commerzbank, München 2020, S. 25–218

Ziegler, Dieter: Die Dresdner Bank und die deutschen Juden, München 2006

Ziegler, Dieter: Die Expansion der deutschen Großbanken nach Österreich und in die Tschechoslowakei 1938/39, in: Jahrbuch für Wirtschaftsgeschichte 2020/2, S. 487–513

Ziegler, Dieter: Die Verdrängung der Juden aus der Dresdner Bank 1933–1938, in: Vierteljahrshefte für Zeitgeschichte 47/1999, S. 187–218

Ziegler, Dieter: „Entjudung" und Nazifizierung 1933–1937, in: Johannes Bähr, Die Dresdner Bank in der Wirtschaft des Dritten Reiches, München 2006, S. 85–100

Ziegler, Dieter: Nationalsozialisten im Betrieb, in: Johannes Bähr, Die Dresdner Bank in der Wirtschaft des Dritten Reiches, München 2006, S. 129–168

Ziegler, Dieter: The Origins of the 'Macmillan Gap': Comparing Britain and Germany in the Early Twentieth Century, in: P.L. Cottrell et al. (eds.), Finance in the Age of the Corporate Economy. The Third Anglo-Japanese Business History Conference, Aldershot (Ashgate) 1997, S. 184–208

Internetquellen

Ärzteblatt.de v. Januar 2020 (https://www.aerzteblatt.de/archiv/211841/Neurasthenie-Leiden-an-Kultur-und-Zivilisation, abgerufen am 22.1.2025).
Doris Hermanns, Verboten und verbrannt - Autorinnen und die Bücherverbrennungen: Christa Anita Brück, in: Bücherfrauen-Blog Mai 2020 (https://blog.buecherfrauen.de/verboten-und-verbrannt-autorinnen-und-die-buecherverbrennungen-christa-anita-brueck/, abgerufen am 22.1.2025)
Clemens Rehm, Personalakten (https://www.leo-bw.de/themenmodul/sudwestdeutsche-archivalienkunde/archivaliengattungen/akten/inhaltliche-unterscheidung/personalakten, abgerufen am 18.2.2025)
Anja Schüler, Bubikopf und kurze Röcke (https://www.bpb.de/themen/gender-diversitaet/frauenbewegung/35265/bubikopf-und-kurze-roecke/, abgerufen am 27.1.2025)
Statistik und Deportation der jüdischen Bevölkerung aus dem Deutschen Reich (https://www.statistik-des-holocaust.de/list_ger_ber.html, zuletzt abgerufen 3.1.2025)
Horst A. Wessel, Alfred Mannesmann, in: Internetportal Rheinische Geschichte (https://www.rheinische-geschichte.lvr.de/Persoenlichkeiten/alfred-mannesmann-/DE-2086/lido/5e130a27e3e508.30031527, abgerufen am 16.08.2024)
Horst A. Wessel, Reinhard Mannesmann jun., in: ebd. (https://www.rheinische-geschichte.lvr.de/Persoenlichkeiten/reinhard-mannesmann-jun./DE-2086/lido/57c9476bb00302.12395509, abgerufen am 16.08.2024)

Veröffentlichte Quellen

Deutschland-Berichte der Sozialdemokratischen Partei Deutschlands (Sopade), Frankfurt/Main 1980 (Reprint)
Organisationsbuch der NSDAP (hrg. v. Reichsorganisationsleiter der NSDAP), München 1936
Reichsgesetzblatt
Reichstarifordnung für das private Bankgewerbe, September 1939, Berlin (Verlag der Deutschen Arbeitsfront) 1939
Reichstarifvertrag für das deutsche Bankgewerbe (hrg. vom Deutschen Bankbeamten-Verein), Juni 1923

Unveröffentlichte Quellen

Archiv des Bundesverbandes Deutscher Banken (ArchBDB)
- Rundschreiben der Wirtschaftsgruppe Privates Bankgewerbe

Commerzbankarchiv (HAC)
Bestand der Dresdner Bank (HAC 500)
- Personalbüro Berlin
- Personalabteilung Frankfurt
- Industriebüro

- NS-Betriebszelle
- Filiale Bielefeld

Rossiskij Gosudarstvennyj Voennij Archiv v Moskve (RGVA)

- Fond 1458 Reichswirtschaftsministerium

Thüringisches Hauptstaatsarchiv (ThürHStA) Weimar

- Geschlossene Banken, Teilbestand A: Dresdner Bank